Adrien Anthelme était de bonne humeur. C'était mardi, le matin qu'il consacrait à ses muscles et à ses artères. Les toquades sportives de l'orgueilleux patron du *Gaulois* faisaient depuis longtemps sourire son entourage. Il avait pédalé vêtu comme un coureur du Tour de France et suivi par son chauffeur autour de Longchamp et dans les zigzags de la vallée de Chevreuse. Il avait labouré le golf de Saint-Cloud de ses fers incertains. Il avait tâté du yoga et du karaté. Quand il s'était souvenu qu'il avait jadis été quart de finaliste du championnat militaire de boxe d'Afrique du Nord, il avait décidé de remettre les gants, pas pour briguer une ceinture de champion, mais pour suivre l'entraînement viril et bienfaisant du pugiliste en forme. Cette nouvelle passion éclipsait presque celle qu'il vouait depuis près de trente ans à l'équitation. Il montait régulièrement un noiraud costaud et cabochard ; enfin, il venait d'acquérir à prix d'or le célèbre Carambart, prince des concours hippiques, pour le confier à Périer du Glanon, médaille d'or aux derniers jeux Olympiques, à charge pour ce cavalier d'élite de mener à la victoire dans les compétitions internationales le plus fameux tandem homme-cheval de l'Histoire.

Ce matin-là, Adrien Anthelme ne pensait qu'à la boxe. Il avait fait construire dans le parc de sa gentilhommière de Maisons-Laffitte un vaste gymnase de verre et d'aluminium qui avait coûté la vie à une dizaine d'arbres centenaires. Ce sacrifice avait été nécessaire pour faire place à une installation sportive exceptionnelle rassemblant les matériels d'entraînement les plus modernes : tapis roulants pour courir sur place, haltères de tous poids, appareils de musculation aussi compliqués qu'une « Métamécanique » de Tinguely, punching-ball à ressort, sac de sable recouvert de basane, trapèze... Au centre, un ring réglementaire occupait une grande place, délimité par des poteaux rembourrés et des cordes toutes blanches qui faisaient ressortir le bleu piscine du tapis, surtout lorsque le bloc lumière suspendu au plafond était branché. « C'est mon cercle enchanté », aimait à dire M. Adrien qui reprenait volontiers les formules poétiques des chroniqueurs sportifs du temps de Georges Carpentier.

Adrien Anthelme laissa un instant son regard de propriétaire heureux vagabonder dans sa cage à muscles dont il était aussi fier que du tirage de ses journaux et ôta d'un geste décidé le large manteau qu'il avait endossé pour traverser le jardin balayé par le vent. Il apparut, superbe, dans un survêtement écarlate brodé à ses initiales. Grand, solide, cheveux blanc-blond coupés en brosse, son nez camard portait l'empreinte du dernier combat disputé à Mostaganem en 1932. Dans les clameurs de la garnison réunie, un légionnaire allemand l'avait étendu pour le compte au deuxième round, un œil amoché et le nez fracturé. Il ne risquait plus aujourd'hui une pareille mésaventure. S'il remontait sur « son » ring, c'était pour le plaisir d'entretenir sa forme physique, de s'entraîner, de taper impunément sur un sparring-partner payé pour se laisser surprendre de temps en temps, encaisser sans mal un crochet et crier : « Bravo, monsieur Anthelme ! »

L'homme, un bel athlète grisonnant mais admirablement musclé, attendait le patron près du ring. Il était enveloppé dans un peignoir violet qui avait fait naguère les beaux soirs du Central et du Vel'd'Hiv. Raymond Lemollet, alias « Battling Ray », avait été, lui, un véritable boxeur professionnel. Après avoir pris beaucoup de coups et en avoir donné autant, il avait manqué d'une esquive la ceinture de champion du monde des poids moyens. L'Américain contre lequel il menait aux points l'avait cueilli à la tempe droite quelques secondes avant le gong final et laissé inerte sur le ring glauque du Vel'd'Hiv. Le poing de Kid Malden, endurci dès la jeunesse dans les bagarres du Bronx, avait tant chahuté les neurones du challenger que les médecins lui avaient interdit de remonter sur un ring. Aujourd'hui, tout en cultivant son souffle il massait les jeunes champions, les assistait dans leur coin durant les combats et réussissait parfois à faire un millionnaire d'un petit paumé de banlieue. Entraîner un senior amateur qui avait passé l'âge d'appuyer ses coups ne lui faisait pas courir un grand risque et il avait accepté sans hésiter l'offre d'Adrien Anthelme de devenir son conseiller sportif et, à l'occasion, son sac de sable vivant.

Chaque mardi, à neuf heures pile, il attendait son client original et généreux pour le faire sauter à la corde, compter ses « pompes » et le surveiller quand il manœuvrait l'une des machines à gonflette qu'Anthelme avait fait venir à grands frais des Etats-Unis. Aujourd'hui, cependant, on était le premier mardi du mois, jour où le patron abandonnait l'entraînement pour sacrifier à un rite étrange sur lequel Battling Ray avait dû jurer de garder le secret : la simulation parfaite d'un combat. Appelez cela comme vous voudrez, masochisme ou catharsis, le grand Adrien Anthelme prenait un extrême plaisir à vivre vraiment, chaque mois, trois fois trois minutes, la vie d'un boxeur au combat.

– Alors, Battling, vous êtes prêt ? demanda-t-il.

– Naturellement, monsieur Adrien. Tendez vos mains pour que je les bande et lace vos gants. Et cette fois, mettez votre casque de protection !

– Je ne mettrai rien du tout. Vous avez tellement peur de me faire du mal, mon bon Battling, que vous retenez tous vos coups. Et puis, je me ferais huer par mon public si je portais un casque ! ajouta-t-il en éclatant de rire, ce qui n'était pas courant.

Battling haussa les épaules.

– Comme vous voudrez, monsieur Adrien, mais un coup, même un peu retenu, peut vous pocher un œil. Vous aurez l'air de quoi en présidant vos conseils ? Enfin... Enlevez votre survêtement pendant que je branche tout le fourbi.

Il se dirigea vers une console installée près du ring, où brillaient des boutons et des manettes de différentes couleurs. Ce tableau de bord symbolisait le degré de perfection qu'Adrien Anthelme et deux ingénieurs avaient atteint dans la reconstitution de l'atmosphère d'une salle de boxe. Battling appuya sur le premier bouton, et aussitôt des rideaux noirs, mus électriquement, isolèrent la salle de l'éclat du jour tandis que des milliers de watts inondaient le ring d'une lumière éclatante.

– Maintenant, le son ! commanda Anthelme.

Battling tripota encore quelques boutons et, soudain, des quatre coins du gymnase resté dans l'obscurité déferlèrent les clameurs d'une foule en délire enregistrées lors d'une vraie réunion de boxe. Le grand Adrien jouit un moment de ce tumulte et escalada le ring alors que, de son côté, Battling se préparait et levait ses poings gantés de rouge pour saluer la foule postiche qui l'acclamait. Adrien lui aussi répondit aux spectateurs fantômes. Tout à coup, une voix couvrit la cacophonie : « Soigneurs, dehors ! », et le gong, déclenché par une minuterie, résonna.

Le match commença, un peu confus. Adrien se ruait vers son adversaire, mais ne touchait que ses gants car l'ancien champion savait se protéger. Parfois, il laissait passer un coup qui l'effleurait et faisait mine d'avoir encaissé un formidable direct avant de crier : « Vous m'avez eu, monsieur Adrien ! »

Les deux hommes revinrent dans leur coin quand le gong marqua la fin du round et tirèrent chacun un tabouret et un seau pour se rafraîchir après avoir enlevé leur protège-dents. Battling avait bien suggéré d'engager de vrais soigneurs, mais Adrien s'était récrié. Il ne voulait pour rien au monde que les fouinards de *France Dimanche* ou du *Canard enchaîné* racontassent un jour comment le sévère et redoutable patron du *Gaulois* occupait ses matinées du mardi. Il frissonnait en imaginant les députés se passant dans les tribunes de la Chambre un journal où sa photo le montrerait en première page, esquivant un crochet du gauche.

Une minute était passée, le match reprit. Adrien devenait moins entreprenant. Il accusait la fatigue et Battling le laissait souffler. Cela faisait partie du jeu que le « pro » dirigeait avec sagesse, presque « à la papa », en attendant que le patron retrouve un peu de mordant. Justement, Anthelme récupérait et recommencait à attaquer. « Il est heureux, le bougre, sur son ring ! » pensa Battling en lui plaçant, pour la forme, un crochet amorti sur le flanc, se découvrant aussitôt pour permettre à son élève de le toucher. Tout cela en douceur et sans mal pour personne. Lorsque le gong retentit, Adrien suait de bonheur.

– Je crois que je l'ai aux points ! lança-t-il à l'ectoplasme censé l'attendre dans son coin pour le soigner.

– Troisième et dernière reprise ! annonça la voix enregistrée.

Adrien semblait maintenant s'économiser. La foule hurlait toujours et Battling, en mimant des esquives inutiles, songeait à l'enveloppe qu'allait lui remettre dans quelques instants son curieux adversaire.

Que se passa-t-il alors ? Une maladresse anodine qui génère inexplicablement des conséquences énormes, quelque chose comme une voiture folle qui sort soudain de sa ligne et se jette sur vous, de front, alors que vous roulez gentiment sur votre droite... Peut-être justement parce qu'il pensait à son enveloppe, Battling Ray vit partir une fraction de seconde trop tard un crochet d'Adrien Anthelme qui retrouvait des forces à l'approche de la fin du round. Alors, imparable, le coup du destin l'atteignit au seul endroit vulnérable, ce centimètre carré de la tempe droite où le poing de l'Américain l'avait jadis touché. La douleur qu'il ressentit était peut-être moins violente que celle subie sur le ring du Vel'd'Hiv, mais si fulgurante qu'elle lui fit perdre la raison et le replongea instantanément huit ans en arrière, à la minute précise où sa vie avait basculé.

Battling, cette fois, ne s'effondra pas mais, comme disent les philosophes du « noble art », il disjoncta. Ce n'était plus Adrien Anthelme qu'il voyait devant lui, mais la masse un peu floue de Kid Malden, l'Américain cent fois maudit, revenu lui voler son titre et sa carrière. Alors, le cerveau en feu, mû par une force incontrôlable, il prit inconsciemment appui sur ses deux jambes et, dans un mouvement réflexe, libéra une formidable droite qui atteignit l'adversaire à l'œil gauche. Le grand Adrien Anthelme ne poussa même pas un cri. Il tomba comme une masse, inerte, les bras en croix sous l'aveuglante lumière et dans le vacarme dérisoire des spectateurs fantômes.

Hébété, assommé de douleur, à demi inconscient, Battling Ray allait d'un bout à l'autre du ring en criant : « L'Américain, l'Américain. » Et puis, le jour se fit dans son esprit. Peu à peu, la réalité lui apparut dans toute son horreur. Ce n'était pas Kid Malden qui gisait sur le tapis mais son client, son élève, son patron qu'il venait d'abattre. Durant de longues minutes il proféra des mots sans suite : « Le casque, le casque... c'est Malden qui m'a frappé... Il ne bouge plus, il ne bouge plus... »

Enfin il trouva la force de descendre du ring et de décrocher le téléphone qui reliait le gymnase à la maison. Il cria en pleurant :

– Il y a un malheur, le patron est inanimé. Venez, venez vite. Appelez un médecin !

Trente secondes plus tard, Solange Thuilier, la secrétaire-assistante d'Adrien Anthelme, le seul être à tout savoir sur le patron, ses affaires, son passé et jusqu'à ses folies sportives du mardi, se ruait dans la salle, se glissait sous les cordes et s'agenouillait près du corps. Elle se rendit compte tout de suite que le grand Adrien Anthelme ne se relèverait pas. C'était une femme d'une force de caractère peu commune. Sans prononcer une parole, elle lui ferma les yeux et se prostra sur la poitrine nue de son héros, mort dans les circonstances les plus ridicules qu'on puisse imaginer. Battling Ray, lui, s'était assis par terre et sanglotait comme un enfant.

Enfin, Solange Thuilier eut soudain conscience, épouvantée, que les diffuseurs continuaient de déverser leurs hurlements. Elle aussi poussa un cri qui se perdit dans les clameurs et les huées, avant de retrouver son sang-froid en même temps que la voix tranchante qui terrorisait le petit personnel du groupe de presse. Elle secoua Battling Ray et hurla :

– Arrêtez donc ce cirque au lieu de pleurer ! Et racontez-moi ce qui s'est passé. Après j'irai chercher sa fille et je préviendrai le Dr Ferrand.

Comme si Battling pouvait raconter comment un dixième de seconde d'inattention l'avait tout à coup transformé en bête fauve ! Il haussa les épaules et ne put que répéter : « Il n'avait pas voulu mettre son casque ! »

Anne-Marie, la fille aînée d'Anthelme, arriva bientôt, les cheveux mouillés, en peignoir de bain, hagarde devant le spectacle surréaliste qu'elle découvrait. Et les cris de foule, toujours ces cris que Battling ne réussissait pas à arrêter faute de pouvoir manœuvrer le bon bouton avec l'énorme pouce de ses gants rouges qu'il avait conservés. Alors, il se déchaîna contre la console de l'extravagant M. Adrien. Ses poings s'abattirent sur les cadrans, les manettes, les boutons, fracassant l'installation, arrachant les fils qui surgissaient de leur boîte comme les cobras du montreur de serpents de la place Djemaa el-Fna à Marrakech. La machine, enfin matée, s'avoua vaincue. On vit jaillir une gerbe d'étincelles et la lumière s'éteignit en même temps que la sono. Il y eut un moment de silence, que rompit la voix de Solange Thuilier :

– Nous n'allons pas rester dans l'obscurité. Venez, Anne-Marie, nous allons essayer d'ouvrir les rideaux.

Mais les rideaux, comme le reste, étaient automatiques et ne fonctionnaient que si l'on alimentait les moteurs en électricité. Les deux femmes s'y accrochèrent comme des furies et réussirent à arracher quelques pans de lumière.

Anne-Marie, alors, réalisa l'ampleur du drame. Elle se précipita à son tour sur le ring en criant :

– Papa est mort ! Papa est mort !

Puis tout de suite après :

– Et s'il n'était que blessé... Vite, Solange, appelez le S.A.M.U. ou les pompiers !

– Calme-toi. L'affolement n'arrange jamais rien. Ton père est mort...

– Vous n'en savez rien. Il faut faire quelque chose.

– Je vais appeler le Dr Ferrand.

– Je crois qu'il est nécessaire d'appeler aussi la police !

D'un ton cassant, Solange Thuilier répondit :

– Tu es folle, ma petite. Il est inutile d'ajouter le scandale au malheur. Ton père défendait la police quand elle s'occupait des autres mais il n'aimerait pas aujourd'hui qu'on la mêle à cette histoire grotesque.

Anne-Marie, qui n'ignorait rien des liens qui unissaient son père à sa secrétaire femme de confiance et maîtresse, trouva qu'elle parlait bien sèchement, et qu'en tout cas elle ne se donnait aucun mal pour jouer l'affliction. Comme toujours, elle ne put toutefois s'empêcher d'admirer son énergie et son efficacité. « Finalement, pensa-t-elle, c'est bien que Solange soit là. Elle va prendre les choses en main. Et maman qu'il faut prévenir à Paris... »

Le Dr Ferrand, médecin de la famille depuis qu'elle s'était installée à Maisons-Laffitte, arriva bientôt :

– Mon Dieu ! Que s'est-il passé ? demanda-t-il en constatant le saccage.

D'un geste, Solange Thuilier lui montra le ring.

– C'est Anthelme ? questionna-t-il.

– Oui, mort vraisemblablement en boxant !

Le pauvre homme ne comprenait rien. Il était d'autant plus éberlué qu'il ignorait l'existence du gymnase et ne savait évidemment pas que son illustre client y disputait des matchs de boxe clandestins. Ce n'était pas la présence d'un costaud en petite culotte qui gesticulait en prononçant des mots inintelligibles qui lui permettrait d'éclaircir la situation. Il se rappela tout de même qu'il était médecin et, par acquit de conscience, monta s'assurer qu'Adrien Anthelme ne respirait plus.

Mlle Thuilier lui expliqua ce qu'elle savait, pas grand-chose, et ce qu'elle subodorait. Mais quant à dire ce qui s'était vraiment passé...

– Vous étiez au courant des habitudes... sportives de M. Anthelme ? demanda le médecin.

– Oui. Je crois que j'étais la seule. C'était son jardin secret...

– Curieux jardin ! C'est le promeneur en short qui l'a tué ?

– Sans doute un coup malheureux. C'était son maître de boxe. Il se livrait contre lui à des combats bien innocents. Adrien était, on l'ignorait, un grand enfant !

– Un enfant ? Allons, je vais prévenir la police.

– Ce n'est pas possible, docteur. Je compte sur vous,

au contraire, pour éviter le scandale. La mort n'empêchera rien. Les confrères ne feront pas de cadeau à Anthelme. Il avait beaucoup d'ennemis, vous savez...

– On le disait. Mais, tout en comprenant vos raisons, je ne peux signer un permis d'inhumer avant que la police ait fait son enquête. S'il s'agit d'un accident, avouez que c'est un accident peu banal. Et puis, M. Anthelme est une telle personnalité... Je vais prévenir personnellement le commissaire Girard. C'est un homme qui a du tact et qui connaissait bien votre patron.

– C'est vrai. On lui a fait avoir la Légion d'honneur.

Le docteur tiqua. Lui aussi avait été décoré l'année précédente sur intervention du puissant Adrien Anthelme.

– Qu'en pensez-vous, mademoiselle ? demanda-t-il à Anne-Marie dont il venait de remarquer la présence.

– De quoi ? De la Légion d'honneur ? dit-elle doucement, comme si elle sortait d'un rêve.

– Mais non. De mon devoir de prévenir le commissaire.

– Je n'ai rien à dire sur votre devoir, docteur.

C'était bien répondu. Ferrand pensa que la jeune fille n'était pas sotte et se dirigea vers le téléphone. La situation le dépassait et il était plutôt soulagé de se débarrasser de l'encombrant cadavre sur le commissaire.

Celui-ci, chef de la police de Maisons-Laffitte, était, avec le médecin, l'une des rares personnes admises à pénétrer dans la propriété des Anthelme, ce qui était normal puisqu'il était chargé par le cabinet du ministre de l'Intérieur de veiller sur sa sécurité. Il remplissait une autre mission, plus discrète, au profit des Renseignements généraux toujours intéressés par des informations confidentielles sur les puissants de la République. Il remarqua, en pénétrant à son tour dans le gymnase, que son système d'investigation devait présenter des lacunes puisque l'existence de ce lieu étrange lui était inconnue.

Il manifesta sa surprise :

– Qu'arrive-t-il, grands dieux ? J'ai bien compris au téléphone qu'Adrien Anthelme était mort ?

– Oui, bien mort. Regardez sur le ring.

– Mais que faisait-il sur un ring ?
– De la boxe, je présume, dit le médecin, un peu agacé. Avec l'homme qui est là et dont vous réussirez peut-être à tirer quelques mots compréhensibles. D'après ce que m'a dit mademoiselle, c'est un ancien champion qui venait tous les mardis matin entraîner Anthelme.
– Dans sa situation, à son âge, faire de la boxe ! Ce n'est pas croyable !
Il appela Battling Ray qui avait fini par ôter ses gants et revêtu sa robe de chambre mauve.
– Ainsi, c'est vous qui avez assommé M. Anthelme.
– Ce n'est pas moi, c'est la malchance. Il n'avait pas voulu porter son casque protecteur.
– Vous avez dû tout de même taper fort pour le tuer ! Habillez-vous. Vous m'expliquerez tout cela au commissariat.
– Qu'allez-vous faire ? questionna le Dr Ferrand.
– Interroger cette brute. Et surtout prévenir le préfet. Anthelme mort en petite culotte sur un ring, cela va faire un chambard terrible dans le milieu politique. Et la presse ! Vous allez voir la presse ! Dans quelques heures, le pays va être envahi par les photographes, la télévision, la radio. Il fallait que ça tombe sur moi ! Vous voyez, Ferrand, c'est le genre d'affaire à pépins.
– Pourquoi ? Vous ne pouviez pas interdire à Anthelme de recevoir des coups de poing dans la gueule si cela était son désir. Que peut-on vous reprocher ?
– Rien. Mais les morts bizarres de gens bizarres ne font la joie des policiers que dans les romans. Je cours le grand risque de me retrouver commissaire principal dans un cratère éteint d'Auvergne. Adrien Anthelme, le grand Anthelme ! vous pensez !...
– Commissaire, je trouve, moi, qu'il a eu une mort conforme à son personnage. Inattendu, tyrannique, généreux, secret, violent, courageux... Mais on ne sait pas grand-chose sur sa vie qui a dû être mouvementée. Pas toujours très claire. J'ai entendu raconter de si étranges choses...
– Moi aussi, mais toujours dans le flou. Il m'a dit un jour qu'il avait beaucoup d'ennemis. « Comme les gens

riches », ai-je répondu. Il a souri et précisé : « Non. Comme les gens puissants. » Quel roman, sans doute, que son existence !

– Un roman, mon cher, qui n'a pas trouvé sa conclusion aujourd'hui, comme on pourrait le penser. Anthelme laisse trop d'argent et surtout trop d'affaires qu'il était seul à diriger pour que sa succession se liquide sans drames.

– Les enfants ?

– Peut-être. Mais aussi la redoutable Solange. Et bien d'autres, qui voudront négocier les secrets qu'ils détiennent. Vous voulez mon avis ? Le grand Adrien est mort. L'affaire Anthelme commence !

1

LE JEUNE HOMME AUX CULOTTES DE GOLF

1927-1928. *Henri Bergson prix Nobel de littérature – Tchang Kaï-chek président de la République de Chine – François Mauriac publie* Thérèse Desqueyroux – *Débuts salle Gaveau du jeune prodige Yehudi Menuhin – Charles Lindbergh traverse l'Atlantique – L'Olympique de Marseille remporte la Coupe de France de football – Pacte Briand-Kellog : 60 pays dont l'Allemagne renoncent solennellement à la guerre – Projection à New York du* Chanteur de jazz, *premier film entièrement parlant et sonore – Première à Berlin de* L'Opéra de quat'sous *de Brecht – Victoire aux élections législatives du centre et de la droite qui soutiennent Poincaré. Stabilisation du franc.*

Le printemps fleurait bon à La Varenne chez l'éditeur Robert Quentin. Premier soleil, premiers canotiers sur la Marne ; en bordure de la rivière, dans le parc du Moulin des Vents, se pressaient la vingtaine d'habitués des réunions dominicales de Libertés nouvelles. Ce titre désignait à la fois une revue hebdomadaire, un mouvement politique et une famille de pensée. Autour des moustaches grisonnantes à la Bismarck du maître des lieux s'agitaient quelques écrivains plutôt classés à gauche, trois députés chrétiens-démocrates récemment élus et des jeunes, pour la plupart des étudiants militants de Libertés nouvelles. On reconnaissait aussi une poétesse connue couverte de perles et les collaborateurs directs de l'éditeur.

Sous le grand marronnier de la pelouse, la maîtresse de maison s'affairait à recouvrir d'une nappe blanche la table à tréteaux du buffet traditionnel. Chaque dimanche, à midi trente, dehors s'il faisait beau, à l'intérieur si le temps n'était pas favorable, Madeleine Quentin annonçait que le déjeuner était servi. Les invités s'avançaient alors négligemment, en personnes bien élevées, vers les plateaux de jambons, de saucissons et de fromages. Le dessert, toujours le même, était aussi en place : une montagne de bugnes, petits beignets biscornus et dorés que Madeleine avait préparés la veille et qu'il convenait de saupoudrer de sucre avant de s'extasier sur la finesse d'une gourmandise à vrai dire bourrative.

Le vin, plus gris que rosé, ne risquait pas d'enivrer les assoiffés bien qu'il fût récolté directement par l'éditeur dans sa propriété du Blésois. Comme le soulignait le malicieux Garmond, éditorialiste de *Libertés nouvel-*

les, « il n'est jamais souhaitable qu'un hôte soit propriétaire de quelques pieds de vigne, car il vous sert à boire son vin qu'il croit sincèrement excellent et qui est presque toujours une misérable piquette ».

Robert Quentin était heureux en promenant ses bouteilles au milieu des siens. Il allait d'un groupe à l'autre, souriant et débonnaire comme un curé de village, posant des questions dont aucune n'était innocente et dont il enregistrait les réponses au fond de sa prodigieuse mémoire avant de les reporter, le soir, dans le journal qu'il tenait régulièrement depuis vingt ans.

C'est ainsi qu'il apprit ce jour-là les détails des grenouillages qui avaient précédé l'élection d'Edouard Daladier à la présidence du parti radical, fort affaibli par sa défaite. Le dimanche était le jour où les vassaux pouvaient facilement aborder le maître, lui soumettre des projets ou lui remettre des placets. Lachenal, un collaborateur précieux de la revue, lui avait ainsi glissé un dossier sur les Auberges de la jeunesse qu'il voulait ouvrir en France à l'exemple de l'Allemagne et, sur sa lancée, lui avait fait promettre d'assister de toute urgence à une représentation de *Siegfried*.

– La mise en scène de Louis Jouvet est merveilleuse. Quant aux acteurs, Pierre Renoir et Valentine Tessier, il faut les voir jouer pour savoir ce que talent veut dire.

– Et la pièce ? avait demandé, narquois, Robert Quentin.

– C'est celle d'un jeune auteur dont on n'a pas fini de parler. Ce Jean Giraudoux a aussi écrit un hymne à la paix qui devrait vous combler.

Dans cette assistance où tout le monde se connaissait, un jeune homme, nouvellement arrivé, semblait perdu. Parfois, ses yeux dévoraient le spectacle qu'il découvrait ; le plus souvent, il fixait les bateaux qui passaient sur la Marne, de l'autre côté de la route. Grand, jeune, visage sans finesse mais intéressant, habillé à la diable, non par négligence recherchée d'intellectuel mais par pauvreté, cela se remarquait, il se dirigea après une courte hésitation vers Madeleine Quentin.

– Madame, pardonnez mon sans-gêne. Ma présence

ici s'explique par l'insistance d'un ami qui m'a dit de venir le retrouver chez vous. Or je ne le vois pas. Peut-être, madame, que je puis vous aider ?

– Comment s'appelle votre ami ?

– Raymond Leblond. Il milite à Libertés nouvelles et m'a dit que je pourrais peut-être me rendre utile au mouvement.

– Mon mari doit le connaître. Vous le lui demanderez tout à l'heure. Puisque vous me proposez gentiment de m'aider, venez. Il reste des plats à apporter. Mais quel âge avez-vous, monsieur ?

– Dix-sept ans, madame. Je suis aide-manutentionnaire à la poste de Saint-Maur où j'habite. C'est-à-dire que je charge les sacs. J'aurais aimé apprendre, étudier pour devenir un professeur ou un journaliste, mais je dois travailler. Mon père est mort et ma mère n'a pas de moyens. Avant d'entrer à la poste, j'ai vendu durant quelque temps les journaux du soir.

– Mon garçon, Libertés nouvelles n'aurait pas de sens si le mouvement ne vous soutenait pas. Mon mari va s'intéresser à vous, je m'en porte garante. Comment vous appelez-vous ?

– Adrien Anthelme.

– A. A. Cela sonne bien. Vous en ferez quelque chose, de ce nom ! Vous avez bien fait de venir partager notre saucisson du dimanche.

– Oh ! Je ne suis pas venu pour cela. Je voulais seulement apercevoir M. Quentin et peut-être lui parler. Je ne vais d'ailleurs pas vous importuner plus longtemps.

– Vous lui parlerez. Et vous mangerez avec nous. Vous savez, nous ne sommes pas là pour faire bombance. Chacun va et vient... C'est le plaisir de rompre le pain ensemble qui nous réunit. Allez ! Venez m'aider. Je vous prends sous mon aile et je ne vous lâche plus.

Un quart d'heure plus tard, Madeleine rappela l'assistance qui se groupa, selon un rite qui semblait bien établi, autour de Quentin. Le silence se fit et l'éditeur prononça les mots que chacun attendait :

– Que le plus jeune dise le bénédicité.

On chercha des yeux Yves Morvadec, étudiant en première année de droit, à qui revenait chaque fois cet honneur, mais Madeleine bouleversa les habitudes de sa voix un peu haut perchée :

– Je crois qu'aujourd'hui le plus jeune est M. Anthelme, que vous ne connaissez pas encore.

Elle poussa le jeune homme rougissant vers le milieu du cercle et, prise soudain de scrupules, lui demanda :

– Vous connaissez la prière ? J'aurais dû m'en assurer avant...

– Oui, madame. Je suis catholique, pas très pratiquant, mais sincère.

– C'est la seule chose qui compte. Nous sommes chrétiens mais pas culs bénis !

Le propos étonna un peu Adrien qui s'acquitta de sa tâche avec simplicité, tandis que toute l'assistance se demandait qui pouvait être ce gamin mal fagoté que Madeleine paraissait couver. Quentin, lui-même intrigué, interrogea sa femme :

– Tu connais ce garçon ? Que fait-il ici ?

– Il vient t'admirer. Il paraît que tu représentes pour lui la quintessence de l'esprit et du savoir. Son ami, un certain Leblond, je crois, lui a passé la revue et sûrement parlé de toi en termes dithyrambiques. J'ai l'impression qu'il voit en toi le père idéal. Tu devrais lui parler. Et si tu pouvais lui trouver une occupation plus enrichissante pour l'esprit que de charger des camions, je suis sûre que tu te l'attacherais à jamais. Il ne souffre pas d'être pauvre, il souffre d'être inculte. Il t'intéresse ? Allons, je vois que tu n'as pas perdu ton penchant à secourir les chiens perdus. C'est comme cela que je t'aime, mon Quentin !

L'éditeur chercha Adrien, en vain, dans les différents groupes qui s'étaient formés sur la pelouse. Il le trouva finalement dans la cuisine où il aidait Victoire, la vieille bonne, à essuyer la vaisselle, ce que jamais un invité ne s'était proposé de faire, même quand Madeleine était seule.

– Allons, posez votre torchon et venez avec moi. Il paraît que nous avons à parler.

Il l'entraîna vers le fond du jardin où une table ronde et trois fauteuils de châtaignier achevaient dans la peine leur existence au grand air.

– Ma femme vient de me dire que vous connaissiez

un peu Libertés nouvelles. Cela vous plairait-il de nous rejoindre ? Nous avons besoin de jeunes enthousiastes. Qui vous a parlé de nous ?

– Leblond. Il habite près de chez moi, à Saint-Maur. Il m'avait donné rendez-vous ici pour me présenter. Je suis vraiment étonné de ne pas l'avoir vu.

– Il est à une réunion de groupe, à Melun. C'est un bon élément que chacun apprécie.

– Raymond a la chance de pouvoir continuer ses études. Ses parents sont aisés. Moi, j'ai dû quitter l'école après le certificat. Je vis seul avec ma mère.

– Combien gagnez-vous à la poste ?

– Vingt-cinq francs.

– Bon. On peut vous payer un peu plus si vous acceptez de venir travailler à Paris. Nous cherchons quelqu'un pour le magasin. Vous vivrez au milieu des livres. Aimez-vous les livres, au moins ?

– Oh oui ! Mais je préfère vous avouer que je ne lis pas beaucoup. Quelquefois, j'emprunte des livres à la bibliothèque... Vous voyez, monsieur, quand je me trouve comme aujourd'hui au milieu de gens instruits, j'ai honte. Honte d'être un ignorant.

– Mon jeune ami, l'ignorance est l'une des rares tares auxquelles l'homme a le pouvoir de remédier. Tenez, Léonard de Vinci... Ça vous dit quelque chose, Léonard de Vinci ?

– Oui. *La Joconde*. L'école nous a emmenés un jour au musée du Louvre.

– Parfait. Eh bien, voyez-vous, Léonard de Vinci a beaucoup souffert d'être un « homme sans lettres ». A l'époque, celui qui ne connaissait ni le latin ni le grec était considéré par les doctes comme un être inférieur, même s'il était un artiste de génie ! Venez avec nous. Vous n'apprendrez pas le latin, enfin je ne le pense pas, mais vous vous instruirez si vous avez le courage de faire quelques efforts.

– J'aurai ce courage, monsieur. Je vous remercie de me faire confiance.

Une semaine plus tard, Adrien prenait, à la gare de Saint-Maur-des-Fossés, le train de sept heures trois, un omnibus bonasse avec ses vieux wagons à impériale. Il escalada les marches de bois et s'installa contre une fenêtre, parmi quelques voyageurs encore endormis qui, comme chaque matin, allaient travailler à Paris. Son visage était grave. Il sentait confusément qu'il était en train de vivre un moment important, que c'était un Adrien tout neuf qui allait débarquer à la gare de la Bastille.

Aux arrêts de Joinville, de Nogent, de Fontenay-sous-Bois, la rame s'était peu à peu remplie. Adrien regardait ces gens disparates et essayait de deviner quel métier ils exerçaient, mais déjà le train freinait sur la voie qui surplombait les arcades de l'avenue Daumesnil. En se penchant, il aperçut un autobus balourd au nez rond, des taxis rouges décapotés et le lourd chariot à grosses roues d'un livreur de glaces qui faisait claquer son fouet. L'espace d'une seconde, le génie de la Bastille juché sur sa colonne apparut dans son champ de vision et le train entra avec fracas sous la verrière enfumée. Ce voyage ne ressemblait pas aux rares escapades parisiennes qu'il avait faites avec sa mère. Seul, à la fois tourmenté par l'idée de commencer une vie nouvelle et décidé à gagner la partie, c'est un autre Paris qu'il s'attendait à découvrir. C'est vrai qu'il n'y était pas venu souvent ! Tout près de la capitale, Saint-Maur était un grand village que les hommes quittaient pour gagner un bureau ou un atelier. A de rares exceptions près, les femmes ne se rendaient à Paris que pour faire des achats dans les grands magasins. Les Anthelme, eux, n'avaient pas les moyens d'acheter souvent.

Du métro, Adrien n'avait gardé qu'une vague odeur de désinfectant, celui qu'un employé répandait sur les quais en dessinant avec un grand entonnoir d'harmonieux entrelacs. Il crut la retrouver à la station Châtelet où il se perdit en changeant de ligne, ce qui ne l'empêcha pas d'arriver à Odéon à huit heures, bien trop en avance pour se présenter au numéro 15 de la rue de Tournon. L'adresse était celle de l'hôtel particulier des Quentin, héritage du grand-père qui avait été le banquier du duc de Morny. Les quatre étages abritaient à la fois les appartements de la famille, le siège du journal, celui du parti Libertés nouvelles qu'on appelait « le mouvement » et un atelier de composition.

Adrien avait le temps d'aller reconnaître les lieux, et même de flâner dans ce Quartier latin mythique où il savait qu'il ne pénétrerait jamais qu'en promeneur. Le boulevard Saint-Michel lui parut magnifique sous le soleil de mai. Il croisa un groupe d'étudiants portant leurs livres sur l'épaule au bout d'une courroie. Ils se rendaient au lycée Saint-Louis ou à la Sorbonne. Tous étaient joyeux. Il les envia, les haït presque, serra ses poings sous les manches trop longues de sa veste et se dit d'une voix étouffée : « Je les vaux tous. Je réussirai aussi bien qu'eux. J'en fais aujourd'hui le serment ! » Il pensa aussitôt que c'était là une réaction puérile et pressa le pas afin de ne pas être en retard après avoir été en avance.

La vieille montre en acier bruni que Mme Anthelme lui avait donnée le jour de ses quinze ans en lui recommandant d'en prendre soin car le caporal Anthelme, son époux bien-aimé, l'avait portée durant toute la guerre de 14-18 dans les tranchées de Verdun et du Chemin des Dames marquait juste neuf heures quand il poussa en tremblant un peu la porte d'un avenir incertain.

Dans la pièce qui constituait l'entrée, une dame d'âge mûr, sèche et ridée comme un pruneau, classait du courrier sur un petit bureau. Elle leva les yeux et ne parut pas étonnée qu'un jeune homme dégingandé et mal vêtu demande à voir M. Robert Quentin. « C'est la maison du bon Dieu », avait dit l'éditeur en lui donnant l'adresse.

Le bon Dieu ne devait pas attacher d'importance aux habits, car le pruneau le conduisit tout de suite au premier étage, sans même lui demander s'il avait rendez-vous. Elle frappa à une lourde porte de chêne sculpté et entra sans attendre la réponse, en faisant signe à Adrien de la suivre.

Au fond de la pièce, immense, Robert Quentin travaillait à son bureau, une pile de feuilles dactylographiées devant lui.

– Ah ! Voilà notre postier ! s'écria-t-il en se levant et en tendant les mains. Bienvenue à Libertés nouvelles. On va voir ce qu'on peut faire de vous.

A ce moment, une très jeune fille, vêtue d'une jupe

bleue et d'une veste sévère à col blanc empesé, passa le bout de son nez à la porte, jeta un coup d'œil curieux au visiteur et annonça qu'elle partait pour le lycée.

– C'est notre fille Marie, dit Quentin. Elle doit être en retard, sinon elle serait venue bavarder quelques instants. Au fait, comptez-vous rentrer chaque soir à Saint-Maur ?

– Oui, monsieur. Je ne vois pas comment je pourrais faire autrement. Je ne connais personne à Paris. Et puis, il y a ma mère...

– Dis que tu ne connaissais personne. Tiens, je te tutoie. C'est bon signe. D'habitude je mets plus longtemps. On verra plus tard, si tu aimes la maison, comment on peut s'arranger. Car, vois-tu, je veux t'intégrer à notre vie spirituelle, politique, presque communautaire. Et nos réunions ont souvent lieu le soir.

Adrien pensa qu'il n'avait rien à répondre. Il hasarda tout de même :

– Ce serait mon plus cher désir.

– Bon. On va demander à Garmond de venir. C'est mon ami, mon frère, un second moi-même. Si tu lui es sympathique, il peut t'être d'un grand secours. En attendant, je vais lui demander de te faire visiter la maison et de t'installer au sous-sol. C'est le magasin. Tu vas renifler le livre. Et l'odeur des linotypes, qui est différente. L'atelier de composition est juste au-dessus et les effluves du plomb fondu vont te prendre aux tripes. Tu ne sentiras plus rien au bout de quelques jours, mais si cette odeur venait à disparaître de ton univers, elle te manquerait !

Quentin appuya sur un bouton et Pierre Garmond arriva presque aussitôt. Il reconnut le garçon du bénédicité et lui tendit la main.

– Fais-lui un trou dans le magasin, dit l'éditeur. C'est un bon contact avec le papier. Et puis, c'est là que nous avons besoin de quelqu'un. Il faut remettre de l'ordre dans ce bazar.

– Rassurez-vous, dit Garmond à Adrien. Vous ne manquerez pas de travail. Venez découvrir les arcanes de Libertés nouvelles.

Cela faisait un mois qu'Adrien avait pris ses fonctions de magasinier. « Chef magasinier », il était le seul, disait en riant Garmond. Il arrivait chaque matin, ponctuellement, par le train de sept heures trois et rentrait à Saint-Maur par le semi-direct de dix-huit heures cinquante-quatre. Sa silhouette un peu efflanquée était vite devenue familière à la quinzaine de personnes qui constituaient le personnel fixe de Libertés nouvelles.

Toujours prêt à rendre service, à rechercher sur les rayons poussiéreux un livre paru des années auparavant, oublié de tout le monde mais qu'un libraire avait commandé. Qui pouvait encore lire, par exemple, ce *Rendez-vous avec l'homme,* œuvre de « sociologie fraternelle » d'un illustre inconnu ? Adrien se posait la question et y jetait un œil. Pas deux, car le jargon philosophique de Pierre-Aimé de La Cluselle avait vite raison de sa curiosité. Quelquefois, le livre tombé sous sa main l'intéressait et il le lisait entièrement avant de l'expédier. Le critère de son choix était simple : il ne prêtait attention qu'aux ouvrages susceptibles de lui apporter quelque connaissance nouvelle. Apprendre était devenu son obsession. Pas pour le plaisir, mais pour tenir la promesse qu'il s'était faite de ne pas laisser passer une journée sans avoir enregistré une phrase qu'il jugeait forte, une idée lourde de sens, une précision géographique ou historique susceptibles de lui être utiles.

L'ascension sociale qu'il s'était fixée comme objectif commençait modestement par l'escalier du sous-sol. L'idée de « travailler aux étages » ne le quittait guère. Il attendrait le temps qu'il faudrait mais, il en était sûr, un jour M. Quentin lui dirait : « Adrien, tu as bien rempli ta tâche, le magasin est en ordre, tu peux maintenant être affecté au service... » Là, Adrien cessait de rêver. Son bon sens et son humilité de pauvre lui interdisaient d'envisager une préférence. Il ferait avec dévouement et application ce qu'on lui demanderait, pourvu qu'il ait le sentiment d'avoir gravi un échelon.

Cette opiniâtreté ne pouvait échapper ni à Quentin ni à Garmond, habitués à manier des idées et à louvoyer dans les méandres de l'esprit humain. Elle les surprenait et les émouvait.

– On sent une obstination farouche à forcer le destin chez ce garçon. Crois-moi, il n'a pas fini de nous étonner, disait Quentin à son ami.

– Tu as raison. Ce cerveau inculte, hanté par le savoir, m'intéresse. Je vais essayer de l'irriguer, de le modeler. Oui, je vais l'aider à gagner son pari. Car Adrien est un joueur. Je suis sûr qu'il est prêt à mettre un jour son âme sur le tapis vert de sa vie. Il faut le driver comme un cheval fougueux et imprévisible, lui donner confiance mais, aussi, freiner ses instincts...

On parlait souvent d'Adrien dans la famille. D'abord, il était revenu deux fois à La Varenne, ensuite, Madeleine, qui se targuait d'avoir la première remarqué ce garçon dont l'originalité étonnait, s'était mis dans la tête de l'aider à s'instruire et à s'épanouir. La petite Marie elle aussi s'intéressait à lui, même si elle se moquait en demandant à son père quand son protégé serait nommé directeur.

– Ne sois pas sotte. Ni cruelle, répondait sa mère. Dis-toi plutôt que tu as beaucoup de chance d'être née dans une famille assez fortunée et cultivée pour assurer ton éducation. Lui n'a rien...

– Mais il veut tout ! coupa Quentin. Il sera passionnant de voir comment va évoluer ce Rastignac de banlieue dont la volonté paraît commander le moindre de ses actes. Il me fait souvent peur. C'est à nous de canaliser cette énergie farouche. Il semble nous avoir été envoyé pour mettre à l'épreuve nos théories progressistes et généreuses. Avec l'aide de Dieu, nous devons en faire un homme avant qu'il ne devienne un fauve !

Adrien n'avait pas encore un tabouret à l'étage noble mais on l'y réclamait de plus en plus souvent pour accomplir de petites tâches, le charger de transmettre des messages urgents ou des plis confidentiels. Sa disponibilité était permanente, sa bonne volonté totale. Au début, il avait perçu le même salaire qu'à la poste, plus une indemnité pour ses frais de transport, mais il venait d'être augmenté. Quatre francs de plus par jour ouvrable, c'était une somme ! Qui l'obligeait pour la première fois à s'intéresser à l'argent. Devait-il remettre à sa mère le montant de cette augmentation modeste avec le reste de son salaire ? Il réfléchit et décida de lui annoncer qu'il prenait à sa charge son argent de poche, ce n'était pas grand-chose, et qu'il gardait le restant de son augmentation pour l'économiser.

Son cœur battait fort le jour où il alla déposer quatre-vingts francs, les premiers, au guichet de la poste de Saint-Maur. Quand le préposé lui tendit un livret de Caisse d'Epargne tout neuf, dûment rempli et tamponné, il pensa qu'il était sorti de l'état d'adolescence pour devenir un homme. Il possédait, ce qui n'était jamais arrivé, de l'argent à lui. De quoi rêver : il plongea avec délices dans le fameux petit ruisseau qui fait les grandes rivières.

Les premiers mois, Adrien jubila en voyant le montant de son patrimoine augmenter, puis, réfléchissant, il acquit la conviction que ce plaisir relevait de considérations absurdes et n'était autre qu'une volupté d'avare. Il venait de découvrir la loi première du capitalisme libéral, à savoir que l'argent n'est rien si l'on ne s'en sert pas. Et il décida d'investir ses économies dans son avenir, seule préoccupation de son existence présente. C'est le moment où il prit aussi conscience que ses vêtements miteux et rapiécés lui interdiraient, plus que son manque d'instruction, et jusqu'à ce qu'il les ait changés, l'accès tant convoité du premier étage.

Un soir, il demanda à quitter plus tôt son magasin et se rendit rue de Rivoli, chez Esder, un des temples de l'habillement masculin. Dans le hall, une sorte de nef, pendaient des centaines, peut-être des milliers de costumes, alignés comme à la parade. Un vendeur lui demanda d'un ton désinvolte, adapté sans doute à l'aspect miteux du client, ce qu'il désirait.

– M'habiller, monsieur ! répondit-il, superbe. Et de pied en cap. Cela vous convient-il ?

Le calicot perdit sa morgue et Adrien éprouva un vrai plaisir en ajoutant :

– Voyons d'abord un pantalon de golf !

Il en rêvait depuis si longtemps de ce pantalon de golf à la mode chez les garçons de son temps. Sa mère n'avait jamais pu le lui acheter malgré le crédit des bons de la Semeuse grâce auxquels les gens pauvres, en réglant une petite somme à l'encaisseur tous les quinze jours, réussissaient à se vêtir à la Samaritaine[1].

Adrien le choisit d'une couleur beige, unie, avec une veste à martingale assortie. Il acheta aussi deux paires de bas de laine à losanges verts, une cravate rayée et une paire de chaussures marron aux bouts ornés de petits trous. En quittant le magasin chargé d'un épais carton sur lequel s'étalait le nom d'Henri Esder, Adrien ne pensait pas qu'il déclarerait, bien plus tard, à un journaliste venu l'interviewer : « Mon ascension sociale part du moment où j'ai pu m'acheter un pantalon de golf. » Paroles qu'il regretta le jour où il apprit que ses collaborateurs, du haut en bas de l'échelle, l'appelaient entre eux « la Culotte ».

Le jeune Anthelme ne fut pas long à constater que son costume neuf lui valait une considération qu'il n'avait jamais connue. Il fut sûr d'avoir bien servi ses intérêts le jour où Madeleine Quentin, rencontrée dans l'escalier, lui dit, souriante :

– Mon petit Adrien, venez donc dîner un soir à l'appartement. Tenez, voulez-vous ce jeudi ? Robert a invité Loucheur qui, pour être ministre et brave homme, n'en est pas moins un sinistre raseur. Vous apporterez à notre dîner un peu de jeunesse et de gaieté.

Adrien avait rougi de plaisir et répondu avec modestie :

– C'est un grand honneur que vous me faites, madame. Mais ma tenue un peu... sportive, je n'en possède qu'une, va être déplacée. Un ministre...

– Taratata. Chez moi on s'habille comme on veut. Et puis, à votre âge, on peut tout se permettre. Vous aurez bien le temps de porter des pantalons gris à rayures, des gilets et des vestes noires. Moi je vous trouve très élégant.

C'est ainsi qu'Adrien Anthelme fit ses débuts dans le monde parisien à la table d'un ministre. Comme il était

1. La Semeuse : une invention de ce bon M. Cognacq qui avait compris depuis longtemps que beaucoup de petits clients rapportent plus que quelques acheteurs fortunés.

intelligent, il évita de parler. Il écouta sagement M. Louis Loucheur, titulaire du portefeuille du Travail et de la Prévoyance sociale, expliquer comment la loi sur les habitations à bon marché [1] qu'il venait de faire voter allait remédier à la crise du logement. A sa voisine, une dame forte à la voix aigrelette qui lui demanda s'il travaillait à Libertés nouvelles, Adrien répondit simplement : « Oui, madame, je suis un collaborateur de M. Quentin. » Garmond, qui avait entendu, sourit et pensa que « le lionceau » prenait de l'assurance.

Pierre Garmond aurait pu prétendre à une situation plus prestigieuse que celle qu'il occupait auprès de Quentin. Normalien, agrégé de philosophie, il avait quitté l'enseignement pour vivre à plein temps l'expérience spirituelle et politique de Libertés nouvelles. Catholique comme son ami, peut-être moins orienté à gauche que lui mais tout dévoué à la cause, il trouvait dans cette vie militante, qui lui offrait aussi une famille, une sorte de jouvence. Il approchait de la trentaine, que sa stature athlétique et son visage étrangement mobile et moqueur lui permettaient d'assumer avec élégance.

Garmond avait été marié et était devenu veuf très tôt à la suite d'un accident de montagne où sa femme avait laissé la vie. Lui s'en était miraculeusement tiré avec quelques contusions. Sa rencontre avec Robert Quentin l'avait sauvé d'une grave dépression suivie d'une crise de mysticisme qui aurait dû le conduire dans un monastère si Quentin n'avait su canaliser sa foi et son chagrin vers l'apaisement et le christianisme social actif des habitués de la rue de Tournon. Séduit, il s'était donné corps et âme au jeune parti et à son journal. Jamais Quentin ne prenait une décision importante sans lui demander son avis. Il l'avait décidé à venir habiter un petit appartement au dernier étage de l'hôtel particulier. Depuis, Garmond faisait partie de la

1. Qui deviendront les H.L.M.

famille où il entretenait, pour le bonheur de tous, la petite flamme de fantaisie et d'humour allumée naguère à l'Ecole normale supérieure.

Travailleur acharné, boîte à idées toujours prête à s'ouvrir, Garmond était capable de rédiger seul le journal dont il avait composé le sommaire. Les groupements politiques, de droite ou de gauche, laïques ou confessionnels, pullulaient, mais lui savait toujours trouver la note originale qui différenciait *Libertés nouvelles* du fatras des autres journaux, revues et associations. Son idéalisme était souriant, son anticonformisme aimable, et Quentin, mieux que quiconque, savait reconnaître que, sans le coup de patte inspiré et stimulant de son ami, il n'aurait pas pu donner à ses idées généreuses l'essor qui leur permettait de compter dans le paysage intellectuel et politique de l'époque.

La dernière trouvaille de Garmond avait été de vider la salle d'attente des vieilles revues et des périodiques qui faisaient crouler le guéridon Empire, dernier vestige du cabinet de travail de l'aïeul, le banquier Charles-Auguste Quentin. Il avait remplacé cette lecture hétéroclite par deux livres qu'il changeait chaque jour ou qu'il ouvrait à une nouvelle page. Le *Journal* de Gide succédait ainsi à Baudelaire ou à un passage des *Choses vues*.

– Pourquoi ce changement ? avait demandé Quentin, intrigué.

– Parce que cette lecture, pratiquement imposée, doit nous aider à situer et à juger d'entrée le visiteur que nous devons recevoir.

– Pardon, je ne comprends rien à ton histoire.

– J'explique. Il est peu probable que ce visiteur n'ait pas la curiosité de jeter un coup d'œil sur l'un de nos livres. Il suffit de l'amener habilement à en parler, à dévoiler ses pensées. On peut même lui poser carrément la question. Si les *Chroniques parisiennes* de Delphine de Girardin l'ont laissé de marbre, tu peux être sûr qu'il ne fera jamais un bon journaliste. Sans vouloir trop exiger de ce test innocent, je crois qu'il peut aider à connaître celui qui vient te proposer quelque chose.

– C'est bien là une idée tordue de normalien. Mais j'avoue qu'elle n'est pas sotte. On pourrait tout de même laisser à sa place habituelle le dernier numéro de *Libertés nouvelles*.

– Inutile. Si ton visiteur ne l'a pas ouvert avant de venir, il n'a rien à faire dans cette maison !

Un autre jour, il avait dit à Quentin :

– Nous devrions, dans chaque numéro, réserver la place d'un article à un adversaire politique. Ce n'est pas du masochisme mais une preuve de la confiance que nous avons dans nos idées. Et aussi un témoignage de notre tolérance.

– Bonne idée. L'article sera évidemment suivi d'une réponse.

– Non. Pas de commentaire immédiat. Restons prodigues de notre générosité. Quitte, bien sûr, à répondre plus tard.

En compagnie de tels maîtres, Adrien ne pouvait que s'épanouir, apprendre, réfléchir. Quentin, homme de parole, l'initiait à la politique, lui inculquait les grands principes de Libertés nouvelles, lui parlait des adversaires, des grands journaux quotidiens nationaux, tous propriété des trusts, des banques ou du Comité des forges. Garmond, lui, dirigeait ses lectures et les commentait. Quant à Madeleine, elle s'était juré d'apprendre à son protégé les règles de l'accord des participes. Chaque soir, avant d'aller prendre son train à la Bastille, Adrien devait faire une dictée, soigneusement composée afin qu'en dehors de l'orthographe elle lui apprenne quelque chose de nouveau.

Adrien supportait ce gavage avec courage, un gavage qui s'ajoutait aux tâches quotidiennes souvent pénibles. Elles consistaient le plus souvent au portage des plis urgents. La maison lui avait acheté à cet effet une bicyclette Hirondelle de la Manufacture d'armes et cycles de Saint-Etienne, « le modèle mi-course qui alliait la légèreté à la robustesse », et une gibecière dans laquelle il plaçait les enveloppes ou les paquets à livrer. Il la portait en bandoulière, comme les coureurs du Tour leur musette de ravitaillement, et appuyait avec conviction sur les pédales. La tâche n'était pas enivrante mais il avait du souffle et de bons mollets sous ses bas écossais. Il la préférait en tout cas à la relégation au sous-sol et elle avait le mérite de lui apprendre les rues de

Paris. Surtout, son occupation itinérante entrait dans la conception de son proche avenir : se montrer utile et dévoué en toute circonstance pour gagner un jour le septième ciel du premier étage.

Bien avant que cette ascension tant souhaitée lui fût permise, un incident compliqua sa vie d'une manière inattendue. Ce ne fut ni la fatigue, ni la maladie, ni une chute toujours à craindre quand on passe une partie de sa vie à se faufiler entre les taxis, les camions à chevaux et les tramways qui eut raison de sa vaillance. C'est le fond du pantalon de golf, usé par le frottement de la selle, qui rendit l'âme un jour à cinq heures, au croisement du boulevard Raspail et du boulevard Saint-Germain. La bonne dame de l'entrée para heureusement au plus pressé par une reprise presque invisible, et Garmond décréta que la déchirure fâcheuse était un accident du travail. Une indemnité de soixante francs fut accordée à Adrien pour remplacer sa culotte.

Le jeune homme avait reconstitué son magot. Il profita de sa visite chez Esder pour compléter sa garde-robe par l'acquisition d'un vrai complet de serge bleu marine avec un pantalon évasé dans le bas, tout à fait dans la note. Il n'hésita qu'un instant quand le vendeur lui demanda, option qu'il n'avait pas prévue, s'il prenait le gilet assorti. Il répondit par un « naturellement ! » décidé.

Une nouvelle fois, son instinct l'avait servi. Il s'en aperçut en entrant le dimanche suivant dans le jardin de La Varenne. Le costume bleu était sans doute un peu trop habillé pour un pique-nique, mais il n'était pas le seul dans son cas : un préfet hors cadre, le député radical de Saint-Maur et le chef de cabinet adjoint du ministre des Pensions mangeaient les rondelles de saucisson de Madeleine Quentin dans leur uniforme professionnel, un costume bleu marine en tout point semblable à celui d'Anthelme, décorations en plus naturellement. Les Quentin le félicitèrent et lui dirent qu'il faisait honneur à leur maison. La jeune Marie, qui étrennait une jolie robe d'organdi mauve, le regarda avec des yeux ronds :

– Mais, Adrien, vous voilà habillé comme un attaché

d'ambassade ! Remarquez, je vous préfère ainsi que vêtu de vos vieux vêtements.

– Et le gilet !... Marie, as-tu vu le gilet ? intervint Garmond d'un air un peu moqueur qui déplut à Anthelme.

Mais il ne voulait pas faire de la peine à son protégé et continua :

– Le gilet, depuis le fameux velours cramoisi de Théophile Gautier – je t'expliquerai demain –, est un symbole d'indépendance et de fidélité. J'ajouterai même d'ambition. Tu viens de faire sans t'en douter, mon cher Adrien, un grand pas vers le succès !

La récompense de tant de courage et d'opiniâtreté arriva au moment où Adrien s'y attendait le moins. C'était un jour de janvier, il avait plu et il rentrait trempé rue de Tournon après avoir été porter un message urgent au ministère des Finances. Tout de suite, l'atmosphère de la maison lui parut curieuse. Les portes claquaient au premier étage, Mme Bernard, la secrétaire de Garmond, s'agitait inexplicablement dans l'escalier. Seule Geneviève, la dame de l'entrée qui, avec le temps, avait pris la couleur des boiseries, semblait s'intéresser normalement à son courrier.

– Que se passe-t-il ? demanda Adrien.

– Comment, tu ne sais pas ? Robert se présente aux élections. Tout le monde est sens dessus dessous. Comme si cela avait beaucoup d'importance !

C'était un peu l'opinion d'Adrien. Il savait bien que Robert Quentin, outre son engagement spirituel, s'intéressait à la politique, le patron lui avait même expliqué un tas de choses là-dessus. Mais le mot « politique » n'évoquait en lui que des notions floues, bien éloignées de son univers de garçon à tout faire, à « tout faire bien » pour gagner un jour le droit de se rendre utile d'une autre façon. Se rendre utile ? Il ne savait pas que lui, petit coursier sans bagage, était devenu indispensable. Il fut donc étonné lorsque Garmond, croisé peu après dans le couloir, lui dit comme s'il s'agissait d'une chose qui allait de soi :

– Adrien, on va avoir besoin de toi. Le patron a cédé

aux instances de ses amis, comme on dit, il se présente aux élections. Je vais naturellement diriger la campagne et tu ne vas plus me quitter d'une semelle à partir de demain. Tu seras mon secrétaire, mon second, mon agent de liaison.

– Mais le travail ? Le magasin, les courses...

– Finies les courses. Tu passeras ton vélo au jeune que nous allons engager. Et c'est toi qui lui donneras des ordres.

– Je n'ai jamais donné d'ordres...

– Tu en donneras et tu t'apercevras vite qu'il est plus facile de les donner que de les exécuter.

– Je ferai tout ce que vous voudrez, monsieur Garmond, mais qu'est-ce, au juste, qu'une campagne électorale ?

– Une bataille cruelle au cours de laquelle le chevalier qui brigue les suffrages des électeurs doit être soutenu, aidé, conseillé par ses vaillants écuyers. Ceux-ci, nous en l'occurrence, devront le protéger contre les intrigues, les insultes, les coups bas et même les attaques physiques de ses concurrents. Nous devrons tout faire pour qu'il puisse exposer son programme dans la sérénité, développer ses idées, affirmer la foi, la générosité et l'abnégation qui l'animent.

– Ce sera facile. M. Quentin est si bon. Et il parle si bien ! Tout le monde votera pour lui.

– Hum ! Ce n'est pas aussi sûr que tu le crois. En attendant, tu vas devoir lire attentivement notre programme, en étudier les idées-forces, comprendre en quoi la foi chrétienne de progrès, de gauche si tu veux, se différencie de celle de la majorité des catholiques, hélas désespérément rétrogrades. Ce sont là des notions qui doivent te devenir familières. Elles sont d'ailleurs simples : foi en Dieu, foi dans la paix, foi dans la justice. On en reparlera. Tu sais, le travail qui t'attend est une marque de confiance. Tâche de ne pas nous décevoir.

– Monsieur Garmond, le grand Robert Quentin peut compter sur le petit Adrien Anthelme !

Garmond sourit, un peu ému par cet élan naïf, surpris quand même par la facilité avec laquelle son jeune protégé avait accepté une mission à laquelle rien ne le prédisposait. Décidément, le petit postier de La Varenne avait bien changé !

La grande aventure commença dès le lendemain. Pour la première fois, Adrien se trouvait intégré au cœur du mouvement, tout près des deux hommes qu'il admirait le plus : Quentin et Garmond. Les enveloppes collées dans la fièvre, le soir, avant d'avaler le repas froid préparé par Madeleine, les départs au crépuscule vers les banlieues blafardes dans la vieille B 2 Citroën des Quentin, « la première voiture tout acier », comme aimait à le répéter son propriétaire qui refusait obstinément de s'en défaire pour acheter une auto plus moderne, les préaux d'écoles cachées dans les ruelles d'Argenteuil, les discours enflammés de Robert, les invectives des contradicteurs, et les interminables commentaires du retour... Adrien était heureux. Il avait l'impression de vivre pleinement. Enfin !

Les réunions électorales finissaient souvent trop tard pour qu'il puisse attraper le dernier train de minuit douze et il avait pris l'habitude de dormir sur le vieux canapé du bureau de Quentin, situation inconfortable qui toucha la bonne Madeleine :

– Vous vous dévouez tellement pour la cause qu'il faut vous ménager, Adrien. Je vais vous faire préparer une petite chambre qui se trouve à côté de l'appartement de Garmond. Vous y serez mieux que sur ce canapé. Maintenant, vous faites partie de la famille !

Il avait mollement protesté :

– Je ne veux pas déranger. Vous êtes trop bonne, madame Quentin... Et puis, il y a ma mère qui va se sentir abandonnée. Je ne l'ai jamais quittée.

– C'est vrai, il ne faut pas, dans tout ce tintouin, oublier votre maman. Ne manquez pas de rentrer à Saint-Maur les jours où la campagne ne vous retient pas trop tard. Mais elle comprendra. Il s'agit de votre avenir...

Mme Anthelme comprit qu'elle perdait son garçon, que, certes, celui-ci ne l'abandonnerait jamais, mais qu'elle le verrait de moins en moins souvent dans le logement de Saint-Maur. Adrien lui avait décrit sa chambre rue de Tournon, coquette avec ses jolis rideaux brodés et sa couette rouge, sans compter la douche et les moelleuses serviettes de toilette que la bonne changeait régulièrement. La pauvre femme avait dit qu'elle était heureuse de voir son grand fils vivre dans un confort qu'ils n'avaient jamais connu. Elle avait caché son chagrin et, Adrien parti, avait pleuré. Elle avait encore pleuré les premiers soirs en se retrouvant seule devant son assiette de soupe aux poireaux. Et elle avait fini par s'habituer. Elle en avait tant vu, Mme Anthelme, qu'elle étouffa ce chagrin comme elle avait étouffé les autres, en priant et en se disant qu'Adrien était un bon fils, qu'il n'oublierait jamais de lui apporter chaque mois une partie de sa paie. Pour qu'elle vive bien, elle aussi, et qu'elle puisse s'acheter, chaque samedi, les deux bouteilles de vin bouché qui lui feraient la semaine. Non, elle n'avait pas de raison de se plaindre !

Un soir, alors qu'elle ne l'attendait pas, il lui apporta le dernier numéro de *Libertés nouvelles* et lui montra fièrement la photo où il apparaissait, souriant, magnifique dans son beau costume à gilet, à côté de Robert Quentin en train de parler sur l'estrade d'une réunion électorale. Elle fut encore plus flattée le jour où elle reçut une lettre de Mme Quentin, couverte d'une belle écriture haute et pointue sur un papier bleu ciel. Elle ne se lassa pas de relire la phrase où la grande dame lui disait qu'elle avait bien de la chance d'avoir un fils aussi gentil et intelligent. Et surtout les mots de la fin : « Votre Adrien nous étonne chaque jour. C'est un jeune homme très capable qui réussira. »

Il n'avait tout de même pas de bureau personnel mais on lui avait installé une table dans celui de Garmond. Avec soin, il rangeait son encrier, son porte-plume et ses crayons autour du beau buvard vert, encore que les travaux d'écriture ne constituassent pas l'essentiel de sa tâche. Il devait suivre la liste d'ordres que lui remettait Garmond chaque matin : téléphoner à telle mairie, à telle autre, à l'école d'Arnouville ou de Beauchamp pour retenir une salle, prévenir les adhérents et les abonnés du secteur, convoquer les membres du service d'ordre, presque tous militants des Jeunesses ouvrières chrétiennes ou anciens chefs scouts. Enfin, il avait accédé à ce premier étage tant convoité et il s'apercevait que le rêve perdait beaucoup de sa magie quand il touchait au réel. Mais il n'avait pas le temps d'avoir des états d'âme et goûtait pleinement aux sensations enivrantes ou amères de la responsabilité. Et il s'en tirait bien, Quentin et Garmond le lui disaient chaque jour.

Adrien avait vite compris quelles étaient les forces amies et celles que le mouvement combattait. Il aurait voulu se passionner davantage pour cette lutte que menaient avec foi et générosité ses amis, mais il se rendait compte que leur engagement politique avait finalement peu d'influence sur son esprit et qu'il aurait pu aussi bien servir les adversaires de Quentin si le destin en avait décidé autrement. Cette pensée qui l'effleurait de temps en temps n'entachait pas le respect ni l'admiration qu'il vouait à son patron et à Garmond. C'était pour eux qu'il travaillait, c'était pour eux qu'il se battrait s'il fallait se battre. Car les batailles n'étaient pas exclues des perspectives de la campagne où se trouvaient chaque jour davantage impliquées des forces agressives et organisées.

L'ennemi de Quentin n'était pas la vieille droite classique qui votait pour Poincaré ni le parti catholique soutenu par l'Eglise traditionnelle qui envoyaient aux réunions des contradicteurs courtois dont le talent d'orateur de Robert Quentin ne faisait qu'une bouchée. L'ennemi, c'étaient les Camelots du roi.

– Ils ne vont pas nous laisser encore longtemps tranquilles, avait dit Garmond.

– Pourquoi donc ? demanda Adrien. Le mouvement créé par Robert Quentin ne joue pas un rôle primordial dans la vie politique.

– Tu te trompes. Notre parti, encore que Robert déteste qu'on dise que Libertés nouvelles est un parti, n'est pas un parti de pouvoir, c'est un parti d'idées. Comme Action française dont le maître à penser est Charles Maurras. Mais lorsque nous défendons les libertés, la tolérance, le droit au savoir pour tous, les gens de l'A.F., comme on dit, prônent la prééminence d'hommes supérieurs, croient au rôle dominateur des minorités agissantes, défendent, servie par des intelligences brillantes et souvent talentueuses, une philosophie aristocratique. Quentin les gêne plus qu'Herriot, qu'ils méprisent. Et comme on parle beaucoup de la campagne du patron, il est sûr que les Camelots du roi, bras armé de l'idéologie maurrassienne, vont venir un de ces soirs nous faire des misères. Il vaut mieux le savoir pour mieux se défendre le cas échéant.

– Pierre (Adrien appelait maintenant Garmond par son prénom, familiarité qu'il jugeait être un important privilège), je ne comprends pas grand-chose à toutes ces histoires. La politique, vous savez...

– Tu es pourtant embarqué sur un bateau politique. Ne te tracasse pas, tu seras bientôt pris au piège de ce vaisseau fantôme. En attendant, il faut connaître ses adversaires. Pour les Camelots, rien de plus facile, il n'y a qu'à lire *L'Action française* que nous recevons avec toute la presse. Lis surtout les articles de Maurras et de Léon Daudet. Et dis-moi ce que tu en penses.

Avant qu'il eût eu le temps d'assimiler la doctrine maurrassienne, Adrien fut amené à faire connaissance avec les cannes ferrées de ses servants. Deux fois, les choses ne s'étaient pas passées trop mal. Quelques Camelots s'étaient introduits parmi les assistants d'une réunion électorale. Ils avaient essayé d'empêcher Quentin de parler, mais ils n'étaient pas de taille à mettre en difficulté un orateur tel que l'animateur de Libertés nouvelles. Fustigés par le verbe, ils avaient été chassés sans peine par le service d'ordre. Ils étaient revenus beaucoup plus nombreux une troisième fois à Gonesse, tous coiffés du large feutre noir qui les distinguait dans les bagarres et armés d'une solide canne avec laquelle ils frappaient le sol en cadence chaque fois que Quentin commençait une phrase. Cette fois, l'affaire était chaude. Le service d'ordre intervint. Il s'ensuivit une bataille générale, des échanges de coups de poing, des bancs cassés, et la réunion dut être interrompue. Trois gendarmes, arrivés à bicyclette, regardèrent partir les Camelots du roi avec leurs éclopés, assez contents de n'avoir pas eu le temps d'intervenir. Il ne restait dans la salle qu'une vingtaine de personnes favorables aux idées pacifistes de Libertés nouvelles et qui ne pouvaient que constater l'efficacité des partisans du roi : lunettes cassées, mobilier brisé, yeux pochés, lèvres saignantes témoignaient de la violence de l'empoignade. Adrien et Garmond, qui avaient défendu l'estrade, s'en tiraient l'un avec le front en sang, l'autre avec quelques contusions. Robert Quentin, indemne, souriait. Il n'en était pas à sa première bagarre et montrait fièrement le chapeau d'un ennemi dont il avait réussi à s'emparer.

Adrien n'était pas un violent. Jamais il ne se serait battu s'il avait pu l'éviter. Mais, ce jour-là, comme il l'expliqua à Garmond, il avait une mission à remplir et il défendit le patron avec détermination, cassant même une chaise sur la tête d'un Camelot.

– Dire que votre mari parlait du pacifisme lorsque ces brutes ont fait irruption ! dit-il à Madeleine Quentin qui, au retour des nouveaux croisés, avait transformé le bureau du maître en infirmerie de campagne.

– Chut ! Ne parlez pas. Nous allons panser votre front.

Deux jours durant, Adrien arbora un énorme pansement, assez satisfait de raconter son fait d'armes. Le doux Garmond, le pouce gauche emmitouflé dans une bande Velpeau, répétait qu'il fallait prendre des dispositions pour que des faits aussi scandaleux ne se reproduisent pas. Et il avait signé dans *Libertés nouvelles* un éditorial musclé intitulé « Marianne en danger de mort » qui se terminait par ces mots menaçants : « Si le gouvernement et la police laissent les faux patriotes de la Ligue de l'Action française de Maurice Pujo et les Camelots du roi, voyous armés du vice-amiral Schwerer, s'attaquer à nos libertés, nous les défendrons. Marianne née dans la défaite et le désordre en 1870 ne périra pas dans le sectarisme et la violence fomentés par des ligueurs criminels. La France aurait tort de continuer à vivre dans une euphorie factice quand ses ennemis la minent de l'intérieur ! »

La France, en fait, ne vivait pas si mal sous la houlette du bon président Doumergue, rappelé de sa retraite de Tournefeuille, depuis que Poincaré à la tête d'un gouvernement d'Union nationale avait rendu au franc une santé de bon aloi. Et puis, les quatre mousquetaires de la raquette, Cochet, Lacoste, Borotra et

Brugnon, ne venaient-ils pas de rapporter d'Amérique la Coupe Davis qu'ils allaient nous conserver six ans ?

En tout cas, Adrien, lui, n'avait jamais été aussi heureux. Il connaissait trop la pauvreté pour ne pas apprécier les charmes de la vie bourgeoise à laquelle il se sentait maintenant rattaché, tout en ayant conscience de la fragilité des liens qui l'unissaient au clan Quentin. Il avait lu, comme tout le monde dans la maison, l'éditorial de Garmond et avait été enthousiasmé. Si les idées et la doctrine philosophique de Libertés nouvelles lui passaient au-dessus de la tête, il était capable de comprendre l'indignation et la fermeté dont Garmond avait fait preuve. Il lui dit son admiration, qui était sincère, et crut bon d'ajouter :

– La prochaine fois, nous nous armerons. Nous aussi nous jouerons du gourdin et de la matraque !

Il ne comprit ni le sourire amusé qu'échangèrent Quentin et Garmond ni les prudentes paroles d'apaisement du patron :

– Calme-toi, Adrien. L'écrit est une chose, l'action en est une autre. Garmond a dit les phrases qu'il fallait mais il n'a pas annoncé que nous allions nous armer pour répondre aux attaques des Camelots. Ce ne sont pas quelques coups qui vont nous faire modifier notre stratégie électorale. C'est toujours par notre foi et nos idées que nous allons continuer de combattre.

Adrien ne put s'empêcher de penser que Robert Quentin parlait bien légèrement de l'échauffourée où, grâce au courage de ses militants, il n'avait pas reçu une égratignure. Comme le patron s'éloignait, il glissa à Garmond qu'un bon gourdin n'est pas toujours inutile pour défendre ses idées et que, pour sa part, il n'irait pas les mains nues à la prochaine réunion.

La bataille de Gonesse, qui avait un moment troublé la quiétude de « la rue de Tournon », fut heureusement la dernière de la campagne. Le scrutin proportionnel ne permit pas à Robert Quentin, malgré ses 15 065 voix, de faire passer sa liste. Tout le monde s'accorda pour dire que c'était tout de même un magnifique succès personnel et que, d'ailleurs, la non-élection du patron était une bonne chose car il aurait perdu son temps dans cette Chambre ingouvernable. Il avait tellement d'idées à mettre en œuvre !

Adrien, lui, avait gagné dans cette bataille électorale manquée le droit de figurer en meilleure place dans la famille de Libertés nouvelles. Il continuait, certes, à jouer les utilités ; pourtant, de plus en plus souvent, un petit bout de rôle important lui était confié. Malgré les progrès surprenants que son acharnement et celui de ses maîtres lui avaient permis de réaliser, les tâches rédactionnelles lui demeuraient étrangères, mais Garmond, qui suivait de près sa progression, n'avait pas été sans remarquer son goût pour les chiffres et sa facilité déconcertante à calculer mentalement. Ce don lui valut d'abord d'aider parfois Mme Charron, la comptable, puis de la seconder vraiment pour établir les comptes de fin de mois, les estimations demandées par le patron et les détails des bilans. Penché sur une interminable feuille de chiffres auxquels ni Quentin ni Garmond ne comprenaient grand-chose, il savait, au premier coup d'œil, découvrir la cause d'une erreur, chiffre mal formé ou calcul erroné. Ce talent mathématique, qu'il tenait peut-être de son grand-père, lequel avait été comptable adjoint à l'octroi de Paris, était constamment encouragé et sûrement pas étranger aux deux augmentations dont il bénéficia au cours de l'année 1928.

L'amélioration de sa situation transformait sa vie devenue soudain plus facile, plus agréable. D'abord, il put aider sa mère plus largement, ensuite, nombre de plaisirs lui devenaient accessibles. Mais sur ce point aussi il demeurait fidèle à la règle qu'il s'était fixée et veillait à ce que tout agrément fût utile et entrât dans le processus de son ascension sociale. Ainsi, quand il décida de prendre des cours de danse, n'était-ce pas seulement pour approcher les jeunes filles, mais, surtout, afin d'ajouter une corde à son arc de jeune pauvre ambitieux.

Il avait dressé, sur une page du cahier où il consignait les événements importants de son existence, la liste des atouts qu'il devait ajouter à son jeu. Sans ordre, il avait ainsi noté : adhérer à un club de tennis (la plupart de ses copains jouaient le jeudi et le dimanche, en beaux pantalons blancs, à la V.G.A. Saint-

Maur) ; apprendre à jouer au bridge (il n'aimait pas les cartes mais pensait que cela pouvait être utile) ; apprendre à danser ; étudier l'anglais, acquérir des notions de latin ? (le point d'interrogation et le mot « notions » laissaient percer le doute sur la réussite de l'entreprise) ; monter à cheval (il avait souligné cette perspective comme la suivante) : se renseigner sur la préparation militaire et les possibilités de devenir officier de réserve.

Ce programme, qui aurait fait sourire et se moquer quiconque en aurait eu connaissance, n'était ni puéril ni velléitaire. C'était le fruit d'une longue réflexion et d'une volonté farouche.

Adrien commença par le projet le plus facile : apprendre à danser. Il avait gardé dans son portefeuille le prospectus d'un cours situé rue Servandoni, derrière Saint-Sulpice. M. et Mme Duplantou, « professeurs certifiés », se disaient certains de faire de n'importe quel novice, dame ou homme, un parfait danseur en dix leçons. Suivaient, imprimées en élégante anglaise, les danses enseignées : valse, tango, one-step, fox-trot, boston et java.

Adrien découvrit au fond d'une cour la plaque de cuivre qui indiquait simplement « Cours de danse moderne ». Une petite entrée avec deux chaises et une porte vitrée d'où parvenaient les échos d'un piano franchement frappé et une voix qui comptait sans se lasser « une, deux, trois, une, deux, trois... ». Adrien attendit une pause et poussa la porte. Il eut à peine le temps de découvrir un grand salon au plafond pâtissier, aux murs recouverts d'un reps grisâtre et un groupe d'élèves de tous âges qui essuyaient leur front luisant de sueur. Déjà Mme Duplantou, forte femme aux seins de caissière et au maquillage incertain, se précipitait :

– Monsieur veut étudier la danse ? Comme il a raison de venir chez nous. Rien qu'à voir votre silhouette et l'aisance de vos mouvements (Adrien n'avait pas bougé), on voit que vous ferez un bon danseur. N'est-ce pas, Adrien ?

M. Duplantou s'appelait aussi Adrien et cette information ne fit pas tellement plaisir à Anthelme quand il vit arriver vers lui un petit monsieur à moustaches qui devait parfumer sa moumoute car il était évident qu'il portait une perruque et sentait la brillantine.

– Ma femme a raison, monsieur. Bientôt vous ondulerez dans les salons comme un poisson dans un aquarium et les cavalières se disputeront votre bras. Le cours collectif du mercredi s'achève dans un quart d'heure. Je vous propose d'y assister en spectateur. Vous aurez comme cela une idée de notre méthode connue dans le monde entier.

D'un geste, il montra sur le mur, encadré d'une baguette d'or, un diplôme de l'« Académie de danse de Knokke-le-Zoute » qui certifiait qu'Adrien Duplantou s'était vu décerner le premier prix de tango au championnat de 1921.

Adrien (Anthelme) s'assit à côté du piano que tenait Mme Duplantou et eut le temps de passer en revue la dizaine de jeunes et de moins jeunes personnes qui sautillaient à la queue leu leu sur le parquet ciré en essayant de suivre la musique. M. Adrien (Duplantou) faisait bien son métier. Il interpellait Mlle Denise ou M. Georges chaque fois qu'ils faisaient des pas trop courts et criait « le rythme ! le rythme ! » dès que la petite troupe se mettait à cafouiller.

– Nous allons finir la leçon par des danses avec partenaires ! s'écria tout à coup M. Duplantou. Attention ! soyez légers, ne touchez qu'à peine le parquet et souriez. La danse est avant tout un plaisir.

Les couples se formèrent, au hasard. C'est quand même la jeune fille la plus moche qui resta sur le carreau et le maître de danse se précipita :

– Venez, mademoiselle, que je vous emporte dans cette valse.

Adrien vit alors le petit homme ridicule et la grosse fille s'envoler sur le beau Danube bleu dont les vagues éclaboussaient le visage de Mme Duplantou transpirant sur son clavier. La jeune fille sans grâce devenait un elfe dans les bras de M. Adrien métamorphosé. C'était vraiment un très bon danseur. Il était, en tout cas, le professeur sérieux qui convenait au sérieux Adrien.

Garmond lui avait dit : « Chaque fois que tu te trouves dans une situation nouvelle, au milieu de gens que tu ne connais pas, exerce-toi à percer leur mystère, à les étudier, à deviner ce qu'ils pensent. Cette curiosité, devenue naturelle, te sera utile. »

Adrien trouva, au cours de M. et Mme Duplantou auquel il s'était inscrit pour douze leçons au prix de dix, en qualité de « journaliste », le groupe idéal pour suivre le conseil de Garmond et exercer sa psychologie. Aucun des personnages qui glissaient en cadence sur le parquet du diplômé de Knokke-le-Zoute ne ressemblait aux autres. Ils n'avaient qu'un point commun : leur présence saugrenue. Quelle motivation secrète poussait ce monsieur bedonnant, chauve et décoré des palmes académiques à étudier les pas croisés du tango argentin ? Passe encore pour la jeune fille laide que la danse transfigurait et qui, sans doute, voulait développer le seul don susceptible de lui donner quelque attrait, mais comment expliquer l'acharnement que mettait Mme Ducuir, bouchère de son état, ce dont elle était fière, à suivre le rythme effréné du paso doble ? Adrien, qui avait eu plusieurs fois cette cavalière un peu grasse mais charmante dans les bras, le lui avait demandé. Sa réponse avait été si embarrassée qu'il n'avait pas insisté. Garmond eût été intarissable sur le sujet, mais il ne voulait pas qu'on sache, rue de Tournon, qu'il prenait des leçons de danse.

A la douzième séance, M. Duplantou lui dit qu'il avait été un excellent élève, encore que ses pas manquassent trop d'aisance et que cinq ou six leçons supplémentaires s'imposeraient. Adrien lui répondit qu'un contrat était un contrat et qu'il pensait, lui, en savoir assez pour n'être pas ridicule sur une piste. Restait à attendre qu'une occasion lui permît d'exercer ses talents, de préférence avant qu'il ait oublié l'enchaînement subtil des figures du tango et de la valse.

Pour le bonheur de son avenir chorégraphique, Adrien rencontra quelques semaines plus tard, dans le train de Saint-Maur, un camarade d'école qui, lui, continuait ses études au collège Arago, place de la Nation. Il lui dit qu'il sortait peu afin de préparer son baccalauréat et qu'il ne s'autorisait qu'une distraction le dimanche : la matinée dansante organisée chaque semaine à l'hôtel Continental par les associations d'anciens élèves des différents collèges et lycées de Paris.

« Tu devrais venir, ajouta-t-il. Il y a un bon orchestre et un tas de filles en robes longues qui essaient de se caser. »

C'était exactement le genre de manifestation qui convenait à Adrien pour se lancer dans le monde des jeunes filles en fleurs. A ce propos, il rougit en pensant que Garmond lui avait vivement conseillé de lire le livre d'un certain Marcel Proust dont il ne se rappelait que le titre. Il lui était déplaisant de repenser au moment où il avait dû rendre le livre à son ami et lui avouer, honteux, qu'il n'était pas arrivé à en démêler les longues phrases et à s'accrocher au récit. « Dommage ! » avait simplement dit Garmond sur un ton où il avait cru déceler une nuance de mépris.

Le samedi suivant, Adrien alla voir sa mère et lui demanda de repasser le pli de son pantalon bleu marine.

– Où vas-tu ? Au bal ? questionna-t-elle en riant.

A elle, il confia qu'il avait pris des leçons et qu'il allait justement danser dans les salons de l'hôtel Continental, l'un des plus chics de Paris. Elle le regarda et essuya une larme :

– Je suis contente, mon garçon. Mme Quentin a raison, tu es en train de devenir un monsieur !

Depuis quelque temps, Adrien lissait chaque matin ses cheveux bruns à la Gomina Argentina dont les affiches du métro lui avaient révélé l'existence. Raie sur le côté, tête luisante comme des souliers bien cirés. C'était la mode et le jeune homme trouvait qu'elle lui allait bien. Ce dimanche d'octobre, il doubla la dose de gomina, se coupa sous l'oreille gauche en voulant se raser de trop près, opération qu'il ne maîtrisait pas encore, et, dans son costume bien brossé et repassé, descendit, content de lui, l'escalier de bois de l'hôtel de la rue de Tournon. Au premier, il croisa la dernière personne qu'il aurait voulu rencontrer, Pierre Garmond, qui rentrait de déjeuner chez Lipp, comme chaque fois qu'il ne prenait pas son repas à la table des Quentin. Garmond, c'était sûr, allait être intrigué de voir son protégé frotté comme un sou neuf à deux heures de l'après-midi, un dimanche. Et avec cela qu'il lisait si bien dans ses yeux qu'Adrien était incapable de lui mentir. Mais Garmond, s'il était curieux de tout ce qui concernait Adrien, aimait aussi à déconcerter. Il serra la main du gandin gominé, lui sourit en clignant de l'œil et lui dit simplement : « Amuse-toi bien ! »

Le bal, cette semaine-là, était organisé par l'Association des anciens élèves du collège Lavoisier. Le carton que lui avait passé son camarade, Roger Givry, précisait que l'entrée se faisait rue Rouget-de-l'Isle et qu'une « tenue soignée » était de rigueur. Adrien passa rue de Castiglione devant l'entrée principale flanquée de plantes vertes et contourna la masse imposante de l'hôtel, né dans les fastes du Second Empire. Dans la rue, derrière, sous une immense marquise de verre, une queue composée surtout de jeunes filles lui montrait la porte à tambour de l'aventure.

Il faisait encore chaud en ce début d'automne. Il pénétra dans l'immense salon où un orchestre de smokings lâchait avec entrain son premier fox-trot. Seuls quelques couples occupaient le parquet, mais la chaleur était déjà étouffante. Il se félicita d'avoir laissé son gilet dans sa penderie et décida d'explorer les lieux qui faisaient penser que l'architecte n'avait pas su choisir entre le marbre du temple grec et le stuc de l'époque. Adrien, lui, trouvait ce décor grandiose. Comment l'enfant des banlieues aurait-il pu imaginer qu'il existait en plein Paris un tel espace où seules quelques grandes peintures d'illustres inconnus échappaient au délire de l'or ? Encore ignorait-il qu'Eugénie avait habité l'hôtel Continental au moment de la destruction des Tuileries et que Victor Hugo, dont Garmond venait de lui faire apprendre « Oceano Nox », avait fêté sous ce plafond flamboyant son quatre-vingt-unième anniversaire.

Les jeunes filles, presque toutes en longues robes de bal qui sentaient un peu la sueur et beaucoup la main de la maman ou d'une couturière de quartier, se tenaient par petits groupes dans les angles, apparemment indifférentes aux garçons qui, comme Adrien, n'osaient pas les regarder et encore moins les inviter à danser. Adrien pensait qu'il fallait patienter, regarder comment les habitués s'y prenaient, repérer celles qui lui paraissaient les plus jolies et, surtout, attendre que le bal fût vraiment lancé avant de proposer un tango à la jeune fille qui aurait le redoutable privilège d'être la première à juger l'art pédagogique de M. Duplantou.

Heureusement, Roger Givry arrivait, désinvolte, comme en pays conquis. Il félicita Adrien d'être venu et lui demanda s'il avait déjà dansé. Il rit quand son ami lui fit part du trac qui le paralysait et le persuada que, s'il n'était pas trop difficile, il pouvait trouver dans la minute une cavalière.

– Tiens ! s'écria-t-il. Voilà Sophie à qui j'ai offert une orangeade la semaine dernière. Elle danse bien et est accompagnée d'une petite assez agréable. Viens, je vais te présenter.

C'est ainsi qu'Adrien Anthelme invita à son tour Raymonde à boire une citronnade après avoir fait consciencieusement le tour de ses connaissances chorégraphiques. La fille était gentille, elle lui fit avouer qu'il était un danseur débutant et lui donna quelques conseils pratiques, dont celui d'oublier les pas compliqués enseignés par son professeur et de se contenter de suivre la musique... et sa cavalière. A six heures, il la raccompagna jusqu'au métro Concorde. Bien qu'il se sentît les jambes lourdes, il se dirigea vers la rue de Tournon. Cette journée, qui ne ressemblait à aucune autre, le laissait pensif. Il avait besoin de réfléchir, d'en peser le pour et le contre pour essayer de déterminer si le plaisir relatif que la danse lui avait procuré valait la perte d'un après-midi de travail et de lecture. Finalement, il se dit que l'expérience constituait une ouverture sociale non négligeable et qu'il ne tarderait pas à en récolter les fruits. Rasséréné, il préféra rentrer à Saint-Maur, son vrai port d'attache, et prit le métro à Chambre des députés pour rejoindre la Bastille.

Le lendemain, pour la première fois, Garmond lui demanda d'assister à la conférence du lundi qui réunissait chaque semaine les cinq ou six principaux collaborateurs de la maison.

– On va parler de la publicité, avait-il dit, et j'ai suggéré au patron de te demander de venir. C'est une branche où nous sommes très faibles, pour ne pas dire inexistants. Tu écouteras et tu nous donneras ton avis. Ton sens pratique, ton goût pour les chiffres peuvent être utiles.

Adrien avait rougi de bonheur. La conférence du lundi représentait pour lui une institution d'un prestige inouï. Il n'aurait pas été plus étonné ni plus flatté d'être invité au Conseil des ministres. Jamais il n'aurait jugé possible de s'asseoir avant de longues années à la table couverte de feutrine verte.

Sa participation au conclave, même si elle était exceptionnelle, en surprit plus d'un. Les anciens du cénacle, Lachenal le secrétaire de rédaction, Thirion son adjoint, Bernstein le chef de fabrication, Cassin le maquettiste, qui, sans le dire, trouvaient que le protégé des patrons marchait un peu vite derrière eux, l'accueillirent pourtant avec bienveillance. Adrien leur avait souvent rendu service, et tous, sauf Cassin qui ne l'aimait pas, éprouvaient de la sympathie pour le jeune audacieux.

Sagement assis à un bout de la table de conférences, il écouta Robert Quentin déclarer qu'aucun journal au monde n'avait aussi peu de publicité et ne faisait rien pour en avoir. « Cela ne peut pas durer ! » conclut-il avant de passer la parole à Garmond, véritable instigateur de la réunion. Celui-ci avait eu beaucoup de mal à convaincre Robert Quentin qu'il était absurde de continuer à considérer la publicité comme une valeur corruptrice dont *Libertés nouvelles* devait se méfier, quitte à se priver de ressources.

Garmond offrit ce matin-là à ses auditeurs, comme cela lui arrivait souvent, un exposé de pur style normalien.

– Je vais vous citer, commença-t-il, deux petits textes. L'un attaque la publicité, l'autre la défend. Voici le premier : « La publicité, un des plus grands maux de ce temps, insulte nos regards, falsifie toutes les épithètes, gâte les paysages, corrompt toute qualité et toute critique. » Il est de Paul Valéry. Et le second d'Aldous Huxley : « J'ai découvert la forme littéraire la plus passionnante et la plus ardue d'entre toutes, la plus difficile à posséder, la plus féconde en possibilités curieuses, je veux parler de la publicité. »

« Comme toujours, le bon sens commande de choisir le juste milieu. Peut-être, en effet, un journal gagnerait-il quelque honneur à bannir la publicité de ses colonnes. Mais c'est un luxe que *Libertés nouvelles* ne peut s'offrir. Les comptes ne sont pas bons et la fortune comme la générosité de notre directeur-fondateur ne sont pas inépuisables. Alors ? Que devons-nous faire ? Développer, et même créer, car il n'existe que sur le papier, le service de publicité. Thirion va s'en charger et nous devons tous l'aider. Je vous écoute. Donnez franchement votre avis.

Lachenal dit qu'on devait engager un courtier, Bernstein qu'il fallait confier la régie de publicité à une agence, Cassin qu'il était temps de renouveler la maquette pour allécher à la fois les lecteurs et les annonceurs. Tout cela était bien banal et témoignait de l'amateurisme qui régnait dans la gestion de *Libertés nouvelles.*

Adrien avait remarqué la moue de Garmond et se demandait ce qu'il allait bien pouvoir dire si on lui donnait la parole. Naturellement, on la lui donna. Il toussota pour se donner de l'assurance et lâcha sans grande conviction la seule idée qui lui était venue à l'esprit :

– Puisque les annonceurs commerciaux nous boudent, pourquoi ne pas être plus modestes dans nos intentions et créer en priorité une rubrique de petites annonces ? Nos lecteurs, M. Quentin nous le rappelle souvent, constituent une grande famille de pensée. Ce ne sont pas de puissants industriels ni des financiers, mais des membres de professions libérales, des petits patrons, des artisans qui sans doute cherchent du personnel ou qui ont simplement besoin de montrer qu'ils existent. Ils n'achèteront jamais un placard de réclame mais souscriront facilement à une annonce de quelques lignes. Pourquoi ne pas leur offrir un mode de communication à leur portée ?

Un silence s'ensuivit et Robert Quentin, qui n'avait soufflé mot depuis sa brève déclaration du début, lança de sa voix bien timbrée :

– Enfin, quelque chose de concret ! Adrien Anthelme, je te félicite. Tu veux exploiter notre singularité et tu as raison. Qu'en penses-tu, Pierre ?

Garmond était aux anges. Quel chemin avait parcouru en dix-huit mois le petit postier ! Que son élève fût capable aujourd'hui d'avancer une idée originale et de l'étayer d'arguments corrects le comblait d'aise. Lui aussi félicita Adrien devant l'aréopage un peu déconfit :

– Sais-tu que la publicité dans les journaux a débuté par des petites annonces ? Au XVIIIe siècle elles connurent une grande faveur...

L'agrégé se fit plaisir en continuant :

– Vers 1750, j'ai oublié la date précise, l'abbé Aubert créa même un journal qui leur était entièrement consacré. Il s'appelait *Les Petites Annonces*. Le plus difficile va être de lancer la machine. Adrien, nous allons mettre au point avec Thirion une stratégie. Vive les petites annonces de *Libertés nouvelles* !

A. A., comme on l'appelait de plus en plus souvent, n'avait pas inscrit le mot « publicité » dans son cahier. C'est pourtant sur elle, plus que sur la danse et le bridge, qu'il allait construire son irrésistible réussite.

Lors de la réunion du lendemain avec Garmond et Thirion, il annonça qu'il avait réfléchi :

– Pour amorcer la pompe, il n'est pas question d'attendre que les premières annonces nous arrivent en réponse à un appel du journal. Il faut aller les chercher ! A partir de demain je reprends ma bicyclette et vais aller rendre visite à tous les abonnés et lecteurs que nous aurons sélectionnés. Si d'ici à quinze jours je n'ai pas réuni de quoi publier deux pages de petites annonces, je vous donne ma démission !

Garmond éclata de rire.

– Je la refuse d'avance car tu vas réussir. Tu sais que je t'aime quand tu te flanques des coups de pied au cul pour t'encourager ! Va avec Thirion fouiller le fichier des lecteurs. A propos, combien peuvent nous rapporter deux pages de petites annonces ?

Adrien étonna encore une fois son maître en sortant un papier de sa poche.

– Je l'ai calculé. A dix francs la ligne, cent annonces d'une moyenne de cinq lignes rapporteront cinq mille francs.

Garmond hocha la tête et s'en alla raconter la scène à Robert Quentin qui corrigeait les épreuves de son prochain article intitulé : « De la lumière pour éveiller ceux qui dorment », une citation de Goethe.

2

AVOIR VINGT ANS SOUS LA IIIe RÉPUBLIQUE

1929-1930. *Hergé crée le personnage de Tintin* (Tintin au pays des Soviets) – *La première « caravane », le camping-car, nous vient des Etats-Unis – Trotski expulsé d'Union soviétique – Mort du maréchal Foch – Williams, sur Bugatti, remporte le premier Grand Prix de Monaco – Alain Gerbault achève son tour du monde en solitaire – Quarante-huit nations signent la Convention de Genève sur les prisonniers de guerre – Aristide Briand lance l'idée des États-Unis d'Europe – 24 octobre 1929, jeudi noir : le krach de Walt Street – Mort de Georges Clemenceau – Développement des « kolkhoses » en U.R.S.S. – Inauguration de l'Institut du cancer à Villejuif – André Leducq, vainqueur du Tour de France – Grand Prix du disque à Lucienne Boyer pour* Parlez-moi d'amour – *Raz-de-marée national-socialiste aux élections allemandes.*

Durant un mois, on ne vit pratiquement pas Adrien rue de Tournon. C'est à peine s'il passait voir Garmond, le soir, en venant ranger sa bicyclette. Au début, Pierre lui avait demandé où en étaient ses démarches, mais A. A. – décidément, il aimait bien qu'on l'appelle comme ça – avait répondu évasivement :

– Je n'en sais rien. Je travaille beaucoup pour essayer de gagner mon pari mais il est trop tôt pour savoir si j'ai des chances de réussir.

Garmond respectait cette réserve qui, pensait-il, était plutôt de bon augure :

– Libre à toi de garder le silence, mais tu m'inquiètes à te dépenser autant. Madeleine Quentin trouve que tu n'as pas bonne mine et que nous sommes fous de te demander autant d'efforts. Comme si on y pouvait quelque chose !...

Adrien ne répondit pas. Dès neuf heures, le lendemain, il repartait en danseuse sur son vélo à la chasse des lignes qui lui manquaient pour remplir les deux pages de son contrat.

Un soir, il entra comme d'habitude chez Garmond qui ne lui posa pas de questions mais le fixa avec attention. Il avait surpris dans son regard comme une lueur de triomphe.

– Pierre, ça y est ! dit-il calmement. J'ai mes deux pages d'annonces. Peut-être même que nous serons obligés de déborder.

Garmond, qui n'avait jamais douté – pourquoi ? – de la réussite de son protégé, lui répondit d'un ton aussi mesuré :

– Cela ne m'étonne pas. J'ai toujours cru que tu arriverais à tes fins. Mais jusqu'où te mèneront tes fins, déconcertant A. A. ? En attendant, viens, je t'emmène dîner chez Lipp. Tu me raconteras tout en mangeant ta choucroute. Mais attention. Je ne t'invite pas n'importe où. Lipp, c'est une institution, c'est un club où se retrouvent des gens d'opinions et de professions différentes, des artistes, des écrivains, des hommes politiques qui viennent davantage dans ce lieu magique pour goûter le plaisir d'une conversation intelligente que pour se nourrir.

– J'ai souvent rêvé qu'un jour vous m'inviteriez chez Lipp.

– J'attendais l'occasion. Ah ! Regarde bien le monsieur en costume marron qui va nous accueillir. C'est Marcellin Cazes, le propriétaire. Son histoire doit t'intéresser. Il n'est pas né dans une banlieue pauvre, mais à Laguiole, au cœur de la montagne d'Aubrac. Berger dès dix ans, il est monté à Paris quatre ans plus tard et a livré des sacs de charbon chez un bougnat avant de devenir garçon de bains à domicile.

– Garçon de bains à domicile ?

– C'était quelqu'un dont le curieux métier consistait, à la fin du siècle dernier, à apporter sur commande, à domicile, une baignoire de cuivre et de l'eau à bonne température pour la remplir. Marcellin Cazes m'a raconté qu'il disposait d'une voiture à bras chargée d'une citerne. Arrivé à destination, il revêtait un grand tablier blanc, montait d'abord la baignoire, puis l'eau chaude. Lorsque le client avait pris son bain, il fallait vider la baignoire sans renverser la moindre goutte d'eau dans l'appartement ni dans l'escalier, puis revenir remplir la citerne chez le patron et recommencer l'opération auprès d'un autre client. Après des années d'un travail épuisant, Marcellin, qui avait économisé sou par sou, a loué une petite boutique de vins et charbon, puis un bistrot, un plus grand et, enfin, en 1920, c'était il y a près de dix ans, acheté cette brasserie Lipp qu'il a peu à peu transformée et dont il a fait ce monument de la vie parisienne.

Adrien avait écouté en silence Garmond raconter l'histoire de la famille Cazes. Il dit un peu plus tard :

– Vous voyez, Pierre, qu'un petit pauvre peut devenir un homme riche et important.

– Cela se peut, mais c'est rare. Toi, tu as l'étoffe pour réussir.

Marcellin Cazes avait de l'admiration et de la considération pour Garmond dont l'érudition était reconnue bien au-delà de la porte à tambour de la brasserie. On ne connaissait pas grand-chose de la vie de ce garçon bohème, sauf qu'il était l'ami et l'homme de confiance du grand Robert Quentin, qu'il tutoyait Malraux et Saint-Exupéry et que ses connaissances encyclopédiques l'avaient fait surnommer « Pic de la Lippandole » par son ami Léon-Paul Fargue.

Adrien fut étonné de la célébrité dont jouissait son protecteur. Marcellin s'était précipité dès qu'il l'avait vu et des mains se tendaient de toutes parts tandis qu'il guidait son jeune invité vers la table que lui avait désignée le patron, sur le rang de droite, celui réservé, sous les grands miroirs, aux habitués les plus prestigieux, d'où on était sûr de tout voir et d'être vu.

A. A. ouvrait de grands yeux devant le spectacle étonnamment mobile qui se déroulait entre les tables, surtout le ballet des garçons dont Garmond lui détailla l'uniforme :

– Songe, petit, combien la kermesse lippienne perdrait d'élégance et d'unité si les garçons, choisis tous de haute taille, ne portaient pas l'uniforme qui en fait les grands prêtres du temple de la bière et de la choucroute. Pantalon noir, chemise blanche, nœud papillon, « gilet à monnaie » en gros grain noir et, enfin, le « rondin », cet énorme tablier blanc empesé comme une colonne de marbre grecque. Ce chef-d'œuvre vestimentaire n'a certes pas été dessiné par Michel-Ange, mais il fait partie de l'institution comme la tenue des gardes suisses fait partie du Vatican !

Garmond parlait, parlait. Il était chez lui, il était heureux de faire partager son plaisir à Adrien. A mi-voix, il lui désignait les célébrités du jour : André Salmon, Drieu La Rochelle, des noms qui ne disaient pas grand-chose au jeune garçon et dont il lui dressait le portrait en quelques traits incisifs.

La table à côté était occupée par une sorte de géant barbu et souriant qui expliquait à une jeune femme les mérites du cervelas-rémoulade. Il parlait fort et, malgré son accent, Adrien et Garmond étaient obligés d'entendre ce qu'il disait. D'ailleurs, il prenait souvent à témoin Pierre qui l'avait salué d'un sourire en arrivant :

– Quand je suis venu à Paris avec ma douce Hadley, nous n'avions pas un sou. Ce sont les pommes à l'huile et le cervelas de Lipp qui nous ont sauvés grâce à leur prix modique et à leur forte valeur nutritive. Croyez-moi, ma chère, aucune fringale ne résiste aux saucettes dans l'huile d'olive où marinent benoîtement des pommes de terre coupées en rondelles. Quant au cervelas, regardez celui que vient de m'apporter le garçon. Coupé dans le sens de la longueur, sa chair rosée baigne dans cette sauce onctueuse à la moutarde qu'on appelle ici rémoulade. Tiens, j'ai fini mon demi. Je vais commander un « distingué ». Faites comme moi [1].

Tandis que le barbu continuait à discourir, Garmond expliqua discrètement à Adrien :

– C'est Hemingway, un journaliste américain qui écrit des livres magnifiques. Il vient de publier *L'Adieu aux armes* qui obtient un grand succès en France comme aux États-Unis. Je viens de le terminer et te le passerai.

– Merci. Ecoutez, Pierre, il y a une question que je n'ai jamais osé vous poser : pourquoi, vous qui écrivez si bien, si facilement, qui avez lu tous les livres, ne publiez-vous pas un roman ? Puisque vous semblez tant admirer cet Hemingway...

– Tu touches là un point sensible, tu relèves une certaine impuissance contre laquelle je ne peux rien. Tu vois, *L'Adieu aux armes* est un livre que j'aime mais que je déteste en même temps car je sais que je ne peux pas écrire quelque chose d'aussi réussi. Alors, je publie de temps en temps un essai, un livre de philosophie. Mais il est évident que la vraie littérature c'est le roman... Allons, je t'exprime mes faiblesses mais c'est toi qui as des choses à me raconter. Alors, A. A., ces annonces ?

1. Dans *Paris est une fête,* Ernest Hemingway a longuement parlé de ses habitudes chez Lipp, de son goût pour le cervelas de la maison et du fameux « distingué », chope contenant un litre et demi de bière.

– Deux pages et quart. Plus de cinq cents lignes de vélo ! Car j'ai dû pédaler pour aller les dénicher ! Tenez, voici le dossier avec l'enregistrement de toutes les commandes. Il y en a pour plus de six mille francs. Je rapporte même en supplément une demi-page pour les Vêtements Henri Esder. C'est là que je m'habille et, au culot, j'ai été voir le patron. C'est un homme sympathique qui m'a écouté lui raconter mon histoire, le journal, mon pari que je considère, ai-je ajouté, comme mon entrée dans la publicité. Quand j'ai eu fini, il a ri et m'a dit : « Mon petit, moi aussi je suis parti de rien. Un dé à coudre et des épingles. C'est tout. Avec ça j'ai taillé la marque Esder, la plus importante de France. Alors je vais t'aider. D'abord, puisque tu as choisi ma maison, je vais t'offrir une veste grise à rayures bleues comme on en porte maintenant. Et puis retenir un bon emplacement publicitaire dans ton journal. Je connais *Libertés nouvelles*. Je ne suis pas chrétien, mais Robert Quentin est un homme courageux et désintéressé qui me plaît. »

– Bravo, A. A. ! s'écria Garmond. Je crois que j'ai visé juste en te proposant de t'occuper de la publicité. Cela semble t'intéresser plus que le journalisme. Tu as peut-être trouvé ta voie...

– Que voulez-vous, j'ai compris que je ne pourrais jamais faire un bon journaliste. Pas seulement à cause de l'orthographe. Vous et Mme Quentin m'avez fait faire de gros progrès, mais je suis encore un ignare. Tandis que la publicité... Je crois que je peux plus facilement y faire mon trou. Et puis c'est un métier qui peut rapporter beaucoup d'argent.

– Tu as sans doute raison mais, quand tu parles ainsi, je trouve que tu es bien loin des idées de Robert Quentin. Et des miennes. Moi qui n'ai jamais réussi à mettre trois sous de côté !

– Mais je vous aime et vous admire tous les deux ! Seulement je n'ai pas une âme de saint. J'ai trop manqué d'argent pour ne pas m'y intéresser.

– Cela ne m'empêche pas d'être fier de toi. Méfie-toi pourtant de l'argent. Sache qu'il ne remplace pas la connaissance. Gagne des sous, mais continue d'apprendre !

Un autre habitué vint dire bonjour à Garmond et lui demander des nouvelles de Robert Quentin avant d'aller s'installer un peu plus loin, à une table où on l'attendait.

– C'est Louis Barthou, dit Garmond. Un ex- et futur ministre du centre droit. Ses idées sont à cent lieues de celles de Libertés nouvelles mais, tu vois, comme la plupart des hommes politiques de tous horizons, il admire et respecte le « grand Quentin »... Mais il y a quelque chose de plus surprenant chez ce parlementaire illustre. Il est capable de réciter par cœur, et à la demande, n'importe quel passage de Victor Hugo. Tel que tu le vois, il ne faudrait pas insister beaucoup pour qu'il déclame une tirade d'*Hernani*. Cela est déjà arrivé. Je me rappelle, c'était dans la salle du fond. On l'a plus applaudi qu'à la Chambre !

– Et celui-là ? demanda Adrien en désignant un homme un peu rond dont les yeux furtifs balayaient la salle comme des phares d'auto dans les tournants d'une côte.

– Tu le connais. Je t'ai fait lire certains de ses articles. C'est Léon Daudet.

– De *L'Action française* ? J'ai trouvé qu'il écrivait bien. Et drôlement.

– Si l'on veut. Il est vrai qu'il possède l'art inimitable de ficeler ses adversaires dans le ridicule. Par exemple, Herriot est pour lui « un costaud de saindoux dans un caleçon de tulle illusion », Poincaré « le nain de Lorraine à âme de bois dans un corps de papier », et Clemenceau « une tête de mort sculptée dans un calcul biliaire ».

– C'est très méchant.

– Oui, mais tout de même moins que de venir nous casser la gueule lors de nos réunions.

Adrien rentra enchanté de sa soirée. Sur le pas de sa porte, voisine de la sienne, Garmond lui serra la main en le félicitant encore de sa réussite. Il ajouta :

– Bonsoir, petit. Si je t'ai appris aujourd'hui à aimer Lipp, ce lieu magique où se joue chaque soir un acte nouveau et inédit de la vie parisienne, je n'ai pas perdu mon temps. Toi non plus. Le père Cazes, sois-en sûr, a enregistré ta bobine dans son crâne de taureau auvergnat. Il te trouvera toujours une place pour manger le cervelas des pauvres un jour de dèche.

– Malheureusement, tous ces gens, vos amis, que nous avons rencontrés ce soir, je n'oserai jamais les côtoyer. Ils sont bien trop instruits pour moi...

– N'exagère ni leur intelligence ni la modestie de tes connaissances. Va tranquillement chez Lipp quand tu en as envie pour manger, regarder, écouter. C'est, je te l'assure, une bonne école.

Adrien écrivit « Lipp » sur son cahier de résolutions. C'était une étape qu'il n'avait pas prévue mais, puisqu'il l'avait franchie, il la rangeait avec conviction dans l'aide-mémoire de son évolution programmée, en ajoutant une note reconnaissante pour Garmond.

Plus importants étaient les succès qui couronnaient ses débuts dans la publicité. « La réclame, c'est ton affaire ! » lui avait dit Robert Quentin en personne. Cette phrase, lancée au cours d'une réunion, il l'avait prise pour un blanc-seing et, avec l'accord tacite de Garmond, il s'était lancé dans de nouvelles tentatives. Pour lui, les petites annonces n'étaient qu'un tremplin pour aller plus loin, plus haut dans une spécialité dont il entrevoyait les flamboyantes possibilités. Il s'était étonné auprès de Garmond de l'absence de la publicité institutionnelle dans le journal, celle des grandes banques, du chemin de fer, du ministère des Finances qui inondaient de leurs placards de nombreux hebdomadaires, quotidiens ou revues. « Il s'agit moins de rechercher une clientèle que de faire plaisir à des gens dont on peut avoir un jour besoin », avait expliqué Garmond.

– C'est dommage, constata Adrien. *Libertés nouvelles*, avec son image, le prestige de son directeur et la qualité de ses lecteurs, correspond sûrement aux normes requises pour bénéficier de cette manne. Mais il faut la solliciter sans doute. Pourquoi personne ne s'en est occupé ?

– Robert Quentin s'est toujours refusé à aller quémander un argent qu'il juge impur. Il aurait l'impression de se faire acheter, d'aliéner sa liberté d'expression. C'est beau, c'est noble, mais le journal va se retrouver en faillite et Quentin à moitié ruiné.

– Je n'ai pas ces scrupules. Vous non plus, je crois. Alors laissez-moi faire. Je vais partir en campagne et, si nous réussissons à apporter au patron les contrats qui sauveront son journal, il sera bien forcé de les accepter.

– Voilà bien une chose que je n'aurais jamais osé faire ! Tu veux ma bénédiction ? Tu l'as ! Si Dieu proteste, je m'arrangerai avec lui. En attendant, ne parle à personne de tes démarches.

Adrien dès lors s'informa, éplucha les journaux, les revues, découpa et classa les annonces par catégories, assiégea les bureaux officiels et fut tout étonné d'obtenir assez facilement ce qu'il demandait.

– C'est à croire, dit-il à Garmond, que les dispensateurs de fonds officieux n'attendaient que moi et *Libertés nouvelles* pour ouvrir leur tiroir-caisse. J'ai quatre ordres pour le mois prochain et j'en attends d'autres. Il n'y avait qu'à se présenter. J'en suis encore ébahi !

– Ne révèle jamais qu'une tâche a été aisée quand ceux qui te l'ont confiée la croient difficile. Roué comme tu l'es, cela m'étonne que tu n'aies pas pensé à cela !

– Mais c'est à vous seul que je me confie. Vous savez bien que je ne peux pas vous cacher quelque chose.

– Merci. J'espère que cela continuera car, au train où tu vas, tu commettras forcément des erreurs que je pourrai peut-être t'épargner. Tu sais que je prends autant de soin que toi à ta réussite.

– Pourquoi ?

– Parce que tu es un cas. Et les cas m'intéressent...

Robert Quentin, mis devant le fait accompli, avait protesté pour la forme et accepté des annonces pour l'emprunt de la Société de distribution d'électricité, pour le Crédit foncier et pour la Compagnie du P.L.M. qui lançait le Train bleu vers les plages enchantées de la Côte d'Azur.

– Après tout, avait-il dit, le gamin a raison, une fois de plus. Je ne vois pas en quoi le fait de passer une publicité pour les chemins de fer m'empêcherait, si la nécessité s'en faisait sentir, d'écrire que cette compagnie est gérée en dépit du bon sens.

Aussitôt, sur la demande de Garmond, il avait permis à Adrien de s'installer, avec un téléphone, dans un petit bureau du premier qui servait à entreposer des dossiers qu'on pouvait très bien transférer au sous-sol. C'était une erreur. Et c'était Garmond qui l'avait commise. Le ciel serein de *Libertés nouvelles* se trouva en effet assombri par cette attribution qui, d'un coup, enflamma les jalousies. Les anciens de la rue de Tournon, ceux qui depuis de longues années se dévouaient pour la cause et vénéraient Robert Quentin comme Dieu le Père laissèrent soudain éclater leur ressentiment. Ils avaient accueilli avec une sympathie amusée le jeune postier au costume rapiécé, l'avaient vu, étonnés, prendre de l'aplomb et de l'importance auprès de Garmond et dans la famille du patron ; ils avaient commenté sévèrement entre eux l'invitation d'Anthelme à la réunion du lundi, puis assisté, impuissants et irrités, à ses succès dans la « réclame ». Le bureau, c'était autre chose, plus qu'une promotion ou une augmentation : la reconnaissance d'une responsabilité et d'un pouvoir. C'était l'affront, un peu comme au football le fauchage sournois dans la surface de réparation. Lachenal et Thirion, les plus excités, parce que les plus anciens, demandèrent le penalty à l'arbitre. L'arbitre ne pouvait être que Garmond.

– Si ce petit ambitieux d'Anthelme a maintenant tous les droits, je ne vois pas ce que nous pouvons continuer à faire dans cette maison que nous avons contribué à créer, dit Lachenal, l'œil vindicatif. Après vingt ans de bons et loyaux services, je n'occupe encore qu'une table dans la salle de rédaction. Je réclame aussi un bureau personnel !

– Ce petit jeune homme, ajouta à son tour Thirion, n'a oublié qu'une chose : c'est à moi que le patron, au cours de la réunion du lundi, a confié la tâche de redresser la publicité du journal. Or celui qui devait être mon aide a ourdi ses manigances sans jamais me mettre au courant.

Garmond, ennuyé malgré l'air serein qu'il avait réussi à conserver, attendit quelques instants avant de répondre à ses vieux compagnons qu'il aimait beaucoup et dont, autant que Quentin, il appréciait le dévouement.

– Vous raisonnez et parlez comme des enfants. Toi, Thirion, comment voulais-tu qu'Anthelme te seconde puisque tu n'as rien entrepris, rien proposé ? Et toi, Lachenal, tu sais bien que tu ne resterais pas deux jours enfermé entre les murs d'une pièce minuscule. Tu es bavard comme une pie, tu as besoin de la présence de tes copains, de leur conversation... Si on a donné le bureau au jeune, c'est parce qu'il est toute la journée pendu au téléphone pour rechercher des annonces.

– Peut-être, mais nous en avons assez de voir ce blanc-bec mettre les pieds dans nos sabots. A propos, est-il vrai qu'il a été augmenté et gagne maintenant plus d'argent que la plupart des employés de la maison ?

Garmond hésita une fraction de seconde sur l'attitude qu'il devait avoir et éclata de rire.

– Qui vous a dit de pareilles sornettes ? Non, Anthelme n'a pas été augmenté, mais son statut de courtier en publicité a modifié normalement sa situation. Il est vrai que le patron lui accorde un pourcentage minime sur les affaires qu'il rapporte. C'est l'usage et c'est aussi l'intérêt de la maison. Il faut qu'Adrien, et si c'était un autre ce serait la même chose, se sente concerné personnellement et financièrement pour s'acharner comme il le fait à trouver des gens qui acceptent de nous acheter des petits bouts de journal. Et cela ne va pas très loin, croyez-moi. Quant à vos sabots, vous pouvez garder vos pieds dedans, bien au chaud, sans craindre qu'on ne vienne vous les prendre. Jamais Anthelme ne vous fera la plus petite ombre dans vos domaines respectifs, pour la bonne raison qu'il en serait incapable et qu'il le sait.

– Peut-être, Pierre, mais mettez-vous à notre place...

– Je m'y mets et vous dis que vous n'avez rien à craindre d'Anthelme. En revanche, la publicité qui ne vous intéresse, convenez-en, ni l'un ni l'autre, c'est son truc. Là, il est très fort et nous serions coupables de ne pas utiliser ses dons pour le bien de tous. Mais la rédaction... Qu'irait-il faire, grands dieux, à la rédaction !

– Avec ses fautes d'orthographe !...

– Tu vois bien. Maintenant, si vous ne tenez pas à le faire vous-mêmes, je confierai vos états d'âme à Robert Quentin. Mais je sais ce qu'il me répondra : « Ne m'emmerdez pas avec cette histoire de bureau. Si j'y ai installé Anthelme, c'est parce qu'il en avait besoin et que moi j'ai besoin d'Anthelme pour boucler les fins de mois et payer le personnel ! »

Garmond avait gagné. Il regarda Lachenal et Thirion s'en aller en maugréant, pour sauver la face, et prit conscience que l'ascension fulgurante d'Adrien comportait certains risques. Un mouvement comme Libertés nouvelles ne pouvait vivre que dans l'amitié et la confiance.

Il réfléchit un moment et décida de parler à Adrien :

– Il est trop tard pour revenir sur notre décision, mais nous avons sans doute commis une faute en te donnant un bureau. Ce choix, banal et légitime, a soulevé un tollé dans la maison, révélé des jalousies et engendré une vive animosité à ton égard.

– Voilà qui m'est tout à fait égal. Je travaille dans mon coin, je ne demande rien à personne et n'ai qu'un but : vous satisfaire.

– Malheureusement, nous ne pouvons pas négliger une situation qui nuit à l'harmonie de notre communauté dont le but n'est pas de vendre de la publicité. Pour comprendre, il faudrait que tu t'intéresses aux idées que justifient depuis tant d'années la fondation de Libertés nouvelles et son action. Tu vis à côté d'un homme exceptionnel et tu ne sais presque rien de lui, tu ignores pourquoi il se bat. Sa vie, c'est la nôtre, ce n'est pas la tienne. Cela, les autres le savent et ils acceptent mal la place que tu as prise, ou qu'on t'a fait prendre.

Adrien Anthelme regardait son ami, sans saisir la raison de reproches qu'il ne croyait pas mérités.

– Qu'arrive-t-il, Pierre ? Vous me couvrez d'éloges avec le patron, et puis, crac ! vous me reprochez un tas de choses que je ne comprends pas. Je n'ai pris la place de personne, c'est M. Quentin qui m'a octroyé un bureau que je n'ai pas demandé. Est-ce ma faute si certains jalousent la position que vous m'avez permis d'occuper ? Je dois dire que c'est nouveau pour moi. Jusqu'ici, personne n'avait envié mon existence d'orphelin pauvre et ignorant !...

– Pardon, Adrien. Je me suis mal exprimé. Mais mon boulot n'est pas facile : il faut avant tout que je sauvegarde l'unité de la maison qui n'est ni une usine ni une administration, mais une semeuse de pensées. C'est vrai que nous aurions préféré te voir partager plus intensément notre idéal, mais tu as bien d'autres qualités que nous apprécions. Tu sais combien nous t'aimons, les Quentin et moi. Nous t'avons aidé à devenir ce que tu es et te regardons t'épanouir avec une certaine fierté mais, les hommes étant ce qu'ils sont, il faut compter avec leurs défauts comme avec leurs qualités. Ce serait faire preuve d'intelligence que de ménager leur susceptibilité, d'être prudent dans tes paroles, de ne rien montrer de toi qui puisse susciter de l'hostilité.

– J'avais bien remarqué que, depuis quelque temps, Lachenal et Thirion me battaient froid, et je me demande quelle maladresse j'ai pu commettre. Je leur ai pourtant rendu bien des services quand j'étais grouillot !

– Ils seraient sûrement mieux disposés à ton égard si tu l'étais resté ! Alors, je t'en prie, continue de te montrer serviable, témoigne-leur un certain respect, dû à des personnes plus âgées et plus anciennes. En bref, ne leur fais pas oublier l'adolescent mal fagoté de tes débuts qu'ils avaient tous pris en sympathie. Ne sois pas impatient, tu auras toute ta vie pour goûter les joies souvent amères de la richesse et de la puissance... Tu as compris le sens de ce que tu as cru être une engueulade ?

– Oui. Je vais faire mon possible. Comptez sur moi, Pierre.

– Merci. Mais cette comédie idiote m'a fatigué. Il faut que je sorte. Je vais délaisser ce soir le gigot froid de la bonne Madeleine. Veux-tu venir souper avec moi ?

– Malheureusement, je suis pris ce soir.

Garmond ne répondit pas, endossa sa gabardine un peu râpée et prit seul le chemin de la Brasserie. Décidément, l'incident de la journée l'avait éprouvé. Soudain il se sentait vieux, triste, abandonné. Il n'était pas du genre à s'attendrir sur lui, pourtant, ce soir, en descendant le boulevard Saint-Germain de son pas un peu chaloupé de marin en permission, il sentait monter par vagues des souvenirs consternants, des idées noires, toute l'écume d'une vie qui avait cependant si bien commencé. Il revécut, très vite, son bonheur d'étudiant le jour où il avait été reçu à Normale sup, les discussions sans fin de la rue d'Ulm et, surtout, son mariage d'amour avec Jacotte, une Sévrienne aussi belle qu'intelligente. C'était pour en arriver au grand trou noir, au gouffre des douleurs d'où il avait réussi à émerger, pitoyable, grâce à Robert et à Madeleine Quentin. Mais s'était-il vraiment habitué à cette vie entre parenthèses de la rue de Tournon ? N'avait-il pas irrémédiablement raté son existence ? Mais non, il avait retrouvé un bonheur sage et familier chez les Quentin. Et voilà qu'un petit grain de sable, un geste d'humeur dérisoire, la déception peut-être de se retrouver seul à un mauvais moment remettaient en cause l'équilibre fragile de sa destinée, avec la sensation angoissante d'errer, abandonné, dans la ville où semblaient vaciller les lumières.

Il comprenait qu'Adrien ne soit pas libre mais, tout de même, il aurait pu mettre quelques formes à son refus. « Ce garçon, je l'ai toujours su, manque de cœur, se dit-il en forçant le pas. Il faut que je me méfie, sinon son indifférence à tout ce qui ne le concerne pas directement me rendra malheureux. J'apporte trop, sans doute, à ce petit égoïste qui ne sait rien donner. »

Garmond entrevit alors sa silhouette qui se reflétait dans le miroir d'une boutique. Son air lugubre lui fit peur : « Allons ! pensa-t-il. Tu déraisonnes, foutu philosophe ! Tu réagis comme un amoureux déçu, c'est ridicule. Pose-toi encore une fois la question bateau la plus sotte : Qu'as-tu fait de ta vie ? et je te prive de Lipp ! Tu iras manger un œuf à la coque en face chez ce grippe-sou de Boubal, en compagnie de vieilles Anglaises et des rimailleurs du quartier[1] ! »

Il n'eut pas le temps de développer ces pensées désa-

1. Il s'agit du Café de Flore.

busées : il arrivait à hauteur de la Brasserie. La coupe de bière cernée de néon brillait au-dessus de l'enseigne fatiguée « Brasserie des bords du Rhin », premier nom de l'établissement, avant même que M. et Mme Léonard Lipp y installent leur première pompe à bière en 1885. Garmond s'arrêta un instant devant la porte-tambour qui battait la charge et inséra sa longue carcasse dans le mouvement perpétuel. Plof ! Il était déjà aspiré et propulsé dans un monde pétillant où les idées moroses n'avaient pas cours.

Un coup d'œil panoramique ne lui permit pas de distinguer une tête avec laquelle il aurait eu plaisir à dîner. Il allait s'en remettre au hasard quand il aperçut, assise au « rang de caisse[1] », une femme blonde aux cheveux tirés qui lui faisait signe. Elle s'appelait Anna, était russe et traduisait *Les Possédés* de Dostoïevski en allemand. Son charme un peu désenchanté n'était peut-être pas celui qui convenait le mieux aux états d'âme de Garmond mais il aimait bien Anna qu'il avait plusieurs fois raccompagnée dans sa chambre de la rue des Beaux-Arts. Une place était libre à côté d'elle. Avec la permission de Marcellin Cazes il s'y assit et baisa sa main qui était longue et fine. Il commanda un hareng pommes à l'huile, une salade, une tarte aux quetsches et, dans la molle torpeur de la paix retrouvée, il écouta Anna raconter l'une des cent histoires sur la N.R.F. qui circulaient en permanence dans le microcosme de la rive gauche. Bercé par la douce litanie où les noms de Jouhandeau, Schlumberger, Gide et Drieu prenaient avec l'accent russe des intonations bizarres, Garmond oublia d'un coup les excités de la rue de Tournon, les maladresses d'Adrien et la genèse des idées-forces du quentinisme. Ne sentait-il pas aussi la cuisse douce et chaude d'Anna frôler la sienne ? La jeune femme ne comprit pas pourquoi son compagnon lui coupa soudain la parole pour lui déclarer sur un ton d'évangéliste radieux : « Lipp est décidément un lieu divin... »

1. Banquette installée en face des caisses (aujourd'hui disparues).

Durant ce temps, Adrien regardait défiler, dans le tunnel du métro, la continuité obsessionnelle des affiches « Dubo, Dubon, Dubonnet » dont une fois de plus il trouvait l'invention géniale. Il pensait à peine au rendez-vous qu'il avait avec son ami Roger Givry qu'il avait revu plusieurs fois depuis le bal initiatique de l'hôtel Continental. Roger était entré à l'Ecole des arts et métiers et préparait un diplôme d'ingénieur. Ingénieur, un mot qui faisait un peu mal à Adrien qui ne pouvait s'empêcher de penser qu'avec son goût du calcul et sa mémoire des chiffres il aurait pu devenir un grand constructeur d'automobiles, un inventeur d'avions, que sais-je encore. Mais depuis ses premiers succès professionnels et sa découverte du monde de la publicité, il souffrait moins de n'avoir pas fait d'études. Un ami lui avait dit qu'un certain Marcel Bleustein, fondateur, deux ans auparavant, de la société Publicis dont l'importance devenait considérable, n'avait pour tout diplôme que son certificat d'études. Rien, il le savait, ne pourrait s'opposer à ce qu'il réédite cet exploit. Et puis, ses gains lui permettaient maintenant de sortir sans avoir à trop se soucier de ses dépenses. Ce soir, son ami lui avait donné rendez-vous devant le cinéma Max-Linder sur les Boulevards. Ils avaient décidé d'aller voir le film entièrement parlant et sonore qui faisait couler beaucoup d'encre : *Parade d'amour*, avec Maurice Chevalier et une Américaine à la voix d'or que Paris découvrait, Jeanette MacDonald.

« J'essaierai d'amener ma cousine, avait dit Givry. Elle est jolie et viendra peut-être avec une amie. » Cela faisait beaucoup de peut-être, mais Adrien avait attendu cette rencontre avec impatience. Jusque-là, il n'avait guère été attiré par la fréquentation de jeunes filles. Comme les garçons de son âge, il assouvissait ses désirs discrètement, en solitaire. D'ailleurs, il savait que les filles qu'il aurait pu rencontrer ne lui auraient pas permis d'accomplir l'acte complet d'amour. Ce dernier point figurait pourtant souligné de rouge dans son cahier : « coucher avec une femme ». Il n'ignorait pas que, sauf occasion imprévue, la chose se ferait au bordel et jugeait qu'il n'y avait pas urgence à s'y employer.

Son travail l'intéressait davantage. Quand il sortait, il allait au cinéma, soit seul, soit avec un ami, et c'était la première fois que des filles partageraient peut-être son plaisir de spectateur. Il avait vu *Un chapeau de paille d'Italie,* l'un des derniers chefs-d'œuvre français du cinéma muet, et plus récemment, du même auteur, René Clair, *Sous les toits de Paris,* un film qui parlait et chantait. La vedette en était Albert Préjean, un enfant de Saint-Maur comme lui, devenu miraculeusement la première star du cinéma français. Sa mère connaissait bien celle de Préjean qui n'en revenait pas d'avoir un fils aussi célèbre et qui devait chaque samedi, au marché de La Pie où elle faisait ses courses, répondre aux mille questions que lui posaient les commères.

Adrien n'attendit pas longtemps devant le Max-Linder. Il avait à peine eu le loisir de regarder les photos du film exposées dans une vitrine, que Roger arrivait flanqué des deux jeunes filles annoncées : sa cousine Josette, grande, brune, assez jolie, qui s'était mis un peu trop de rouge à lèvres, et Odile, son amie, d'allure plus discrète. Elle possédait de beaux yeux qui faisaient oublier des traits plutôt ordinaires, et un sourire qui donnait envie de savoir ce que cachaient ces lèvres minces mais bien dessinées.

– Je prends quatre places de loge ! avait décidé Roger Givry en se dirigeant vers la caisse. Nous serons un peu loin de l'écran mais tout à fait tranquilles.

Adrien n'eut pas la sottise de demander pourquoi son ami voulait des places tranquilles. Il lui remboursa aussitôt le prix de deux billets et, comme les jeunes filles cherchaient de la monnaie dans leur sac pour payer leur écot, ils se récrièrent ensemble qu'elles étaient leurs invitées. Dans l'escalier qui menait à la salle, Givry retint un instant Adrien.

– Cela m'amuse, lui souffla-t-il, de flirter avec ma cousine qui me fait du pied depuis un an dans les repas de famille. Ne te gêne pas avec Odile : elle est venue parce que Josette lui a dit que tu serais là. Ne te crois quand même pas tout permis. C'est une petite fille sage dont le père est colonel...

L'ouvreuse les conduisit dans la loge où des chaises, comme au théâtre, remplaçaient les fauteuils.

– Mets-toi devant avec moi, dit Givry à sa cousine, et laissons aux tourtereaux l'ombre discrète qui leur permettra de faire connaissance.

Il éclata de rire, imité par Josette. Adrien, lui, se sentit rougir. Il ne discerna pas dans le regard d'Odile le moindre signe de désapprobation. « Ce n'est pas le moment de jouer les timides ! » pensa-t-il. Et il décida de prendre modèle sur l'attitude de son ami et de sa cousine. Comme Givry avait poussé sa chaise contre celle de sa voisine, il l'imita et fut gratifié d'un sourire :

– C'est gentil, Adrien, de vous rapprocher... Nous pourrons parler plus facilement.

Il ne répondit pas. Déjà une sonnette tremblotante annonçait dans l'entrée que le film allait commencer. Lorsque la lumière s'éteignit, ils ne s'étaient pas dit un mot, mais il tenait la main d'Odile dans la sienne. Après le générique et les cinq premières minutes de projection, elle se pencha et lui dit à l'oreille :

– Cette reine Louise est une gourde, elle est trop belle pour ne pas vouloir se marier. Je vous parie que Maurice Chevalier – le prince Alfred – va l'épouser sur un air de valse.

Il rit et, comme sa bouche était tout près de la sienne, il l'embrassa, la regarda dans la pénombre et recommença. Se doutait-elle que c'était la première fois qu'il embrassait vraiment une femme, en oubliant quelques baisers furtifs, à lèvres serrées, volés çà et là à des copines de Saint-Maur ?

De temps en temps, ils jetaient un coup d'œil vers l'écran pour voir où en étaient les amours de Jeanette MacDonald et du séduisant Maurice qui, visiblement, supportait mal son rôle de prince consort. Devant eux, les choses paraissaient mieux se passer : cousin et cousine étroitement enlacés ne faisaient qu'un. Adrien en profita pour glisser sa main dans le corsage déboutonné de sa voisine. Il guettait une réaction, elle ne vint pas. Et le prince des Petites Annonces découvrit la douceur d'un sein de jeune fille et le bonheur de sentir, entre son pouce et son index, éclore un bouton de rose.

Vers la fin du film, reconnaissable à l'emballement de la musique, alors que la reine Louise, pour garder son bel Alfred, se décide à le faire roi, Adrien, qui ne pensait plus à rien et qui se croyait peut-être dans le royaume de Sylvanie, essaya de remonter la main qui caressait depuis un moment le genou d'Odile. Une tape un peu sèche lui indiqua qu'il s'engageait dans l'un de ces sens interdits qu'on commençait à voir s'installer dans quelques rues étroites de Paris. Il fit une prudente marche arrière et embrassa une dernière fois l'héroïne d'une parade d'amour qu'il ne devait jamais oublier.

Ils sortirent un peu grisés dans le boulevard des Italiens où la foule mêlait sur le trottoir ses flux et reflux de personnages bigarrés qui marchaient solitaires ou groupés vers une station de métro, un café, un cinéma ou sans autre but que d'user ce début de nuit qui s'annonçait plutôt fraîche.

– Allons boire un café au Madrid, proposa Adrien. Nous parlerons du chef-d'œuvre inoubliable que nous venons de voir.

– Vous n'avez pas aimé ? demanda ingénument Odile.

– Me croirez-vous si je vous dis que j'y ai pris beaucoup de plaisir ?

– Il est trop tard pour aller au café, dit Josette. Tu connais ton oncle. Si je tarde à rentrer, il va croire qu'il m'est arrivé les pires choses et ma mère va être furieuse. Conduisez-nous à un taxi. Je déposerai Odile, sur laquelle le colonel, qui ne badine pas non plus avec la discipline, m'a demandé de veiller.

– Eh bien ! Nous allons prendre le taxi avec vous et nous vous reconduirons, conclut Givry. Adrien n'habite pas loin de chez vous, dans le VIe. Quant à moi, il faudra que j'aille prendre mon train à la Bastille. Quelle barbe !

Mission accomplie, les deux garçons gagnèrent à pied la rue de Tournon. Devant la porte, Adrien se ravisa :

– Je vais te raccompagner un bout de chemin, mais

avant nous allons manger un sandwich au tabac de la rue Saint-Sulpice. Je meurs de faim. Pas toi ?

– C'est l'exercice, mon vieux ! (Il éclata de rire et continua :) Alors, tu es content ? Heureusement que je suis là pour faire ton éducation. La petite Odile est charmante. Et intelligente. Tu veux la revoir ?

– Oui, bien sûr. Mais elles étaient tellement pressées que nous n'avons rien décidé.

– Ne t'en fais pas. Je lui ferai passer ton numéro de téléphone par Josette.

– Et tu crois qu'elle m'appellera ?

– C'est évident. Crois-en ma vieille expérience des femmes.

Roger, c'était vrai, en savait plus qu'Adrien et jouait volontiers les tombeurs, ce qui dépassait nettement le vrai niveau de ses exploits amoureux. Avait-il vraiment, avec son cousin Paul, élève à Saint-Cyr, rendu visite aux dames hospitalières du bordel de la rue de Fourcy ? Ses camarades, Adrien le premier, n'en étaient pas certains mais, dans le doute, ils ne remettaient pas en cause ce dépucelage dont Givry tirait un vif prestige.

Les deux amis goûtaient l'innocent et vrai plaisir de marcher, la nuit, en bavardant, dans un Paris désert et amical aux noctambules. Adrien n'abandonna son compagnon que sur le quai Saint-Bernard, au coin de la rue Cuvier, là où commence le Jardin des Plantes. Au moment où ils se serraient la main, le rugissement d'un lion rompit le silence.

– C'est un ami, dit Adrien, nous sommes des lions !

Roger Givry avait raison. Moins d'une semaine après la rencontre du Max-Linder, Odile appela Adrien à son bureau. Il fut heureux d'entendre sa voix, surpris tout de même que la jeune fille ne manifestât pas la moindre gêne et considérât cette relance comme une chose tout à fait normale.

– Alors, Adrien, vous n'avez pas trop rêvé aux beaux yeux de Jeanette MacDonald ?

Il fut content de trouver sur-le-champ la réponse qu'elle attendait probablement :

– Non. C'est aux vôtres que j'ai rêvé.

Et il ajouta, plus platement :

– J'ai été heureux de faire votre connaissance.

Se rendant compte de la fadeur de son propos, il enchaîna :

– Mais puis-je dire que je vous connais, Odile ? En fait, je ne sais de vous que deux choses : votre père est colonel et vous êtes pleine de grâce et de charme...

– Menteur, vous connaissez tout de même autre chose !

Le badinage dura quelques minutes et ils décidèrent de se rencontrer au Quartier latin, proche de leurs deux domiciles. Il apprit ainsi qu'elle habitait au 23 de la rue de Bellechasse et c'est elle qui proposa Capoulade comme lieu de rendez-vous, le mardi suivant à dix-sept heures.

Adrien, qui se flattait d'être un homme précis depuis qu'il s'était offert une montre-bracelet plaqué or, pour remplacer la pesante tocante paternelle de la guerre de 14, arriva légèrement en avance dans l'immense brasserie qui occupait l'angle du boulevard Saint-Michel et de la rue Soufflot. Annexe de toutes les facultés et des lycées des environs, Capoulade respirait, dans un halo de cigarettes High Life, la jeunesse et la gaieté. Les garçons étaient les plus nombreux mais, presque à toutes les tables, une ou deux jeunes filles jetaient une tache de couleur, celle de leur écharpe ou du béret porté crânement de côté. Les garçons à veste blanche se frayaient un passage difficile dans la cohue, plateau à bout de bras davantage chargé de diabolos menthe que de chopes de bière ou d'apéritifs. Adrien se demanda comment Odile allait le retrouver dans cette salle bondée où l'on pouvait pénétrer par quatre portes différentes.

Une table venait de se libérer près d'un groupe d'étudiants coiffés de faluches ornées de rubans. Ces jeunes gens chantaient, s'apostrophaient, faisaient un bruit de tous les diables et Adrien hésita à s'asseoir, pensant qu'une conversation serait bien difficile près de ces énergumènes. Odile arriva à temps pour calmer ses angoisses.

– Mon pauvre Adrien, c'est tout ce que vous avez

trouvé comme endroit tranquille ? Venez. Dans le fond il y a un coin où l'on pourra parler.

Il la suivit en zigzaguant entre les tables et s'aperçut qu'elle connaissait beaucoup de monde. Un baiser à gauche, un signe à droite, ils arrivèrent enfin à un endroit qui semblait paisible.

Tandis qu'ils s'asseyaient, Adrien pensa qu'il atteignait le stade le plus socialement plaisant de sa réussite depuis le premier pique-nique de La Varenne. Sortir avec une jeune fille belle, élégante et sûrement « de bonne famille », comme disait Madeleine Quentin quand elle oubliait le langage « façade gauche » qui était celui du mouvement, était un acquis dont il mesurait l'importance.

Odile avait un tailleur rose très simple qu'Adrien trouva merveilleux. Il le lui dit, ajoutant en montrant un insigne qu'elle portait au revers droit :

– Que représente cet insigne ? Une épée, un bouclier, les deux peut-être ?

– C'est celui des Jeunesses patriotes. Vous n'avez jamais entendu parler de ce groupement ?

Adrien se souvint de propos assez féroces tenus par Garmond sur cette association d'extrême droite proche des Camelots du roi. Il n'en dit rien, naturellement, et répondit simplement que ce mouvement ne lui était pas inconnu si son insigne l'était.

– La politique m'est assez indifférente, ajouta-t-il.

– Vous avez tort, Adrien. Notre pays, sorti victorieux d'une guerre terrible, est aux mains de politiciens démagogues, de syndicalistes revendicateurs éhontés et de puissances occultes. Il ne survivra qu'en retrouvant le sens du devoir...

– C'est drôle. Je ne vous imaginais pas militante convaincue et décidée !

Elle sourit.

– Et encore, moi, ce n'est rien. Si vous entendiez ma sœur !

– Vous avez une sœur ?

– Oui. Monique, mon aînée de deux ans. Elle est plus jolie que moi, intelligente et pleine de charme, mais elle devient une tigresse quand elle parle politique. Mon père lui-même, qui est un ami du colonel de La

Rocque et adhérent aux Croix-de-Feu, la trouve trop violente. Moi, vous voyez, je porte l'insigne des Jeunesses patriotes, on dit J.P., parce que je le trouve plutôt réussi. Ce bijou de bronze sur le rose, vous ne trouvez pas ça bien ? Je ne vais pas comme Monique à toutes les manifestations mais, un jour, je vous y emmènerai. Vous rencontrerez des types sympathiques.

Adrien dit qu'il la croyait volontiers et s'arrangea pour changer de conversation en se demandant ce que Quentin et Garmond penseraient s'ils le savaient en train de flirter avec une militante des Jeunesses patriotes. Il préférait ne pas songer à l'abîme qui séparait ses bienfaiteurs de celle qu'il courtisait, qu'il aimait peut-être déjà. Mais c'est elle qui demanda :

– Roger m'a donné votre numéro de téléphone en me disant que c'était votre bureau. Dites-moi donc ce que vous faites ? Vous n'êtes plus étudiant ?

Adrien rougit et sentit sa chaise s'effondrer sous lui. Tout allait trop bien, les choses de la vie s'arrangeaient comme par bonheur devant lui, et voilà qu'il se trouvait soudain sottement piégé. Odile le regardait, étonnée. Ses questions étaient pourtant innocentes...

– Que se passe-t-il, Adrien ? Vous êtes souffrant ? Est-ce ma curiosité qui vous choque ?

– Non. Je répondrai bien entendu à vos questions qui sont tout à fait naturelles mais, si vous le voulez bien, pas aujourd'hui dans cette salle bruyante qui, avouez-le, ne se prête guère aux confidences.

– Je comprends, Adrien. Nous nous reverrons ailleurs. Venez, vous allez me raccompagner chez ma grand-mère qui est souffrante et à qui je dois rendre visite. Elle habite rue Notre-Dame-des-Champs.

Adrien régla les orangeades et suivit Odile en bousculant les gens au passage. Il serrait les dents pour ne pas pleurer.

– Un bon temps pour marcher, dit-elle. Prenez mon bras.

Il n'avait jamais donné le bras à une femme, pas même à sa mère. La main douce et tiède d'Odile, posée sur la sienne, lui fit du bien. Il se détendit, se rapprocha de sa compagne.

– Je vous expliquerai tout, bientôt. Mais quand vous

saurez qui est vraiment Adrien Anthelme, vous n'aurez peut-être plus envie de sortir avec lui !

– Taisez-vous. Je sais bien que votre front têtu cache quelque chose, mais c'est peut-être ce mystère qui m'attire vers vous. Les jeunes filles, vous savez, aiment les mystères. Pour l'instant, nous sommes tous les deux contents d'être ensemble, ne pensons à rien d'autre.

Silencieux, ils remontèrent le boulevard Saint-Michel, de plus en plus désert à mesure qu'ils s'éloignaient de la Sorbonne. Ils s'arrêtèrent devant la boutique d'un antiquaire, puis devant une vieille mercerie qui vendait des boutons de chemise et des élastiques pour culottes de dames. Plus loin, passé les jardins de l'Observatoire, à l'angle de la rue du Val-de-Grâce, un café-tabac dispensait une lumière parcimonieuse.

– Entrons boire un café, proposa Adrien.

La salle aux murs et aux colonnes marron triste sentait le tabac à priser, la sciure sale et le fricot froid. Dans un coin, quatre casquettes jouaient à la belote.

– On reste ou on fuit ce lieu miteux ? demanda-t-il.

– On reste. J'aime bien découvrir comme cela, dans Paris, des endroits inexplicables. Commandez donc les cafés promis.

Ils s'assirent à une table et burent à petites gorgées une lavasse noirâtre.

– J'avais peur qu'il ne soit bon, dit Odile. Cela aurait gâché l'unité du tableau.

– Vous êtes vraiment curieuse, dit-il. Je ne me représentais pas la haute bourgeoisie comme cela.

– Elle est bien pire que vous ne croyez, mais je ne fais pas partie de la haute bourgeoisie.

– Moyenne, alors ?

– Si vous voulez. Et vous ?

– Pas même petite. Mais cela fait partie de la vie d'Adrien le ténébreux que je vous raconterai un jour.

Elle l'entraîna boulevard Montparnasse où seuls quelques rares passants les croisaient sans même les regarder.

– Votre grand-mère habite par ici ? demanda Adrien en montrant la plaque bleue qui indiquait la rue Notre-Dame-des-Champs.

– Oui, mais venez... N'ayez pas peur, je connais le quartier depuis mon enfance.

Elle le fit traverser pour prendre la rue Huyghens bordée de murs aveugles.

– Où sommes-nous ? demanda-t-il.

– En face, c'est le cimetière Montparnasse. Vous n'avez rien contre les cimetières ?

Il s'arrêta, interloqué, et dit bêtement :

– Non... Il en faut !

– Il en faut pour que vous me preniez dans vos bras et que vous m'embrassiez. Tenez, nous y sommes.

– Nous n'allons tout de même pas entrer dans le cimetière ?

– Non, rassurez-vous. On a ouvert je ne sais quand cette rue Emile-Richard à travers les tombes que de hauts murs séparent du monde des vivants. Les voitures peuvent l'utiliser pour rejoindre la rue Froidevaux, mais elles sont encore plus rares que les piétons. Regardez ces beaux platanes...

Ils marchèrent encore une vingtaine de mètres, Odile s'appuya contre un arbre et ouvrit ses bras.

– Venez, Adrien. J'ai envie de vos lèvres.

Il l'enlaça, l'embrassa, toucha la peau de son dos à travers une ouverture de sa robe, la relâcha un instant pour reprendre son souffle et la regarder. Il découvrit les yeux d'une femme embellis par le désir. Elle aussi le regardait. Elle osa toucher Adrien à l'endroit où sa sensualité éclatait mais retira bien vite sa main. Il vit qu'elle pleurait et but ses larmes avec tendresse.

– Ah ! Ce que je comprends ma sœur... murmura-t-elle.

– Votre sœur ?

– Oui. Elle aimait un jeune homme et s'est retrouvée enceinte. Mon père n'en a jamais rien su, il l'aurait battue, tuée peut-être... C'est ma mère qui a trouvé une avorteuse. Cela a été épouvantable, ma pauvre sœur a failli y rester.

Adrien, dont le désir avait fondu comme celui d'Odile, ne savait que dire. Il lui caressait doucement la joue. Elle continua :

– Je comprends Monique de n'avoir pas su résister

à son amour, mais je sais aussi que le prix à payer est trop cher. Venez, Adrien, nous allons nous rendre malades.

Depuis longtemps, Adrien pensait au service militaire qu'il allait devoir accomplir à partir de l'année prochaine. Contrairement à la plupart des garçons de son âge, cette perspective ne lui était pas désagréable. Certes, il devrait abandonner pour un temps cette publicité où il réussissait si bien, mais il avait tout de suite envisagé le bon côté de l'affaire et fait le compte de tous les avantages qu'il pourrait tirer, s'il se débrouillait bien, de son « passage sous les drapeaux », une expression qu'il trouvait belle, beaucoup plus noble en tout cas que ce « service militaire », porteur de contraintes et de sous-entendus péjoratifs.

Il s'était mis dans la tête que ce « passage sous les drapeaux », sorte de douche tricolore, le laverait du péché originel d'ignorance qui le persécutait dans toutes les phases de sa vie. « On ne demande pas à quelqu'un qui revient officier de l'armée s'il a son baccalauréat ou dans quelle faculté il poursuit ses études », pensait-il. Encore fallait-il devenir officier, ce qui n'est pas si simple en temps de paix quand on n'a pas de diplôme. Il avait longtemps réfléchi à la façon de sortir de ce cercle vicieux et s'était finalement renseigné auprès du bureau de recrutement.

– Pour devenir sous-lieutenant à la fin de votre service, il vous faut faire, avant votre incorporation, de la préparation militaire supérieure, lui avait répondu le sergent de service. Et l'on n'accepte à la P.M.S. que les recrues ayant fini des études supérieures ou en train de les terminer.

La porte du mess des officiers lui était donc irrévocablement fermée. Au mieux serait-il caporal-chef et mangerait-il à la gamelle ; mais Adrien, il l'avait déjà montré, n'était pas de la race de ceux qui se résignent au premier obstacle. Il y avait forcément une faille dans le règlement, pensait-il. Il crut l'avoir trouvée un jour où il avait croisé par hasard un ami de Roger Givry rencontré à un bal du Continental. Ce garçon, fils d'un avocat célèbre, avait raté son bachot et s'était inscrit à l'Ecole des langues orientales.

– On n'exige pas de diplôme et l'on vous remet une belle carte d'étudiant qui vous permet de suivre les cours, avait-il expliqué.

– Les cours de quoi ? avait demandé Adrien, soudain intéressé.

– De quelque quatre-vingts langues. J'ai le choix à la rentrée entre le russe, le chinois, l'arabe, l'hébreu, l'esquimau, le serbo-croate...

– Bigre ! Quelle tour de Babel ! Donne-moi l'adresse, cela peut m'être utile.

L'idée de posséder une carte d'étudiant et de ne plus jouer le rôle humiliant de figurant dans ce Quartier latin qui symbolisait pour lui l'inaccessible culture lui plaisait. Il sourit en pensant à la tête que ferait Odile quand il lui dirait qu'il apprenait le letton ou le berbère. Mais il chassa ces futilités en pensant qu'il tenait là peut-être la clé de son problème militaire. L'étude d'une langue dans une école officielle de la République pouvait peut-être servir de caution universitaire pour accéder à la préparation militaire supérieure. Son esprit était fertile lorsqu'il s'agissait de servir sa cause. Il s'avisa par exemple que la connaissance de l'arabe, même superficielle, l'aiderait à se faire incorporer en Algérie ou au Maroc.

Allongé sur son lit dans sa chambre de la rue de Tournon, les yeux au plafond où une tache faisait semblant de bouger, Adrien rêvait à un livre de la bibliothèque municipale qui, il y avait quelques années, l'avait passionné. Il revoyait sa couverture blanche cartonnée de la collection Nelson et son titre enrubanné : *Le Roman d'un spahi*. Il avait oublié le nom de l'auteur mais se rappelait les exploits de Jean Peyral, invincible cavalier, superbe dans son dolman rouge et son burnous blanc flottant au vent. L'histoire se passait en Afrique, au Sénégal, et finissait mal. Ah, la mort de Peyral dans la forêt vierge !

Adrien pensait au roman de Pierre Loti parce qu'il

avait vu, quelques jours auparavant, dans l'*Excelsior*[1] une photographie de spahis engagés dans une opération du Rif où, depuis le départ de Lyautey, des tribus s'agitaient sporadiquement. Pourquoi ne réussirait-il pas à se faire envoyer au Maroc, dans les spahis justement ? Il se voyait très bien, sanglé dans sa vareuse galonnée, képi bleu ciel sur la tête, monté sur un pur-sang arabe, au commandement d'un escadron de capes blanches et de chéchias. Tout s'organisait dans sa tête, même son retour, à la fin de son service, accueilli par Odile venue attendre l'arrivée de son paquebot à Bordeaux. Il songea encore longtemps à des horizons inconnus, à des courses à cheval dans la montagne, à des nuits étoilées dans le désert, puis il se leva. Allons, c'était décidé. Il allait faire, comme disait Garmond en riant, « le rouleau compresseur ». Demain, il irait s'inscrire rue de Lille aux Langues orientales, il étudierait l'arabe durant quelques mois et tenterait sa chance aux avant-postes de la bureaucratie militaire.

Odile, ses projets d'enrôlement, les Langues orientales, cela faisait pas mal de chambardement dans sa vie de jeune homme appliqué. Quitte à l'offusquer, il décida de mettre au courant le seul être capable de le comprendre : Garmond.

Lachenal, au temps où il ne le trouvait pas encombrant, avait fait connaître à Adrien un bougnat de la rue de la Montagne-Sainte-Geneviève qui, en dehors du bois et du charbon, servait sur quatre tables de marbre quelques plats et charcuteries de Meymac, son pays, à des prix qui ne souffraient aucune concurrence. Le publicitaire en herbe y avait ses habitudes et Mme Marchessoy, la femme du patron, soignait particulièrement ce jeune homme discret et bien élevé qui ne roulait pas sur l'or mais lui parlait gentiment de sa mère et d'un travail auquel elle ne comprenait pas grand-chose. C'est là qu'il invita Garmond à dîner après avoir prié la patronne de préparer ce jour-là le fameux « gigot brayaude », plat vedette de la maison

1. *Excelsior*, quotidien, filiale du *Petit Parisien*, ne comportait que des photographies et leurs légendes, à l'exclusion de tout article.

qu'elle comptait deux francs de plus mais qui était divinement bon.

– Pierre, lui dit-il le soir même, je vous invite demain chez mon bougnat. C'est moins chic que Lipp où vous m'avez si souvent convié, mais je suis sûr que vous apprécierez le mouton de Chaudes-Aigues braisé au vin blanc avec des petits oignons.

– Dis donc, je vois que tu deviens un vrai gastronome ! Tu parles de la cuisine de ton Auvergnat comme si tu devais en assurer la publicité ! J'ai hâte de la goûter.

– Alors à demain. J'ai beaucoup de choses à vous raconter et j'ai besoin de connaître votre avis.

La brave Mme Marchessoy leur avait gardé la table du fond près du poêle de fonte, la plus tranquille, celle où elle s'installait avec le patron pour manger la « soupe au farci » ou la « truffade » avant que la clientèle, douze personnes quand la salle était pleine, n'arrive pour déjeuner ou dîner.

Elle accueillit Garmond à sa façon, comme chaque nouveau client.

– Ici, monsieur, il n'y a pas de nappe mais le marbre est propre, passé à la Javel chaque matin. Quant à la cuisine, c'est celle de chez nous.

Tout était dit. Ils s'assirent, déplièrent de bonnes vieilles serviettes à carreaux et goûtèrent le vin rouge dont Mme Marchessoy venait d'apporter un cruchon en annonçant :

– Même le vin est auvergnat, mon mari l'achète à Chanturgue. N'en demandez pas un autre, nous ne servons que lui dans la maison.

Elle revint bientôt avec une soupière fumante et une cuillère à pot pour remplir les deux assiettes d'un bouillon de potée qui n'avait pas les yeux dans sa poche.

– C'est du bon gras, précisa-t-elle. Poule et cochon. L'hiver, dans la montagne...

– Mais nous y sommes, madame. Presque au sommet de la montagne Sainte-Geneviève ! dit Garmond. Allons, prenons des forces. Et toi, Adrien, vide ton sac. Je vois bien que tu ne sais pas par quel bout commencer ton histoire. Va, je t'écoute.

– Vous savez, Pierre, que je dois bientôt faire mon service. Eh bien, plutôt que de moisir dans une caserne de Metz ou d'Amiens, je voudrais aller au Maroc, dans les spahis.

– Mais je crois que les spahis constituent une troupe recrutée parmi les indigènes. Et l'on se bat encore, au Maroc !

– Les officiers, eux, sont français.

– Je te signale qu'on ne débute pas dans l'armée comme officier !

– Il y a la préparation militaire supérieure et des écoles de cavalerie dont on sort sous-lieutenant. Je veux être officier, cela fait partie de mon plan de progression sociale, une expression qui, je le sais, vous fait sourire.

Adrien expliqua à son ami comment il espérait tourner le règlement en s'inscrivant à l'Ecole des langues orientales.

Pierre Garmond hocha la tête.

– Cette idée de travailler comme une bête pour obtenir des galons est tellement étrangère à mes convictions de vieil antimilitariste que je ne peux la comprendre. Ce que je sais, c'est que tu es foutu de réussir et d'achever ton temps coiffé d'un képi doré ! A ton arrivée rue de Tournon, j'ai dit à Robert que tu n'avais pas fini de nous étonner. Eh bien, j'avais raison ! J'aimerais tout de même savoir ce qui te pousse dans cette voie. Le patriotisme ? Je n'y crois pas. Alors ?

– Je vous l'ai dit. Il sera de plus en plus important pour moi de faire oublier que je ne sais pas grand-chose, que j'ai quitté l'école à treize ans... Un grade d'officier de réserve m'aidera.

– Après tout, si cela doit t'enlever tes complexes... N'oublie pas pour autant que le manuel du parfait gradé ne saurait remplacer n'importe quel livre susceptible d'enrichir ta culture. Tu as appris beaucoup de choses durant les trois ans, même plus, que tu as passés avec nous.

– Je sais tout ce que je vous dois.

– Tu ne nous dois rien. Tes progrès, tes succès, tu les as acquis, remportés grâce à ton travail, à ton intelligence, à ta volonté. Quand tu seras avec tes Bédouins, si tu y arrives, continue à lire. Sois tranquille, je ne te laisserai pas partir dans le désert sans quelques bons auteurs !

Adrien fut content de la manière dont Garmond prenait la chose. Il craignait une réaction plus vive de la part de son maître, anar-chrétien qui n'avait de goût ni pour l'armée ni pour les militaires. Restait la deuxième révélation, au moins aussi délicate, celle de son amitié amoureuse pour une adhérente des Jeunesses patriotes, elle-même fille d'un Croix-de-Feu, des mots abhorrés que, pour un peu, on n'aurait prononcés qu'en se signant rue de Tournon.

Il attendit que Garmond eût apprécié comme il convenait le succulent gigot de Mme Marchessoy, qu'il eût longuement félicité la cuisinière et vidé un autre cruchon de chanturgue pour lui raconter sa rencontre avec Odile, leur coup de cœur mutuel, la beauté de la jeune fille et enfin révéler l'appartenance de celle-ci aux forces politiques ennemies.

Au grand étonnement d'Adrien, Garmond ne manifesta aucune réprobation. C'est à peine s'il cilla au mot de Croix-de-Feu, le jeune homme crut même discerner un petit sourire sur ses lèvres gourmandes. Oui, c'était bien ça, l'histoire l'amusait !

– Qui sont les Capulet et qui sont les Montaigu dans ton aventure ? demanda-t-il en riant franchement, cette fois.

Adrien n'avait jamais entendu parler de ces gens-là et Garmond dut lui expliquer la dissension des deux familles qui avait inspiré le drame de *Roméo et Juliette*. Comme il n'allait pas plus avant, Adrien demanda :

– Pierre, donnez-moi votre avis. Je suis écartelé. D'une part, j'ai l'impression de vous trahir, vous et les Quentin qui avez été si bons avec moi, d'autre part, Odile, elle s'appelle Odile, ne sait rien de moi. Elle me prend pour un étudiant, un enfant de bourgeois comme elle, et refusera de me voir quand elle saura qui je suis. Que faire ?

– Tu sais, j'ai mes convictions, les idées généreuses de Robert me conviennent et je les défends loyalement, mais il me reste un fond du scepticisme acquis à l'Ecole qui m'empêche toujours de m'impliquer totalement.

Puisque tu les demandes, écoute les conseils du vieux sage. D'abord, parle à la jeune Odile. N'en rajoute pas mais parle-lui franchement de Saint-Maur, de ta mère, de ta jeunesse difficile. Dis-lui aussi pour qui tu travailles, des gens sincères et généreux dont les opinions sont contraires aux siennes.

– Cet aveu marquera la fin de notre histoire !

– Ce n'est pas sûr, mais si c'est sa réaction tu n'as rien à attendre d'elle. N'essaie pas de la retenir, oublie-la.

– Et si ce n'est pas le cas ?

– Alors c'est que, malgré ses opinions politiques fâcheuses, elle est une fille très bien qui, surtout, tient à toi. Continuez donc d'aller vous embrasser au cinéma et discutez ensemble. Cela ne te fera pas de mal de remuer quelques idées.

– Et Robert Quentin ?

– Il n'a rien à faire de tes histoires de cœur. Ni personne rue de Tournon. Tu te tais et c'est tout !

– Merci, Pierre. Vous êtes un type formidable.

– Tout de même, un jour, tu me présenteras Odile. Elle m'intéresse, cette fleur du patriotisme réactionnaire !

Le lendemain de cette soirée mémorable qui renforça encore l'attachement d'Adrien à Garmond, Odile téléphona rue de Tournon. Le « prospecteur », comme l'appelait Robert Quentin, était en tournée et elle laissa un numéro pour qu'il la rappelle. Adrien était à la fois impatient de retrouver Odile et inquiet des suites de la rencontre. Il avait préparé celle-ci comme un examen, répété dix fois ce qu'il avait à dire, pesé les mots qu'il emploierait et essayé de prévoir les réponses aux questions qu'elle n'allait pas manquer de lui poser. Une voix jeune, sans doute celle de sa sœur, répondit et appela Odile, soucieuse, comme lui, de ne pas prolonger une conversation qui risquait d'être écoutée. Ils choisirent rapidement le lieu de leur prochain rendez-vous : la sortie du métro Saint-Michel, et la date : le surlendemain, un samedi après-midi à trois heures.

Ils se retrouvèrent avec bonheur, cela se vit dans leurs yeux, et s'embrassèrent sur les deux joues. L'automne était clément, Odile proposa d'aller au

« Luco[1] ». Bras dessus, bras dessous, ils remontèrent le boulevard en n'échangeant que des paroles banales. Adrien ne voulait pas se livrer à des confidences dans la cohue et Odile prenait bien soin de ne pas montrer son impatience et sa curiosité.

Les deux jeunes gens entrèrent dans le jardin par la grande porte de la place Edmond-Rostand et s'arrêtèrent un instant devant les statues de Stendhal et de George Sand.

– Avez-vous lu *De l'amour* ? demanda tout à trac Odile.

Adrien se raidit. Il ignorait s'il s'agissait là d'une œuvre de Stendhal ou de George Sand. A vrai dire, il n'avait lu que *Le Rouge et le Noir*, sur les instances de Garmond. Il lui fallait jouer la chance de ne pas se sentir humilié et de montrer qu'il n'était pas trop ignorant. Il répondit :

– Non. Je n'ai lu que *Le Rouge et le Noir*.

Il avait gagné.

– Alors, dit Odile en riant, je vous prêterai *l'amour*.

Après avoir louvoyé entre les massifs et les statues bizarrement assorties de Marie Stuart, de David, de Marie de Médicis, ils arrivèrent près du bassin.

– Vous aimez les enfants ? demanda-t-elle en regardant un garçonnet qui poussait son trois-mâts dans la brise avec une perche.

– Oui, plutôt, répondit-il, étonné. A vrai dire, c'est une question que je ne me suis jamais posée.

Deux chaises de fer un peu rouillées les attendaient derrière un laurier. Ils s'y assirent et se regardèrent.

Si Garmond avait été là, il leur aurait rappelé que Watteau avait aimé se promener ici, que Gérard de Nerval et Rilke avaient cherché des rimes sous les platanes du jardin et que Théophile Gautier s'était fait remarquer en promenant dans les allées un homard au bout d'un ruban bleu.

Adrien, lui, ne pensait qu'à son affaire. Puisque Pierre lui avait dit qu'il fallait parler, il parla :

– Odile, il m'est pénible de vous dire certaines cho-

1. Nom donné par les étudiants au jardin du Luxembourg.

ses, mais je ne peux plus me taire. Je ne vous ai jamais vraiment parlé de moi, je vais le faire. Ne dites rien, écoutez, après vous déciderez si nous devons nous revoir.

– Quel discours dramatique ! On se croirait au théâtre ! Me serais-je promenée sans le savoir avec un dangereux malfaiteur ? Cela m'étonnerait.

– Non, je suis un garçon honnête, élevé selon les sages principes du catéchisme et de la morale de l'école laïque. Mais on peut être honnête et pauvre. Je suis pauvre. On peut aussi être honnête et ignorant. J'ai quitté l'école à treize ans. Vous me croyez étudiant, je n'ai que mon certificat d'études pour tout diplôme.

Et il parla. Il parla très bien de son père mort, de sa mère obligée de faire des ménages, du petit logement de Saint-Maur, de son travail à la poste...

– Mais vous n'êtes pas sans argent et vous n'êtes plus chargeur de sacs postaux !

– Non, parce que j'ai eu la chance de rencontrer la famille Quentin. Et Pierre Garmond, qui a dégrossi ma tête en friche, qui m'a fait lire, qui m'a appris presque tout ce que je sais.

– Adrien, vous me faites le portrait d'un jeune homme très bien...

– Attendez. Je dois encore vous apprendre que Robert Quentin est un philosophe, un éditeur, un homme politique qui n'est pas du tout de votre bord. Il est chrétien social, classé à gauche, et l'Eglise, les ligues de droite, comme sûrement vos Jeunesses patriotes, le détestent. Pourtant, c'est un saint. Il était riche et il s'est pratiquement ruiné pour faire vivre son mouvement et son journal *Libertés nouvelles*. Ces hommes qui m'ont tiré de mon trou, je dois leur être fidèle. Je travaille à la publicité de l'hebdomadaire, une branche qui me passionne. J'ai la tête pleine d'idées. C'est dans la publicité que je réussirai. Un jour, A. A., c'est comme cela qu'on m'appelle dans la maison, deviendra riche et célèbre. En attendant cette heureuse perspective, je dois bien me rendre compte que je ne suis pas fait pour demeurer votre ami. Tout nous sépare !

Odile l'avait écouté et semblait remuée par la confession d'un jeune homme qu'elle commençait seulement à découvrir. Il y eut un moment de silence puis elle dit :

– Oui, Adrien. Tout nous sépare. Tout sauf une chose : nous aimons nous rencontrer, nous aimons être ensemble. Cela ne m'était jamais arrivé. Alors, il faut réfléchir et décider ce qui doit l'emporter de nos goûts communs ou de nos divergences politiques idiotes.

– Mais je vous le répète : je suis vraiment pauvre. Or...

– Or nous ne sommes pas riches. L'armée paie mal ses officiers et la fortune familiale a très mal supporté la guerre et la crise. Tout bien réfléchi, je crois que si vous avez assez de sous pour m'offrir un café de temps en temps à Capoulade – je dispose de beaucoup moins d'argent de poche que vous –, nous pouvons envisager de poursuivre nos relations, monsieur le roi de la publicité.

Elle sourit et prit la main d'Adrien.

– Je ne sais pas combien de temps cela durera entre nous, mais aujourd'hui, je n'ai pas envie de vous perdre. Et vous ?

– Moi ? Vous me posez la question ?

– Alors continuons de flirter. Et si on s'engueule parfois à propos des J.P. et de vos Libertés nouvelles, vous n'aurez qu'à me faire taire en m'embrassant. Tenez, il n'y a personne, serrez-moi bien fort contre vous.

3

ROMAN D'UN SPAHI

1931-1933. *Abdication d'Alphonse XIII et proclamation de la République d'Espagne – Succès de l'Exposition coloniale à Vincennes – Antonin Magne gagne le Tour de France – Mort d'Aristide Briand – Kidnapping du bébé Lindbergh (18 mois) – Majorité de l'Union des gauches à la Chambre – Assassinat du président de la République Paul Doumer, élection d'Albert Lebrun – Victoire du parti nazi aux élections allemandes – Marcel Thil champion du monde de boxe – Lancement du* Normandie, *le plus grand paquebot du monde – Hitler chancelier du Reich – F. D. Roosevelt président des* U.S.A. *– Incendie du Reichstag – Bertolt Brecht, Heinrich Mann, Fritz Lang et de nombreux artistes et intellectuels fuient l'Allemagne nazie – La France perd la Coupe Davis qu'elle détenait depuis 1927 – Premières mesures contre les juifs, premiers autodafés de livres à Berlin – Naissance d'Air France – Les nazis obtiennent 92,1 % des voix aux élections législatives (novembre 1933) – Le Goncourt à André Malraux pour* La Condition humaine.

Adrien Anthelme dira plus tard que 1931 avait été l'année la plus dure de son existence. Il y avait d'abord le travail – gagne-pain qu'il n'était pas question de négliger. La publicité de *Libertés nouvelles* ne lui donnait plus trop de soucis mais il avait accepté de rechercher des annonceurs pour d'autres revues, ce qui lui assurait un appoint appréciable pour les fins de mois toujours difficiles rue de Tournon.

Adrien s'était inscrit à l'Ecole des langues orientales et consacrait deux heures par jour à l'étude de l'arabe. Il manquait beaucoup de cours mais étudiait seul le soir. Pierre Garmond, féroce, continuait de lui passer les livres « qu'il fallait avoir lus », pour l'instant Flaubert avant de s'intéresser à Maupassant. Ainsi terminait-il *Salammbô* et rêvait-il durant ses déplacements en métro ou en bus de cet Orient qui le fascinait. C'est pour pouvoir découvrir un jour Carthage, Alger ou le Sud marocain qu'il se rendait deux fois par semaine et le dimanche matin à la P.M.S., car le système qu'il avait imaginé avait fonctionné : il avait été admis sans difficulté à la préparation militaire supérieure où il réussissait à faire oublier par son assiduité et son acharnement les lacunes de sa culture générale.

Ce rythme furieux qu'il s'imposait – Garmond lui avait souvent dit qu'il était un excessif – lui laissait peu de temps à consacrer à Odile. Ils se voyaient une fois par semaine au cinéma, au café, parfois chez Marchessoy, le temps d'un repas. Il ne pouvait pas l'accueillir dans sa chambre chez les Quentin, pour quoi faire d'ailleurs, puisque leurs rapports amoureux s'arrêtaient aux frontières du risque. « Un jour, vous viendrez chez moi, avait-elle dit, mais je préfère que mon père n'en sache rien. Non pas qu'il vous recevrait mal, mais parce qu'il me poserait des questions sur vous à n'en plus finir. » Adrien non plus ne tenait pas à ce qu'on se posât des questions. Pour le moment, il se trouvait dans l'inconfortable situation de ne plus se sentir lui-même et de n'avoir pas encore réussi à être l'autre, celui qu'il s'était juré de devenir.

Contrairement à ce que croyait Garmond, les jeunes gens parlaient très peu de politique, elle comme lui se gardant d'entrouvrir la barrière du désaccord. Adrien, de surcroît, s'il s'astreignait à partager, par loyauté, les doctrines de la rue de Tournon, ne se sentait vraiment pas concerné par les rumeurs, les luttes partisanes et les combats politiques qui agitaient le pays et le divisaient entre trois clans ennemis : l'extrême droite avec l'Action française, les Croix-de-Feu, les Jeunesses patriotes et une ribambelle de ligues plus ou moins actives ; le centre qui reniait la droite ; et la gauche, troisième composante du gâteau électoral de l'époque où socialistes et communistes ne faisaient pas bon ménage. Adrien trouvait bien plus enivrante sa bataille personnelle et refusait d'user une partie de son énergie dans des discussions stériles.

Un jour, pourtant, où Odile avait agrafé à son corsage l'épée belliqueuse des Jeunesses patriotes, il lui demanda de lui expliquer les raisons d'un engagement qu'il estimait absurde pour une jeune fille.

Elle avait répondu avec sincérité, usant d'arguments qu'il avait entendu mille fois réfuter à Libertés nouvelles :

– C'est terrible, mais vous ne vous rendez pas compte, mon petit Adrien, des dangers que court le pays. Nous sommes exactement dans la situation où se trouvait l'Italie quand Mussolini créa les Faisceaux italiens de combat. Le Duce est pour nous un modèle. Nous ne sommes rien d'autre que des fascistes français et je ne vois pas ce que cela a d'extraordinaire !

– Cela ne vous ennuie pas de mettre vos pieds dans les traces de ceux d'un dictateur étranger ?

Adrien reprenait presque mot pour mot une phrase de Garmond. Elle lui semblait belle, noble, et Odile la prit au sérieux.

– Je me suis mal exprimée. Mussolini poursuit l'unification spectaculaire de son pays. Mais sa revendication sur l'Ethiopie doit nous faire réfléchir. Nos intérêts méditerranéens ne sont pas les siens. Cela dit, on peut admirer l'homme. L'autre jour, au cinéma, on l'a vu sur sa motocyclette, puis à cheval, avant de se mêler, manches retroussées, au peuple qui gagne une grande bataille économique. Vous voyez votre Edouard Herriot en costume de bain ?

– On dirait, chère Odile, que vous récitez une leçon bien apprise. Vous avez oublié de me parler des autoroutes...

Elle le regarda, la colère dans les yeux et la vindicte sur ses lèvres tremblantes, puis elle se ressaisit tandis qu'il posait la main sur la sienne :

– Vous n'auriez pas dû me dire ces choses méprisantes... Bien sûr que je n'ai pas trouvé cela toute seule. Pas plus que vous, certainement. Alors, cessons de nous disputer à propos de Mussolini dont je me moque autant que vous.

– Pardon, Odile. Je ne voulais pas vous blesser.

– Bon, j'enlève mon insigne qui semble vous exaspérer. Mieux, je vous promets de ne plus le porter lorsque je sortirai avec vous.

Ils s'embrassèrent et elle remarqua qu'il avait l'air absent. Sans doute cette dispute stupide l'empêchait-elle de goûter pleinement, comme à l'accoutumée, la fraîcheur de sa bouche... Odile se trompait. Adrien pensait que samedi et dimanche il se présentait à l'examen de la préparation militaire, et que cet examen, le premier qu'il passait depuis le certificat d'études, était une affaire d'importance, moins pour les avantages qu'un succès lui apporterait que pour l'orgueil de voir triompher sa volonté.

Adrien se tenait droit en selle, savait démonter et remonter un fusil-mitrailleur modèle 22 ; il avait appris par cœur l'anatomie du cheval et le règlement du cavalier en campagne. Ces connaissances lui permirent de compenser la faiblesse de sa moyenne à l'écrit, dévaluée par de nombreuses fautes d'orthographe. Le candidat Anthelme Adrien fut admis à entrer sous les drapeaux dans un peloton d'élèves officiers de réserve.

Son incorporation survint quelques mois plus tard. Il abandonna Odile à ses penchants nationalistes, passa ses dossiers publicitaires à Thirion, plus embarrassé que ravi, et prit congé des Quentin au cours d'un souper familial organisé en son honneur par la bonne Madeleine. Au dessert, il reçut l'accolade de Garmond, son ange gardien, qui ne comprenait toujours pas pourquoi son protégé se donnait autant de mal pour décrocher un galon d'aspirant.

– Enfin, dit-il, je t'ai préparé quelques livres que tu emporteras dans ta caserne. Il y a dans ce paquet un Petit Larousse illustré, don de la dame qui souffle sur les graines de pissenlit, trois Balzac que tu n'as pas lus, *Les Fleurs du mal* et une grammaire latine élémentaire.

Devant l'étonnement général suscité par ce dernier choix, Garmond ajouta :

– Ce bougre est capable de nous revenir la tête pleine de citations latines s'il comprend qu'elles seraient susceptibles, un jour, d'épater quelques barons de la publicité !

C'est ainsi qu'Adrien franchit sans émotion, un matin d'octobre, la porte de l'école de cavalerie de Saumur. De ces mois d'éducation martiale, il ne dira jamais rien. Seul Garmond comprendra que la vie commune avec des jeunes gens instruits, aisés, souvent méprisants lui avait été pénible. Loin de l'atmosphère douce et bienveillante de la rue de Tournon, Adrien avait dû constater que son étiquette d'enfant pauvre et ignorant continuait de lui coller à la peau. Encore une humiliation qu'il n'oublierait pas.

Le jour arriva enfin où, après avoir lancé en l'air son calot d'E.O.R. à la dernière prise d'armes de la promotion, il fut informé que sa demande d'affectation à un régiment de spahis marocains avait été acceptée et qu'il devait rejoindre l'état-major de Rabat. L'ordre de mission que lui remit l'adjudant secrétaire portait le tampon « urgent ». Le paquebot mixte *Commandant-Lamy* qu'il devait emprunter appareillait en effet le lendemain à Bordeaux.

– Mais ne suis-je pas aspirant ? demanda-t-il à l'adjudant en faisant remarquer que son ordre portait la mention d'E.O.R.

– Oui et non. Votre nouveau grade vous sera signifié dans votre corps. Tenez, je vous donne une autorisation de revêtir la tenue civile. Vous serez mieux pour voyager. Là-bas, on vous habillera à l'orientale. L'uniforme des spahis est l'un des plus beaux de l'armée française... Et il plaît aux femmes ! ajouta l'adjudant en riant.

Adrien aurait bien aimé étrenner son nouvel uniforme durant la traversée mais il se consola en retrouvant dans sa valise le costume de tweed qu'il avait acheté un peu avant d'entrer à Saumur et sa dernière culotte de golf, presque neuve, qui ferait bon effet sur le pont du bateau. On lui avait octroyé une cabine de deuxième classe, assez grande, avec hublot sur le large mais située au-dessus des machines. Cet emplacement, qui s'avéra assez inconfortable par la suite, lui permit de vivre intensément le moment de l'appareillage, celui où les pistons et les bielles commencent à chuinter avant de trouver leur rythme sourd et régulier. Il écouta un instant cette musique nouvelle qui accompagnait son départ pour l'aventure et grimpa lestement sur le pont supérieur pour voir le navire s'éloigner, comme à regret, du quai de la Douane. Le remorqueur tira le *Commandant-Lamy* jusqu'au milieu du lit de la Gironde qu'il commença de remonter lentement vers l'Océan.

Adrien décida de visiter le bateau. De coursives en escaliers de fer il grimpa, marcha, descendit, croisa une foule de passagers qui, comme lui, reconnaissaient les lieux, et il se rendit compte qu'il n'existait pas de barrières sérieuses entre la deuxième et la première classe puisque, sans l'avoir cherché, il se retrouvait à l'entrée d'un salon luxueux, illuminé pour la nuit qui tombait. Au bar, des couples célébraient verre en main le départ, de vieilles dames avaient déjà choisi leur fauteuil et quelques enfants jouaient à cache-cache entre les tables. Il ressentit la même impression que le dimanche après-midi où il avait découvert les pâtisseries dorées de l'hôtel Continental. Certes, il n'était plus l'adolescent gauche et timide qui s'émerveillait de tout, il avait fait son chemin depuis, mais tout de même, il se dit que ce n'était pas rien de pouvoir s'asseoir sur le velours rose pâle du salon des premières d'un paquebot qui l'emmenait vers l'inconnu, même si sa vraie place était au pont inférieur, là où les sièges étaient garnis de moleskine marron. Après tout, n'était-il pas aspirant, officier pour ainsi dire ? Comme il avait l'habitude – il la gardera toute sa vie – de se fixer des objectifs à court et à long terme, il décida qu'à la première occasion il se présenterait au commandant ou à l'un de ses seconds. Pour mieux marquer sa détermination, il appela le steward, en spencer rose comme les fauteuils, et commanda, ainsi qu'il l'avait entendu faire par la dame de la table voisine, le « cocktail du bord » qui semblait être la spécialité du barman.

A part un bock de temps en temps, Adrien ne buvait pas. Il fit la grimace en trempant ses lèvres dans le sirop bleu où nageait une cerise confite esseulée, puis son palais se fit à l'âcre saveur du gin et du curaçao, et il avala sans déplaisir les gorgées suivantes. Trop vite, car sa tête commença à tourner. Il laissa le fond du verre et respira lentement, profondément, pour reprendre ses esprits avant de rejoindre les voyageurs de son rang car, s'il avait pu boire en fraude un cocktail avec les riches, il n'était pas question de pénétrer dans la salle à manger dont il apercevait, au fond, les tables cristallines et fleuries.

Il se leva, répondit par un sourire à la dame d'à côté qui lui avait fait un signe d'au revoir. Il pensa que cela se faisait à bord des paquebots et qu'elle devait être une habituée de la ligne car elle paraissait connaître le personnel. En passant devant elle, Adrien put la voir de plus près, il la jugea belle mais vieille : elle devait avoir près de quarante ans.

Un peu chancelant, il retrouva son chemin et la salle à manger des secondes où un garçon en tablier blanc remplissait les assiettes d'une soupe à la tomate. Il avait faim et trouva convenable le rôti de veau qu'on lui servit ensuite. C'était moins bon que chez Madeleine Quentin, mais meilleur que l'ordinaire de Saumur. En montant l'escalier qui conduisait aux cabines, Dieu sait pourquoi, il pensa à Odile.

Il avait revu sa « petite J.P. », ainsi que l'appelait Garmond, trois fois au cours de courtes permissions et avait répondu par des cartes postales brèves comme des télégrammes aux lettres qu'elle lui avait adressées : toujours cette orthographe qui lui faisait honte ! Et voilà que ce soir, le cocktail, peut-être ? il avait envie de retrouver Odile, de lui raconter l'embarquement, le bateau, la resquille en première, son galon qui l'attendait au Maroc...

Arrivé dans sa cabine, il se précipita au hublot mais ne découvrit qu'un trou noirâtre où se reflétaient par moments, au gré des vagues, les lueurs mouvantes de l'éclairage du bord. Il se promit de donner des nouvelles à Odile dès son arrivée et se déshabilla. Il remit soigneusement son pantalon dans le pli et secoua sa veste afin de la défroisser. Ces gestes automatiques s'inscrivaient dans la ligne de conduite qu'il s'était fixée, comme le polissage un peu excessif de ses chaussures et la dépense minutieusement calculée de son argent, en traçant sur une page de son cahier secret ces mots qui résumaient ce qu'il appelait pompeusement sa philosophie : « Agir aujourd'hui pour gagner demain. »

La journée avait été longue, Adrien était fatigué. Il se coucha et s'endormit presque tout de suite malgré les coups de tampon syncopés de la machine qui faisaient trembler la cloison.

Le lendemain, Adrien se réveilla de bonne heure. La lumière du large baignait la cabine. Après avoir fait sa toilette et rasé les quelques poils de son menton, il enfila avec jubilation son pantalon de golf, ses bas écossais et un maillot de coton blanc marqué d'un curieux petit crocodile vert. Rien n'était plus à la mode depuis le printemps que cette chemisette en cellular créée par le champion de tennis René Lacoste. Il se peigna encore avec soin devant la glace du lavabo et jugea qu'il pouvait faire bonne figure sur le pont des premières. C'est ce jour-là qu'Adrien Anthelme se rendit compte qu'il n'était plus un adolescent. Ses traits s'étaient fixés dans un visage devenu plus carré, plus viril. Etaient-ce ceux d'un vainqueur ? Il sourit et gagna la salle à manger qui sentait l'encaustique, le café au lait et le pain brûlé. Dix minutes plus tard, il arpentait le pont supérieur en respirant à pleins poumons l'air de l'océan. Un haut-parleur annonça que le *Commandant-Lamy* passait au large du port de La Corogne avant d'atteindre les eaux portugaises.

Des chaises longues étaient alignées le long du pont. Adrien en choisit une et s'y allongea sans façon. Il laissa même un groom lui offrir une tasse de consommé sur un plateau d'argent. Jamais il ne s'était senti aussi bien dans sa peau, il sourit et ferma les yeux devant le soleil. Quand il les rouvrit, il s'aperçut que la dame du bar occupait la chaise voisine.

– Bonjour, monsieur. Je me suis permis d'utiliser ce fauteuil. Vous n'attendiez personne, j'espère ?

Il répondit poliment que non et se redressa pour pouvoir converser avec sa voisine qui, à l'évidence, n'allait pas demeurer bouche cousue.

– Je ne vous ai pas vu au dîner hier soir. Peut-être avez-vous pris votre repas dans votre cabine ?

Adrien, surpris par la question, réfléchit une seconde et comprit que seule la vérité pouvait le tirer d'embarras.

– Vous ne m'avez pas vu, madame, parce que je suis un voyageur de seconde. Je triche en volant le soleil des passagers de première. Surtout, ne le dites pas au commandant, il me mettrait aux fers...

Elle rit.

– Bien sûr que si, je vais le lui dire. C'est une vieille connaissance et le pire qui puisse vous arriver est d'être un soir invité à sa table. Si je le lui demande, naturellement, ajouta-t-elle en souriant. Mais que faites-vous à bord de ce vieux rafiot ?

– Un vieux rafiot ? Je trouve ce bateau magnifique. Il est vrai que c'est mon premier voyage en mer.

– Vous ne m'avez pas répondu.

– Je suis militaire et vais rejoindre mon corps... les spahis, continua-t-il après un petit temps d'arrêt, pour mieux mettre en valeur une précision valorisante à ses yeux. J'ajoute que j'ai suivi le peloton d'élèves officiers à Saumur et que je suis aspirant.

– Un aspirant, mon Dieu ! Cela rafraîchit quand on passe sa vie en compagnie de colonels et de vieux généraux. Vous n'allez pas à Dakar, par hasard ?

– Non. A Rabat.

– C'est dommage, car je connais très bien le colonel commandant le régiment de spahis sénégalais. Mais le colonel de Cuissac ne m'est pas inconnu...

– Qui est-ce ?

– Votre futur colonel. Je vous donnerai une lettre de recommandation pour lui.

– Merci, madame. Je vous en serai très reconnaissant. Etes-vous l'épouse d'un officier pour connaître aussi bien le milieu militaire ?

– Presque. Mon mari est gouverneur général de l'Afrique-Occidentale française. Mais parlez-moi un peu de vous. La traversée, que je fais quatre ou cinq fois par an, est d'un ennui ! Votre conversation, j'en suis sûre, va rendre celle-ci plus agréable.

– Madame, le plaisir est partagé. Je ne connais personne sur ce bateau et suis ravi de faire le voyage en compagnie d'une dame... aussi importante.

Elle sourit et, d'un regard, lui fit comprendre qu'elle attendait d'en savoir plus sur son compte que le fait d'utiliser une chaise longue à laquelle il n'avait pas droit. Adrien, lui, avait eu le temps de réfléchir et de penser qu'il n'était pas opportun de lui raconter certains détails de sa vie, la faiblesse de ses connaissances par exemple. Il improvisa donc, en ne mentant que par omission. S'il ne cacha pas la gêne dans laquelle il avait vécu avec sa mère, il insista sur l'aide morale et matérielle dont il avait bénéficié rue de Tournon et sur les liens affectueux qui l'attachaient à la famille Quentin.

– Robert Quentin, de Libertés nouvelles ? demanda-t-elle.

– Comment ? Vous le connaissez ?

– Qui ne connaît pas cet homme courageux et généreux ? Mon mari l'a fréquenté aux débuts de son mouvement. Je crois même qu'il a milité à ses côtés lorsqu'il était étudiant.

– Eh bien ! Je lui dois beaucoup. C'est grâce à lui que j'ai pu faire mes études.

Après avoir osé cette dernière phrase, il se demanda s'il n'avait pas commis une erreur. Mais la dame n'insista pas sur ce point délicat et il put parler avec plus d'assurance de ses débuts dans la publicité, de ses classes à l'école de Saumur et de son choix de servir dans les spahis.

– Quand vous m'avez dit que vous alliez chez les spahis, j'ai pensé que c'était une drôle d'idée. Vous allez vous retrouver dans le désert avec des Marocains qui se battent comme au temps des croisades. Mais, après tout, à votre âge, il est plus exaltant d'accomplir son service militaire aux côtés d'un chef comme Bournazel que de faire de la parade dans une caserne de province.

Au nom de Bournazel, Adrien avait tressailli. C'était le nom de sa promotion à Saumur où instructeurs et élèves vouaient un véritable culte au héros de la pacification du Maroc qui avait remplacé le lieutenant Peyral, de Loti, dans sa mythologie personnelle.

– Pardon, madame, dit Adrien. Vous avez rencontré Bournazel ?

– Je peux même vous confier que c'est un ami. Je vous remettrai une lettre pour lui lorsque nous nous séparerons à Rabat.

Adrien se dit qu'il avait de la chance d'avoir rencontré une femme pareille. Il en fut encore plus persuadé lorsque, revenue s'allonger à sa place après s'être absentée un moment, elle lui annonça, comme s'il s'agissait d'une nouvelle banale :

– Je viens de voir le commissaire de bord et le commandant : la question de vos repas est arrangée.

Il ouvrit de grands yeux, ne comprenant pas ce que le commandant venait faire dans son assiette.

– Je veux dire que, jusqu'à votre arrivée, vous pourrez prendre vos repas dans la salle à manger des premières. Cela vous agrée-t-il, monsieur l'aspirant ?

– Oh oui ! Je vous remercie, madame.

– Mais il vous faudra me supporter : je suis bavarde. Ah ! J'oubliais, j'ai dit que vous étiez mon petit-cousin. Vous n'êtes pas fâché ? Tant mieux, mais il serait préférable que je connaisse votre nom. Moi, c'est Chantal Périer-Jacquart, vous pouvez m'appeler Chantal.

– Je m'appelle Adrien Anthelme. Mes amis me nomment A. A.

– Si cela ne vous fait rien, je préfère vous appeler Adrien. A tout à l'heure, vers midi et demi à la salle à manger. Vous verrez, la cuisine est excellente.

Elle partit en faisant voler les plis de sa jupe blanche. Adrien la regarda s'éloigner et découvrit qu'elle était fine, élégante et pas si vieille...

Il s'étira, rectifia la position du coussin sous sa tête et suivit distraitement la ronde des mouettes autour de la cheminée du paquebot. Comme cela lui était arrivé déjà plusieurs fois avec les Quentin, avec Garmond, il avait la sensation que quelqu'un avait pris en main sa proche destinée et qu'il n'avait qu'à se laisser porter. Tout de même, il se demandait pourquoi cette grande dame, hier encore inconnue, s'intéressait à sa minuscule personne.

Le déjeuner, servi par des garçons en smoking blanc, fut très agréable. Il eut une pensée pour Madeleine Quentin qui lui avait enseigné la manière de tenir sa fourchette et son couteau en lui disant : « On te pardonnera beaucoup de choses, mais pas de laisser tes couverts en croix lorsque tu as fini ton assiette. » Chantal Périer-Jacquart avait bien remarqué sa gaucherie et ses efforts touchants pour la faire oublier, mais elle faisait tout pour le mettre en confiance et le faire parler, lui racontant elle-même mille anecdotes sur la vie aux colonies, les surprises des dîners officiels, les coutumes des indigènes. Après le café, elle lui demanda s'il jouait au bridge, ce qui le fit bêtement rougir. Il se rappela qu'il avait inscrit naguère dans son cahier : « Apprendre à jouer au bridge » mais que cette résolution n'avait pas, hélas ! encore eu de suite.

– Ne soyez pas navré, lui dit-elle en riant. Le bridge est un jeu de vieux et vous êtes si jeune ! Je suis sûre d'ailleurs que vous avez encore bien des choses à apprendre. Reposez-vous, moi je vais chercher des partenaires. Si vous le voulez, nous pouvons nous retrouver dans le salon vers cinq heures, pour le thé.

Adrien fut content de regagner sa cabine. Il avait à réfléchir. Il s'était passé tellement de choses ces derniers jours : la fin du peloton, son départ précipité pour le Maroc, la découverte du paquebot et, surtout, bien qu'il se défendît d'y attacher de l'importance, l'irruption dans sa vie de cette femme d'âge mûr, belle, mariée à un personnage puissant et qui, il s'en rendait confusément compte, le manipulait. Agréablement, il en convenait. Il dormit une bonne heure, chaussa ses sneakers de toile blanche qu'il avait achetés à Bordeaux avant d'embarquer et partit au pas de course à travers le bateau dont il fit cinq ou six fois le tour pour se dérouiller les jambes. A Saumur il était habitué à monter, à faire de l'exercice, à jouer au football et l'inactivité du bord lui pesait. Il avait aussi à faire oublier à son estomac les langoustes thermidor du déjeuner. L'air marin le délivra et il pensa qu'il était temps de se préparer pour le thé. Se préparer, c'était vite dit. Sa garde-robe ne comportait que son complet de tweed qu'il voulait garder pour le dîner et son pantalon de golf. Que n'avait-il dans sa cantine le costume-gilet bleu marine qui avait fait tant d'impression rue de Tournon mais qu'il avait dû laisser dans sa penderie, usé jusqu'à la corde ! « Bah ! ils me prendront comme je suis », décréta-t-il. Et puis, l'élégance de Chantal – tiens, il l'appelait Chantal dans ses pensées ! – compenserait le négligé de sa tenue !

Bien avant cinq heures, le salon s'était empli de couples dépareillés, de grosses et de très maigres dames, de messieurs décorés. Il y avait aussi quelques jeunes mères de famille avec leurs enfants braillards qui tournaient comme des mouches autour de la voiture des pâtisseries qu'un maître d'hôtel viendrait pousser entre les tables le moment venu. Adrien ne reconnut pas Chantal Périer-Jacquart dans cette étrange peuplade d'exilés de luxe. Il camoufla sa culotte incongrue au fond du salon, à une table à demi cachée par une colonne de stuc, assez loin de l'estrade où s'installait un pianiste.

L'arrivée de Chantal dans une robe de mousseline bleu pâle ne passa pas inaperçue, surtout des messieurs qui la suivirent du regard tandis qu'elle se dirigeait vers Adrien qu'elle avait fini par repérer dans son coin.

– Vous vous cachez, mon ami ? Votre choix loin des

regards indiscrets va faire jaser. Heureusement que j'ai fait savoir que nous sommes cousins.

– Mais, les autres tables étaient prises...

– Je disais cela pour plaisanter. Je me moque bien de ce que peuvent penser ces vieilles toupies. Vous avez eu raison. Nous serons tranquilles pour parler.

– Et puis, surtout, je ne tenais pas à exhiber ma culotte de golf à cette heure où tous les hommes se sont habillés de bleu et de blanc. C'est que je suis militaire et ne possède ici que quelques vêtements civils.

– Vous êtes très bien, ne vous faites pas de souci. Ce n'est pas votre garde-robe qui m'intéresse en vous. Je vous ai choisi, car vous avez remarqué, bien sûr, que je vous ai choisi...

– C'est vrai. Je n'aurais jamais osé vous adresser la parole. Mais pourquoi m'avez-vous élu pour converser durant le voyage ? Le bateau ne manque pas de gens plus intéressants que moi.

– Intéressants ? Ce sont les raseurs que je dois supporter à longueur d'année. Ils viennent tous de faire leur cure à Vichy et ne doivent parler que des menus de leurs hôtels. Tandis que vous, vous êtes, comment dirai-je, vous êtes tout neuf ! La vie dont vous attendez tout ne vous a pas encore abîmé. Et puis, vous êtes joli garçon ! ajouta-t-elle en éclatant de rire et en posant un court instant sa main sur la sienne, de la façon la plus naturelle du monde, pour ponctuer sa dernière remarque.

N'empêche, Adrien avait ressenti cet attouchement d'allure bien innocente comme une caresse et il était ému. Chantal fit mine de ne pas s'en apercevoir et changea de conversation.

– Ce soir, il y a bal. Le commandant m'invitera à danser, et l'officier en second, et le commissaire. Aussi sans doute quelques messieurs qui regagnent Dakar et qui me connaissent... Et vous, mon cousin ? M'inviterez-vous ?

– Si vous y tenez, oui, mais je vais être encore une fois ridicule dans mon tweed au milieu de tout ce monde en smoking et en robe du soir. Vous allez être resplendissante, je le sais, et vous n'avez rien à gagner à vous exhiber avec moi.

– Mais cessez donc de vous diminuer tout le temps ! C'est agaçant à la fin ! Dites-vous plutôt que tous les types qui vous regarderont danser avec moi vous envieront. Pas à cause de moi mais parce que vous êtes jeune et beau ! Et moi je serai fière de vous avoir pour cavalier. Car, naturellement, je vous interdis de danser avec une autre femme !

Cette fois, ils éclatèrent de rire ensemble, comme deux complices qu'ils étaient devenus. Le porteur de thé et de petits gâteaux attendit qu'ils aient retrouvé un air plus serein pour proposer respectueusement : « Chine ou Ceylan ? » Tout de suite après cet intermède, Adrien sentit la jambe de Chantal qui se pressait contre la sienne. Il trouva ce contact délicieux et hésita à prendre la main de celle qui le regardait maintenant franchement, un petit sourire au coin des lèvres. Il se sentait bête, comme paralysé ; c'est elle qui fit le second pas.

– Adrien, vous savez que vous arrivez après-demain matin, très tôt ? Je vous ai promis deux lettres, l'une pour le colonel de Cuissac, l'autre pour Henri de Bournazel. Je vais les écrire dans ma chambre. Venez avec moi... Ou plutôt, venez me retrouver dans dix minutes, ce sera mieux. J'ai la cabine numéro quatre, au pont supérieur.

Elle lui pressa la main et sortit, impériale, distribuant un sourire là, un salut ailleurs.

Adrien, médusé, avala un deuxième éclair au chocolat sans penser à ce qu'il faisait. Il ne pouvait se méprendre sur les intentions de Chantal qui, il le savait, avait jeté son dévolu sur lui dès le premier jour. Pourtant, il avait du mal à admettre ce qui lui arrivait...

Il termina son thé et se leva à son tour pour gagner sans hâte le pont supérieur. Le jeu de l'amour commençait et, puisqu'il n'en était pas l'arbitre, il se dit qu'il ne lui restait qu'à prendre la leçon. La cabine numéro quatre était entrouverte, il poussa doucement la porte.

Il s'attendait à tout : trouver Chantal allongée nue sur le lit, ou la voir sortir de la salle de bains vêtue d'une robe de chambre en dentelle transparente, comme dans les films américains. Elle était tout simplement assise devant le secrétaire et écrivait. Adrien s'était-il trompé ? N'avait-il rien compris à l'attitude de cette femme d'un autre monde qui, après tout, était peut-être fidèle à son gouverneur de mari ?

Il ne resta pas longtemps dans l'expectative. Chantal dit :

– J'ai terminé vos lettres, monsieur l'aspirant. Venez me remercier en m'embrassant. Vos lèvres me tentent depuis assez longtemps !

Adrien s'approcha, releva avec douceur la tête de Chantal et fit ce qu'on lui demandait avec empressement. S'il n'avait encore pas connu de femme complètement, son flirt avec Odile lui avait appris les subtilités du baiser et des caresses. Cette habileté trompa un moment Mme Périer-Jacquart :

– Mais vous êtes un expert dans l'art d'aimer, monsieur l'aspirant. Moi qui pensais avoir affaire à un charmant débutant...

– Chantal, autant vous le dire, je suis un débutant pour l'essentiel. Voulez-vous être mon initiatrice ?

Avant de répondre, Chantal alla fermer le verrou de la porte et l'entraîna vers le lit.

– Ce que tu viens de me dire me bouleverse. Déshabille-moi, caresse-moi. Et parle-moi : on ne fait pas bien l'amour si on ne parle pas ! Nous allons vivre un grand moment sur cette merveille des mers qu'est ce brave *Commandant-Lamy*. Allonge-toi, laisse-moi faire... Je suis sûre que tu ne m'oublieras jamais, on n'oublie pas la première fois...

C'est ainsi que l'aspirant Adrien Anthelme perdit sa virginité au large des côtes portugaises dans les bras de la seule femme de gouverneur colonial belle, jeune et malicieuse. Bien plus tard, après le bal du soir, quand il fut seul dans sa cabine, il écrivit dans son cahier : « 16 octobre 1932 : A. A. a eu raison d'attendre C. » Il réfléchit un instant et ajouta : « A. A. a surtout eu de la chance de rencontrer C. »

Après des adieux enflammés dans la cabine de Chantal, plus discrets sur la coupée, Adrien quitta à regret le *Commandant-Lamy* dans le port de Rabat. Ses bagages, une lourde cantine de tôle et un sac, déposés sur le quai, il se demandait comment il allait rejoindre le quartier général quand un burnous marron tirant un âne au bout d'une ficelle se présenta par un discours souriant mais incompréhensible qui fit mesurer à Adrien la modestie de ses connaissances de la langue arabe. Il devina tout de même que l'homme lui proposait ses services et il lui fit signe de charger le bourricot.

Adrien avait rêvé d'une arrivée plus romantique dans ce Maroc auquel il avait tant songé, à cheval et le burnous rouge flottant au vent par exemple, mais il se contenta de sa misérable escorte bringuebalante dans la poussière. Au passage, le guide lui montra d'un geste qui ne manquait pas de noblesse la tour Hassan, non achevée, précédée de ses deux cents colonnes. Bientôt ils arrivèrent devant le Q.G., un palais tout blanc en haut duquel éclataient les couleurs françaises. Deux spahis montaient la garde. Adrien admira leur tenue et montra son ordre de mission. Allaient-ils laisser pénétrer l'ânier, l'âne et ses bagages dans la cour ? Oui. Quelques instants plus tard il était en face du capitaine de service, une sorte de colosse transpirant sous sa veste de toile qui le regardait d'un air dubitatif.

– C'est vous qui avez demandé à servir dans les spahis ?

– Oui, mon capitaine. C'était mon rêve de devenir officier de spahis.

– C'est bien. On en manque. Mais je vous imagine mal, à la tête d'un goum, faire une tournée de police dans le Sous[1].

L'officier regarda de plus près l'ordre d'Adrien et ajouta :

– Mais il n'est pas indiqué que vous êtes aspirant ! E.O.R., cela ne veut rien dire ici. Ah ! ces bureaucrates parisiens ! Ils ne pouvaient pas vous nommer au 4e régiment à Senlis et vous donner une tenue avant de vous envoyer au Maroc ? Un spahi en culotte de golf ! On

1. Région du Sud-Ouest marocain.

n'a jamais vu ça ! Il faut que je demande au colonel ce qu'on doit faire de vous.

– Le colonel de Cuissac ? J'ai une lettre pour lui.

– Ah ! Parce que en plus vous êtes un pistonné ! Enfin... Ne bougez pas, je vais voir.

Adrien n'en menait pas large. Il se voyait déjà renvoyé en France. Vraiment, son rêve d'aventures commençait mal ! Il n'eut heureusement pas le temps de laisser se développer ces idées moroses, le capitaine l'appelait :

– Venez, le colonel veut vous voir.

Grand, sec, les jambes arquées, M. de Cuissac, qui se donnait avec ses moustaches en croc un air à la Lyautey, sentait Saumur à cinq pas. Il regarda avec amusement Adrien se dandiner, hésitant à s'incliner respectueusement ou à rectifier la position en claquant les talons, ce qui eût été parfaitement ridicule dans la tenue qu'il portait. Le colonel abrégea cette situation difficile.

– Asseyez-vous. Le capitaine Adet m'a dit que vous aviez une lettre à me remettre.

Le colonel parcourut d'abord l'ordre de mission, hocha la tête et ouvrit l'enveloppe que lui tendait Adrien. Son visage s'éclaircit.

– Ainsi, Mme Périer-Jacquart vous veut du bien ! Comment va cette charmante Chantal ? Je l'ai connue lorsque je commandais un escadron à Dakar. Je regrette que son mari n'ait pas été nommé résident à Rabat car c'est une merveilleuse maîtresse de maison. Elle organisait des fêtes... aussi réussies que celles du maréchal quand il était ici. Mais il y a longtemps que vous connaissez Mme Périer-Jacquart ?

Adrien avait prévu cette question.

– Je l'ai rencontrée l'an dernier à un dîner chez des parents. Et je l'ai retrouvée par hasard à bord du *Commandant-Lamy*. Apprenant que j'étais nommé à Rabat, elle m'a proposé de me confier cette lettre à votre intention.

Le colonel de Cuissac sourit.

– C'est bien. Il n'y a qu'une chose qui m'ennuie, c'est qu'il n'est pas en mon pouvoir, même pas en celui du général, de vous nommer officiellement aspirant.

Encore une connerie des bureaux de Paris ! Il va falloir attendre que l'ordre arrive.

– Cela va demander combien de temps, mon colonel ?

– Impossible à prévoir. On va télégraphier. Mais après...

Il sonna pour appeler le capitaine.

– Marley, on ne peut pas garder ce jeune homme en knickerbockers. Faites-lui donner une tenue de sous-officier. On ne peut pas non plus l'inclure dans une unité qu'il sera appelé bientôt à commander. Alors, installez-le au dépôt. Ou mieux, à la salle d'armes et de gymnastique. Il sort de Saumur et doit être un sportif accompli. C'est toujours l'adjudant-chef Picousa qui est maître d'armes ?

– Oui, mon colonel.

– Eh bien ! jusqu'à nouvel ordre, l'E.O.R... Anthelme sera son adjoint. Voilà, mon garçon, tout ce que je peux faire pour vous actuellement. Après...

– Mon colonel, je souhaite faire partie d'un escadron engagé dans des opérations.

– Je m'en doutais. Vous n'avez pas demandé à venir avec nous pour être secrétaire ou chauffeur du général. C'est entendu, vous vivrez l'aventure ardente des spahis avant de retourner à la vie civile.

Le colonel tendit la main à Adrien qui pensa devoir ce geste, plus cordial qu'un « rompez » réglementaire, à la recommandation de Chantal. C'était toujours ça. Il suivit, un peu dépité tout de même, le capitaine vers le magasin d'habillement. Là, Marley le confia au « garde-mites », un vieux goumier à la peau brune balafrée :

– Trouve pour l'E.O.R. Anthelme une tenue de sous-officier propre et même neuve. Si possible. C'est un ordre du colonel.

Il en fallait moins à l'homme pour obtempérer. Adrien se vit doter d'une tenue de service et de campagne en coton beige avec saroual et veste courte mais ample, de la large ceinture garance, du fameux chèche, emblème des troupes coloniales, accessoire universel, indispensable contre le soleil comme contre le froid, et du képi bleu ciel que le dandy de La Varenne trouva magnifique bien qu'il ne fût pas orné sur le dessus des entrelacs d'or distinguant les officiers. Adrien reçut encore une gandoura beige et un burnous marron clair qui sentait la naphtaline. Il se demandait comment il allait réussir à s'attifer de ces pièces dont aucune ne ressemblait aux effets portés en métropole quand le conservateur des élégances lui annonça :

– Reviens demain pour la tenue de parade. Elle est belle. Tu as de la chance car nous avons retrouvé il y a seulement deux ans nos beaux uniformes d'avant 14.

Le capitaine Marley, qui semblait avoir pris en amitié le banlieusard de la Bastille, paumé dans l'univers casernal de la République, demanda à un planton de faire atteler une voiture pour conduire Adrien et son barda à la salle d'armes-gymnase de la place.

– Je t'accompagne, dit-il. Il faut tout de même que j'explique à Picousa qu'il hérite d'un adjoint presque officier. Tu verras, c'est un type bien. Avant de ne plus pouvoir monter, suite à une malheureuse fusillade, il a été de tous les coups où ont brillé les spahis marocains, à commencer par les prouesses de Bournazel. Il pourra te parler des heures durant de l'histoire des spahis. Tu ne pouvais pas mieux tomber pour te mettre dans l'ambiance un peu particulière de notre corps qui n'a rien de commun avec les autres unités. Tu as eu bien raison de choisir le burnous !

L'adjudant-chef Picousa, qui parlait couramment l'arabe et le masmuda[1] avec l'accent corse, reçut Adrien comme un fils.

– Je vais d'abord t'apprendre à t'habiller. Rien que pour savoir se servir d'un chèche, il faut au moins une journée. Après, nous visiterons la ville. Ensuite, j'espère que tu utiliseras cette belle salle d'entraînement qu'ignorent, je le déplore, les militaires de Rabat. Si tu veux monter, je te présenterai au manège. Les spahis ont une certaine façon de se tenir à cheval qui n'a pas grand-chose de commun avec l'assiette recommandée dans les écoles françaises. Je te conseille de bien t'entraîner avant de partir en opération car nos

1. L'un des principaux dialectes berbères.

chevaux au poil fin et ras ne sont pas non plus ordinaires. Le capitaine a dû te dire que j'allais te barber avec mes histoires de spahis. On me prend pour un vieux maniaque. C'est sans doute vrai. N'empêche que lorsque le colonel reçoit un hôte de marque, il m'appelle au palais pour que je fasse mon petit numéro du spahi bavard. A toi, je ne raconterai des histoires que si tu me le demandes.

Adrien se sentait si bien auprès de Picousa qu'il pensait moins souvent à cette nomination qui tardait toujours à venir. Sur les exploits de Bournazel, l'adjudant-chef était intarissable :

– J'étais à ses côtés durant la guerre du Rif, en 26. Il servait dans l'escadron du commandant Stefani et avait reçu la mission d'assurer la flanc-garde droite du régiment qui marchait à l'ennemi. Le 2 mai, nous nous heurtons à un fort parti de Rifains solidement retranché. Envoyé en éclaireur, je reviens rendre compte : « Mon lieutenant, nous ne passerons pas par ruse, ils tiennent le défilé. » Bournazel réfléchit un instant puis déclare : « Alors il faut passer de force. Attaquons ! » Et il part en tête au galop, revêtu de sa cape rouge de spahi qu'il ne quitte jamais au combat. Et moi, Picousa, j'assiste au miracle : alors que nous nous apprêtons à charger, couverts par le goum voisin, Bournazel fonce tout seul entre les balles qui sifflent à ses oreilles mais ne l'atteignent pas. Son burnous rouge qui flotte au vent comme un drapeau est troué plusieurs fois mais il continue, jusqu'à arriver tout près des retranchements ennemis établis à contre-pente. Il enlève alors son cheval comme à la parade et bondit, cravache haute car il dédaigne de se servir de son pistolet, dans les lignes ennemies. Derrière, les spahis, fanatisés par cet extraordinaire héroïsme, suivent dans une clameur d'enthousiasme. L'ennemi, cerné, est en partie fait prisonnier. Le reste, épouvanté, s'enfuit en déroute...

– Vous avez vu cela ? Quel souvenir !

– Oui. C'est de ce jour du printemps 1926 que date le début de la légende de Bournazel. Chez nous, mais aussi chez l'ennemi, les Marocains dissidents, on ne parle que de sa baraka. Dans le Moyen Atlas, dans le Haut Atlas, dans les vallées les plus cachées du Rif, les nationalistes, les goumiers, les spahis, bien sûr, craignent, admirent, vénèrent le « Bou-Amra-Vesta », l'homme à la veste rouge.

– Où se trouve-t-il en ce moment ? J'ai une lettre pour lui et j'aimerais tant le connaître !

– Il est dans son désert, le Tafilalet, dont il est gouverneur, le « gouverneur des sables ». Cela m'étonnerait que tu puisses le voir car il vient d'être nommé et nous ne le verrons pas à Rabat pendant un bout de temps. Mais un service postal militaire fonctionne entre tous les postes occupés. Les facteurs sont presque tous des spahis. Tu peux lui faire parvenir ta lettre par ce moyen[1].

Faute de pouvoir partir en opération avec l'un des sept escadrons de spahis basés au Maroc et dans l'impossibilité d'approcher son idole au manteau écarlate, Adrien se faisait des muscles. Lui qui n'avait jamais fréquenté un terrain de sport avant d'entrer à Saumur, il se montrait assidu aux séances d'entraînement dirigées par Picousa. La jambe blessée de l'adjudant-chef l'empêchait de courir mais il se rattrapait en cultivant ses abdominaux et ses biceps en compagnie d'Adrien et d'un brigadier du premier escadron qui se vantait d'avoir disputé quelques combats de boxe en prologue, au Central du faubourg Saint-Denis[2]. C'est à ce moment qu'une note de l'état-major parvint à Rabat demandant aux militaires, appelés ou engagés, désireux de participer au championnat de boxe militaire de l'Afrique du Nord de se faire inscrire sans tarder.

L'adjudant-chef, toujours prêt à exalter le prestige de ses chers spahis, n'hésita pas une seconde. Il arrêta ses deux athlètes dans leurs ébats et annonça :

– Muller (c'était le nom du brigadier) et Anthelme,

1. Moins d'un an plus tard, le 28 février 1933, le capitaine de Bournazel sera tué lors d'une opération de pacification dans le djebel Sagho, entre Ouarzazate et le Tafilalet. La légende dit que sa mort survint le seul jour où il n'avait pas revêtu sa tunique rouge.

2. La salle populaire du Central Sporting Club était le lieu de passage obligé pour les jeunes pugilistes rêvant de se faire un nom dans le « noble art ». Marcel Thil, le nouveau champion du monde des poids moyens, avait débuté sur le ring du faubourg Saint-Denis.

je prends en main votre entraînement pour le championnat militaire de boxe ! Il serait scandaleux que les spahis n'y soient pas représentés.

– Mais je n'ai jamais boxé ! protesta Adrien. Je vais être ridicule et, en plus, me faire massacrer !

– Et l'honneur de nos escadrons ? Qu'en fais-tu, ingrat ?

Adrien pensait à son galon toujours égaré dans les bureaux et se disait qu'il ne devait rien à l'armée. Mais comment résister à l'esprit de corps et à l'enthousiasme sportif de l'adjudant-chef ? Dès le lendemain, une corvée transportait au gymnase l'estrade, le tapis, les cordes d'un ring démonté depuis près de dix ans, dont on avait heureusement conservé les éléments. Un colis contenant des gants fut retrouvé au magasin, on suspendit deux sacs de sable au plafond et l'entraînement commença.

– Nous avons quinze jours pour nous préparer. C'est peu mais c'est suffisant pour des spahis ! déclara Picousa. Les éliminatoires se dérouleront à Casablanca, les demi-finales et les finales en Algérie. Un beau voyage en perspective, mes petits !

Adrien était plutôt doué. Souple, il apprit à esquiver ; fort et hargneux, à cogner ; vif, à se protéger le visage. Muller, qui n'avait certes pas le punch de Marcel Thil, prouvait qu'il avait une certaine expérience et montrait à l'E.O.R. Anthelme quelques ficelles de ring pour ne pas se faire bloquer dans les cordes. Les deux spahis de l'uppercut n'appartenaient pas à la même catégorie : Adrien était poids léger et Muller boxait chez les moyens. Ils ne devaient donc pas se rencontrer dans le championnat et c'était mieux ainsi. A force de se cogner dessus à l'entraînement sous le regard jubilant de Picousa, Muller et Anthelme étaient devenus copains. Nursés par leur adjudant-soigneur, ils partirent plutôt confiants et détendus pour Casablanca où devaient se dérouler les matchs de qualification.

Muller, le premier, battit facilement aux points un berbère roublard du 2e Maghzen[1] de Casa. Adrien,

1. Maghzen : unité de supplétifs attachés à une garnison.

pour son baptême du poing en attendant celui du feu, tomba sur un maréchal des logis du 3e escadron de Marrakech qui le malmena durant deux rounds. Picousa, dans son coin, ne donnait pas cher de la peau de son poulain qu'il lâcha, la mort dans l'âme, dans la troisième reprise après l'avoir éventé, lavé, frictionné. Et le miracle se produisit : un direct du gauche heureux, manifestation des dernières forces d'Adrien, cueillit le rengagé à la tempe et l'envoya au tapis. L'arbitre égrena les secondes de la voix et du geste. Six, sept, huit, neuf... il écarta ses bras de justicier : Anthelme avait gagné par K.-O., et par veine, son premier combat.

Le match suivant dont le vainqueur aurait l'honneur de disputer la demi-finale à Mostaganem, avec l'espoir d'aller en finale et d'être sacré champion militaire d'Afrique du Nord, ne laissait aucune chance à Adrien. Son adversaire, un zouave longiligne qui avait la réputation de placer ses coups avec la précision d'un horloger, n'était autre que le tenant du titre. La perspective de jouer le punching-ball devant ce grand singe n'enthousiasmait pas Adrien qui se serait volontiers désisté si Picousa ne lui avait pas déclaré qu'un spahi ne se dérobait jamais au combat, qu'il en allait de l'honneur de l'escadron et même du régiment tout entier.

Adrien s'était donc résigné à prendre une bonne correction quand la chance qui lui avait tant souri depuis qu'il avait quitté son bourgeron de postier, à part sa nomination ratée, lui fit une nouvelle bonne surprise. L'épouvantail à chéchia, victime d'une entorse au pied après avoir glissé sur le parquet trop bien ciré d'une chambrée, avait le pied dans le plâtre et était contraint de déclarer forfait, abandonnant ainsi sans combat la place de demi-finaliste à Adrien.

Picousa profita de cette indulgence du sort pour regonfler son poulain.

– Anthelme, tu as la baraka ! On va soigner ton œil et ta pommette amochés, tu vas reprendre l'entraînement avec Muller qui, lui, s'est qualifié sur le ring. Qui sait si, à Mostaganem, tu ne vas pas encore nous épater d'une manière ou d'une autre !

Adrien pensa qu'il avait reculé pour mieux sauter. La raclée évitée à Rabat, il la recevrait en Algérie.

– Ne t'en fais pas, lui disait Muller. Si tu es battu...

– Bien sûr que je serai battu !

– Bon ! Eh bien ! battu, tu auras quand même fait un beau voyage. Et tu pourras dire quand tu seras rentré chez toi : « J'ai été demi-finaliste du championnat d'Afrique du Nord ! » C'est une référence, non ?

Il faut bien dire qu'à Mostaganem Adrien n'épata personne sur le ring monté au milieu de la cour de la caserne du 2e régiment de tirailleurs. Son adversaire, un nommé Ben Mahoui, boxait chez lui, encouragé par trois compagnies. Anthelme, lui, n'avait que Picousa et Muller pour l'applaudir quand il monta sur le ring. Mais l'essentiel n'était pas la claque, c'était la puissance des coups frappés par le tirailleur.

– Une vraie mitrailleuse ! glissa le brigadier à l'oreille de Picousa. Anthelme ne va pas tenir longtemps.

Il tint exactement cinquante-sept secondes avant que l'arbitre arrête le combat pour éviter le massacre annoncé. La pommette droite, à peine cicatrisée, s'était rouverte et saignait. Le nez aussi, comme l'arcade sourcilière gauche.

– Ce n'est rien, petit, lui dit Picousa. Dans quelques jours tu retrouveras ta belle petite gueule. Et dis-toi que tu as vaillamment défendu l'honneur des spahis !

Muller, lui, fut battu aux points, de justesse. Picousa affirma que l'arbitre lui avait volé la victoire. Les cicatrices de l'un et l'injustice dont l'autre avait été victime contribuèrent au retour à assurer leur popularité. Le colonel félicita les héros au cours de la prise d'armes du samedi, puis il fit demander par le capitaine Marley à l'aspirant Anthelme de venir au rapport dans son bureau.

– Vous avez dit aspirant, mon capitaine ?

– Moi, j'ai dit cela ? Allez donc voir le colonel.

L'accueil fut cordial et moqueur :

– Dites... Vous êtes bien arrangé ! Si la belle Chantal vous voyait ainsi ! Je n'ai pas un goût particulier pour la boxe, pourtant j'aime que mes spahis montrent qu'ils ont du courage. Mais c'est fini. Dorénavant, vous laisserez vos gants au vestiaire : un officier ne se bat pas sur un ring. Au fait, j'ai le plaisir de vous apprendre que votre nomination est enfin arrivée du ministère.

– Alors je suis aspirant, mon colonel ?

– Oui, vous êtes aspirant et on vous appellera « mon lieutenant ». Tâchez de démontrer durant les mois de service qui vous restent à accomplir que vous méritez de servir dans le corps d'élite des spahis.

Adrien avait toujours eu des rapports difficiles avec ses vêtements. Maintenant qu'il était bien officier, il n'avait pas les moyens de s'offrir la tenue correspondant au galon qu'il s'était donné tant de peine à obtenir. « Un grade sans l'uniforme, c'est zéro, se répétait-il. Surtout lorsqu'on commande des indigènes toujours sensibles aux marques extérieures de l'autorité. » Il se reprocha de n'avoir pas fait d'économies et se demanda comment il allait sauver son prestige tout neuf. C'est que les officiers, s'ils s'habillaient ostensiblement comme leurs hommes en opération, faisaient assaut d'élégance en garnison. Que faire ? Il s'ouvrit de cette pénible situation à Picousa, toujours prêt à aider son poulain.

– Anthelme, j'ai fait de toi un champion, répondit celui-ci, je ferai de toi un officier ! D'abord, à partir de cette seconde je vais t'appeler « mon lieutenant » et te dire vous.

– N'en faites rien, je vous en supplie. Continuez à me traiter comme vous en avez l'habitude.

– Mon cher, l'armée, c'est l'armée. Où irions-nous si l'on pouvait tutoyer son supérieur ! Maintenant, il va falloir vous nipper, mon lieutenant !

L'adjudant-chef réfléchit un moment puis déclara :

– Qu'est-ce qui compte, finalement ? Vous n'allez pas demain au bal de la générale ? Alors, pour la tenue de tous les jours, ce qui compte, c'est le képi. Et les bottes. Pour le reste, un saroual de sous-officier ne diffère pas beaucoup de celui des officiers. Pareil pour la veste de coton beige. Il faudra seulement faire coudre ton galon par le maître tailleur. C'est un vieil ami, il t'arrangera tes frusques, te trouvera un képi et des bottes légères. Ici le cuir ne coûte rien et les Marocains le travaillent très bien. Pour la tenue de parade, je vais réfléchir. Le capitaine Marley pourrait peut-être te prêter le pantalon bleu ciel à bandes garance. C'est un coquet et il se fait souvent faire de nouvelles tenues. Quant à la tunique garance, il faudra voir.

– Le maître tailleur ne me ferait pas crédit ?

– Bien sûr que si.

– Alors je suis sauvé !

C'est ainsi qu'habillé par les uns, botté par les autres, culotté par le capitaine, l'aspirant Anthelme Adrien du 3e escadron du 2e spahis put se faire photographier à cheval dans la cour du quartier, sur un fond de dunes apporté en rouleau de toile par le spécialiste du cliché militaire de la rue de l'Evêché, accrédité auprès de l'état-major.

Il n'apparaît pas essentiel de s'appesantir sur les cinq mois qui suivirent. Le hasard voulut que, durant ce temps, les rebelles se tinssent tranquilles dans leurs djebels, ce qui rendit le séjour à Marrakech du 3e escadron, où il avait été envoyé, plutôt agréable. Le service était facile : il consistait à fournir régulièrement des petites unités de sécurité et d'escorte qui, le plus souvent, assuraient le transport du courrier vers Kasbah-Tadla, Ouarzazate ou Tazenaght. Ces missions, sans danger réel, donnaient à Adrien l'impression de partager la grande aventure des spahis. Il acheta un Kodak Brownie pour se faire photographier au galop – gandoura beige, burnous marron clair et chèche blanc enroulé sur le képi – sur Sultan III, le cheval gris pommelé, racé et nerveux, qui lui avait été attribué. Quand la fin de son service arriva et qu'il rembarqua à bord du *Commandant-Lamy* pour rentrer en France, revêtu cette fois de sa tenue d'officier, Adrien put se dire qu'il n'avait pas perdu son temps chez les spahis. D'abord, il y avait appris beaucoup de choses de la vie ; ensuite, il s'était constitué un capital de souvenirs et d'aventures que son esprit calculateur entendait bien exploiter un jour.

C'est un homme neuf qui descendit gare d'Austerlitz un soir de mai 1933 du rapide de Bordeaux. A près de vingt-deux ans, Adrien, à l'aise dans sa veste de toile, le chèche négligemment noué autour du cou et le képi bleu ciel enfoncé, bien droit sur la tête, n'avait plus grand-chose de commun avec l'adolescent prolongé de la rue de Tournon ni avec l'amoureux maladroit du cimetière Montparnasse. Le poing du tirailleur de Mostaganem avait légèrement déplacé l'axe de son nez vers la droite et cet imperceptible décalage donnait du caractère et de la virilité à son visage tanné par le vent et le soleil. Dans le train, Adrien avait eu le temps de penser à ce qu'il allait faire en arrivant. Il avait un moment hésité entre la rue de Tournon, où il était sûr d'être accueilli à bras ouverts, et Saint-Maur, où sa mère pleurerait en voyant débarquer son fils en uniforme de héros. C'est elle qu'il choisit, beaucoup par amour filial et un peu pour retrouver, tout de suite, les sensations, le bruit, l'odeur de la gare de la Bastille où il avait si souvent couru pour attraper en marche le vieux train à impériale. Il ne fut pas déçu : la locomotive crachait toujours sa fumée noire sous la verrière et il reconnut la stridence du sifflet du chef de gare. Il avait laissé sa cantine à la consigne de la gare d'Austerlitz et n'avait gardé qu'une valise qui lui parut légère pour parcourir les huit cents mètres qui séparaient la station du logis familial.

Adrien monta les deux étages deux marches à la fois, comme il l'avait toujours fait, et tourna la clé qui restait en permanence sur la serrure de la porte, sauf la nuit où Mme Anthelme s'enfermait à double tour.

– C'est moi ! cria-t-il dans le couloir qui menait à la cuisine.

Là, il demeura comme pétrifié : sa mère n'était pas seule, elle servait avec la louche en métal argenté de la ménagère la soupe d'une casserole fumante dans l'assiette d'un homme tranquillement installé à la place qui avait toujours été la sienne, près de la fenêtre. Il y eut un moment de silence qui parut une éternité aux acteurs de cette scène digne d'une pièce naturaliste comme on en jouait encore parfois au théâtre de la Porte-Saint-Martin. Adrien regardait sa mère d'un air interrogatif et sévère. Elle balbutia sur un ton de petite fille prise en faute :

– Je t'expliquerai, je t'expliquerai...

Adrien, lui, se refusait à comprendre ce que cet inconnu faisait dans la cuisine. Peut-être, après tout, était-ce un nouveau voisin invité à l'improviste ? L'idée que sa mère pouvait partager sa vie avec un homme lui était parfaitement insupportable. Il se sentait dépouillé, victime d'une indélicatesse grave, et se maîtrisait pour ne pas jeter dehors cet être méprisable, ce voleur de mère.

C'est l'homme qui parla le premier. Il pouvait avoir la cinquantaine et était habillé comme « un employé ». En tout cas, avec son col blanc et ses manchettes empesées, ce n'était pas un ouvrier. Il esquissa un sourire gêné et dit :

– Vous êtes Adrien ? Vous savez que votre mère est fière de son grand fils officier ! Moi je suis un ami, peut-être un peu plus qu'un ami, de votre maman. Nous dînons souvent ensemble car je suis veuf moi aussi. Je m'appelle Charles Lévy. J'habite la maison d'à côté.

Adrien, qui avait récupéré, comme à la boxe, et s'apprêtait à aller embrasser sa mère, tressaillit en entendant le nom de Lévy. Cette réaction n'avait pas échappé à l'homme qui sourit tristement. En une fraction de seconde, il avait compris qu'il avait devant lui un adversaire. Cet instant du retour, Adrien devait en conserver le souvenir affligeant toute sa vie. Plus tard, bien plus tard, il répondra au président du Conseil de l'époque, un M.R.P. ami, qui lui demandait la raison de quelques propos antisémites : « Un jour, il y a bien longtemps, un certain Lévy m'a pris la mère que j'adorais ! » Adrien Anthelme n'aura jamais conscience que ce genre de réaction sotte et haineuse marquait comme au fer rouge les limites d'un esprit étroit mais aussi parfois généreux.

A Saint-Maur, l'incident n'avait pas été plus loin. Très digne, M. Lévy avait pris son chapeau et dit :

– Monsieur, ma présence semble vous déplaire. Je m'en vais. Bonsoir, Jeanne, à plus tard.

Il ne restait au spahi qu'à consoler sa mère désemparée et à finir le dîner préparé pour M. Lévy, ce qu'il fit avec appétit car, depuis le matin, il n'avait mangé qu'un sandwich acheté sur le quai de la gare de Poitiers.

Le lendemain matin, il se demanda s'il allait garder sa tenue d'aspirant pour rendre visite aux Quentin et à Garmond. Finalement, il se dit que ce n'était pas l'endroit pour parader en uniforme et préféra revêtir son costume bleu qui n'était plus très frais mais encore portable. Dans l'immédiat il lui fallait travailler. C'est bien joli de dire partout qu'on « est dans la publicité ». Maintenant il devait s'y frayer un passage et trouver une place qui lui permette de vivre. *Libertés nouvelles* ne pouvait suffire à son appétit de réussite. Pour arriver à ses fins, il était prêt à forcer les portes. Encore fallait-il en connaître les adresses.

L'accueil de Robert Quentin fut, comme il s'y attendait, chaleureux :

– Voilà notre spahi revenu du désert ! L'armée t'a fait du bien, en tout cas pour le physique : je te trouve en pleine forme. As-tu au moins gardé ton dynamisme ?

– J'ai décuplé mon énergie, monsieur Robert. Je suis prêt à faire de grandes choses !

Quentin sourit.

– Commence par en faire des petites ! Les finances du mouvement ne sont pas excellentes. Thirion a fait de son mieux mais la publicité chute. Je crois qu'il va te repasser le service avec un certain soulagement. Ton bureau t'attend. Mais va voir Madeleine à l'appartement et viens dîner avec nous ce soir. Quant à Garmond, tu ne le verras que cet après-midi. Figure-toi qu'il donne des cours à l'Ecole polytechnique ! Et toi ? As-tu appris le latin dans sa grammaire ?

– Je sais quelques mots et j'ai appris par cœur des citations. De quoi paraître instruit...

– Instruit ? Est-on jamais instruit ? Enfin, continue d'étudier. Garmond ne va pas manquer de te le répéter.

– J'ai décidé d'apprendre la comptabilité et un peu de droit des affaires. Il doit bien y avoir des cours du soir ?

– Sûrement. Mais n'oublie pas l'orthographe. C'est le seul péché pour lequel il n'y a pas d'absolution.

Garmond fut heureux de retrouver son élève, et celui-ci content d'entendre cette voix chaude qui l'avait si souvent soutenu.

– Raconte-moi les spahis. Tu as vu des rebelles ? Tu t'es battu ?

– Pas vraiment. Les dissidents sont restés très sages dans mon secteur.

– Tant mieux. Cela m'aurait ennuyé que tu reviennes avec l'esprit guerrier. Au moins es-tu aspirant ?

– Oui. Et même boxeur. J'ai été quart de finaliste du championnat militaire.

Et à Garmond il fut fier de montrer sa photo en gandoura et burnous, ainsi qu'une autre prise à l'entraînement en tenue de boxe.

– L'uniforme ne peut pas servir dans les meetings, mais la boxe, oui. Camelots et Jeunesses patriotes ne savent pas ce qui les attend ! Maintenant, soyons sérieux, que vas-tu faire ? Tu reviens avec nous ?

– Bien sûr, je ne lâcherai jamais la rue de Tournon mais j'essaierai de faire autre chose.

– Toujours dans la publicité ?

– Oui. J'ai quelques idées...

– Vois du côté de la T.S.F. J'ai entendu dire que Bleustein gagnait beaucoup d'argent avec les annonces radio.

– Merci, Pierre. Si vous saviez comme je suis heureux de pouvoir parler avec vous.

– Je t'ai manqué ?

– Mon meilleur ami était un adjudant-chef. Un type épatant. Mais il ne faisait pas le poids, comme on dit en boxe, à côté de vous.

– Merci bien. Mais les officiers ?

– Certains étaient bien mais ils ne m'ont jamais considéré comme un des leurs. Je n'avais ni particule ni un grand nom de l'industrie. Et puis, je n'étais qu'aspirant. Et dans la réserve !

– Vas-tu continuer de lire, d'apprendre des choses ?

– Je voudrais suivre les cours du soir de comptabilité.

– Bonne idée, mais ne néglige pas ton orthographe !

– Robert Quentin vient de me donner le même

conseil. Soyez tranquille. Dans moins d'un an je ne ferai plus de fautes. En tout cas pas des grosses.

– Bravo ! Ce soir nous allons dîner là-haut, mais demain je t'emmène chez Lipp.

Adrien, à peine sorti des pistes de l'Atlas, reprit sans peine la vie parisienne. Son vieux vélo était rouillé, avec des roues voilées et des pneus à plat. La maison lui en offrit un autre afin qu'il puisse aller démarcher de nouveaux annonceurs. Le matin, il passait des heures à éplucher les annonces des journaux et notait des noms, des adresses. Il fut étonné de voir l'importance qu'avaient prise les annonces concernant la santé. Dans *Le Petit Parisien,* un placard sur deux colonnes montrait un homme prenant un bain de pieds devant un monsieur moustachu, un visiteur sans doute à qui il disait en caractères gras : « J'ai un pied dans l'eau et l'autre qui ne va guère... Mais pour chanter ce vieux refrain, le cœur n'y est pas quand le cor y est. Et pour l'extirper il ne saurait suffire d'un bain de pieds, fût-il bouillant. Mais [en lettres énormes] : Le Diable enlève les cors en six jours et pour toujours. » Entre deux silhouettes de diablotins aux pieds fourchus, cette précision utile : « Le Diable est en vente dans les bonnes pharmacies, 3 fr. 95 le flacon, impôt compris. »

Plus loin, c'était Levadé, un chirurgien-dentiste du boulevard Magenta, qui proposait son dentier incassable à 250 fr. ; le brave abbé Soury qui conseillait fermement sa célèbre « Jouvence » à toutes les femmes souffrant de « maladies intérieures ». Et encore les « Pilules orientales », convenant spécialement aux femmes et aux jeunes filles ; le « baume Constant », lui, était efficace contre les goitres ; et enfin, cette révélation stupéfiante sur deux colonnes : « Les rides ne sont pas causées par l'âge. » Pour donner confiance, la « crème Tokalon » annonçait 100 000 fr. de garantie ! A côté de ces merveilles, la publicité, déjà traditionnelle, du monsieur rigolard qui se fait enfoncer un coin dans la tête avec un marteau pour célébrer la « poudre de Cock » parut à Adrien bien discrète.

– Je sais, dit-il le lendemain à Garmond en soupant chez Lipp, que la publicité n'a pas d'autre intérêt pour la presse que de la faire vivre. Pourtant, on pourrait la concevoir sous une forme plus élégante, moins vulgaire. En feuilletant les journaux, j'ai l'impression que les annonceurs, comme les patrons de presse, prennent les lecteurs et les consommateurs pour des dégénérés. Moi, vous voyez, j'aimerais trouver autre chose !

– Cela t'honore ! Je pense que la publicité, capable du pire, peut aussi se servir du meilleur. Tiens, il y a dix ans, Citroën annexa la tour Eiffel pour écrire son nom dans les nuages. C'était une trouvaille ! Les maîtres de la publicité de demain seront ceux qui auront des idées originales, comme « Dubo, Dubon, Dubonnet » dans le tunnel du métro, par exemple.

– C'est cette escorte apéritive qui m'a donné l'envie de faire de la publicité. Vous m'avez parlé de la T.S.F. Cette idée a fait son chemin dans ma tête. C'est peut-être de ce côté que je devrais me tourner.

– Ah, la radio ! Maintenant on dit plutôt radio que T.S.F... Quel formidable moyen d'agir sur les foules !

Du coup, Garmond avait retrouvé son lyrisme de normalien :

– Songe donc. Les exhortations de saint Bernard, initiateur de la deuxième croisade, ne s'adressaient qu'à quelques fidèles, les sermons de Bossuet ne furent écoutés que par une poignée de gens de cour. Même les harangues de Camille Desmoulins ne franchissaient guère les grilles du Palais-Royal. Aujourd'hui, avec la radio, ce sont des dizaines, peut-être des centaines de milliers d'auditeurs qui sont touchés. Imagine Jeanne d'Arc pouvant s'adresser à tous ses soldats, ou Sully célébrant les deux mamelles de la France à la radio et exposant ses projets de réforme agricole à tous les paysans ! Et Napoléon ! Aurait-il été vaincu à Waterloo si ses grognards et les lambins de Grouchy avaient pu entendre la voix de l'Empereur les encourager...

Adrien retrouvait son Garmond, son maître, l'homme qu'il admirait le plus, davantage même que Bournazel. Pour l'écouter, il avait laissé refroidir sa choucroute. Il était heureux et se dit une fois de plus qu'il réussirait et que Garmond serait fier de lui.

Mais ce dernier n'était pas arrivé au terme de ses réflexions sur la T.S.F.

– Tout cela, vois-tu, Adrien, continua-t-il, c'est le bon

côté de la radio, ou celui qu'on peut considérer comme bon lorsqu'il sert nos vieilles croyances religieuses ou patriotiques. Mais songe qu'à l'heure où nous buvons tranquillement notre demi de Kronenbourg, Hitler, que le vieux gâteux d'Hindenburg vient de nommer chancelier, est en train de se servir de la radio pour appeler les « vrais Allemands » à se regrouper sous les bannières du parti nazi, à persécuter les juifs, les communistes et les socialistes, à dénoncer les adversaires du nouveau régime afin que ceux-ci puissent être arrêtés et envoyés dans des camps. J'ai lu ce matin dans *L'Œuvre*[1] que le commissaire nazi à la police de Munich, un certain Himmler, venait d'ouvrir la première de ces monstrueuses prisons à côté de Dachau. D'autres camps de concentration, c'est comme cela qu'ils les appellent, vont être bâtis dans toute l'Allemagne pour permettre un nombre de plus en plus grand d'arrestations. La radio est, au service de la dictature, une arme d'une portée inouïe !

– Pensez-vous qu'il y aura la guerre ? demanda Adrien.

– J'espère que non. Hitler n'est pas militairement assez fort pour entrer en conflit armé avec les Français, les Anglais, la Belgique et tous les pays de l'Europe centrale. Mais ce qui est vrai aujourd'hui ne le sera sans doute plus dans quelques années, car j'ai bien peur que les nations démocratiques ne fassent rien pour empêcher l'Allemagne de se réarmer. Elles se contentent d'enregistrer les décisions fanatiques du Führer comme si elles ne les concernaient pas. Que l'Allemagne se retire de la Société des Nations, qu'elle institue le parti unique, qu'elle persécute les juifs et les opposants, qu'elle décide, pour purifier la race aryenne, de stériliser les dépressifs, les sourds, les aveugles, qu'elle brûle les livres interdits sur la place publique... n'émeut guère les pays libres. On allume des brasiers à notre frontière, mais les pompiers – nos élus – s'agitent pour faire tomber le ministère Daladier !

1. Quotidien de tendance radicale-socialiste.

Garmond, toujours si calme, s'était presque mis en colère en faisant à Adrien le sombre tableau de l'Allemagne d'Hitler. Aux tables voisines, on s'était tu pour l'écouter avant d'entamer sur le sujet des conversations animées. Garmond, calmé, pestait comme presque chaque soir contre la qualité déplorable du café quand deux soupeurs vinrent s'asseoir à côté d'eux sur la banquette.

– Garmond, dit le plus âgé, la quarantaine, belle figure mince et longs cheveux déjà grisonnants, j'attends toujours ton papier. Ce que tu peux être dilettante, tout de même ! Tiens, je te présente un nouveau dessinateur de « Marianne », Jean Effel. Il a un talent fou et accompagne toujours sa signature d'une marguerite, c'est le nom de sa femme.

Petit, mince, effacé, le jeune homme n'avait l'air artiste que parce qu'il portait un grand carton vert marbré. Il sourit.

– J'ai beaucoup de chance, Emmanuel Berl vient de me prendre mon premier dessin. Vous voulez voir ce que je fais ?

Il délaça les cordons de son carton et en tira quelques feuilles, visiblement ravi de faire partager son premier succès. Ses dessins, certains étaient d'inspiration politique, ne ressemblaient pas à ceux de ses confrères déjà célèbres : Guilac, Pol Ferjac, Henri Monnier du *Canard enchaîné* et de *L'Œuvre* ou Sennep de *Candide*. Depuis Daumier, les caricaturistes s'étaient évertués à enlaidir et à ridiculiser les hommes politiques. Jean Effel les faisait tout simplement ressemblants. Ainsi y avait-il dans son carton une série sur le colonel de La Rocque, le chef des Croix-de-Feu dont on parlait beaucoup, où le personnage avait une tête d'enfant sage et gentil. L'idée était dure mais le crayon restait doux.

– Qu'en penses-tu ? demanda Garmond à Adrien qu'il présenta comme son élève, « un jeune publicitaire plein d'avenir ».

– Je trouve ces dessins merveilleux, dit Adrien qui, s'apercevant de la banalité de son jugement, ajouta : Voilà celui que je préfère.

C'était le premier dessin d'une série qui devait être reproduite dans le monde entier : *La Création du monde*. Le bon Dieu, installé sur un nuage, demandait à l'ange qui l'accompagnait, son secrétaire peut-être : « Est-ce que le rose ne va pas être un peu salissant pour le cochon ? »

– Cela vous plaît ? demanda-t-il à Adrien. Puisque vous débutez, comme moi, je vais vous faire un dessin.

Il prit une feuille et, de son trait filiforme, représenta, presque sans lever son crayon du papier, le bon Dieu en train de tricoter le premier agneau. Dans le coin, il écrivit : « Pour Adrien qui n'a pas fini de tricoter le fil de la vie, amicalement, Jean Effel. »

– Merci, monsieur Effel, je suis confus.

– Appelez-moi François, c'est mon vrai nom et c'est ainsi que m'appellent les amis.

– Je garderai toujours votre dessin. Je vais dès demain le faire mettre sous verre.

François et Adrien ne firent que se croiser dans la vie mais, même lorsqu'ils furent devenus, bien plus tard, adversaires politiques, le grand Anthelme conserva le dessin, dans son encadrement d'origine, accroché sur un mur de son bureau.

L'existence devint vite difficile pour Adrien. La publicité rentrait mal à *Libertés nouvelles* et toutes les approches tentées pour essayer de trouver des travaux complémentaires restaient vaines. La crise économique étalait inexorablement ses méfaits. Partout le chômage sévissait, frappant les jeunes comme les vieux. Le nombre des sans-travail était passé en une année de cinq cent cinquante mille à plus de sept cent mille, et seule la moitié d'entre eux était officiellement secourue. Pour les autres, il y avait les soupes populaires qui égrenaient leurs queues au hasard des rues les plus charitables. Mme Quentin et sa fille apportaient leur aide au Comité des étudiants pour l'aide aux chômeurs dont le siège, une ancienne menuiserie de la rue Descartes, était assailli bien avant l'heure de distribution de soupe indiquée à treize heures sur une affiche. Une autre pancarte lui faisait vis-à-vis qui spécifiait : « Réservé aux chômeurs des Ve et VIe arrondissements. » Garmond passait devant cette queue les matins où il se rendait à son cours de l'Ecole polytechnique et il serrait les poings : « Tout cela finira mal. C'est la misère du peuple allemand qui a fait le lit du nazisme. Et si, en France, surgissait un Hitler ou un Mussolini capable de rassembler et de fanatiser cette masse aujourd'hui léthargique et affamée ? A moins que les communistes... mais cela risquerait d'être pire ! »

Durant des heures, il discutait avec Robert Quentin de leur inquiétude commune. Le vieux militant de la paix qui avait consacré sa vie et sa fortune à la défense de son idéal voyait bien poindre le danger, mais il refusait de désespérer :

– Enfin, Pierre, ces Allemands, nous les connaissons ! Souviens-toi de nos rassemblements de jeunes, de nos chants de paix autour des feux de camp. Et les Auberges de la jeunesse qui viennent d'ouvrir en France à l'exemple de celles qui existent déjà depuis longtemps en Allemagne ? Je ne peux pas croire que nos amis vont accepter sans se révolter les agissements abominables d'Hitler !

– Je parlais comme toi il y a encore quelques mois, mais les événements qui se succèdent en Allemagne m'ont ouvert les yeux. Tiens, tu as vu les journaux, ce matin ?

Garmond étala la une de *Paris-Soir* sur le bureau. Un bandeau sur huit colonnes annonçait : « 92,1 % des voix pour les nazis aux élections allemandes. » Un chapeau, en caractères gras, résumait :

La « normalisation » décidée par le parti nazi porte ses fruits. A l'issue d'une campagne électorale courte mais musclée, couronnée par le discours radiodiffusé d'Adolf Hitler depuis l'usine Dynamo Werk de Siemens, à Berlin, 43,453 millions d'Allemands se sont rendus aux urnes, soit 95,3 % des inscrits. Leur vote sur la politique extérieure nationale-socialiste donne une approbation de 95 %. Pour la liste du parti unique national-socialiste à l'élection du Parlement, l'approbation décroît légèrement avec 92,1 % et 7,9 % de bulletins nuls.

– Crois-tu qu'on doit fermer les yeux ? continua Garmond. Crois-tu qu'il est encore raisonnable ou même admissible, quand on vient de lire cela, de s'intéresser au remplacement prochain du ministère Sarraut par un gouvernement Chautemps ?

– Bien sûr, tu as raison. C'est triste de vieillir en voyant s'effriter ses valeurs, à l'extérieur avec les hitlériens, à l'intérieur avec les ligues d'extrême droite qui deviennent de plus en plus arrogantes. Il nous reste à lutter jusqu'au bout, avec nos faibles moyens, à défendre avec acharnement nos idées de paix et de liberté...

Adrien, qui était rentré du Maroc confiant dans l'invincible force de l'armée, avait eu du mal à comprendre les craintes de Garmond. Si, là-bas, officiers et sous-officiers prenaient au sérieux le moindre accrochage avec des rebelles, ils se souciaient peu des événements de France et encore moins des proclamations d'Hitler qu'ils qualifiaient de rodomontades. Le capitaine Tural, un dur à cuire du désert, avait dit un jour au mess : « Si les Fridolins veulent faire les cons, nous, les spahis, les mettrons au pas ! » Si absurde qu'elle fût, cette déclaration traduisait assez bien la mentalité des militaires coloniaux.

En France, c'était autre chose. Adrien lisait les journaux et était marqué par les analyses irréprochables que Garmond lui faisait de la situation. Un article de Pierre Scize, un journaliste de *L'Œuvre* qui avait perdu un bras en 14-18, l'avait beaucoup impressionné, la première phrase surtout : « Et l'on recommence à parler de la guerre comme si elle était inévitable... »

Adrien, qui jusque-là n'avait eu en tête que son ascension sociale, commençait à penser aux choses de la vie d'une façon moins sommaire. Parfois il lui arrivait de se demander s'il devait continuer de se battre pour réussir. A quoi bon tant d'efforts s'il était contraint de tout abandonner un jour prochain pour aller se battre contre l'Allemagne ? Presque tous les jeunes de son âge partageaient la même angoisse : entre le chômage et la guerre, l'horizon était sombre !

Garmond, sans le vouloir, avait déstabilisé son jeune disciple. Il lui rendit courage :

– Il se peut que j'aie raison, il se peut que j'aie tort, mais tant que tu ne verras pas sur les murs une affiche blanche avec deux petits drapeaux : « Mobilisation générale », tu vas me faire le plaisir de continuer à travailler. Tu sais, on se fait à tout, même à Hitler ! Regarde l'opinion : il fait peur ? on l'oublie, on se dit que s'il est là c'est parce que les Allemands l'ont voulu. D'ailleurs, il leur fabrique des autoroutes, les premières d'Europe, il leur promet une petite voiture pour chaque famille, il habille les chômeurs de belles tenues marron et de bottes en cuir véritable ou il leur fait fabriquer des canons. Cette dernière occupation n'est peut-être pas très recommandable mais avant que la Wehrmacht en possède autant que nous et les Anglais il passera de l'eau sous les ponts du Rhin.

– Vous riez de tout ! dit Adrien.

– Pour ne pas être obligé d'en pleurer ! C'est de qui, cela, élève Anthelme ? De Beaumarchais, vous devriez le savoir. Alors vivons ! La guerre n'est pas pour demain, oublions les idées noires et espérons, avec notre saint Robert. Puisque nous ne pouvons rien faire d'autre, chantons, avec Tino Rossi, *Ô Corse, île d'amour,* en souhaitant que l'autre succès de l'année, celui de Damia, *La Guinguette a fermé ses volets,* ne demeure qu'une chanson.

Ils se sourirent et partirent, bras dessus, bras dessous, comme des potaches, vers Saint-Germain-des-Prés.

Le lendemain, Adrien s'inscrivit au cours de comptabilité par correspondance de l'école Pigier.

4

STAVISKY MÈNE LE BAL

1934-1935. *Le suicide étrange d'un escroc déclenche l'affaire Stavisky – Emeutes du 6 février – Démission du cabinet Daladier et formation d'un ministère Doumergue – Sortie de la Citroën 7 CV traction avant – Nuit des longs couteaux à Berlin et Munich – Mort du maréchal Hindenburg, Hitler Reichführer de l'Allemagne – Assassinat à Marseille du roi Alexandre de Yougoslavie et du ministre Louis Barthou – La parricide Violette Nozière condamnée à mort (et graciée) – Le champion Johnny Weissmuller incarne Tarzan à l'écran – La chanteuse Lucienne Boyer crée* Un amour comme le nôtre *– Un référendum rattache la Sarre à l'Allemagne – France : le service militaire est porté de dix-huit mois à deux ans – Le paquebot* Normandie *ruban bleu dès sa première traversée – Constitution du ministère Pierre Laval (4 juin 1935) – Manifestation du Rassemblement populaire, fondé après le 6 février 34 – Mermoz relie Paris à Dakar en quinze heures et trente minutes – Les lois raciales de Nuremberg éliminent les juifs de la vie sociale – Mussolini attaque l'Ethiopie – Irène et Frédéric Joliot-Curie prix Nobel de chimie – Le Douglas DC-3 entre en exploitation sur les lignes aériennes américaines.*

Adrien, après avoir réalisé presque un « sans-faute » dans le début de son irrésistible ascension, se retrouvait dans une situation voisine de celle qu'il avait connue à son arrivée rue de Tournon. La parenthèse militaire refermée, il endossait chaque matin avec un certain dégoût son complet élimé que ne sauvait même plus le gilet assorti devenu trop étroit car l'armée, les exercices physiques et la maturité lui avaient donné des muscles et de la carrure. Le matin, il téléphonait aux annonceurs et leur rendait visite afin d'alimenter les maigres colonnes publicitaires de *Libertés nouvelles*. Il mangeait un sandwich et un paquet de bretzels arrosés d'un demi au café-tabac du boulevard Saint-Germain et retrouvait la petite chambre aux rideaux brodés que Mme Quentin avait remise à sa disposition quand il était rentré du Maroc. Là, tranquille, il prenait dans l'enveloppe kraft que lui adressait chaque semaine l'école Pigier l'un des exercices de comptabilité qu'il devait exécuter à l'aide des précis qui remplaçaient les cours oraux. Adrien s'adonnait à cette tâche avec le sérieux qu'il avait toujours observé dans la poursuite des objectifs qu'il s'était fixés.

Le conflit avec sa mère n'arrangeait pas son moral. Il était retourné à Saint-Maur, chaque fois avec l'intention de lui demander pardon et d'oublier son absurde intervention mais, en face du visage chargé de reproches du seul être qu'il aimait réellement, il s'était buté et n'avait rien dit : un trait de son caractère qu'il garderait toute sa vie. Cette affaire harcelait tellement sa conscience qu'il décida de consulter le sage, celui qui l'avait toujours aiguillé sur la meilleure voie, l'ami bienveillant et philosophe, Pierre Garmond.

Au fur et à mesure du récit d'Adrien, le visage de Garmond s'était assombri. Comme il tardait à exprimer son opinion, le jeune homme hasarda :

– Vous me jugez...

– Je te juge comme un salaud ! éclata Garmond. Ce que tu as fait à ta mère, à laquelle tu prétends porter de l'amour, est ignoble. De quel droit es-tu intervenu dans une part de sa vie qui ne regarde qu'elle ? A la rigueur, sans pour cela l'excuser, on pourrait expliquer ton comportement par une jalousie filiale. Mais c'est le fait que l'ami de ta mère soit juif qui a motivé ton attitude ! Est-ce ton séjour chez les spahis, une arme où l'on n'incorpore pas d'israélites, qui t'a rendu minablement antisémite ? Ou l'exemple des nazis, peut-être ? Ce n'est pas dans notre maison en tout cas que tu as pu te nourrir d'idées pareilles ! Tu as agi comme un fasciste et je n'ai pas d'amis fascistes. Quitte donc *Libertés nouvelles*, crache à la figure de Robert Quentin et va proposer tes services à *Je suis partout*. Mais Brasillach et Rebatet ne voudront pas de toi car, s'ils sont des salauds, ils sont des salauds de talent. Et cultivés !

Adrien ne s'attendait pas à des compliments mais la réaction violente et méprisante de Garmond le laissait désemparé.

– Je sens que vous ne me pardonnerez jamais et que ma place n'est plus parmi vous. Je vais m'en aller. Vous expliquerez à M. et Mme Quentin les raisons de mon départ. Vous leur direz aussi que ma reconnaissance envers eux ne s'éteindra jamais !

Le cavalier conquérant, le demi-finaliste boxeur, le don Juan du *Commandant-Lamy* n'était plus qu'un accusé minable en face du procureur. Il cacha sa tête entre ses mains et se mit à pleurer.

Garmond, dont la colère s'était calmée, prit Adrien par les épaules et le secoua.

– Cesse de pleurer sur ton sort qui n'en vaut pas la peine et conduis-toi enfin comme un homme ! Je te donne une chance de conserver mon affection de grand frère, une seule car, je te le dis, je ne serai pas déçu deux fois. Tu vas aller dès ce soir voir ta mère, tu oublieras ton orgueil imbécile et tu la prieras de te faire rencontrer ce M. Lévy qui ne t'a rien fait et qui est sans doute un brave homme. Tu lui demanderas pardon, à lui aussi, car, crois-moi, ton intervention l'a fait autant souffrir que ta mère ! Et tu les laisseras tous les deux vivre un peu de bonheur si c'est encore possible. Acceptes-tu le marché ?

– Oui. Merci, Pierre. Vous avez été dur mais je le méritais. Je vais me racheter ainsi que vous le souhaitez. Je ne suis ni un nazi ni un fasciste...

– Montre-le. File à Saint-Maur et viens me voir demain matin.

Adrien retrouva sa mère de toujours, accepta de dîner un dimanche en compagnie de M. Lévy et lui découvrit de nombreuses qualités, dont celle d'être un expert financier averti. Il eut même beaucoup de considération pour lui le jour où celui qui partageait la solitude de sa mère lui dit :

– Adrien, vous me dites suivre des cours de comptabilité qui vous seront utiles plus tard. Eh bien ! je vais vous apprendre à lire un bilan. C'est le B.A.-BA de la carrière financière. Pourtant vous ne pouvez pas savoir le nombre de patrons, de petites ou même de grandes entreprises, qui ne savent pas lire un bilan ! J'apporterai la semaine prochaine les documents nécessaires...

Le règlement de ce différend familial dont il n'était pas fier et le pardon de Garmond rendirent de l'appétit au petit ogre de Saint-Maur. Il se dit que les choses ne pouvaient pas durer ainsi et que, s'il ne poursuivait pas sa progression si bien programmée jusque-là, il perdrait toute chance de s'en sortir. L'idée de la radio, avenir de la communication moderne, continuait de lui trotter dans la tête. Mme Quentin lui avait prêté un vieux poste, plus imposant par sa taille de cathédrale ogivale que par la qualité du son. Mais il fonctionnait et, dès qu'il avait un moment, Adrien tournait le bouton, laissait chauffer les lampes et se branchait sur l'un des émetteurs qui couvraient tant bien que mal, en se brouillant mutuellement, la région parisicnnc.

Comme il avait appris ce qu'il savait de la presse en lisant les journaux, Adrien chercha à comprendre la radio en l'écoutant. Sans cesse, il manœuvrait le bouton de gauche pour capter une nouvelle longueur d'onde dans le torrent de friture qui s'écoulait du haut-parleur. Ainsi reconnut-il très vite la voix grave et mélodramatique du speaker de Radio-Paris, poste privé, celle plus enjouée de dame Tour Eiffel, poste d'Etat, et le débit hésitant du journaliste de Radio-Parisien, qui appartenait au quotidien *Le Petit Parisien*. Parfois, il lui arrivait de saisir un émetteur d'une portée si faible que son speaker donnait l'impression de défaillir à la fin de chaque phrase. C'était Radio L.L., un poste dont le propriétaire était un certain Lucien Lévy. Curieusement, ce diffuseur chétif retint l'attention d'Adrien qui pensa avoir plus de chance d'en forcer la porte que celle de la géante du Champ-de-Mars.

Prudent, avant de tenter quelque chose il continua de se familiariser avec la T.S.F. qui passait souvent des réclames qu'on appelait des « communiqués ». Certains étaient plats, inutilement bavards, et ne retenaient pas l'attention de l'auditeur. D'autres, au contraire, frappaient par leur forme incisive brève et souvent drôle. Il envia le talent de celui qui avait imaginé des slogans aussi percutants que : « Brunswick, le fourreur qui fait fureur » ou : « Halte-là ! Qui vive ? Saponite la bonne lessive. »

Entre deux devoirs de comptabilité, il s'essaya à inventer d'autres formules, aussi efficaces, et s'aperçut qu'il était difficile de dire l'essentiel en cinq mots accrocheurs. Mais ce n'étaient pas des slogans qu'il se proposait de vendre à Radio L.L. Ce qu'il savait faire, c'était démarcher, trouver des annonceurs. Eh bien ! il irait demander à M. Lévy de lui donner carte blanche pour décider de nouveaux industriels et commerçants à s'intéresser à la réclame parlée. Ce qu'il avait réussi avec les annonces de *Libertés nouvelles*, il le réussirait avec les communiqués de la radio.

Le dimanche suivant, il demanda à l'ami de sa mère qui continuait de l'initier aux secrets de la finance si le Lucien Lévy de Radio L.L. était un membre de sa famille.

– Hélas non ! répondit-il.

Et il ajouta avec un petit sourire :

– Il y a beaucoup de Lévy en France... Vous le savez bien.

Adrien avait compris depuis longtemps, bien qu'il en

eût peu usé, l'intérêt d'une lettre d'introduction. Garmond questionné, comme toujours dans les moments délicats, dit qu'il ignorait l'existence de Radio L.L. et celle de son directeur, mais qu'il allait rédiger une lettre qu'il ferait signer à Robert Quentin.

– Il est sûrement aussi ignorant que moi, mais Quentin est connu et respecté. On ne refuse pas de recevoir quelqu'un qui est porteur de sa recommandation.

En effet, Adrien n'eut aucun mal à obtenir un rendez-vous de Monsieur Radio L.L. Il se rendit rue du Cirque, derrière les Champs-Elysées, où se trouvaient les bureaux et le studio du poste. La maison était riche de marbres et de fioritures Napoléon III, la porte du rez-de-chaussée vernie et la plaque de cuivre où se détachaient le mot Radio suivi de deux L entrelacés, bien astiquée. Cela se gâtait quand on pénétrait dans l'appartement converti en studio. Là, tout n'était que désordre et poussière. Une table, heureusement solide, supportait des centaines de disques, la plupart sans leur enveloppe, un tableau où s'alignaient des boutons, des cadrans, des manettes entourées de chatterton et deux tourne-disques qui devaient dater du temps d'Edison. Il y avait aussi un microphone calé par des ressorts devant la bouche d'un homme moustachu en blouse grise qui semblait faire fonctionner à lui seul cette étrange machinerie. M. Lévy occupait à côté un bureau aussi encombré de dossiers, de disques et de matériel électrique. Il pria Adrien de s'asseoir pendant qu'il lisait la lettre signée de Quentin. Enfin il leva ses yeux bleu lavande cerclés de métal sur son visiteur.

– M. Quentin parle de vous en termes bien élogieux, et je le crois car ils émanent d'un grand honnête homme que j'aimerais bien connaître. Précisez-moi donc ce que vous souhaitez.

Adrien avait préparé son exposé avec minutie. Il expliqua sa grande passion pour la radio, ses compétences en publicité, son ardeur au travail et laissa entendre que Radio L.L. ne pouvait que prospérer en s'assurant de sa collaboration.

M. Lévy l'écouta et hocha la tête.

– Tout ce que vous me dites, jeune homme, est sûrement vrai, mais Radio L.L. est pratiquement vendu. Je continue de faire tourner les derniers disques avec mon dévoué speaker, M. Teyssere, que vous avez aperçu, et je vais retourner à mon laboratoire que j'aurais bien dû ne jamais quitter. Voyez-vous, ma passion est de perfectionner les postes récepteurs, d'en fabriquer quelques-uns, mais sûrement pas de diriger une station d'émissions. J'ai inventé le « superhétérodyne », un système aujourd'hui reconnu dans le monde entier, et je n'ai pas envie d'user mes forces à essayer de sauver un émetteur moribond. Je vais vous confier le nom de mon acheteur : c'est M. Marcel Bleustein, un as de la publicité qui a introduit la réclame sur les ondes et va, je pense, faire un grand poste de ce fourbi qu'on entend à peine à un kilomètre. C'est à lui que je vous conseille de vous adresser. Il ne sera sûrement pas insensible à votre jeunesse enthousiaste. Je vous souhaite bonne chance !

Adrien rentra déçu rue de Tournon. Il eut un instant l'idée de pousser la porte du bureau de Garmond pour lui raconter son entreprise infructueuse, mais il se ravisa. Il avait besoin de réfléchir avant de tenter une autre démarche susceptible de le sortir de l'impasse. Il s'allongea sur son lit et commença de feuilleter son cahier de résolutions qui résumait, en phrases lapidaires, les tournants de son existence depuis le jour où il était entré pour la première fois dans le jardin de La Varenne. Il constata avec un sourire qu'il avait réussi à mener à bien tous ses projets et franchi une à une les étapes ponctuelles qu'il s'était fixées. Il eut conscience que le secret était là, qu'au lieu de continuer à chercher une voie au hasard des circonstances, comme il l'avait fait depuis son retour du Maroc, il lui fallait se fixer des buts à court terme, précis, possibles à atteindre, et utiliser toute sa volonté pour franchir chaque étape, l'une après l'autre.

Sur une nouvelle page, il écrivit en lettres capitales : « Objectif final : réussir dans la publicité. » Puis au-dessous, entre parenthèses : « Fonder ma propre agence. » L'idée lui était souvent venue de prendre Marcel Bleustein en exemple. Mais le fondateur de Publicis ne s'était pas lancé les poches vides dans son entreprise. Il avait le génie de la publicité, certes, mais aussi un père fabricant de meubles très aisé. Lui n'avait rien et il savait qu'il devait trouver par ses propres moyens le capital minimal nécessaire à son établissement.

Et il nota : « Première étape : gagner suffisamment d'argent pour vivre et pour économiser. » Cela, évidemment, ne résolvait aucun problème, mais le fait d'écrire lui donnait confiance, comme si les rêves devenaient réalisables par le simple fait de figurer dans le cahier que n'entachait nul échec. Son esprit positif avait pris le dessus. Finies les tergiversations : ce serait difficile mais il réussirait !

Maintenant, les idées s'organisaient dans sa conscience réveillée. Allait-il, comme Garmond et Lucien Lévy le lui avaient conseillé, s'adresser à Bleustein ? Son instinct l'engagea à chercher ailleurs. Chez Publicis, à condition encore d'y entrer, il ne serait qu'un rouage minuscule, un employé du bas de l'échelle sans responsabilités et il n'avait pas le temps d'entreprendre une nouvelle et incertaine ascension professionnelle. Marcel Bleustein, ce serait quand il aurait réussi, quand il serait devenu un concurrent, pourquoi pas son égal, qu'il traiterait avec lui. Il décida donc de demeurer indépendant et de drainer de nouveaux annonceurs, aussi bien pour la radio que pour la presse écrite. Depuis le temps qu'il traînait ses guêtres dans les agences et les services publicitaires des journaux, il avait fini par connaître beaucoup de gens. Il savait que s'il apportait un contrat à l'un d'entre eux on ne le refuserait pas et on lui verserait la commission à laquelle il avait droit. C'est ainsi qu'Adrien Anthelme reprit son vélo, sa sacoche et son courage en se disant que pour le moment un bureau, une secrétaire et un téléphone ne lui étaient absolument pas indispensables. Son point fixe restait la rue de Tournon où, le tirage de *Libertés nouvelles* augmentant providentiellement, les ordres de publicité devenaient plus nombreux. Ses talents de comptable l'amenaient aussi à contrôler les finances du journal dont les bilans, grâce aux conseils de M. Lévy (de Saint-Maur), n'avaient jamais été aussi réglementairement rédigés. Là, dans la « famille », il gagnait de quoi vivre décemment. Tout ce que lui rapportaient ses autres travaux grossissait le capital de la future agence Globe-Publicité : c'était le nom qu'il se proposait de lui donner le jour venu.

Durant son service militaire, Adrien n'avait entretenu que des relations épisodiques avec Odile. Les longues lettres enflammées n'étaient pas son fort. Il lui avait adressé plutôt des cartes postales, assez laconiques pour éviter des accords de participes délicats et, naturellement, sa photographie en tenue de spahi. De son côté, la jeune fille s'en était tenue à un courrier discret.

A son retour, il avait essayé de la joindre au téléphone. Chaque fois il était tombé sur la sœur qui lui avait dit de rappeler. Lassé, déçu aussi, Adrien avait cru comprendre qu'Odile ne désirait pas reprendre le flirt interrompu. Il avait cessé ses tentatives, reportant son besoin d'affection sur une secrétaire engagée rue de Tournon durant son absence. Il l'avait invitée à dîner chez Marchessoy où il avait retrouvé ses habitudes, l'avait emmenée plusieurs fois au cinéma et espérait bien aller un jour prochain plus loin avec elle qu'avec Odile. Celle-ci était presque oubliée quand, un après-midi, elle l'appela rue de Tournon.

– Adrien, mon beau spahi, comment allez-vous ? Je crois savoir que vous m'avez appelée, mais ma garce de sœur ne m'en a rien dit, ou trop tard...

Adrien fit celui qui croyait ce mensonge lancé sans conviction et accepta le rendez-vous qu'Odile lui proposait pour le lendemain.

– Si vous voulez, nous pouvons nous retrouver devant le bassin du Luxembourg. Nous irons nous réfugier près de la fontaine Médicis. Le « coin des amoureux », ajouta-t-elle en riant. Cela nous rappellera notre jeunesse...

Après avoir raccroché, Adrien pensa que cette gaieté sonnait mal, qu'elle était moins naturelle qu'Odile n'aurait voulu le laisser entendre. Ce n'était pas le ton d'une amoureuse transportée à l'idée de retrouver celui qu'elle aime. A peine lui avait-elle demandé de ses nouvelles... Que lui voulait-elle ? Il n'y avait qu'à attendre le lendemain pour le savoir. Sans plus se poser de questions, il monta dans sa chambre pour se rafraîchir et se peigner : il avait rendez-vous avec Simone, la secrétaire, pour aller voir au cinéma *L'Homme qui en savait trop,* le nouveau film anglais d'un certain Alfred Hitchcock.

Adrien et Odile s'embrassèrent sur les deux joues en se retrouvant le lendemain au « Luco ». Puis ils s'éloignèrent un peu l'un de l'autre pour se regarder.

– Vous avez changé, dit-elle. Je me rappelais un jeune homme grandi un peu vite et voici un homme ! Comme vous êtes devenu fort !

– Vous non plus n'êtes plus la même. La petite étudiante militante des J.P. est une grande femme élancée et élégante. Vous êtes aussi très belle, Odile.

– Bon. Maintenant que nous nous sommes complimentés poliment, allons à la fontaine. Donnez-moi votre bras. Vous vous rappelez ?

– Je ne sais pas. Au Maroc, on ne donne pas le bras aux « fatmas »...

Il n'y avait plus de chaises libres et ils s'assirent sur le rebord de la niche centrale, face au géant Polyphème.

– Pourquoi n'avez-vous pas voulu me répondre au téléphone ? demanda Adrien.

– Je vous le dirai tout à l'heure. D'abord, parlez-moi de vous. Votre vie d'officier a dû être passionnante. Mon père a été aussi au Maroc. Avec Lyautey.

– Moi avec Bournazel. J'ai lu dans les journaux il y a quelques mois qu'il avait été tué le seul jour où il ne portait pas sa cape rouge légendaire. Là-bas c'était un dieu.

– Mais qu'est-il arrivé à votre nez ? Je me rappelle un appendice camus peut-être, mais bien droit, provocant. Vous vous êtes battu ?

– Vous ne croyez pas si bien dire...

Adrien raconta ses exploits sportifs, son K.-O. mémorable, le service sur les pistes du Sud, le cantonnement à Marrakech...

– Et les femmes ? demanda Odile.

– J'attendais cette question. Eh bien ! elles sont belles, souvent même très belles. Certains jours, je regrette la féminité sauvage des jeunes Berbères, leurs traits si purs.

– Maintenant, lieutenant Anthelme, il va falloir vous contenter des femmes françaises. En cherchant bien, vous devez réussir à en trouver quelques-unes de convenables ! Alors, vous voulez savoir pourquoi j'ai préféré ne pas vous revoir tout de suite ?

– Je suis impatient !

– Parce que je me suis mariée !

Adrien sursauta.

– Grands dieux, en voilà une surprise ! J'y avais pensé un moment et puis je m'étais dit que vous m'auriez prévenu.

– Voilà, c'est fait.

– Alors je vous félicite et vous souhaite beaucoup de bonheur. Et qui avez-vous épousé ? Un militaire, un ingénieur, un avocat ? Pas un petit pauvre de la banlieue, j'espère.

– Votre dernière phrase est sotte. Je préfère l'oublier. J'ai épousé un monsieur très bien, pas trop vieux, il n'a que neuf ans de plus que moi, et qui importe du pétrole en Europe pour le compte d'une grande société américaine.

– Vous l'aimez ?

– Moi aussi j'étais sûre que vous me poseriez la question ! Eh bien, oui. Physiquement il est grand, plutôt beau et blond...

– Physiquement. Mais moralement ?

– C'est un garçon honnête, bien élevé...

– Je me doute que vous n'avez pas épousé un voyou. Je voulais dire : vous êtes bien avec lui ? Sait-il être charmeur ? Vous amuse-t-il ?

– Nous ne sommes mariés que depuis trois mois. Sur ces points qui suscitent votre curiosité, je vous répondrai dans une dizaine d'années.

Ils éclatèrent de rire, comme autrefois, et elle ajouta :

– C'est un ingénieur doublé d'un homme d'affaires. Je l'aimerais quelquefois un peu plus fantaisiste. Mais l'homme idéal existe-t-il ?

– Moi, peut-être, dit-il en souriant.

– Vous ? Mon Adrien chéri, avec votre caractère,

votre volonté de puissance toujours en éveil, vous ferez un mari impossible ! Je plains la femme qui partagera vos jours !

– Et les nuits ?

– Vous savez bien que je ne peux pas me prononcer.

Insensiblement, la conversation avait pris un ton de liberté qui rappelait leurs échanges passés. Mais les mots pesaient plus lourd, le badinage s'enflait de gravité, ce n'étaient plus des adolescents qui vivaient une amourette mais un homme et une femme qui se mesuraient, se cherchaient, tentaient de se deviner.

Odile eut conscience la première de ce qui se passait entre eux.

– Dites donc, Adrien, je commence à avoir l'impression de jouer avec vous une pièce de Bourdet, de paraphraser le dialogue d'une comédie à laquelle j'ai assisté avant-hier au théâtre de la Michodière.

– Sans doute, mais sur la scène il y a des coups de théâtre, des surprises. Ici, au théâtre en plein air du Luxembourg, il n'y a pas de pièce. Tout est dit, fixé, déterminé. Vous êtes mariée et nous n'avons plus d'avenir ensemble. Nous échangeons des dialogues de comédiens mais nous ne sommes pas des comédiens. Est-ce que vous comprenez ce que je tente d'exprimer si mal ?

– Si mal ? Mais Adrien, vous êtes magnifique ! J'aime tout ce que vous venez de dire. Voyez-vous, vous m'étonnez. Vous avez acquis durant tout ce temps où nous avons été séparés une maturité d'esprit extraordinaire. Si je vous avais connu ainsi, je crois bien que...

Il lui avait pris la main et la regardait. Ses yeux étaient mouillés. Elle continua, très bas :

– ... je crois que je vous aurais attendu.

Adrien, pour cacher son émotion, trouva une boutade :

– Voilà tout de même un coup de théâtre ! Hélas, il ne fait pas avancer l'histoire.

– Et pourquoi pas ? répondit-elle, avec une assurance retrouvée. Je suis mariée, c'est vrai. J'aime assez mon mari pour demeurer à ses côtés et lui faire des enfants. Je n'ai pas envie non plus de mener une double vie et de le trahir. Pourtant, il y a quelque chose que je veux faire. Je n'y étais pas encore décidée en venant à notre rendez-vous, mais maintenant ma décision est prise.

– Quelle décision ? demanda Adrien qui ne comprenait rien aux propos de sa compagne.

– Ecoute-moi, Adrien.

Il cilla : pour la première fois, sauf peut-être un soir dans leur étreinte inassouvie du cimetière Montparnasse, elle l'avait tutoyé.

– Adrien, mon mari doit résider pendant plusieurs années en Amérique. A Detroit exactement. Nous prenons après-demain le *Normandie* au Havre. Mais je ne veux pas partir comme cela. Je te dois quelque chose !

– Que pouvez-vous donc me devoir ? Votre amitié et de beaux souvenirs ? Je les croyais acquis.

– Je nous dois un souvenir. Le seul, le plus beau que nous puissions partager jusqu'à la fin de notre vie.

– Lequel ?

– Une nuit ensemble. Mon mari est à Marseille et ne rentrera après-demain que pour prendre le bateau. Si tu veux de moi, je suis à toi. Après nous ne nous reverrons plus.

Elle avait dit cela calmement, comme s'il s'était agi d'une chose banale. Mais ses narines tremblaient et l'on voyait de l'anxiété dans son regard. Adrien, lui, était suffoqué par l'étonnement. N'arrivant pas à sortir un son intelligible, il se rapprocha d'Odile, la prit dans ses bras et l'embrassa doucement, longtemps, sans se soucier des voisins ni du gardien qui fit mine de ne rien voir et rebroussa chemin avant d'arriver près de la fontaine.

Enfin ils se ressaisirent.

– Alors, je ne te quitte pas jusqu'à demain matin ? demanda Adrien.

– Non. Emmène-moi dîner chez ton Auvergnat de la rue de la Montagne-Sainte-Geneviève, je ne risque pas d'y rencontrer quelqu'un que je connais.

– Et après ?

– A tout hasard, j'ai retenu une chambre à l'hôtel Cayre, boulevard Raspail. Je le connais car c'est là qu'on envoie les parents et amis de province. C'est une maison qui a ouvert il y a deux ou trois ans. C'est calme.

– Et bien bourgeois ! dit Adrien.

Rue Soufflot, elle se serra contre lui en se cachant le visage avec son écharpe. Le vent s'était mis à souffler très fort place du Panthéon. Heureusement, la rue de la Montagne, enserrée entre ses vieilles maisons de guingois, les accueillit dans son intimité moyenâgeuse. La bonne Mme Marchessoy reconnut Odile et l'embrassa comme elle le faisait naguère et comme si elle était venue la veille. Mieux, elle alla chercher dans la cuisine un plat fumant qu'elle posa sur la table en disant :

– Je vous ai gardé de midi un peu de pied de porc à l'aligot bien filant. Je sais que vous aimez cela.

Odile en aurait pleuré de bonheur. Elle ne put s'empêcher de penser que son mari, le sérieux manager de Standard Oil Cie, ne lui procurerait sans doute pas des plaisirs de ce genre. Mais elle écoutait avec ravissement Adrien lui parler de l'avenir mirobolant de l'agence Globe-Publicité.

Odile et Adrien passèrent une nuit sublime. L'adieu qu'ils craignaient un peu se déroula sans larmes et sans drame. Après un dernier baiser, très sage, comme s'ils avaient dû se retrouver le soir, il quitta l'hôtel le premier et fut confus de s'entendre dire par le caissier que la note était réglée. Il se dirigea en sifflotant vers la rue de Tournon pour se raser avant de commencer sa tournée à travers Paris.

En redescendant pour enfourcher sa bicyclette, Adrien vit la porte du bureau du patron grande ouverte. Il jeta un coup d'œil : une grande animation régnait autour de la table couverte de journaux. Robert Quentin était debout, soucieux. Garmond s'agitait et ponctuait ses imprécations de gestes brusques. Il y avait aussi Lachenal, compagnon des débuts, qu'on voyait rarement rue de Tournon à une heure aussi matinale, Thirion, et du Barlet qui tenait la rubrique de politique étrangère.

Garmond aperçut Adrien et lui fit signe d'entrer.

– Viens, tu n'es pas de trop, on fait le point sur la situation.

– Du journal ? demanda Adrien en saluant l'assemblée.

– Non, de la France !

Garmond cédait souvent à l'emphase et Adrien aurait souri sans la préoccupation qui se lisait sur tous les visages. C'est Quentin qui mit Adrien au courant.

– Je sais bien que la politique ne t'intéresse pas beaucoup, mais il faut tout de même que tu prêtes attention à l'essentiel. Tu vas me faire le plaisir de lire la presse de ce matin. Et pas seulement les petites annonces ! Stavisky est mort et les quotidiens laissent entendre qu'il aurait été descendu. La thèse policière du suicide fait s'esclaffer tout le monde. Nous, on se fout de Stavisky, c'était un escroc, un écumeur de la petite épargne, mais il avait dans son jeu plusieurs députés, au moins un ministre et l'on découvre qu'une bonne partie de la classe politique et financière était reçue à sa table. Et cela, tu vois, c'est grave ! Les ligues d'extrême droite, tu les connais, doivent se frotter les mains. Un tel scandale, qui ne ménage pas le cabinet Chautemps, va leur donner du grain à moudre. Les Croix-de-Feu et les Camelots du roi, qui appellent tous les jours à l'émeute, vont voir les honnêtes gens naïfs se mettre de leur côté. Et les chômeurs ! Je crains le pire : une guerre civile, une révolution...

– Tiens, regarde ce tract qu'un abonné nous a fait parvenir, dit du Barlet.

Adrien lut ce message diffusé par les Jeunesses patriotes de la région méditerranéenne : « Le gâchis continue. Chautemps qui est ficelle profitera de la trêve des confiseurs. Le pastis est pour fin janvier. Les députés tremblent déjà. La Révolution nationale gronde. On s'expliquera dans un mois. »

– Nous sommes déjà le 9 janvier ! souligna Lachenal.

– Lis les journaux, Adrien, dit Garmond. Ils sont, tu le sais, presque tous conservateurs et lient le scandale aux partis politiques pour finalement attaquer le régime. Le pire est qu'ils n'ont pas tort. Ils n'auront pas de mal à soulever l'opinion. Tenez, mes amis, écoutez ce que j'ai trouvé dans *L'Aube*, en marge d'un article de Georges Hourdin, l'un des nôtres :

« "Les pourris, enfin, étaient tous les fripons, les intrigants qui cherchaient à faire fortune, qui s'étaient déshonorés en la faisant, et qui voulaient la faire encore au même prix. Il y avait de tout parmi eux : des jacobins, des modérés et même des royalistes. Ce n'était pas un parti mais une coterie nombreuse."

« Savez-vous qui a écrit cela ? Adolphe Thiers dans l'*Histoire de la Révolution française* ! Les temps ont changé mais les pourris continuent de discréditer la classe politique. Mort, Stavisky est encore plus dangereux pour la République. L'opinion est excédée, écœurée. Elle est mûre pour l'aventure !

Ce jour-là – il notera la date dans son cahier de résolutions –, 9 janvier 1934, Adrien commença à s'intéresser à la politique, à ses enthousiasmes, à ses luttes, à ses délits. La remarque de Quentin l'avait piqué au vif, et puis il s'était dit que cette étrange affaire qui semblait prendre des proportions colossales était finalement excitante. Il résolut donc d'en démêler les fils, d'en analyser les rebondissements et, comme il ne faisait jamais les choses à moitié lorsqu'il les avait jugées dignes d'intérêt, il se lança avec passion sur les traces du prince des escrocs. Il honora deux rendez-vous avec des agences, avala une saucisse-frites chez Lipp et s'enferma dans son petit bureau après avoir raflé les journaux qui jonchaient encore le bureau du patron. Il avait aussi demandé à « Mme Pruneau », comme il avait surnommé la dame de l'entrée, de lui monter les quotidiens du soir dès leur parution. « Surtout *Paris-Soir* et *L'Intran* », avait-il précisé.

La plupart des journaux accompagnaient l'annonce du suicide, ou pseudo-suicide, d'un récapitulatif sommaire des événements qui avaient marqué la vie tumultueuse d'Alexandre Sacha Stavisky, né à Slobodka, en Russie, le 20 novembre 1886. Les événements ne manquaient pas depuis sa naturalisation en 1900. Adrien passa sur les premiers péchés de jeunesse, couronnés par l'idée mirobolante de prétendre ouvrir en été le théâtre des Folies-Marigny traditionnellement fermé jusqu'à l'hiver. Le projet, évidemment avorté, avait permis à Stavisky de s'approprier le cautionnement de douze mille francs demandé à chacun des membres du personnel engagé par annonces : artistes, ouvreuses, machinistes, concessionnaire du buffet... Sans être de grande envergure, l'escroquerie l'avait aidé à mettre au point des méthodes qu'il pourrait appliquer à des entreprises de plus haute scélératesse.

Poursuivi, il s'arrangea pour faire appel à un grand avocat, Albert Clemenceau, frère du « Père la Victoire », qui lui obtint cinq remises successives. Son procès ne fut ainsi plaidé que deux années plus tard. « Le temps use la peine encourue », pensait-il avec raison : il ne fut condamné qu'à quinze jours de prison avec sursis et vingt-cinq francs d'amende. C'était donné pour une leçon aussi utile.

Au cours de ses lectures, Adrien s'amusa à relever dans *Paris-Soir* l'observation portée sur la première fiche de police établie au nom de Stavisky : « Type parfait du chevalier d'industrie, capable d'entreprendre n'importe quoi pourvu qu'il en tire profit. »

C'était bien vu, mais la suivante était encore plus pertinente : « Sait utiliser avec une habileté incroyable les relations et les influences qu'il a su se ménager dans les milieux les plus divers. »

Adrien, fasciné, trouva trop succinct le résumé d'une vie si compliquée et, le lendemain, il alla au *Petit Parisien* consulter la collection pour en savoir davantage. Après l'affaire des Folies-Marigny, la police avait continué de s'intéresser à Stavisky mais, miraculeusement, les affaires auxquelles il s'était trouvé mêlé – titres disparus à bord du paquebot *Valdivia*, chèque « lavé » devenu pièce accusatrice et volé sur le bureau même du commissaire, affaire de faux titres américains gravés dans un pavillon de Brunoy, faux chèques de plusieurs millions encaissés à la Banque nationale de crédit – n'avaient abouti à aucune inculpation. Comme Arsène Lupin, le gentleman cambrioleur de Maurice Leblanc, M. Alexandre s'affublait de noms d'emprunt et l'inspecteur Pachot, chargé de le surveiller, ne pouvait que s'acharner à poursuivre des ombres qui s'appelaient selon les circonstances Alexandre Sacha, Doisy de Monty, Doisy Démont ou Jean Sacha.

Un jour, pourtant, en 1926, Stavisky se fit pincer lors d'un dîner mondain organisé dans une villa de Marly. Pachot tenait enfin sa proie ! Mais les avocats de l'escroc et ceux de ses commensaux, arrêtés eux aussi, s'appelaient Paul-Boncour, Gaulier, Campinchi, Maurice Garçon. La fine fleur du barreau s'activa autour du lit du prisonnier transféré à l'infirmerie de la Santé pour une « appendicite avec menace d'abcès ». La crise devait être aiguë car Stavisky obtint – grâce à quelle intervention ? – l'autorisation de se faire opérer dans la clinique de son choix. Mais le prisonnier avait moins besoin de bistouri que de liberté, même provisoire. Les avocats la réclamèrent. Une fois, deux fois, trois fois. Ils l'obtinrent à la quatrième. Le 28 décembre, trop tard tout de même pour fêter Noël, les portes de la Santé s'ouvraient et M. Alexandre montait dans la limousine où l'attendaient sa maîtresse, la belle Arlette, qui venait de lui donner un fils, son ami et complice Hayotte et Me Gaulier, son avocat. Tout le monde put fêter ainsi la Saint-Sylvestre dans un cabaret de Montparnasse.

Date doublement importante pour Stavisky : le 20 janvier 1928, il avait épousé Arlette Simon, vingt-trois ans, mannequin chez Chanel, et décidé de prendre définitivement le nom de Serge Alexandre pour entreprendre, enfin, des opérations dignes de son génie.

Toujours dans *Le Petit Parisien,* Adrien découvrit les détails des deux plus effarantes escroqueries du palmarès de Stavisky, qu'avaient couvertes des hommes politiques importants et des hauts fonctionnaires, escroqueries qui devaient faire de M. Alexandre un des rois de Paris avant de le conduire jusqu'à l'épilogue sanglant de Chamonix.

L'idée, c'est Hayotte qui l'avait eue, Hayotte, interdit de jeux, dandy de bars louches, sans autres ressources connues que le vol ou le recel, qui suivait Stavisky comme un caniche et participait à toutes ses affaires.

Il s'agissait d'engager des bijoux dans un mont-de-piété en les faisant expertiser au double ou au triple de leur valeur grâce à la complicité de l'expert chargé d'évaluer la marchandise. Encore fallait-il trouver l'établissement et surtout un directeur qui se prêtât à ce trafic. Alex – il se faisait appeler maintenant ainsi par ses amis – réfléchit. Pas longtemps. Une semaine plus tard, Boyer, le député d'Angers, lui faisait rencontrer l'honorable M. Desbrosses, directeur du Crédit municipal d'Orléans, et il ne fallut que quelques semaines à l'enjôleur Alex pour démontrer à ce fonctionnaire jusque-là intègre l'intérêt qu'il aurait à accepter le dépôt de sommes considérables de bijoux. L'affaire était lancée. Farault, le commissaire-priseur, savait se montrer compréhensif et une bonne part des produits de la cambriole parisienne aboutissait au mont-de-piété d'Orléans dans une parfaite impunité. Quel policier aurait eu l'idée d'aller rechercher un butin dans les coffres-forts d'un établissement officiel ? Le recel sous garantie de l'Etat, c'était du grand art !

Il restait au perfectionniste M. Alexandre à améliorer cet ingénieux système. Comme Desbrosses s'était ému du montant des sommes prêtées à des particuliers et du danger encouru, il lui avait demandé si une entreprise commerciale ayant pignon sur rue pourrait, elle, effectuer des dépôts importants sans éveiller la suspicion. Sur la réponse affirmative du directeur, Alexandre fonda, le plus légalement du monde, les Etablissements Alex, spécialisés dans « le commerce de la bijouterie ainsi que dans l'achat et la vente de toutes matières premières ». Hayotte fut nommé gérant et le conseil d'administration de la nouvelle société put bientôt s'enorgueillir de compter en son sein un certain M. de Chevert, connu dans les milieux d'affaires, un ancien général, Bardi de Fourtou, et un ancien diplomate sud-américain, Dorn y Alsua, commandeur de la Légion d'honneur. Stavisky, lui, comme toujours, restait dans l'ombre. C'est ainsi que le montant des prêts consentis aux Etablissements Alex atteignit la somme fabuleuse de trente millions de francs 1932[1]. C'était beaucoup, mais Desbrosses et Farault étaient trop compromis pour pouvoir arrêter la machine Stavisky : la société engagea un lot de fausses émeraudes, ce qui

1. Quarante-cinq millions de nos francs actuels.

permit encore à l'actif M. Alexandre d'escroquer dix millions au Crédit municipal d'Orléans.

Etait-ce vraiment le coup royal rêvé par le Rocambole des Champs-Elysées ? Non. Car le conseil municipal d'Orléans s'était ému et le comité des monts-de-piété de France avait demandé une enquête. Le scandale était imminent. Il fallait impérativement retirer les fausses émeraudes. Une obscure opération de faux bons de caisse émis par Desbrosses ne suffit pas et Stavisky, la mort dans l'âme, dut compléter le montant du rachat.

Malgré tout, la brigade financière de la P.J. commença à passer au crible la comptabilité du Crédit municipal. Alex avait été dénoncé ! Par ce de Chevert qui avait eu le rang de vice-consul au Quai d'Orsay et que Stavisky avait fait entrer dans son conseil d'administration ! Une fois encore, pourtant, M. Alexandre allait se tirer de ce mauvais pas : Cousin, l'adjoint de Pachot à la P.J., revint bredouille au quai des Orfèvres. Et de Chevert, le précieux témoin, avait pu s'évanouir à l'étranger grâce à l'aide intéressée de Stavisky.

Grillé à Orléans, Alex décida de recommencer dans un autre mont-de-piété l'opération qui avait réussi puisqu'elle n'avait entraîné aucune poursuite contre lui. Mais corrompre de nouveaux fonctionnaires était difficile et dangereux. Il était beaucoup plus sûr de créer un établissement dans une ville où il n'en existait pas, établissement qu'il contrôlerait après en avoir choisi personnellement la direction.

Le séduisant M. Alexandre attendait son heure en élargissant le cercle de ses relations et en tirant les ficelles d'une nouvelle société, La Foncière des travaux publics, vouée au financement de la construction d'immeubles à Paris et de silos à grains en province. Fidèle à son principe, Alex ne faisait pas partie du conseil d'administration où brillait une brochette de personnages représentatifs et en apparence irréprochables : le général, bien sûr, et le diplomate sud-américain, mais aussi Wurtz, ancien inspecteur des finances, Monod, directeur retraité du ministère du Travail, et surtout l'ancien préfet de police de Paris,

Hudelot, que lui avait présenté le conseiller municipal Delavenne et qui en assurait la présidence.

Il s'agissait dans un premier temps de lancer la première tranche d'un emprunt public de deux cents millions. De quoi éveiller les soupçons du ministère des Finances, du ministère du Travail et même de la Chancellerie. Mais les résultats de l'enquête avaient paru si satisfaisants que le procureur Pressard dont dépendait la section financière dirigée par le substitut Prince avait fait suspendre toute investigation. Il semblait qu'un écran opaque protégeait La Foncière chaque fois que l'administration des Finances ou l'Enregistrement tentaient de mettre leur nez dans ses affaires.

Stavisky oublié, M. Alexandre recevait dans ses bureaux de la rue Volney et tenait table ouverte au Claridge, devenu sa résidence principale à Paris. Que les deux personnages ne fissent qu'un était un secret de Polichinelle mais, curieusement, c'était un rapprochement qui ne passait pas les marches du Palais de justice ni les portes de la Chancellerie. Dans ces conditions, comment s'étonner que des personnages importants, des parlementaires, des magistrats, des gens du monde, répondissent aux invitations lancées par un homme qui faisait valser les millions et recevait comme un prince en compagnie de l'exquise Arlette ?

Restait à régler l'affaire du mont-de-piété qui pouvait éventuellement servir de relais à La Foncière pour le cas où celle-ci serait menacée. M. Alexandre se souvint que, quelques années auparavant, son fidèle ami Boyer, le député d'Angers, lui avait présenté un Gascon bon enfant à l'accent roulant, le député Garat, devenu maire de Bayonne. Approché habilement, Garat vit d'un bon œil la perspective d'enrichir sa ville d'une institution aussi utile qu'un mont-de-piété, d'autant plus que M. Alexandre avait laissé entendre que l'opération ne manquerait pas de profiter à ses initiateurs...

Après une première tentative infructueuse, le maire réussit enfin à convaincre son conseil municipal. M. Alexandre pouvait agir et créer le Crédit municipal de Bayonne. Sa première idée avait été d'appeler Desbrosses, fort mal en cour à Orléans depuis le scandale. Habile financier, rompu à tous les trucages, il aurait fait un directeur idéal. Hélas, le préfet des Basses-Pyrénées avait demandé une enquête et refusé sa nomination. Finalement, ce fut Tissier, un compagnon des premiers jours, qui obtint le titre, rien n'empêchant Desbrosses de venir le mettre au courant, voire de l'aider pour les opérations difficiles.

Les postes de contrôleur et de caissier confiés à des gens sûrs, le cher Garat fit sans rechigner ce qu'on attendait de lui : des démarches auprès de la Banque de France, de Julien Durand, ministre du Commerce, de Dalimier, ministre du Travail, afin d'obtenir le placement de bons d'emprunt destinés à régler les sommes prêtées aux dépositaires d'objets de valeur ou de bijoux, et naturellement en priorité aux complices de Stavisky toujours prêts à remplir les coffres du Crédit municipal d'objets de recel ou de pierres plus ou moins fausses, toujours surévaluées. Grâce à Dalimier, les compagnies d'assurances souscrivaient en quantité les bons émis, les banques escomptaient le reste, même des liasses de faux bons qui n'avaient aucune contrepartie en garantie. Tout cela faisait beaucoup d'argent que M. Alexandre dépensait sans compter dans les palaces et les casinos en se livrant par ailleurs aux escroqueries plus classiques que lui suggérait son imagination débordante.

A l'aise sur la corde raide que lui tendaient ministres complaisants et fonctionnaires concessionnaires, le bel Alex, inconscient ou simplement joueur invétéré, continuait de mener impunément la grande vie. Pour combien de temps ? Avec effarement, Adrien découvrit en épluchant la collection de *Paris-Soir* qu'elle dura près de deux ans !

Le reste était dans les journaux du jour : la découverte du scandale, les aveux de Tissier, la fuite de Stavisky qui avait retrouvé son vrai nom comme par enchantement et la découverte du mort à la tempe trouée dans le chalet de Chamonix. Tout cela valait réflexion et sûrement une conversation sérieuse avec Garmond.

Ce soir-là, justement, Pierre Garmond était bien disposé. Ses amours avec Anna Breminov, la poétesse-traductrice russe, étaient au beau fixe et son dernier article « Peut-on être philosophe en 1934 ? » avait été retenu pour le prochain numéro de la *N.R.F.*

– Tu veux me parler ? avait-il dit à Adrien, alors viens dîner avec nous. Ce soir, nous changeons de cantine, nous allons au Balzar. Remarque, le changement est léger : le Balzar est un Lipp bis et Clémence, la femme de Marcellin Cazes, est à la caisse. Pourtant, l'atmosphère est différente, la clientèle aussi. C'est à croire qu'il existe une vraie frontière entre Saint-Germain-des-Prés et le Quartier latin. Les avocats vont de préférence au Balzar, les médecins aussi... Quant au menu, tu ne seras pas dépaysé : c'est le même.

Mis à part les décorations en faïence du père de Léon-Paul Fargue, la brasserie de la rue des Ecoles ressemblait comme une sœur à celle du boulevard Saint-Germain. Les garçons, en noir, portaient le même tablier blanc et les faux cols des demis de bière avaient la même hauteur réglementaire.

Garmond salua Mme Cazes et ils retrouvèrent Anna, assise sagement à une table, qui lisait *Le Temps*. Adrien l'avait aperçue un jour chez Lipp, ce soir elle lui parut vraiment très belle, fine, sans maquillage apparent, encore que sa pâleur laiteuse devait être le fait de soins attentifs. Son sourire de Joconde conquit le jeune homme qui ne remarqua pas qu'elle lui tendait sa main à baiser et la lui serra avec une force de boxeur qui la fit tressaillir.

– Je t'ai souvent parlé d'Adrien, mon élève, mon petit frère, j'ai voulu que tu fasses sa connaissance. Tu verras, c'est un garçon étrange, qui mène sa vie comme un conducteur de locomotive, en respectant l'itinéraire qu'il s'est fixé, en freinant dans les courbes, en forçant la vapeur quand il le faut. Je donnerais cher pour connaître aujourd'hui le nom de la gare d'arrivée ! Mais c'est l'arrêt buffet, j'ai faim, il nous faut choisir le menu.

Adrien n'avait pas été surpris par le portrait que son ami avait fait de lui. Au contraire, il était flatté quand on reconnaissait sa ténacité, son obstination et la fermeté de son caractère. Anna, elle, avait écouté avec son détachement habituel et n'avait pas commenté. Elle s'était contentée de hocher la tête et de dire :

– J'espère, monsieur l'obstiné, que nous deviendrons amis. Que voulez-vous manger ? Moi je prends mon hareng Bismarck habituel et chiperai quelques lentilles dans le petit salé que Pierre ne va pas manquer de commander.

Adrien opta aussi pour le petit salé après une « salade Balzar ». Anna buvait du thé, les hommes demandèrent des « sérieux[1] ».

– Profitons de cette soirée, dit Garmond. Dieu seul sait si les temps qui viennent nous en ménageront longtemps d'aussi plaisantes.

Et l'on commença de parler de Stavisky. Même si ce n'avait pas été le dessein d'Adrien, on en aurait parlé, comme on en parlait à toutes les tables, comme on en parlait dans toutes les familles.

– Pierre, dit Adrien, le patron et vous m'avez reproché de ne m'intéresser qu'à la réclame et d'ignorer l'actualité politique, même dans ses manifestations les plus importantes. Eh bien, j'ai étudié l'affaire Stavisky depuis le début, dans ses moindres détails !

– Tu as lu les journaux, comme tout le monde ! Ce n'est pas un exploit...

– Non. Je suis allé consulter les collections du *Petit Parisien* et de *Paris-Soir* pour reprendre l'Affaire depuis le début et comprendre ce qui se passe maintenant.

– Tu as fait cela ? Tu m'étonneras toujours ! Alors, tu sais tout sur cette singulière crapule qui emporte dans sa tombe des pans de notre République ?

– Je peux vous raconter ses premières filouteries et aussi la dernière, la fantastique escroquerie du Crédit municipal de Bayonne, en passant par le quartier de Paris que sa société immobilière n'a jamais construit sur la place des anciennes fortifications.

– Tu vas nous expliquer tout cela, c'est bien mieux que n'importe quel roman policier ! Mais je veux te dire tout de suite que je suis surpris et heureux de ta démar-

1. Double demi de bière.

che. Pour la première fois, je te vois t'intéresser à quelque chose de... gratuit, quelque chose qui ne te sera pas utile dans la réalisation de tes fameux projets.

– Je n'en suis pas si sûr ! répondit Adrien en riant. J'ai commencé avec le désir de vous donner satisfaction, puis je me suis pris au jeu. Et j'ai beaucoup appris de ce cher M. Alexandre.

– Tu ne vas tout de même pas l'imiter, ni le prendre pour modèle ?

– Non, mais comme il faut savoir lire un bilan quand on se lance dans les affaires, les vraies, honnêtes et respectables, il faut savoir que d'autres, tricheurs et canailles, te guettent pour s'approprier ton bien. Et savoir que ces fripouilles se cachent partout sous les meilleures apparences de respectabilité.

– Dis donc ! s'exclama Anna qui avait écouté Adrien avec curiosité, il n'est pas mal ton élève ! Il deviendra quelqu'un si les petits Stavisky ne le mangent pas. Racontez-moi l'histoire des bons de Bayonne. Je n'ai rien compris aux explications embrouillées de la presse.

Et Adrien dit, très bien, comment le bel Alex avait berné tout le monde en couvrant de bienfaits et de cadeaux des notables, des hauts fonctionnaires et des élus du peuple.

Il était fier d'être écouté par Pierre et par la belle Anna qui en oubliait de rallumer la cigarette blonde vissée au bout d'un long fume-cigarette d'écaille. Aux tables voisines, des gens tendaient l'oreille en se demandant qui pouvait être ce jeune homme au nez un peu de travers qui connaissait les tenants et les aboutissants de l'Affaire et en parlait avec tant d'assurance. « Un avocat, sûrement », dit une dame. S'il avait entendu, le petit postier en eût rougi de plaisir.

– Tu as très bien analysé le premier acte de la pièce, dit Garmond. Je te tire mon chapeau. Maintenant nous allons vivre la suite et je ne pense pas qu'elle sera rose. Tu vois, il y a quelque chose qui m'ennuie plus que cette farce tragi-comique et politique. C'est que, quelque part en Allemagne, un sale type à la mèche brune et à la moustache à la Charlot doit se frotter les mains et dire à ses suppôts : « Regardez ce qui se passe chez les Français ! Nous en serions au même point si vous n'aviez pas suivi votre Führer. Mais tout cela est excellent pour nous, les Aryens : un pays qui s'abandonne à de telles mœurs est un pays faible. Et nous, nous sommes de plus en plus forts ! »

Garmond avait raison. Ce qui sortait de l'abcès crevé était fétide. Chaque jour amenait son lot de nouvelles pénibles et de rebondissements incroyables. Tandis que les manifestations se succédaient près du Palais-Bourbon aux cris de « A bas les voleurs ! A bas les assassins ! », les journaux sortaient comme d'un chapeau des titres accablants.

Le lendemain du dîner au Balzar, le Parlement levait l'immunité parlementaire du député Bonnaure, un intime de Stavisky. Le 12 janvier, Dubarry et Hayotte étaient arrêtés. Le lendemain, Dalimier, le ministre des Colonies, était contraint de donner sa démission. Députés, anciens ministres, hommes politiques se trouvaient mis en cause. Le public, affligé, ne pouvait que constater : la liste des politiciens, hommes d'affaires, avocats, policiers, magistrats, directeurs de journaux qui avaient émargé au compte de M. Alexandre s'allongeait de jour en jour !

Le 23, le boulevard Saint-Germain n'était que bruit et fureur. Chez Lipp, Marcellin Cazes avait conseillé aux dîneurs de se réfugier dans la salle du fond et avait bloqué la porte-tambour. Aux Camelots du roi s'étaient joints les membres des Jeunesses patriotes, ceux de Solidarité française, et la Ligue des contribuables. En tout plus de quatre mille personnes, la plupart armées de gourdins, qui incendiaient les kiosques à journaux, saccageaient les vitrines et se mesuraient aux forces de l'ordre qui les empêchaient de gagner la Chambre des députés où Chautemps, le président du Conseil, malgré un vote de confiance, n'arrivait pas à se dépêtrer des eaux boueuses qui envahissaient les travées. Mieux, on osait mettre en cause l'intégrité de son beau-frère, le procureur Pressard ! Que pouvait faire la commission d'enquête, nommée précipitamment, contre la rue ?

Il y eut tout de même quelques jours de répit que nota l'état-major de Libertés nouvelles, réuni comme chaque matin rue de Tournon pour faire le point et essayer de préparer un numéro spécial. Hélas ! les événements allaient plus vite que les machines à écrire. Les quotidiens eux-mêmes étaient dépassés. La démission du garde des Sceaux n'apaisa pas les esprits et, le 27, *L'Action française* repartait à l'assaut :

Le scandale Stavisky s'aggrave d'heure en heure. Le ministère, en pourriture, tombe par lambeaux. Après Dalimier, un autre ministre, Raynaldi, est convaincu d'avoir été le complice d'un escroc. Le régime maçonnique, couvert de boue, fait la preuve de son incapacité à se débarbouiller ! Il conserve ses canailles, même démasquées. Eh bien ! nous essaierons de les déloger. Ce soir, nous donnons rendez-vous aux honnêtes gens place de l'Opéra.

Dans l'après-midi, Chautemps allait porter la démission de son cabinet au président Lebrun. Trop tard pour enrayer le mouvement mis en route : le soir, l'émeute se propageait dans les quartiers de Paris. A l'Opéra, place Vendôme, au carrefour Châteaudun, boulevard Poissonnière, les militants de droite, bien décidés à en découdre, cassaient tout ce qui pouvait être cassé sur la voie publique, les bancs, les vitrines, les kiosques, les grilles d'arbres. Le service d'ordre était trop maigre pour pouvoir s'opposer à un tel déferlement. Sans doute est-ce la raison pour laquelle il y eut peu de blessés ce soir-là.

C'est dans cette atmosphère chargée de poudre que Daladier, le « taureau du Vaucluse », comme l'avaient surnommé ses électeurs, succéda à Chautemps avec, comme ministre de l'Intérieur, Eugène Frot, un homme énergique. L'ennui, c'est que le public ne voyait aucune différence entre le nouveau ministère et celui qui avait été mêlé au scandale ou qui n'avait pas su l'empêcher. Ce n'était pas non plus le limogeage du préfet de police Chiappe, jugé trop mou avec les émeutiers, qui pouvait calmer les esprits.

Février, décidément, s'annonçait mal. Les organisations de droite avaient trouvé un soutien bien inattendu en Shakespeare ! La Comédie-Française présentait en effet depuis peu *Coriolan* et le public s'était vite aperçu que certaines répliques pouvaient être prises comme des allusions à la situation de la France. Chaque représentation donnait lieu à des manifestations. Aucun acteur n'avait été autant acclamé que Pierre Dux et Fernand Ledoux lorsque ceux-ci lançaient leurs tirades sur l'inutilité des assemblées ou sur la concussion du pouvoir politique. Des loges du Français à la place de la Concorde, le chemin était court. Il fut franchi le lendemain d'une des représentations les plus mouvementées.

Le 6 février 1934, un vent glacial soufflait sur la capitale...

Les manifestations de janvier et même celle de la veille n'avaient été que des répétitions, des coups à blanc pour entraîner les braves gens à suivre les meneurs sur le pavé parisien. Le 6 février, jour où Daladier devait présenter son gouvernement devant les Chambres, c'était une autre affaire. Le renvoi maladroit de Chiappe[1] constituait le détonateur idéal pour faire exploser la bombe qu'armaient depuis des semaines les organisations politiques de droite et une grande partie de la presse.

Garmond et Adrien voulaient être témoins de la bataille annoncée. Ils s'étaient retrouvés dès neuf heures rue de Tournon et dépouillaient fébrilement les journaux du matin. Le moins qu'on puisse dire était que la potion Daladier passait mal. *La Liberté* publiait un éditorial terrible de Tardieu sur le « cartel des maquignons ». *L'Ami du peuple* du parfumeur Coty, *L'Echo de Paris* et *L'Intransigeant* tiraient à boulets rouges sur le gouvernement « inféodé aux socialistes et aux communistes ». Même *Le Petit Parisien* qui se gardait d'habitude de toucher à la politique s'insurgeait contre un mouvement administratif à dire vrai étonnant : Chiappe nommé Résident au Maroc, Thomé le

1. Le 3 février, Daladier, obligé de reconstituer le Cartel des gauches pour obtenir une majorité à la Chambre, sacrifia le préfet de police Chiappe, honni par les socialistes et les communistes. En compensation, on lui offrit le poste prestigieux de Résident général à Rabat, poste qu'il refusa en disant qu'il aurait accepté en toute autre circonstance la flatteuse succession de Lyautey.

directeur de la Sûreté démis et promu... administrateur de la Comédie-Française, le procureur Pressard, responsable dans l'opinion des complaisances coupables de la Justice, nommé conseiller à la Cour de cassation !

– C'est à croire que la classe politique est tombée sur la tête ! s'écria Garmond. Même un type comme Daladier qui a la réputation d'être ferme mais réfléchi ressemble à un papillon qui vient et revient se brûler sottement les ailes contre un verre de lampe.

– Il faut dire qu'il n'hérite pas d'une maison en bon état ! dit Adrien.

– On n'oblige personne à être ministre. Je ne crois guère au sacrifice sur l'autel du pays ! Bon ! cela va craquer aujourd'hui, c'est sûr. Qu'allons-nous faire ? Rester ici en attendant la dernière de *Paris-Soir* ?

– Non. Moi, j'ai bien envie d'aller voir dehors ce qui se passe.

– Moi aussi. Mais couvrons-nous. Tiens, enfile la vieille veste de chasse du patron, il fait froid. Et puis, un vêtement épais peut atténuer la violence des coups de matraque. Car on risque d'en prendre quelques-uns, même en faisant attention de ne pas nous mêler aux manifestants.

– Pierre, écoutez, cela commence ! Entendez-vous ces cris dans la rue ?

Ils se mirent à la fenêtre. Un groupe de jeunes distribuaient des tracts. Adrien descendit en ramasser un. Il n'était pas signé mais c'était un appel au peuple. « Tous devant la Chambre, sur les Boulevards, à la Concorde, au Quartier latin, au Grand Palais, pour en finir avec les internationaux révolutionnaires et les politiciens pourris... Pour clamer qu'on en a assez de ce régime abject ! »

Le « Pruneau » monta à ce moment le journal du colonel de La Rocque qu'une bonne âme venait de jeter dans la boîte aux lettres. *Le Flambeau,* organe des Croix-de-Feu, lançait aussi son appel : « A la Nation ! A nos camarades du feu ! A tous les Français et Françaises ! »

– Cela représente au moins vingt mille personnes, dit Garmond. Sans compter les anciens combattants, organisés ou non. Que faisons-nous ? On marche, on prend l'autobus ? Ou le métro ?

– Le bus. On verra ce qui se passe à l'extérieur. Après on aura bien le temps de marcher.

Adrien aimait l'autobus. La plate-forme arrière, bien entendu, où l'on prend l'air de Paris à grandes bouffées, où l'on aide un audacieux à monter en marche, où l'on se frotte aux autres, où l'on sent le pavé des grandes avenues vous filer sous les pieds et dont on descend un peu avant l'arrêt pour montrer à la charmante demoiselle égarée dans cet espace essentiellement masculin qu'on a le mollet souple et la désinvolture à fleur de peau. Avant son service militaire, Adrien s'offrait sur sa nacelle communautaire un plaisir qu'il n'osait pas retrouver : celui de tirer d'un coup sec sur la chaîne qui pendait à droite du marchepied d'entrée afin de prévenir le chauffeur qu'il pouvait démarrer. Cette pratique était évidemment interdite, même en se donnant le prétexte d'aider le receveur qui tournait sa petite manivelle à l'intérieur. Il y a comme cela des petites joies qu'on perd en vieillissant.

– Pierre, dit-il à Garmond alors qu'ils venaient de monter boulevard Saint-Germain dans un vieil autobus à museau de cochon, l'un des derniers survivants d'une race en voie d'extinction, j'ai envie de tirer sur le cordon... Je crois que j'étais fait pour être receveur d'autobus.

– Attends que le préposé soit un peu loin, sinon tu vas te faire engueuler.

La conversation en resta là car, à mesure qu'on se rapprochait de la Chambre et du pont de la Concorde, la foule devenait plus dense et occupait pratiquement la chaussée. A l'angle de la rue de Bellechasse, un barrage de police interdisait toute progression et le bus fut envoyé du geste et du sifflet se perdre corps et biens dans des rues étrangères où un véhicule de la ligne A.R. n'avait rien à faire.

Les voyageurs étaient rares dans ce matin de fronde, mais le changement d'itinéraire qui transformait un honnête autobus en car de réveillon surprise délia les langues. Un ancien combattant à médailles et béret basque cria au scandale :

– J'ai payé pour aller à la Concorde et on m'envoie je ne sais où. On veut empêcher les honnêtes gens d'aller crier leur indignation. Mais j'irai quand même !

– Facile ! dit Adrien. Vous allez pouvoir descendre.

Il tira deux fois sur la chaîne, l'autobus s'arrêta et le receveur n'eut pas le temps de protester, Adrien était déjà descendu avec Garmond qui riait, riait...

– Inutile de s'enfoncer dans le Paris tranquille, dit-il. Allons plutôt voir avec notre vieux râleur ce qui se passe à la Concorde.

A la Concorde, il ne se passait pas grand-chose. Les Camelots n'étaient pas encore là, les Croix-de-Feu non plus. La foule qui commençait à envahir la place et le jardin des Tuileries était plutôt bon enfant. Ceux qui venaient manifester portaient leurs médailles ou un insigne mais on avait l'impression qu'il y avait beaucoup de curieux et, parmi eux, de nombreuses femmes et des enfants.

– Les gens sont inconscients, souligna Garmond. Si les choses se gâtent, et elles vont se gâter, tous ces badauds vont se trouver pris dans la mêlée.

– Comme nous, dit Adrien, souriant.

– Comme nous. Mais attention ! Nous ne sommes pas des protestataires, nous venons là à titre d'observateurs et il faudra se planquer dès que la bagarre commencera. Tu vois, l'idéal serait de prendre place à une fenêtre de l'hôtel Crillon ou du ministère de la Marine.

– En somme, nous allons vivre la révolution, si révolution il y a, comme Fabrice del Dongo a vécu Waterloo !

– Bravo, Adrien ! Tu te souviens de ce que tu as lu. Je ne pense pas que le rapprochement s'impose vraiment mais j'aime te voir montrer ce que tu sais. Pour en revenir à notre manifestation, je m'étonne que les autorités n'aient pas fermé le jardin des Tuileries qui constitue un lieu de réserve et de repli parfait. En fait la police n'a qu'une consigne : protéger la Chambre et les députés qui vont y siéger. Regarde, le pont est coupé par des barrages de camions derrière lesquels s'installent les agents à pied et les gardes mobiles. Tiens, voilà les cavaliers de la garde républicaine.

– C'est curieux, constata Adrien qui suivait cette mise en place avec attention. On croirait assister à la préparation d'un spectacle.

Ils se mêlèrent à la foule pour écouter ce qu'elle pensait, ce qu'elle disait.

Ce n'était qu'un amalgame de rumeurs. Les uns brandissaient *L'Echo de Paris* qui annonçait l'arrivée de tanks venus de Compiègne. Les autres étaient sûrs que la troupe venait de pénétrer dans Paris et avait l'ordre de tirer sur le peuple. On se repassait la une de *L'Humanité* qui montrait la photo truquée d'une prolonge de mitrailleuse. Un peu partout des chœurs se formaient pour répéter les mêmes imprécations : « Vendus ! Voleurs ! Assassins ! Vive Chiappe ! »

– Ce n'est pas très intéressant, dit Garmond. Sortons de cette fourmilière et allons manger quelque chose. N'importe comment il ne se passera rien de grave avant la sortie des bureaux et des ateliers.

Ils remontèrent la rue Royale, gagnèrent la Madeleine et trouvèrent sur les Boulevards, encore très calmes, un bar-tabac qui servait un plat du jour. Ils mangèrent un bœuf bourguignon et une tarte et se dirigèrent vers Richelieu-Drouot, à contre-courant de groupes d'où émergeaient des hampes de drapeaux roulés et quelques pancartes clouant ministres et députés au pilori. Un peu plus loin, ils croisèrent un bataillon d'écharpes tricolores. C'était une délégation du conseil municipal qui avait décidé de se rendre à la Chambre des députés pour protester contre le renvoi de Chiappe. A sa tête, Garmond reconnut le Pr Bigeois, grand mutilé des rayons X.

– Quel mélange cela va faire quand tout le monde se retrouvera sur la place ! dit-il. Mais il serait peut-être temps de revenir au cœur de la mêlée ou tout au moins de s'en rapprocher. Tiens, les autobus roulent encore par ici. Prenons le A.C. Gare du Nord-Champ-de-Mars pour être fidèles à notre plan.

Tranquille, l'autobus les ramena vers la Madeleine.

Comme la voiture amorçait son virage vers la rue Royale, Adrien s'écria :

– Il ne va tout de même pas aller jusqu'à la Concorde ! Il est fou, ce conducteur !

Le receveur devait se poser la même question. Il s'était rendu à l'avant et tapait contre la vitre de la cabine du chauffeur, lequel, très occupé à éviter les groupes qui grossissaient en nombre et en volume, continuait, imperturbable, à suivre son itinéraire. Et il arriva, le bougre, à se faufiler entre les manifestants, les gardes à cheval, les drapeaux des anciens combattants au-delà du ministère de la Marine[1].

Adrien et Garmond voulaient voir. Ils voyaient. Depuis le moment où ils l'avaient quittée, la place avait changé d'aspect. D'abord, la nuit était presque tombée. Et elle était littéralement envahie par les manifestants agglutinés qui hurlaient des slogans dont on ne percevait que quelques mots, sans cesse répétés : « Chiappe, voleurs, assassins, députés... ».

– Il est temps de descendre, dit Garmond. Ces gens ne sont pas comme nous, ils n'ont pas l'air d'aimer les autobus parisiens ! Pourtant, c'est la ligne A.C., comme ancien combattant !

En quelques secondes, l'autobus s'était retrouvé immobilisé, cerné, bousculé par une marée hurlante d'émeutiers.

– Brûlons-le ! hurla une voix.

Un monsieur bien mis, chapeau à bords roulés et gants de peau, aidé par un gaillard en bleu de travail, arrachait déjà le capot latéral du moteur. Un autre crevait avec un couteau le tuyau d'arrivée d'essence. Péniblement, la foule s'était écartée du bus devenu sous son émail vert anglais une bombe menaçante. Par bonheur, il n'explosa pas quand un médaillé de Verdun jeta une allumette dans le moteur. Simplement, une énorme gerbe de feu illumina toute la place. C'était l'essence qui brûlait et qui petit à petit communiquait le feu aux sièges, aux pneumatiques, à la peinture qui se boursouflait...

1. Le conducteur, un certain Lecourt, dira plus tard qu'il ne s'était pas rendu compte du danger et qu'il n'avait pas reçu l'ordre de se détourner de son itinéraire. Beaucoup pensèrent qu'il était simplement curieux. Il y en avait beaucoup comme lui le 6 février, place de la Concorde.

peaux et banderoles au vent, qui s'était rassemblé à l'Etoile autour de l'Arc de Triomphe, avait pénétré à son tour place de la Concorde. Repoussés par les lances des pompiers et les charges, les médaillés refluaient vers la rue Boissy-d'Anglas et tentaient de s'approcher de l'Elysée.

– Regarde, dit Garmond, ce spectacle hallucinant.

En tête du cortège – quelques milliers d'anciens poilus[1] – marchaient les aveugles de guerre guidés par des Dames de France venues des beaux quartiers en tenue d'infirmières. Suivaient les grands invalides, ballottés dans leurs petites voitures. Bientôt ce rassemblement insolite fut disloqué et les anciens combattants refoulés vers les Grands Boulevards.

– Un horrible massacre a été évité ! dit Garmond réfugié avec Adrien dans le passage du Retiro. Si cette armée de vétérans avait pu arriver jusqu'au pont, elle aurait facilement enfoncé le barrage.

Ils allèrent encore jeter un coup d'œil à la brasserie Weber, au coin de la rue Royale, où une infirmerie de fortune avait été installée. Les ambulances de la Croix-Rouge venaient y chercher les blessés les plus atteints. Maintenant, la foule commençait à quitter la place. Après la folie, l'exacerbation des passions, la colère, c'était l'accablement de la retraite.

– Viens, dit Garmond. Nous en avons assez vu, il est temps de rentrer.

Ni l'un ni l'autre n'avait envie de parler. Pour éviter les derniers rassemblements et les barrages de police, ils firent un grand tour par la rue de Ponthieu, la rue Pierre-Charron, l'avenue Pierre-Ier-de-Serbie et passèrent la Seine sans encombre au pont d'Iéna. Il était près de deux heures lorsqu'ils arrivèrent rue de Tournon. Fourbus, vidés physiquement et moralement, ils se serrèrent la main sur le palier.

Demain à huit heures chez le patron pour voir les journaux !

– Oui, j'aurai déjà écouté les nouvelles à la radio !

Il était bien difficile, le 7 février au matin, de se faire

1. Vingt mille, dira la presse.

une idée exacte de l'ampleur de l'émeute. Radio-Paris dans ses communiqués en sous-estimait l'importance, la ramenant presque à une manifestation objectivement conjointe des Camelots du roi et de « bandes communistes », ce qui était une contre-vérité, les membres de l'Action française s'étant trouvés dilués dans la foule des inorganisés et des anciens combattants. Quant aux communistes venus des banlieues, ils s'étaient essentiellement bornés à mêler leur slogan : « Les Soviets partout » aux cris des nationalistes, ce qui n'avait entraîné aucune escarmouche entre les deux partis. Ils s'étaient joints aussi, sous l'étiquette de l'A.R.A.C., Association républicaine des anciens combattants, aux anciens combattants de l'U.N.C., dix fois plus nombreux.

La presse écrite, au contraire, ne minimisait pas les graves incidents de la nuit. *L'Echo de Paris* titrait : « Le gouvernement de M. Daladier a provoqué hier à Paris la guerre civile. » La grande presse exagérait le nombre des victimes déjà considérable. Curieusement, comme le fit remarquer Adrien, *L'Humanité*, par ailleurs déchaînée (« Paris ouvrier a riposté ! »), était au-dessous de la vérité en annonçant douze morts. *L'Action française* en comptait cinquante, *Le Populaire* vingt-neuf.

Robert Quentin se rappela qu'il était lié d'amitié avec le chef de cabinet du ministre de l'Intérieur. Il l'appela au téléphone et put obtenir des informations dignes de foi.

– Voilà, dit Quentin à ses amis. On dénombre officiellement vingt-deux morts et près de mille cinq cents blessés, dont beaucoup grièvement. Et le drame n'est pas fini. Le gouvernement attend d'autres manifestations pour aujourd'hui. Des armureries ont été pillées et Frot demande le renfort de l'armée ! On parle aussi de déclarer l'état de siège mais la moitié du cabinet est contre. Bref, j'ai compris qu'on discute beaucoup mais qu'on ne décide pas grand-chose. Dunier, mon correspondant, m'a dit qu'il avait l'intime conviction que Daladier démissionnerait avant ce soir. Ah ! il m'a aussi confié que c'est le colonel de La Rocque qui a sauvé la

Chambre et qui porte la responsabilité de l'échec de l'émeute.

– C'est une blague ? demanda Garmond.

– Non. Préférant la rive gauche, les Croix-de-Feu et Briscards, au nombre de cinq mille au moins, avaient, vers vingt heures trente, réussi à forcer un barrage rue de Bourgogne. La Chambre était à deux pas et il n'y avait pas de forces pour les arrêter. L'officier de police commandant le secteur a eu le courage d'avancer vers le chef des manifestants et de parlementer : « Le colonel de La Rocque est un républicain. Jamais il ne vous laissera accomplir l'irréparable si vous le mettez au courant de la situation. Je vous en prie, demandez-lui des ordres par téléphone. Vous ne pouvez prendre seul une telle responsabilité. » L'homme hésita, redressa son vieux casque d'infanterie, souvenir de Verdun, fit ouvrir un café proche pour appeler le colonel demeuré dans son P.C. de la rue Masseran, vers le métro Duroc. Informé – « Nous pouvons passer facilement » –, de La Rocque n'a hésité qu'une seconde et a commandé : « Faites demi-tour ! »

– Mais pourquoi a-t-il pris cette décision puisque le but des émeutiers était de prendre la Chambre ? demanda Adrien.

– Ce n'était probablement pas le but de De La Rocque, sans doute attaché, comme les conseillers municipaux, à certaines formes de la légalité républicaine.

– Pourtant, vous avez lu ce qu'il a publié dans son journal *Le Flambeau*, vous avez vu les affiches agressives qu'il a placardées !

– Adrien, tu apprendras qu'en politique il existe un abîme entre les paroles, les proclamations, les appels de toutes sortes et la réalité de l'action. Heureusement, d'ailleurs. Mais tu vas voir que la décision sage prise par le colonel ne l'empêchera pas de continuer à jouer les boutefeux. Il sait bien que s'il n'attise pas continuellement les braises, ses Croix-de-Feu deviendront vite des brandons fumeux ! Tu veux mon idée ? C'est que tous ces petits chefs n'étaient pas prêts à assumer le pouvoir ! Les conseillers municipaux, peut-être. Encore que leur réputation ne vaille guère mieux que celle des parlementaires qu'ils voulaient abattre ! Les théâtres reprennent toujours, avec un égal succès, la pièce *Topaze* de Marcel Pagnol. Il n'y a que six ans qu'elle a été créée !

La démission de Daladier, le rappel de Gaston Doumergue pour former un gouvernement d'Union nationale avec Tardieu, ministre d'Etat, calmèrent les esprits. S'il y eut encore des manifestations et des bagarres avec la police le 7 février, jusque tard dans la nuit, jamais elles ne tournèrent à l'émeute : les protestataires moins nombreux avaient trouvé en face d'eux une police plus importante et mieux dirigée.

Les ligues de droite avaient réussi à placer quelques-uns de leurs hommes au pouvoir mais ils avaient échoué dans leur tentative d'abattre le régime. Avaient-ils fait une bonne affaire ? Pas si sûr. Les émeutes avaient effrayé les partis de gauche, les socialistes, les communistes et même les radicaux, terrorisés par les exemples du fascisme italien et du nazisme allemand. Par-dessus les états-majors ils allaient s'unir, pour arriver deux ans plus tard au Front populaire.

•

Un rite, qui durait depuis des années, réunissait chaque mercredi soir Robert Quentin et Pierre Garmond. Ce dernier dînait avec la famille, et, sitôt le dessert avalé – c'était toujours un flan aux œufs avec des biscuits –, les deux amis passaient dans le bureau-fumoir du maître de maison où Madeleine venait servir le café en recommandant à son mari et à son hôte de ne pas trop fumer et de ne pas veiller tard. Dès qu'elle s'était retirée, après avoir embrassé les deux hommes, ceux-ci se calaient dans leur fauteuil, heureux de goûter, encore une fois, les joies d'une vieille complicité. Quentin choisissait un cigare – le seul qu'il fumât de la journée – et l'allumait avec d'infinies précautions, comme tous ceux qui savent ce que déguster un havane veut dire. Garmond, lui, sortait sa pipe de la poche de sa veste et la bourrait, pincée après pincée, de Caporal bleu. Quand les volutes de fumée commençaient à se fondre dans la pièce, Quentin toussotait deux fois. On pouvait parler.

Les deux amis évitaient, d'un accord tacite, de

remettre en question les affaires dont ils avaient discuté au long de la journée et qui concernaient essentiellement le journal, sa conception ou son financement. Là, le débat était libre et ils en retiraient chacun un plaisir proche de la volupté car tous deux étaient experts dans l'art de la conversation.

– Que penses-tu des événements ? demanda Garmond.

– Quels événements ? Depuis l'émeute, les Français ont retrouvé leur ronron politique. Le père Doumergue s'est mis le doigt dans l'œil en croyant qu'il allait faire passer sa réforme constitutionnelle donnant des pouvoirs accrus au chef du gouvernement. Les députés et les sénateurs, surtout s'ils sont radicaux, ne peuvent admettre un projet qui leur retirerait une part de leurs prérogatives. Herriot va donc retrouver un rôle à sa mesure en défendant à la fois la trêve exigée par la rue et la République contre les tentatives de pouvoir personnel. Doumergue sera contraint de démissionner et les radicaux, sans qui rien ne peut se faire, vont contrôler les gouvernements qui, crois-moi, vont défiler...

– Et la France dans tout ça ?

– Elle a eu la fièvre. Maintenant elle va sommeiller.

– Attention au réveil. Comme tous les bourgeois, même les plus généreux, tu ne t'aperçois pas qu'une grande partie du peuple vit dans un état proche de la misère. Le nombre des chômeurs augmente. L'Etat est trop faible pour prendre ses responsabilités. Cela finira mal.

– Pourtant, le grand danger, c'est l'extérieur ! Hitler réarme, fait voter la « loi de deux ans » en même temps que le service militaire obligatoire. Et l'Italie ? Va-t-on laisser Mussolini agresser l'Ethiopie ? La Société des Nations n'a même pas le courage de s'indigner. Nous ne sommes plus beaucoup à continuer de parler de la paix...

– En est-il encore temps ? Ne vaudrait-il pas mieux ouvrir les yeux et se demander si la France est en état de se défendre contre l'Allemagne nazie ?

– Si tu as raison, c'est la fin des illusions, l'effondrement d'idées défendues durant toute une vie...

La conversation devenait trop désenchantée pour un

mercredi soir. Garmond changea de sujet en rallumant sa pipe.

– Parlons un peu de notre protégé, veux-tu ? Il a bien changé, le petit Adrien, entré presque par effraction dans la famille de Libertés nouvelles !

– Oui. En bien. Je crois que nous avons eu raison de nous intéresser à lui. Je n'ai jamais rencontré quelqu'un d'aussi déterminé à réussir, à vouloir changer de vie. A-t-il une chance de s'en sortir ?

– Si tu considères d'où il vient, il s'en est déjà sorti. Je dîne parfois avec lui chez Lipp ou au Balzar, eh bien, il n'est pas du tout ridicule dans les conversations qui se nouent de table à table. Mais, moi, je sais qu'il n'est pas sûr de lui. Son vieux complexe d'ignorance le tenaille toujours. Je crois qu'il souffrira toute sa vie d'avoir quitté l'école à douze ans.

– Il compensera. En devenant riche, puissant...

– Peut-être. Mais sera-t-il heureux ?

– Est-il croyant ? Je me rappelle son bénédicité à La Varenne...

– Difficile à dire. Il a été élevé chrétiennement, mais a-t-il la foi ? Vraiment, je n'en sais rien. Ce dont je suis sûr, c'est qu'il continuera de manifester ostensiblement des sentiments religieux. Parce que cela le place du bon côté de la barricade, celui des « gens comme il faut ».

– Ce n'est pas le signe d'une grande rigueur morale. Je préférerais l'entendre dire franchement : « Je suis un athée ! » Cela n'enlèverait rien à l'intérêt que nous lui portons.

– Moi, je ne suis pas sûr qu'il ait tort. L'aurais-tu pris sous ton aile, avec Madeleine, s'il n'avait pas su dire ce fameux bénédicité ?

– Hum ! Je dois te dire honnêtement que je n'en sais rien.

– L'essentiel n'est-il pas, pour notre sainte mère l'Eglise, de montrer qu'on est croyant ? Et il me semble lui avoir parlé un jour du pari de Pascal...

Il y avait des jours, comme celui-là, où Robert Quentin se demandait si Garmond, avec son scepticisme impertinent, n'était pas lui-même athée, ou tout au moins agnostique. Il préférait ne pas aborder ce genre de sujet avec lui. Il coupa court et ouvrit le flacon de cognac qui était sur la table.

– Buvons à la réussite de l'irrésistible Adrien ! dit-il en riant.

5

ADRIEN DANS LES REMOUS DU FRONT POPULAIRE

1936. *Mort de Rudyard Kipling – Hitler lance la Volkswagen « future voiture du peuple » – Publication du premier hit-parade musical à New York – Réoccupation de la Rhénanie par l'Allemagne – Victoire du Front populaire aux élections et paralysie de la France par « les grèves sur le tas » – Accords Matignon entre Léon Blum, nouveau président du Conseil, le patronat et les syndicats – Début de la guerre civile en Espagne – Jeux Olympiques à Berlin – Suicide du ministre Roger Salengro – Disparition de Mermoz dans l'Atlantique Sud – Edouard VIII renonce au trône d'Angleterre pour pouvoir épouser Mrs Simpson – Tino Rossi susurre* Marinella.

Maintenant, c'étaient les partis de gauche qui défilaient. Mais en ordre et sans violence malgré les débordements verbaux des communistes. Adrien se dit qu'il avait sacrifié assez de temps à la politique et qu'il lui fallait à nouveau regarder devant lui. A force d'acharnement, de visites infructueuses mais répétées, il avait réussi à se tisser un réseau de relations qui, pensait-il, lui serait utile un jour. Dans les agences de publicité, Adrien Anthelme était connu comme le loup blanc. Sa culotte de golf à carreaux – c'était la quatrième qu'il usait à pédaler – était célèbre dans les studios d'Elvinger, de Dupuy ou d'Havas[1].

Cette persévérance devait finir par payer un jour. La chance ne lui sourit pas dans la salle d'attente de Publicis mais dans son minuscule bureau de la rue de Tournon, un jour où il épluchait les annonces sans savoir exactement ce qu'il cherchait dans ces placards de publicité au texte tassé, comme si les acheteurs de ces espaces réduits avaient tenu à en avoir pour leur argent. Deux phrases, deux slogans perdus dans une composition indigeste retinrent son attention. Depuis longtemps il collectionnait les formules à effet qu'il jugeait les meilleures. Il ajouta à son florilège : « Un meuble signé Levitan est garanti pour longtemps » et : « André, le chausseur qui sait chausser », bien que ce dernier slogan lui parût un peu simpliste. Simpliste, peut-être, encore fallait-il le trouver ! Et il se disait qu'un océan le séparait de leur inventeur, le grand timonier Marcel Bleustein, qui naviguait sur un vais-

1. La première agence, Jep et Carré, datait de 1898, Damour de 1918, Elvinger de 1923. Avait suivi Publicis en 1928.

seau de haute ligne, et qu'il rêvait pourtant de rattraper un jour. A ce moment de sa réflexion, son regard tomba sur une annonce qui vantait en termes banals les mérites d'un cacao en poudre nommé « Cacaoté ». Machinalement, il prit une feuille de papier et traça en majuscules les lettres K.K.O.T. Etalées, elles se lisaient bien. K.K.O.T., c'était rigolo mais Adrien pensa raisonnablement que cela n'allait pas loin. Il allait déchirer ce papier inutile quand une idée lui vint. Et s'il continuait la lignée des lettres épelées ? Il chercha un moment et écrivit : C., S., K., I. C'était un peu tricher puisqu'il n'existe pas de lettre KI, mais le tout : « K.K.O.T.C.S.K.I. » prenait du volume. Il plia la feuille en quatre, la mit dans son portefeuille et passa prendre Simone, la nouvelle secrétaire, avec qui il devait aller au cinéma voir *Les Trois Lanciers du Bengale.* Elle découpait dans *Ciné Miroir* toutes les photos de Gary Cooper et n'allait pas manquer son héros en grande tenue de l'armée des Indes !

Adrien avait trouvé en Simone la compagne qui convenait à son fond d'égoïsme et au besoin de tendresse dont les hommes ne savent pas se passer. Elle n'était pas très jolie mais son visage un peu chiffonné avait du charme. Peu exigeante, elle prenait Adrien comme il se présentait. Ce soir-là, il fit deux choses qui lui attirèrent un regard reconnaissant. Alors qu'ils mangeaient deux œufs mayonnaise à la terrasse de Lipp en attendant l'heure de la séance du soir au cinéma de l'Odéon, il lui montra le papier sur lequel figurait la suite bizarre empruntée à l'alphabet.

– Donne-moi ton avis. Si tu trouves ce slogan acceptable, je vais demain le présenter. Sinon, je le déchire.

Simone prit la feuille et lut tout de suite, en détachant bien chaque phonème, « K.K.O.T.C.S.K.I. ». Elle ajouta :

– Mais c'est le nom d'un cacao soluble !

– Bravo, tu n'as pas hésité, c'est un signe !

– Un bon signe. Je trouve cela amusant, et facilement mémorisable. Si tes clients ne sont pas des imbéciles, ils t'achèteront ton slogan, et bientôt, dans toutes les cours de récréation, les gosses répéteront K.K... Ks'étéra...

Ils rirent et il l'embrassa sous l'œil étonné d'Alfred, le serveur joufflu que tout le monde appelait Bouboule et qui n'avait pas l'habitude de voir le sérieux Adrien se livrer à de telles effusions. Tout heureux, Adrien fit encore mieux. Il tira de son portefeuille sa photo en grande tenue de spahi et la tendit à Simone.

– Tiens. Je ne suis pas Gary Cooper, mais avoue que je ne suis pas mal avec mon chèche, mon burnous et mon sabre. Et mon cheval. Cela vaut sûrement la tenue des lanciers du Bengale !

– Mais tu es superbe ! Tu m'avais parlé de ton service dans le Sahara mais tu ne m'avais jamais montré ta photo.

– Seule ma mère l'a vue. Je ne la montre jamais.

– Pas même à Odile qui m'a précédée dans tes pensées ?

Les clients commençaient à arriver pour le dîner, par petites fournées. Ils jetaient un coup d'œil à la terrasse pour voir si une tête connue ou amie ne se cachait pas derrière un « sérieux », puis poussaient le tambour de la porte. Adrien connaissait presque tous ces habitués qu'il avait souvent côtoyés lorsqu'il dînait avec Garmond. Il citait leurs noms à Simone toute fière de partager son œuf dur avec un garçon si lancé dans la vie parisienne. Parfois, l'un d'entre eux lui faisait un petit geste amical. Adrien répondait et disait, un peu désinvolte : « C'est Joseph Kessel » ou : « Tiens, voilà Léon-Paul Fargue. »

A la sortie du cinéma, lorsqu'il eut raccompagné Simone chez ses parents rue du Dragon, il gagna la rue de Tournon sans se presser. Il réfléchissait à la manière de faire accepter son slogan auquel il découvrait de nouvelles qualités depuis que Simone l'avait encouragé. Fallait-il rencontrer l'annonceur lui-même, le fabricant de chocolat ou voir l'agence qui s'occupait de sa publicité ? Il connaissait assez ce milieu où les bonnes idées valent de l'or pour ne pas entrevoir le danger de divulguer la sienne, sans autre garantie que la bonne mine du concepteur ou du petit chef qui le recevrait. Il voyait déjà Prébus, le chef de publicité de Damour, toujours vêtu de sombre comme un croque-mort, lui dire que l'idée n'était pas mauvaise mais qu'il fallait la travailler, la rendre plus directe. Plus directe, tu parles ! Un jour, il retrouverait son slogan sur les murs du métro et les boîtes de cacao ; on lui dirait qu'il s'agissait d'une vieille idée qui traînait depuis longtemps dans les conférences de l'agence et qu'on avait décidé d'exploiter, faute de mieux. Il ne toucherait pas un sou et n'aurait aucun recours. Il y avait vraiment moins de risques à demander un rendez-vous au marchand de chocolat lui-même, ou à l'un de ses adjoints.

Le lendemain matin, il préféra tout de même demander l'avis de Garmond, comme chaque fois qu'il devait prendre une décision importante. Pierre l'écouta et lui donna le satisfecit qu'il était venu chercher.

– Je trouve ton idée ingénieuse et je crois que tu as raison de ne pas la répandre au cours de tes circuits vélocipédiques. Va voir l'annonceur directement. Si ton cacao lui plaît, c'est lui qui le fera boire à son agence et tes droits d'auteur ne pourront te passer sous le nez. C'est peut-être le début de la fortune...

Adrien mit tout de suite son plan à exécution. Il obtint sans mal un rendez-vous avec un directeur commercial tout à fait exquis, fut présenté au grand patron qui avait gardé une bonne tête de bébé et souriait d'aise à l'idée de jouer un tour aux cerveaux de son agence, dont l'autosatisfaction l'agaçait.

– Bravo, mon jeune ami. Votre slogan m'enchante et je vais le transmettre à mon ami Elvinger en demandant qu'il serve d'« accroche », comme disent ces messieurs de la publicité, à notre prochaine campagne. C'est lui qui vous donnera des nouvelles. Et faites-vous bien payer. Avec les frais de création qu'il me facture, il peut être généreux !

Lorsque, quelques semaines plus tard, il eut touché sa première commission sérieuse, un chèque de huit mille francs qui lui permit d'ouvrir un compte au Crédit Lyonnais, Adrien décida d'offrir un dîner à Garmond, Anna et bien entendu Simone, qui avait eu la primeur de sa trouvaille.

– Où nous emmènes-tu ? demanda Garmond.

– Chez Marchessoy. Nous serons plus tranquilles

que chez Lipp où dix buveurs de bière vont nous demander ce que nous fêtons.

Les Marchessoy, prévenus, avaient réservé la table ronde du fond et mis les petites casseroles dans les grandes. « Je ne vous dis pas le menu, ce sera une surprise, avait dit la patronne. Un vrai dîner d'Auvergnats ! »

Avec ses tresses enrubannées, ses boucles d'oreilles en strass et son maquillage de Pierrot, Anna mettait une curieuse note exotique dans ce coin d'Auvergne paré d'énormes jambons pendus aux poutres et où flottait l'odeur un peu piquante des tripoux qui rissolaient dans la poêle de la patronne.

– Tu es magnifique, ce soir, dit Garmond. Tu ressembles à la princesse Anastasia... et il ajouta : La vraie, la femme d'Ivan le Terrible !

Simone portait un chemisier de soie blanche dont le décolleté sage mettait en valeur ses formes juvéniles. Garmond n'avait pas eu le temps (disait-il) de changer son éternel costume de velours beige contre un complet plus habillé. Quant à Adrien, le héros de la fête, il s'était excusé de venir en culottes de golf. « Je me suis commandé, avait-il dit, un complet marron à rayures mais il y avait des retouches et je ne l'aurai que demain. »

L'arrivée des tripoux, ovoïdes et dorés dans leur graisse, mit fin à cette revue vestimentaire. Bien que Garmond assurât que les tripoux que faisait préparer le père Cazes deux ou trois fois par an pour quelques clients privilégiés étaient beaucoup plus épicés, Simone faillit s'étrangler tellement elle trouva poivrés et pimentés ceux de Mme Marchessoy.

– Il faut boire, conseilla Garmond en entamant une deuxième bouteille de chanturgue, « breuvage spécialement vinifié pour faire passer les tripoux », dit-il.

– Ce n'était qu'une mise en bouche, annonça Mme Marchessoy en apportant une terrine ventrue d'où elle soulevait, à l'aide d'une grande cuillère de bois, des stalactites de pâte blanche qui faisaient penser à la barbe à papa de la foire du Trône.

– Qu'est-ce que c'est ? demanda Anna, intriguée.

– Comment ? Vous n'avez jamais mangé l'aligot ? C'est un mélange de purée de pommes de terre et de fromage frais de Laguiole. Il faut le travailler jusqu'au moment de le servir dans l'assiette. Vous allez manger ça avec des saucisses du pays. Surtout n'en laissez pas car après il n'y a plus rien. Juste une poule farcie !

Elle laissa les convives filer leur quenouille d'aligot et s'enfuit dans sa cuisine. A table, c'était le bonheur. Et chaque fois que Garmond sentait un brin de bonheur lui titiller les narines, il ne pouvait s'empêcher de se lancer dans l'un de ces apologues dont il avait le secret :

– Goûtons, mes amis, cette divine cuisine où fleurit l'aligot. C'est une cuisine de paix, comme toutes les cuisines dignes de ce nom. En dirais-je autant de celle que réchauffe Hitler dans ses chaudrons ? Non ! Il a dit aux Allemands : « Vous n'avez pas de beurre mais vous aurez des canons ! » Et les imbéciles répondent à cette énormité en hurlant « Heil Hitler ! ». Un homme qui est capable de comparer le beurre aux canons est capable de tout, y compris de déclarer la guerre au Monde. Pour lui voler son beurre !

Garmond pouvait continuer ainsi durant des heures, mais si Simone l'écoutait bouche bée, Anna, lassée, s'arrangeait pour lui clouer gentiment le bec en changeant de conversation. Par exemple elle s'écriait entre deux respirations de l'orateur : « J'ai soif » ou plus simplement : « Repose-toi un peu, mon chéri, tu vas te fatiguer en parlant aussi longtemps ! »

Entre la poule farcie et le clafoutis, elle demanda à Adrien :

– Alors, te voilà riche. Que vas-tu faire de tes sous ?

La réponse fut rapide mais on la sentait mûrement réfléchie :

– M'acheter quelques vêtements et fonder mon agence !

Tout le monde le regarda. Garmond, à qui Adrien n'avait rien dit, était interloqué :

– Fonder une agence ? Te rends-tu compte des difficultés que tu vas rencontrer ? Et puis, ce n'est pas avec quelques milliers de francs qu'on peut s'établir !

– Je ne veux pas me rendre compte des difficultés. Si j'avais agi ainsi je serais encore chargeur de sacs postaux à Saint-Maur. Quant à l'argent, je vais l'emprunter. Oh ! il ne m'en faut pas tellement. Je vais commencer petit.

– Et qui va te prêter ? Ceux qui aimeraient le faire, comme moi, n'ont pas un sou. Robert Quentin t'avancera sans doute une petite somme, mais tu connais l'état de la trésorerie de Libertés nouvelles...

– Je ne veux rien demander à Robert Quentin. Il m'a déjà tellement donné. Non, mon commanditaire est en principe trouvé : c'est Gaston Duchemin, le président de Cacaoté. Il m'a à la bonne depuis que je l'ai étonné avec le slogan. Un jour, il m'a questionné sur mes activités, mes goûts, mes projets. Le fait que je sois proche de Robert Quentin l'a impressionné. Mais, à votre avis, qu'est-ce qui l'a vraiment décidé à s'intéresser à moi ? J'offre le champagne si l'un de vous trois le découvre. Vous avez chacun le droit de me donner deux réponses.

– Il est adhérent à Libertés nouvelles ? commença Simone.

Adrien fit non de la tête.

– Il habite Saint-Maur ?

– Non, tu as utilisé tes deux propositions. A vous, Anna.

La princesse s'en tira par une boutade :

– Il est homosexuel et tu lui plais ?

On rit. Restait Garmond qui n'avait encore rien dit mais que le jeu intéressait et qui semblait réfléchir puissamment. Si quelqu'un devait trouver, c'était lui, qui connaissait la vie d'Adrien comme la sienne. Son intelligence, son esprit d'analyse surtout lui avaient permis d'éliminer en une minute les raisons à peu près plausibles. Toutes les raisons... sauf une. Voyons, se demandait-il, qu'a fait Adrien dans sa vie banale qui puisse, outre le fameux slogan, retenir l'attention d'un homme aussi important ? Soudain, alors que tout le monde le regardait, il pensa qu'il avait trouvé.

– Je te donne, dit-il, la seule raison logique possible. Si je me suis trompé, j'abandonne...

– Alors ?

– Les spahis ! lâcha Garmond.

Adrien bondit vers son ami.

– Pierre, vous êtes quelqu'un d'extraordinaire. Jamais je ne pensais obtenir la bonne réponse !

– Simple question de réflexion ! Cet excellent M. Duchemin a donc servi dans les spahis et tu m'as assez répété que c'était un corps où l'on se serrait les coudes.

– Non. C'est son fils qui sort de Saint-Cyr qui a choisi un bataillon de spahïs marocains. Il n'en revenait pas que le cycliste un peu négligé qui s'intéressait à sa farine fût officier de spahis. C'est lui qui m'a proposé de me prêter de quoi m'établir. Maintenant, mes amis, buvons le champagne que vient de vous gagner Pierre ! J'en profite pour rappeler à celui qui s'est si souvent moqué de mes ambitions militaires que j'ai toujours été persuadé que mes galons me seraient utiles un jour !

Adrien, qui avait délaissé longtemps son cahier de résolutions, l'ouvrit à une page vierge et nota en rentrant : « Grand événement dans la vie d'A. A. » Puis au-dessous : « Formule de l'espoir : "K.K.O.T.C.S.K.I.". » Il réfléchit et écrivit encore : « Résolutions et démarches. » C'était évidemment le plus important. Le problème de son insertion professionnelle était à moitié résolu. Il lui restait à planifier les actes à accomplir pour que son projet prenne forme.

En premier, il inscrivit : « Trouver un local à louer (pas cher) pour servir de siège à l'agence Globe-Publicité générale. » Entre parenthèses il ajouta : « G.P.G., cela sonne bien. »

« 2. Acheter mobilier de bureau au meilleur compte. Faire installer le téléphone. Se procurer machine à écrire (voir rue de Tournon, il y en a des vieilles au sous-sol qui ne servent pas).

« 3. Faire faire une plaque portant le nom de l'agence.

« 4. Faire imprimer en-têtes de papier à lettres (Tournon). »

Il était tard. Il remit au lendemain le soin de dresser le plan de la bataille dont tout dépendrait : trouver des clients.

Adrien eut bien trop à faire dans les mois qui suivirent pour remplir son cahier de résolutions. Il ne le reprit que le 15 décembre 1935. Ce jour-là, il écrivit en grosses lettres : « Le grand moment est arrivé. Aujourd'hui j'emménage et prends possession du siège de G.P.G. au numéro 8 de la rue de la Grande-Chaumière. »

Les premières boîtes de K.K.O.T.C.S.K.I. avaient été mises en vente quelques semaines plus tôt avec succès. Elles étaient décorées d'un clown qui était censé prononcer les lettres magiques. M. Duchemin attendait beaucoup de la campagne publicitaire qui serait lancée après les fêtes et reprendrait le slogan d'Adrien. C'est lui qui, propriétaire de plusieurs vieux immeubles de la rue de la Grande-Chaumière, avait proposé à Adrien le deux-pièces cuisine qui était libre au premier étage du numéro 8.

– C'est une maison célèbre, avait-il dit. Paul Gauguin y a habité assez longtemps une chambre et y a eu son atelier. Je vous loue le logement pour un franc symbolique et enverrai des ouvriers de l'usine pour donner un coup de peinture.

Adrien trouvait l'adresse idéale : non loin de Saint-Germain-des-Prés où il avait ses habitudes et, surtout, de la rue de Tournon où Madeleine Quentin lui gardait sa chambre « pourvu que le succès de l'agence G.P.G. ne l'empêche pas de continuer à s'occuper de la publicité de *Libertés nouvelles* ». Adrien n'y songeait pas, naturellement, et avait dit au contraire qu'il abandonnerait ses commissions dès que le succès de son entreprise le lui permettrait.

L'installation d'Adrien dans ses meubles avait mis toute la maison en émoi. Madeleine avait tenu à s'occuper des rideaux, Lachenal avait déniché une vieille Remington en état de marche au sous-sol, et Cassin, le maquettiste, qui avait un joli coup de crayon, lui avait trouvé le sigle qui devait figurer sur le papier à lettres et sur la porte d'entrée des bureaux. Les deux G et le P s'entrelaçaient avec élégance tout en demeurant lisibles et, dessous, la traduction – Globe-Publicité générale – s'allongeaient en elzévir bleu.

Il avait aussi fallu trouver quelques meubles. C'est au grenier que Robert Quentin lui-même les découvrit sous une épaisse couche de poussière vieille de près d'un siècle. Le cuir vert du fauteuil de bureau laissait un peu voir le crin mais il tournait bien sur sa grosse vis d'acier. « C'était sans doute le fauteuil de l'arrière-grand-père, le premier banquier de la famille. Il a fait fortune, tâche de l'imiter ! » avait dit Quentin avec un bon sourire.

Anna Breminov, qui se flattait d'être décoratrice aux heures perdues de traduction, avait punaisé aux murs quelques affiches publicitaires trouvées aux Puces. Il y avait le zombie de la ouate Thermogène qui crachait son feu, le bonhomme qui se « fait enfoncer bien ça dans la tête » et la petite fille du chocolat Menier en tablier d'écolière. Une partie de cette expo-publicité historique fut reléguée dans la deuxième pièce, réservée avec optimisme à une future éventuelle dactylo, lorsqu'une voiture de la chocolaterie vint apporter de la part de M. Duchemin l'affiche double colombier de K.K.O.T.C.S.K.I. qui allait bientôt orner les murs de Paris et du métro.

Garmond s'amusait beaucoup de ce branle-bas. Il ne mettait pas les mains à la pâte mais venait volontiers voir les autres travailler. Il s'installait sur le fauteuil tournant et donnait son avis quand on le lui demandait. C'est la suite qui l'intéressait. Il était dans la situation de l'entraîneur à la veille de la course pour laquelle il a soigné et préparé son cheval. Adrien parvenu aujourd'hui au bord d'une réussite possible, c'était son œuvre. Du petit banlieusard perdu et maigrichon, il avait fait ce pur-sang avide de galops triomphants et de grands prix. Bien sûr, le poil était luisant d'un vernis trop récent, mais Adrien, avec sa petite gueule sympathique, sa jeunesse, son intelligence roublarde et la conscience de ses insuffisances, pouvait passer partout pour un jeune homme bien élevé dont il eût été superflu d'éprouver la culture. Il faut dire qu'il était doué, le petit postier intérimaire ! Et courageux ! Garmond se rappelait avec une émotion un peu coupable les longues et pénibles périodes de gavage, le nombre effarant de livres qu'il lui avait fait ingurgiter. Et cette foutue orthographe qu'Adrien était à peu près parvenu à maîtriser !

Avait-il fait pourtant assez de progrès pour s'aligner au départ ? Garmond le regardait, l'écoutait et pensait finalement qu'il pouvait franchir les premiers obstacles avec succès. Et après ? Après, c'était l'inconnu et personne ne pouvait prévoir comment allait évoluer le poulain fringant qui avait conservé dans l'atmosphère familiale et vertueuse de la rue de Tournon une fraîcheur, une honnêteté sans faille et l'enthousiasme juvénile qui faisait son charme.

Serait-il assez fort, et assez sage, pour résister aux tentations triviales de l'univers des affaires, de l'argent et de la politique ? Garmond sentait le danger. Il savait qu'il n'en faudrait pas beaucoup pour que la fraîcheur se transforme en fourberie, l'honnêteté en tricherie, l'enthousiasme en avidité. La réussite telle que l'entendait Adrien ne viendrait, il le craignait, qu'au prix de compromissions !

Adrien, lui, était loin de ces considérations morales. Ce soir, il avait décidé d'aller dîner et coucher chez sa mère, parce qu'il l'avait un peu délaissée tous ces temps et, aussi, il ne se le cachait pas, parce qu'il avait besoin des conseils juridiques et financiers de M. Lévy. Avant d'aller prendre son train à la Bastille, il s'arrêterait au Bazar de l'Hôtel de Ville pour acheter les vis de fixation de la plaque et un revêtement de pégamoïde destiné à la protéger. Il ne lui resterait qu'à la poser sur la porte depuis peu repeinte en couleur bois. Pour cela il voulait être seul. Il avait trop rêvé de cet instant symbolique pour en partager l'émotion, même avec ses amis les plus proches.

– Vous arrivez et il va falloir bientôt vous agrandir, dit Duchemin à Adrien qui lui faisait visiter ses locaux. Je vous donne le contrat de lancement de notre nouveau produit, un granulé de qualité qui doit se vendre. C'est un bon début, non, pour l'agence Globe ? Et je vous enverrai d'autres clients. Mais que cela ne vous empêche pas de prospecter de votre côté. En attendant de pouvoir vous acheter une auto, continuez de pédaler !

Le granulé Duchemin était un beau cadeau, la première véritable affaire dont Adrien allait avoir la responsabilité publicitaire. Un ou deux autres contrats de ce genre, et l'agence G.P.G. serait lancée !

Le soir, il était trop énervé pour consigner ces nouvelles capitales dans son cahier de résolutions. Il se coucha mais ne put s'endormir qu'aux premières heures du matin. Comme le lendemain il faisait part de son insomnie à Garmond, celui-ci répondit :

– Mon vieux, c'est ta première anxiété d'homme d'affaires. Tu en auras d'autres dans la carrière que tu as choisie. Tu vois, moi, avec Libertés nouvelles, l'Ecole polytechnique et quelques articles de temps en temps, je n'ai pas ce genre de soucis... Mais je ne serai jamais riche. Tandis que toi, tu deviendras vite quelqu'un de très important. Et de très tourmenté. J'ai toujours dit que tu nous étonnerais mais je ne pensais pas que tu irais aussi vite. Je suis heureux pour toi.

– Mais, Pierre, c'est à vous que je dois ce qui m'arrive, ce qui ne veut pas dire que je suis arrivé ! Je n'oublierai jamais ce dont je vous suis redevable, à vous et à M. et Mme Quentin. Qui sait... Je pourrai peut-être un jour acquitter ma dette ! Si ma réussite ne sert qu'à cela, ce sera déjà beaucoup.

– Tu es un bon gosse, A. A. Mais attention, il arrive que la chance tourne. Rien n'est acquis définitivement, il ne faut jamais l'oublier ! Mais qu'est-ce que je rabâche... Pour le moment tout va bien, tu démarres, sois heureux !

Le lendemain, l'installation de la plaque prit toute la matinée. Elle ne devait être placée ni trop haut ni trop bas, et alignée exactement sur l'axe de la porte. Juché sur un tabouret, Adrien fit de nombreux essais, reculant chaque fois jusqu'au bord du trottoir pour juger de l'effet. Enfin, usant de la vrille et du tournevis, il réussit à apposer convenablement sa marque Globe-Publicité générale. Comme il ne se lassait pas de regarder, de côté, de loin, de près, la porte qui devait s'ouvrir sur une vie nouvelle, son manège avait fini par intriguer les voisins et les passants qui lui demandèrent ce qu'il allait vendre derrière son enseigne. Superbe, il répondit :

– De la réclame, mesdames et messieurs, de la publicité sous toutes ses formes, presse, radio, prospectus... Si vous voulez faire imprimer un carton pour annoncer la naissance d'un enfant ou passer une petite annonce dans n'importe quel journal, vous pouvez dorénavant vous adresser à Globe, la plus petite mais aussi la plus sérieuse des grandes agences !

Adrien vivait un grand jour. Il aurait voulu le faire savoir au monde entier. Maintenant il avait hâte de voir arriver les amis, Garmond qui allait sûrement improviser un discours digne de l'inauguration d'un building, Simone qui allait pleurer d'émotion, Anna Breminov qui avait dit qu'elle apporterait du champagne, et peut-être même Robert et Madeleine Quentin. Il alla acheter des petits fours chez le boulanger voisin et faillit chasser d'un coup de pied le chien qu'il surprit à pisser contre la porte en rentrant. Mais il se ravisa en se disant que c'était un présage heureux. D'ailleurs, Adrien aimait les animaux.

La fête fut réussie. Madeleine Quentin était arrivée avec un carton de douze verres et trois bouteilles du vin de Loire du patron, attention qui fit faire la grimace à ceux qui y avaient déjà goûté mais qu'Anna trouva heureusement excellente. On eut même la surprise, en fin de soirée, de voir arriver M. Duchemin dans sa nouvelle Delahaye. Le chocolatier avait abandonné une réunion de travail pour venir encourager « son spahi », comme il appelait Adrien. Il fut flatté d'être présenté à Robert Quentin qui lui parla de la crise du cacao comme s'il avait été un spécialiste de la question.

Adrien était trop occupé par ses nouvelles activités professionnelles pour s'intéresser aux choses de la politique. C'est tout juste s'il avait lu dans *Paris-Soir* et *Le Petit Parisien* les comptes rendus du procès Stavisky. Le jury avait dû siéger durant cinquante-deux audiences pour essayer de démêler l'écheveau des tripotages embrouillé par l'escroc avant sa chute. La commission parlementaire avait permis d'inculper vingt complices, parmi lesquels des professionnels de l'escroquerie et des hommes politiques déchus. Finalement, le jury avait retenu neuf condamnations. M. Bonnaure, député radical de la Dordogne, avait bénéficié de la peine la plus légère, un an de prison avec sursis ; Garat, l'ancien député-maire de Bayonne, avait été condamné à deux ans fermes, et Tissier, l'homme de paille de

Stavisky promu directeur du Crédit municipal de Bayonne, à sept ans de travaux forcés. La belle Arlette, défendue par la vedette du barreau Me de Moro-Giafferi avait été, elle, acquittée.

Adrien avait un peu parlé du procès avec Garmond mais fait la sourde oreille quand ce dernier avait voulu l'intéresser à l'atmosphère politique qui s'était dangereusement alourdie durant les premiers mois de 1936. Pourtant, certains événements graves agitaient la direction de Libertés nouvelles et Adrien était bien obligé d'en prendre conscience, comme l'attaque dont avait été victime Léon Blum, boulevard Saint-Germain, à deux pas de la rue de Tournon. Le leader socialiste avait failli être lynché par des ligueurs d'extrême droite et des membres de la Cagoule. Blessé, perdant son sang, il avait été sauvé grâce à l'intervention d'ouvriers d'un chantier voisin. Robert Quentin, qui était un vieil ami de Léon Blum, avait été profondément choqué par cette attaque et avait consacré presque un numéro entier aux « fascistes français qui prétendent prendre exemple sur leurs amis hitlériens et mussoliniens pour imposer une dictature en France ». Il avait aussi accepté de participer à un grand meeting organisé à Bullier par les organisations de gauche, les syndicats, la Ligue des droits de l'homme pour protester contre l'attentat.

– Le patron serait peiné si tu ne venais pas le soutenir, avait dit Garmond à Adrien.

Celui-ci n'avait pu refuser et avait été écouter Jules Moch, Victor Basch, Daladier, Maurice Thorez, Léon Jouhaux et un radical qui avait été le plus jeune député de la République, Pierre Mendès France qui, au dire de la délégation de la rue de Tournon, avait été le meilleur orateur avec Robert Quentin.

Ensuite, tout le monde était rentré manger dans le grand bureau le saucisson et le poulet froid préparés par Madeleine. Garmond en avait profité pour parler sérieusement à Adrien qu'il voyait beaucoup moins depuis que celui-ci travaillait jusqu'à dix ou onze heures le soir à son agence.

– Sais-tu au moins qu'il y a des élections législatives

importantes en avril ? J'espère que tu as ta carte d'électeur et que tu vas voter !

– Oui. Je voterai pour les idées qui vous sont chères au patron et à toi. Je vous dois bien ma voix, encore que cela me gêne plutôt de pactiser avec les communistes !

– Je partage ton aversion et suis bien plus sceptique que toi sur la politique, mais, cette fois, on n'a pas le choix. Il faut voter pour Blum et les radicaux !

– Et pour les communistes ! Je me rappelle qu'il n'y a pas si longtemps la social-démocratie était traitée de sociale-fasciste et de réactionnaire par les communistes français qui ne faisaient que reprendre les directives venues de Moscou. Aujourd'hui, Robert Quentin, pour ne citer que lui, n'est plus « ennemi numéro 1 » mais est devenu comme par enchantement « allié numéro 1, unitaire et antifasciste » ! Comment expliquer ce revirement ?

– Simplement par le fait que Staline et le Komintern, c'est pareil, ont décidé que le fascisme était devenu un danger capital et qu'il convenait aux différents partis communistes d'en tirer la leçon en réalisant l'unité d'action dans chaque pays avec les partis de gauche.

– En somme, si le Front populaire gagne les élections en avril, ce sera parce que Staline l'a décidé ?

– Absolument. Sans l'aval de Maurice Thorez, son haut-parleur en France, les chances de succès seraient minces !

– Je trouve tout cela bien moche !...

– Moi aussi. Mais parlons d'autre chose. Raconte-moi un peu tes affaires.

– Elles vont bien. Le nouveau granulé ne me fait pas que des amis dans le monde de la publicité mais je m'en moque. Comme mes frais généraux sont à peu près nuls, l'affaire va me rapporter plus d'argent que je n'en espérais. Une seule dépense, importante, va écorner mon bénéfice. Je pourrais prendre un dessinateur quelconque et bon marché pour mon lancement mais je vais prendre le meilleur qui est aussi le plus cher. Je veux que mes premières annonces soient remarquées.

– Qui est-ce ?

– Cappiello. Vous connaissez ? L'amazone verte sur un cheval rouge qui vante le chocolat Klaus, c'est lui. Vous ne pouvez pas ne pas vous rappeler cette affiche. Et la vache avec un bouillon Kub sur l'œil gauche ? Et le diablotin du Bitter Campari ?

– Tu as raison. Perds de l'argent mais gagne ta première bataille ! Et ce Cappiello, il est d'accord ?

– Il a été dur à décider car il a du travail par-dessus la tête pour les grandes agences, mais il a été attendri par mon discours de jeune débutant. Je lui ai raconté C.S.K.I., et il va me faire mon dessin à moitié prix, ce qui n'est déjà pas bon marché !

– Bravo ! Mais n'oublie pas tout de même l'actualité qui nous bombarde de menaces. Le chômage augmente en France avec la misère, Hitler réoccupe la Rhénanie, Mussolini occupe l'Ethiopie, la guerre civile est sur le point d'éclater en Espagne. Sais-tu où tout cela nous mène, Adrien ? A la guerre, tout simplement ! Ne crois pas que tu n'es pas concerné.

– Soyez tranquille, je m'y intéresserai le moment venu. Mais, pour l'instant, j'ai mon agence à mettre sur pied.

En fait, Adrien était inquiet. Comme tous les Français, les jeunes en particulier qui ne voyaient que des nuages boucher leur horizon. Mais lui, dans cette année difficile, se trouvait miraculeusement sur une pente ascendante et son esprit pratique et volontaire l'engageait à ne pas se laisser distraire dans la réalisation du plan qu'il s'était fixé et auquel il consacrait depuis si longtemps son énergie.

En dehors du granulé que M. Duchemin couvait comme un bébé et à propos duquel il téléphonait dix fois par jour à Adrien, celui-ci avait en charge un service pratique qui commençait à être connu dans le quartier. Enfin, une dizaine de petits annonceurs, certes moins prestigieux que le prince du cacao, généraient des commissions qui, additionnées, étaient loin d'être négligeables. Il s'agissait surtout de pseudo-médecins et de pharmaciens à la déontologie discutable qui voulaient vendre, et ils y réussissaient, un fatras de produits miracles. Pour eux, Adrien rédigeait et mettait en page des annonces mirobolantes vantant les mérites d'un élixir pour la santé des dames, d'une tisane préparée par des moines pour sauver leurs semblables de l'anémie, d'un Electro-Vigueur soignant durant le sommeil tous les cas de débilité nerveuse, les rhumatismes et la constipation ! Seul « le shampooing Marcel, très mousseux » relevait le niveau de cette publicité purgative.

Ainsi plongé dans l'enfer des maux qui frappent l'humanité, Adrien ne vit pas arriver le dimanche 26 avril où la France devait choisir dans l'isoloir entre les partis conservateurs, plus ou moins alliés aux ligues d'extrême droite, et le Front populaire, soutenu par un parti communiste devenu patelin sur l'ordre de Moscou. Après les événements de 34 et de 35, on s'attendait à une journée agitée. Elle fut calme, marquée seulement par une participation massive : 85 % des inscrits.

Ce ne fut pas le raz-de-marée annoncé par certains, simplement un glissement à gauche de 4 % des voix de droite, déplacement pourtant suffisant pour mettre les trois quarts des sièges en ballottage. L'alternative était simple : ou bien la discipline du désistement jouait au sein des partis du Rassemblement populaire, et la gauche remportait les élections ; ou bien l'épouvantail communiste rejetait les radicaux hors du Rassemblement, et la droite gagnait. Le 3 mai, c'est le Front populaire qui s'assura la majorité absolue avec cinquante députés de plus que dans l'Assemblée précédente. Mais les gains étaient inégalement répartis. Les radicaux perdaient quarante-trois sièges au profit des socialistes partis quatre-vingt-dix-sept et revenus cent quarante-sept. C'est le parti de Thorez qui obtenait le résultat le plus spectaculaire : dix dans la Chambre précédente, les communistes occupaient soixante-douze fauteuils dans la nouvelle Assemblée.

La tournure prise par les événements incita Adrien à venir assister à la réunion matinale du jeudi, rue de Tournon. Mais l'enthousiasme qu'il pensait logiquement trouver n'était pas au rendez-vous. D'abord, les communistes refusaient de participer au gouvernement que Blum était en train de constituer (« Encore un ordre de Moscou ! » souligna Quentin). Ensuite, phénomène tout à fait inattendu, au lieu de la détente escomptée après le triomphe, un climat révolutionnaire se développait en France à une vitesse incroyable.

Partout des grèves éclataient. « Grèves sur le tas », titraient les journaux pour qualifier les occupations d'ateliers, d'usines, de magasins, d'hôtels. Peu de violences, la grève spontanée était bon enfant. Derrière les grilles fermées on jouait de l'accordéon, on dansait, les femmes apportaient le ravitaillement, Mistinguett venait chanter pour distraire les grévistes... Tout cela avait un petit côté surréaliste qui ne déplaisait pas à Garmond mais qui inquiétait Robert Quentin.

– Pierre, expliquez-moi, avait demandé Adrien. Le Front populaire a gagné, Blum attend la date légale d'entrée en fonction de la nouvelle Chambre, le 4 juin, pour présenter son gouvernement, et ceux qui l'ont élu déclenchent une grève comme on n'en a jamais connu... Je ne comprends pas !

– Tiens, lis. Louise Weiss, la grande journaliste féministe, est allée interroger une vendeuse en grève dans un grand magasin. On ne peut pas mieux expliquer cette flambée.

Adrien prit *L'Œuvre*[1] et lut :

« Pourquoi faites-vous grève maintenant ? Vous avez confiance en votre camarade Léon Blum. Vous auriez pu attendre les premiers actes de son gouvernement.
– Madame, nos espoirs étaient refoulés depuis trop longtemps. Nous avons eu le sentiment que si nous ne manifestions pas, rien ne nous serait jamais accordé. »

Adrien rendit le journal à Garmond et dit :

– Vous avez raison, c'est grave.

Du nord au sud, cela allait mal, à Paris surtout où les boulangeries étaient sur le point de fermer, faute de mazout. En province, les grèves faisaient boule de neige, une neige que le journaliste Alain Laubreaux de *Je suis partout* appelait « la terreur rose ». Le gouver-

1. *L'Œuvre,* quotidien souvent frondeur, dont plusieurs collaborateurs signaient aussi au *Canard enchaîné,* avait pour devise : « Les imbéciles ne lisent pas *L'Œuvre.* »

nement constitué, avec Roger Salengro à l'Intérieur, Vincent Auriol aux Finances et Daladier à la Guerre, avait élaboré une série de lois sociales, mais le temps pressait et Blum, sans attendre le débat parlementaire, avait décidé de mettre face à face le patronat et la C.G.T.[1]. Le pari était risqué mais cette réunion était la seule chance de rétablir l'ordre intérieur, d'arrêter l'hémorragie des capitaux vers l'étranger, de rassurer les alliés inquiets de voir la France livrée à cette anarchie spontanée qui l'affaiblissait à un moment où l'Europe démocratique comptait sur elle.

Et ce fut l'heureuse surprise, longuement commentée le lundi 8 juin rue de Tournon où tout le monde affichait un sourire qui contrastait avec la morosité des jours précédents. Le patronat, sous l'influence de Lambert-Ribot du Comité des forges, qui avait été le collègue de Léon Blum au Conseil d'Etat, s'était montré accommodant. A une heure du matin, après dix heures de discussion dans la grande salle de l'hôtel Matignon, celle où se tenaient habituellement les conseils de cabinet, les deux parties acceptaient l'arbitrage de Léon Blum et signaient les « accords Matignon ».

– Le Front populaire a bien failli capoter, disait Quentin, mais il a heureusement remporté sa première bataille. Cette nuit restera historique : le peuple du travail a gagné sa dignité en même temps que des conditions d'existence décentes.

Et Lachenal relevait dans la presse du matin les principaux points de l'accord :

– L'établissement immédiat des contrats collectifs est capital, dit-il. Comme l'augmentation des salaires de sept à quinze pour cent, comme la réduction du temps de travail à quarante heures... Le reste suivra avec les lois et les décrets sur les congés payés. Vous vous rendez compte : tout le monde, même les plus pauvres, va pouvoir prendre des vacances !

1. La C.G.T. socialisante de Léon Jouhaux venait de voir sa représentativité augmenter par le ralliement, après un schisme de quatorze ans, de la C.G.T.U. moscoutaire. Un soutien lourd de conséquences.

Plus terre à terre, Adrien pensa que la grève qui paralysait depuis deux semaines la fabrique de chocolat de M. Duchemin allait se terminer et que le lancement des granulés Choko ne serait pas trop perturbé.

Libertés nouvelles avait soutenu depuis le début la formation du Front commun puis du Front populaire tout en recommandant la prudence vis-à-vis du parti communiste dont le retournement et « la main tendue aux camarades catholiques » apparaissaient suspects à Quentin et à ses amis. Garmond assistait, surpris et railleur, au noyautage des écrivains et des intellectuels par les réseaux franco-soviétiques chargés spécialement de cette mission. La paix, la « vigilance antifasciste », l'« unité syndicale » constituaient d'excellents prétextes pour amener tranquillement penseurs, romanciers, poètes vers l'épuisette tendue par les agents du Komintern. Certains y allaient de bon cœur comme André Wurmser, Andrée Viollis, Paul Nizan, Aragon, les Curie, et même André Gide qui se faisait le chantre du régime soviétique. D'autres, et non des moindres, devenaient « compagnons de route » sans s'en apercevoir. Il faut dire que le communisme exerçait une véritable fascination sur beaucoup d'intellectuels, fascination qu'entretenaient des voyages offerts et minutieusement organisés au cours desquels les Soviétiques ne leur montraient que ce qu'ils avaient envie de découvrir[1].

1936 était l'année des espoirs et des déceptions. Le gouvernement Blum réalisait peu à peu son programme. Les lois sociales promulguées, ouvriers et petits employés, en casquettes et canotiers, profitaient de leurs premières vacances. Les filles et les garçons marchaient dans les coquelicots en chantant : « Ma brune entends-tu dans la ville siffler les fabriques et les trains, allons au-devant de la vie... » sur un air

1. Invité à l'un de ces voyages au cours desquels il avait été accueilli par Staline et les différentes provinces de l'Union, André Gide, ouvrant les yeux, reviendra désenchanté et écrira dans *Retour de l'U.R.S.S.* : « Je doute qu'en aucun autre pays aujourd'hui, fût-ce dans l'Allemagne de Hitler, l'esprit soit moins libre, plus courbé, plus craintif, plus vassalisé. »

qu'ils ne savaient pas être soviétique. Ils ralliaient, joyeux, les Auberges de la jeunesse créées par Marc Sangnier et développées par Léo Lagrange. Les intellectuels, trop vieux pour chanter, les encourageaient par des discours poético-révolutionnaires. Les riches, qui avaient craint de voir leurs plages et leurs promenades envahies par les nouveaux randonneurs, trouvaient maintenant, pour la plupart, leur entrain plutôt sympathique. Lucienne Boyer demandait toujours qu'on lui parle d'amour et un nouvel interprète-compositeur, Charles Trenet, au drôle de petit chapeau posé en arrière, chantait *Y a d' la joie* à l'A.B.C.

La joie, la vraie, n'avait pourtant duré qu'un seul été. Elle était partie, au sud dans les fumées de la guerre d'Espagne, à l'est dans le bruit des cymbales de Nuremberg, et en France dans les brumes amères du désenchantement. Le retour de flamme des passions partisanes à l'extrême droite consumait les dernières illusions.

Rue de Tournon, l'atmosphère virait. Les premiers mois, le journal, dopé par l'avènement du Front populaire, avait gagné des lecteurs mais cela n'avait été qu'un feu de paille. Les ventes baissaient à chaque numéro et la publicité, malgré les efforts d'Adrien, devenait peau de chagrin. Le 1er novembre, Adrien fut prié d'assister à un conseil de direction exceptionnel. Quelques années plus tôt il eût éclaté de joie en recevant une telle convocation. Aujourd'hui, il y répondait tristement car il savait que Robert Quentin n'avait pas de bonnes nouvelles à annoncer.

L'air las, les yeux à demi fermés, le patron était assis derrière son bureau, jonché comme à l'habitude des journaux du jour. Garmond, en face de lui, terminait une phrase quand Adrien entra dans la pièce.

– Viens, assieds-toi, dit-il. Thirion et Lachenal vont arriver.

– Merci d'être venu, mon petit Adrien, ajouta Quentin. J'ai besoin en ce moment d'avoir tous mes amis autour de moi.

– Je sais, patron, que le tirage du journal fléchit,

mais la situation n'est pas si grave. On doit pouvoir la redresser. Tenez, j'apporte un ordre de publicité pour une demi-page que mon client et commanditaire M. Duchemin m'a chargé de vous transmettre.

– Sur ta demande, bien sûr ! Je ne peux lui promettre que son annonce lui fera vendre beaucoup de chocolat mais c'est très gentil. Hélas ! cela ne suffira pas à remettre d'aplomb notre entreprise. Mais je m'expliquerai quand tout le monde sera arrivé. Parle-moi plutôt de ton agence. Il paraît que tu travailles tellement que tu n'as pas le temps de voir tes vieux amis. Madeleine, qui t'aime beaucoup, en est très peinée.

Adrien s'excusa, raconta ses succès et ses difficultés.

– J'ai aussi une nouvelle à vous annoncer, ajouta-t-il. Je suis sur le point de racheter l'agence Publimage qui est à deux doigts de faire faillite. Remarquez que c'est une toute petite agence...

Quentin et Garmond se regardèrent. Tout allait mal, *Libertés nouvelles* battait de l'aile, on disait que la publicité était en crise, et Adrien, qu'ils voyaient encore arriver à La Varenne dans ses nippes rapiécées, parlait de racheter un concurrent !

– Mais comment vas-tu payer cette reprise ? demanda Garmond.

– D'abord, ce n'est pas cher. Il s'agit essentiellement d'éponger le déficit. Ensuite, j'ai un peu d'argent, enfin le Crédit Lyonnais, c'est presque sûr, va me consentir un prêt.

– Les banques te prêtent de l'argent ! Tu as plus de chance que moi. Mais elles ont raison d'avoir plus confiance en un jeune qui réussit qu'en un vieux rêveur qui dilapide sa fortune pour défendre les valeurs auxquelles il croit.

Adrien avait écouté Robert Quentin en silence. Il était surpris et ému par une situation si singulière qu'il ne savait quoi répondre à son bienfaiteur. Il jeta un regard à Garmond dont le visage demeurait impénétrable, ce qui n'était pas courant. Lui qui trouvait toujours réponse à tout paraissait dépassé par la conjoncture. Il ne fit pas à Adrien le petit signe qu'il attendait pour lui donner courage, lui suggérer l'attitude convenable à prendre. Enfin, il se tapota la poitrine avec son index et Adrien, à tort ou à raison, interpréta ce geste comme un conseil : « Laisse parler ton cœur. »

Enfin libéré, Adrien s'exprima :

– Monsieur Quentin, permettez-moi d'abord de vous assurer que je n'oublierai jamais ce que vous avez fait pour moi. De tout mon cœur je voudrais pouvoir vous aider. Mais les besoins de *Libertés nouvelles* surviennent trop tôt pour que je puisse vous apporter mon soutien. J'ai presque envie de vous dire : « Tenez bon encore quelques années et je serai en mesure de sauver le journal ! »

Garmond bougea sur sa chaise, releva la tête, comme pour mieux respirer. Robert Quentin esquissa le bon sourire qui faisait fondre ses amis et désarmait ses adversaires.

– Merci, Adrien. Tu viens de me faire le plus beau des cadeaux : tu m'as rendu l'espérance. Car je crois ce que tu dis. Et Garmond aussi, je le vois : dans quelques années tu pourras faire vivre *Libertés nouvelles*. Malheureusement, je ne crois pas que nous pourrons tenir jusque-là. Les événements d'ailleurs nous en laisseront-ils le loisir ? Si la guerre éclatait, cette guerre que j'aurai combattue en vain durant tant d'années, que viendrait faire notre pauvre journal dans ce cataclysme ? Non, les mesures à prendre sont immédiates !

Comme Thirion et Lachenal arrivaient en s'excusant, il continua :

– La situation du journal n'a jamais été aussi grave. J'ai ma famille à faire vivre et je ne peux prélever davantage sur mon patrimoine. Alors, il va falloir prendre des décisions. Que proposez-vous, mes amis, en sachant qu'il ne peut être question de continuer ainsi ?

– Cessons d'être hebdomadaire, dit Garmond. Paraissons chaque mois sous une formule évidemment plus développée, plus complète. Cela permettra de maintenir le titre en vie. En attendant mieux.

– J'y ai pensé. On le fera sans doute mais cela ne suffira pas. Il faut réduire la masse salariale.

C'était le mot terrible que chacun attendait. La crainte de perdre son emploi faisait trembler tous ceux qui avaient la chance de pouvoir encore compter sur un salaire régulier, les quadragénaires un peu plus car ils dépassaient l'âge où un homme est censé avoir stabilisé sa vie. Tous baissèrent la tête dans un silence qui, ils le savaient, faisait mal au vieux Quentin obligé d'annoncer à ses compagnons, à ceux qui avaient pris part à ses luttes, qu'il ne pouvait plus les payer.

Adrien, bien qu'il fût le seul à n'être pas matériellement concerné, partageait l'anxiété de tous. Sa situation privilégiée – quelle dérision ! – lui permettait de juger sereinement de l'ampleur du drame. Pour Garmond, ce n'était pas trop grave, pensa-t-il. Avec ses diplômes, son cours à Polytechnique, ses collaborations à plusieurs revues, il pourrait se débrouiller. C'était Thirion, Lachenal, Barlet et tout le petit personnel qui allaient souffrir. Lachenal, le menton sur sa poitrine, devait penser à ses gosses, Thirion, le plus ancien de la maison, à sa femme qui était malade... C'est encore Adrien qui rompit le silence :

– Pour moi, les choses sont simples : j'abandonne mon fixe et mes commissions tout en continuant à m'occuper de la publicité du journal. Je vais même me décarcasser pour en trouver un peu plus. Je peux aussi faire autre chose. Je trouve que notre atelier de composition est sous-employé. On doit pouvoir lui trouver de nouveaux clients. Pour le reste...

Garmond, qui était demeuré silencieux, prit la parole :

– Quand une famille est en difficulté, chacun de ses membres doit supporter une part du fardeau. Pour ne pas disloquer la nôtre, peut-être devrait-on envisager une diminution de tous les salaires, une amputation qui pourrait aller pour moi jusqu'à cinquante pour cent. Je peux me débrouiller... Comme chacun d'entre nous d'ailleurs. Je sais bien que la grande presse n'engage pas, mais il y a toujours moyen, pour un bon professionnel, de trouver des piges ou des remplacements. La parution mensuelle nous laissera des loisirs qu'on essaiera de monnayer. Maintenant il va falloir faire des comptes précis et des prévisions budgétaires. Si Adrien veut nous donner un coup de main...

Lachenal et Thirion avaient repris des couleurs, Robert Quentin retrouvé un peu de sa sérénité. Garmond regarda Adrien et lui fit un clin d'œil complice aussitôt décodé : « C'est bien, nous avons dit ce qu'il fallait. »

Adrien rentra plutôt content à l'agence où un travail l'attendait : taper tant bien que mal à la machine, sur deux doigts, le projet du contrat de cession de Publimage qu'il comptait montrer le lendemain à M. Lévy, en attendant de le présenter à la banque. Après, vers neuf heures, Simone devait venir le chercher pour aller dîner dans un bistrot du quartier.

Quand il eut séparé le carbone du dernier feuillet, il regarda sa montre : il était neuf heures vingt-cinq. Que se passait-il ? Déjà, lors de leur dernière rencontre, Simone lui avait paru bizarre, comme gênée, avec un regard fuyant qui ne lui était pas habituel. Il relut son travail, corrigea quelques fautes en vérifiant l'orthographe dans le Petit Larousse puis ouvrit le cahier bleu marqué à l'adresse de « Gibert jeune » qu'il appelait pompeusement son livre de comptes et qui ressemblait plus à un carnet de cuisinière qu'à un registre de comptabilité. Mais il se retrouvait dans ces rangées de chiffres dont la manipulation lui occasionnait un réel plaisir, celui de mesurer les promesses de sa réussite.

A dix heures et quart, il décida de téléphoner à Simone, chez elle, ce qu'il ne faisait jamais, à la demande de la jeune fille qui disait vouloir ménager le rigorisme d'un père autoritaire et sévère. C'est sur lui qu'il tomba, découvrant un monsieur fort aimable qui lui dit que sa fille était sortie.

Cela n'était pas clair. Il rumina ses doutes durant tout le trajet du retour à la rue de Tournon. « Bientôt j'abandonnerai cette bonne vieille maison », pensa-t-il en tournant la clé du portail d'entrée. Les locaux de Publimage comprenaient en effet, en dehors des bureaux, un petit studio où il avait l'intention de s'installer. Toujours il s'était dit que sa vie d'homme ne commencerait vraiment que le jour où il vivrait chez lui.

Dans sa chambre, il pensa encore à Simone puis alluma la radio autant pour écouter les nouvelles que pour entendre le speaker de Radio-Cité égrener les lettres qui avaient peut-être décidé de sa vie :

« K.K.O.T.C.S.K.I. ». La formule cabalistique arriva entre la ritournelle pour « Saponite, la bonne lessive » et l'annonce du « Vin de Frileuse ». Les nouvelles suivaient, pas réconfortantes pour un jeune homme à qui l'on vient de poser le premier lapin de sa vie amoureuse.

La grande affaire du soir était le suicide du ministre de l'Intérieur Roger Salengro, maire de Lille. Cela faisait des semaines que l'hebdomadaire *Gringoire,* d'Horace de Carbuccia, gendre de Chiappe, traînait dans la boue le ministre de Léon Blum, accusé de tous les maux, dont celui d'avoir déserté durant la guerre de 14 et de s'être livré à l'espionnage, ce qui était ridicule mais avait fini par le détruire psychologiquement. La calomnie venait d'amener au suicide un homme connu pour son honnêteté et sa sensibilité.

Le reste de l'actualité n'était pas plus optimiste : la menace hitlérienne se précisant de jour en jour, le gouvernement avait décidé de réarmer, mais les avions coûtaient cher et les finances étaient dans un état déplorable. Blum allait-il devoir sacrifier l'achèvement des réformes sociales (fonds de chômage, retraite des vieux) à une course aux armements qu'on ne savait pas encore déjà perdue ?

Adrien écouta encore « la môme Piaf » chanter dans le poste *Mon légionnaire* et Tino Rossi susurrer *Marinella,* puis il s'endormit au terme d'une journée éprouvante.

Rue de Tournon, le plan de sauvetage avait été appliqué et le premier numéro mensuel s'était bien vendu. Le papier plus épais et satiné attirait les annonceurs et Adrien avait apporté quelques bons contrats dans le portefeuille du journal. Thirion avait trouvé un emploi de nuit à *L'Intransigeant* et Lachenal « pigeait » des billets sur la pêche et la chasse dans *L'Œuvre.* Pierre Garmond, lui, était entré à la N.R.F. en qualité de secrétaire du comité de lecture. Il avait fallu la semi-faillite de *Libertés nouvelles* et la nécessité de subsister pour que, rompant avec sa nonchalance habituelle, il recherche et trouve un autre travail que celui d'écrire à ses heures et de philosopher. Maintenant sa nouvelle situation l'enchantait. Pour en parler il avait invité à dîner Adrien, qui avait aussi beaucoup de choses à lui dire.

Il avait choisi le Balzar à cause de la soupe à l'oignon et au fromage qui n'avait pas droit de filer dans la vaisselle de Lipp. Les deux amis ne s'étaient pas vus depuis un moment, et quand ils se retrouvèrent devant la porte ils s'étreignirent d'un même élan, ce qui ne s'était jamais produit.

– Voilà une accolade qui promet ! dit Garmond. Installons-nous, j'ai hâte d'entendre le récit de tes exploits. Mais d'abord, parle-moi de Simone. Vous ne vous voyez plus ? Que s'est-il passé ?

– La chose la plus simple et la plus classique qui soit : Simone en avait assez de ma bobine. Elle me l'a fait savoir. Je crois d'ailleurs qu'elle est amoureuse d'un centralien promis à un meilleur avenir que moi.

– Ça, ce n'est pas sûr. Elle m'a dit aussi que tu la délaissais et ne pensais plus qu'en slogans, ce qui devenait monotone.

– Elle a raison. C'est vrai que je fais tout passer après mes affaires. Je ne dois pas être un compagnon très agréable, mais, bah ! cela n'a jamais été le grand amour entre nous. Je ne suis pas mécontent d'être libéré alors que tout se décide pour moi.

– Je ne t'ai jamais pris pour un grand sentimental et je vois que tu n'as pas changé, mais parfois c'est préférable. Alors, ton déménagement ? C'est pour bientôt ?

– Sauf imprévu, la semaine prochaine. Mon client-chocolat met vingt pour cent dans l'affaire, la banque vingt-neuf et je reste majoritaire avec le reste des actions.

– Comme j'admire de te voir à l'aise dans ces tractations auxquelles je ne comprends rien.

– J'ai appris. Ce n'est pas difficile. Mais mon vendeur se montre plus retors que je ne le pensais. Charles Lévy, l'ami de ma mère, qui me conseille avec clairvoyance, m'avait prévenu : « Attention, m'a-t-il dit, ce monsieur, d'accord sur tous les points du contrat que nous avons rédigé, risque de mettre au dernier moment une condition à la conclusion : demeurer, par exemple, dans l'affaire. Certes pas en qualité de patron, mais comme conseiller dont l'expérience et la connaissance de la clientèle vous seraient très utiles. Ne marchez surtout pas ! »

– Et il a posé sa condition ?

– Exactement celle qu'avait prévue Lévy.

– Et qu'as-tu fait ?

– Je l'ai écouté me faire le coup du désespéré, fondateur de son agence qui a d'abord très bien marché puis a périclité faute d'un crédit ridicule que sa banque lui a refusé : « Maintenant l'affaire de ma vie m'échappe, il ne va rien me rester. Je vous en prie, gardez-moi avec vous », a-t-il supplié.

– Tu as refusé ?

– Non, j'ai accepté, à la seule condition – j'ai posé la mienne moi aussi – que le découvert ne dépasse pas celui retenu en première expertise par le tribunal de commerce. Il m'a demandé de garder son bureau, et j'ai encore accepté. Il a cru m'avoir roulé en me faisant signer un engagement en ce sens.

– Dis donc, tu as pris un risque.

– Non. J'avais rencontré l'expert et je savais que le montant du découvert prévu serait dépassé.

– Ta méthode est efficace, mais pas très honnête.

– Je sais. C'est ma première indélicatesse. Mais il y en a qui font pire !

– Et comment s'est terminée ton affaire ?

– La dernière entrevue a été désagréable. « Pour un dépassement minime, m'a-t-il dit, vous ne tenez pas votre promesse. Je croyais traiter avec un homme de bonne foi mais je me suis bien trompé. Avec peu d'argent vous me prenez mon bien. Vous me chassez, il ne me reste rien... »

– Je n'aurais pas aimé être à ta place. Que lui as-tu répondu ?

– « Il ne me reste rien, dites-vous ? Si, il vous reste le bénéfice inappréciable de sortir honorablement d'une situation difficile. Grâce à moi vous évitez la faillite. Et ce n'est pas commode, vous savez, de lancer une autre affaire après une faillite ! »

– Tout cela est logique et sûrement légal. Tout de même...

– A cause de ce « tout de même », vous ne ferez jamais fortune dans les affaires, mon cher Pierre. Et c'est tant mieux. Moi, c'est le Garmond désintéressé et philosophe que j'aime ! Mais, à votre tour, racontez-moi votre arrivée dans le chaudron des Gallimard.

– J'appréhendais mon entrée rue Sébastien-Bottin. J'y connaissais certes beaucoup de monde, mais superficiellement. Vivre avec ces monstres de la littérature que sont les Martin du Gard, Gide, Valéry, Lacretelle, Kessel, Berl, Drieu, c'est autre chose ! Et Gaston Gallimard, le grand chef que Max Jacob trouve luciférien ! C'est l'opposé de notre Robert Quentin. Tiens, tu lui ressembles par bien des côtés.

– Hélas ! Je ne me vois pas diriger une maison d'édition, discuter avec Gide ou Jean Paulhan. Vous si, Pierre. Vous feriez un excellent éditeur.

– Non, pas du tout !

– Pourquoi ?

– Parce que je viens de te dire que tu as des points communs avec le roi des éditeurs ! Tu comprends ce que je veux dire ?

Après le pied de cochon aux frites, Garmond et Adrien laissèrent leurs préoccupations personnelles pour s'intéresser à la politique. Il se passait tant de choses dans les sables mouvants où se débattait l'Europe qu'Adrien se perdait entre la guerre d'Espagne qui laminait peu à peu les républicains et les pactes que signait à tour de bras un Hitler plus agressif que jamais.

– Tu as vu, dit Garmond, l'axe Rome-Berlin vient de se compléter par un pacte anti-Komintern signé entre l'Allemagne et le Japon. Avec la venue prochaine de Franco à la tête de l'Espagne, nous commençons à être encerclés par les dictatures.

– Vous croyez toujours à la guerre ?

– Pas tout de suite, il nous reste encore un peu de répit, toi pour t'installer, moi pour regarder les combats de coqs dans la volière Gallimard. Mais, hélas ! je crois que nous n'y couperons pas. Il ne manque que quelques avions et des chars à Hitler pour qu'il applique le plan qu'il a clairement défini dans *Mein Kampf*. Dès qu'il sera prêt...

– Et nous ? Serons-nous prêts ?

– Je n'en sais rien, je ne suis pas un expert militaire, mais je peux tout de même constater que nous n'en prenons pas le chemin. Que peuvent faire les grenouilles françaises qui dévorent leur roi en face des loups nazis qui vénèrent leur Führer ?

Sur cette pensée bien garmondaise, les deux amis rentrèrent tranquillement rue de Tournon.

Avant de se coucher, Adrien ouvrit son cahier de résolutions, bien délaissé ces derniers temps. Bizarrement, il écrivit : « Me marier avant la déclaration de guerre ? » Avec un grand point d'interrogation.

Fidèle à la ligne de conduite essentiellement égoïste qu'il s'était fixée, Adrien oublia toutes les pensées qui pouvaient l'éloigner de sa trajectoire professionnelle : le cinéma où il n'allait plus, la guerre qui ravageait l'Espagne, les bruits de bottes venus d'Allemagne qui habituaient sournoisement les Français à la certitude que la guerre approchait. Il oubliait Simone et son passage météorique dans sa vie, ne s'intéressait pas plus à la disparition de Jean Mermoz, « l'Archange », qu'au renoncement du roi Edouard VIII au trône d'Angleterre pour une Américaine qu'il trouvait assez moche sur les photos de *Match*. L'agence prenait le pas sur tout dans la vie austère d'Adrien Anthelme.

Avec un pincement au cœur, il avait décroché la plaque sur la porte de la rue de la Grande-Chaumière et l'avait soigneusement enveloppée afin qu'elle ne subisse pas les nuisances du déménagement. Pour celui-ci, il avait loué une voiture à bras, suffisante pour transporter les quelques meubles et le matériel sommaire. Il s'était aussi assuré l'aide de Jeannot, le petit grouillot engagé à sa place depuis longtemps rue de Tournon et toujours prêt à gagner quelques francs.

Le spectacle d'un déménagement en voiture à bras était devenu rare à Paris et celui de l'agence Globe, avec Jeannot accroché aux bricoles et Adrien poussant à l'arrière, ne manquait pas de susciter la curiosité des passants. Le jeune directeur riait sous cape en se disant que tous ces curieux ne savaient pas qu'ils assistaient à un événement quasi historique dont les rubriques économiques des journaux s'étaient déjà fait l'écho. Adrien avait en effet adressé à la presse un communiqué annonçant la fusion de Globe-Publicité générale et de Publimage, ce qui lui avait valu des « brèves » qu'il avait soigneusement découpées. Celle du quotidien *L'Information*, très lu dans les milieux d'affaires, était même titrée : « Globe-Publicité générale d'Adrien Anthelme absorbe Publimage. » Bien qu'il fût peu porté sur l'humour, cet articulet fit sourire Adrien. Il se demanda ce qu'allait en penser Garmond si cette nouvelle capitale tombait sous ses yeux

M. Bongrain, l'ancien propriétaire de Publimage, avait laissé ses meubles comptabilisés dans l'actif de sa société en déconfiture. Ils n'étaient pas extraordinaires mais convenaient parfaitement à Adrien qui allait se trouver à l'aise dans des locaux qui lui paraissaient immenses à côté des deux pièces de la rue de la Grande-Chaumière. Ancienne boutique transformée, elle ouvrait directement sur la rue du Cherche-Midi.

Méthodique comme toujours, Adrien avait dressé la liste des travaux d'aménagement à effectuer. En tête il avait inscrit : « Repeindre la façade avec la nouvelle enseigne Globe. » En attendant, il avait soigneusement replacé la plaque fétiche de la rue de la Grande-Chaumière sur la nouvelle porte et décidé d'appliquer tout de suite la décision qui n'occupait pourtant que la place numéro deux dans la liste des urgences : « Engager une secrétaire-dactylographe. » Pour éviter de perdre du temps, il avait choisi de garder la vieille fille sérieuse à talons plats employée par M. Bongrain.

En ce qui concernait l'aménagement du studio, Adrien voulait du neuf. Tandis que les ouvriers du chocolatier refaisaient les peintures, il alla rue de Rivoli dans un magasin au nom massif comme les meubles exposés en vitrine : Le Bûcheron. Il choisit un lit ni trop large ni trop étroit, un petit bureau de chêne et deux chaises.

– Prenez donc cette étagère d'angle, avait conseillé le vendeur. Cela vous fera un « cosy-corner » à la mode et vous aurez vos livres à portée de main lorsque vous serez couché.

Adrien se dit qu'un peu de chic anglais ne pouvait nuire, et il commanda le cosy. Le Bûcheron, qui n'était pas couvert de ramée mais de mansuétude, lui accorda en retour un an de crédit. « Dans un an, pensa Adrien, si la guerre n'a pas tout fait sauter, je serai assez riche pour m'acheter une Peugeot ! »

6

L'ASCENSION DANS LA TEMPÊTE

1937-1939. *Purges et exécutions en* U.R.S.S. *– Triomphe de Fernandel dans* François Ier *– Situation économique critique de la France – Blum attaqué au sein de son propre parti – Origine suspecte d'une échauffourée à Clichy entre communistes et la police : cinq morts, deux cents blessés – En Espagne, les Stuka allemands rayent Guernica de la carte : mille cinq cents morts, autant de blessés – Exposition internationale de Paris : le président Albert Lebrun inaugure un chantier (retard dû aux grèves) – Démission du cabinet Blum, le « Front popu » essoufflé se survit sous le ministère Chautemps – Ouverture en Allemagne d'un quatrième camp de concentration : Buchenwald – Mort de Maurice Ravel – Roger Martin du Gard prix Nobel de littérature – Hitler entre sans résistance en Autriche (99 % des Autrichiens favorables à l'Anschluss) – Démission de Chautemps, formation du deuxième ministère Blum – Mort du Front populaire, Daladier remplace Léon Blum – Bartali gagne le Tour de France – L'Allemagne annexe les Sudètes et est prête à envahir la Tchécoslovaquie – Chamberlain et Daladier rencontrent Hitler et Mussolini à Munich – Lâche soulagement : la paix bénéficie d'un sursis – Entrée des Allemands à Prague – Persécution de plus en plus féroce des juifs en Allemagne – Pacte entre Hitler et Mussolini – Albert Lebrun réélu président de la République – Crise ouverte pour Dantzig – Signature d'un pacte germano-soviétique.*

– Les nouvelles inquiétantes ne passent pas par les portes de ma forteresse, avait dit Adrien à Garmond venu le voir dans ses nouveaux bureaux. Je me sens aspiré ou plutôt poussé par un courant d'air délicieusement ascendant qui m'aide à réussir tout ce que j'entreprends. Je sais que tout va mal, que vous allez me dire que les Stuka allemands ont fait mille cinq cents morts et autant de blessés à Guernica, que l'Exposition de Paris ne sera jamais prête à temps et que le Front populaire vit ses derniers mauvais jours mais...

– Je m'aperçois tout de même que tu te tiens au courant des événements. Ils ont leur importance, même pour faire la réclame du savon Cadum.

– Vous me méprisez. Cela me chagrine.

– Pas du tout. Sinon je ne serais pas là. Mais que veux-tu, j'ai pris l'habitude, depuis que je te connais, de te pousser à la spéculation intellectuelle. Pour le reste, tu te débrouilles très bien tout seul.

– Je sais, Pierre, mais je ne vanterai pas toute la vie les mérites de sels qui soulagent les pieds sensibles. J'aurais tant voulu avoir appris comme vous ces choses qui font un homme cultivé ! Je souffre toujours de mon ignorance et je me console en me disant que j'utilise au mieux le peu que je sais. Et que je vous dois.

– Tu l'utilises trop bien ! dit Garmond en éclatant de rire. Allons, raconte-moi comment marche ta boutique. Tu as réussi à trouver de nouveaux clients ? Et des slogans ? Crois bien que si certains arguments publicitaires sont désolants, d'autres frôlent la poésie par les images qu'ils nous suggèrent. Ne me fais pas un numéro d'humiliation. D'abord parce qu'il n'y a pas de raison, ensuite parce que ce n'est pas ton genre.

Rasséréné, Adrien expliqua comment, motivés par le seul bouche à oreille, des fabricants, des marchands, des administrations faisaient appel aux services de l'agence Globe. La reprise de Publimage avait été un succès. Elle l'avait fait connaître et lui avait permis de monter dans la hiérarchie de la profession. Il songeait à engager une deuxième secrétaire et un peu plus tard un collaborateur qui pourrait l'aider à visiter les clients et participer aux travaux de conception.

– Bravo, Adrien. Je vais raconter cela à Robert Quentin. Ces nouvelles lui feront plaisir. C'est que le pauvre n'est pas comme toi, hélas ! Il prend de plein fouet toutes les nouvelles alarmantes qui nous parviennent et voit s'effondrer ses espoirs avec mélancolie. Il parle de l'échec de sa génération et pour un peu se sentirait responsable de ce qui arrive. Pour tout dire, il m'inquiète. Heureusement que *Libertés nouvelles* se porte mieux depuis la mensualisation. Beaucoup grâce à toi. Sans la publicité que tu nous apportes, le journal aurait cessé de paraître depuis longtemps.

– Et vous, Pierre ? Cela se passe bien chez M. Gallimard ?

– Très bien. Les fauteuils sont confortables, on y respire le talent, l'intelligence, la jalousie et la cruauté. Ah ! pris d'émulation, j'ai commencé à écrire un roman.

– Mais c'est merveilleux ! Je savais qu'un jour vous vous décideriez à faire une œuvre ! Pour le lancement, vous pouvez compter sur moi. Ce sera un grand succès.

Garmond sourit.

– Merci, Adrien. Ta joie me fait plaisir. Seulement un livre ne se lance pas comme une lessive, surtout s'il porte sur la couverture les initiales les plus snobs de l'édition : N.R.F.

Ce jour-là, Adrien ne parla pas à son ami d'une rencontre dont le souvenir le poursuivait. Autour d'elle son esprit vagabondait, il rêvait, il échafaudait des projets qu'il était bien obligé de juger absurdes. Et pourtant...

C'était quinze jours auparavant à un déjeuner auquel M. Duchemin l'avait invité pour fêter la sortie du cent millième bocal de granulé. Parmi les convives, il y avait le directeur de l'usine, le directeur commercial, la secrétaire du patron qui jouait un rôle important dans la maison – Adrien l'avait décelé tout de suite –, deux collaborateurs de moindre importance, l'un était le « goûteur » des cacaos bruts et conditionnés, et deux femmes : Mme Duchemin, blonde sympathique un peu boulotte dont l'accent marseillais faisait chanter les verres de cristal, et une jeune fille qui se trouvait là par hasard, la nièce du maître de maison, qu'Adrien s'était vu désigner comme voisine.

Marie-Christine, c'était son nom, était grande et paraissait assez bien faite dans une robe bleu foncé qui ne mettait pas ses avantages en valeur. Pas mieux traité, son visage à peine poudré aurait pu avoir du charme sans des cheveux châtains raides et indisciplinés qui lui cachaient le front et qu'elle chassait sans cesse d'un geste pourtant gracieux. Adrien l'aurait à peine remarquée si elle avait été privée de conversation, ce qui n'était pas le cas. On pensait tout de suite en l'écoutant qu'elle reportait sur le langage toute manifestation de séduction. Elle mettait dans les mots la gracilité qui manquait à son physique négligé, l'accent qu'une trace de Rimmel aurait pu donner à son regard, les colifichets absents d'un vêtement austère.

Adrien avait tout de suite été sensible au charme de cette langue riche, simple et exacte qui lui rappelait celle de Garmond et son intelligence curieuse qui le poussait constamment à poser des questions.

– Mon oncle m'a dit que vous dirigiez une agence de publicité. Cette science encore nouvelle de la communication me semble passionnante ?

Question bien anodine qui déclencha malgré tout chez Adrien le petit picotement d'alarme qui lui conseillait – c'était un don qui lui avait déjà rendu bien des services – de faire attention à ce qu'il allait dire. Il sourit pour se donner deux secondes de réflexion et choisir entre deux possibilités : jouer au patron et sortir son numéro un rien prétentieux de sociologie publicitaire qu'il savait par cœur, ou se montrer tel qu'il était, jeune besogneux de la réclame, toujours en quête de réussite. « Option numéro deux, lui dicta son conseiller intime. Cette demoiselle est trop intelligente pour se laisser prendre à ton verbiage vaniteux. »

Il parla donc de sa bicyclette, de *Libertés nouvelles*, de sa trouvaille en S.K.I., de la chance que lui avait donnée M. Duchemin et enfin de sa modeste boutique baptisée agence.

Elle l'avait écouté en silence puis lui avait posé un tas d'autres questions auxquelles il avait répondu, lui qui n'aimait pas trop parler, avec facilité et même un certain plaisir.

– Et vous, mademoiselle, que faites-vous ? Etes-vous étudiante ? avait-il fini par demander.

– Ça ne se voit pas ? N'ai-je pas l'air d'une enseignante mal fagotée et bavarde ? Je suis prof de français au lycée La Fontaine. A propos, sans être particulièrement coquette, je peux m'arranger mieux que je ne le suis aujourd'hui. J'étais passée voir ma tante pour lui porter un livre et elle m'a retenue à déjeuner.

– Professeur ? Vous devez en savoir, des choses !

Elle sourit de cette niaiserie.

– Trop. Beaucoup trop ! Si vous saviez ce qu'on demande aux malheureux étudiants pour devenir agrégés de grammaire !

– Agrégée de grammaire ? Il existe une agrégation de grammaire ? Etudier des années les verbes, les compléments et les adjectifs, cela doit être fastidieux ?

– Oui. Et si c'était à refaire, je choisirais la philo ou l'histoire.

Agrégée ! Décidément, il les attirait, les diplômés d'élite ! C'était à croire que, pour lui rappeler qu'il était ignare, le bon Dieu semait des agrégés sur son chemin. Après Garmond, cette fille à qui il n'allait plus oser rien dire ! Il se dit aussi que sans Pierre Garmond il ne serait jamais arrivé où il était : petit patron d'une petite agence, mais patron tout de même à une époque où les jeunes avaient tellement de mal à trouver un travail mal payé. Et Marie-Christine, à condition qu'il la revoie, bien sûr, que pourrait-elle lui apporter ? Cette idée dont il avait un peu honte, il la ressassa le soir, allongé sur le divan de son cosy-corner. Elle en amena d'autres encore plus irréalistes.

Adrien n'avait pas oublié le point d'interrogation tracé sur son cahier de résolutions quelques semaines auparavant et, dans son imagination, il se vit en train de barrer ce signe d'incertitude et de le remplacer par un prénom : Marie-Christine.

Il se rendit compte aussitôt de l'absurdité de sa démarche. On ne s'énamoure pas comme cela d'une personne qu'on connaît à peine et dont les attraits, de surcroît, ne sont pas irrésistibles. Encore que la petite phrase qu'elle avait prononcée au cours du déjeuner, « je peux m'arranger beaucoup mieux », laissât à penser qu'il ne fallait pas la juger sur l'image qu'elle donnait d'elle ce jour-là.

Au fait, pourquoi avait-elle dit cela ? Etait-ce une invitation à la découvrir sous un jour plus flatteur ? Non, elle aurait dit la même chose à n'importe quel autre homme. La réalité était plus simple et pouvait s'exprimer en un seul mot : « agrégée ». Comment lui, l'ignorant, l'homme sans culture, qui souffrait de ses lacunes à en pleurer, pouvait-il songer un instant à séduire une jeune agrégée de grammaire ?

Pourtant l'obsession le poursuivait. Il en était même arrivé à comptabiliser les privilèges moraux et psychologiques qu'il ne manquerait pas de retirer de cette association. On partage tout dans un ménage, pourquoi pas les lauriers de l'autre ? Quand les gens diraient sur leur passage ou dans une assemblée : « C'est la femme d'Adrien Anthelme, il a épousé une agrégée », il en serait grandi. En tout cas, on ne lui poserait sans doute plus de questions insidieuses sur ses universités. Il deviendrait en quelque sorte un « agrégé consort », situation qu'il était prêt à assumer.

Il avait pensé s'ouvrir de ses préoccupations à Garmond mais il y avait renoncé. Il savait d'avance ce que lui répondrait son ami : « Je trouve qu'il n'y a pas beaucoup de sentiment dans ton histoire. Il s'agit d'un pur calcul, intelligent certes, je le reconnais, mais qui respire l'arrivisme. Enfin, la réussite, comme l'argent, n'a pas d'odeur... A moins que tu ne réussisses un mariage d'amour. C'est ce que je te souhaite. »

Adrien hésita encore une semaine avant de téléphoner à Mme Duchemin pour lui demander le numéro de

Marie-Christine et décider d'engager le « processus de séduction », c'est ainsi qu'il qualifia sur son cahier sa détermination de tenter la conquête de la jeune fille. La brave dame trouva tout naturel le prétexte d'un renseignement qu'il avait promis à sa nièce et lui donna son numéro en agrémentant sa réponse de politesses interminables dont il ne retint qu'une phrase : une invitation à dîner le mois prochain durant la permission de son fils, le spahi du 2e escadron de Ouarzazate. Il se demanda pourquoi elle avait ajouté : « Naturellement j'inviterai Marie-Christine. » Avait-elle deviné sous son air naïf des intentions encore si vagues dans son esprit ?

Après deux tentatives infructueuses, il finit par obtenir la jeune fille qui ne manifesta aucun étonnement et se montra malicieuse après les premiers mots de politesse :

– Ma tante m'a dit que vous aviez des renseignements à me fournir. Sur vous ou sur les délices chocolatées de mon oncle ?

Un instant interloqué, il répondit en riant :

– Sur moi. Je me suis aperçu qu'au cours du déjeuner je ne vous avais pas parlé de mes exploits militaires au Maroc. J'avais hâte de vous apprendre que je suis lieutenant de réserve... de spahis.

– Vous avez eu raison. Voilà une qualité qui doit plaire aux dames.

– Et à vous ?

– Je dois avouer que je suis peu sensible au prestige de l'uniforme. A l'Ecole normale, nos préoccupations étaient autres. Enfin, je me laisserai peut-être prendre à vos effets de burnous dans les sables du désert. Je pense que si vous m'appelez c'est que vous souhaitez me rencontrer ? Je ne suis pas contre.

C'était direct et de bon augure. Il l'invita chez Lipp – toujours Lipp ! – où pour le prix d'une choucroute garnie et d'une carafe de riesling on peut faire bonne impression en serrant à l'entrée la main de Marcellin Cazes et, avec un peu de chance, en partageant la banquette de quelques célébrités.

Marie-Christine n'avait jamais été dans la brasserie du boulevard Saint-Germain. Elle sembla enchantée d'y retrouver Adrien dans deux jours. Deux jours durant lesquels le directeur de Globe-Publicité réfléchit à la meilleure manière de vendre sa propre image.

D'abord, il décida d'éliminer l'idée de mariage de son esprit, et de considérer Marie-Christine comme une simple conquête possible, semblable aux autres filles qu'il avait connues et dont certaines étaient devenues d'agréables compagnes. Surtout, il se promit d'être lui-même et de ne pas chercher à briller au travers d'inventions mirobolantes dont elle ne croirait pas un mot. Il avait presque toujours agi ainsi et s'en était bien porté. Ces considérations stratégiques ne lui faisaient pas oublier que la rencontre promettait aussi une surprise : comment allait-elle être habillée, coiffée, préparée ? Cette incertitude mettait du piment à l'aventure et augmentait l'impatience d'Adrien qui redoutait deux choses : qu'elle n'ait pas réussi, malgré ses efforts, à modifier une image peu flatteuse, ou qu'à vouloir trop changer elle n'arrivât chez Lipp maquillée, frisée, apprêtée comme pour un bal à l'Opéra.

Adrien respira en l'apercevant qui poussait la porte-tambour. Marie-Christine était simplement mieux coiffée, mieux habillée, mieux maquillée mais avait conservé son air libre, naturel, un peu désinvolte, qui convenait parfaitement à l'atmosphère du quartier. Elle n'était plus négligée. Dans une jupe marine droite et un simple corsage de soie grège, elle était même jolie et, comme Adrien tardait à le lui dire, elle lança en s'asseyant :

– Alors, monsieur l'officier, votre inspection est-elle favorable ? Ma tenue est-elle réglementaire ?

– Mieux que cela, vous êtes ravissante. Comme j'étais déjà tombé un peu amoureux de vous au cours du déjeuner chez votre oncle, vous imaginez mes sentiments ce soir !

– Allons, cessez vos flatteries et dites-moi plutôt ce que je dois manger dans ce lieu parisien pour ne pas avoir l'air d'une paysanne en goguette.

– Mais ce que vous voulez ! Lipp est un lieu de liberté et, contrairement à ce que vous pouvez croire, personne ne s'intéresse à ce que font les autres. Si vous choisissez de manger des escargots, vos voisins auront même la délicatesse de ne pas vous montrer que l'odeur de l'ail se marie mal à la saveur de leur mille-feuille !

Ils dînèrent classiquement d'un cervelas rémoulade et d'un bœuf gros sel tout en conversant, c'est-à-dire qu'Adrien, sans s'en rendre compte, laissait la jeune fille mener l'échange à sa guise. Il avait raconté l'essentiel de sa vie au cours du déjeuner, elle le questionna sur le reste, sur son nez cassé, sur la vie dans le désert, sur sa jeunesse moins exaltante à la poste de Saint-Maur, surtout sur son métier qui semblait l'intéresser vivement.

Au café, « la seule chose détestable chez Lipp », précisa-t-il, il s'aperçut qu'il avait été le seul à parler.

– Maintenant que vous savez tout de moi, n'est-il pas temps que vous me disiez qui vous êtes ? Petite-bourgeoise nourrie au lait chocolaté de la famille ou normalienne délurée, socialisante et anticonformiste ? Vivez-vous seule ou chez vos parents ? Votre diplôme, consécration suprême de l'université, vous procure-t-il une existence heureuse ?

– C'est tout ? Comment voulez-vous que je réponde en même temps à toutes ces questions ? Enfin, je vais essayer... D'ailleurs, ce n'est pas très difficile : à chacune d'elles, je peux dire oui et non. Bourgeoise, ce n'est pas un état qu'on rejette comme une robe qui a fait son temps, mais tout le monde me dit non conformiste. Je vis dans la même maison que mes parents mais dans une chambre séparée, à l'étage au-dessus. Mon diplôme ? Je crois vous avoir dit qu'il ne vaut sûrement pas le mal que je me suis donné pour l'obtenir. Mais ce parchemin semble vous fasciner ? J'espère que ce n'est pas à cause de lui que vous semblez vous intéresser à moi ?

– Non, pas seulement, mais je dois vous avouer qu'il m'impressionne. N'oubliez pas que je n'ai que mon certificat d'études, qu'il m'arrive de faire des fautes d'orthographe et que le peu de choses que je sais m'ont été enseignées depuis quelques années par un ami qui est, comment dit-on ?... mon père spirituel. Ce n'est pas n'importe qui : il est rédacteur en chef de *Libertés nouvelles*, un journal politique d'idées avancées et chrétiennes, chargé de cours à Polytechnique et secrétaire du comité de lecture de la N.R.F. Je lui dois tout. Ah, j'oubliais, il est agrégé de philo et ancien normalien !

– Alors, vous tombez en pâmoison devant tous les agrégés ? Vous avez bien tort. Il y a parmi eux de sinistres imbéciles. Des imbéciles instruits, cela existe, vous savez. Et des gens intelligents ignorants aussi !

– C'est pour moi que vous dites cela ?

– Non. D'abord, je ne sais pas encore si vous êtes intelligent ou simplement rusé et débrouillard. Et puis vous n'êtes pas du tout ignorant. Certes vous n'avez pas comme moi le crâne bourré de concepts inutiles, mais votre capital intellectuel est pratique, précieux, essentiel.

Sans réfléchir, il lança :

– A nous deux, nous ferions quelqu'un de très bien !

– Vous avez envie d'essayer ?

Elle le regardait fixement de ses beaux yeux un peu myopes. Son regard avait changé, Adrien y lut du désir et en fut chaviré. Il lui prit les deux mains et les serra fort, très fort, à lui faire mal. Il ne connaissait pas grand-chose des femmes mais il sut, à cet instant, que Marie-Christine lui appartiendrait quand il le voudrait.

Sans ces bruits de bottes venus du Rhin qu'il essayait de ne pas entendre mais qui le réveillaient la nuit, Adrien avait toutes les raisons d'être heureux. L'agence prospérait et commençait à faire des bénéfices importants. Quant à Marie-Christine, elle lui apportait les joies physiques et intellectuelles qu'il pouvait espérer d'une liaison jugée longtemps impossible. L'idée de mariage devenait moins inconcevable mais Adrien n'en soufflait mot, conscient qu'il ne devait pas brusquer les choses dans un champ psychologique et sensuel qu'il contrôlait mal. Et puis, cette guerre qu'il devinait inévitable et qui l'cffrayait, non par peur du danger mais parce qu'elle le contraindrait à abandonner l'agence, ne constituait-elle pas un obstacle à un engagement aussi grave ?

Un soir où ils se retrouvaient dans le petit appartement de l'agence que Marie-Christine avait fini d'aménager, elle lui parut émue, moins avide de caresses qu'à l'habitude.

– Viens t'allonger à côté de moi, dit-elle. J'ai quelque chose d'important à te dire.

Elle se serra contre lui et murmura :

– Mon chéri, nous allons avoir un enfant. Maintenant j'en suis sûre, je suis enceinte. Que dis-tu de cette nouvelle ?

Il ne répondit pas avant d'avoir caché sa tête dans les cheveux de la jeune femme, ses lèvres sur son cou, à la naissance de l'oreille.

– C'est merveilleux, c'est merveilleux, chuchota-t-il enfin. Pourquoi cette maudite perspective de guerre vient-elle assombrir notre bonheur ? Imagine, si j'étais obligé de vous laisser tous les deux pour partir au front ?

– Ne pense pas à cela et réponds-moi. Veux-tu que je garde cet enfant ?

Il recula et la regarda, stupéfait :

– Comment peux-tu me poser une telle question ? C'est presque offensant !

Elle sourit.

– Pas du tout. Je voulais simplement être sûre.

– Et si je t'avais dit non ?

– Je l'aurais gardé tout de même !

Il l'embrassa avec une tendresse qui n'était pas dans les habitudes du mâle un peu brutal dont il affectait volontiers d'endosser la réputation et dit :

– Il serait bien que nous nous mariions. Madame l'agrégée accepte-t-elle de prendre pour époux le certifié d'études primaires par ailleurs passablement inculte ?

Avant de s'aimer, ils rirent. Et ils pleurèrent longuement. Le lendemain, c'était le 24 décembre. Garmond appela Adrien.

– Que fais-tu ce soir ? Anna t'invite à réveillonner avec nous. Il y aura du bortsch, des pirojkis, des poissons à la russe et de la vodka. Malgré la grève des Halles, des éboueurs, du métro et des pompes funèbres, il nous faut fêter Noël. Dieu sait où nous serons l'an prochain...

– Je viens avec joie, mais pas seul. Je vous présenterai ma fiancée.

– Encore une ? Tu es difficile à suivre, don Juan de banlieue !

– Celle-là, c'est la bonne. Et elle peut te surprendre !

Adrien n'avait pas présenté Marie-Christine à Garmond, il avait préféré attendre pour le faire que leur situation soit plus claire. Aujourd'hui, enfin, il allait sortir l'oiseau rare de sa cage et goûter le plaisir de voir la tête de Pierre et d'Anna lorsque Marie-Christine lancerait dans la conversation, tout naturellement, qu'elle était agrégée de grammaire. Et puis il y avait l'enfant. Il voulait que Garmond fût informé le premier d'une nouvelle dont l'importance éclipsait tout, même l'inquiétude causée par des grèves qui paralysaient Paris et auxquelles répondaient de l'autre côté du Rhin les harangues et les cuivres.

Il ne faisait pas trop froid pour une veille de Noël. C'est à pied qu'Adrien et Marie-Christine gagnèrent le petit appartement d'Anna Breminov, rue des Beaux-Arts. Ils apportaient des cadeaux : un foulard de soie pour Anna et un briquet à pipe pour Garmond. Adrien était aussi passé chez Nicolas pour acheter de la vodka et avait du même coup fait l'emplette de deux bouteilles de bordeaux, un Château-Pavie 1928 que la maison offrait pour le prix dérisoire de dix francs chacune à l'occasion de son centenaire.

Anna avait transformé les deux pièces minuscules où elle logeait en décor tchékhovien. Des châles russes enjolivés de roses cachaient la fenêtre et une partie des murs. Partout des bougies étaient allumées sur des candélabres en « or des puces », comme disait la princesse des lieux coiffée, sur ses cheveux tirés, d'un diadème qui avait dû faire les beaux soirs de *Boris Godounov* dans un théâtre de province. La pauvre petite cheminée parisienne de marbre noir, maquillée de poudre d'or, jetait des éclairs somptueux sur le samovar posé devant l'âtre. L'âme russe, la fameuse âme russe, imprégnait ce décor irréel qui laissa sans voix Marie-Christine et Adrien lorsqu'ils le découvrirent.

– C'est merveilleux ! finit par dire la jeune fille que Garmond, souriant et inquisiteur, regardait avec curiosité et à qui Anna ouvrait les bras, se transformant ainsi en oiseau dans les ailes de sa robe aux teintes mordorées.

On s'embrassa, Adrien présenta sa fiancée et Garmond s'offrit quelques phrases volontairement redondantes célébrant le charme slave qui accueillait dans son palais secret la séduction parisienne.

Le dîner se déroula dans la gaieté légère propre aux esprits vodkaïens. Garmond se montrait éblouissant dans le récit d'un comité de lecture à la N.R.F. Il imitait Gaston Gallimard arbitrant une chamaillerie entre Paulhan et Drieu La Rochelle, parodiait Jouhandeau dans une de ses tirades antisémites et racontait les interminables hésitations du patron à publier la traduction du livre d'une Américaine inconnue en France, une certaine Margaret Mitchell :

– Le comité est contre, dit Garmond, mais Gaston flaire la bonne affaire. Je suis sûr qu'il va décider de sortir *Autant en emporte le vent.*

D'abord un peu intimidée, Marie-Christine commença, au troisième verre de vodka, à prendre part à la conversation, à lancer des idées qui surprenaient Garmond, étonné de ne pas trouver en face de lui la gentille petite dinde qu'il avait cataloguée un peu vite au début du repas. Quand elle lui fit remarquer que l'emploi de « en » devant les noms de certaines villes, comme, se référant à Pascal, « en Jérusalem », était aujourd'hui un archaïsme, que dire « en Alger » ou « en Avignon » relevait d'une fausse élégance depuis la fin du XVIIe siècle, Garmond commença à se demander s'il ne s'était pas fourvoyé dans son appréciation.

– Mademoiselle, vous êtes un puits de science ! Où donc Adrien a-t-il déniché une aussi jolie personne qui parle comme un livre ?

– Vous me prenez pour un bas-bleu ? demanda-t-elle en riant.

– Non, je suis ravi qu'Adrien soit fiancé à une jeune fille intelligente et cultivée. Mais ce gredin ne nous a pas dit ce que vous faisiez dans la vie. Encore étudiante peut-être ?

– J'ai quitté l'Ecole normale supérieure de Sèvres

l'année dernière. Maintenant je suis professeur de français.

– Comment ? Vous êtes normalienne ?

– Eh oui ! cher confrère. Et agrégée de grammaire !

Garmond se trouva soudain dans l'état du boxeur sonné. Il regardait alternativement la jeune fille et Adrien et comprit qu'elle lui vouait une passion plus forte que tous les sentiments de convention. Une fois de plus, Adrien l'étonnait et il s'avoua que rien ne lui faisait plus plaisir que d'être étonné par ce garçon dont il croyait tout savoir et qui passait son temps à le déconcerter.

– Bienvenue à vous, Marie-Christine, s'écria-t-il en se levant pour embrasser la jeune fille. Je n'ignorais pas que notre Adrien avait un faible pour les diplômes. Mais je ne croyais pas qu'il irait jusqu'à épouser une émule de Vaugelas ! Cela dit, vous ne faites pas un mariage déraisonnable. Votre lieutenant de spahis est destiné, je vous le certifie, à un avenir dont il ne pressent pas lui-même l'éclat.

Marie-Christine remercia, accepta avec émotion le cadeau que lui tendait Anna : une petite boîte dont le couvercle peint représentait une troïka. Garmond, lui, remit un paquet à Adrien. C'était visiblement un livre qu'il libéra de son emballage pour découvrir, joliment relié, *César Birotteau.*

– Je sais aussi bien que toi ce que tu as lu de Balzac. *César Birotteau* manque à ta culture et c'est dommage car tu y trouveras le fameux prospectus publicitaire de l'« Huile céphalique », stimulatrice des bulbes qui contiennent les liqueurs génératrices des cheveux. C'était il y a exactement un siècle et l'illustre Gaudissart s'apprêtait à lancer le remède magique inventé par le bon Popineau. Le directeur de Globe-Publicité se devait d'avoir ce chef-d'œuvre dans sa bibliothèque !

Toute occasion était bonne pour remplir les verres de vodka, ce que Garmond faisait avec une sûreté de moins en moins grande. Marie-Christine jugea le moment opportun d'annoncer l'autre nouvelle.

– Personne ne le sait, pas même ma mère, mais ce soir de Noël aucun secret ne peut exister entre nous. Voilà : Adrien et moi attendons un enfant !

Anna et Garmond manifestèrent leur joie, elle d'une manière plus expansive que Garmond qui déclara :

– L'enfant d'une femme savante et du plus doué des ignorants sera sûrement un être exceptionnel. Me permettrez-vous d'en être le parrain ?

– Comment l'appellerez-vous ? demanda Anna.

– Nous n'y avons pas encore songé, répondit Marie-Christine.

– Ce que je sais, c'est qu'il sortira agrégé de Normale supérieure ! dit Adrien.

– Malheureux gosse ! coupa Garmond. Il est encore dans le ventre de sa mère et le père, pour se venger de n'avoir pas fait d'études, le condamne déjà à devenir une bête à concours ! Attends au moins de savoir ce qu'il a envie de faire et s'il accepte de sacrifier son adolescence à la poursuite d'un diplôme !

– Il vaut mieux qu'il sacrifie quelques années de jeunesse plutôt que sa vie. Je dis qu'il sera mieux à étudier qu'à charger comme moi des sacs dans un camion ! D'ailleurs, c'est toi qui me dictes mon espoir. Tu es tellement satisfait d'avoir été rue d'Ulm que tu parles de l'Ecole avec des sanglots dans la voix !

Garmond hocha la tête en pensant qu'Adrien ne serait pas plus un père commode qu'un patron débonnaire. Il changea de conversation.

– Sais-tu qu'emporté par ta passion paternelle tu viens de me tutoyer ?

– Pardon, Pierre, je ne recommencerai plus.

– Si, tu recommenceras ! Il y a longtemps que je voulais te voir abandonner ce « vous » respectueux. Lorsque tu étais gamin, c'était normal, mais maintenant, nous nous parlons d'égal à égal. Je serais heureux que tu me tutoies.

– Cela me sera difficile... Pourtant, je ressens comme un honneur de vous... Zut ! Cela ne m'empêchera pas de te considérer toujours comme mon maître et de te respecter.

– Je l'espère bien, monsieur le directeur. Note que je t'appelle ainsi non pour me moquer, mais parce que je crois qu'il y a des individus nés pour devenir directeurs. Tu en fais partie, tu seras un jour un grand directeur.

– Et c'est toi qui tireras vanité de le tutoyer ! dit Anna en riant.

Il était presque une heure quand Adrien dit qu'il serait sage de rentrer. Il était un peu ivre, comme les autres. Seule Marie-Christine, qui avait moins bu à cause de son état, avait les idées claires.

– Je vais essayer de ramener le directeur, dit-elle en riant. Avec toutes les ordures qui sont répandues sur les trottoirs, cela ne sera pas facile. Mais puisque nous allons être unis pour le meilleur et pour le pire...

– Mais je ne suis pas soûl ! protesta Adrien. Si nous avions bu le Château-Pavie, je ne dis pas, mais la vodka se supporte très bien !

Sur ces derniers mots, il trébucha sur un pli du tapis et faillit s'étaler.

L'air frais heureusement le dégrisa. Ils rentrèrent sans encombre rue du Cherche-Midi.

Quand ils furent couchés, serrés l'un contre l'autre car le divan n'était pas large, Adrien demanda :

– Comment trouves-tu mes amis ?

– Ce sont aussi les miens, maintenant. Merveilleux, ils sont merveilleux tous les deux. Anna est adorable. Elle joue de son passé avec dignité et fantaisie. Est-elle vraiment princesse ?

– Tu veux rire ! Elle est née faubourg Saint-Antoine où son père était ébéniste. Il est arrivé en France tout de suite après la guerre et, travaillant jour et nuit, il a permis à sa fille de poursuivre ses études. Je ne sais pas lesquelles mais elle parle quatre langues et est une excellente traductrice. Elle s'est fait un personnage de princesse, comme ça, pour rire. Lorsque vous vous connaîtrez mieux elle te racontera volontiers son histoire. Et Garmond ? Qu'en penses-tu ?

– Il t'aime, il est fier de toi et te considère comme son fils.

– Il est vraiment mon père. Il m'a tout appris. J'espère pouvoir un jour lui rendre un peu de ce qu'il m'a donné !

– Le plus beau cadeau que tu puisses lui faire, Adrien, c'est de ne pas le décevoir. Il a peur, je l'ai ressenti, qu'une ambition féroce ne gâche l'être qu'il a façonné.

– Mais, ma chérie, si je n'avais pas d'ambition, je serais encore petit employé des postes !

– Je le sais bien, mais on ne peut pas se permettre de faire n'importe quoi pour réussir. C'est ce que je voulais dire.

– Notre sort va se jouer cette année, avait dit Robert Quentin à Adrien venu lui présenter ses vœux et, en même temps, sa fiancée. Hitler, à qui les pays démocratiques cèdent tout, ne va pas s'arrêter. Il va prendre l'Autriche, les Sudètes, la Pologne, et après...

– N'embête donc pas ces enfants qui nagent dans le bonheur avec tes sombres prédictions, avait coupé Madeleine qui regardait d'un œil attendri le petit Adrien, devenu un homme, tenir la main de Marie-Christine.

La jeune fille, surtout ses titres universitaires, avait fait forte impression rue de Tournon. Si Robert Quentin ne s'étonnait plus de grand-chose, la bonne Madeleine, qui voyait toujours son protégé dans ses habits rapiécés de La Varenne, avait peine à imaginer que celui-ci était en train de réussir son entreprise d'agence, qu'il gagnait de quoi bien vivre et qu'il allait épouser de surcroît une fille de bonne famille que Garmond, lui-même, jugeait aussi savante qu'intelligente.

– Venez dîner un soir, avait-elle dit. Nous ferons mieux connaissance.

Une autre réception embarrassait davantage Adrien. M. et Mme Werner-Brisach, les parents de Marie-Christine, l'avaient invité à dîner. La jeune fille lui avait bien dit qu'ils n'avaient pas formulé d'objection majeure à leur union mais Adrien se doutait qu'il ne représentait pas à leurs yeux le gendre dont ils avaient rêvé. C'était à lui de ne pas commettre de faute et de se montrer sous son meilleur jour. Après tout, il n'y avait pas tellement de jeunes gens de son âge à la tête d'une affaire qu'ils avaient créée ! Il savait aussi que Marie-Christine ne manquerait pas d'aiguiller la conversation sur l'armée, ce qui lui permettrait de faire valoir son galon de sous-lieutenant et de raconter quelque belle histoire du désert à laquelle il mêlerait Bournazel et sa légende. Allons, une fois encore, il allait forcer le destin. Et de la plus agréable façon : en épousant la fiancée socialement idéale et qu'il commençait même à aimer !

Bourgeois aisé et considéré, Paul Werner-Brisach n'avait pas cependant une situation aussi brillante que celle de son beau-frère. Il ne fabriquait rien, sauf des colonnes de chiffres qui finissaient par faire des estimations ou des bilans. Il était expert-comptable, vice-président de son syndicat professionnel et chevalier de la Légion d'honneur. Malgré ces distinctions éminemment sérieuses, Adrien découvrit un futur beau-père d'allure joviale. Grassouillet, de taille moyenne, en état de calvitie déjà avancée, il avait l'œil goguenard, ce qui donnait à son visage rose un air avenant et sympathique. Marie-Christine l'avait prévenu :

– Papa est un fin gastronome. Il est membre du Club des Cent. Si tu lui plais, et tu vas lui plaire, il t'invitera bientôt chez Maxim's, entre hommes, pour tester tes goûts et ton appétit. Il n'aimerait pas avoir un gendre qui ne soit pas un gourmet. Plus tard, tu lui feras découvrir ton Auvergnat de la rue de la Montagne-Sainte-Geneviève. Il adorera !

On pouvait compter sur Adrien pour mener sérieusement les affaires dont dépendait son avenir. Sans faire trop d'efforts mais avec le souci constant de ne pas commettre une erreur d'aiguillage, il roula doucement sur la bonne voie durant le déjeuner, sautant des mérites de l'échalote grise (rien de commun avec la violette de Jersey) aux lettres de noblesse de la publicité (Diderot racontant qu'un jour il fut prié de rédiger l'annonce pompeuse d'une pommade qui faisait pousser les cheveux et qu'il en fut mieux payé que d'un article de l'*Encyclopédie*) et montrant discrètement qu'il savait ce qu'était un bilan. Au soufflé glacé au chocolat, triomphe sucré de Mme Werner-Brisach, il comprit que son entrée dans la famille serait acceptée sans discussions pénibles.

Geneviève Werner-Brisach, de qui sa fille avait hérité un beau visage régulier, était ce qu'on appelle une femme posée. Elle laissait parler son mari, mais en faisant parfois deviner par un sourire son affectueuse indulgence. Tout le long du repas, elle avait été aimable, mais sans jamais quitter des yeux le grand garçon au nez de travers qui allait lui enlever sa fille. Cette attention soutenue n'avait pas échappé à Adrien : il convenait, pensa-t-il, de ne pas prendre son effacement pour de la faiblesse et il devina qu'il aurait plus de mal à faire sa conquête que celle du mari.

C'est naturellement elle qui, au café, souleva la délicate question de la cérémonie du mariage et de la famille d'Adrien. Celui-ci commençait à s'embarrasser dans sa réponse quand Marie-Christine vint à son secours :

– Maman, j'aimerais que nous parlions d'abord toutes les deux de ce sujet. C'est une affaire de femmes !

Avant qu'il ne prenne congé, elle lui proposa de venir voir sa chambre de jeune fille qu'elle avait quittée depuis peu pour un studio séparé, à l'étage du dessus.

– Alors ? demanda-t-il dès qu'ils furent seuls. Ai-je été convenable ? Penses-tu que j'ai réussi mon agrégation de mariage ?

– Tu as été parfait. Pour papa, c'est gagné. Maman va ergoter un peu mais la pauvre n'aura guère le choix lorsque je vais lui dire, tout à l'heure, que je suis enceinte.

– Elle parle d'une cérémonie... Nous étions convenus d'un mariage célébré dans l'intimité. Je vois mal ma pauvre mère, en grand tralala, donnant le bras à ton père sur les marches de l'église.

– Ne te fais pas de souci. Ta vie mondaine ne commencera pas le jour de tes noces ! Je vais arranger cela avec ma mère et ma tante.

– Tu as mis Mme Duchemin au courant ?

– Oui. Elle m'adore. C'est une alliée précieuse.

– Que pense-t-elle de ton choix ?

– Beaucoup de bien. Et l'oncle, qui te prend pour un génie de la communication, est ravi. Il a l'impression de t'avoir découvert et en est fier.

– Il n'a pas tout à fait tort. C'est grâce à lui que j'ai démarré. Il est de ceux à qui je dois beaucoup.

– Ne les oublie jamais !

– Toujours cette méfiance ! L'arriviste est forcément

un ingrat... Eh bien, je te montrerai que je suis fidèle. Dans mes amitiés. Et dans mes amours !

Marie-Christine avait cours de bonne heure le lendemain et ne venait pas retrouver Adrien le mercredi soir. Cette fois, il en était plutôt content : la journée avait été difficile. Arrivé au terme de l'étape capitale, il avait besoin de réfléchir. Avant de s'endormir et après avoir téléphoné à Marie-Christine, il ouvrit son cahier de résolutions, passa la page où s'étalait le grand point d'interrogation et, dans toute la largeur de la suivante, écrivit : « Aujourd'hui ma vie bascule : bientôt marié et père, je vais désormais travailler pour ma famille. »

En plus petit il traça les mots que lui dictait la meilleure part de l'être complexe qui l'habitait et en lequel il se reconnaissait : « Pas de compromission possible. Mon mariage sera simple et maman y assistera. » Puis au-dessous, il écrivit encore : « Quoiqu'il arrive, rester fidèle ! » En relisant sa phrase il eut un doute, ouvrit son Larousse et rectifia « Quoi qu'il arrive... ». Pour bien d'autres, cette conscience orthographique eût été banale. Pour Adrien, c'était clore cette journée grave par une victoire. « Garmond serait content ! » dit-il tout haut en s'allongeant.

Geneviève Werner-Brisach avait fini par se faire à l'idée qu'étant donné les circonstances – la naissance de l'enfant était prévue pour le mois de juillet – un mariage en blanc avec messe, cloches et grande réception ne s'imposait pas. Après un passage discret à la jolie chapelle de la rue Las-Cases, annexe de Sainte-Clotilde, et à la mairie du VIIe arrondissement, la famille se réunirait chez les Duchemin au cours d'un déjeuner dont le menu, élaboré par Paul Werner-Brisach et préparé par trois cuisiniers choisis dans la brigade de Maxim's, devait faire oublier par sa succulence la pompe manquée du mariage.

Le mariage avait été fixé au 12 mars. Toutes les difficultés aplanies, les fiancés pouvaient se féliciter d'être arrivés à leurs fins. Adrien, pourtant, avait encore un différend à régler : Jeanne Anthelme, sa mère, refusait de venir.

– Les pauvres doivent rester avec les pauvres, lui disait-elle. Je n'ai rien à faire avec ces gens qui vont constituer ta nouvelle famille. Je ne parle pas de ta fiancée qui est gentille mais de ses parents, des amis, des inconnus qui vont se moquer de moi. D'ailleurs ma présence ne pourrait que te faire du tort. Je suis heureuse de ta réussite, mais moi, je veux rester ce que j'ai toujours été : une femme simple, honnête, pieuse, qui a réussi à élever convenablement son fils malgré bien des difficultés.

Mme Anthelme était obstinée, mais Adrien l'était encore plus. C'était pour lui une question d'honneur : sa mère, justement parce qu'elle appartenait au monde des pauvres, devait être présente le jour de son mariage. Le temps était trop proche où il vivait près d'elle, dans le petit logement de Saint-Maur, pour qu'il ne se sente pas encore attaché à la vie modeste et laborieuse qu'il avait connue durant toute sa jeunesse. Non ! Adrien Anthelme n'accepterait pas l'effacement de sa mère et son humilité : il l'habillerait comme elle ne l'avait jamais été, en tout cas aussi bien que la rondelette Berthe Duchemin et la sèche Geneviève Werner-Brisach. Et il n'aurait pas honte d'elle !

C'est Marie-Christine qui parvint à décider Jeanne Anthelme en lui offrant de l'accompagner dans un grand magasin pour acheter la robe, le manteau et ce qui lui manquait, c'est-à-dire à peu près tout.

– Surtout ne regarde pas à la dépense, avait dit Adrien, je veux que ma mère soit vêtue comme une grande dame.

– Mais c'est une grande dame ! avait-elle répondu. Ta maman est bonne et je suis sûre que je m'entendrai bien avec elle. Et puis, tout de même, nous ne sommes pas des monstres : ma famille accueillera Jeanne avec courtoisie.

– Qui voulez-vous inviter en dehors de votre mère ? avait demandé Mme Werner-Brisach à Adrien.

– Seulement M. et Mme Robert Quentin, mon ami Pierre Garmond et sa femme. Et il ajouta en lançant un clin d'œil à Marie-Christine : C'est la princesse Breminov. Son père occupait une haute situation à la cour de Russie.

Geneviève Werner-Brisach émit un léger murmure montrant qu'elle appréciait.

– La qualité remplacera heureusement la quantité, dit-elle. Ma fille m'a dit que M. Quentin, dont le nom ne m'est naturellement pas inconnu, est un homme politique important.

– En effet, sa générosité, son talent et son honnêteté sont appréciés dans le monde politique. Il est aussi le directeur propriétaire d'un journal auquel j'ai collaboré, *Libertés nouvelles*. Il sera mon témoin, avec Pierre Garmond.

– Je connais Pierre, dit Marie-Christine. C'est un homme merveilleux, ancien normalien, qui occupe une situation importante à la N.R.F.

Les affaires qui suscitent de l'inquiétude sont souvent celles qui s'arrangent le mieux. M. Duchemin avait prêté son chauffeur à Adrien pour qu'il aille chez sa mère. Celle-ci avait trouvé plutôt agréable sa métamorphose et, sans rien abandonner de sa vraie simplicité, elle avait fait bonne impression. Garmond et Anna, qui ne la connaissaient pas, l'avaient, il est vrai, beaucoup entourée. Pour le reste, tout se déroula selon le plan établi par le méticuleux M. Werner-Brisach. Le curé était celui qui avait baptisé Marie-Christine, il la maria avec bonhomie. Le maire, qui avait été autrefois l'un des premiers compagnons de Robert Quentin, tout heureux de le retrouver, parla beaucoup plus de lui dans son discours que des mariés. Quant au repas, servi dans le grand salon de Mme Duchemin, il fut à la hauteur du membre du Club des Cent qui l'avait ordonné et qui fit un joli discours, comme ces messieurs les gastronomes aiment en tricoter au dessert. Robert Quentin fut prié ensuite de dire quelques mots. Il fit l'éloge des jeunes mariés et leur souhaita de n'avoir pas à souffrir de la folie qui gagnait les nations. Et ce fut naturellement Pierre Garmond qui parla le mieux et le plus longtemps. Le Château-Cheval Blanc 1921 lui donna des ailes et il osa, dans sa péroraison, des rapprochements audacieux entre la poésie des bilans, la douceur lactée du chocolat, le mariage qui, contrairement à ce qu'en pense Stendhal, ne vieillit pas les hommes, et même une charge de spahis dans les dunes du Rif...

La fin du repas fut néanmoins troublée par un événement quasi historique qui permit plus tard à Mme Werner-Brisach de faire savoir aux amis qu'elle n'avait pu inviter que sa fille ne s'était pas mariée à la sauvette. Garmond avait à peine achevé son improvisation qu'un gendarme motocycliste, harnaché et casqué, sonnait à la porte et demandait à voir M. Robert Quentin pour lui remettre un pli officiel. Après le claquement de talons réglementaire, il laissa à Quentin une enveloppe à en-tête de la présidence du Conseil. Le directeur de *Libertés nouvelles* se réfugia près de la fenêtre pour l'ouvrir. Tous les regards étaient fixés sur lui et chacun devina, à sa réaction, que le message devait être important. Il sembla réfléchir un instant puis fit signe à Garmond de le rejoindre. Les deux amis échangèrent quelques mots et Quentin s'approcha de la maîtresse de maison pour la prier de l'excuser : il devait se rendre sans tarder à l'hôtel Matignon.

– Si vous voulez laisser votre voiture, mon chauffeur va vous conduire, proposa M. Duchemin, visiblement heureux de pouvoir être mêlé, même d'une façon incidente, à une affaire officielle.

Robert Quentin partit après avoir exprimé à tous ses regrets et Garmond revint s'asseoir, l'air soucieux, sous le regard interrogatif des invités. Allait-il parler ? L'affaire était-elle secrète ? Il parla.

– Mes amis, Robert Quentin m'a autorisé à vous révéler qu'il avait reçu un mot de Léon Blum qui est chargé, comme vous le savez, de constituer son deuxième ministère après la démission du cabinet Chautemps. Le président souhaite prendre l'avis d'un vieil ami et lui proposer un portefeuille. Robert m'a confié qu'il donnera tous les avis qu'on voudra mais qu'il refusera un poste ministériel. Ce sera à ma connaissance la troisième fois...

Un murmure parcourut la table où les électeurs du Front populaire étaient sûrement peu nombreux, sinon absents, mais un président du Conseil, c'est tout de même quelqu'un ! Plus d'un regrettait que Quentin, avec qui ils venaient de déjeuner, n'accepte pas une fonction qui aurait flatté leur vanité par le seul fait qu'ils avaient partagé une petite parcelle de secrets politiques.

Mais Garmond reprit la parole.

– Tout cela n'est que de l'anecdote. Hélas ! un fait très grave réduit à peu de chose nos petites histoires politiques. Le président annonce en post-scriptum à son mot : « J'apprends à la seconde, cher ami, qu'Hitler vient de faire son entrée (triomphale) en Autriche. Des jours sombres nous attendent. »

Aussitôt des voix s'élevèrent. Celles des pessimistes, dont Werner-Brisach, annonçaient la guerre proche. D'autres s'interrogeaient sur l'état de notre armée et proclamaient que seule la ligne Maginot pouvait sauver la France d'un désastre. Duchemin pensait à son usine de chocolat qui se relevait à peine des longues grèves qui avaient marqué le Front populaire. Ces bruits de guerre n'allaient-ils pas enrayer la reprise ?

De ce concert de lamentations, une voix surgit, celle, rageuse, d'un cousin germain de Marie-Christine qui proclama brusquement qu'Adolf Hitler était une bénédiction pour l'Europe, qu'il était le seul rempart sérieux contre le bolchevisme et que les Français devaient sans attendre chasser les juifs du pays et s'allier à cet homme providentiel qui avait en quelques années sauvé la grande Allemagne de la honte et de la misère !

– Monsieur, lui dit Garmond avec son beau sourire, je voudrais vous poser une question. On ne peut, hélas ! nier la possibilité d'une guerre entre l'Allemagne et la France. Si par malheur cela arrivait, de quel côté vous battriez-vous ? Avec vos amis les S.S., les nazis ou avec les soldats français, anglais, belges et, je l'espère, américains ?

Comme l'autre évitait de répondre, il continua :

– Je vais vous dire quel journal vous lisez : *Je suis partout*. Plusieurs des journalistes et écrivains qui signent dans ses colonnes sont des condisciples normaliens, des garçons brillants que j'ai connus plutôt gentils, doux de nature et dont l'esprit a complètement déraillé. Ils s'avouent fascistes et, comme vous, ont hâte d'attraper la peste brune. Après ce qu'ils écrivent et ce que vous récitez comme une leçon mal apprise, il vous reste, à tous, si vous avez quelque honneur, à quitter la France pourrie que vous exécrez et à aller vous engager en Allemagne dans les troupes du Führer.

Le cousin, un dadais blême, élève d'une vague école d'électricité, n'était pas de taille à s'opposer à Garmond. Il rentra dans sa coquille vide, d'autant plus vite que tout le monde félicita Pierre d'avoir si bien cloué le bec à cet imbécile.

C'est ainsi que, commencé dans la bonne humeur, le mariage de Marie-Christine et d'Adrien s'acheva en mélodrame. Longtemps, Adrien avait résisté au pessimisme qui régnait à Paris et, sans doute, dans la France entière. Il n'avait voulu voir que son agence qui, miraculeusement, marchait bien et sa vie personnelle qu'il venait d'engager pour toujours dans la voie du mariage et de la famille. Aujourd'hui, à la fin de cette journée un peu ridicule où il avait pris femme, comme on dit, au milieu de gens qu'il ne connaissait pas, en mangeant une nourriture de vieux noceurs, en regardant sa mère, un peu ivre, perdue dans cette assemblée de bourgeois gentils et insipides, il ne se posait qu'une question : sous quels auspices allait naître son enfant ? Dans le ciel de vacances joyeuses héritées du Front populaire ou sous les bombes hitlériennes ? Lui-même, où serait-il quand Marie-Christine accoucherait ?

Quand ils regagnèrent la rue du Cherche-Midi après avoir raccompagné en taxi Mme Anthelme, ils étaient épuisés.

– Heureusement qu'on ne se marie pas tous les jours ! dit-elle.

– Soigne-toi, repose-toi bien, ne pensons qu'à notre enfant... Avoue tout de même que le clan de la rue de Tournon s'est bien comporté dans cette épreuve où on l'observait avec condescendance !

Adrien et Marie-Christine vivaient cette année 1938, comme l'immense majorité des Français, dans l'atmosphère délétère qui précède les grandes catastrophes.

La guerre se rapprochait mais on était encore en paix ; le pouvoir vacillait entre Blum, Chautemps et Daladier mais le gouvernement passait son temps à s'interroger ; Hitler grignotait l'Europe selon le menu commandé mais, en France, on mangeait à sa faim ; la joie de vivre s'estompait mais les vacances arrivaient...

Anne-Marie naquit à la maternité Baudelocque le 20 juillet alors que les jeunes avaient repris leur sac à dos du Vieux Campeur pour rejoindre les Auberges de la jeunesse et que les riches gagnaient les hôtels de Deauville et de Juan-les-Pins qui affichaient complet. C'était une belle petite fille qui avait les yeux de sa mère et, déjà, des cheveux bruns comme son père. Dieu merci, Marie-Christine n'avait pas accouché dans l'apocalypse et Adrien avait le temps de prendre les dispositions nécessaires à la vie nouvelle qui attendait sa famille. Les Werner-Brisach n'avaient donné qu'une dot modeste à leur fille mais offert en revanche un appartement au jeune couple qui ne pouvait plus naturellement vivre dans le studio de la rue du Cherche-Midi. La famille possédait assez de meubles dans ses greniers pour l'installer et les Duchemin, qui avaient des intérêts dans une fabrique de meubles du faubourg Saint-Antoine, s'étaient chargés d'aménager la chambre à coucher et un petit salon transformé en nursery. Adrien dut convenir qu'épouser une jeune fille riche présentait des avantages.

Contrairement à ce qu'on aurait pu attendre, en dépit d'un grand nombre de chômeurs, « les affaires », comme disait maintenant Adrien, marchaient bien. L'agence Globe, sans rivaliser avec les géants Publicis, Damour ou Dupuy, s'était fait une place enviable dans le monde de la publicité. Charles Lévy, l'ami de Mme Anthelme, occupait la direction financière. Sa compétence et sa rigueur suppléaient à l'esprit inventif, enthousiaste mais un peu brouillon d'Adrien. Deux concepteurs et une seconde secrétaire avaient été engagés. Le patron ne pouvait être que satisfait. Sans ce salaud d'Hitler qui barrait l'avenir avec ses divisions blindées et ses kyrielles d'avions, il aurait déjà envisagé de se développer, de s'installer dans des bureaux plus vastes et plus modernes du côté des Champs-Elysées.

Adrien n'avait qu'un regret, celui de n'avoir pas réussi à créer un poste radio alors qu'il avait pressenti, dès l'origine, l'avenir de ce formidable moyen de communication. Quelquefois, le soir, il enrageait en écoutant Radio 37, la nouvelle station de Marcel Bleustein qui augmentait chaque jour son taux d'écoute avec des jeux nouveaux comme « Le Crochet », « Le Music-Hall des jeunes » ou « Le Jeu des questions ». Adrien se rendait compte de l'importance prise par la publicité radiophonique. Les grandes marques ne se contentaient plus des messages-slogans habituels mais entendaient patronner des spectacles spécialement conçus pour elles. Ainsi, le Crochet était une émission de Monsavon, le Music-Hall des jeunes un cadeau de Levitan. Les fourrures Brunswick, le Vin de Frileuse, les chaussures André étaient de la fête. Beaucoup d'émissions étaient publiques, les auditeurs affluaient et Publicis qu'Adrien avait au début rêvé d'égaler prenait une importance de plus en plus considérable. Surtout, sa position dans le domaine des ondes était si prépondérante qu'il était illusoire d'espérer pouvoir la concurrencer un jour.

Sans la naissance d'Anne-Marie, Adrien se serait sans doute laissé porter par sa vie professionnelle et aurait essayé de négliger des événements alarmants sur lesquels il ne pouvait influer. Maintenant, tout était différent, l'actualité le poursuivait jusque dans ses rêves et il cherchait ce qu'il pourrait faire pour protéger sa femme et sa fille si le désastre se produisait alors qu'il serait mobilisé. Comme tout le monde il avait présentes à l'esprit les vues cinématographiques et les photos de Guernica après le passage des Stuka. Si la guerre éclatait, Paris serait bombardé, c'était sûr ! Alors, il fallait prévoir un refuge dans la campagne et il pensait à la propriété que ses beaux-parents possédaient dans le Gâtinais, non loin de Montargis. Il ne tenait pas trop à ce que Mme Werner-Brisach intervienne dans la vie du ménage et dans l'éducation d'Anne-Marie, mais c'étaient là des considérations qu'il fallait aujourd'hui oublier. Avec le soin qu'il prenait à toute chose qu'il jugeait sérieuse, il prépara donc un départ éventuel pour Les Bézards. Aux premiers hurlements de sirène,

Marie-Christine, qui avait passé son permis de conduire en même temps que lui, sauterait dans la Juvaquatre – quatre places, deux portes, cent à l'heure – qu'il venait d'acquérir et se réfugierait dans la vallée du Loing. Après, elle verrait ce qu'il y aurait lieu de décider avec ou sans ses parents.

Son inquiétude nouvelle le conduisait aussi plus souvent rue de Tournon. *Libertés nouvelles*, qui continuait de paraître, mais pour combien de temps, était un bon centre d'information où, surtout, il pouvait rencontrer Garmond en dehors de leur réunion hebdomadaire, avec les femmes, dans un bistrot du quartier. Ces contacts avec son maître devenu son complice lui faisaient du bien.

– Tu es intelligent, tu vois des gens intelligents, lui disait-il, et je peux te croire quand tu me dis que les choses vont mal ou qu'il y a un espoir de les voir s'arranger.

– Tu me fais un grand honneur, répondait Garmond. Quant aux gens intelligents, j'espère que tu ne penses pas à mes collègues de la N.R.F. Intelligents, ils le sont sans doute, en tout cas ils le croient, mais ils disent beaucoup de sottises dès qu'il s'agit de problèmes politiques ou d'actualité. Et moi ? que veux-tu que je te raconte qui ne fasse pas la une des quotidiens ?

– Dis-moi au moins ce que tu penses. Tu m'as habitué à tracer des voies avant de me laisser choisir celle que j'emprunterais.

– Je pense qu'il y a deux oiseaux dans une cage, des genres de perroquets qui valent mieux par leurs belles plumes que par ce qu'ils disent. C'est l'oiseau français et l'oiseau anglais qui regardent apeurés un méchant chat à moustache noire qui tourne autour de leur grillage en se raclant la gorge. Pour l'instant, ils croient qu'ils ne risquent pas grand-chose, que le chat ne s'attaque qu'aux petits oiseaux, le tchèque par exemple, peut-être le polonais... Alors ils restent dans leur cage mais, comme le chat se montre de plus en plus menaçant, ils lui demandent s'il veut bien discuter avec eux. Et le chat reçoit l'anglais, chez lui, dans son nid d'aigle. Il s'appelle Chamberlain, il a un chapeau à bords roulés, un parapluie et l'air triste. Que dit-il au chat qui joue négligemment avec une pelote de galon de général ? Ceci : « Chat, tu veux croquer l'oiseau tchèque et on veut bien admettre que tu as faim. Paix à ses plumes ! Mais pour le polonais, attention ! Si tu y touches, c'est la guerre entre nous. France est d'accord, elle me trouve même trop complaisant avec toi. Alors, on t'en supplie : range tes griffes, cesse d'agiter ta moustache et promets-nous que tu ne toucheras pas à une plume du polonais. »

– Tu as une drôle de façon de raconter l'Histoire ! As-tu raison de rire à propos d'événements qui mettent en jeu la vie de millions d'hommes ?

– Sûr que j'ai raison ! Tant qu'on peut sourire du danger, il existe un espoir de le combattre, de le chasser...

– Et tu crois qu'on va le chasser ? Que le chat aura peur et qu'il retournera se faire caresser sur les genoux du gros Goering ?

– Non ! Mais tu as continué ma parabole et cela me plaît.

Les fabulistes de Libertés nouvelles avaient raison : non seulement les menaces ne s'estompaient pas, mais elles s'aggravaient. Chaque matin, Adrien dépouillait les journaux que sa secrétaire venait d'acheter. A elles seules, les photos de l'*Excelsior* résumaient le cauchemar : Chamberlain, d'habitude droit comme un mât, revenait courbé, livide, épuisé de l'antre de Godesberg où il avait rencontré le Führer ; des rues entières de boutiques tchèques étaient saccagées à Eger ; une fourmilière d'hommes bruns préparaient fébrilement à Nuremberg un congrès qu'on annonçait terrifiant... Titres et articles ajoutaient dans les autres quotidiens des détails à ces sinistres visions. Choqué, Adrien appelait Garmond au téléphone dans l'espoir qu'une dépêche optimiste tombée le matin sur le téléscripteur du journal le rassurerait ou qu'un bon mot le ferait sourire et l'aiderait à se mettre au travail.

Ce matin-là, hélas ! ni bonne nouvelle ni blague au rendez-vous. Garmond avait son ton lugubre :

– Quentin vient de recevoir un message du chef de

cabinet de Daladier : cent mille ordres de rappel sous les drapeaux sont sur le point de partir. Ils touchent les premières classes de réserve et les spécialistes de la ligne Maginot. Le gouvernement a aussi décidé de maintenir en activité la classe libérable le 1er octobre. Les malheureux qui ont déjà fait deux ans ne sont pas près de voir la quille !

– Je risque fort d'être rappelé en qualité d'officier de réserve, observa Adrien. Tâche d'avoir des tuyaux. A part cela, qu'as-tu d'horrible à m'apprendre ?

– Rien que tu ne saches déjà. Hitler parle ce soir devant cinquante mille délégués du parti et autant de fanatiques sympathisants venus de toute l'Allemagne. On doit l'écouter dans le bureau de Quentin. Anna nous traduira les passages essentiels. Venez donc vous joindre à nous. Tu sais que Robert se plaint toujours de ne pas te voir assez.

– D'accord, mais je serai seul. Anne-Marie a le nez pris et nous n'avons personne pour la garder.

– Ah ! Les affres du père de famille ! Embrasse-les toutes les deux.

Depuis le début de la crise, Robert Quentin avait fait installer dans son bureau un poste de radio dont il était fier. C'était le dernier modèle Radiola, une sorte de grand pain de sucre en ronce de noyer qui permettait de capter presque toute l'Europe, bien au-delà de Katowice qui avait été longtemps, aux confins de la Pologne, la station la plus lointaine qu'un amateur français puisse espérer recevoir. Le haut-parleur, protégé par un rideau de reps, crachait déjà de la musique militaire lorsque Adrien pénétra dans le bureau.

Madeleine était là, sa fille aussi qui venait d'avoir dix-huit ans, Garmond et Anna, crayon en main, déjà prête à saisir au vol les éructations d'Hitler. Quelques collaborateurs du journal, dont Thirion et Lachenal, s'étaient installés sur le grand canapé du fond. Tous semblaient occupés par leurs pensées. Ils baissaient la tête, avaient l'air triste et vague des assistants à un enterrement qui attendent à l'église l'arrivée du corps. La musique pourtant n'avait rien de religieux. Les cuivres et les tambours saturaient le salon comme ils devaient emplir la gigantesque arène du champ Zeppelin à Nuremberg. Chacun avait vu assez de photos des grandes messes nazies pour imaginer les banderoles, les drapeaux, les trombones, les casques et cette armée de bras qui n'attendaient qu'un ordre pour se lever et s'abaisser en hurlant « Heil ».

Maintenant trois cent mille poitrines retenaient leur souffle dans le silence pesant qui succédait au fracas des cymbales.

– Il va venir. Il va parler... dit Anna. Attention au délire !

Il était là, il venait d'apparaître.

– « En simple uniforme beige du parti », annonça Anna qui traduisait le commentaire du speaker allemand. « Cent trente faisceaux de lumière trouent la nuit au-dessus d'Adolf Hitler », continua-t-elle. « Voici les drapeaux, les étendards qu'on appelle. Le Führer est immobile. Il attend la fantastique invocation qui va monter à l'assaut de la tribune surmontée d'un aigle énorme étreignant la croix gammée... »

Anna demanda qu'on baisse un peu la tonalité du poste et traduisit en même temps qu'elle les écrivait les mots du serment qui allaient tuer tant d'hommes et de femmes durant plus de cinq ans :

– « Nous te remercions, Führer ! Oui. Quoi que tu ordonnes, ô Führer, nous l'accomplirons. Nous sommes prêts à te suivre ! »

Pas besoin de traductrice pour les vagues de « Heil » qui déferlèrent sur les ondes. Hitler, chacun l'imagina les yeux fixes, en train de respirer cette masse qui sentait la poudre noire. Puis il dut faire un geste car les cris cessèrent. Le moment était venu, celui du discours qui allait arbitrer entre la guerre et la paix.

Anna traduisit la première phrase : « Je me présente à vous avec la septième province allemande. » Puis, après la folie d'acclamations qui souleva la foule des gammés-croisés, elle prévint qu'elle ne parlerait que sur certains passages, la voix rauque, frénétique, exaltée devenant souvent inaudible.

– Va-t-il aller jusqu'à l'irrémédiable ? demanda Quentin. Il est incroyable de penser que des millions de gens, comme nous, sont suspendus aux lèvres de ce dément qui, à cet instant, a le pouvoir de décider de leur vie ou de leur mort !

Ces mots fatidiques, en quatre-vingt-dix minutes de menaces, de cris de victoire, de rugissements, Hitler ne les prononça pas.

– Rien n'est encore perdu, dit Robert Quentin.

« Rien n'est perdu », ce fut le commentaire de Benito Mussolini tel que le publièrent le lendemain les journaux. Selon *Paris-Soir* il aurait ajouté : « Je l'attendais plus menaçant, ce discours ! »

Après Nuremberg, les nouvelles, de mauvaises, devinrent angoissantes. Par Quentin, on sut que Daladier avait réuni les chefs militaires, qu'il s'était fait communiquer les plans de mobilisation générale et qu'il ne croyait plus à une solution négociée.

Si la rue restait calme durant les heures de travail, elle prenait à la sortie des bureaux et des ateliers une allure de panique. On arrachait *L'Intransigeant* et *Paris-Soir* aux crieurs de journaux, on s'agglutinait autour des kiosques et des sorties de métro. Partager la peur est aussi un moyen de la combattre.

Ce soir-là, les Anthelme et les Garmond dînaient ensemble chez Marchessoy. Ils préféraient, depuis le début des événements, ce lieu calme et simple aux lumières et au tohu-bohu de chez Lipp où les fausses nouvelles débordaient avec la mousse des demis.

– Si l'on en croit la presse, dit Garmond, Chamberlain est l'homme qui nous retient au bord du précipice ! C'est peut-être vrai. Pourtant, cette visite à Hitler qui n'a pas lâché un pouce de ses exigences et ce deuxième voyage qu'il entreprend demain à Godesberg – notez que c'est Hitler qui décide des lieux de rendez-vous – ne me disent rien qui vaille. Je crois qu'il serait raisonnable d'attendre avant de donner le nom d'une rue parisienne à sir Neville, comme le demandent ce matin plusieurs journaux.

– Et la France ? demanda Marie-Christine. Elle ne fait rien ?

– Pour une fois qu'elle est à peu près d'accord avec l'Angleterre, elle laisse celle-ci agir. Les deux pays sont liés par le pacte qui garantit les frontières de la Tchécoslovaquie, mais mon idée est que les deux alliés oublieront ensemble ce traité encombrant et laisseront Hitler envahir la région des Sudètes.

– Ce n'est pas possible ! s'écria Adrien. Les Tchèques comptent sur nous. Si nous les abandonnons en reniant notre parole nous les condamnons à mort ! Qu'avons-nous à gagner dans cette abdication honteuse ?

– Quelques semaines de paix, peut-être. Et puis, on peut rêver, l'espoir minuscule qu'Hitler s'arrête après avoir récupéré ce qu'il considère comme terre allemande. Tant qu'un obus n'aura pas réduit en miettes quelques maisons françaises ou anglaises, un miracle reste possible.

D'un commun accord, on décida de parler d'autre chose. Du baptême d'Anne-Marie, par exemple. Mais comment échapper à l'étau allemand dont les mâchoires se refermaient chaque jour un peu plus sur les consciences ?

– J'aimerais que le baptême ait lieu rapidement, dit Adrien. N'oubliez pas que je peux être rappelé d'un jour à l'autre.

Et c'était relancé. Les chiens qu'Hitler lâchait sur le monde, par meutes successives, ne laissaient pas leurs proies reprendre souffle. Ce qui fit dire à Garmond :

– C'est peut-être maintenant que le Führer est en train de gagner la guerre. Il est fou, dit-on, mais ce qu'il fait est intelligent : il joue avec l'adversaire comme le chat avec la souris. Il le fatigue, il l'use moralement. Sans tirer un coup de canon il le terrifie, il le mène où il veut, quand il veut. Il annihile ses centres nerveux...

– ... pour l'attaquer au bon moment, dit Anna.

– Pas forcément. S'il est vraiment intelligent, il s'arrangera pour ne pas tirer le premier. Il attendra que la France et l'Angleterre, trop humiliées, jettent leurs forces contre lui dans des conditions défavorables.

– Pierre, vous êtes insupportable, dit Marie-Christine. Votre dialectique dissèque l'horreur avec la méticulosité d'un entomologiste. Ne pensons plus à la guerre durant quelques instants, s'il vous plaît...

– Commande donc plutôt une autre bouteille de

Saint-Pourçain, enchaîna Anna. Le vin, heureusement, a gardé ses esprits.

Le lendemain de cette soirée d'où ils rentrèrent un peu ivres et libérés de leurs angoisses par la chaleur de l'alcool mêlée à celle de l'amitié, M. Chamberlain s'envolait une deuxième fois pour l'Allemagne. Il était pathétique, M. Chamberlain, sur la grande photo de *Paris-Soir* prise le matin même à l'aérodrome de Heston. Dans sa serviette de cuir noir fatigué, marquée aux armes de Sa Majesté, il semblait emporter en enfer la tristesse du monde.

C'était bien l'enfer qui l'attendait à Godesberg. Venu négocier un arrangement qui sauverait au moins la face, Chamberlain s'était trouvé placé devant un ultimatum :

– Les territoires sudètes ou la guerre !

Effondré, il obtint, maigre concession, que l'armée allemande ne passerait pas à l'action durant les pourparlers. Le mémorandum signé par le Führer fixait la date d'évacuation des forces armées tchèques à partir du 26 septembre à huit heures du matin, les territoires sudètes devant être cédés au Reich le 28 dans leur présent état.

On sut le lendemain à Paris que Chamberlain avait répondu au Führer :

– Avec un profond regret et beaucoup de déception, je dois déclarer, Chancelier, que vous n'avez rien fait pour établir la paix. Votre diktat est inacceptable.

Hitler avait alors hésité une minute entre la guerre immédiate et une paix moribonde. Finalement il avait déclaré :

– Monsieur Chamberlain, je veux vous faire plaisir en accordant une concession sur l'horaire. Vous êtes l'un des rares hommes pour qui j'aie jamais consenti à une telle chose. Je retarde au 28 la date de l'évacuation.

On peut imaginer que Chamberlain respira. La miette condescendante qu'Hitler lâchait lui laissait une semaine pour envisager avec la France la manière de faire comprendre aux Tchèques qu'on ne pouvait plus faire grand-chose pour eux, sinon de déclencher une guerre générale qui ne les empêcherait pas d'être dévorés...

Le lendemain, dans la soirée, Adrien et Garmond regardèrent, perplexes, la grande photo de la une de *Paris-Soir* qui représentait une nouvelle fois Chamberlain à sa descente d'avion, retour de Godesberg. Toujours triste, toujours fatigué, la veste fripée, il avait déclaré :

– Je ne peux pas dire que la situation est désespérée. De nouvelles propositions vont être communiquées au gouvernement tchécoslovaque.

– Pas désespérée ? dit Garmond. A l'annonce de la mobilisation de l'armée tchèque et après les nouvelles alarmantes reçues de Godesberg, Daladier a décidé cette nuit le rappel de un million cent mille hommes. Cette fois, mon lieutenant, tu fais peut-être partie du lot. Moi aussi, d'ailleurs, qui ne suis que caporal du train des équipages !

On ne devait pas avoir un besoin urgent de spahis réservistes. Adrien constata en lisant les petites affiches blanches ornées de deux drapeaux croisés collées à la hâte sur les murs parisiens, que seuls les porteurs de fascicules 2 et 3 devaient rejoindre leur corps. Allons, il attendrait la vraie déclaration de guerre, celle qui ne ferait pas de détail, pour aller se présenter à la caserne de Senlis où la 1re brigade rassemblait depuis quelques années le 4e marocains et le 6e algériens.

Une semaine terrible commençait. Depuis le 24, « les hommes rejoignaient », comme disait la presse. La gare de l'Est, pavoisée comme si partir en guerre était une fête, regorgeait d'appelés qui ne manifestaient ni colère ni enthousiasme, plutôt une résignation désabusée. Les casquettes dominaient à cet étrange rendez-vous national où l'on s'était rendu dans son plus vieux costume puisqu'il faudrait bientôt l'abandonner pour la vareuse de drap rêche, le pantalon serré aux genoux et les bandes molletières, accessoires surréalistes dont l'armée française gardait jalousement l'exclusivité.

La politique elle aussi mobilisait. Daladier et le ministre des Affaires étrangères, Georges Bonnet, filaient à Londres, maintenant décidé à emboîter le pas à Paris si la France entrait en guerre. La date fatidique du 28 approchait. Entrerait-il ou n'entrerait-il pas ? Si Hitler pénétrait avec ses Panzer sur le territoire tchécoslovaque, les hostilités seraient immédiatement déclenchées. L'homme brun le savait mais faisait comme si cette éventualité ne le troublait pas. Pour faire monter la pression, il avait décidé de parler à son peuple dans le cadre illuminé du Palais des Sports de Berlin, là où tournaient habituellement les écureuils des Six-Jours, où le poids lourd Max Schmeling, représentant athlétique de la race aryenne, avait, en quelques combats, acquis le droit d'aller se faire descendre en un round au Madison Square Garden par le champion noir Joe Louis.

Cette fois encore, la radio permettait de trembler en direct aux colères du Führer et le clan Quentin s'était retrouvé réuni autour du poste de la rue de Tournon. La tension en France était d'autant plus grande que l'on n'était plus qu'à quarante-huit heures de l'expiration de l'ultimatum et que c'était de ce même Sportpalast qu'Hitler avait annoncé devant quinze mille fanatiques l'entrée des troupes allemandes en Autriche. Hitler continuait-il de jouer avec les nerfs de ses adversaires, comme le prétendait Garmond ? Toujours est-il qu'au milieu du torrent d'injures déversé contre le président Benès et la Tchécoslovaquie tout entière, on n'entendit pas le mot tragique. La guerre ne commencerait pas dans la nuit du 26. Mais le lendemain ?

Le lendemain, rien, sinon d'ultimes et vaines propositions adressées à Hitler par Georges Bonnet. Quand, au milieu de la nuit, le reporter du *Matin* lui demandera s'il existait encore une chance de sauver la paix, le ministre des Affaires étrangères répondra : « Non. »

Dès le matin du 28, Adrien était rue de Tournon pour vivre cette journée qui ne pouvait être que dramatique. La presse du matin était sur la table mais il était illusoire d'y trouver quelque information sérieuse, tout au plus des opinions contradictoires, souvent même d'une page à l'autre dans le même journal. Ainsi, dans *L'Œuvre,* Raud et Geneviève Tabouis demandaient que la France honore ses engagements tandis que Jean Piot et Marcel Déat exigeaient un règlement pacifique, fût-ce au prix de l'orgueil national blessé.

Lassé par cette incertitude désespérante, Adrien avait branché la radio. Les journalistes de Radio-Cité faisaient bien leur métier et interrompaient slogans publicitaires et chansonnettes pour transmettre les nouvelles importantes. Outre la visite au Quai d'Orsay de l'ambassadeur de Grande-Bretagne à Paris, qui n'apportait rien de nouveau, l'état-major de Libertés nouvelles apprit que les Alliés soutenus par le président Roosevelt pressaient le Duce d'intervenir auprès de son ami Hitler pour obtenir avant l'heure fatidique la réunion d'une nouvelle conférence.

– S'il n'a pas encore pris de décision irrévocable, le Führer va accepter, dit Robert Quentin qui, accablé, parlait peu.

– Peut-être, en effet, a-t-il encore besoin de quelques semaines ou de quelques mois pour se préparer, ajouta Garmond. Et c'est toujours la même question qui revient, chaque fois un peu plus éprouvante, devant le sablier nazi qui n'en finit pas d'écouler ses grains de vies humaines. Allons-nous encore reculer ? Hitler, lui, va continuer à avancer ses pions.

De temps en temps, quelqu'un jetait un coup d'œil sur le vieux cartel d'acajou, encore un vestige de la banque familiale, dont la petite aiguille se rapprochait inexorablement de quatorze heures.

– L'heure du crime, dit Lachenal.

– Tu as raison, continua Thirion. Quel qu'il soit, le dénouement de cette histoire sera un crime. Crime contre la paix ou crime contre la Tchécoslovaquie.

Deux heures de l'après-midi étaient passées depuis trois quarts d'heure et l'incertitude demeurait. La seule chose dont on était sûr, c'est qu'Hitler n'avait pas déclaré la guerre.

– Si vous appeliez le Quai d'Orsay, monsieur Quentin ? suggéra Barlet.

– Je n'aurai jamais Bonnet au téléphone. Ils doivent être dans tous leurs états. Je peux peut-être essayer de joindre Rappanel, son chef de cabinet. Il était un vaillant compagnon à la naissance de Libertés nouvelles. Cela fera passer un peu le temps.

Rappanel répondit qu'il n'y avait rien de nouveau mais que le silence d'Hitler était jugé au Quai plutôt encourageant. « A la moindre nouvelle je t'appelle ou je te fais appeler », avait-il ajouté.

La réponse que le monde entier attendait arriva par l'ogival Radiola : à quatorze heures trente, Goering avait appelé l'ambassadeur de France, M. François-Poncet, pour l'informer que le chancelier du Reich l'avait prié d'inviter M. Daladier à Munich le lendemain, pour une conférence à laquelle assisteraient aussi le Duce et sir Neville Chamberlain.

Afin de ne pas entamer une nouvelle et vaine discussion sur les intentions réelles d'Hitler, Garmond, toujours philosophe, remarqua :

– Messieurs, la radiophonie, encore une fois, vient de démontrer sa suprématie dans la transmission des informations. Une transmission instantanée qui ne va pas tarder à remettre en question le rôle de la presse écrite !

Rappanel appela Quentin tout de suite après pour confirmer la nouvelle et dire que le président du Conseil prendrait l'avion pour Munich dès le lendemain matin.

– Entre nous, ajouta-t-il, Daladier n'est pas optimiste. Il tient à partir le plus discrètement possible, sans escorte ni journalistes. Sais-tu ce qu'il vient de me dire ? « J'ai l'impression d'être dans la peau d'un malandrin qui s'en va faire un mauvais coup ! »

Mauvais ou pas, le coup à la Tchécoslovaquie était porté quarante-huit heures plus tard, après une suite de discussions où les arguments des Alliés ne pesaient pas lourd devant la détermination d'Hitler de dépecer un pays que la France et l'Angleterre s'étaient engagées à protéger.

Marie-Christine supportait mal cette atmosphère de fin du monde qui embrumait Paris. « Elle nous fait un peu de neurasthénie, disait sa mère. C'est normal après une grossesse. » C'était vrai, la petite Anne-Marie l'épuisait et elle devait lutter pour ne pas rester allongée toute la journée. Il lui arrivait souvent de sécher ses larmes, très vite, quand elle entendait son mari ouvrir la porte d'entrée. Il était naturellement inutile d'essayer de lui cacher les informations alarmantes. Elle lisait les journaux, écoutait la radio et était trop intelligente pour ne pas avoir conscience du danger. Femme et mère, elle refusait de voir son bonheur et même sa vie s'écrouler à cause de ces Sudètes dont elle ignorait l'existence voilà seulement deux mois. Quand Adrien lui parlait de la situation, elle s'emportait facilement :

– C'est la paix que je veux. La paix à tout prix. Tant pis si les boutefeux vertueux et patriotards crient au déshonneur et à la lâcheté.

Et elle montrait à Adrien la manchette de *L'Eclaireur de Nice* reproduite dans *Le Matin* : « Tous les Tchécoslovaques du monde ne valent pas les os d'un petit soldat français ! »

Il la calmait, essayait de lui rendre un peu d'espoir. Enfin, en cette soirée du 28, une timide lueur éclaira l'avenir immédiat.

– Sais-tu la nouvelle ?

– Oui, j'ai entendu à la radio qu'Hitler avait finalement accepté de rencontrer une nouvelle fois Daladier et Chamberlain. Tu y crois, toi, à cette ultime conférence ? Que disent Quentin et Garmond ?

– Le Quai d'Orsay est paraît-il plutôt optimiste. Nos amis croient qu'à Munich on va finalement arriver à un accord, c'est-à-dire qu'on va accepter toutes les conditions allemandes et sacrifier les Tchèques.

– Il y a un moment que je n'ai pas prié. Ce soir je vais le faire... Pour que Daladier nous rapporte la paix !

Elle devait, comme tous les Français, les Anglais, les Belges, l'Europe et les Allemands eux-mêmes, attendre encore quarante-huit heures pour connaître les résultats de la « conférence du dernier souffle », comme l'appelait Anna.

C'était dans la nuit du 29 au 30. On savait que la première journée de la rencontre avait été décevante et la seconde marquée par plusieurs colères du Führer et une fausse sortie de Daladier. Le fait que la réunion eût repris après le dîner était-il positif ? Difficile à savoir. Alex Virot, l'envoyé spécial de Radio-Cité, ne pouvait donner, à chaque émission de « La Voix de Paris », que des impressions d'ambiance, des reportages sonores sur l'atmosphère de fête qui régnait à Munich décorée de drapeaux français et anglais mêlés au rouge sang des bannières nazies. Que se passait-il donc derrière la lourde porte d'acajou du grand bureau d'Hitler ? Pour le savoir, Adrien et Marie-Christine avaient branché, à côté du lit, le poste de radio et attendaient, comme des centaines de milliers de gens, le dénouement de la pièce.

A une heure et demie, l'indicatif de « La Voix de Paris » égrenait ses six notes aigrelettes et Adrien tourna le bouton pour augmenter le son. Jean Guignebert, le rédacteur en chef, qui avait pris pour la circonstance la place du speaker habituel, commença à lire quelques dépêches sans importance puis, soudain, s'arrêta au milieu d'une phrase. Adrien serra la main de Marie-Christine qu'il tenait dans la sienne. Cette seconde de silence ne pouvait qu'annoncer une nouvelle capitale. La voix sèche et nette de Guignebert était émue quand elle annonça :

– Mes chers auditeurs, on vient à l'instant de m'informer que la conférence est terminée. La paix est sauvée !

Marie-Christine se jeta dans les bras de son mari. Soudain détendue, elle pleurait...

– Je reste avec toi, ma chérie, lui dit tendrement Adrien. Mais demeurons à l'écoute. Cet Alex Virot est un bon reporter. Il va sûrement essayer de rencontrer Daladier...

C'était l'évidence. Vingt minutes plus tard, Virot parlait. Sa voix était un peu couverte par des bruits de foule, mais Adrien, qui avait l'oreille fine, entendit :

« Comme vous le savez, chers auditeurs, la conférence est terminée. Avec succès, puisqu'elle nous évite une guerre. M. Daladier et M. Alexis Léger viennent d'arriver à leur hôtel Les Quatre Saisons. Dans les salons, la bonne humeur semble régner. M. von Ribbentrop sable le champagne à une table. Je peux vous dire qu'il est resté fidèle à la marque dont il fut naguère le représentant : il boit du Pommery. Le maréchal Goering est à une autre table avec sa femme. M. Daladier, qui semble exténué, a bien voulu dire quelques mots aux journalistes : "Eh bien, nous avons fait quelque chose de raisonnable. On aurait fait tuer quinze millions d'Européens et, après, on se serait bien gardé de reconstruire la Tchécoslovaquie telle qu'elle était. Alors..." Le Président reprendra son avion, le *Poitou*, demain. Il sera au Bourget dans l'après-midi. »

Adrien regarda sa montre : il était quatre heures. Marie-Christine dormait, la tête enfouie sous le drap. Il dégagea son visage, la regarda, attendri, et éteignit la lumière. La journée avait été épuisante mais il n'avait pas sommeil. Il réfléchit à un tas de choses : à l'agence qui, la crise passée, allait pouvoir reprendre son essor, au bébé qui reposait dans son berceau, à sa jeunesse de petit banlieusard pauvre, à la Juvaquatre toute neuve, sagement rangée en bas contre le trottoir, à sa mère qu'il se promit d'aller voir dans la semaine et dont il avait maintenant chaque jour des nouvelles depuis que M. Lévy travaillait à l'agence. Il se dit aussi qu'il devait parler à Garmond : cette paix arrachée aux semelles d'Hitler ne lui disait rien qui vaille... « Ceux qui croient que l'affaire est terminée après quatre signatures sur un registre à tranches dorées se trompent, pensa-t-il. Les loups ne se transforment pas comme cela en agneaux ! » Enfin, il se cala sur l'oreiller après avoir encore une fois regardé Marie-Christine dont le visage était maintenant reposé. Elle n'aurait pas compris la dernière pensée de son mari avant de s'endormir : « Maintenant, je crois que je l'aime vraiment... »

– Tu es déjà prêt ? Où vas-tu ? demanda-t-elle le lendemain en ouvrant un œil.

– Voir la tête qu'a Paris après cette nuit de folle inquiétude. Et surtout parler un peu avec Garmond, savoir ce qu'il pense, lui qui ne pense jamais comme tout le monde !

En passant de la nuit au jour, Paris avait changé de visage. Les gens souriaient malgré le temps maussade. Les couples croisés sur le trottoir semblaient beaucoup se parler et ceux qui marchaient seuls, un journal sous le bras, avaient hâte d'échanger leurs impressions avec les collègues de travail. Le kiosque à journaux du boulevard Raspail était dévalisé. Il ne restait que quelques feuilles sans importance et *Le Jour*, un quotidien qu'on n'aimait pas beaucoup rue de Tournon. Adrien le prit sur le comptoir et dut, avant de payer, partager l'émerveillement du marchand :

– Monsieur, depuis vingt ans que je vends des journaux, je n'ai pas vu cela. Il n'est que neuf heures et demie et ma boutique est vide. Tous les quotidiens sont partis !

Adrien jeta un coup d'œil sur l'éditorial de Léon Bailby avant de suivre son chemin : « Ce n'est pas le triomphe, c'est la paix. Et la paix vaut bien quelque chose. Mais cette paix, nous la payons cher. On s'en apercevra bientôt. » Il se dit que, pour une fois, Bailby, considéré par ses amis comme un vieux ratiocineur réactionnaire, n'était pas loin de penser comme lui.

A Libertés nouvelles, ce n'était ni la joie ni la tristesse. On essayait plutôt d'évaluer l'intérêt politique des accords. Robert Quentin, le vieux pacifiste, était partagé, comme beaucoup, entre la satisfaction et le dégoût que lui inspirait le triomphe d'Hitler.

– Car c'est tout de même le triomphe de la barbarie nazie ! s'exclamait-il quand Adrien entra dans le bureau. Il faudrait que les Français en prennent conscience !

Garmond, installé dans le fauteuil de cuir, usé comme une vieille selle, qui lui était tacitement réservé chez le patron, dépiautait la presse avec une certaine volupté, comme chaque fois qu'un sujet grave partageait l'opinion. Il fit signe à Adrien et lui tendit *Le Populaire* :

– Tiens, lis l'article de Blum. C'est bien dit.

Léon Blum avouait qu'il se sentait « partagé entre un lâche soulagement et la honte ». C'était exactement le jugement de Quentin.

– Daladier a-t-il eu raison de signer ? demanda Adrien.

– Je ne crois pas qu'il pouvait faire autrement, répondit Garmond. Il n'y a qu'à voir les réactions de l'opinion, en France comme en Angleterre. J'ai entendu à la radio que les Parisiens se ruaient vers Le Bourget où Daladier est attendu tout à l'heure. Il paraît que sur le trajet qu'empruntera sa voiture les trottoirs sont remplis de citoyens qui veulent acclamer le sauveur de la paix. A Londres, c'est pareil. De l'aéroport à Buckingham, des foules énormes sont prêtes à hurler leur joie.

– J'irais bien au Bourget, moi aussi. Pour voir... proposa Adrien.

– Inutile, dit Garmond. Les foules qui acclament ne sont pas intéressantes. Tu verras tout cela aux « Actualités » dès demain. Tiens, si Marie-Christine va bien, on peut aller voir *Hôtel du Nord,* le nouveau film de Marcel Carné. On dit que c'est un chef-d'œuvre.

On sut tout, le soir, par la radio. L'accueil avait été délirant sur tout le parcours. La foule n'avait cessé de crier : « Vive Daladier. Merci Daladier » ; des fleurs, des bouquets entiers avaient été lancés d'innombrables fenêtres sur le cortège. On sut aussi par Rappanel que le président du Conseil, qui s'attendait plus à des manifestations hostiles qu'à des acclamations, avait été stupéfait et avait fini par être gagné lui-même par l'émotion. Il pleurait en descendant de voiture dans la cour du ministère de la Guerre. On sut encore que, retiré dans son bureau avec quelques intimes, il avait confié à son ami Marc Rucart qui le félicitait de son triomphe : « Les malheureux ! S'ils savaient ce qu'ils applaudissent ! »

Les « malheureux » se rendirent à peine compte, deux mois plus tard, qu'il s'était passé des choses affreuses de l'autre côté du Rhin. Déjà soumis aux pires exactions de la part des S.S., des S.A. et d'une partie de la population, les juifs commençaient à subir l'insoutenable. En Autriche, d'abord, où l'Anschluss avait entraîné une explosion de haine raciale souvent plus violente que dans l'ancien Reich. Et maintenant dans toute l'Allemagne, à la suite du geste désespéré d'un jeune juif de dix-sept ans qui avait assassiné à Paris le conseiller d'ambassade von Rath pour se venger des violences subies par ses parents en Allemagne. Le signal du pogrom avait été donné le 9 novembre par un discours d'Hitler. Partout, des groupes terroristes composés principalement de S.A., les hommes de main du parti, s'étaient lancés à l'attaque des synagogues et des commerces tenus par des juifs, détruisant, incendiant, assassinant. Le parti avait même rendu public le bilan de ce qu'il appelait « la nuit de cristal ». Sinistre tableau de chasse officiel : 91 commerçants tués, 29 magasins détruits par le feu, 171 domiciles et 101 lieux du culte incendiés, 7 500 magasins dévastés. Ce n'était pourtant là que le début du calvaire : le lendemain, sur l'ordre personnel d'Hitler, 35 000 juifs allemands avaient été arrêtés et conduits dans des camps de concentration.

Au lendemain des accords de Munich, Henry de Montherlant, féroce, avait écrit : « La France est rendue à la belote et à Tino Rossi. » Adrien, lui, était rendu à ses « affaires », comme il aimait à dire maintenant. Ses affaires, c'était naturellement l'agence qui profitait de « l'effet Munich ». La France commerçante avait reçu du Dr Daladier une piqûre fortifiante qui lui rendait une certaine prospérité. Inconsciemment souvent, les gens savaient que la paix munichoise était fragile. Cela les poussait à dépenser leur argent. Les commerces de luxe marchaient comme aux beaux jours, les restaurants cotés étaient pleins, depuis longtemps les « fêtes riches », organisées par les millionnaires français ou les princes étrangers, n'avaient été aussi nombreuses ni aussi somptueuses. On dansait dans les ambassades, on applaudissait les grandes eaux dans les jardins de Versailles illuminés, on soupait chez Maxim's. A un échelon inférieur, le syndrome nazi estompé, les gens rassurés s'occupaient à nouveau de leur petite santé et faisaient fructifier le commerce des pommades, des élixirs, des lotions qui, s'ils n'avaient guéri personne, avaient permis à l'agence Globe de se faire une place au soleil de la réclame.

Adrien, qui ne croyait pas, lui, aux vingt-cinq ans de paix annoncés par certains journaux, profitait de l'éclaircie pour se constituer, c'était le cas de le dire, un trésor de guerre.

Il travaillait à son bureau quand sa secrétaire lui annonça qu'un certain M. Leblond désirait le voir. Leblond... Il chercha parmi ses clients, ses confrères, ses fournisseurs. Ce nom ne lui disait rien.

– Demandez à ce monsieur de vous dire ce qu'il veut. J'ai une lettre urgente à rédiger...

– Il m'a dit qu'il vous avait connu à Saint-Maur.

Saint-Maur, La Varenne... c'était le sésame infaillible.

– Faites-le entrer.

Adrien reconnut sans peine ce Leblond au nom oublié. C'était lui qui l'avait introduit dans le cercle de Libertés nouvelles, qui l'avait fait entrer un dimanche dans le jardin des Quentin, bref qui avait déclenché le processus de l'irrésistible ascension.

Leblond était un long jeune homme plutôt élégant et sympathique. Après l'échange de souvenirs sur l'école de Saint-Maur et les courses pour attraper le dernier train en gare de la Bastille, il se confia :

– Tu viens de me dire que tu me devais beaucoup. Cela facilite ma démarche. Voilà, je cherche du travail. Je suis tombé l'autre jour sur ton nom, cité dans un journal professionnel, et je me suis dit...

– ... qu'Anthelme allait peut-être pouvoir te dépanner. Tu as bien fait. J'ai des défauts mais je n'oublie pas ceux qui m'ont rendu service. Ceux qui m'ont laissé tomber non plus d'ailleurs ! Raconte-moi ta vie, dis-moi ce que tu sais faire et, surtout, ce que tu crois pouvoir faire.

Leblond, lui, avait pu suivre ses études jusqu'au bachot au lycée Carnot puis dans une institution privée voisine du nouveau domicile de ses parents. Cela lui avait-il été profitable ? Etait-il aujourd'hui mieux préparé à affronter la vie qu'Adrien ? Celui-ci n'en fut pas sûr après avoir parlé avec lui durant une demi-heure. Leblond était un faible, un être sensible et intelligent qui, c'était évident, ne ferait jamais un chef. En l'emmenant déjeuner chez Mario, l'Italien de la rue des Ecoles, Adrien lui demanda pourquoi, après l'avoir persuadé de fréquenter le mouvement de la rue de Tournon, il l'avait lui-même abandonné.

– Notre déménagement... Et puis non, autant te dire la vérité, mon père était hostile aux idées avancées de Robert Quentin. Il m'aurait très bien vu aux Jeunesses patriotes ou chez les Camelots. Mais ces chrétiens démocrates alliés aux juifs radicaux, quelle horreur ! Bref, il m'a obligé à démissionner !

– Je ne sais pas ce que j'aurais fait dans ton cas mais je peux te dire que si j'arrive aujourd'hui à te tirer d'embarras, c'est parce que Quentin et encore plus Pierre Garmond m'ont accueilli et m'ont tout appris. Cela n'a pas été facile, j'ai dû lutter pour sortir de ma pauvreté. Car j'étais pauvre, tu ne t'en es peut-être pas rendu compte, toi dont les parents étaient fortunés. Cela dit, je ne regrette rien...

Leblond raconta qu'il avait perdu sa mère et que son père, le bourgeois défenseur de l'ordre établi, était parti avec sa manucure. Il avait dû trouver une place à la Bourse, chez un agent de change, pour vivre dans la chambre de bonne qui lui avait été laissée. Depuis quelques mois, hélas ! les menaces de guerre décourageaient les actionnaires et son poste de commis avait été supprimé. Il se retrouvait chômeur et ne voulait rien demander à son père.

– Tu vois, dit-il, j'ai presque regretté que la guerre n'ait pas éclaté ! Cela aurait réglé mes problèmes...

– Où as-tu fait ton service ? Tu n'es pas rappelé ?

– J'ai été affecté au 42e d'infanterie et ils ont besoin de spécialistes, pas encore de porte-flingues à un coup. Sais-tu que l'armée française est encore équipée des Lebel de la guerre de 14 !

– Moi, s'il y a la guerre, je la ferai à cheval, comme à Reichshoffen ! Je suis sous-lieutenant de spahis !

– En attendant, t'est-il possible de me prendre avec toi ?

– Ce n'est pas raisonnable mais je vais le faire. En fait, j'ai depuis un mois le projet de chercher quelqu'un de fidèle, en qui j'aurai confiance, qui soit capable de me seconder, de me protéger en m'évitant de faire des fautes. Je suis un impulsif... Tu vois, quelque chose comme un secrétaire particulier, un chef de cabinet... Je ne sais pas où nous allons. A la guerre sûrement. Mais la guerre aura une fin et il faudra tout reconstruire. C'est peut-être à ce moment que j'aurai vraiment besoin de toi.

– Merci, Adrien. J'accepte ton offre. Tu me paieras ce que tu voudras. Je suis ton homme. Mais, dis-moi, c'est vrai que tu penses déjà à l'après-guerre ? Une guerre qui n'est pas commencée !

– Pour réussir, il faut anticiper. Anticiper, je n'ai fait que cela depuis que je gagne ma vie. Tu verras, je t'apprendrai !

C'est ainsi que Raymond Leblond rejoignit l'agence Globe à un moment où l'on n'avait absolument pas besoin de lui.

Pourquoi Adrien avait-il fait cela ? Il se posa la question lorsque son ami fut parti en disant qu'il viendrait prendre son service le lendemain matin. Pourquoi ? Par reconnaissance, naturellement. C'était vrai : il devait beaucoup à celui qui lui avait fait connaître Libertés nouvelles. Pourtant, les choses n'étaient forcément pas aussi claires. Il devait y avoir un autre motif, caché quelque part dans son subconscient, réserve secrète de pensées dont Garmond lui avait un jour révélé l'existence. Il réfléchit intensément à cette question. Son égotisme le poussait souvent à s'analyser, à rechercher comment fonctionnait sa cervelle d'autodidacte.

A sa question il n'obtint pas une réponse mais plusieurs. Celle qu'il choisit était sûrement la bonne parce qu'elle ne lui faisait pas plaisir et révélait une part de son caractère qu'il préférait généralement oublier. Il n'avait pas engagé Leblond par pure bonté d'âme, mais par calcul. Quand il se projetait dans l'avenir, il se voyait parvenu à un très haut niveau, entouré de collaborateurs dévoués, par nature ou par obligation, parce qu'il avait prise sur eux d'une manière ou d'une autre. C'était cela. Leblond lui avait semblé répondre aux qualités qu'il attendait de ses auxiliaires les plus proches : pas assez fort pour parvenir à un très haut poste de commandement, assez complaisant pour accepter son autorité, et entièrement dépendant par gratitude et par intérêt financier. « Tiens, se dit-il, je vais inscrire dans mon cahier de résolutions une phrase importante qui me vient à l'esprit. » Il trouva le registre dans le tiroir fermé à clé de son bureau – il ne le gardait plus dans sa chambre car il ne voulait pas que Marie-Christine le lise – et écrivit : « Personne ne peut vous être plus attaché, même s'il ne vous aime pas, que celui qui, surpayé, sait qu'il ne peut trouver ailleurs un salaire équivalent. »

Il pensa, complétant son idée mais ne l'écrivant pas tellement c'était terrible : « L'homme puissant doit avoir quelques esclaves près de lui. » Et il rectifia en pensée pour son confort personnel : « Ne crains rien pour l'instant, mon bon Leblond, je ne suis pas encore un homme puissant et je n'ai pas besoin de galériens sur ma barque ! »

Raymond Leblond trouva sa place dans l'agence. D'un caractère doux et simple, il s'entendit bien avec M. Lévy, le concepteur et les deux secrétaires. Il était le seul à tutoyer le patron, mais c'est lui que cela gênait. En libérant Adrien de certaines obligations, il réussit assez vite à justifier le salaire convenable qui lui avait été octroyé. Quand il lui arrivait de remercier son généreux ami, celui-ci répondait qu'il avait fait une excellente affaire en l'engageant. Et c'était presque vrai.

Adrien profita ainsi de la trêve munichoise pour gagner de l'argent. Pas des fortunes, mais assez tout de même pour ouvrir un compte à la Société générale au nom de Marie-Christine et acheter cinq lingots d'or qu'il enterra dans la cave.

Trois mois avaient passé depuis ce terrible mois de septembre où le monde avait failli basculer dans la guerre. Les malheureux Tchèques étaient oubliés. Déjà on ne parlait plus des Sudètes obéissants, rangés sous le drapeau rouge à croix gammée. On se serait cru dans la vraie paix sans les rappelés qui cantonnaient toujours à la frontière et que le ministère ne songeait pas à faire rentrer, ce qui n'était tout de même pas bon signe. Hitler, sans doute occupé chez lui à pourchasser et à déporter les juifs, semblait vouloir calmer le jeu en Europe. N'avait-il pas envoyé Ribbentrop, son ministre des Affaires étrangères, à Paris pour signer avec son homologue français Georges Bonnet un traité de bonne entente ?

On en avait parlé de ce traité au dîner qui rassemblait ce soir-là chez les Anthelme Garmond, Anna ainsi que M. et Mme Quentin invités pour faire connaissance de la petite Anne-Marie âgée maintenant de sept mois !

– Méfions-nous de l'eau qui dort ! avait dit Robert Quentin. Le monstre va se réveiller un de ces jours et poursuivre sa politique de conquêtes faciles. Il y a des gouvernements comme celui de la Grande-Bretagne et le nôtre qui basent leur morale sur la sauvegarde de la paix. Hitler, lui, fait vibrer son peuple avec la guerre !

– Cela va recommencer comme en septembre ? demanda Marie-Christine.

– Non, parce que si l'Allemagne touche à la Pologne nous lui déclarerons la guerre. L'Angleterre et la France ne peuvent supporter une nouvelle humiliation.

Garmond, qui avait promis à Madeleine Quentin de ne pas aborder de sujet politique, n'entra pas dans la conversation. On parla d'autre chose, de *Libertés nouvelles* qui avait survécu à la tourmente et venait même d'augmenter sa pagination grâce à un généreux donateur. « Les fonds secrets des Affaires étrangères », souffla Garmond à l'oreille d'Adrien. Cette confidence n'étonna pas Anthelme qui savait le patron lié d'amitié avec Alexis Léger, le secrétaire général du Quai[1].

Ce dîner constituait pour Adrien une étape importante de son existence. Il s'en rendait compte en regardant Robert Quentin reprendre du filet de bœuf avec les couverts du service en argent offert par M. Duchemin et en écoutant Madeleine, sa voisine, lui faire des compliments sur son appartement et ses talents de maître de maison. Ce repas où il recevait presque d'égal à égal un homme aussi connu et estimé lui remit soudain en mémoire le premier dîner rue de Tournon auquel il avait été invité et où il était venu en culottes de golf. Il le dit à Madeleine, émue par ce souvenir qui lui faisait mesurer le chemin parcouru par son protégé.

– Je me rappelle très bien ce dîner. Il y avait, je crois, Loucheur, ce brave cœur si ennuyeux. C'est ce jour-là, avant de passer à table, que je vous ai donné quelques conseils pour ranger bourgeoisement vos cou-

1. Personnage que certains jugeaient plus important que le ministre des Affaires étrangères (il avait accompagné Daladier à Munich). Il était aussi, hors diplomatie, le poète Saint-John Perse.

verts sur l'assiette. Vous étiez un bon élève, Adrien, et nous parlons souvent de vous avec mon mari. Si vous saviez combien il vous est reconnaissant de continuer de vous occuper sans contrepartie de la publicité du journal !

– Ne renversons pas les rôles. C'est moi qui vous dois tout. Savez-vous que je ne fais presque plus de fautes d'orthographe ?

Ils éclatèrent de rire et se tournèrent vers Garmond qui venait d'entamer avec Marie-Christine un débat animé sur la grammaire et les grammairiens. La conversation entre les deux normaliens aurait pu être absconse et surtout ennuyeuse. Ce n'était pas le cas. Ils savaient que s'ils voulaient briller ce soir, ce ne pouvait être qu'avec les mots de tout le monde.

Dieu sait pourquoi ces deux-là en étaient venus à parler de l'« emploi stylistique des noms de nombres ». Sommés de s'expliquer clairement par Anna qui jouait volontiers la simplicité, sauf dans sa tenue, Garmond précisa en souriant :

– Les agrégés sont bons enfants. Ils seront clairs. Les noms de nombres, un, dix, cinquante... sont évidemment la base du langage mathématique. Mais les mathématiques et surtout les mathématiciens sont ennuyeux, alors de bonne heure ces noms ont voulu s'évader de leur prison arithméticienne. Avec la complicité des poètes, de Corneille, par exemple.

– Oui, continua Marie-Christine. Souvenez-vous de : « A moi comte, deux mots ! » Ou encore : « A quatre pas d'ici je te le fais savoir. » Il est évident que « deux » ou « quatre » n'ont chez Corneille aucune valeur quantitative. Don Gormas devait comprendre que « deux mots » voulaient dire une sérieuse engueulade et « quatre pas » tout près.

– Mais pourquoi ces deux chiffres « deux » et « quatre » ? demanda Adrien, pas mécontent de mettre son grain de sel dans une discussion savante.

– Je crois que d'une manière générale les nombres précis employés avec une valeur vague désignent des petites quantités, répondit Marie-Christine. Et puis il n'y a pas que « deux » et « quatre ». On dit aussi : « Je reviens dans cinq minutes »...

– Et encore « à la six-quatre-deux » ! souffla Robert Quentin qui semblait bien s'amuser.

– Bref, les petits chiffres désigneraient les petites quantités ?

Un peu trop vite, Garmond dit :

– C'est cela.

Triomphante, Anna s'exclama :

– Comme l'expression « se saigner aux quatre veines » ! « Quatre », là, ne veut pas dire beaucoup ?

Garmond, beau joueur, s'inclina.

– Tu as raison, ma belle. Mais, en général, l'expression des grandes quantités use des nombres les plus élevés. Tiens, un petit jeu : trouvez des expressions chiffrées à partir de sept ayant signification d'importance.

– « Des bottes de sept lieues », dit Mme Quentin.

– « Voir trente-six chandelles », enchaîna Adrien.

– N'oubliez pas Boileau, dit à son tour Marie-Christine : « Vingt fois sur le métier remettez votre ouvrage. » Ou encore : « En cent lieues contre lui les cabales s'amassent. »

Garmond aurait bien continué par un éloquent propos sur la préposition « de », mais Anna lui cloua le bec quand il s'engagea sur la délicate formation du « de » devenu article partitif.

– Assez de cuistreries ! Laissez plutôt M. Quentin nous parler de ses batailles philosophiques avec Jules Guesde et Maurras !

Il était plus de minuit quand Mme Quentin donna le signal du départ.

– Votre dîner était épatant ! dit Garmond à Marie-Christine et à Adrien en partant. Peut-être l'un des derniers avant la guerre. Une seule remarque, Adrien : tes vins n'étaient pas à la hauteur des mets. Je t'ai entendu dire tout à l'heure à Madeleine que tu ne faisais plus de fautes d'orthographe. C'est bon pour ton avenir, sacré petit arriviste, mais sache que les fautes de vins ne se pardonnent pas plus qu'un *f* en trop ou un *m* en moins. Je vais te donner des leçons. Le moment n'est pas bien choisi pour que nous nous constituions la cave idéale. Mais dans quelques mois, ou quelques années, après la guerre, je t'apprendrai la différence entre un côte-rôtie et un vulgaire côtes-du-rhône. Encore que certains côtes-du-rhône bien nés...

– Tu crois vraiment que c'est le dernier dîner ? demanda Marie-Christine à Adrien lorsque tout le monde fut parti.

Il attira sa femme contre lui.

– Cela se pourrait. Garmond et le patron n'en ont pas parlé pour ne pas gâcher notre réunion mais les Allemands sont entrés à Prague. Les Sudètes n'étaient qu'un premier pas. La Tchécoslovaquie a cessé aujourd'hui d'exister. Je suis de moins en moins sûr que Munich ait sauvé la paix.

Adrien, qui s'était si longtemps désintéressé de la politique, dévorait maintenant les quotidiens. Chaque matin, Leblond arrivait les bras chargés des gazettes de toutes tendances et encadrait de crayon rouge les articles qui lui semblaient les plus intéressants. Tous, au lendemain du coup de Prague, constataient l'évidence : les traités ne comptaient pas plus aux yeux d'Hitler que la boutique d'un cordonnier juif.

Ce matin du 17 mars, Adrien lisait dans *Le Populaire* un éditorial sévère de Pierre Brossolette :

La passivité à laquelle a conduit la confiance de Georges Bonnet en Hitler est un des éléments qui ont permis l'annexion de la Tchécoslovaquie. Si l'on veut que la série continue, il n'y a qu'à laisser aux mêmes mains la diplomatie française.

C'était sans doute donner bien de l'importance à Bonnet. Il est vrai qu'on attendait le lendemain un grand débat à la Chambre pour accorder ou refuser les pleins pouvoirs à Daladier. Il s'agissait d'autoriser le gouvernement à prendre toutes mesures nécessaires à la défense du pays.

Les amateurs de joutes parlementaires furent déçus. Seuls les socialistes et les communistes votèrent contre une décision somme toute bien normale devant les provocations allemandes.

Les nouvelles de l'étranger se succédaient à une vitesse si rapide que la sortie de la nouvelle Peugeot 202 passa presque inaperçue. Certains considérèrent même cet événement comme dérisoire et mal venu au moment où l'industrie française était censée fabriquer des chars et des blindés en masse pour rattraper le retard de l'armement national.

Leblond n'en finissait pas d'entourer des articles pour Adrien : Madrid était finalement tombé aux mains de Franco et la France avait nommé le maréchal Pétain ambassadeur en Espagne ; Hitler s'était approprié le territoire de Memel ; l'Italie avait envahi l'Albanie et Albert Lebrun venait d'être réélu président de la République dans l'indifférence générale. L'instauration de la conscription en Grande-Bretagne, nouvelle pourtant considérable, n'avait pas fait de gros titres dans la presse, ce qui avait fait bondir Garmond qui continuait d'échanger chaque matin ses impressions au téléphone avec Adrien.

– C'est incroyable ! Personne ne semble se rendre compte que l'institution du service militaire obligatoire pour les sujets britanniques, contraire à toutes les traditions, est un signe qui ne trompe pas. La guerre dont nous avons tant parlé arrive, mon petit Adrien. Prends des dispositions pour mettre tes deux femmes à l'abri.

– Tout de suite ?

– Pourquoi attendre ? Quand le gouvernement donnera des conseils d'évacuation de la capitale ce sera la pagaille sur les routes. Sans compter qu'une attaque surprise des Stuka sur Paris est tout à fait possible.

Adrien conduisit le lendemain Marie-Christine et Anne-Marie à la propriété des Bézards. Un couple dévoué, les Tuilot, assuraient la garde de la maison des Werner-Brisach. Marie-Christine et la petite fille ne pouvaient être mieux à l'abri que dans cette vieille ferme restaurée et aménagée. Paris n'était qu'à cent quarante kilomètres, à peine deux heures avec la Juvaquatre, Adrien pourrait tous les deux ou trois jours venir retrouver la famille. De plus, l'été s'annonçait magnifique et le repli prudent des Anthelme ressemblait plus à un départ en vacances qu'à une fuite devant le péril. Celui-ci pourtant, en dépit des congés payés qui vidaient usines et bureaux, s'annonçait chaque semaine plus menaçant.

Anna était partie se reposer quelque part en Bretagne, Marie-Christine baignait le bébé sur la pelouse des Bézards dans une cuve d'eau chauffée au soleil. Adrien et Garmond, seuls à Paris, avaient repris leurs habitudes de garçons. Tous les soirs ils se retrouvaient pour dîner dans l'une de leurs « cantines ». Adrien savait peu de choses sur Dantzig dont le nom revenait souvent dans les journaux.

– Explique ! avait-il dit à son ami.

Ce mot, combien de fois l'avait-il prononcé à l'adresse de Pierre Garmond ? On aurait pu composer une encyclopédie des réponses intelligentes, patientes, touchant à tous les domaines, qu'avait faites le normalien au cours des cinq dernières années. Une fois encore, il expliqua :

– Dantzig, c'est un nom qui sent la poudre, les bombes, la mort et un peu le hareng puisque c'est un port de la Baltique. C'est par là que pourrait bien nous arriver cette guerre larvée qui se faufile entre les frontières de la vieille Europe. Longtemps autonome puis prussienne, cette ville, à l'embouchure de la Vistule, a été bizarrement confisquée à l'Allemagne en 1919 pour permettre à la Pologne d'avoir un accès à la mer, au bout d'un corridor placé sous le contrôle de la Société des Nations. Ce territoire sépare en fait la Prusse-Orientale du reste de l'Allemagne. Tu penses bien qu'Hitler a jeté son dévolu sur ce damné territoire dont les Français et les Anglais ignoraient encore le nom il y a quinze jours. Mon aîné à Normale, Marcel Déat, un drôle de petit homme colérique, aux idées changeantes, a mis le feu aux poudres l'autre jour dans un article de *L'Œuvre* intitulé « Mourir pour Dantzig ». Comme il est en ce moment pacifiste, il répond naturellement « non » avec des arguments qui ne sont pas tous faux. N'est-il pas normalien ? Il ne s'agit pas, dit-il, de fléchir devant toutes les fantaisies conquérantes de M. Hitler, mais flanquer la guerre en Europe à cause de Dantzig, c'est y aller un peu fort et les paysans français n'ont aucune envie de mourir pour les Poldèves[1].

– Ton Déat a peut-être raison. Je ne suis pas sûr,

1. Peuple mythique inventé par les auteurs d'un canular célèbre qui firent signer une pétition en faveur de ces prétendus persécutés à la plupart des hommes politiques.

moi non plus, de vouloir mourir pour, comment dis-tu, les Poldèves...

– Personne, bien sûr, si on pose la question comme cela. Mais tu connais la fameuse petite goutte qui fait déborder le vase ? Eh bien, cette goutte viendrait de la Baltique que ça ne m'étonnerait pas !

– Y a-t-il encore un pacte qui nous lie à l'avenir de Dantzig ?

– Avec la Pologne, oui. Mais, tu sais, les pactes, c'est comme le papier hygiénique qui se déchire toujours à côté du pointillé. Il en existe des dizaines : l'Allemagne, outre son « pacte d'acier » avec l'Italie, a depuis 1934 signé un pacte de non-agression avec la Pologne. Et un autre avec la France il y a à peine un an. Nous avons nous-même un pacte avec l'U.R.S.S. préparé par Pierre Laval. L'ennui, c'est qu'Hitler s'en fout des pactes. Même de ceux qu'il a signés ! Voilà pourquoi il faut se méfier de la petite goutte de Dantzig !

En fait de pactes, on n'avait pourtant pas encore tout vu. Alors que les diplomates français, anglais, soviétiques, italiens et allemands ergotaient sur les eaux troubles de la Baltique, Hitler préparait dans le secret un traité qui allait réduire à l'état de poussière tous les pactes existants.

C'est Garmond qui, au matin du 22 août, téléphona l'incroyable nouvelle à Adrien, encore endormi :

– Réveille-toi. J'ai un nouveau pacte à t'annoncer. Et celui-là, ce n'est pas n'importe quoi !

– L'Allemagne, la France et l'Angleterre ? Les Italiens ont réussi à arranger un nouveau Munich ?

– Pas du tout ! L'Allemagne, ennemie jurée du communisme, s'allie à l'U.R.S.S., ennemie jurée du fascisme nazi !

– Ce n'est pas possible. C'est encore un bobard !

– Non, Ribbentrop part demain pour Moscou. Cette fois, nous sommes cuits. Hitler et Staline vont se partager la Pologne. Tu peux préparer ta vareuse de spahi, nous n'allons pas tarder à figurer dans les rangs de l'armée française qui a si bien défilé le 14-Juillet sur les Champs-Élysées. A ta place, j'irais vite faire un saut aux Bézards. Si tu veux, je t'accompagnerai, je veux voir ma filleule avant le grand départ.

– Bonne idée. Marie-Christine sera contente. Passe me prendre à l'agence dans deux heures.

– Avant, je ferai un tour rue de Tournon. Robert Quentin a sûrement des tuyaux.

Adrien eut le temps de passer les consignes à Leblond concernant deux affaires en cours, peut-être les dernières, et d'aller chez Nicolas acheter quelques bouteilles de bon vin car la cave campagnarde de M. Werner-Brisach ne recelait qu'une bibine indigne de l'amateur qu'était Garmond. Indécis, il hésitait entre un chassagne-montrachet et un pomerol quand il eut une idée : « Avez-vous des côte-rôtie ? » M. Nicolas en avait. Il jubila de faire cette surprise à son ami.

La route était un peu encombrée jusqu'à Fontainebleau mais, après, Adrien put faire filer la Juvaquatre, frisant parfois le cent dans les lignes droites. Naturellement, ils ne parlèrent que des événements.

– Alors, ce pacte germano-soviétique ? Qu'en pense Quentin ?

– Comme tout le monde il est éberlué. Il a pu joindre Léger qui, lui-même, avait été toute la nuit en rapport avec Coulondre, notre ambassadeur à Berlin, et la chancellerie de Moscou. Il paraît que les tractations secrètes entre les deux pays duraient depuis mars. Personne n'en savait rien. On considère au Quai qu'il s'agit d'une grande victoire d'Hitler. Il a un nouvel allié de première importance et les mains libres à l'Est. On attend l'invasion de la Pologne par les deux armées et, tout de suite, la guerre contre la France et l'Angleterre.

– Mais que vont dire les communistes français ? Si la guerre éclate, les Soviétiques, alliés des Allemands, seront nos ennemis ! Il y a tout de même des patriotes dans les rangs communistes : le parti va éclater !

– Je n'en suis pas si sûr. Puisque l'U.R.S.S. a signé ce pacte, nos communistes vont le trouver excellent. Ils seront un peu embarrassés mais tenteront de faire croire qu'il n'est pas incompatible avec de bons rapports franco-soviétiques. Il se peut que quelques communistes n'avalent pas la pilule. Ils quitteront le parti mais celui-ci continuera de défendre le dogme de l'infaillibilité de l'U.R.S.S.

– Et Quentin ?

– Il est peut-être le seul à n'être pas stupéfait. Il dit qu'il s'attendait à un coup des Russes et qu'il connaît trop bien le parti communiste pour être étonné de sa trahison.

A une heure et demie, la Juvaquatre franchit le portail de la propriété. Tous les éléments d'une radieuse partie de campagne semblaient réunis autour de la table dressée sous l'orme géant qui montait la garde devant la maison. Marie-Christine était ravissante dans sa robe légère. Anne-Marie battait des mains sur sa chaise de bébé et les fidèles Tuilot, en tenue de réception – long tablier blanc pour elle, veste de chasse en velours pour lui –, se précipitèrent pour ouvrir les portes de la voiture.

Courageuse, Marie-Christine esquissa une grimace, vite réprimée, lorsque les hommes lui annoncèrent la nouvelle dont elle comprit tout de suite les inéluctables conséquences.

– J'ai à te parler, lui dit Adrien, mais nous le ferons plus tard. Je suggère qu'on essaie d'oublier ce qui nous attend durant le temps du déjeuner. Profitons encore de notre liberté et de notre amitié. Tiens, Julien, allez donc chercher les bouteilles qui sont dans le coffre de la voiture. Nous allons trinquer à notre jeunesse !

– A propos de jeunesse, savez-vous que j'aurai vingt-neuf ans demain ?

– Alors fêtons ton anniversaire. Ouvre l'un de ces flacons.

Garmond enleva le papier de soie qui protégeait la bouteille et s'exclama en découvrant l'étiquette :

– Côte-rôtie ! Magnifique. Tu t'es souvenu de ma remarque. Mais attention, cette noble appellation cache un piège : ce vin fait au moins treize degrés. On se grise vite à le fréquenter car il est doux au palais et à la gorge...

– Eh bien, grisons-nous ! dit Marie-Christine. J'espère que ce côte-rôtie va bien se marier à la gibelotte de lapin du Gâtinais de Mme Tuilot. Elle est la seule dans le pays qui la prépare encore à l'ancienne.

– Comment est la gibelotte à l'ancienne ? demanda Garmond, intéressé.

– On mélange des tronçons d'anguille au lapin

coupé lui-même en morceaux. C'est une merveille, mais avant vous allez goûter aux charcuteries du village. On a tué le cochon il y a trois jours dans la ferme à côté. Fidèles à une tradition qui remonte à la nuit des temps, les enfants nous ont apporté « le partage », c'est-à-dire du boudin, quelques côtelettes, du pâté de tête. Cela se fait entre voisins dans toutes les régions de France. Le curé, une bonne fourchette, a l'habitude de dire, pour entretenir ce merveilleux rite convivial : « Le cochon c'est réciproque. »

On était loin de la guerre menaçante, des pactes, des fausses nouvelles qui plongeaient Paris dans le désarroi. Le soleil perçait juste ce qu'il fallait entre les feuilles de l'orme pour parsemer de petites taches d'or le visage rieur d'Anne-Marie. Les mésanges et les roitelets, hôtes invisibles des frondaisons, accompagnaient discrètement Garmond dans son numéro d'aimable philosophe. Le côte-rôtie devait faire plus de treize degrés car, au dessert, les fameux œufs à la neige de Mme Tuilot, tout le monde était gai, même le bébé heureux de se trouver au milieu de grandes personnes rigolotes. Quand on fut dégrisé et Anne-Marie couchée pour la sieste dans son couffin recouvert d'un voile de gaze, Garmond prit encore la parole, mais cette fois sur un ton plus grave :

– Mes enfants, remercions les dieux de nous avoir permis une fois de plus cette réunion hors du temps. Je regrette qu'Anna ne soit pas parmi nous mais je lui raconterai. Si nous vivons bientôt, comme je le crois, des temps difficiles, rappelons-nous ce repas pour croire que, malgré tout, il demeure dans ce monde fou quelques parcelles de sagesse.

Le soir venu, alors que Garmond jouait avec sa filleule, Adrien attira Marie-Christine à l'écart et lui remit une feuille de papier.

Inutile de nous voiler la face, dit-il. Demain, après-demain ou dans trois jours, je vais être mobilisé. Je ne sais pas quand tu pourras retourner à Paris mais, si tu le pouvais, va jeter un coup d'œil à l'agence. M. Lévy a toutes les consignes mais, si la guerre éclate, il n'y aura sans doute plus beaucoup de publicité, en tout cas pour nous. Il s'agira simplement d'être prêts à démarrer quand la paix sera revenue. Pour les comptes en banque, la Caisse d'Epargne, tout est inscrit sur ce papier. Je vais te remettre l'argent liquide dont nous disposons. N'oublie pas qu'en dernier recours il y a les lingots dans la cave. Et puis, tu n'es pas seule. Tes parents m'ont dit qu'ils allaient te rejoindre dans quelques jours.

Marie-Christine pleurait sur l'épaule d'Adrien et il la consola.

– Je te dis tout cela ce soir, mais il est probable que je pourrai revenir vous voir. Les choses ne vont peut-être pas se précipiter.

– M'aimes-tu vraiment, Adrien ? demanda-t-elle tout bas.

– J'en doutais peut-être lorsque nous nous sommes mariés et j'en ai été sûr quand la petite est née. Ah ! je voulais te dire autre chose. Je t'ai apporté mon cahier de résolutions. C'est moi qui appelle ainsi ce carnet qui n'est pas un journal mais sur lequel j'ai écrit certaines choses importantes pour moi au cours de ces dernières années, exactement depuis que je suis entré chez les Quentin, rue de Tournon. Je ne tiens pas à ce que tu les lises car tu m'y découvrirais sous un jour qui ne me fait pas honneur et que tu désapprouverais. Maintenant, si tu le souhaites, tu peux en prendre connaissance. Après tout, il est normal qu'une femme sache qui est vraiment celui qu'elle a épousé. Mais dis-toi en lisant certains passages que je ne suis plus aujourd'hui celui qui les a écrits à un moment de sa vie. Et que je t'aime !

Il tendit l'enveloppe contenant le cahier à Marie-Christine.

– As-tu envie de le lire ? demanda-t-il.

– Je n'en sais rien. Un jour peut-être, pour me rapprocher de toi... Entre nous, ne joues-tu pas un peu la comédie ? A quoi rime cette volonté de te révéler plus noir que tu ne peux l'être ? Tu sais, je commence à te connaître. Je sais ce dont tu es capable et aussi ce que tu ne feras jamais...

– Mais moi ? Est-ce que je me connais ?

Le retour vers Paris fut moins gai que l'aller. La Juvaquatre ne grignotait plus des instants de bonheur mais fonçait vers une éternité angoissante. Garmond tentait bien quelques persiflages, mais ses pirouettes se perdaient dans les virages. Le cœur n'y était pas, on ne roule pas vers un précipice en se gargarisant de plaisanteries.

Adrien pensait à sa fille. Allait-il la voir grandir ? Où serait-il lorsqu'elle prononcerait ses premiers mots, quand elle tituberait, joyeuse, entre deux fauteuils ? Il savait que le corps des spahis qu'il allait rejoindre n'était pas une troupe qu'on ménage, qu'on garde en réserve quand l'ennemi menace. Allait-il être fauché par les premières rafales allemandes comme les saint-cyriens de 14 ? Les casoars et les gants blancs de l'image de son premier livre d'histoire lui revenaient en mémoire et ne le quittaient plus.

A la porte d'Italie, ils remarquèrent un attroupement devant les murs gris d'une école.

– Ils regardent les affiches qui annoncent la mobilisation, dit Garmond. Arrête-toi, nous allons voir si cette fois nous sommes concernés. C'est comme à la Loterie nationale, ils ont déjà rappelé les fascicules 3 et 4, puis je crois le 1... Quel est ton numéro ?

– Le 5.

– Eh bien, tu as gagné, on rappelle les 5 et les 6. Moi, ce sera pour plus tard, avec tout le monde, le jour de la mobilisation générale. Tu rejoins directement Senlis ?

– Non, la caserne Dupleix.

Adrien conduisit Garmond rue des Beaux-Arts où Anna avait dû rentrer en prenant connaissance des nouvelles.

– Monte une seconde, la princesse serait furieuse de ne pas t'avoir embrassé la veille de si beaux jours.

Adrien craignait des adieux déchirants, à la russe, mais Anna, rentrée une heure plus tôt, était calme. Elle embrassa les deux hommes et demanda :

– Ça y est ? Vous êtes rappelés ?

– Adrien, pas moi. Pas encore.

– Tu as vu Marie-Christine ? Comment va-t-elle ? Et la petite ?

– Elle est courageuse. Elle ne sait pas encore que je pars mais elle ne sera pas surprise. Quant à Anne-

Marie, c'est un bijou. Tu t'occuperas un peu d'elles ? Les parents vont la rejoindre aux Bézards mais Mme Werner-Brisach va vite l'horripiler.

– Je te le promets. Surtout, prends garde à toi. Ne joue pas au héros. Et reviens-nous vite.

L'après midi, Adrien mit ses affaires en ordre, demanda à M. Lévy de garder l'agence ouverte aussi longtemps que possible et de prendre soin de sa mère.

– Disposez de l'argent qui reste dans le coffre pour quitter Paris avec elle si cela s'avère nécessaire. Allez aux Bézards retrouver Marie-Christine.

– Soyez tranquille, Adrien. Nous aurons assez d'argent pour nous organiser.

– Et Leblond ? Est-il rappelé, lui aussi ?

– Il part demain et je ne pense pas que vous le reverrez. Il m'a laissé une lettre pour vous.

C'était un mot gentil, plein de sensibilité, qui toucha Adrien.

– Sûr, pensa-t-il, que je ne le laisserai pas tomber à son retour.

Il lui restait à écrire à Marie-Christine. Ce n'était pas le plus facile. Il avait tellement de choses à lui dire et il était si maladroit un stylo à la main ! Enfin il se lança en laissant parler son cœur. Il signa et ajouta deux notes au bas de la page : « 1 – L'agrégée est priée de corriger les fautes d'orthographe et de syntaxe de cette lettre. 2 – Récupère le plus vite possible la Juvaquatre que je laisse au garage. »

Adrien décida de consacrer sa dernière soirée civile à sa mère. Rejoindre Saint-Maur en voiture était maintenant un déplacement facile. Il eut pourtant une pensée pour le vieux train à impériale en passant devant la gare de la Bastille vers laquelle se pressait la foule des banlieusards. Il suivit un instant dans le faubourg Saint-Antoine l'autobus 114 qu'il avait pris si souvent pour gagner la porte de Vincennes d'où partaient les lignes de Nogent, Saint-Maur, La Varenne et arriva à l'heure du dîner. Il embrassa sa mère qui essuya discrètement quelques larmes en le voyant. Elle savait, M. Lévy le lui avait dit, qu'Adrien partait le lendemain matin.

– J'ai mis ton couvert, dit-elle. Je me doutais bien

que tu ne quitterais pas Paris sans venir me dire au revoir. Comment va Marie-Christine ? Et ma petite Anne-Marie ?

– Très bien. Elles viendront te voir dès que cela sera possible. Actuellement, elles sont à la campagne. Je préfère les savoir un peu loin de Paris.

Le dîner fut calme, comme toujours dans le logement de Saint-Maur. Adrien parla encore de l'agence avec M. Lévy. Il eut un regard vers le lit-cage maintenant refermé, sur lequel il avait dormi toute sa jeunesse. Il ouvrit le placard où, enfant, il rangeait ses jouets, puis plus tard ses trésors d'adolescent. Il restait encore sur une étagère une boîte de Meccano au carton déchiré, quelques albums de *Zig et Puce* et de *Bicot Président de club*.

– Maman, j'en emporte quelques-uns, dit-il. Je les mettrai demain dans ma cantine. Ce sont des vieux copains qui m'ont souvent consolé, je suis sûr qu'à l'armée (il ne disait pas la guerre) ils me seront encore fidèles.

7

MARÉCHAL, ME VOILÀ

1939-1940. *Le Reich envahit la Pologne – La France et l'Angleterre entrent en guerre contre l'Allemagne – Première du film* Autant en emporte le vent *à Hollywood – Après huit mois de « drôle de guerre », sans batailles ni morts, Hitler attaque la Belgique, la Hollande et enfonce les lignes françaises – Les Alliés évacuent à Dunkerque : débâcle française et exode – Les Allemands à Paris – De Gaulle lance l'« appel du 18 juin » – Le maréchal Pétain fonde à Vichy l'Etat français après avoir signé un armistice – Laval vice-président du Conseil – Dans l'éphéméride du gouvernement de Vichy : 2 août : condamnation à mort de De Gaulle ; 27 août : livraison aux nazis des Allemands engagés dans la Légion étrangère ; 18 octobre : statut des juifs, plus dur encore que la loi allemande ; 24 octobre : rencontre à Montoire entre Pétain et Hitler, le Maréchal accepte officiellement le principe de la collaboration avec l'Allemagne.*

Entraîné dans la spirale du système militaire, Adrien se trouva vite coupé des nouvelles du monde. Après quarante-huit heures passées au centre de recrutement de Dupleix où il refusa l'offre de rester quelques semaines pour aider à la paperasserie que générait la mobilisation, il fut transféré à Senlis où était caserné le 1er régiment de spahis marocains. Le kiosque à journaux du boulevard Raspail n'était pas là pour assouvir sa boulimie d'informations et il ne put suivre, comme il l'aurait fait à Paris, ni les rebondissements de l'affaire du pacte germano-soviétique qui enflammait les quotidiens ni les efforts touchants et dérisoires du ministre Bonnet toujours à la recherche d'un compromis sur la Pologne, cette Pologne que les deux complices, le nazi et le communiste, s'étaient déjà partagée sur le papier. Le 31 août, pourtant, la nouvelle franchit très tôt les murs du quartier : depuis cinq heures du matin, les troupes allemandes avaient franchi la frontière et des essaims de bombardiers s'efforçaient de détruire les terrains d'aviation et les nœuds ferroviaires polonais.

Le soir, le colonel apporta au mess des officiers l'information que tout le monde attendait. Devant l'attaque allemande, Français et Anglais avaient fait tenir un ultimatum au Führer et, dans la foulée, décrété la mobilisation générale des deux armées. « Messieurs, la guerre a commencé ! » conclut-il.

Adrien avait gardé le souvenir de l'ordre méticuleux qui régnait dans les unités de spahis de l'Afrique du Nord. A Senlis, la mobilisation et l'équipement des réservistes engendraient un désordre indescriptible. Dans la cour de la caserne, les chevaux côtoyaient des automitrailleuses, les chèches se mélangeaient aux bonnets de police et aux képis, les réservoirs d'essence aux balles de paille. Adrien pensa que Garmond aurait tiré des commentaires sublimes de cet étrange souk où le bruit des moteurs couvrait le hennissement des chevaux. Il fallait l'esprit fantaisiste de l'état-major français pour oser réunir dans la même unité des blindés, leurs servants casqués de cuir, des motocyclistes lunettés de caoutchouc et une cavalerie venue des ergs du Sahara avec ses coursiers fougueux et ses hommes du soleil calés sur leurs larges étriers, la tête enveloppée de turbans beiges.

Adrien avait été affecté à un escadron de cavalerie et était heureux de ne pas avoir à subir une motorisation de fortune, désobligeante pour un officier qui avait raté de peu sa rencontre avec Bournazel sur une pente du djebel Sagho. Il réapprenait avec volupté le contact rugueux du poil court des pur-sang de l'Atlas et jubilait en se couvrant du chèche, le vieil ami des blédards. Il éprouvait aussi du plaisir à se retrouver au milieu des soldats marocains et, n'eût été la pensée de Marie-Christine et de sa petite fille, Adrien eût apprécié cette kermesse qui avait l'étrange pouvoir d'effacer les angoisses et de faire oublier des choses hier encore jugées importantes. L'agence elle-même était loin, la course aux nouvelles oubliée. Il avait du mal à s'imaginer Robert Quentin téléphonant à Alexis Léger pour savoir si Hitler n'allait pas hésiter encore une fois avant de lâcher ses premières bombes sur un village ou une ville française. Là où il était, occupé à vérifier si le paquetage de ses hommes était complet, les réserves de munitions intactes et les chevaux en bonne santé, l'ambiance extérieure ne pénétrait pas. La logique primaire de la guerre venait d'ouvrir une parenthèse dans sa vie, il n'avait qu'à se laisser porter...

Il savait aussi que cette sorte d'état de grâce qui couvrait les préparatifs ne durerait pas, que sa vision changerait quand on lui commanderait de charger, à la tête de son peloton...

On n'en était pas encore là. Comme il ne s'agissait pas de défendre Senlis mais la France, on embarqua un matin le 1er régiment de spahis du colonel Jouffrault dans les vieux wagons de la guerre de 14, marqués au pochoir « Hommes 40, Chevaux en long 8 ». Direction Longwy. Un wagon de deuxième classe était réservé aux officiers mais, trop petit, quatre aspirants durent s'installer dans le couloir. Adrien put à loisir écouter le capitaine Tronchet, du premier escadron, raconter ses exploits dans le désert marocain. Il se dit que si la guerre durait il n'avait pas fini d'entendre le récit du nettoyage de la vallée de l'oued Dessaïa !

Qu'allaient trouver les cavaliers des sables dans les mines de fer du bassin de Briey ? Rien, sinon des villages évacués de leurs habitants, des usines abandonnées à la tristesse, à la solitude. Comme toute l'armée essaimée le long de la frontière, ils cantonnèrent, prirent des gardes inutiles, mangèrent la cuisine de la roulante. La tentative française d'aller agacer les Allemands dans la forêt de la Warndt, entre les lignes Maginot et Siegfried, s'étant soldée par un échec et l'évacuation forcée de la sous-préfecture de Forbach, l'état-major avait décidé de maintenir une attitude purement défensive. Comme les Allemands se tenaient tranquilles, il semblait que la situation pouvait ainsi s'éterniser. On savait que la guerre était un jeu dangereux, on ignorait qu'elle pouvait être ennuyeuse. Heureusement, les journaux arrivaient maintenant au mess des officiers et Adrien assouvissait sa vieille passion pour la nouvelle imprimée. Il apprit ainsi que l'Allemagne ne sommeillait pas partout, que le partage de la Pologne était consommé, que la Gestapo fusillait à Prague et à Cracovie et que la guerre navale, elle, avait bien commencé. Information plus surprenante : trente-trois parlementaires communistes français avaient été arrêtés et poursuivis pour intelligence avec l'ennemi à la suite du pacte germano-soviétique qu'ils continuaient de défendre. *L'Humanité* avait été saisie et interdite, le parti dissous. Enfin, de l'autre côté de l'Atlantique, les Américains bougeaient. Sumner Welles, l'ambassadeur de Roosevelt, faute de réussir à provoquer des négociations de paix, avait prévenu Hitler que toute aggravation du conflit en Europe entraînerait des réactions énergiques des U.S.A. Le Führer avait répondu que sa politique d'extension était indispensable à la juste existence de l'espace vital auquel avait droit le peuple allemand. « Nous aurons les Américains avec nous comme en 14 ! » avait déclaré Adrien dont l'opinion – n'était-il pas dans le civil proche des milieux politiques ? – avait du poids dans les discussions de popote.

« Espace vital », « drôle de guerre », « deuxième colonne »... les journaux, faute de nouvelles d'un front figé, en étaient réduits à épiloguer sur les expressions à la mode. Adrien passait le temps à lire les livres qu'il s'était fait envoyer par Marie-Christine : *A l'ombre des jeunes filles en fleurs* pour épater les copains et un manuel d'anglais parce que cela lui serait utile après la guerre.

L'hiver avait été rude dans les casemates et le joli mois de mai était attendu avec impatience. Il n'apporta pas, hélas ! que des clochettes de muguet, mais aussi les premiers bombardements d'une population qui allait en supporter beaucoup.

Le 10 mai, le 1er régiment de spahis se réveilla au clairon dès cinq heures : dans la nuit, l'Allemagne avait attaqué la Hollande, la Belgique et le Luxembourg. Le rassemblement traîna un peu car la troupe s'était embourgeoisée dans un cantonnement transformé peu à peu en casbah mais, à six heures pile, les escadrons étaient aux ordres, les cavaliers droits sur leur selle, les automitrailleuses briquées comme à la parade, les « canons de 25 » alignés. Le commandant mit la troupe au repos et Adrien vérifia la position de son revolver, privilège des officiers, avant de se rendre au rapport du colonel. La guerre à deux vitesses s'emballait et il en était plutôt content : de même qu'à tous ceux qui l'avaient attendue durant sept longs mois, elle apparaissait comme une sorte de délivrance, une corvée embêtante dont il fallait se débarrasser au plus vite.

– Messieurs, dit le colonel Jouffrault, le moment est venu de remplir la mission dévolue au glorieux corps des spahis. Inutile de vous prier de rappeler à vos troupes la discipline et la bravoure qu'on attend d'elles. Je sais qu'elles se battront sur nos frontières comme elles se sont battues au Maroc. Nos objectifs sont fixés depuis longtemps et nous avons eu le temps d'étudier tous les cas de figure. C'est au Luxembourg que nous allons chercher le contact de l'ennemi. A une dizaine de kilomètres d'ici. En selle, messieurs, s'il vous plaît !

Tous les pitons, les points stratégiques à occuper étaient répertoriés ainsi que les différentes lignes d'avance ou de repli.

– Du beau travail d'état-major, dit Adrien au capitaine Mastet de Puysens qui avait pris en compte l'escadron voisin.

– A condition que nous puissions avancer. Regardez, mon cher, la pagaille autour du village frontalier de Belvaux. Il y a autant d'encombrements que sur les Boulevards ! Et si nous perdons du temps, soyez sûr que l'ennemi le mettra à profit pour avancer ses pions ! C'est avant qu'Hitler se décide à attaquer que nous aurions dû occuper tous ces points, mais il semble que le colonel n'a pas encore reçu l'autorisation de pénétrer au Luxembourg ! Vous voyez, Anthelme, si un jour on devait perdre cette foutue guerre, ce qui me paraît improbable, ce serait parce qu'une démocratie comme la nôtre, bien polie, bien respectueuse des règles, aura attendu l'autorisation d'entrer dans la propriété voisine victime d'un voyou sanguinaire !

Officier d'active, légionnaire avant d'entrer chez les spahis, le capitaine Mastet était connu pour son franc-parler, sa bravoure et ses opinions bonapartistes. Adrien l'aimait bien et il était content de savoir qu'il serait à ses côtés lorsque, tout à l'heure, on allait foncer sur le Zollverknapp, objectif des deux unités.

La consigne était de prendre ce piton au nom de gâteau et, en cas d'impossibilité, de se rétablir sur la « ligne n° 1 ». Hélas ! Mastet avait raison. Tandis que les spahis attendaient l'ordre, arrivé seulement à sept heures cinquante, les avant-gardes allemandes avaient non seulement occupé les objectifs prévus, mais dépassé la ligne de repli n° 1.

Le colonel avait pesté en apprenant la nouvelle, puis aussitôt ordonné de sa voix aiguë mais énergique :

– Puisque nous ne pouvons rejoindre les points

prévus en nous promenant, nous les atteindrons en nous battant.

– Alors, en avant ! commanda le capitaine Mastet.

– En avant ! répéta Adrien pour son escadron.

Le but était visible : une sorte de falaise d'une centaine de mètres, flanquée de pitons assez hauts dont l'un était le fameux Zollverknapp. Un motocycliste du capitaine de Brignac, chef des voitures blindées parties en reconnaissance, arriva pour rendre compte : l'unité mécanisée s'était heurtée à une résistance sérieuse à l'entrée du village de Soleuvre et s'était fait canarder depuis les hauteurs.

La brigade devait donc progresser d'une dizaine de kilomètres en territoire luxembourgeois avant de mettre en application le nouvel ordre de bataille établi par le colonel. Sur le papier, c'était comme à l'exercice : Brignac attaquerait Soleuvre avec ses blindés rapides, le capitaine Ferrié foncerait sur le bois d'Hochbuch d'où partaient des obus de mortiers. Quant à Mastet de Puysens et Adrien Anthelme, ils s'arrangeraient pour faire galoper leurs spahis jusqu'au sommet du Zollverknapp vers lequel commençaient de grimper, hannetons tombés du ciel, des parachutistes allemands qui avaient parsemé la campagne environnante de corolles blanches.

– Nous arriverons les premiers en haut ! dit Mastet à Adrien, car si les troupes motorisées vont plus vite que des cavaliers, les chevaux éperonnés par nos spahis sont plus rapides que les bipèdes à croix gammées.

Le gros de la troupe arriva effectivement en avance sur le balcon du Zollverknapp d'où l'on découvrait tout le champ de bataille, les escadrons montés reconnaissables aux burnous beiges des Marocains, la chenille tortueuse des automitrailleuses qui approchait de Soleuvre, les fermes et les granges d'alentour d'où partaient les nuages de fumée échappés des armes allemandes.

– A pied ! commandèrent les deux chefs d'escadron. Et les groupes en carrés, fusils-mitrailleurs en position !

Il s'agissait d'une manœuvre mille fois répétée qui fut exécutée rapidement.

– Ne tirez pas avant l'ordre ! cria Mastet.

Et à l'adresse d'Adrien :

– Laissons-les monter encore un peu. Après, nos tireurs d'élite leur feront comprendre qu'ils doivent se planquer ou redescendre. A mon avis, ils adopteront la deuxième solution car il n'y a pas d'avenir sur ces pentes exposées à nos tirs.

Les choses se passèrent exactement de la façon prévue et les deux chefs d'escadron passèrent par le téléphone de campagne qui, miracle, fonctionna à la perfection le message du succès : « Objectif atteint par 2e et 3e escadrons. Occupons sommet du Zollverknapp. Parachutistes ennemis lâchés pour opération identique en déroute. Sommes survolés par avions ennemis. Demandons appui de l'aviation. Attendons ordre pour continuer avance. »

A ce message bref mais précis, le colonel Jouffrault tint à répondre personnellement. Il demanda à parler au capitaine Mastet de Puysens pour le féliciter, ainsi que le lieutenant Anthelme et l'ensemble des hommes.

– Quelles sont vos pertes ? demanda-t-il, comme si un coup de main réussi ne pouvait qu'être sanctionné par un certain nombre de morts et de blessés.

A la réponse « Aucun mort, aucun blessé », il entendit le colonel bougonner :

– Si seulement ce pouvait être pareil dans tous les escadrons. Hélas ! Ferrié est tombé et il y a ailleurs de nombreuses pertes !

Avec des bonheurs divers, la brigade continua lentement d'avancer en direction de la fameuse ligne n° 1, cette abstraction qui ne figurait sur aucune carte mais pour laquelle plusieurs centaines de spahis allaient mourir sous le pointillé des mitraillettes allemandes. Car c'était ça la guerre qui venait de s'engager. Du haut de leur perchoir, Mastet et Anthelme avaient tout compris en quelques minutes.

– Regardez ! dit Adrien en désignant quelques parachutistes allemands attardés qui dévalaient la pente sous les coups bien ajustés des Marocains. Ils ont tous une petite mitraillette portable qui, certes, ne remplace pas une solide mitrailleuse Hotchkiss mais qui est tellement plus performante que les vieux Lebel dont sont dotés nos hommes.

– Hé oui, cher ami, c'est ainsi. Hitler a forgé sa puissance dans le beurre transformé en canons. Nous, on a mangé nos tartines et récupéré les armes de l'autre guerre pour en doter des cavaliers lâchés contre des tanks. Il nous manque un Bonaparte et des canons ! Bonaparte, nous ne l'aurons pas, mais peut-être que les armes arriveront. Il paraît que nos usines marchent à plein rendement et que les Morane-Saulnier M. S. 406 sont meilleurs que les chasseurs allemands...

A ce moment le téléphone grésilla dans son sac protecteur. C'était le lieutenant-colonel chef d'état-major qui annonçait l'arrivée imminente d'un escadron de réserve pour assurer la relève sur le Zollverknapp. « Préparez-vous à quitter cet objectif et à poursuivre votre marche vers la ligne n° 1 », avait-il conclu.

Cela signifiait qu'il fallait faire redescendre la cavalerie puis entreprendre une avancée à découvert pour rallier les deux autres escadrons qui semblaient éprouver de graves difficultés sur les pentes de Soleuvre. Habitués aux sentiers de l'Atlas, les petits chevaux arabes se jouèrent des caillasses du Zollverknapp et la troupe put se regrouper sans dommage avant de repartir au trot allongé en se faufilant entre les balles.

Les parachutistes allemands étaient encore trop loin pour être très dangereux, les sifflements que percevaient les deux pelotons de trente-trois hommes avançant de front étaient ceux de balles perdues. N'empêche ! Perdue ou pas, celle qui abattit sous lui le cheval d'Amar ben Cherif aurait pu aussi bien tuer le brigadier !

L'affaire devint plus chaude lorsque la troupe approcha d'une ferme d'où partaient sans interruption des giclées de balles aux trajectoires de plus en plus précises.

– Progression à pied ! commanda Adrien.

Avec une souplesse de chat, les spahis sautèrent de leurs montures, prêts à se remettre en selle si l'ordre leur en était donné. Ils n'étaient plus qu'à une centaine de mètres de la ferme et un seul spahi avait été blessé au bras et laissé sur place pour attendre les brancardiers. Le capitaine Mastet se rapprocha d'Adrien et dit d'une voix où celui-ci crut discerner un accent de gourmandise :

– On y va ?

C'était évidemment ce qu'un spahi attendait dans une pareille circonstance.

– On y va, et à cheval en chargeant ! répondit Adrien.

Finalement, le risque n'était guère plus grand qu'à avancer en tenant son cheval. En un instant les hommes furent en selle. Au commandement « chargez ! », ils s'élancèrent en hurlant, la main gauche sur la bride et la droite brandissant le fusil, comme à la fantasia.

Ce n'était certainement pas le genre d'adversaire pris en considération dans les cours de l'école des parachutistes. Stupéfaits, surpris par cette charge d'un autre âge, les Allemands ripostèrent avec un retard qui fut fatal à treize d'entre eux. Trois spahis avaient été tués, quatre autres légèrement blessés. Le reste des paras, sur l'ordre de leur chef, un Oberleutnant blessé à la jambe, s'était rendu. En tout une quinzaine de prisonniers.

– Ce doit être cela qu'on appelle le baptême du feu ! dit Adrien qui ruisselait de sueur, haïssable liqueur du plaisir et de la peur.

– Oui, nous avons eu chaud, répondit Mastet de Puysens. Il faut rendre compte. Le colonel nous prendra au sérieux : cette fois, nous avons des morts !

Le soir, le régiment occupait Soleuvre. L'infirmerie de campagne avait suivi avec les roulantes et le ravitaillement. L'aspirant Lécuyer du 1er escadron avait réussi à organiser un semblant de popote pour les officiers qui trouvaient encore quelques forces pour raconter leur journée. Adrien apprit ainsi que le 3e escadron avait réussi un exploit au moins aussi extraordinaire que la charge de la ferme. Sur la route de Dippach, les hommes du capitaine Ferrié s'étaient trouvés, après un tournant, face à une unité motocycliste couverte par une automitrailleuse. Eux aussi avaient chargé, tripes contre moteurs, hennissements contre pétarades. Et ils avaient gagné le duel anachronique.

– Ce sera peut-être la dernière charge à cheval de

l'histoire militaire française ! dit le colonel Jouffrault, entré pour entendre la fin du récit. Demain nous décrochons. Je viens de recevoir l'ordre : nous n'atteindrons jamais la ligne n° 1 car nous allons lui tourner le dos. Repli stratégique, combat retardateur ou simplement retraite, je n'en sais pas plus. Demain je passerai en revue la brigade. Pour dire aux spahis, aux sous-officiers et aux officiers qu'ils se sont montrés dignes de ceux qui les ont précédés dans notre arme d'élite. Pour leur dire aussi que ce recul ne marque pas la fin de la guerre et que de rudes combats nous attendent avant la victoire.

C'était, au terme d'une journée de combats victorieux, l'annonce la plus incompréhensible que pouvaient entendre les officiers de la brigade. Après un moment d'abattement, l'étonnement fit place à la colère.

– Tout ce que nous avons fait aujourd'hui, ces morts, ces blessés, ne servent donc à rien ? dit Adrien.

– Si on nous fait reculer, c'est sans doute pour éviter d'être submergés. Il doit y avoir derrière la ligne n° 1 des régiments, et des régiments de tanks ! Et des avions pour nous arroser !

C'est Mastet qui avait parlé. Maintenant il essuyait une larme sur son visage décomposé par la fatigue. Il avait sûrement raison, mais alors pourquoi avoir engagé cette campagne ? C'est un lieutenant du groupe motorisé qui répondit :

– Quand on envoie des cavaliers contre des chars, c'est qu'on ne sait pas grand-chose de son ennemi ! A quoi ont donc servi les avions de reconnaissance ?

Questions inutiles, rancœurs vaines... la guerre se fait au quotidien. Le lendemain matin, l'unité hétéroclite des spahis marocains reprenait ses habitudes comme après un baroud sur les pentes du Souf, après un hommage silencieux aux morts de la veille et un au revoir fraternel aux blessés qui attendaient leur évacuation. Le long de la colonne montée, Adrien et Mastet, qui surveillaient leurs flancs, se retrouvaient souvent côte à côte et échangeaient quelques mots :

– Cette volte-face après notre engagement victorieux ne me dit rien qui vaille, murmura le capitaine, si bas qu'Adrien dut le faire répéter. Je me demande bien où nous allons, continua-t-il. Pas vers Berlin en tout cas.

Adrien avait acquis au cours des années passées en compagnie de Garmond le sens de la repartie et des traces de son humour caustique. Il répondit dans la foulée de son cheval :

– Mon cher, c'est évident : nous allons rejoindre la ligne zéro !

Mastet, qui d'habitude n'était pas d'un naturel enjoué, rit de bon cœur et éperonna son cheval pour aller confier le mot d'Adrien au capitaine Garcin qui, lui, aimait la plaisanterie.

Adrien n'avait pas cru si bien dire en parlant de la ligne zéro. Les spahis reculaient chaque jour un peu plus sous la pression allemande. C'était la mission de « combats retardateurs » qui avait été retenue, la plus difficile, la plus meurtrière et aussi la plus démoralisante. A chaque étape, Adrien faisait le compte des nouvelles parvenues du Nord, de l'Est et de Paris. Elles étaient désolantes : la Belgique et la Hollande avaient dû capituler, les Alliés évacuaient Dunkerque dans des conditions tragiques, la ligne Maginot, tournée, n'avait servi à rien et les Allemands approchaient de Paris...

– Je me demande bien ce qu'on retarde ! dit Adrien. La capitulation, peut-être ? Mais à quoi bon !...

A quoi bon ? C'est la première chose que se dit Adrien lorsqu'il se retrouva vivant, après trois jours de coma, étendu sur un lit de l'hôpital de Mâcon. Il avait un énorme pansement autour de la tête et l'infirmière de service consentit, malgré un surmenage accablant, à lui dire ce qu'elle savait sur son sort, c'est-à-dire pas grand-chose : il avait été transporté de l'hôpital de campagne dans un état désespéré ainsi que d'autres spahis. Touché à la tête par un éclat d'obus il avait pu être opéré à temps et s'était heureusement réveillé de son coma. Son crâne le faisait souffrir mais, s'il avait oublié tout de sa blessure, de son passage à l'hôpital d'Epinal et de son transfert à Mâcon, il avait peu après son réveil recouvré sa conscience.

– Où en est la guerre ? demanda-t-il.

– C'est vrai, vous ne savez pas. Le maréchal Pétain a demandé l'armistice aux Allemands déjà entrés dans

Paris et la reddition de la France a été signée avant-hier à Compiègne.

L'infirmière ajouta :

– Cela ne semble pas trop vous étonner ?

– Pas tellement. Je me suis toujours douté qu'un régiment de spahis n'arriverait pas tout seul à enrayer l'avance de l'armée allemande.

– En tout cas, la guerre est finie. C'est triste à dire mais tout le monde est soulagé. Et puis, Pétain nous redonne confiance ! Mais pensez à vous. Votre guérison sera longue. Vous ne devez songer qu'à reprendre des forces.

C'était vrai qu'il souffrait et que son cerveau meurtri ne supportait pas de longs efforts de pensée. Il n'était pas question d'écrire, il demanda qu'on prévienne sa femme qu'il était en vie et qu'il avait hâte d'avoir de ses nouvelles.

– Je vais le faire, naturellement, lui dit l'infirmière. Mais Dieu sait quand votre lettre arrivera. Ici nous n'avons pas d'Allemands mais les deux cinquièmes de la France sont occupés, y compris la région parisienne.

Il attendit donc sagement – Adrien avait toujours réagi avec sagesse aux événements cruels – la lettre, ou la petite carte qui lui dirait que tout allait bien dans la maison cachée des Bézards. Et Pierre ? Qu'était devenu Garmond dans la tourmente ? Il savait que, sous ses discours provocateurs, son ami cachait une âme sensible et un caractère fragile. Comment avait-il supporté l'épreuve ? Peut-être avait-il été fait prisonnier ? On lui avait dit que deux millions, au moins, de soldats français désarmés attendaient dans des camps d'être transférés en Allemagne. Lui, au moins, avait échappé à cet exil.

Adrien allait déjà mieux quand, un après-midi, on lui annonça qu'un certain capitaine au nom compliqué souhaitait le voir. C'était, il le devina, Gaétan Mastet de Puysens, qui lui apparut dans une tenue de demi-solde assez plaisant. Il portait un costume noir trop grand et n'avait conservé de l'uniforme chic, dont il était si fier, qu'un calot beige galonné et des leggins.

– Nous voilà donc vivants ! s'écria-t-il en poussant bruyamment la porte. J'ai eu beaucoup de mal, mon cher, à vous retrouver. Comment va la tête ? continua-t-il en montrant le pansement d'Adrien. Vous ressemblez à Guillaume Apollinaire après sa blessure de 1918.

Cet Apollinaire ne disait rien à Adrien qui sourit de confiance et dit sa joie de revoir son compagnon d'armes.

– Que vous est-il arrivé ? Vous allez peut-être pouvoir me renseigner. Moi je me souviens seulement de longues marches, d'embuscades où l'on descendait quelques motocyclistes allemands trop aventureux en perdant beaucoup de spahis. Ensuite, il paraît qu'un éclat d'obus m'a fracassé le crâne. Je me suis réveillé ici après un long coma.

– Ma fin de guerre a été plus compliquée. Donné pour mort, vous étiez déjà évacué quand, après l'ordre du cessez-le-feu qui marquait notre défaite, j'ai été fait prisonnier avec ce qui restait de la brigade. Je me suis évadé du camp où l'on nous avait parqués. Je n'ai pas suivi la plupart des officiers qui disaient : « A quoi bon nous évader, nous allons être libérés incessamment. » Le lendemain de mon départ, ils partaient tous pour un oflag en Allemagne.

– C'était difficile de s'évader ?

– Non. J'ai eu la chance d'être tout de suite pris en charge par un réseau qui faisait passer en zone libre les prisonniers évadés du camp de Courcy. Savez-vous qui avait créé ce réseau et le dirigeait ? Un accordeur de pianos, aveugle de naissance, qui avait fondé un « comité d'aide aux prisonniers et démobilisés malades » avec l'autorisation du préfet et des autorités allemandes. A Paray-le-Monial j'ai été hébergé au « Bureau de bienfaisance des religieuses » où l'on m'a fourni une fausse carte d'identité et fait passer la ligne de démarcation.

– Quel roman ! Vous savez, je ne sais à peu près rien de ce qui se passe en France. Je n'ai pas le droit de lire les journaux et le corps médical n'est pas un bon diffuseur de nouvelles.

– En gros, l'armée française a subi l'un de ses plus grands désastres, Paris et plus de la moitié du pays sont occupés militairement et, Dieu merci, Pétain, le vainqueur de Verdun, n'a pas eu de mal à persuader les Français que la capitulation et la demande d'un armistice étaient inévitables. Les armes déposées, il va faire ce qu'il appelle la « Révolution nationale » et nous aurons une nouvelle Constitution. C'est du bonapartisme ou je n'y connais rien ! Je dois vous avouer, mon cher, que cela ne me déplaît pas.

– Mais peut-on parler de souveraineté de la France en pleine occupation nazie ?

– Ce sera sans doute difficile, mais il faut faire confiance au vieux soldat. Lui seul peut résister à Hitler et se faire respecter. Je parle pour la zone non occupée, celle où nous sommes, grâce à Dieu. Dans l'autre France, celle où règne l'armée allemande, il lui sera sûrement plus difficile d'assurer la légitimité de l'Etat. Mais, après tout, peut-être va-t-on pouvoir s'entendre avec nos anciens ennemis !

– Et vous ? Qu'allez-vous faire ? Vous êtes officier de carrière et s'il n'y a plus d'armée...

– Si. Il va exister une armée d'armistice. Les Allemands vont l'accorder au Maréchal pour sauver la face.

– Et lui rendre les honneurs tous les matins.

– Voilà. Mais comme je n'ai pas le choix, je vais proposer mes services. Sinon, je me retire dans mes terres. L'ennui, c'est qu'elles sont hypothéquées. Comme le château de famille.

– Moi, dès que je serai rétabli, je me rendrai à Paris pour rejoindre ma famille.

– Ce sera difficile. Il existe une ligne de démarcation qu'on ne peut franchir sans risque. Peut-être sera-t-il plus facile de faire venir votre famille en zone libre... Mais tout cela va changer. A votre place, j'attendrais quelques semaines avant de prendre ma décision.

– Vous avez sans doute raison, mon capitaine.

Comme celui-ci se levait pour prendre congé, il le remercia chaleureusement de sa visite amicale et lui souhaita bonne chance.

« Une tête c'est fragile mais ça guérit vite », avait dit le médecin chef. Quinze jours plus tard, Adrien put se lever quelques heures par jour et lire enfin les journaux qu'il faisait acheter en ville. Il lui manquait un long maillon de l'histoire politique et des rapports du nouveau pouvoir avec le commandement allemand. Dans la presse il était question de Pierre Laval, un homme de la IIIe République qui semblait être devenu le personnage le plus important après le Maréchal. On parlait de l'Hôtel du Parc à Vichy, d'une assez récente réunion de l'Assemblée nationale et de l'extraordinaire popularité dont jouissait le vainqueur de Verdun. En réfléchissant et en posant des questions autour de lui, Adrien réussit à rétablir un ordre à peu près logique des prodigieux événements qui s'étaient déroulés durant sa retraite hospitalière : le repli du gouvernement constitué par Pétain à Bordeaux et la signature de l'armistice négocié à Compiègne, son bref séjour à Clermont-Ferrand, puis son installation définitive à Vichy. C'était là que les députés, ceux de la chambre du Front populaire, avaient enterré la IIIe République et voté les pleins pouvoirs à Pétain.

Vichy. Adrien essayait de se représenter cette ville d'eaux devenue capitale de la nouvelle France avec ses hôtels promus au rang de ministères et la machine administrative qui devait s'y remettre difficilement en mouvement. Mastet avait raison : tout se passait à Vichy. Adrien décida de s'y rendre avant d'essayer de rentrer en zone occupée, dès qu'il sortirait de l'hôpital.

Le jour où le médecin lui enleva son dernier pansement, Adrien reçut une enveloppe sur laquelle il reconnut – ô bonheur ! – l'écriture de Marie-Christine. Elle ne portait pas de timbre et avait été déposée directement à l'hôpital. Fébrile, il l'ouvrit et en retira deux feuillets bien pleins. Dès les premières lignes il apprit que la famille allait bien :

Mon chéri,

Enfin, j'ai reçu de tes nouvelles et ta blessure à la tête me fait mal. Mais tu es vivant et l'infirmière me dit sur la carte officielle des relations postales inter-zones que tu vas te remettre sans dommage et très vite. J'attends avec impatience d'autres nouvelles mais la poste est imprévisible, c'est pourquoi ma lettre, je l'espère, t'arrivera par un autre canal. Sache d'abord qu'Anne-Marie se porte à merveille. On ne comprend pas encore son langage de bébé mais je sais qu'elle pense à toi. Quand je lui montre ta photo elle sourit parce qu'elle te reconnaît.

Je suis toujours avec maman aux Bézards. C'est mieux pour le ravitaillement, mais je vais tout de même rentrer à la maison car je m'ennuie à entendre en permanence ses jérémiades. Je ne me sens pas le courage de passer l'hiver ici. Il me reste d'ailleurs juste assez d'essence pour rejoindre Paris et je ne veux pas demeurer dans ce trou sans possibilité de bouger.

Paris a, je crois, bien changé. Je ne vais plus reconnaître notre boulevard Saint-Germain où flotte un drapeau qui n'est pas le nôtre et où se promènent des gens en uniforme gris.

Tu dois te demander ce qu'est devenu notre cher Garmond. Anna qui est venue nous voir par le train la semaine dernière n'a pas de nouvelles. Nous espérons qu'il est prisonnier et qu'il pourra rentrer bientôt.

Et toi, mon chéri ? Vas-tu pouvoir rejoindre Paris ? Je pense que puisque tu y es domicilié tu pourras obtenir un laissez-passer. J'ai hâte de te retrouver, mon Adrien. La vie sans toi...

Adrien lut en souriant les dernières phrases très personnelles et éprouva en rangeant la précieuse lettre dans son enveloppe un soulagement libérateur. Pour la première fois depuis longtemps, il se sentait bien dans sa tête meurtrie. L'inquiétude qui le taraudait avait disparu, son esprit retrouvait cette liberté inventive qui, Garmond le lui avait souvent dit, était le point fort de sa personnalité. Que c'était bon d'avoir soudain envie de plonger dans l'avenir, d'assembler des idées pour des lendemains imprécis mais excitants ! Sa famille en sûreté, son bandeau arraché, il retrouvait son goût d'entreprendre et de vaincre. Seul, dans le jardin de l'hôpital, il esquissa dans le vide quelques mouvements de boxe et alla demander au bureau quand il pourrait partir.

– Demain si vous voulez, répondit la surveillante. Mais il y a un tas de papiers à remplir. Surtout si, comme je le présume, vous rentrez à Paris. Il faudra demander un sauf-conduit à la préfecture.

– Ne vous donnez pas cette peine, madame, je ne vais pas à Paris.

Deux jours plus tard, après un voyage languissant et trois changements de train, Adrien débarqua dans la gare de Vichy décorée comme une estrade de 14-Juillet. « Nous manquions peut-être d'avions et de tanks, pensa-t-il, mais sûrement pas de drapeaux ! » Suivi de mètre en mètre par le regard pervenche du Maréchal dont les portraits s'alignaient sur les murs, les piliers, la porte du chef de gare et celle de la lampisterie, Adrien gagna la sortie barrée par un immense calicot : « Pétain, c'est la France » et s'enquit d'un hôtel pas cher, compatible avec la maigreur de sa prime de démobilisation.

Les trois pensions que l'obligeante caissière du buffet de la gare lui avait indiquées étaient complètes. Dirigé vers l'Hôtel du Portugal, un établissement modeste mais propret, il demanda sans grand espoir à l'homme installé derrière un haut comptoir s'il ne restait pas une chambre à louer pour au moins une semaine. Le gardien, qui était peut-être le patron, le regarda et fixa son regard sur la partie de sa tempe gauche, rasée, où subsistait une large cicatrice.

– Je vois que vous avez été blessé, dit-il. Etes-vous démobilisé ?

– Oui, depuis quelques jours à ma sortie de l'hôpital.

– Dans quelle arme étiez-vous ?

– Lieutenant Anthelme du 1er régiment de spahis ! annonça Adrien comme s'il se présentait à un chef d'escadron pointilleux.

L'homme jusque-là distant esquissa un sourire. Il continua :

– Officier de réserve. Dans le civil je dirige une agence de publicité à Paris.

– Moindron, dit l'autre. Je suis le propriétaire de cet hôtel depuis vingt-cinq ans. Ce n'est pas un palace mais mes clients sont plutôt satisfaits. Du moins ils me le disent, surtout en ce moment où il n'y a plus une chambre de libre à Vichy. Vous avez de la chance car l'un de mes locataires, un journaliste de *Paris-Soir* rappelé à Lyon, vient de quitter la sienne tout à l'heure. Il m'a recommandé un confrère en quête de logis mais c'est vous que je vais prendre... Vous vous demandez pourquoi ?

Trop heureux d'avoir trouvé un toit, Adrien ne se demandait rien du tout mais il dit poliment :

– Je vous remercie, monsieur. En effet, pourquoi m'accordez-vous la préférence ?

– Parce que vous êtes un spahi ! J'ai servi cinq ans dans la coloniale et je les ai vus à l'œuvre, les spahis ! Cela aurait été mon rêve de galoper dans les Aurès sur l'un de leurs chevaux fringants ! Bon, on reparlera de tout cela mais, pour l'instant, je vais vous conduire à votre chambre. Ce soir, si vous venez prendre un anis Gras au bar, je vous présenterai quelques clients parisiens. Il reste deux collaborateurs de *Paris-Soir* et j'ai aussi des gens de chez Grasset, la maison d'édition. Remarquez, vous les rencontrerez, soit au bar de l'Hôtel des Ambassadeurs, soit au Cintra. Tous les nouveaux résidents, politiques, journalistes ou quémandeurs de postes officiels, s'y retrouvent.

– J'y reconnaîtrai sans doute des familiers.

– A propos, monsieur Anthelme, pourquoi vous installez-vous à Vichy si vos affaires sont à Paris ?

– Je rentrerai bientôt à Paris mais, avant, je veux étudier la possibilité d'ouvrir une succursale de mon agence en zone libre. Beaucoup de choses se passent ici.

– Trop, beaucoup trop, si vous voulez mon avis. Je respecte le Maréchal, mais tout ce monde qui grouille autour ne me dit rien qui vaille. Enfin, vous verrez vous-même...

Visiblement, le bonhomme ne demandait qu'à parler. Adrien pensa qu'il lui serait sûrement d'un grand secours pour l'aider à se débrouiller dans cette ville bleu, blanc, rouge.

Arrivé dans sa chambre qui était spacieuse, assez bien arrangée et claire, il s'étendit sur le lit, le meilleur moyen qu'il eût trouvé pour réfléchir aux choses importantes de la vie. Cette fois, la vie lui semblait bien compliquée et sa situation singulière. Au fait, le vieux colonial avait raison d'être surpris : pourquoi était-il à

Vichy, sans le sou ou presque, pourquoi n'avait-il pas déjà rejoint Paris où sa famille l'attendait ? A cette question il ne pouvait répondre que dans le flou : il était là parce que son intuition l'y avait poussé, pour satisfaire la petite voix intérieure qui, jusqu'à maintenant, ne lui avait soufflé que des choix heureux. Dans le fond, Adrien était un aventurier, et les aventuriers se complaisent dans les situations troubles où tout semble être remis en question, les lois comme les hommes, les fonctions comme les dignitaires de tous niveaux. Il sentait que le bâtiment des thermes, qu'il apercevait de sa fenêtre, cachait une sorte de loterie pour laquelle il avait envie de prendre son billet. Mais tout cela n'était que des mots, un fatras d'idées convenues d'où ne surgissait aucun argument réaliste. S'il voulait réussir quelque chose, il lui fallait abandonner cette autosatisfaction douteuse et décider ce qu'il convenait de faire, ou du moins d'essayer.

Finalement, ce qu'il avait répondu sans réfléchir au patron de l'hôtel était assurément la voie qu'il devait suivre, celle sur laquelle il ne s'égarerait pas car il en connaissait les détours : la publicité qui, à Paris, l'avait sorti des chemins sans joie de la médiocrité. Certes, il n'y avait pas de chocolat à vendre sous les ombrages du parc. Même camouflée sous les oriflammes de la Révolution nationale, la défaite était là. Mais puisqu'il existait une presse, il existait ou il existerait fatalement le besoin de l'utiliser comme moyen de persuasion commerciale. Et s'il ne restait vraiment rien à négocier, il y aurait toujours une pensée officielle à diffuser et à faire valoir, des affiches à créer, des tracts à faire imprimer. Il y avait très certainement des budgets prévus à cet effet, mais pour y accéder il lui fallait tâter le terrain, connaître des gens, frapper aux portes. Il avait assez pratiqué cet exercice pour croire qu'il pouvait arriver à filer son cocon dans les antichambres du nouveau pouvoir. Cette perspective l'excitait. Il décida de dresser son plan de bataille.

Adrien se leva, prit dans sa valise le carnet sur lequel il avait consigné quelques notes et réflexions durant la campagne et qu'il avait miraculeusement retrouvé dans sa musette, seul objet sauvé du désastre et contenant, en dehors de ce carnet, sa brosse à dents, deux crayons et un rasoir Gillette. Il s'installa au petit bureau dont le faux Louis XVI lui rappela celui de son premier studio et réfléchit avant d'écrire : « Ce qu'il me manque : un complet-veston correct. » Il ouvrit en souriant une parenthèse : « (l'habit fait le publicitaire) ; un chapeau (il convient de faire comme le Maréchal, commode pour saluer) ; un agenda (pour noter les rendez-vous) ; un stylo ; des cartes de visite (avec la mention directeur général de Globe-Publicité et l'adresse parisienne). »

C'est au moment d'ajouter à sa liste « un plan de la ville » qu'il eut soudain l'« idée », la grande « idée éclair » qui déchire les ombres. Et puis, tout de suite après, le doute épouvantable : « Et si quelqu'un l'avait eue avant ? » Alors il abandonna tout, son carnet, ses pensées devenues accessoires, sa valise presque vide qu'il avait achetée pour se donner une allure de voyageur ordinaire, et dévala l'escalier.

– Où se trouve la librairie la plus importante ? demanda-t-il à Moindron, surpris.

– Place Victor-Hugo, juste derrière le Casino. C'est à deux pas. Mais...

– Excusez-moi, monsieur Moindron. Je suis pressé.

La Librairie des Deux Mondes était imposante avec ses deux vitrines bien rangées, l'une pleine des derniers livres parus avant et aussitôt après la défaite, l'autre réservée à l'imagerie du Maréchal avec des portraits et des photos de toutes dimensions, encadrés luxueusement ou simplement bordés d'une baguette économique.

Adrien ne voyait rien des étalages littéraire ou maréchaliste. Bousculant deux flâneurs il arriva essoufflé à la caisse :

– Madame, s'il vous plaît, existe-t-il un guide ou un annuaire groupant les différentes administrations, les ministères, leur composition ?

La caissière regarda d'un œil étonné cet homme agité qui semblait attendre sa réponse dans l'anxiété, comme s'il s'agissait d'une question grave, lourde de conséquences. Elle appela M. Eugène en précisant :

– C'est le spécialiste des guides et des dictionnaires.

M. Eugène répondit qu'il n'avait jamais entendu parler de l'édition d'un tel ouvrage à Vichy mais que plusieurs personnes s'étaient enquises de son existence.

– Dieu soit loué ! s'écria Adrien sans se soucier des gens qui se pressaient à la caisse.

Et, comme pour ajouter encore à son extravagance, il dit :

– Alors, donnez-moi le Petit Larousse.

Garmond n'avait-il pas un jour déclaré : « L'homme qui ne possède pas un dictionnaire à portée de la main est un invalide » ?

Soudain détendu, son Larousse sous le bras, Adrien voyait la vie sous un jour nouveau. Cet annuaire qui n'existait pas et dont tous ceux qui jouaient un rôle à Vichy, ou qui souhaitaient en jouer un, avaient forcément besoin, il allait le créer, l'éditer, le composer. Il espérait naturellement retirer des bénéfices appréciables de l'opération mais, surtout, il y voyait un prétexte à frapper aux portes officielles. Quel chef de cabinet, quel fonctionnaire refuserait de le recevoir pour lui fournir les renseignements qu'attendait le nouveau monde politique ?

Content, sûr de lui, Adrien décida d'aller boire un apéritif au Cintra, histoire d'observer la faune vichyssoise qu'il imaginait assez baroque pour l'intéresser. Comme il regrettait de n'avoir pas Garmond à ses côtés pour l'aider à la découvrir ! Mais où était Garmond ? Dans la carte inter-zones qu'il avait reçue avant de quitter l'hôpital, Marie-Christine avait rempli le blanc de la ligne « sans nouvelles de... » par le nom de Pierre. Son cœur se serra à la pensée qu'il avait pu être tué.

Le chemin du Cintra le fit passer devant l'Hôtel du Parc et Majestic où le Maréchal avait sa résidence et son cabinet. Une foule était massée devant le perron, prête à acclamer le Sauveur. Des badauds comme on en rencontre à la porte de tous les palais royaux, patients, curieux et stupides. Deux soldats du 152e régiment d'infanterie montaient la garde. Ils lui firent penser à Mastet qui avait peut-être réussi à se faire affecter à Vichy. Adrien se promit de se renseigner à son sujet.

La porte à tambour du Cintra lui rappela celle de Lipp et son chuintement des jours heureux. D'ailleurs, la salle présentait quelque ressemblance avec la brasserie du boulevard Saint-Germain. Si on oubliait l'acajou des murs, la disposition des sièges et des banquettes était à peu près semblable et les clients auraient pu être ceux qui commandaient à la même heure un « sérieux » à Saint-Germain-des-Prés. Adrien n'aurait pas été étonné de voir entrer Léon-Paul Fargue ou Antoine de Saint-Exupéry. Il avait pris place à une table stratégique, un peu surélevée, d'où il pouvait observer la foule bruyante des consommateurs. Il commanda un vermouth et vit avec intérêt un couple s'installer à la table voisine de la sienne. L'homme pouvait avoir une quarantaine d'années, la femme un peu moins, qui parlait le français avec un accent américain prononcé. Dans leurs propos revenaient les noms de Pétain, Laval, Brinon, Luchaire... Luchaire, n'était-ce pas celui qui dirigeait un quotidien assez confidentiel, *Notre Temps*, et venait parfois rue de Tournon mais que Robert Quentin n'aimait pas ? Il ne pouvait tout de même pas le demander à ces inconnus malgré l'envie qu'il avait d'entrer en conversation avec eux. Le hasard l'aida : la femme fit tomber son sac aux pieds d'Adrien qui se précipita pour le ramasser. La balafre à la tête fit le reste ; elle était suffisamment spectaculaire pour attirer la compassion d'une dame. Après avoir remercié, sa voisine jugea poli de lui demander s'il avait été blessé à la guerre. C'était l'occasion rêvée pour Adrien de sauter sur son cheval de bataille, de raconter son épopée, les spahis, l'hôpital...

– Mon pauvre ami, dit-elle, comme vous avez dû souffrir ! Mais que faites-vous dans ce panier de crabes qu'est aujourd'hui Vichy ? Etes-vous journaliste comme nous ? La moitié de cette salle est remplie de reporters français et étrangers qui ne peuvent transmettre à leur journal que des informations sans intérêt visées par la censure. Il y a heureusement la valise diplomatique mais, si l'ambassade quitte la France, je ne sais pas comment j'enverrai mes articles !

– Ma chère, si vous suggérez que les Américains entreront un jour en guerre contre l'Allemagne, vous n'aurez plus à vous tracasser pour vos dépêches car vous partirez dans les bagages de l'ambassadeur !

C'est son compagnon qui avait parlé. Il poursuivit à l'adresse d'Adrien :

– Mme Linda Perlman est correspondante du *Washington Post,* moi j'essaie de glisser quelques bribes d'informations inédites dans des articles prédigérés à la gloire du Maréchal et de la Révolution nationale. Je suis reporter au *Petit Journal.* Je m'appelle Henri Poulard.

– C'est encore heureux qu'une presse française puisse paraître. Qu'elle soit au service du Maréchal et de sa politique me semble normal puisque tous les Français sont d'accord.

– Vous avez raison. Après la promenade en France de l'armée allemande – pardonnez-moi, vous qui vous êtes battu –, les Français ont répudié la République. Et puisqu'un homme providentiel, le héros de Verdun, proposait à la fois de cesser un combat déjà perdu et de refaire une France nouvelle, morale, dans l'ordre et la paix, ils ont dit merci et fait allégeance au Maréchal sans se soucier du reste. Comment ne serait-on pas pétainiste aujourd'hui ?

– Et demain ? questionna Adrien qui avait cru discerner quelques réserves masquées dans le discours convenu du journaliste.

– Demain, si l'Allemagne gagne la guerre contre l'Angleterre après avoir vaincu le reste de l'Europe, la France devra se plier encore plus qu'aujourd'hui à la loi du vainqueur. Peut-être alors regretterons-nous le temps de Pétain et de Laval !

– Mais l'Amérique dont vous reconnaissiez comme possible l'entrée en guerre ? Ne serait-elle pas capable d'abattre l'hitlérisme ?

– Tout est possible, bien sûr, mais, aujourd'hui, les Français ne rêvent que de retrouver leurs habitudes, leur métier, d'oublier la défaite, l'exode, les politiciens de la IIIe République dont on leur assure qu'ils sont la cause de tous leurs maux !

– Vous semblez bien sceptique.

– Mon cher, quand on a été comme moi journaliste parlementaire durant quinze ans on est porté à ne plus croire à grand-chose. J'essaie de rendre compte du mieux que je peux en sachant que cela ne changera rien.

L'Américaine, peut-être parce qu'elle était moins concernée, avait gardé toute sa curiosité professionnelle et, cela se sentait, de la passion pour son métier. Les réactions d'un officier français blessé, récemment démobilisé, l'intéressaient.

– Depuis combien de temps êtes-vous à Vichy ? demanda-t-elle.

– Deux jours, depuis ma sortie de l'hôpital où j'ai vécu hors du temps, d'abord dans le coma puis en convalescence.

– Vous n'avez donc pas vécu ce que les Français appellent la débâcle et vous découvrez l'état de votre pays sous les plus fausses apparences ! La vie à Vichy n'a rien à voir avec celle des autres villes et de la campagne. Encore moins avec celle de la zone occupée !

– Je tente de reconstituer les événements, de les comprendre, mais c'est difficile. La vénération dont semble entouré le maréchal Pétain qui compose avec les Allemands, d'après ce que je lis, me paraît ahurissante... Je ne reconnais plus les Français, si désunis durant toute leur Histoire, dans ce consentement général ! Il doit tout de même exister une opposition chez les leaders politiques ?

Elle sourit.

– Décidément, vous ne savez rien. Blum, Daladier, Mandel et même le général Gamelin sont en prison. Ils vont être jugés « pour avoir trahi les devoirs de leur charge dans des actes qui ont concouru au passage de l'état de paix à l'état de guerre ». Je sais par cœur les termes de cette accusation tellement elle m'a paru étonnante ! Renseignements pris, il s'agit d'une exigence allemande.

– Mais la Justice...

– Est aux ordres du gouvernement ! Le tribunal militaire siégeant à Clermont-Ferrand vient même de condamner à mort par contumace un général qui, de Londres où il s'est réfugié, a lancé un appel à la radio demandant à tous les Français se trouvant en Grande-Bretagne ou qui viendraient à s'y trouver de venir le rejoindre. C'est un appel à la résistance !

– A-t-il trouvé un écho en France ?

– C'était le 18 juin. Très rares sont ceux qui l'ont entendu mais il commence à se savoir que la B.B.C. transmet chaque soir une émission émanant de l'entourage du général de Gaulle et destinée aux Français. Essayez de l'écouter, elle est très instructive.

– Ce général s'appelle de Gaulle ?

– Oui. Charles de Gaulle. Pour l'instant son action n'a aucune portée politique, mais elle peut compter un jour.

Adrien ne regrettait pas d'être venu boire un verre au Cintra. Il avait appris beaucoup de choses sur le nouveau gouvernement où il espérait chercher des appuis. Comme il s'était trouvé naguère plongé par hasard dans le milieu gauchisant de Libertés nouvelles, il n'éprouvait pas de scrupules aujourd'hui à essayer de tirer quelques marrons du feu d'une Révolution nationale qui rassemblait la France autour du vieux Maréchal. Il avait servi Robert Quentin sans passion pour ses idées. C'est sans passion et dans le seul but d'une efficacité égoïste qu'il servirait, si l'occasion lui en était donnée, quelque acolyte du régime de Vichy.

Dès qu'il fut en possession de ses cartes de visite, Adrien demanda à rencontrer le directeur de l'agence du Crédit Lyonnais. Il dut user de tous ses talents de persuasion auprès des guichetières et d'un chef de service pour obtenir un entretien avec un fonctionnaire ordinaire promu, par le hasard du cantonnement gouvernemental, chef d'une agence devenue importante.

Tandis que le monsieur regardait alternativement le bristol et le vêtement peu reluisant de son visiteur, Adrien, qui avait bien préparé son affaire, commença d'une voix ferme :

– Ne vous étonnez pas, monsieur, de me voir mal vêtu : lieutenant de spahis j'ai été blessé et sors de l'hôpital. Ma carte vous dit qui je suis : directeur d'une agence de publicité importante à Paris. Mais c'est au titre de client du Crédit Lyonnais que je me présente. Voici le numéro de mon compte. Il est approvisionné, vous pouvez vous en assurer mais je n'ai pas de carnet de chèques. Voulez-vous, s'il vous plaît, me remettre la somme de cinq mille francs qui me permettra de m'habiller et de régler mes affaires à Vichy avant de retourner à Paris ?

L'homme leva les bras au ciel.

– Ce n'est pas possible, monsieur ! Comment puis-je m'assurer que vous avez un compte ouvert chez nous ?

– Téléphonez à mon agence, boulevard Saint-Germain.

– Mais le téléphone ne fonctionne pas entre les deux zones ! Il faudrait que j'écrive et cela serait très long... Vous ne pouvez pas savoir comme notre métier de banquier est difficile en ce moment. Je n'ai à résoudre que des problèmes dans le genre du vôtre. Et les ministères qui m'en causent davantage chaque jour !

Finalement, après avoir dû fournir les rares références possibles en zone libre, celles de son hôtelier, du directeur de l'hôpital, du capitaine Mastet de Puysens qu'il présenta comme héros de guerre, présentement attaché à la garde du Maréchal, c'est le nom de Linda Perlman, envoyée spéciale du *Washington Post* qui décida le directeur à lui accorder un retrait de trois mille francs sur son compte parisien et sa bonne mine.

Presque toute la somme passa dans le tiroir-caisse du Jockey-Club Tailor, magasin spécifiquement auvergnat de l'avenue Thermale, spécialisé dans les « costumes élégants pour cérémonies ». Le chef de rayon mit à sa mesure en deux heures un complet-veston croisé en serge bleu marine qui transforma Adrien en familier des couloirs ministériels. C'était un investissement indispensable à la réalisation de son plan.

Le lendemain matin, il demanda audience au chef de cabinet adjoint du secrétariat aux Communications. L'interlocuteur, Jean-Jacques Trompe, avait été choisi au hasard. C'était un gentil jeune homme qui semblait avoir acheté son costume au même endroit qu'Adrien. Il trouva l'idée de l'annuaire intéressante et promit de fournir dans les quarante-huit heures la liste des membres du cabinet et celle des hauts fonctionnaires du ministère. « Si je peux vous rendre un service, n'hésitez pas à venir me voir », dit-il à Adrien en le reconduisant.

C'était un bon début. S'il était reçu partout aussi courtoisement il aurait bientôt des antennes dans tous les ministères.

Du Ravitaillement à la Marine en passant par la Production industrielle, Adrien fit en quelques jours le tour des commanderies du Maréchal. Reçu parfois aimablement par des membres importants du cabinet, d'autres fois plus sèchement par des secrétaires, il obtint ce qu'il voulait, une documentation complète qu'il classait le soir dans des dossiers afin de la préparer pour l'imprimerie. L'imprimerie, c'était la dernière chose à régler. Il lui fallait trouver une entreprise discrète, pas trop importante, dirigée par un patron qui consentirait à prendre un risque puisqu'il lui faudrait attendre la mise en vente du guide pour être payé. Vichy était une petite ville et les imprimeries n'y étaient pas nombreuses. Une seule fut intéressée par son projet. Le directeur, un homme jeune et d'allure entreprenante, comprit tout de suite que l'affaire était viable et donna son accord à condition d'être réglé en priorité sur le produit des premières ventes, ce qui était normal.

– Préparez un contrat, nous le signerons demain, dit-il, puis il ajouta : Je calculerai la quantité de papier nécessaire pour cinq cents exemplaires. Car, bien sûr, vous avez l'autorisation de débloquer du papier ? Moi, je n'en ai plus une rame et je vous signale que l'Administration le distribue avec parcimonie.

Adrien n'avait pas pensé au papier, qui devait d'ailleurs être de bonne qualité afin de constituer un opuscule solide et commode à compulser. A qui devait-il s'adresser ? Après avoir relu la liste de tous ceux qu'il avait rencontrés au cours de son enquête, il décida d'aller voir André Rochard, qui l'avait reçu avec sympathie au secrétariat d'Etat à la Famille et à la Jeunesse. Rochard était diplômé des sciences politiques, connaissait le Quartier latin et Saint-Germain-des-Prés comme sa poche. Il se destinait à la préfectorale et s'était retrouvé attaché de cabinet à Vichy.

– Du papier ? dit-il. Je ne sais vraiment pas comment on peut avoir du papier en ce moment. Mais ici tout est comme cela, il faut se débrouiller, faire jouer ses amitiés. Rassurez-vous, je vous en trouverai, ou tout au moins une autorisation en règle pour vous en procurer. En attendant, il est plus de cinq heures, j'irais volontiers prendre un verre au Bar des Ambassadeurs. Voulez-vous m'accompagner ? Nous parlerons du Balzar.

– Volontiers. J'ai envie de connaître ce haut lieu du monde vichyssois. Avant-hier, je suis allé au Cintra.

– Le Cintra est plus vivant, plus drôle. C'est le rendez-vous des journalistes. J'y fais un tour quand j'ai un message à faire passer. Aux Ambassadeurs, vous allez voir surtout des diplomates, des hommes politiques et des dames plutôt moches qui se croient élégantes. Tout ce monde se prend très au sérieux. Il s'agit de se montrer et de prouver qu'on connaît beaucoup de gens. Vous allez voir ce ballet de baisemains et d'embrassades !

Un maître d'hôtel en queue-de-pie les conduisit à une petite table ronde au milieu du salon, là où l'on devait danser certains soirs. Aux tables voisines, les cocktails mélangeaient leurs couleurs sur des nappes empesées. Partout beaucoup de chapeaux, assez ridicules, et des îlots de crânes chauves. Adrien découvrait le microcosme vichyssois avec une curiosité qui amusait Rochard.

– Voyez, la troisième table sur la droite. Oui, celle du chapeau rose... C'est Du Moulin de Labarthète, sans doute la plus grosse tête de la salle. Il est chef de cabinet du Maréchal. Vous allez voir, tout le monde va venir le saluer. Tenez, voici Doutremont qui a été longtemps son patron au cabinet de Chéron et qui vient lui manger dans la main. Le haut personnel de l'Etat est composé d'hommes d'origines très diverses mais tous ont un point commun : sans la guerre, si la vie publique avait suivi son cours normal, aucun d'eux ne serait parvenu aux sommets où ils se trouvent portés. Beaucoup étaient en passe de devenir des ratés et les voilà entourés d'une cour, délivrant leurs oracles, rapportant un mot du Maréchal et annonçant comme imminente la défaite de la Grande-Bretagne. Car ils haïssent autant les Anglais que la démocratie qui ne leur a pas permis de réaliser leurs ambitions.

– Vous n'aimez pas ces nouveaux messieurs ?

– Je les vois de trop près. Mais il ne faut pas tout de

même généraliser. Il y a dans l'Administration beaucoup de types bien qui font marcher la machine du mieux qu'ils peuvent. Et puis, je mange moi aussi au râtelier de la Révolution nationale. Classez-moi si vous voulez dans le panier de ceux que je viens de vous décrire !

– Sûrement pas. En vous écoutant je crois entendre mon meilleur ami, un normalien brillant qui est au comité de lecture de Gallimard. Il manie le paradoxe comme vous et s'amuserait bien s'il était à notre table ! Entre nous, pensez-vous que la comédie à laquelle nous assistons durera longtemps ?

– Voilà bien une question que je ne vous conseille pas de poser à n'importe qui ! Mais après ce que je viens de vous dire je peux vous répondre : sincèrement je n'en sais rien. Si Hitler ne gagne pas très vite, s'il laisse le temps aux Anglais de boucler leur île, si les Américains se mettent de la partie... alors ce sera long, très long, et il finira par perdre !

– Et nous, les Français ?

– Il n'y a plus de Français debout. Ils dorment dans les bras de papa.

– Et ce général de Gaulle dont une journaliste américaine m'a parlé ?

– De Gaulle ? On ne l'aime pas ici. On l'a même condamné à mort ! Moi, je n'en pense rien. Si vous voulez, mon cher Anthelme, on reprendra cette conversation l'année prochaine. Au fait, quand vous aurez publié votre annuaire des ratés, je vous ferai avoir la francisque.

– C'est une décoration ? Je préférerais la croix de guerre.

– Ça, ce n'est pas mon rayon. Mais la francisque, je peux. C'est un insigne doré représentant une hache de guerre dont le manche est un bâton de maréchal. Sur un costume bleu, ce n'est pas mal. Ça peut ouvrir des portes !

Adrien Anthelme profitait au mieux des relations qu'il entretenait avec persévérance dans les ministères. Mais pouvait-on parler de ministères à propos des hôtels pour curistes devenus bureaux gouvernementaux, où les salles de bains servaient de secrétariats et les couloirs de cabinets d'audiences ? Grâce à ses nouveaux amis Trompe et Rochard, ainsi qu'à quelques autres satellites du régime, il avait réussi à faire paraître l'*Annuaire administratif de Vichy*, l'une de ses meilleures idées, idée en or à tous points de vue. Il ne rentrerait pas misérable à Paris, ni vêtu comme un clochard !

Jean-Jacques Trompe, attaché aux Communications, lui avait donné la possibilité d'adresser une longue lettre à Marie-Christine dans laquelle il lui annonçait son prochain retour. Malheureusement, elle ne pouvait lui répondre qu'en utilisant la frustrante et désolante carte postale inter-zones. La dernière qui lui était parvenue portait toujours dans la fenêtre « sans nouvelles de... » le nom de Pierre Garmond.

Adrien avait trouvé, en dehors du Cintra et des Ambassadeurs, un lieu agréable où les nouvelles, vraies ou fausses, s'échangeaient au soleil, en maillot de bain. C'était la piscine du Sporting Club, endroit privilégié où les pelouses, tondues bien vertes autour du bassin, prêtaient aux confidences. Linda Perlman était une habituée du Sporting. Quand elle avait aligné ses douze longueurs en brasse coulée, elle s'allongeait auprès d'Adrien et lui faisait raconter quelque épisode de sa vie, la banlieue terne, le Sahara éclatant, l'apprentissage courageux, la publicité libératrice, la guerre brève et terrible... Puis elle lui transmettait sous le sceau du secret les informations encore non divulguées qu'elle avait réussi à glaner grâce à son formidable flair de reporter aiguisé à l'école américaine. C'est ainsi qu'il avait appris avant tout le monde, avant même les lecteurs du *Washington Post*, que la bataille d'Angleterre n'avait pas tourné comme il en était sûr à l'avantage du Führer qui avait décidé de remettre *sine die* l'invasion des îles Britanniques. Certes, Londres et les grandes villes étaient atrocement bombardés mais Churchill, superbe, avait déclaré : « Je préfère voir Londres en ruine que souillé par une ignoble servitude. »

– C'est tout de même plus distingué que les platitudes de votre Pétain ! avait-elle ajouté.

Piqué, Adrien n'avait pas répondu. N'allait-il pas recevoir la francisque, cet insigne de cuivre doré qu'il n'avait pas sollicité mais qui flattait sa vanité ? Pour une fois, il préféra ne pas penser à ce qu'en aurait dit Garmond ! Plus satisfait que honteux, il se rendit dans l'après-midi à la cérémonie intime organisée au secrétariat à la Famille et à la Jeunesse.

Le ministre Jean Ybarnegaray lui-même, ancien militant d'extrême droite, ami de Jean Borotra, le champion de tennis qui s'affichait dans les sphères officielles, épingla l'emblème du Maréchal sur le revers du veston d'Adrien après quelques mots élogieux rappelant « les exploits du lieutenant de spahis, grand blessé de guerre, publicitaire connu, qui venait d'éditer un ouvrage devenu vite indispensable à tous ceux qui servaient la cause de la Révolution nationale ». Cinq autres récipiendaires étaient honorés le même jour qu'Adrien : deux chefs de bureau du Secrétariat, un champion haltérophile, garde du corps à ses moments perdus, le chef concierge de l'hôtel, qui jouait les grands chambellans, et un certain M. François qui s'occupait des prisonniers rapatriés. Le champagne était frais, quelques notes de clairon passaient par la fenêtre entrouverte. C'était l'accompagnement courant de la vie quotidienne : il y avait des parades à tous les coins de rue et des relèves de la garde devant tous les hôtels. Ces escouades de figurants en gants blancs étaient tout ce qui restait de l'armée française, Adrien en était choqué.

Avant la fin de la cérémonie, André Rochard emmena Adrien par le bras à l'écart dans le salon.

– Venez, cher ami, j'ai une proposition à vous transmettre. Vous m'avez dit que vous souhaitiez rejoindre la zone occupée. Je vous aurai un laissez-passer quand vous voudrez. Mais que diriez-vous de rentrer chez vous chargé d'une mission officielle ? Elle vous permettrait de relancer votre agence à un moment où les campagnes publicitaires doivent être rares. En fait, nous avons besoin à Paris d'un homme sûr, non marqué politiquement, les Allemands apprécient, et intelligent, pour diriger la promotion des concepts de la Famille et de la Jeunesse, pierres angulaires de la Révolution nationale. Je précise qu'il s'agit d'une mission officielle mais discrète, bien rétribuée, qui vous assurera la libre circulation entre les deux zones et bien d'autres avantages. Acceptez-vous ?

Adrien marqua son étonnement. Il n'était pas homme à s'emballer sur une offre dont on ne lui avait naturellement fait ressortir que les avantages.

– Je suis flatté, dit-il. Mais j'ignore tout de vos doctrines. Ma jeunesse est déjà loin et je ne m'intéresse qu'à une famille : la mienne.

– Rassurez-vous. Pour un homme de métier comme vous ce sera un jeu d'enfant d'assurer la diffusion de brochures, de documents qui vous seront fournis et que vous n'aurez qu'à mettre en forme, éventuellement à faire imprimer. On vous a choisi à la suite de la réussite de votre annuaire. Réfléchissez mais je vous connais assez pour penser que vous ne refuserez pas...

– Permettez-moi de vous dire que votre choix m'étonne. Vous ne savez pas grand-chose de moi, de mes engagements politiques, de mes opinions sur le régime et sur la politique de collaboration avec les Allemands que prônent ouvertement le Maréchal et Laval, sur les mesures antisémites qui viennent d'être prises...

– On se moque de vos idées personnelles. Vous êtes décoré de la francisque, cela nous suffit. A propos, je vous conseille de ne pas l'arborer à Paris. Il commence à se former en zone occupée, et peut-être aussi en zone libre, qui sait, des groupuscules qui détestent la politique du Maréchal autant que les occupants. Il paraît qu'on tue des officiers allemands dans le métro !

– Je réserve ma réponse mais il y a une chose que je peux vous dire tout de suite : l'officier français que je suis se refusera toujours à travailler avec les Allemands !

– Que croyez-vous donc ? Ce sont des Français qui vous demandent de convaincre d'autres Français. Et, entre nous, personne ne pourra vérifier si vous avez réussi. Je vous dis encore que, personnellement, j'aimerais que vous acceptiez. En attendant peut-être qu'un jour prochain je vous demande de remplir des missions plus exaltantes.

– Vous m'intriguez.

– Tant mieux !

Rochard sourit et serra la main d'Adrien, longuement, comme pour lui faire passer un message :

– Allez ! Partez écrire à votre femme que vous allez rentrer à la maison. Nous nous reverrons demain soir au Cintra et vous me confierez votre lettre. Elle partira avec le courrier officiel.

Le lendemain, en fin de matinée, il retrouva Linda Perlman qui se dorait au soleil d'automne. L'air était exquis, les hommes, en maillot dans le bassin ou en blazer rayé devant le bar, semblaient détendus, des jeunes filles attentives à la frange de leurs cheveux se regroupaient loin de leurs mères, on badinait autour de l'eau bleue comme on l'aurait fait à Deauville ou à Biarritz. Linda accueillit Adrien avec son sourire de star connu de tout Vichy parce qu'il évoquait à la fois la séduction et le mystère américain dont les politiques évitaient de parler mais qui encombrait les cervelles des plus chauds partisans de la Révolution nationale.

– Je vous ai gardé un matelas, dit-elle. Et j'ai eu du mal ! Allongez-vous confortablement, j'ai des choses à vous raconter.

– Moi aussi. Comme cela va prendre du temps, je vous invite tout à l'heure à partager mon rosbif-salade au club-house.

En parlant, Adrien n'avait pas quitté des yeux le visage et le buste demeuré juvénile de sa voisine. Il se sentait soudain en proie à d'étranges pensées : pour la première fois il faisait attention à la grâce de cette jeune femme dont il n'avait jusque-là apprécié que la conversation. L'image éclair de Marie-Christine traversa son esprit et il se ressaisit tandis que Linda commençait ses confidences comme si elle n'avait rien remarqué.

– Je ne sais pas si vous allez comprendre l'importance de la nouvelle : les Etats-Unis viennent de décréter le service militaire obligatoire. Pour le pays, c'est une mesure d'une gravité considérable. Je suis sûre qu'il n'y a pas un Américain qui ne l'envisage comme le préliminaire, peut-être encore lointain mais sûr, de l'entrée en guerre aux côtés des Anglais !

– Je n'ai pas l'impression qu'ici on soit au courant.

– Soyez certain que le gouvernement va essayer de cacher l'événement le plus longtemps possible. J'ai l'impression que mon séjour dans cette charmante ville ne va pas s'éterniser. Je vous regretterai, Adrien. Vous êtes un cynique parfois déroutant. On vous croit d'un côté mais vous êtes dans l'autre, comme un joueur de tennis qui a tout le temps peur d'être pris à contre-pied.

– Comment cela ? Je ne vous comprends pas bien...

– Mais si, vous me comprenez. C'est un trait de votre caractère qui n'a pas pu vous échapper. Mais cette dualité ajoute peut-être à votre charme !

– Vous trouvez que je m'associe trop au pétainisme ? Je ne suis pas le seul ! Mon arrivisme, c'est le terme auquel vous devez penser, n'a jamais eu d'autre but, dans ma vie, que de sortir de la pauvreté anonyme et de faire bien vivre ma famille. Il est vrai qu'à Vichy j'ai joué l'opportunisme. Et j'ai peut-être gagné...

Adrien raconta son après-midi de la veille, la réception, la remise de la francisque et la proposition qui lui avait été faite. Linda l'avait écouté en silence, quelquefois en hochant la tête. Quand il eut fini, elle dit :

– Je ne croyais pas que vous iriez si loin ! Le jeu est dangereux, Adrien. Ici vous ne connaissez que le côté rose de la défaite. Le côté noir ne concerne à Vichy que le gouvernement obligé de traiter avec les Allemands. En zone occupée personne ne peut les ignorer. Vichy c'est encore la France, mais lorsque votre train s'arrêtera à Moulins, à une heure d'ici, vous entrerez dans l'empire de la Gestapo et de la Wehrmacht. Il vous faudra prendre garde... Il n'y a qu'une chose qui me rassure dans votre affaire, c'est que ce soit André Rochard qui vous ait proposé le marché.

– Vous le connaissez ?

– Oui, il m'a fait la cour. Souvent il s'est allongé sur le matelas que vous occupez et il m'a parlé. Son engagement pour la Révolution nationale semble entier et réfléchi. Pourtant, son passé – il a vécu trois ans à Londres – et quelques phrases, lâchées sans doute volontairement, me font penser que nous ne connaissons pas le vrai Rochard.

– Serait-il un gaulliste camouflé ?

– Cela ne m'étonnerait pas. Il n'est pas possible que

tous ceux qui se bousculent dans les allées du pouvoir, décorés ou non de la francisque, soient aveugles au point de ne pas imaginer un seul instant qu'Hitler puisse perdre la guerre ! J'espère, Adrien, que si cela arrive, comme je le crois, vous ne vous retrouverez pas du mauvais côté.

Alors qu'elle prononçait ces derniers mots, ses yeux noirs s'étaient embués. Adrien la trouva belle et émouvante. Il lui prit la main.

– Merci, Linda. Je n'oublierai pas ce que vous venez de me dire... Mais vous qui êtes ici une observatrice indépendante et libre, vous abhorrez vraiment ce régime que les Français acceptent ? Et l'idolâtrie dont est l'objet le Maréchal ?

– Je ne suis pas française mais, si je l'étais, je n'irais pas faire des offrandes au vieillard. Quant au régime, vous fermez les yeux sur les abominations qui se trament dans certains ministères. Vous êtes-vous intéressé aux lois antijuives de Xavier Vallat et d'Alibert, plus sévères encore que celles prescrites par les Allemands ? Moi oui : je suis juive !

Le repas au bar fut plus gai. De nombreux messieurs venaient saluer Linda. Un seul lui demanda en souriant si les Américains allaient bientôt se décider à entrer en guerre. C'était l'ambassadeur d'Egypte qui ne cachait pas son désir de voir gagner l'Angleterre. Au café, qui était encore fort convenable dans les établissements de luxe, elle se pressa contre Adrien.

– J'en ai assez de tous ces guignols. Ce soir, venez chez moi. J'ai un studio avec cuisine. Je vous préparerai des spaghettis et, si je n'ai pas perdu la main, un gâteau au fromage blanc dont ma grand-mère a rapporté la recette de sa Russie natale.

– Mais...

– Ne craignez rien, Adrien. Je ne suis pas une mangeuse d'hommes !

Linda n'était pas une mangeuse d'hommes mais elle était diablement attirante dans le peignoir de bain très court qu'elle portait pour recevoir Adrien. Celui-ci n'était pas dupe et savait que son désir sincère de rester fidèle à Marie-Christine ne résisterait pas à la séduction de l'Américaine si elle décidait d'en jouer. Linda l'avait pourtant accueilli comme un copain en lui plaquant un baiser sur chaque joue et en lui disant qu'elle allait passer une robe plus convenable pour le dîner. Il n'avait pu que déclarer fort décent son vêtement et lui demander de le conserver.

– Bon. Mais je vais mettre un tablier. Ce sera affreux mais tant pis, la sauce bolognaise a une fâcheuse tendance à s'échapper des casseroles. Pour le reste, il y a du jambon de montagne et, comme je n'ai pas eu le temps de me lancer dans la préparation d'une pâtisserie, vous mangerez une tarte aux fraises de chez Godefroy en dessert.

– Mais c'est magnifique ! Vous savez qu'il m'arrive souvent de dîner d'un sandwich jambon beurre dans ma chambre d'hôtel. Alors, ce soir, c'est la fête !

– Vous avez du bourbon et du pur malt écossais sur la table. Installez-vous, prenez des glaçons dans le frigo.

– Vous avez un réfrigérateur ? Ce doit être le seul à Vichy en dehors des grands restaurants. Très rares sont les Français qui en possèdent un. Chez nous on va acheter un pain ou un demi-pain de glace...

– C'est pourquoi les Français ont la réputation d'avoir un tempérament chaud.

Ils rirent et elle disparut dans la cuisine en laissant un peu flotter son peignoir mal noué. Le triangle de chair bronzée qu'il entrevit sur une cuisse lui fit un drôle d'effet. Il se demanda pourquoi il n'éprouvait pas la même sensation quand elle en montrait bien plus en maillot de bain sur le gazon du Sporting.

– Qu'est-ce que je vous sers ? demanda-t-il par la porte entrouverte.

– Rien. Attendez, je vais nous préparer des bourbons-sour comme dans les bons bars de Manhattan.

– Qu'est-ce que c'est ?

– Du whisky, du jus de citron et du sucre. Tout est dans le dosage. Ça vous donne un coup de fouet avant de vous faire dormir. Si vous ne pouvez pas rentrer tout à l'heure, car j'ai aussi une bouteille de bordeaux, vous coucherez dans le fauteuil qu'on peut transformer en lit de fortune. A moins que...

– A moins que ?

– A moins que vous ne soyez pas gris du tout et que vous rentriez sagement.

– Si vous ne m'aviez pas dit qu'il ne m'arriverait rien, je commencerais à me faire du souci. A jeun j'ai déjà une folle envie de vous embrasser, qu'est-ce que cela sera quand vous m'aurez fait boire votre mixture aphrodisiaque !

– On verra bien ce qu'il adviendra de ma vertu et de vos scrupules de mari fidèle. N'oubliez pas que nous vivons anormalement dans un îlot de tranquille absurdité ; il se passe des choses terribles à quelques kilomètres, et demain, nous risquons d'être plongés dans cette cruauté. Cela change beaucoup de choses, non ?

– Vous avez raison... Alors ce bourbon... comment dites-vous ?...

– Venez m'aider à presser les citrons. Je n'ai pas de shaker mais on va se servir de ce pot à confiture.

Adrien découvrit successivement le goût d'un cocktail de perfide alacrité et celui d'une bouche imprégnée du mélange subtil. Les verres posés vides, ils laissèrent la sauce bolognaise faire des bulles sur le gaz et la pasta refroidir. Linda n'était pas nue sous le tissu-éponge mais habillée de sous-vêtements bien bourgeois. Adrien en fut content. Fougueux, il appréciait les obstacles mais manquait d'adresse. Il mit un temps fou à faire sauter le soutien-gorge et déchira la dentelle de la culotte avant de se retrouver bête, tout habillé, une femme nue entre les bras. Linda, appréhendant une scène de vaudeville qui aurait pu tout gâcher, se dégagea et se glissa dans les draps. Adrien se déshabilla aussi vite qu'il put. Il jeta son pantalon à l'autre bout de la pièce : Anna Breminov avait dit un jour qu'elle connaissait un homme assez goujat pour remettre son pantalon soigneusement dans le pli alors qu'une femme l'attendait dans son lit.

Linda n'était pas une obsédée et Adrien n'avait rien d'un virtuose de l'érotisme. Peut-être parce qu'ils étaient des joueurs de force moyenne mais égale, ils firent un bon match, en plusieurs sets, se soutenant dans les arrêts de jeu par quelques rasades de bourbon. La sauce bolognaise s'était transformée en charbon, ils laissèrent les spaghettis et dévorèrent la tarte aux fraises avant de s'endormir dans les bras l'un de l'autre en rêvant, elle d'un scoop fabuleux, lui d'un immeuble sur les Champs-Elysées où brillait le nom de Globe-Publicité.

Ce fut leur seule nuit d'amour. Le lendemain, Linda devait assister à un dîner de l'ambassade et Adrien partait le matin suivant pour Paris. Ils se retrouvèrent pour la dernière fois au Sporting à l'heure du bain. Le ciel était gris, ils ne se déshabillèrent pas et s'installèrent au bar. Adrien n'éprouvait aucune excitation à l'idée de regagner Paris, il était calme et attentif aux propos de sa compagne qui, elle, affichait un air faussement enjoué.

– Je vous envie. Vous allez retrouver votre femme, votre fille, vos amis. Et Paris ! Moi je vais continuer à minauder et à chasser les nouvelles dans cette ville qui n'est qu'un décor de théâtre peuplé de mauvais acteurs. J'ai hâte que Roosevelt se décide. Je deviendrai interprète aux armées ou correspondante de guerre...

– L'uniforme vous ira bien, Linda ! Soyez sûre que je penserai souvent à vous dans la vie qui m'attend et me fait bien plus peur que naguère la perspective de partir sur le front. L'idée de boire un demi chez Lipp à côté d'un feldwebel me dégoûte déjà de la bière.

– Vous ne m'en voulez pas trop de vous avoir aidé à tromper votre femme ? Vous ne regrettez rien de ce qui s'est passé entre nous ?

– Non. Et avouez que si vous vous êtes montrée séductrice, je n'ai guère lutté pour échapper à vos charmes. Vous êtes adorable, vous m'avez donné du bonheur et il aurait fallu que nous soyons vraiment sots pour ne pas profiter de cette merveilleuse parenthèse.

– Moi non plus, Adrien, je ne vous oublierai pas. Voyez-vous, en amour, le temps ne fait rien à l'affaire. Il suffit parfois d'une nuit pour marquer toute une vie...

– Comme vous parlez bien le français, Linda ! Quel vocabulaire, comme vous savez choisir vos mots ! J'aimerais avoir votre aisance dans ma langue maternelle... Mais je ne suis qu'un rustre !

– C'est ce que vous retiendrez de moi, que je parle bien français ?

– Cela et quelques petites choses en plus...

La scène tournait à un médiocre dialogue de film doublé. Adrien s'en rendit compte et, comme chaque fois qu'une difficulté menaçait, la bonne bouille de Garmond apparut sur son écran miniature intérieur et lui souffla : « Attention, Adrien, de l'humour, que diable ! » Il sourit et dit sans réfléchir :

– Linda, je vais vous faire un cadeau que personne d'autre ne pourra jamais vous faire.

Il fouilla dans la poche de sa veste et avança sa main fermée vers la jeune femme.

– Qu'est-ce que c'est ? demanda-t-elle avec curiosité.

– Linda Perlman, au nom du Maréchal, je vous décore de la francisque !

Elle éclata de rire.

– Tu es complètement fou, et tellement inattendu ! C'est ça que j'aime en toi.

– Ce n'était pas prémédité. Mais finalement ce n'est pas une si mauvaise idée. Tu rangeras la francisque dans ta boîte à bijoux. Tu ne la porteras jamais, bien sûr, mais chaque fois que tu choisiras un collier ou une bague tu apercevras un bout de cuivre doré et tu m'entendras te dire : « Bonjour, Linda. »

– Mais c'est la décoration officielle de l'Etat français. Elle t'a été remise. Tu dois la garder.

– Et chanter *Maréchal, nous voilà* avec les enfants des écoles ? Non ! C'est un jouet que je confie à une adorable Américaine venue jouer dans la cour des Français imbéciles. Finissons notre bourbon-sour et allons déjeuner. J'ai vu qu'il y avait au menu des spaghettis à la bolognaise !

Adrien passa l'après-midi et presque toute la journée du lendemain au secrétariat à la Famille et à la Jeunesse. André Rochard devait lui faire obtenir son ordre de mission, une accréditation et un ausweis pour passer la frontière. Adrien eut ainsi le loisir de découvrir que la paperasserie avait survécu à la République. On tamponnait dans les salles de bains et les cuisines mais on tamponnait, les couloirs étaient pleins de paniers d'archives, une machine à écrire cliquetait derrière chaque porte.

Rochard expliqua à Adrien ce qu'allait être sa mission à Paris : lire et interpréter les centaines de feuilles, de directives, de décrets, de lois, production incessante des différents ministères, qu'on lui enverrait de Vichy chaque semaine. Adrien demanda à voir un exemple de cette prose administrative indigeste afin de se faire une idée. A la demande de Rochard, on lui apporta une brassée de feuilles ronéotypées. Il en parcourut quelques-unes au hasard et demanda :

– C'est avec cette bouillie que vous voulez faire de la propagande pour le régime ?

Rochard sembla jubiler devant la réaction d'Adrien. Enfin il rit de bon cœur :

– Mon cher, sachez que ce que vous ferez imprimer sera excellent puisque personne ne le lira, en tout cas ici. N'introduisez pas cependant dans les textes des propos antinazis. Les sonderführer mettent leur nez partout. D'ailleurs, je viendrai vous voir à Paris dans quelques semaines et nous mettrons nos affaires en ordre. En attendant, accompagnez-moi au pince-fesses de l'instruction publique.

– Volontiers. Mais, dites-moi, on passe son temps en réceptions dans ce gouvernement ! Encore une remise de francisques ?

– Je n'en sais rien mais c'est probable. Le Maréchal est fou de son emblème. Il adore le voir épinglé sur les vestons des gens qu'il croise, même s'il ne les connaît pas. Remarquez que, même sans décorations, les Excellences aiment donner des cocktails. Cela fait une sortie pour les dames.

Emile Mireaux, le ministre, paradait, baisait des mains, s'inclinait, allait d'un groupe à l'autre. On sentait qu'il devait regretter de ne point porter son bel habit de membre de l'Institut. Rochard lui présenta Adrien, « le fondateur de l'*Annuaire administratif de Vichy* ». Mireaux, qui avait été le codirecteur du *Temps* et se croyait éditeur, félicita chaleureusement Adrien Anthelme qu'il appela « cher collègue ». Rochard entraînait ce dernier vers une dame enfouie sous une immense capeline blanche quand il se produisit près du buffet, où s'étaient groupés la plupart des invités, une sorte d'agitation. On se pressait autour d'André Germain, un type curieux, efféminé et rachitique, qu'on présentait soit comme un fleuron du nouveau régime, soit comme le confident des antivichyssistes. Petit-fils du baron Germain fondateur du Crédit Lyonnais, fortuné et mondain quand il ne se commettait pas avec les petites gouapes de Doriot, il était, c'était son côté positif, l'un des hommes les mieux informés du microcosme.

– Venez, dit Rochard en laissant en plan la dame au chapeau. Germain doit diffuser quelque nouvelle.

La nouvelle était de taille : Pierre Laval, qui était parti en principe le matin pour Paris, devait aujourd'hui même rencontrer Ribbentrop et sans doute Hitler lui-même dans un lieu inconnu. La preuve : il était accompagné de Brinon et du conseiller d'ambassade Achenbach. Et André Germain avait su par le valet d'étage que le vice-président du Conseil avait emporté un chapeau haut de forme ! Il en avait déduit que le seul personnage susceptible de faire troquer à Laval son légendaire feutre gris contre un huit-reflets était le chancelier du Reich !

– Ce n'est pas si mal raisonné, souffla Rochard à Adrien qui avait plutôt envie de rire. Si le Maréchal n'a pas été mis au courant, il va être furieux !

A ce moment un attaché du cabinet de Belin, le ministre de la Production industrielle, poussa la porte :

– Laval rentre demain et un Conseil des ministres est prévu à cinq heures. Il a bien rencontré le chancelier dans son train blindé.

– Cela va mettre des bulles dans l'eau de Vichy ! dit Rochard. Dînons ensemble au Cintra. On en saura davantage !

– En cas d'événement important, je reporterai mon départ. Je ne vais tout de même pas rentrer à Paris le jour où il se passe enfin quelque chose dans cette ville somnolente.

– Je vous comprends. A ce soir. Soyez là dès six heures, les places vont être chères !

La salle était presque pleine quand Adrien se présenta au maître d'hôtel en disant qu'il était l'invité de

M. Rochard. Cette référence lui valut une bonne table vers le centre. Il commençait à fouiller du regard l'étrange gratin vichyssois qu'il allait bientôt quitter quand Rochard arriva, avançant son petit nez en trompette comme pour mieux renifler l'ambiance.

– Vous avez des nouvelles ? demanda Adrien.

– Oh ! les bruits les plus fantaisistes circulent d'un hôtel à l'autre. Tantôt il est question d'une paix humiliante qu'Hitler voudrait nous imposer, tantôt d'une révolution fomentée par les communistes et les Soviétiques. On m'a aussi parlé d'un bombardement imminent de Vichy par les Anglais... Il n'y a qu'à prêter l'oreille, nous allons collectionner de nouveaux bobards. Que prenez-vous ? Une coupe de champagne, un porto ?

– Non, je préfère un bourbon-sour.

Rochard sourit, ce qui agaça Adrien, puis demanda, ce qui l'exaspéra davantage :

– C'est la belle Linda qui vous a converti ?

Adrien ne répondit pas mais il pensa toute la soirée à la journaliste américaine en essayant vainement de se persuader que sa réaction était ridicule. Si Rochard l'avait précédé dans le lit de Linda Perlman, il n'avait rien à en dire et cela n'amoindrissait pas le plaisir qu'il avait pris. Ce n'était pas de la jalousie, puisqu'il n'aimait pas Linda ; ce n'était pas du dépit, il savait que Linda ne vivait pas comme une bonne sœur... Non, c'était un sentiment de vanité, de faux orgueil qui transformait chez lui la moindre piqûre d'amour-propre en blessure. Cette fâcheuse disposition d'esprit lui avait déjà causé des désagréments. Il savait qu'elle nuirait encore à ses relations sociales. Que faire pour sortir son narcissisme maladif du piège où il s'enfermait ? Il en parlerait à Garmond. Mais reverrait-il Garmond ?

Le lendemain, après le Conseil, on eut quelques lumières sur la rencontre de Laval avec le chancelier du Reich. On apprit dans les ministères que l'impression avait été bonne, que « le Führer était un homme qui savait ce qu'il faisait et où il allait ». Et surtout qu'il avait offert à la France la collaboration... « une offre qu'il serait criminel de refuser ». C'était vague, mais cette offre était assortie du souhait d'une entrevue avec le Maréchal. Celui-ci allait-il tempêter et refuser la main tendue d'Hitler ? Il accepta. En quittant Vichy le lendemain matin, très tôt, il déclara « son immense satisfaction de rencontrer le Führer ».

Adrien n'attendit pas le retour du chef de l'Etat pour rentrer à Paris. Muni de tous les papiers indispensables pour franchir la ligne de démarcation, chargé de la valise neuve achetée la veille et les cheveux coupés court par Roger, le coiffeur de l'avenue Clemenceau, il arriva à la gare avec une bonne demi-heure d'avance. Il faisait les cent pas sur le quai quand il vit apparaître le béret bleu de Linda au milieu de la foule qui maintenant se pressait vers les wagons. Il crut discerner un peu de tristesse dans son sourire.

– Cher Adrien, comme j'ai regretté de ne pas pouvoir passer la soirée d'hier avec vous, je suis venue vous dire adieu.

– Je n'aime pas les séparations. Mais je suis heureux que vous soyez venue. Je n'oublierai pas notre rencontre, Linda. Elle a été une éclaircie dans le ciel noir qui est le mien depuis six mois.

Sans transition il continua, comme si l'idée venait de lui traverser l'esprit :

– Vous allez avoir du travail avec la rencontre du Maréchal et du Führer ! Que pensez-vous de ce coup de théâtre ?

– Il va dans la logique des choses. Hitler a pensé qu'il était temps de mettre les Français à sa botte. Il en a besoin pour continuer sa guerre qui ne se déroule pas aussi vite et aussi bien qu'il le souhaitait. Il préfère agir avec le consentement plus ou moins forcé de votre gouvernement.

– Obtiendra-t-il ce consentement ?

– Que voulez-vous que fassent Pétain et Laval ? En pensant vraiment servir leur pays, ils ont mis le doigt dans un engrenage qui peu à peu va les écraser, les Français avec. La seule vraie question est de savoir le temps que durera la servitude et ce qui restera de la France quand l'Allemagne nazie aura perdu la guerre.

– C'est l'analyse américaine de la situation ?

– C'est la mienne mais je pense qu'elle n'est pas très

éloignée de celle du gouvernement des Etats-Unis. Ni de celle de l'Angleterre... Allez, Adrien, je vous quitte, il faut que j'essaie d'envoyer une dépêche à Washington. Pensez à moi. Et la guerre finie, faites-moi savoir ce que vous êtes devenu. Bonne chance !

– Bonne chance, Linda !

Il l'embrassa sur le front et la regarda disparaître vers la sortie. Ses sentiments étaient confus. Les mots d'amitié amoureuse prononcés par Linda se mêlaient à ses prophéties politiques... ce dont il était sûr, c'est qu'il avait rencontré une femme exceptionnelle !

Adrien mettait le pied sur la marche de son wagon quand André Rochard survint en courant.

– J'ai eu peur de vous manquer. Les ministères sont sens dessus dessous. On attend le retour du vieux dompteur qui a été mettre sa tête dans la gueule du lion. Va-t-il rentrer intact ? Mais ce n'est pas pour vous raconter les inquiétudes de la cour que je suis venu. C'est pour vous dire combien j'ai été heureux de vous connaître et vous souhaiter bonne chance. Je vois que vous avez une place dans le compartiment des cabinets ministériels, les Allemands vous laisseront tranquille. Ah ! Voulez-vous me rendre un service ?

– Comment pourrais-je refuser ? Vous m'avez tellement aidé.

– Tenez, voici une enveloppe. Pardonnez-moi de l'avoir cachetée mais je ne pouvais pas faire autrement. Elle ne porte pas de nom de destinataire. Je vous prie simplement de la remettre le plus tôt possible à la caissière de la Brasserie du Nègre, faubourg Montmartre. Assurez-vous avant qu'il s'agit bien de Mme Dupond. Elle est toujours de service à l'heure du déjeuner.

– Que devrai-je lui dire ?

– Simplement que c'est pour M. Clerc. Après, buvez un demi à ma santé.

– Si je vous demande d'autres renseignements, vous ne me les donnerez sans doute pas ?

– Non. Pas aujourd'hui. Mais bientôt, je vous le promets.

Les haut-parleurs de la gare nasillèrent, heureusement relayés par les employés de la S.N.C.F. : les voyageurs pour Moulins et Paris étaient priés d'occuper les places qui leur avaient été désignées par le bureau des voyages de la Sûreté nationale [1]. Un inspecteur vint peu après faire l'appel dans chaque compartiment et le train démarra lentement en direction de Moulins, là où commençait l'ordre allemand.

Trois autres voyageurs étaient installés au côté d'Adrien. Tous portaient l'uniforme de leur fonction : complet-veston bleu marine et chapeau à bords roulés gris ou noir. Ils se rendaient à Paris en mission et échangeaient des propos anodins sur le ravitaillement, le misérabilisme des chambres qu'ils occupaient à Vichy, le charme de leurs secrétaires ou l'humeur de leur ministre. De temps à autre, l'un d'eux regardait Adrien à la dérobée, se demandant qui était ce nouveau confrère, placide dans son coin. Lui les reconnaissait, identiques au portrait type que lui en avait fait Rochard : fils ou neveux de ministres, de hauts fonctionnaires, de généraux, jeunes avocats sans causes, diplômés ou non, souvent titrés, ces jeunes gens avaient trouvé au hasard des disponibilités des situations à francisques dans les vestiaires des ministères. Leurs pouvoirs étaient minces mais immense leur superbe. A une époque qui ne générait plus de sous-lieutenants, ils faisaient leur effet dans les salons huppés. Rochard avait la dent dure mais il y avait beaucoup de vrai dans son portrait. Lui, qui était docteur en droit et diplômé des sciences politiques, s'excluait naturellement de cet essaim maréchaliste.

A Moulins, un gradé allemand vérifia distraitement les papiers, demanda pour la forme s'il n'y avait pas de non-Aryens dans le compartiment, et le train repartit. Bientôt d'autres costumes bleus vinrent se joindre à ceux du compartiment d'Adrien. Une intense activité s'établit dans le couloir. Par un paradoxe surprenant, la circulation dans le train était libre depuis qu'il était passé en zone occupée ! Adrien, lui, demeura à sa place et regarda le paysage bourbonnais qui ne différait que par les drapeaux à croix gammée qui décoraient les

1. Cet organisme centralisait à Vichy les demandes de passages des ministères et soumettait les listes pour chaque train à la Kommandantur allemande de Moulins.

gares et certains bâtiments des agglomérations traversées.

A dix-sept heures cinquante-sept, avec une minute d'avance sur l'horaire, le train entrait en gare à Paris-Austerlitz. La vie recommençait pour Adrien Anthelme, publicitaire, officier de réserve décoré de la francisque.

8

PARIS PERDU

1941-1942. *Les fonctionnaires, militaires et magistrats doivent prêter serment au Maréchal – Sept membres d'un groupe résistant du musée de l'Homme fusillés au mont Valérien – Création d'un commissariat général aux Affaires juives – L'Angleterre de Churchill organise la revanche sous les bombes – Pétain démet Laval et le fait arrêter (libéré aussitôt sur l'ordre des Allemands) – L'amiral Darlan le remplace – Première rafle de juifs étrangers à Paris (3 370) – Sans déclaration de guerre, l'Allemagne envahit l'U.R.S.S. – Pétain et Darlan signent le 2ᵉ statut des juifs qui doivent se faire recenser et déclarer leurs biens – Création de la L.V.F., corps de volontaires français qui combattra en Russie sous l'uniforme allemand – Deuxième rafle de juifs à Paris, ouverture du camp de Drancy – Otages fusillés – Procès à Riom des anciens ministres de la IIIᵉ République : Léon Blum, Paul Reynaud, Daladier... – Le Japon attaque Pearl Harbor – Déportation vers Auschwitz des juifs détenus à Drancy – Retour au pouvoir de Pierre Laval – Recrutement de main-d'œuvre pour l'Allemagne à la fois favorisé et freiné par le gouvernement de Vichy – Rafle du Vel'd'Hiv les 16 et 17 juillet 1942 avec l'aide efficace de la police parisienne : 12 884 arrestations dont 4 051 enfants et 5 802 femmes – Pétain célèbre la fête des Mères – Déferlement des troupes allemandes sur la Russie, les*

Allemands aux portes de Moscou et de Stalingrad. Les Allemands occupent la zone sud, suppression de la ligne de démarcation – Darlan assassiné à Alger – Montherlant présente La Reine morte *à la Comédie-Française.*

Adrien salua ses compagnons de voyage avec lesquels il n'avait pas échangé trois mots et se mêla à la foule chargée de bagages et de paquets qui se dirigeait vers la tête du train. Parmi eux, quelques militaires allemands, des officiers pour la plupart, et, au bout du quai, deux capotes grises, imposantes, fusil baïonnette au canon, qui dévisageaient les voyageurs et leur indiquaient d'un signe de tête l'escalier qui menait à la sortie.

Dehors, Adrien respira un grand coup de Paris, ainsi qu'il se l'était promis. Mais Paris était triste, comme le ciel qui charriait de gros nuages gris. A l'endroit où se tenaient normalement les taxis, une foule d'hommes de tous âges, certains vêtus très correctement, se disputaient les bagages des arrivants. Des taxis, il n'y en avait plus. A leur place, quelques voitures attendaient des dignitaires du nouveau régime. Adrien, peu chargé, se dirigea vers le métro. Il était tard pour déposer l'enveloppe de Rochard faubourg Montmartre, il décida donc de rejoindre tout de suite la rue de Bourgogne.

« Tout de suite... » L'expression qui lui était venue naturellement à l'esprit lui parut soudain monstrueuse. Il y avait des semaines qu'il était sorti de l'hôpital et il n'avait éprouvé aucun remords à différer son retour dans la famille, sacrifiant les siens à une hypothétique opportunité. Son attitude, maintenant, lui faisait honte. Mais c'était toujours comme cela avec lui : le cas de conscience se posait toujours après, quand l'acte déplaisant était consommé. D'un autre côté, il ne revenait pas de Vichy les mains vides. Il avait des cartes à jouer et il allait les jouer comme il l'avait toujours fait :

avec la volonté de gagner ! Pour sa femme et sa petite fille qu'il allait retrouver. Cet argument commode le ragaillardit, il s'engouffra dans le métro, acheta un ticket et prit la direction porte d'Auteuil. Un changement à Sèvres-Babylone, il serait chez lui dans une demi-heure.

Adrien s'était demandé comment il allait trouver les Parisiens : amaigris, faméliques, épuisés par les restrictions ? Sur le quai où ils attendaient placidement la prochaine rame, il remarqua qu'ils avaient plutôt bonne mine. Seul changement avec le métro du temps de paix, les voyageurs étaient plus nombreux et panachés, comme il s'y attendait, de militaires allemands de tous grades et de toutes armes. Cela changeait avec Vichy où la Wehrmacht n'était représentée que par les membres de la Commission d'armistice, souvent d'ailleurs vêtus en costume civil.

Réflexe professionnel, il jeta un coup d'œil sur les affiches et s'aperçut qu'elles n'avaient pas été renouvelées depuis son départ. Il en déduisit que la publicité ne devait pas être prospère. Mais, dominant ces impressions premières, une odeur aussitôt reconnue le pénétra : celle du grésil métropolitain répandu sur les quais en entrelacs par des artistes à casquette de marin. Allons, en dépit de la cohue et d'uniformes verdâtres, il était bien à Paris !

Il eut un petit coup au cœur en tournant dans la rue de Bourgogne quittée un matin triste. Aujourd'hui, le soir aussi était triste. La Juvaquatre n'était évidemment pas rangée devant le 54, Marie-Christine avait dû la laisser aux Bézards... Il pensait à un tas de choses insignifiantes pour oublier la pensée qui l'obsédait et lui faisait peur : Marie-Christine était-elle là ? Allait-elle venir lui ouvrir la porte du deuxième étage gauche lorsqu'il aurait appuyé sur le bouton de sonnette en forme de lion ? Que ferait-il si elle ne répondait pas ?

Elle était là et avait reconnu sa façon de sonner, deux coups brefs. Elle ouvrit pourtant la porte avec précaution, timidement, de peur d'une déconvenue. Mais c'était bien Adrien qui souriait, laissait tomber sa valise et la serrait dans ses bras. Dans le fond de l'appartement on entendait des cris d'enfant.

– Viens voir ta fille, dit-elle. Mais elle va être déçue, elle t'attendait en grande tenue de spahi, peut-être même à cheval !

Les grandes joies se traduisent souvent par des banalités. Adrien, qui avait tant de choses à raconter, parla du train arrivé à l'heure, Marie-Christine de pommes de terre et de graisse d'oie, ingrédients du dîner :

– Si tu avais pu me prévenir de ton arrivée, j'aurais acheté de la viande au marché noir.

Une question pourtant brûlait les lèvres d'Adrien, mais il hésitait à la poser, de peur d'une réponse affreuse. Il finit par demander :

– Et Garmond ?

Dieu merci, le visage de Marie-Christine ne s'assombrit pas. Au contraire, ses yeux pétillèrent.

– Il est vivant ! Fait prisonnier il s'est évadé du côté de la Forêt-Noire et a pu réussir à rentrer en marchant la nuit et en couchant dans des meules de foin. Quel bonheur de vous retrouver tous les deux !

– Quand est-il rentré ?

– La semaine dernière. Je te l'ai écrit sur une carte inter-zones mais tu ne l'as pas reçue. Quelle bringue nous allons faire chez Marchessoy !

– Les restaurants sont encore ouverts ?

– Bien sûr ! Surtout les plus chics et les plus chers. Il faut bien régaler les Boches et les richards ! Heureusement, tout ce beau monde ne connaît pas Marchessoy qui a eu l'exemplaire prudence de constituer des stocks de jambons, de conserves, de saucissons d'Auvergne dans sa cave durant la drôle de guerre.

Adrien trouva que son agrégée de femme parlait beaucoup de nourriture. Elle rit quand il le lui fit remarquer.

– Rassure-toi, tu ne vas pas tarder à en faire autant !

Chez Marchessoy, c'était presque comme avant. Sauf que Rose avait tiré le rideau et bouclé la porte d'entrée après l'arrivée du quatuor ami. La maison n'acceptait plus les clients de passage, seuls quelques habitués occupaient leur place coutumière.

– Par les temps qui courent, il faut faire attention

aux gens qu'on reçoit, dit la patronne. On n'a pas fait des réserves pour nourrir des inconnus, et encore moins des vert-de-gris amateurs de petits bistrots pas chers. On s'en est fait du souci pour vous deux, les soldats ! Mais vous, monsieur Adrien, vous avez été blessé, vos cheveux n'ont pas encore fini de repousser et l'on voit une cicatrice !

Adrien dut raconter, sans trop s'appesantir, et Garmond enchaîna sur son évasion quasi miraculeuse mais finalement réussie sans courir trop de dangers. Il est vrai que le normalien n'était pas homme à magnifier ses exploits. Les Marchessoy disparus en cuisine, les quatre amis allaient enfin pouvoir s'épancher. Tant de choses s'étaient passées en six mois ! Mais, curieusement, si les femmes, qui s'étaient souvent revues, trouvaient des sujets de conversation, Adrien et Pierre, qui attendaient depuis si longtemps cette minute des retrouvailles, avaient du mal à reprendre le dialogue. Il y avait comme une gêne entre eux, et cette gêne, c'était évidemment le séjour du spahi à Vichy. Après des banalités, Garmond finit par demander :

– A ta sortie de l'hôpital, qu'est-ce que tu as été foutre à Vichy ?

Cette question, Adrien l'attendait. Et il savait que sa réponse ne plairait pas à son ami. Pourtant, il fallait bien en venir aux faits.

– J'ai suivi les conseils d'un capitaine de mon escadron qui ralliait Vichy dans l'espoir de trouver une affectation à la garde du Maréchal. Il m'a dit que tout se passait maintenant sur les bords de l'Allier, que c'était là que se créaient les situations et que je ne pouvais que tirer avantage de ce détour. Comme je me doutais que le marché publicitaire à Paris était au plus bas, je suis allé voir.

– Et qu'as-tu vu ? Des crabes grouiller autour du vieux soldat à la voix chevrotante ? J'ai vu hier Jean Paulhan qui rentrait de Vichy. Il m'a raconté.

– Tu as repris tes fonctions au comité de lecture ?

– Penses-tu ! Il n'y a plus de comité, il n'y a même plus d'éditions Gallimard puisque Gaston hésite à rentrer à Paris où Bernard Grasset rameute les éditeurs pour faire allégeance aux censeurs allemands. Personne ne doute d'ailleurs qu'il reviendra bientôt. En attendant, il ne reste rue Sébastien-Bottin que Drieu La Rochelle qui marie allégrement son fascisme naturel aux idéaux nazis dans la « Revue ». Tu vois que je n'ai rien à faire dans ce désastre ! Je crois que je vais demander un poste dans un lycée parisien. Si c'est compatible avec ma situation de prisonnier évadé... Et toi ? Tu reprends ton agence ? Sans clients ?

– Le client, le meilleur qui soit, je l'ai trouvé à Vichy. Globe-Publicité, tiens-toi bien, est officiellement chargée de la diffusion en zone occupée des idées de la Révolution nationale en faveur de la famille et de la jeunesse.

– Nom de Dieu ! Tu as accepté une pareille besogne ? Toi, un enfant de *Libertés nouvelles* ! Tu n'as pas lu les journaux ce matin ? Je sais bien qu'ils sont tous aux ordres des Allemands, mais on y apprend tout de même des choses. Par exemple que le maréchal Pétain a rencontré Hitler à Montoire, une petite ville du Loir-et-Cher. Le principe d'une collaboration franco-allemande y a été adopté et une grande photo montre Pétain serrant la main d'Hitler. C'est ce genre de nouvelles que tu es chargé de diffuser ?

– Pas du tout. Je dois simplement résumer les grands principes de la nouvelle Constitution, les lois sur la famille et la jeunesse, et en tirer des tracts.

– Que feras-tu de ces tracts ?

– Je n'en sais rien. Je ne sais même pas si on a prévu leur distribution. N'importe comment, ce seront des bouts de « journal officiel » absolument illisibles. De la bouillie pour les chats. Celui qui m'a procuré ce travail, un chef adjoint de cabinet au secrétariat à la Famille et à la Jeunesse, doit venir bientôt à Paris. A mon avis, mais ce n'est qu'une supposition, il joue un double jeu et a des accointances chez les gaullistes. J'ai porté pour lui une enveloppe mystérieuse...

Garmond leva les bras au ciel.

– Tu es décidément inconscient, mon pauvre Adrien ! Tu te mouilles jusqu'au cou dans la collaboration vichyssoise et tu es prêt à faire n'importe quelle imprudence au profit d'une organisation que tu crois affiliée à de Gaulle mais dont tu ignores tout ! Et moi, qui débarque à Paris, je suis obligé de te dire : « Prudence. Le terrain est dangereux ! » Pense que tu as une femme et un enfant, bon Dieu !

– J'y pense, et cela m'est égal que ce soit le régime de Vichy qui les fasse vivre !

Garmond était accablé. Il lisait dans l'esprit combinard d'Adrien comme dans un livre ouvert. Il savait que sa mission au service du pétainisme ne représentait rien d'autre pour lui qu'une occasion de rouvrir son agence et de gagner de l'argent. Il savait aussi que l'idée de jouer sur les deux tableaux, comme il disait, convenait à son opportunisme foncier. Jamais pourtant il n'aurait cru qu'Adrien prendrait délibérément autant de risques. Que faire pour l'empêcher de commettre des erreurs irréparables ? Rien pour l'instant. Il allait voir comment il se débrouillerait avec sa propagande et ce qui résulterait de la visite de l'homme de l'ombre vichyssois.

Marie-Christine, elle aussi, avait suivi avec inquiétude les propos de son mari. C'est elle qui poursuivit :

– Adrien, tu me fais peur comme tu fais peur à nos amis. Tu vas voir, quand tu auras vécu quelque temps à Paris, que l'occupation ennemie n'est pas une plaisanterie, que le danger rôde sur la ville et que les succès militaires des Allemands ne font qu'accroître leurs exigences. Tu vas aussi t'apercevoir très vite que la grande majorité des Parisiens sont contre les Allemands, contre le gouvernement de Vichy...

– Je crois, hélas ! que tu vas un peu loin, coupa Anna Breminov. Il y a beaucoup de Français, et de Parisiens, qui se trouvent à l'aise dans le climat de la défaite, prêchent la résignation et la pénitence. Il existe, tu le sais bien, une coupure dans tous les clans sinon dans toutes les familles. Regarde chez toi : ton beau-père écoute avec ferveur les émissions de la B.B.C. et ne jure que par de Gaulle tandis que son beau-frère, l'oncle-chocolat, est ouvertement partisan d'une entente avec l'Allemagne. Mais reste prudent, mon petit Adrien. Ne fais pas n'importe quoi, n'écoute pas n'importe qui. Etre malin ne suffit pas pour survivre dans l'époque que nous traversons !

Adrien avait écouté tous ces conseils avec calme. Il

comprenait bien qu'ils étaient dictés par l'amour et l'amitié, mais il les trouvait inutilement timorés. Après tout, les Allemands étaient vainqueurs et continuaient de gagner sur tous les fronts. C'était une réalité dont il fallait tenir compte, même si son cœur penchait pour un succès final des Américains et des Anglais. Comme cette victoire n'était pas pour demain, il ne lui semblait pas stupide d'éviter de mettre ses œufs dans le même panier. Editer des tracts et des brochures expliquant les mérites d'une révolution nationale qui n'existait que sur le papier ne lui paraissait pas un acte relevant de la trahison. Au moment venu, lorsque l'occasion se présenterait, il serait temps d'aider l'autre parti. N'était-ce pas ainsi, d'ailleurs, que raisonnaient beaucoup de fonctionnaires de Vichy, son ami Rochard le premier ?

Rochard, dont il attendait la venue avec impatience afin de pouvoir commencer à remplir la mission pour laquelle il avait été engagé. Entre-temps, Adrien avait rouvert l'agence et récupéré sa secrétaire, Agnès, ravie d'avoir retrouvé sa situation. Pour Raymond Leblond, il verrait plus tard s'il devait partir à sa recherche et le reprendre à ses côtés.

Comme premier travail, il avait entrepris d'étudier la presse parisienne qui n'avait plus grand-chose à voir avec celle qu'il avait connue, et d'ouvrir un dossier pour chaque titre en évaluant le volume d'une publicité quasi inexistante. Il avait ainsi retrouvé *Le Matin* dont le propriétaire, Bunau-Varilla, s'était tout de suite mis au service des Allemands, *L'Œuvre*, rapatriée de Vichy à Paris avec Marcel Déat comme directeur et qui essayait de conserver son ton railleur d'avant-guerre. Ses collaborateurs n'avaient pas dû éprouver de cas de conscience car ils étaient presque tous restés pour écrire sous les ordres du chef du Rassemblement populaire français. L'autre grand quotidien était *Paris-Soir*, un faux *Paris-Soir*, le vrai, celui de Jean Prouvost, ayant émigré en zone libre à l'arrivée des Allemands[1].

1. D'abord imprimé sur les presses du *Moniteur* de Clermont-Ferrand, puis fixé à Lyon, le *Paris-Soir* replié de Jean Prouvost lancera ensuite des éditions à Toulouse, à Marseille et à Vichy. Les

Ceux-ci n'avaient pas hésité à ressortir au profit de leur politique le titre fleuron de la presse française, après avoir réquisitionné son immeuble de la rue du Louvre. Ce coup de force de la Propaganda Staffel était naturellement illégal mais la presse parisienne, grande invalide de guerre, n'en était plus à se plaindre d'une entorse. Il y avait enfin *Le Petit Parisien* qui, sans son propriétaire Dupuy, venait de reparaître dans la capitale et à qui il n'avait fallu que quelques jours pour récupérer sa clientèle d'avant-guerre.

Quand Adrien s'ennuyait, il allait traîner ses guêtres, comme il disait, dans les agences encore ouvertes. Publicis, la plus importante, avait mis la clé sous la porte à l'arrivée des Allemands. Marcel Bleustein s'était réfugié dans le Midi où il avait une activité de résistant sous le nom d'emprunt de Blanchet en attendant de pouvoir rejoindre les forces de la France libre à Londres. C'est un collaborateur de Publicis demeuré à Paris qui avait raconté cela à Adrien en ajoutant : « Chapeau pour le patron : il veut rallier Londres pour reprendre l'uniforme d'officier aviateur qu'il a quitté à l'armistice ! »

Cette dernière phrase avait touché Adrien plus qu'il ne le pensait. Le soir, quand il cherchait le sommeil au côté de Marie-Christine, déjà endormie, il imaginait son aîné, le grand Bleustein, fondateur de la publicité moderne, qu'il avait pris pour modèle, en train de revêtir son battle-dress et de monter à bord d'un de ces Lancaster qui attaquaient maintenant des points névralgiques en territoire allemand. Une autre image lui venait aussitôt à l'esprit, c'était la sienne, à cheval sur son pur-sang arabe, en uniforme d'officier de spahis, le chèche beige enroulé autour de son képi bleu ciel. Lui aussi était un officier français qui avait accompli courageusement son devoir durant la guerre. Faisait-il honneur à son rang, à son arme, en exécutant de petites besognes pour le régime d'un maréchal de France qui venait de serrer la main d'Hitler et d'appeler à la collaboration avec l'Allemagne ? Heureusement

différentes éditions se saborderont peu de temps après le débarquement américain en Afrique du Nord et l'occupation de la zone libre.

il y avait Rochard, dont les sous-entendus, les sourires mystérieux lui laissaient espérer que le jeu où il s'était trouvé entraîné avait une face cachée qui lui rendrait bonne conscience et le dédouanerait, à ses propres yeux et à ceux de ses proches.

Une semaine plus tard, André Rochard annonça enfin sa visite par télégramme officiel adressé à l'agence Globe-Publicité générale, en vue de mettre en activité l'antenne de propagande du secrétariat à la Famille et à la Jeunesse. Il arriva de la gare d'Austerlitz à bord d'un vélo-taxi, poussa la porte de la rue du Cherche-Midi et dit qu'un second taxi à pédales suivait, chargé d'une importante documentation.

– Alors, Adrien, dit-il, vous êtes réinstallé dans la vie parisienne ? Même si elle n'a plus les attraits d'antan, elle est, croyez-moi, plus agréable à vivre que celle que nous menons dans les faux marbres des hôtels de Vichy ! Mais je suis bête, vous les connaissez, nos ministères-salles de bains !

– J'ai déposé votre lettre faubourg Montmartre comme vous me l'aviez demandé, coupa Adrien, désireux de montrer à Rochard qu'il attendait autre chose de lui que des banalités et des commentaires sur le confort des fonctionnaires vichyssois.

– Merci. Vous nous avez fait gagner du temps.

– Qui est ce « nous » ? Ou vous me faites confiance, ou je laisse tomber votre annexe ministérielle dont l'inutilité vous est évidente, comme à moi.

– C'est vrai. Je vous dois des explications et je vous connais maintenant assez pour vous les fournir. Demandez à votre secrétaire de quitter ce bureau car ce que je vais vous dire est important. Toute fuite risquerait d'avoir des conséquences graves, même tragiques. Donnez-moi votre parole d'officier que, quelle que soit la suite que vous donnerez à notre conversation, celle-ci demeurera confidentielle.

– Vous avez ma parole. Rien de ce que vous me direz ne sortira de cette pièce.

– Bon. Vous avez deviné que mes fonctions officielles s'accompagnaient d'une autre activité. Nous avons créé, quelques jeunes membres des cabinets ministériels de Vichy et moi-même, un groupe discret, il serait ridicule de parler d'organisation, destiné à rassembler des documents, des informations que nous pourrons mettre, quand le moment sera venu, à la disposition des services de renseignements de Londres. Beaucoup de gens pensent comme nous mais ils s'ignorent. Cela vaut d'ailleurs mieux car nous ne pouvons pas encore faire grand-chose et tout regroupement serait dangereusement prématuré.

– Vous me demandez de participer à votre action ?

– Je ne vous demande rien du tout. C'est vous qui, je l'espère, demanderez à nous rejoindre. Avant, écoutez-moi. Vous êtes depuis trop peu de temps en zone occupée pour avoir conscience d'une situation complexe que nous avons, nous, analysée. Cela a du reste été jusqu'à maintenant notre seule tâche positive.

Adrien écoutait, assez admiratif devant la manière sérieuse, concise et précise avec laquelle s'exprimait André Rochard.

– Alors, ouvrez-moi les yeux. Ce que vous dites m'intéresse.

– En zone occupée, moins en zone libre, la population devient grincheuse. Encore assourdie, étourdie par la propagande en faveur du Maréchal, c'est sa façon de manifester son opposition à la colonisation du pays par les Allemands. Nous vivons l'époque de la peur, une peur qui pousse beaucoup d'hommes à être serviles envers les occupants et à se laisser fausser le jugement par leur propagande. Or les Allemands n'en demandent pas tant. Pour l'instant tout au moins. Cette peur irréfléchie, paralysante, il faut la transformer en volonté combattante.

– N'est-ce pas ce que cherche à faire le général de Gaulle par sa parole et par les émissions de la radio de Londres ?

– Bien entendu. Mais c'est encore ici la période de l'isolement, il faudra rassembler. C'est la période de l'impuissance, il faudra devenir efficace ! En bref, il faut réveiller un état d'esprit latent...

– Ce n'est pas en passant mon temps à répandre les idées fumeuses de la Révolution nationale que je réveillerai les Français.

– Non, mais cette activité officielle, sans portée

réelle, peut constituer une excellente couverture. Elle va vous permettre d'établir des contacts avec les administrations demeurées à Paris, avec les services de l'ambassadeur de Vichy, Brinon, et même avec les bureaux allemands chargés de surveiller la presse et l'édition.

– Pourquoi établir ces contacts peu agréables ?

– Pour au moins deux raisons : la première, obligée, c'est d'obtenir du papier pour éditer vos productions, et le papier ce sont ici les Allemands qui le distribuent ; la seconde, c'est d'étudier comment leurs services travaillent !

– Encore une question : que ferai-je des tracts, des brochures, des documents que j'aurai imprimés ?

– Ce que vous voudrez. Vous pourrez en faire livrer des kilos dans les écoles, les bibliothèques, où l'on se gardera bien de les distribuer. Et si on les distribue, qui aura envie de les lire ? Mais je vois une réelle utilité à votre paperasserie : vous en garderez des stocks dans votre agence, comme s'ils étaient prêts à être expédiés. Quel meilleur paravent pourrait occulter une activité secrète, ou encore, que sais-je ? la production de tracts ou de journaux anticollaborationnistes !

– J'ai tout compris, mon cher Rochard. La période est propice aux activités d'agents doubles. Eh bien ! cela ne me déplaît pas d'en être un. Mais il reste une question dont nous n'avons pas parlé : qui paiera les frais de l'agence, le papier, l'impression ? J'ai une famille à faire vivre !

– Rassurez-vous. Le budget du ministère permettra de vous payer confortablement. Le mot « propagande » est magique à Vichy. Surtout lorsqu'il s'agit de la famille et de la jeunesse. Je vais vous remettre une lettre de crédit que le trésorier-payeur général honorera. Cela constituera une sorte de fonds de roulement. A vous de nous adresser les factures de vos dépenses, ou plutôt celles de votre agence, y compris les frais de son fonctionnement qui comprendront naturellement vos honoraires. Vous aurez la sagesse de les limiter afin de ne pas attirer l'attention du ministère des Finances. Cela vous convient-il ? Il est encore temps de refuser mais cela m'ennuierait car je vous apprécie.

Et je ne vois pas, dans l'immédiat, qui pourrait accomplir cette mission à votre place.

– Je suis d'accord. Je préfère en effet que le gouvernement traite avec mon agence plutôt qu'avec moi.

La secrétaire frappa à ce moment à la porte pour dire qu'un livreur apportait des paquets.

– Le vélo-taxi n'a qu'à les déposer. Sa course est réglée, dit Rochard.

– J'aimerais bien voir ce qu'ils contiennent avec vous, et que vous me donniez quelques renseignements sur leur utilisation.

– Je suis venu pour cela. Dites à votre assistante d'ouvrir les colis et de nous apporter dans votre bureau les liasses de documents qu'ils contiennent. En moins d'une heure vous saurez comment vous rendre inutile à la cause du Maréchal !

Il éclata d'un bon rire qui rassura Adrien et prit le premier dossier, épais, titré sur le cartonnage : « La Révolution nationale et l'Ecole ».

– Voilà un bon exemple. Vous avez là toutes les lois et tous les décrets qui visent – rendez-vous compte de l'ambition – à transformer l'homme, le Français, en l'accompagnant de son berceau jusqu'à la maturité civique dans la voie de la vertu, de la morale et du sentiment national. Fermez le ban ! Voyons par exemple ce sous-dossier qui s'intéresse aux nouveaux devoirs des instituteurs. Ceux-ci n'auront plus rien à voir, dorénavant, avec les maîtres à l'esprit subversif souvent dénoncés comme responsables de la défaite. Leur rôle, l'obligation pour eux d'enseigner la fidélité au régime et les sanctions qui les frapperaient s'ils ne remplissaient pas scrupuleusement leur mission pourraient faire l'objet d'un document résumé tiré environ à cinq mille exemplaires et qu'on s'arrachera, j'en suis sûr, dans les écoles...

« Tenez, voici un autre sujet intéressant. *Mens sana in corpore sano :* les Chantiers de jeunesse où tout adolescent, au sortir de l'école, devra passer huit mois. But : l'éducation morale selon quelques vieux principes hérités du scoutisme... Inutile de continuer. Arrangez-vous pour sortir un ou deux documents par mois. La manière, vous la connaissez mieux que moi, vous qui êtes habitué à rédiger des annonces publicitaires. Au lieu de vanter les mérites d'une nouvelle lotion capillaire, célébrez les vertus de l'élixir vichyssois qui rend vigueur et vertu au peuple vaincu par la maladie républicaine !

C'était là un langage qui plaisait à Adrien. Il y retrouvait l'ironie qu'il aurait tant voulu savoir manier avec à-propos et qui lui ferait toujours défaut. Quand on a été obligé toute sa vie de combler ses lacunes et de courir à l'essentiel, on ignore l'aisance dialectique réservée à certains privilégiés issus de la classe des gens de savoir. Philosophe, il se dit que c'était déjà bien beau d'apprécier les railleries des autres.

Adrien se retrouva seul, après le départ de Rochard, devant l'abrupte montagne de la pensée vichyssoise. Il se demanda comment il allait aborder la curieuse situation dans laquelle il se trouvait plongé. Après un moment de réflexion, il décida, comme à l'habitude, de consulter Garmond, qui, sans être enthousiaste, n'avait pas eu, comme il le craignait, une réaction violemment négative.

Pierre Garmond, imprégné de pensée grecque, savait se plier aux rigueurs de l'adversité. Il avait subi la guerre sans dommage, résisté à la captivité qu'il avait écourtée, et maintenant, il réussissait tant bien que mal à s'acclimater à ce Paris retrouvé, paradoxal et inquiétant. Le comité de lecture de la N.R.F. n'existait plus et, comme il refusait de travailler avec Drieu La Rochelle à la Revue – Giono, Audiberti, Morand, Ramon Fernandez... n'avaient pas ses scrupules –, il se trouvait sans situation. En attendant une réponse à sa demande d'intégration dans l'enseignement, il aidait Anna qui faisait des recherches pour Larousse et avait repris le roman qu'il n'arrivait pas à finir. Il passait aussi des après-midi entiers au Collège de France où des savants austères, en dépit des événements, perpétuaient le rayonnement du savoir, puis, en sortant, allait rue du Cherche-Midi retrouver Adrien.

– Je dois t'entretenir de choses importantes, allons nous enfermer dans mon bureau, lui dit Adrien le lendemain de la visite d'André Rochard. J'ai du bourbon et des citrons, Agnès va aller nous chercher de la glace au bar du coin et je nous préparerai un « whisky-sour ».

– Qu'est-ce que c'est que ce truc-là ? Tu n'as pas plutôt un verre de bordeaux ?

– Non, mais laisse-moi faire. Tu vas aimer. C'est une journaliste américaine qui m'a initié à ce breuvage.

– Tu m'intrigues...

– Ne m'interromps pas, je vais te raconter la suite de mon histoire.

– L'Américaine y joue un rôle ?

– Petit, mais elle y joue effectivement un rôle.

– Tu as trompé Marie-Christine ? Ce n'est pas un drame. Surtout si elle était jolie.

– J'ai couché une nuit avec elle, avant de rentrer à Paris. Mais j'ai un autre aveu, plus gênant, à te faire. Après, je te parlerai de la visite de Rochard.

– Accouche, je m'attends à tout.

– Voilà. A Vichy, on m'a remis la francisque !

Garmond avala de travers la gorgée de whisky qu'il venait de goûter, toussa, et éclata.

– Nom de Dieu, tu es décoré de la francisque, l'emblème des Vichyssois collabos ! Mais tu es fou ! Encore heureux que tu ne te sois pas engagé dans la milice de Darnand ! Je ne te conseille pas de porter ce truc-là à Paris !

– Mon Américaine m'a tenu le même langage et, la francisque, je la lui ai donnée.

– C'est un souvenir comme un autre, mais tout de même... Voilà une distinction que tes ennemis – tu en auras beaucoup – ne manqueront pas de te reprocher quand tu l'auras toi-même oubliée ! Qui te l'a décernée ?

– Le ministre Ybarnegaray, sur la proposition de Rochard.

– Celui-là, il joue peut-être sur deux tableaux mais il force la mise ! Alors, que t'a-t-il raconté ?

– Il m'a apporté les documents que je devrai mettre en forme et publier. C'est, je le lui ai dit, une masse indigeste de lois et de décrets dont le meilleur publicitaire du monde ne tirerait pas le moindre argument. Il m'a répondu qu'il le savait et que cela n'avait aucune importance puisque personne ne lirait les tracts et les documents produits par l'agence Globe, ni en zone occupée où l'on se moquait comme d'une guigne de la Révolution nationale, ni à Vichy où les spécialistes avaient trop à faire avec la rédaction des nouvelles lois pour se préoccuper de la promotion des plus anciennes.

– Voilà enfin des paroles sensées. Mais ce fameux réseau de résistance ? Ton Rochard t'a-t-il fait des confidences, des propositions ?

– Son adhésion aux idées gaullistes ne fait pas de doute mais le réseau, comme tu l'appelles, est encore à l'état embryonnaire. Le but que cherchent à atteindre les « conjurés de cabinets » est de rassembler des informations destinées à être transmises à Londres. Pour Rochard, l'agence Globe devrait être l'antenne parisienne du mouvement. Il pense que le fait d'éditer officiellement la prose vichyssoise constitue un excellent paravent, une activité idéale pour en cacher une autre, secrète celle-là.

– Cela me semble plutôt intelligent.

– Dis-moi alors le fond de ta pensée. A ton avis, ai-je eu raison d'accepter la proposition ?

– Mon avis, mon avis... Tu as fait un choix. Intellectuellement, il me paraît acceptable. Pratiquement, je n'ai aucune idée des emmerdements et des dangers qu'il va nous causer.

– Tu viens de dire « nous ». Est-ce que cela veut dire que tu ne me laisses pas tomber, que tu marches avec moi ? Tu ne sais pas le poids que tu m'ôtes ! Sans toi, sans ton soutien, j'étais comme perdu. Je sais que, livré à moi-même, je n'aurais jamais réussi à jouer la partie jusqu'au bout.

– Toi aussi tu m'as soulagé en me confirmant le bon côté de ton pénible engagement pétainiste. Je te sais opportuniste, mais aussi assez intelligent pour ne pas soutenir, sous le prétexte d'avantages matériels immédiats, une cause perdue. Car, j'en suis convaincu, Hitler ne gagnera pas si les Américains entrent dans la guerre. Et ils vont s'engager aux côtés des Anglais. Ta petite amie journaliste a dû te le dire ?

– Oui, il paraît que là-bas, on prépare l'opinion.

Mais il y a une chose qui m'ennuie : jamais Marie-Christine, Anna non plus d'ailleurs, n'admettra l'activité vichyssoise de l'agence si elle n'est pas au courant du reste, de tout le reste, avec les dangers que cela comporte.

– Oui, il faudra leur dire ! Tout de même, je savais que des mouvements clandestins s'organisaient et que je serais amené un jour à aider l'un d'entre eux, mais jamais je n'aurais imaginé que c'est toi qui m'y déciderais !

– Il y a pourtant quelqu'un d'autre qui doit savoir...

– Robert Quentin ?

– Oui. Je ne supporterais pas qu'il puisse me mépriser. Si tu veux, nous le verrons ensemble. Et, j'y pense, pourquoi ne pas imprimer notre prose pétainiste rue de Tournon ? Cela lui permettrait peut-être de reprendre une partie du personnel dont il a dû se séparer. Je sais qu'il est en Touraine.

– Quentin a très mal supporté la défaite. L'entrée des Allemands à Paris lui a causé une peine inouïe. Il n'acceptera jamais d'imprimer nos saloperies !

Le premier « Dossier Jeunesse » édité par Globe-Publicité parut au printemps. Sans se donner trop de mal, Garmond avait compilé les documents vichyssois et, de cet amalgame confus et sans saveur, Adrien avait tiré une sorte de tract replié sur quatre pages qui faisait son petit effet, si l'on ne mettait pas son nez dedans.

– Jamais je n'ai écrit avec autant d'application un texte aussi inepte, avait dit Garmond en riant. C'est difficile de rendre encore plus nulles des pages sans intérêt.

– Elles seront néanmoins déposées demain au rectorat où, j'en donnerais ma main à couper, elles vont servir à nourrir les souris. Cinq mille dossiers resteront ici, bien en évidence. L'agence en sera bourrée : une caution qui pourrait nous être utile si des policiers venaient visiter nos locaux. J'en ai envoyé une dizaine d'exemplaires justificatifs à mon ami André Rochard. Il fera un rapport au ministre qui se fiera à son jugement pour se féliciter de l'efficacité de l'antenne parisienne.

C'était bien vu : un télégramme officiel arriva trois jours plus tard pour confirmer la prédiction d'Adrien : « A l'agence Globe, Paris. Le ministre, très satisfait de votre première édition, vous félicite. Stop. Arriverai à Paris le 26 mai pour envisager suite de notre action. Stop. Meilleures salutations. André Rochard. Stop. »

– Je vais te présenter, dit-il à Garmond. Tu verras, c'est un type bien.

– Sûrement, puisqu'il t'a remarqué. Mais crois-tu cette présentation indispensable ? Tu sais, moi, même agent double, j'aime marcher à l'ombre.

– Tu es un appointé de l'agence et c'est normal qu'il te connaisse.

Comme deux chiens qui se rencontrent, Rochard et Garmond se jaugèrent, se reniflèrent et finalement se reconnurent de race.

– Anthelme vous a-t-il mis au courant de la véritable destination de ce bureau officiel ?

– Il ne l'aurait pas fait mais j'ai deviné. Alors il m'a tout raconté et je dois vous avouer que c'est la raison qui m'a fait accepter d'aider Adrien qui, dans la vie, est comme mon petit frère. J'espère que je serai utile à quelque chose.

– Je n'en doute pas. Ce soir nous tiendrons une première réunion confidentielle avec quelques amis que j'ai convoqués. Nous allons établir les bases d'une liaison entre les deux zones et envisager, c'est le plus difficile, de transmettre nos informations à Londres.

– Nous rapportez-vous des nouvelles intéressantes de Vichy ? demanda Adrien.

– Oui. C'était hier la fête des Mères et notre Secrétariat était sur le pied de guerre. Le Maréchal a présidé une distribution de provisions à des mères dans le besoin et fait leur éloge dans un message radiodiffusé. Plus sérieusement, depuis que le Maréchal a congédié Laval et l'a remplacé par l'amiral Darlan, ça se bagarre ferme dans les ministères. Les Allemands sont furieux et Pétain, pris entre les feux de ses conseillers favoris et de ses ultras, hésite entre donner des gages à l'occupant et résister à leurs exigences. En fait, la France vient de livrer aux nazis l'industriel allemand von Thyssen et sa famille, réfugiés dans notre pays, et Darlan va être reçu par Hitler. Lui aussi aura son petit Montoire !

– Bref, la fameuse poignée de main a une suite logique ?

– Si l'on veut. La collaboration, selon l'entourage de Pétain, consiste à jeter du lest afin d'éviter que le ballon captif « France » ne s'écrase. Seulement, jeter du lest, cela veut dire livrer des juifs, manger de l'Anglais, ouvrir à l'Allemagne les aéroports de Syrie et les bases navales de Tunisie. Beaucoup de Français, comme nous, jugent qu'il s'agit d'un marché de dupes et préfèrent croire à la certitude patriotique de De Gaulle. Voulez-vous jouer cette carte avec nous, monsieur Garmond ?

– Oui, bien sûr. Encore que, sceptique impénitent, je me pose des questions sur l'intérêt du rôle, forcément modeste, que je serai amené à jouer.

– Ni vous ni moi ne pouvons, certes, influer directement sur le cours historique des événements. Mais des informations que nous jugeons dérisoires peuvent un jour, traitées avec des centaines d'autres par des spécialistes, se révéler importantes. Tenez, la presse parisienne est totalement asservie aux Allemands mais nous savons que, sur le millier de journalistes qui en assurent la publication, il y en a beaucoup qui ne sont pas acquis à la politique que défend leur journal. Ne croyez-vous pas qu'il serait utile qu'Adrien Anthelme arrive à les identifier et à les contacter ?

– Sans doute. Mais, vous voyez, je préférerais avoir à remplir des missions plus précises.

– Cela viendra, monsieur Garmond. En attendant, le seul fait de se sentir uni à d'autres qui croient comme vous aux paroles d'espoir qui nous parviennent de Londres n'est déjà pas insignifiant.

– J'aime qu'on me persuade que j'ai raison. Comptez sur moi, monsieur Rochard.

– Il faudra maintenant m'appeler Zéphir. C'est mon nom de code dans la clandestinité. Adrien et vous devrez en choisir un également. Nous verrons cela ce soir au cours de la réunion.

– Cela fait boy-scout, observa Garmond, mais j'admets que c'est une discipline indispensable, un peu celle des Chantiers de jeunesse dont je viens d'apprendre le règlement par cœur...

– Vous ne croyez pas si bien dire. Les jeunes chantent *Maréchal, nous voilà*, mais les Chantiers sont en train de devenir une pépinière de résistants. Ils sont bien encadrés ! Allons, monsieur Anthelme, pour célébrer la venue parmi nous de notre camarade agrégé, vous n'auriez pas par hasard de quoi confectionner un whisky-sour ?

– Tiens, vous êtes aussi amateur de ce breuvage, pas si mauvais je l'avoue ?

– Je crois que M. Anthelme et moi avons eu la même barmaid.

– L'Amérique nous sauvera, mon cher Zéphir !

Il ne sortit pas grand-chose de la réunion, sinon l'idée peu originale qu'il fallait établir des contacts avec un ou plusieurs réseaux déjà structurés, susceptibles d'assurer une liaison avec Londres. Au cours du conciliabule, il fut tout de même question de l'organisation pratique du mouvement né à Vichy qui avait maintenant une tête de pont à Paris. Les participants – sept jeunes hauts fonctionnaires de l'Etat français, un avocat parisien et le duo de la rue de Tournon – décidèrent tout de même, sur la proposition de Zéphir qui s'affirmait comme le leader du groupe, de créer des « dizaines », indépendantes les unes des autres, sur le principe suivant : chaque adhérent n'aurait affaire qu'à celui qui l'aurait recruté ; il pourrait recruter de son côté dix adhérents qui ne se connaîtraient pas entre eux. C'était ingénieux et tous avaient accepté un système qui, par son cloisonnement, garantissait une certaine sécurité. Ce n'est qu'après le départ des conjurés, à l'heure limite pour attraper le dernier métro, que Garmond, demeuré silencieux durant la réunion, dit à Adrien qui regagnait à pied comme lui son domicile :

– Zéphir me plaît bien. Sait-il au moins que ce nom, emprunté au grec *zephuros*, personnifiait chez Homère un vent venu de l'ouest ? Je pense que oui et lui accorde un bon point. Mais, réflexion faite, son truc de « dizaines » me paraît dépourvu de sens pratique. Trop compliqué et en tout cas très prématuré puisqu'on ne sait pas encore ce qu'on fera de ces « dizaines ».

– Des centaines, peut-être ! hasarda Adrien qui eut droit à une tape sur l'épaule, geste par lequel le maître manifestait sa satisfaction à son élève.

– Que penses-tu, reprit Garmond, de la proposition, acceptée, de spécialiser le groupe dans la propagande, accessoirement le renseignement, à l'exclusion de toute activité militaire ou paramilitaire telle que sabotage, espionnage ou terrorisme ?

– C'est plutôt rassurant. Je ne me sens pas capable d'aller descendre un officier allemand dans le métro ou de faire sauter un train. Mais, qui sait, un jour...

C'est pourtant de cette première réunion que data, pour Adrien, Garmond et leurs proches, le début d'une existence bizarre, partagée entre la réalité négative et une apparence d'activité dont les buts demeuraient flous et obscurs. Tous deux faisaient leur travail avec conscience : Garmond traduisait du vichyssois dans le texte, Adrien, qui avait récupéré son vélo, se débrouillait pour obtenir du papier qui, une fois imprimé, encombrait les bureaux de l'agence.

Les débuts avaient été difficiles. L'ambassade de Brinon n'avait guère été coopérative et la direction de l'Office des papiers de presse, dépendant des Allemands du Majestic, encore moins. Klecker, le responsable allemand de la distribution, avait fait répondre que le Reich ne s'intéressait pas du tout aux destinées de la Révolution nationale. Finalement, à force de faire le tour des innombrables services plus ou moins rattachés à la presse, Adrien avait rencontré un certain Gaston Davesne qui connaissait son beau-père et qui voulut bien prendre en considération l'antenne parisienne du secrétariat à la Famille et à la Jeunesse dont l'appétit ne représentait d'ailleurs qu'une miette de l'important tonnage de papier digéré chaque jour par l'ensemble de la presse des deux zones.

M. Davesne avait reçu Adrien avec un petit sourire.

– Vous avez une bonne filière. Si vous êtes malin, vous la conserverez jusqu'à la fin de cette sale guerre. La jeunesse, la famille... ça n'engage pas loin. Vous aurez votre papier ! (Et il ajouta, un ton plus bas :)

N'allez tout de même pas imprimer dessus des tracts contre l'occupant ! Et n'oubliez pas de dire bien des choses à votre beau-père.

Adrien se demanda longtemps ce que M. Davesne avait voulu dire. Il ne pouvait pas savoir qu'il le retrouverait sur un autre chemin deux ans plus tard, ni que l'aimable fournisseur-papetier du *Cri du peuple* de Doriot et du *Petit Parisien* allemand serait décoré un jour de la rosette de la Résistance pour son activité durant l'Occupation.

Les travaux de l'agence étaient régulièrement payés et, comme Adrien réussissait de temps en temps à signer un contrat de publicité presse ou radio, l'argent ne manquait pas à Marie-Christine pour faire vivre la maison et aider Anna à se ravitailler. Comme tous ceux qui en avaient les moyens, elle s'était assuré l'obligeant et onéreux concours de distributeurs du marché noir et, quand Adrien pouvait se procurer quelques litres d'essence, il filait aux Bézards chercher de tendres lapins, du beurre et des œufs frais.

Sollicité d'entrer au comité de lecture de Gallimard qui s'était reformé après le retour de Gaston et une aryanisation déshonorante, Garmond avait refusé. « Je ne vais tout de même pas remplacer Robert Aron et Benjamin Crémieux que vous avez renvoyés sur ordre des Allemands ! » avait-il répondu à Marcel Arland. Il avait obtenu six heures de cours à Louis-le-Grand et vivait, entre une résistance à la papa et des khâgneux démotivés, une existence à encéphalogramme plat qui se ranimait le soir, à l'heure de la radio anglaise.

Généralement, Garmond venait à l'agence retrouver Adrien qui avait installé un récepteur assez puissant dans un petit bureau qu'isolaient parfaitement les piles d'imprimés qui y étaient entassées. Quelquefois, Marie-Christine et Anna venaient les rejoindre et, si les nouvelles avaient été bonnes, ils allaient ensuite manger un cervelas ou un hareng pommes à l'huile. La famille Cazes se débrouillait, personne ne demandait comment, pour assurer l'essentiel du menu maison à ses vieux clients. Ceux-ci se retrouvaient entre eux, après l'émission de la B.B.C. qu'ils commentaient parfois avec trop d'enthousiasme. Le soir où la voix de Londres avait annoncé que le cuirassé *Bismarck*, fierté de la Kriegsmarine, avait été coulé à quatre cents milles de Brest par la Royal Navy, les réactions dans la brasserie avaient été si délirantes que Marcellin Cazes avait dû rappeler que, sans une certaine prudence, la maison allait être fermée par les autorités allemandes.

Les nouvelles, malheureusement, n'étaient pas toujours aussi optimistes. La capitulation de l'armée grecque, le démembrement de la Yougoslavie, la formation du gouvernement croate par le pro-nazi oustachi Ante Pavelic... tout confirmait la mainmise d'Hitler sur l'Europe. Mais ce tout-venant de l'information parut bien innocent à côté de la nouvelle capitale, celle qui pouvait préluder à la victoire totale du Reich ou, pour les plus confiants, à l'enlisement de son armée dans les neiges de Smolensk : l'Allemagne avait attaqué l'U.R.S.S. ! Ses troupes blindées déferlaient sans trouver de résistance sérieuse à travers le pays. Staline avait été surpris par l'action, pourtant longuement préméditée, de l'allié d'hier. Son armée devait reculer, encore reculer, subir une terrible défaite à Bialystok et à Minsk, abandonner un groupe de 324 000 hommes, 3 330 blindés et 1 800 pièces d'artillerie lourde...

C'était le désastre. Les speakers de Londres avaient du mal à faire croire qu'un retournement de situation restait possible. En France, les partisans de la collaboration triomphaient : « Nous avions raison de croire à la victoire allemande ! » Et ils lisaient avec délices dans leurs quotidiens la déclaration du chef d'état-major de la Wehrmacht : « La campagne contre la Russie sera gagnée dans deux semaines ! »

Le pronostic était faux mais la géographie de l'U.R.S.S. allait devenir pour de longs mois l'objet de toutes les supputations. Le front avançait chaque jour vers Moscou et Leningrad, l'Ukraine était menacée, Doriot pouvait croire prendre date en créant sa Légion antibolchevique appelée aussi « Légion des volontaires français contre le bolchevisme », minuscule escouade du déshonneur tricolore dans le combat des géants.

Le pessimisme était partout. Radio-Londres, déjà bien brouillé, bégayait, Lipp était triste, Garmond s'ennuyait et écrivait des articles pour quelques feuilles clandestines, dont celle tirée sur les presses de la rue de Tournon et pour laquelle l'agence Globe avait fourni le papier prélevé sur les réserves de la propagande vichyssoise. C'était le premier acte vraiment résistant d'Adrien et de Garmond. Ils en étaient plutôt satisfaits, contents que cette action ne doive rien aux « rigolos d'André Rochard », comme le professeur appelait le mouvement de Vichy. Adrien défendait son ami mais devait convenir que son action, peut-être efficace en zone non occupée, était pratiquement nulle à Paris. Il suivait donc Garmond qui était entré en liaison avec un certain groupe « Maintenir » dont l'effectif réduit était choisi dans les milieux universitaires et par lequel il avait connu l'existence de l'O.C.M. (Organisation civile et militaire), qui réunissait quelques ingénieurs et d'anciens officiers. Tout cela n'allait pas loin mais Garmond avait l'impression que tous ces mouvements, s'ils réussissaient à fusionner, pourraient très vite être utiles. En tout cas, cette activité toute relative aidait à faire passer plus vite les heures de la désespérance.

Quant à Adrien, outre le soutien logistique qu'il apportait aux organisations amies, il gagnait de l'argent. Pas tellement avec la propagande du Maréchal, mais beaucoup plus sûrement en développant les services classiques de l'agence. La presse de Paris était peut-être à la solde des Allemands mais elle représentait des tirages importants qui ne laissaient pas indifférents les commerçants et les industriels. Après avoir cru sombrer avec l'armée française, beaucoup redressaient la tête et n'hésitaient pas à s'offrir quelques pages de publicité. Et l'agence Globe, demeurée presque seule active à Paris, raflait la plus grande partie des contrats.

Adrien n'était pas très fier de cette connivence avec la presse d'Occupation. Il demeurait discret sur les bénéfices qu'il réalisait et qui auraient offusqué à coup sûr le scrupuleux Garmond. Son sens du devoir était plus souple. Par un jeu de balance morale discutable, il considérait qu'une action impure s'effaçait légitimement par la première initiative honorable. Ainsi, le fait de livrer du papier à la Résistance le lavait de compromissions gênantes. Il avait un jour tenté d'expliquer ce manichéisme très personnel à Marie-Christine qui l'avait regardé avec tristesse.

– Tout ce que je pourrais te dire ne servirait à rien. Alors, s'il te plaît, agis comme tu voudras mais évite de m'en parler.

Adrien avait cru discerner du mépris dans cette réplique. Cela l'avait attristé. Et puis il avait trouvé qu'elle cachait une certaine hypocrisie. On jugeait sa façon de gagner de l'argent mais on ne trouvait pas que celui-ci avait mauvaise odeur quand il s'agissait de le dépenser !

– Cette sinistre année ne finira donc jamais ! avait dit Anna, un soir où elle recevait les Anthelme autour d'un bortsch bouillant et de pirojkis préparés avec un reste de viande. (Elle avait ajouté :) On ne fait qu'attendre et il ne se passe rien !

– Tu lis mal les journaux, répondit Garmond. Moscou est menacé, les juifs allemands doivent porter une étoile jaune sur leurs vêtements, les occupants ont fusillé une trentaine d'otages à Châteaubriant... Mais ce ne sont pas évidemment les nouvelles que nous attendons...

C'était l'heure de la B.B.C. On abandonna le dîner pour se rapprocher du poste.

« Attention, nouvelle très importante. Attention ! » prévenait la voix familière du speaker.

Une autre voix enchaîna aussitôt en martelant chaque syllabe pour mieux combattre le brouillage :

« Le Japon a attaqué par voie aérienne la base américaine de Pearl Harbor dans les îles Hawaii. Les pertes américaines sont énormes. Près de deux cents avions sont détruits ainsi que cinq cuirassés, des croiseurs et des destroyers. Cette agression doit entraîner l'entrée en guerre immédiate des Etats-Unis contre le Japon et sans doute, à terme, contre l'Allemagne. »

– C'est le moment tant attendu du tournant de la guerre ! dit Marie-Christine, émue. Mais écoutons la suite...

Il n'y eut pas de suite ce soir-là, le brouillage rendant toute écoute impossible. Garmond, aussi touché que les femmes et qu'Adrien pourtant peu enclin à manifester ses sentiments, s'éloigna dans la cuisine et revint avec une bouteille de côte-rôtie 1935 :

– C'est la dernière de ma réserve, je la gardais pour un grand jour. Je crois que le moment est venu de la déboucher.

– Ne rêvons pas trop, murmura Anna en se mouchant. Hitler est loin d'avoir perdu la guerre. N'oubliez pas que ses divisions sont aux portes de Moscou !

– C'est vrai, mais dans la neige et probablement épuisées par leur avance éclair. Souvenez-vous de Napoléon !

C'est Adrien qui avait parlé, pas mécontent d'avoir lancé Napoléon dans la bataille de Russie. Il ajouta :

– Je me demande comment la presse va annoncer l'attaque japonaise, demain matin !

– Comme une grande victoire de son allié, bien sûr ! répondit Garmond. C'en est d'ailleurs une, voyez les pertes. Nous nous réjouissons parce que nous pensons égoïstement que ce désastre va obliger les Américains à se réveiller, mais, du point de vue de l'Axe, c'est un triomphe. Même si ce triomphe a plus tard des conséquences imprévisibles. Hitler, je pense, n'a pas une grande vision de l'avenir. Il agit au coup par coup et, comme cela lui a jusqu'à maintenant toujours réussi, il continuera...

Une seule chose était sûre : Pearl Harbor bouleversait les donnes d'une guerre à sens unique, un kriegspiel où Hitler avait jusque-là gagné sur tous les fronts. L'Amérique jetant sa formidable puissance dans la bataille et, qui sait, l'U.R.S.S. réussissant à contenir puis à refouler les armées allemandes engagées si loin de leurs bases dans un climat hostile, oui, l'espérance redevenait permise !

Ces clignotements lointains sur la carte du monde ne changeaient, hélas ! rien à la vie quotidienne des Français. Pour l'instant, Hitler était bien le plus fort et il entendait le montrer en asservissant chaque jour un peu plus les peuples vaincus. C'est ainsi que l'opération abominable qu'on appellera dans l'Histoire « la rafle du Vel'd'Hiv » plongea Paris dans la stupéfaction et l'indignation. Le matin du 16 juillet 1942, chaque quartier, chaque rue, chaque maison s'était réveillé en apprenant l'incroyable nouvelle : ici on avait arrêté dans la nuit, surpris en plein sommeil, les Zimmerman et leurs enfants ; là M. et Mme Korfeld, les vieux Polonais si gentils du quatrième, avaient été emmenés dans un autobus ; ailleurs on avait presque traîné Mme Strauss, qui était sur le point d'accoucher, hors de son appartement...

Qui était donc ce « on » chargé des basses œuvres d'un tyran ? Les Allemands, ce ne pouvait être que les Allemands, les sbires de la Gestapo, les brutes de la Feldgendarmerie ! L'incroyable se sut vite par les voisins qui avaient été réveillés et avaient assisté à la traque, et encore mieux lorsque les maîtres et les institutrices des écoles racontèrent qu'« on » avait terminé le travail le matin en venant arrêter des enfants juifs dans leur classe. Ce « on » n'était pas allemand. C'était la police française, oui, la police, les braves agents à pèlerine, les flics à bâton blanc qui faisaient traverser les gosses et les vieux, c'étaient eux qu'un certain René Bousquet, chef de la police française, avait chargés de la déshonorante besogne et qui achevaient en fin de matinée d'emplir le Vélodrome d'Hiver de silhouettes hagardes, de familles entassées sur les gradins, d'enfants perdus, de vieillards au regard fixe. Ils étaient tous des juifs étrangers, fichés par la Préfecture [1].

Anna était effondrée. Elle avait rejoint Marie-Christine pour lui apprendre que Koprotcki, le tailleur russe de son immeuble qui lui coupait les longues jupes et les corsages excentriques qu'elle portait avec son panache de princesse, avait été emmené avec sa famille.

– Si au moins on savait où ces malheureux vont être conduits ! dit-elle.

– Il paraît qu'Hitler veut rassembler les juifs apatrides, les juifs allemands et les juifs étrangers dans une

1. Bousquet assurera que c'était le seul moyen de sauver les juifs français.

même région. La Russie peut-être, maintenant qu'il en est propriétaire...

– Propriétaire ! Tu as de ces mots ! Il ne restera pas chez nous. Dieu sait si je n'ai pas de sympathie pour le régime bolchevique, mais je fais confiance à son armée. Elle a été écrasée, est prisonnière en partie mais, je te le dis, elle réussira à chasser les Allemands. D'un côté les Américains, les Anglais et un peu les gaullistes, de l'autre la Russie. Hitler est au milieu, pris dans un piège. Cela demandera peut-être du temps, le monstre se débattra, mais il sera finalement déchiré !

Adrien, lui, était à l'agence où il avait demandé à Garmond de le rejoindre. Tout de suite, quand il avait appris la nouvelle de la rafle, il avait pensé à sa mère et à son ami, M. Lévy, qui continuait de vivre discrètement dans son logement de Saint-Maur. Il avait proposé de revenir travailler à l'agence mais Adrien n'avait pas voulu l'exposer. M. Lévy, pourtant, aurait dû être tranquille : Français de Lorraine depuis des générations, ancien combattant de la Grande Guerre, il s'était engagé à dix-huit ans dans les derniers mois de 1918 et avait été mobilisé comme territorial en 40. Il possédait les qualités du « juif acceptable » que Pétain disait vouloir soustraire à la persécution mais aurait dû tout de même porter l'étoile jaune cousue sur son vêtement, comme tous ses coreligionnaires. Il ne le faisait pas, jugeant qu'il ne risquait rien dans son quartier perdu de Saint-Maur où il connaissait tout le monde. Adrien, lui, sentait le danger. Il savait qu'un jour ou l'autre, justement parce que tout le monde le connaissait, il risquait d'être arrêté et envoyé on ne sait où.

– Je ne veux pas laisser Lévy et ma mère à Saint-Maur, dit-il à Garmond. Il faut absolument que je me débrouille pour les faire passer en zone non occupée, dans un lieu où ils seront inconnus et vivront sous de faux noms. Je ne peux pas oublier l'aide qu'il m'a apportée quand j'ai créé l'agence. Et ma mère ne lui survivrait pas s'il lui arrivait quelque chose.

– J'aime mieux t'entendre raisonner de cette façon. Je n'ai pas oublié ta réaction lorsque tu l'as trouvé assis sur ta chaise.

– Décidément, tu n'oublies rien ! soupira Adrien.

– Si, mais il y a des choses que je trouve utiles de te rappeler. Parce que je veux que tu sois un type bien, tu comprends ? Cela dit, qu'est-ce que tu comptes faire ? Tu ne vas tout de même pas aller demander un ausweis aux Allemands qui te vendent du papier ?

– S'il le fallait, je n'hésiterais pas. Mais je sais qu'ils ne m'aideraient pas. Non, j'ai une autre idée. Je vais voir Davesne et, si cela ne marche pas, j'irai à Vichy rencontrer Rochard.

– Tu as raison, il ne faut pas laisser Lévy à Paris. La rafle de cette nuit montre que tout peut arriver. Te rends-tu compte que c'est la police française qui a procédé à ces arrestations d'innocents, de vieillards, de femmes et d'enfants ! Je n'arrive pas à le croire. Et pourtant... Tiens, je vais aller voir mes amis de Maintenir et leur donner un coup de main, ils s'occupent tous du Centre d'entraide aux étudiants prisonniers, un organisme officiel dépendant du ministère de l'Instruction publique qui envoie des livres dans les stalags et les oflags. Ils savent sûrement quelque chose...

Tandis qu'Adrien prenait son vélo pour tenter de joindre Davesne à l'Office des papiers de presse et d'édition – son beau-père lui avait confirmé que ce vieil ami de l'Automobile Club et du Club des Cent flirtait avec la Résistance –, Garmond gagna en flânant le quai Saint-Michel, siège du Centre d'entraide. Au premier étage régnait une activité intense. Des jeunes gens ficelaient des paquets, remplissaient des étiquettes, tamponnaient de cachets la page de garde de livres relevant d'enseignements divers. Garmond regarda ainsi empaqueter avec un peu d'émotion *Histoire de la philosophie* de son vieux maître Emile Bréhier, le *Traité de morale* de René Le Senne et la *Grammaire historique* de Bruneau et Brunot qu'on appelait à l'Ecole les « duettistes de la sémantique ». Il eut une pensée pour les philosophes et les grammairiens inconnus qui poursuivaient leur quête du savoir entre des barbelés. Il aurait pu être l'un d'eux et attendre le colis qui lui apporterait l'oubli de ses misères à travers la pensée de Schopenhauer ou de Kierkegaard... Mais il avait la chance d'être libre, enfin, libre comme on pouvait l'être dans un pays où la police triait les enfants d'après leur nom ou leur profil pour le compte des nazis.

Au second étage, l'atmosphère était plus calme. C'était là que travaillaient Alfred Rosier, Claude Bellanger et d'autres universitaires, animateurs du Centre dont l'activité résistante du groupe Maintenir était totalement séparée. Garmond eut la surprise de découvrir un crâne chauve connu derrière des piles de livres. C'était celui de Georges Duhamel qui, de son écriture bien dessinée, remplissait des cartes-formulaires de la poste des camps.

– Le maître vient une fois par semaine encourager de quelques lignes nos camarades captifs, dit Bellanger. C'est sympathique, non ? Il veut montrer que l'Académie française n'oublie par les universitaires emprisonnés. (Et, plus bas, il ajouta :) Nous avons ce soir une réunion à huit heures. Venez avec Anthelme mais n'entrez pas ensemble. La prudence plus que jamais est de règle. Un ami de la Préfecture de police doit venir nous parler de l'horrible soirée d'hier.

– Comptez sur nous. Comme tout le monde nous nous interrogeons... Mais maintenant, puis-je me rendre utile ?

– Sûrement. Allez coller des étiquettes au premier. Nous, nous allons aux Presses universitaires négocier l'achat d'un stock de livres. Savez-vous que dans certains camps il existe de véritables petites universités.

– Les Allemands laissent faire ?

– Oui, c'est pour eux une vitrine flatteuse à montrer au comité international de la Croix-Rouge et à la mission Scapini.

– La mission Scapini, c'est Vichy. Ne cherche-t-elle pas à récupérer ces centres d'intérêt culturel à des fins de propagande ?

– Un peu mais ce n'est pas grave. Les prisonniers ne mordent pas à l'hameçon du Maréchal. Remarquez que Scapini, si on oublie sa dévotion à Vichy, fait ce qu'il peut pour améliorer le sort des exilés. Il y a une chose qu'il faut porter à son actif : il a obtenu jusqu'ici qu'il n'y ait pas de discriminations raciales dans les stalags. Brandissant la Convention de Genève, il tient tête aux Allemands qui voudraient regrouper dans un même camp tous les prisonniers juifs. Dieu sait ce qu'il adviendrait d'eux si cela se faisait[1].

Garmond aida pendant une heure les étudiants du Centre et rentra à l'agence où Adrien l'attendait.

– Ça y est. J'aurai des faux papiers pour Lévy dans quelques jours. Davesne a très bien compris, surtout après ce qui s'est passé cette nuit. Il m'a dit que Lévy aurait de vrais faux papiers, établis sur des documents venant de la préfecture de la Seine et de la Préfecture de police. Je crois que je vais emmener Lévy et maman aux Bézards. Marie-Christine me dit que ses parents seront d'accord pour qu'ils occupent une partie de la maison des gardiens. Ce serait parfait s'ils pouvaient être officiellement employés à la propriété. Tu vois, on se fait des idées sur les gens. Et puis, dans un moment difficile, ils vous apparaissent sous un autre jour !

Le soir, après une halte rapide au Balzar, ils retrouvèrent quai Saint-Michel une dizaine d'amis du groupe réunis autour de Claude Bellanger. Presque tous faisaient partie du personnel du Centre d'entraide. Le plus jeune, Claude Desjardins, n'avait guère plus de vingt ans. On le sentait ardent et passionné, impatient d'entrer dans la lutte contre l'occupant :

– Les événements d'hier et de ce matin doivent être pour nous un détonateur. Notre groupe ne va-t-il pas enfin entrer dans une phase plus radicale ?

– Calmez-vous, jeune ami, lui répondit Alfred Rosier. Le rôle dévolu à Maintenir est pour l'instant d'informer et de regrouper les isolés. Nous n'avons de surcroît ce soir aucune décision à prendre. Cette réunion, informelle, n'a qu'un but : nous permettre d'entendre notre ami Raymond Fitter, du cabinet de Langeron, le préfet de police. Il a beaucoup de choses intéressantes à nous apprendre sur la rafle d'hier. Inutile de vous dire combien sa déclaration doit demeurer confidentielle.

1. Les prisonniers israélites demeurèrent jusqu'à la Libération dans leur camp d'origine et ne furent l'objet d'aucune discrimination. L'ambassadeur Scapini, arrêté après la capitulation allemande pour « intelligence avec l'ennemi », resta quinze mois emprisonné avant d'être acquitté par le tribunal militaire.

– J'espère qu'il ne va pas chercher à dédouaner les flics ! dit Desjardins.

– Cela m'étonnerait.

Fitter arriva peu après. C'était un homme petit, un peu rond d'allure et de langage.

– L'attitude de la police française est indéfendable, je le sais. A part les antisémites pathologiques qui sont peu nombreux, on ne trouvera pas un Parisien pour l'excuser. Cela dit, il faut essayer de comprendre ce qui s'est passé. La rafle a été l'aboutissement d'une préparation minutieuse. Une opération montée avec une précision militaire par le chef de la police française et à laquelle Pétain et son gouvernement ont donné leur aval. L'ordre, qui répondait à une demande allemande, il faut quand même le dire, vient donc de haut.

– Connaît-on le nom de ce « haut » ? demanda Rosier.

– Bien entendu. Ce n'est pas un secret. Le grand responsable de la rafle, son organisateur, se nomme Bousquet, René Bousquet. Il aurait, dit-on, échangé la reconnaissance allemande de son titre et de sa compétence de directeur de la police française contre la livraison de treize mille juifs à la police nazie qui ne pouvait pas, faute d'effectifs et de connaissance du tissu parisien, faire le travail elle-même [1]. Voilà pour le haut. Pour les petits, c'est aussi sordide mais pas de la même façon. Ou bien ils exécutaient les ordres, ou bien ils démissionnaient. Mais les petits fonctionnaires, qu'ils soient chauffeurs d'autobus ou flics, ne démissionnent pas. Que devient-on dans Paris occupé quand on perd son gagne-pain ? Et puis, il est vrai qu'ils ont été prévenus au dernier moment et, quand on est policier, on n'a pas l'habitude de réfléchir avant d'exécuter un ordre. Certains ont tout de même fait ce qu'ils ont pu pour prévenir les victimes en leur disant de se préparer, qu'ils reviendraient dans un quart d'heure. Le temps de se sauver.

1. « Au nom de la souveraineté nationale, au nom de la sauvegarde de l'Etat », affirmera-t-il devant la Haute Cour qui le condamnera à cinq ans de dégradation nationale dont il sera aussitôt relevé pour « services à la Résistance » ! Il sera assassiné en 1993.

– Et vous, monsieur Fitter, étiez-vous au courant de la préparation de l'opération ?

– Seulement la veille. Et encore, sans connaître son ampleur. Mais que pouvais-je faire ? J'ai alerté quelques amis israélites. Comment prévenir tous les juifs de la capitale ? Vous ne me demandez pas ce que je vais faire maintenant ?

– Si, justement, dit Desjardins.

– Je vais démissionner dès demain matin et essayer de rejoindre Londres pour m'engager dans les forces de la France libre. Je l'aurais fait même sans l'ignominie d'hier. J'ai pris ma décision quand le gouvernement de Vichy a proposé aux autorités allemandes qui réclamaient l'arrestation des juifs de nationalité étrangère de livrer aussi les enfants.

– Je vous félicite, dit Rosier.

– Oh ! C'est le seul moyen de m'affirmer non complice des horreurs que nous venons de vivre et de celles qui se préparent.

Un grand silence se fit. Personne n'avait envie de parler. On se sépara en se serrant les mains un peu plus fort que d'habitude.

Garmond et Adrien remontèrent sans dire un mot le boulevard Saint-Michel encore animé à l'approche du couvre-feu. Au croisement du boulevard Saint-Germain, le premier murmura :

– Curieuse soirée ! Les Français sont-ils vraiment des salauds ? On ne le saura qu'à la fin de la guerre en faisant le compte des juifs qui reviendront vivants de là où on les conduit [1].

Mme Werner-Brisach avait dès le début de la guerre supprimé ses réceptions et ses dîners. « Je ne nous vois pas, disait-elle, papoter et écouter des sottises quand la France est si malheureuse. » Faisait-elle allusion à sa sœur, Berthe Duchemin, qui, elle, continuait de recevoir ? Les dîners du chocolatier avaient bonne

1. Statistique : sur plus de 300 000 juifs vivant en France, 225 000 ont échappé à la déportation. 8 000 commissaires et agents seront éliminés de la police parisienne à la Libération.

réputation dans le monde des affaires qui, l'époque le voulait, n'était pas toujours distingué. Comme Duchemin n'avait ni état d'âme ni autre dessein patriotique que de faire tourner son usine, il lui arrivait d'inviter des gens notoirement connus comme collaborateurs commerciaux des Allemands. De là à fréquenter le Dr Wilhelm Stauer, conseiller commercial à l'ambassade, il n'y avait qu'un pas. Il fut franchi le soir de la fin août lorsque Stauer, qu'on disait appartenir à un service de la Gestapo, sonna à la porte des Duchemin.

« Dieu merci, il ne porte pas son uniforme », pensa Berthe Duchemin en lui ouvrant la porte.

Le conseiller était vêtu d'un costume gris très strict sous lequel on ne pouvait s'empêcher d'imaginer la tunique noire aux insignes argentés des S.S. Poli à l'extrême, se pliant en deux à tout bout de champ, raide dans ses mouvements comme dans son parler français lent mais correct, il imposa un silence glacé dans le salon jusque-là animé.

– Il me fait froid dans le dos ! glissa l'invité vedette du dîner, Bréart de Boisanger, chef de la délégation économique de Vichy, à l'oreille de sa femme.

– Pourquoi les Duchemin invitent-ils des gens pareils ?

– Les sous-marins, ma chère, les sous-marins...

– Les sous-marins ? Qu'est-ce que tu me racontes ?

– La Kriegsmarine soigne les équipages de ses sous-marins. Café, caviar, conserves de luxe, rien ne doit manquer aux héros qui coulent tant de convois ennemis et qui finissent souvent au fond de la mer. Et Duchemin lorgne une grosse commande de chocolat fin. Il a réussi à entreposer une réserve de cacao et voudrait bien en régaler les sous-mariniers allemands.

Le dîner fut excellent, comme toujours chez les Duchemin, mais étrangement silencieux. Chacun visiblement préférait se taire plutôt que de lâcher par inadvertance dans la conversation un mot susceptible de déplaire à l'encombrant conseiller... Celui-ci s'abstint de toute allusion politique, lançant au contraire la conversation sur l'activité théâtrale ou cinématographique. Il avait beaucoup aimé *La Reine morte* d'Henry de Montherlant à la Comédie-Française, et Raimu dans *Marius*.

– Il est bien que la France entretienne la flamme de la culture européenne, dit-il. Nous autres, Allemands, sommes trop engagés dans notre croisade antibolchevique pour pouvoir penser aux choses de l'esprit. Mais, la victoire acquise, le génie germanique se réveillera.

Le Dr Stauer ne fit qu'une allusion aux combats qui se déroulaient autour de Stalingrad dont la chute était imminente. Il complimenta lourdement la maîtresse de maison pour son dîner et se dit navré d'être obligé de partir avant le dessert. Duchemin le raccompagna et échangea avec lui une courte conversation dans le couloir. Elle avait dû être positive car le chocolatier revint tout souriant dans la salle à manger où l'on recommençait à parler fort.

– Le conseiller, dit-il, n'est ni gai ni communicatif, mais c'est un homme direct avec lequel on peut traiter. Si tous les Allemands étaient comme lui...

– ... il n'y aurait pas eu les rafles de juifs ? coupa avec quelque insolence la plus belle femme de l'assemblée.

C'était l'épouse de Jacques Barnaud, l'un des technocrates du ministère, dont les sorties imprévisibles plongeaient ses proches dans l'angoisse. Souvent, dans les dîners, elle commentait ouvertement les dernières nouvelles de Radio-Londres ou se moquait du Maréchal. Ce soir, heureusement, elle avait tenu sa langue devant le Dr Stauer, mais elle ne put s'empêcher, après son départ, de lancer à l'adresse des Duchemin :

– J'espère que vous ne nous avez pas imposé pour rien la présence de ce nazi et qu'il vous a commandé beaucoup de barres de chocolat !

Duchemin esquissa un petit sourire forcé et ne répondit rien : Barnaud pouvait, s'il le voulait, le contraindre à réduire considérablement l'activité de son usine.

Les Werner-Brisach étaient d'une autre trempe. Il semblait que l'Occupation, cause de bassesses, d'infamie et de déshonneur chez tant de Français, les poussait à sortir de leur étroitesse bourgeoise et à manifester des sentiments généreux. Leur attitude envers la collaboration était sans équivoque et Paul disait souvent que s'il était plus jeune il essaierait de gagner l'Angleterre pour s'engager chez de Gaulle. Plus positif, il avait offert à Adrien, dont il connaissait les attaches, de participer à des actions résistantes si son engagement pouvait être utile.

Adrien entretenait maintenant des relations plus familiales avec ses beaux-parents, ce qui comblait de joie Marie-Christine. Il leur était reconnaissant d'héberger aux Bézards sa mère et Lévy, qui s'appelait maintenant Pierre Parsec.

Les Werner-Brisach appréciaient Garmond qui venait souvent dîner avec Adrien et Marie-Christine. Ils aimaient ses réflexions, ses connivences de normalien avec leur fille et ses commentaires non conformistes lorsqu'ils écoutaient ensemble la radio de Londres. Paul Werner-Brisach parlait beaucoup, Geneviève souriait en l'écoutant. C'est pourtant d'elle que vint la surprise.

Ce soir-là, ce fut un dîner comme beaucoup d'autres. Adrien avait traité de cuistres Marie-Christine et Garmond qui avaient engagé une discussion absconse sur les origines du mot « collaborer ». Emprunt tardif au bas latin, *collaborare* ou *laborare,* labourer ? Ils en étaient à l'option du latin médiéval quand Adrien s'était fâché et leur avait dit qu'ils emmerdaient tout le monde avec leur science prétentieuse et inutile.

Geneviève lui avait donné raison et, pour faire diversion, pensaient-ils, avait pris un air mystérieux en annonçant :

– Taisez-vous, je vais vous montrer les résultats de mon après-midi de résistante !

Ils s'étaient regardés, intrigués.

– Tu fais de la résistance, maman ? avait demandé Marie-Christine en riant.

Paul ouvrait de grands yeux, Adrien fronçait les sourcils et Garmond tirait sur sa pipe éteinte. Qu'avait donc été chercher l'opulente Geneviève dont les rondeurs résistaient à l'Occupation ?

Elle revint de sa chambre en balançant par ses cordons une sorte d'aumônière en velours qui avait, affirmait-elle, appartenu à sa grand-mère.

– J'offre un beau cadeau à qui devinera ce qu'il y a à l'intérieur !

Comme personne ne semblait disposé à jouer, Mme Werner-Brisach, dans un geste théâtral, vida le contenu du sac sur un guéridon qu'elle avait dû préparer pour la circonstance.

– Alors ? dit-elle simplement.

La famille et Garmond s'étaient levés, éberlués et horrifiés à la vue du spectacle que Geneviève avait magnifiquement mis en scène.

– Qu'est-ce que c'est ? demanda Paul, toujours un peu lent dans ses réactions.

– Où as-tu été chercher cela ? questionna sa fille.

– Combien y en a-t-il ? s'enquit Adrien avec son pragmatisme habituel.

– Chère madame, dit Garmond, je ne sais pas où vous vous êtes procuré ces breloques ornées de glands mais je crois qu'il n'est pas prudent de les conserver. Même à titre de souvenir.

Il en avait examiné une, avait considéré avec soin le morceau de cordon tressé coupé net à cinq ou six centimètres et avait compris, encore que le rôle joué par Mme Werner-Brisach dans l'affaire ne lui semblât pas très clair.

– Ne me dites pas que c'est vous qui avez sectionné ces ornements qui pendouillent au poignard porté par les officiers allemands à leur ceinturon ?

– Qui ce pourrait être d'autre ? Je pensais bien vous surprendre, mais pas à ce point. Vous en faites, une tête !

– Maman, tu es complètement folle !

– Il faut t'enfermer ! ajouta Paul qui avait pris conscience de l'aveuglement de sa femme. Peut-on savoir comment tu pratiques cette émasculation ?

Content de sa formule, il cligna de l'œil vers Garmond qui lui répondit par un hochement de tête approbateur.

– Belle-maman, expliquez-nous ces gestes déraisonnables, dit Adrien qui n'avait pas encore ouvert la bouche.

– Mes enfants, c'est tout bête. Je ne supporte pas les Allemands à Paris, encore moins depuis qu'ils déportent les juifs. Alors, je me suis dit qu'il fallait faire quelque chose. La radio de Londres parle tous les soirs de la résistance à l'occupant. Mais je ne me vois pas, à mon âge, transporter des armes, télégraphier des informations secrètes à l'état-major du général de Gaulle ou faire sauter un train de munitions. J'ai donc cherché un moyen de manifester mon mécontentement et j'ai trouvé plutôt plaisant de couper les glands de passementerie des officiers les plus arrogants.

– Mais où opérez-vous ? demanda Garmond. Tout de même pas dans les vestiaires des établissements fréquentés par les Chleuhs ?

– Dans le métro, tout simplement. En première, aux heures de cohue, je repère mes victimes, et clac ! Mes ciseaux sont bien affûtés, l'ornement nazi tombe dans mon sac. Ces messieurs ne s'aperçoivent de rien. Il n'y a qu'une chose qui m'ennuie : je ne vois pas leur tête quand ils constatent le larcin.

– Un larcin qui pourrait vous faire arrêter, condamner et déporter ! dit Garmond. Il faut vous débarrasser de vos trophées et cesser ce jeu dangereux.

– Vous avez sûrement raison. Mais c'est dommage : je me suis tellement amusée tous ces temps ! Cela m'ennuie de ne plus pouvoir ressentir cette petite peur et ce coup de chaleur au cœur quand la « chose » tombe dans mon sac ! Mon Dieu, je ne vais plus savoir quoi faire de mes après-midi !

– Allez faire des paquets au Centre d'entraide aux étudiants prisonniers, nous allons vous donner l'adresse ! conclut Garmond en riant.

Ainsi allait la vie dans Paris occupé à la fin de 1942. La plupart des théâtres jouaient à bureaux fermés, les parutions de livres étaient raréfiées mais les revues et les feuilles volantes de poésie pullulaient ; la presse vouait aux gémonies les « zazous », Aragon et Paul Eluard ; à « l'exposition juive », images, photos et films apprenaient aux visiteurs à « reconnaître le juif » ; les pauvres étaient plus pauvres et les enrichis du marché noir vivaient mieux qu'avant la guerre ; parfois un officier allemand était assassiné et des otages juifs ou communistes exécutés ; en se méfiant du voisin on se passait sous le manteau une feuille clandestine ronéotypée ou imprimée qui prouvait qu'une résistance existait. Dans cette atmosphère polluée, irréelle et tragique, la radio de la France libre apportait le soir son ondée d'espérance et parfois l'éclair d'un orage attendu, le débarquement allié en Afrique du Nord, par exemple, qui apparaissait comme un prologue à la reconquête de la liberté.

Adrien, qui s'était forgé une devise : « coopérer avec l'inévitable », s'arrangeait, sans trop le dire à sa femme ni surtout à Garmond, pour gagner de l'argent. Il continuait à éditer la prose officielle de Vichy et utilisait la caution que lui offrait cette mission pour distribuer les budgets des campagnes publicitaires confiées à l'agence Globe. Il ne mettait pas par goût son nez dans les senteurs nauséabondes de la presse collaborationniste mais il se répétait que l'argent allemand était bon à prendre et qu'il se dédouanait moralement en approvisionnant en papier quelques journaux clandestins comme *Libération*, rédigé en partie par Martin-Chauffier et Claude Aveline, des amis de Garmond, ou *Valmy*, créé par d'anciens militants de Libertés nouvelles.

De Libertés nouvelles, du journal comme du mouvement, il n'était plus question. Mais l'imprimerie existait toujours, bien tentante pour les éditeurs de journaux clandestins. En principe, Robert Quentin, malade et retiré sur la Loire ou à La Varenne, ignorait l'usage que Thirion et Lachenal faisaient de ses machines. En fait, il était au courant de tout, même de l'impression des tracts et des documents de propagande pétainiste pour le compte de l'agence d'Adrien, travaux que l'imprimerie de la rue de Tournon acceptait pour survivre et pour servir de couverture dans le cas où la police viendrait mettre son nez dans l'atelier. Robert Quentin avait longuement hésité à donner son aval à cette opération mais Adrien l'avait convaincu en l'assurant de l'inutilité complète de cette documentation dont l'impression devait permettre au contraire de ne pas licencier les derniers membres du personnel restant, dont Thirion et Lachenal. La fourniture, gracieuse évidemment, de trois rouleaux de papier destinés à la fabrication de *Valmy* l'avait finalement décidé à accepter. C'est à la suite de cette longue discussion qu'Adrien se rendit compte qu'il avait le don de la persuasion. Il avait réussi à convaincre le grand Quentin, à dominer par son seul raisonnement l'homme le plus droit, le plus fidèle à ses convictions, son patron vénéré. Cette révélation de sa puissance lui procura du plaisir. Jamais il ne s'était senti aussi fort, jamais il n'avait eu autant confiance en lui.

9

LES LARMES ET L'ARGENT

1943-1944. *L'armée allemande capitule à Stalingrad – Darnand crée la Milice – Arrestation de Jean Moulin – Débarquement allié en Sicile – Mussolini renversé – Les Alliés reconnaissent de Gaulle – Libération de la Corse – Première Assemblée consultative à Alger – Saint-Exupéry publie* Le Petit Prince *– Les Américains débarquent à Anzio et ouvrent la route de Rome – Création du* Soulier de satin *de Paul Claudel – Regroupement de la Résistance par de Gaulle sous le sigle des F.F.I. – Premières victoires de MacArthur dans le Pacifique – Déroute allemande sur le front russe – En retard sur l'Histoire, les Parisiens acclament Pétain le 20 avril 1944 ! – La « solution finale » en marche : juifs européens exécutés à Auschwitz, à Treblinka – Raids alliés massifs sur l'Allemagne – Prise de Rome – Opération « Overlord » : les Alliés, y compris des commandos français, débarquent en Normandie – Massacre S.S. à Oradour-sur-Glane – Attentat manqué contre Hitler – Anéantissement du maquis du Vercors – Un mois plus tard (24 août 1944) Paris est libéré – Débarquement en Provence – Fin des émissions de Radio-Londres « Les Français parlent aux Français » – Dernière grande offensive allemande brisée dans les Ardennes – La guerre pourtant continue.*

Pour Adrien, la journée avait plutôt bien commencé. La radio de Londres, « Les Français parlent aux Français », avait diffusé la veille des nouvelles réconfortantes : le débarquement allié en Sicile s'était déroulé selon les plans prévus malgré un temps inclément, et les Allemands, après le désastre de Stalingrad, venaient de subir une autre grave défaite à Koursk. La conquête de l'U.R.S.S. était non seulement compromise, mais les troupes du Reich, après de nouvelles pertes, avaient été rejetées au-delà du Dniepr.

« Hitler n'a plus la baraka ! avait-il dit au téléphone à Garmond. Il va aller maintenant d'échecs en déconfiture... » Autre bonne nouvelle : le secrétariat à la Famille renouvelait à l'agence Globe le contrat qui la chargeait de la gestion de son budget de propagande. Adrien craignait que l'invasion de la zone libre et la suppression de la ligne de démarcation ne marquassent la fin des chimères de la Révolution nationale. Mais non. Malgré les exigences accrues des Allemands sur la fourniture de main-d'œuvre et la collaboration de la police française, malgré la marge d'autorité de plus en plus réduite laissée au gouvernement de Laval, revenu au pouvoir, la bureaucratie du Maréchal continuait de développer ses activités stériles. La manne de Vichy n'étant pas tarie, Adrien pouvait arrondir son magot tout en distribuant du papier aux journaux de la Résistance. Quant à la propagande officielle, c'est à peine si quelques dossiers indigestes sortaient chaque mois de l'imprimerie de la rue de Tournon qui, en revanche, imprimait de nombreuses feuilles clandestines. Adrien pouvait donc ce matin-là se frotter les mains. Le système Anthelme fonctionnait admirablement, comme une « bécane[1] » bien huilée.

Il s'apprêtait à rentrer chez lui de bonne heure, pour le déjeuner. Anne-Marie avait eu de la fièvre toute la nuit et il lui tardait de savoir ce que le médecin avait dit. Sa fille tenait de plus en plus de place dans sa vie, et la gamine lui rendait son amour. Quand le téléphone sonna, il crut que c'était Marie-Christine qui l'appelait pour lui donner des nouvelles. C'était Madeleine Quentin, en proie à une vive émotion, ce qui était exceptionnel.

– Adrien, dit-elle en sanglotant, c'est terrible. On vient d'arrêter Robert et Thirion. Trois hommes, des Français, sûrement au service de la Gestapo, ont fait irruption dans la salle de composition où Thirion serrait la forme d'une page du « Bulletin d'informations générales[2] ». Ils sont montés tout de suite après dans le bureau de Robert qui corrigeait des épreuves d'un de vos tracts vichyssois. Il le leur a montré mais les sbires semblaient bien renseignés. Ils ont raflé un tas de papiers qui se trouvaient sur le bureau et ont emmené Robert et Thirion en me disant que j'avais de la chance de ne pas figurer sur leur liste d'arrestations de la matinée...

– Remettez-vous, Madeleine. Ce n'est probablement pas très grave. On va les interroger puis on les remettra en liberté.

– Les interroger ? Vous savez ce que ça veut dire ? Il faut que vous m'aidiez, Adrien. Robert est malade, il ne supportera pas d'être mis en prison.

– Ne bougez pas, lança Adrien. J'arrive tout de suite.

– Vous croyez que c'est prudent ? Je préfère venir. Chez vous ou à l'agence ? J'aime mieux chez vous. Je vais essayer de prévenir Garmond à son lycée. J'espère qu'il n'a pas eu d'ennuis !

1. Nom donné aux machines d'imprimerie dans l'argot des typographes.

2. Sur l'initiative de Jean Moulin et de Georges Bidault, le Bureau d'information et de presse édita dès 1942 un « Bulletin d'informations générales » destiné à la fois aux mouvements de résistance et à Londres. Cette sorte d'« agence de la Résistance » était utilisée constamment par la radio française de la B.B.C.

– Je file vous attendre à la maison. Soyez confiante, nous réussirons à sortir Robert de ce mauvais pas.

Robert Quentin arrêté ! C'était bien la dernière chose à laquelle il aurait pensé ! Et pourtant ! « Tu es trop sûr de toi, Adrien Anthelme ! se dit-il comme un reproche. Tu croyais ton système de double jeu infaillible, il ne l'est pas. Et c'est Quentin, le pur, l'intègre, le désintéressé, qui est victime de cette faillite ! C'est toi qui l'as tiré de sa retraite pour faire tourner son imprimerie à l'endroit et à l'envers de ses idées. Tu n'as pas pensé que la Gestapo se foutait éperdument des sornettes pétainistes et que ce n'était pas la composition d'un tract sur les Chantiers de jeunesse qui pouvait sauver un imprimeur de journaux clandestins ! Sans doute étais-tu trop occupé à t'emplir les poches ! »

Adrien avait toujours été lucide sur ses agissements et, s'il ne l'était pas, Garmond était là pour lui ouvrir les yeux. Chaque fois, il s'était auto-absous, persuadé que la réussite obligeait à certains écarts, d'ailleurs vite oubliés. Mais là, il le savait, il ne s'agissait pas d'une intrigue peu loyale ou d'un de ces petits tripatouillages où il excellait. L'affaire était grave. Elle concernait son bienfaiteur et l'idée qu'il pût en être responsable lui était insupportable.

Il arriva le premier rue de Bourgogne. Marie-Christine lui annonça qu'Anne-Marie avait la varicelle et que Garmond avait téléphoné pour dire qu'il venait déjeuner.

– Que se passe-t-il ? a-t-elle ajouté, il avait une drôle de voix.

– Quentin et Thirion sont arrêtés...

– C'est affreux ! s'écria-t-elle. Il faut les sortir de prison ! Mon Dieu, faites qu'on ne les torture pas. Ce sont des justes. Et Madeleine ?

– C'est elle qui m'a prévenu, elle va arriver...

– Adrien, c'est le moment de faire jouer tes mauvaises relations. Il y a bien chez les collabos et les Allemands avec qui tu es en affaires quelqu'un d'assez puissant pour faire libérer Robert ! Ou alors, tu es aussi menacé ! A force de tromper tout le monde, on se retrouve seul. J'ai peur, Adrien ! J'ai peur pour toi, peur pour notre petite fille. Fais attention : il n'est pas vrai que tout soit permis dans la vie !

Il s'attendait à cette mise en garde. Marie-Christine préférait oublier la manière dont il gagnait son argent et ne retenir de sa vie compliquée que le fait qu'il dépannait les journaux clandestins en manque de papier, qu'ils appartinssent à tel ou tel mouvement de la Résistance : *Combat, Témoignage chrétien, France d'abord,* feuilles communistes, ou les *Cahiers de l'O.C.M.* Elle devinait pourtant que cette position courageuse avait son revers dans des compromissions peu reluisantes. Elle n'en avait jamais parlé ouvertement mais, aujourd'hui, elle ne pouvait plus se taire. Il fallait pousser Adrien à sortir de son égoïsme cupide et le persuader qu'il devait tout faire pour sauver Robert Quentin.

Lorsque Garmond arriva, Adrien avait pris sa décision. Il userait de toute son influence et tenterait l'impossible en cet été de 1943 où les Allemands devenaient enragés. Tirer un résistant pris en flagrant délit des griffes de la Gestapo relevait en effet de l'utopie.

Les deux amis se retirèrent dans le salon tandis que Marie-Christine essayait de rendre un peu d'espoir à Madeleine.

– Que peux-tu faire ? demanda Garmond. Il faut aller vite !

– L'ennui, c'est que mes Chleuhs de la Propaganda Staffel et de l'Office des papiers de presse n'ont, j'en suis certain, aucun moyen d'agir sur la Gestapo. Même s'ils voulaient me faire plaisir, parce que je les arrose, ils ne pourraient rien. En plus, ce sont des planqués qui mènent la bonne vie à Paris. Jamais ils n'entreprendront de démarches auprès de la police pour sauver un résistant arrêté. Ils auraient trop peur d'attirer l'attention et de se faire expédier sur le front russe.

– Alors ?

– Alors je cherche qui pourrait nous aider du côté français. Mais pour réussir, il faudrait que l'intervention ait lieu au plus haut niveau. Ce n'est pas un simple attaché de cabinet qui peut nous aider.

Garmond se tut. Il laissa Adrien réfléchir, sachant que, dans un cas comme celui-là, son esprit nourri de philosophie et de sémantique ne pouvait être d'aucun secours. Adrien, au contraire, avec son sens politique et son pragmatisme, pouvait réussir.

Au bout d'un moment, Adrien parut sortir de sa torpeur apparente.

– Le seul personnage qui puisse faire quelque chose pour Robert, c'est Laval !

Garmond sursauta.

– Laval ? Tu plaisantes ? Comment le toucher ?

– C'est ce que je ne sais pas encore. Attends, il faut parler à Madeleine. Je pense qu'elle sait tout de la carrière politique de Robert ?

– Ils se sont épousés à vingt ans !

– Bon, voyons si la piste mérite d'être suivie.

Ils revinrent dans la cuisine où les deux femmes bavardaient tristement en préparant le déjeuner. Le cœur n'y était pas malgré l'odeur appétissante du lapin des Bézards qui mijotait avec des lardons. Madeleine, toujours si pimpante, était pâle, mal peignée, elle avait l'air absent et n'écoutait pas les paroles d'encouragement que lui prodiguait Marie-Christine. Machinalement, elle épluchait une salade et ne leva la tête que lorsque Anthelme lui demanda :

– Madeleine, ma question est importante même si elle vous surprend : Robert, aux débuts de Libertés nouvelles, a-t-il connu Pierre Laval ?

– Très bien, mais pourquoi ?

– Je vous le dirai. Pour l'instant, répondez-moi. Quand se sont-ils connus ?

– Il y a très longtemps, juste après la guerre. Je crois me souvenir que Laval, alors avocat et député-maire socialiste d'Aubervilliers, défendait un ouvrier accusé à tort d'activités anarchistes. L'affaire a fait grand bruit, il y a eu des meetings, et Robert, toujours prêt à lutter pour la vérité et la justice, a lutté aux côtés de Laval pour faire acquitter le malheureux. Après, quand Laval a viré à droite, tout en maintenant des liens avec certains de ses anciens amis, Robert l'a vu moins souvent. Il était devenu un grand personnage de la IIIe République et, vous connaissez Robert, les gens devenus puissants l'intéressent peu. En 40, l'attitude de Laval l'a beaucoup surpris. Je me rappelle l'avoir entendu me dire : « Il se croit assez malin pour pouvoir entortiller les Allemands mais il se trompe. Coincé entre Hitler et Pétain, il court à l'échec. »

– Voilà tout ce que j'espérais entendre de votre bouche. Il reste à faire savoir à Laval que Robert est arrêté et que vous lui demandez de le faire relâcher. C'est notre seule chance de réussite. Personne dans mes relations ne possède ce pouvoir !

Adrien était resté proche d'André Rochard qui avait quitté Vichy pour devenir chef de cabinet du ministre du Travail à Paris où il était sûrement lié à un mouvement gaulliste. Rochard avait trop navigué à Vichy pour ne pas connaître la plupart des membres des cabinets ministériels. Peut-être avait-il dans ses relations un homme de Matignon ? C'est dans cet espoir qu'il l'appela rue de Grenelle.

– André, j'ai besoin de vous rencontrer d'urgence, pouvez-vous me recevoir ?

– C'est grave ?

– Oui, très grave.

– Venez tout de suite. Après, j'ai une réunion de commission.

– Qu'avez-vous de si urgent à me dire ? demanda Rochard en recevant son ami.

– Voilà. Robert Quentin, vous savez l'amitié qui me lie à lui, vient d'être arrêté. Probablement par la Gestapo.

– En effet, c'est sérieux, mais vous vous doutez bien que je ne peux rien faire. Mon ministre non plus, d'ailleurs.

– Je le sais, mais ce n'est pas ce que je suis venu vous demander. Connaissez-vous quelqu'un à Matignon qui puisse m'aider à informer Laval que Quentin est arrêté ? Ils se sont très bien connus à leurs débuts en politique.

– Oui. Grange des Mauriers. Vous avez dû le rencontrer au Sporting de Vichy. Il est proche de nos idées, mais ne faites aucune allusion à ce détail lorsque vous le verrez.

Le lendemain, Adrien expliquait à l'attaché chargé des relations avec les services financiers de l'ambassade d'Allemagne le but de sa visite, son angoisse et son espoir. La réponse ne fut guère encourageante :

– Le secrétariat du chef du gouvernement est submergé de demandes de ce genre et répond neuf fois sur dix par la négative. Et quand la réponse laisse augurer un espoir, il est souvent déçu. Mais le cas de Robert Quentin est particulier. Si Pierre Laval l'a connu, il se peut qu'il intervienne personnellement. Il ne partage pas le mépris du Maréchal et de son entourage pour les hommes politiques de la République. Il n'a pu empêcher l'arrestation de Blum, Daladier, Reynaud et Mandel, mais il a toujours veillé à ce qu'ils soient bien traités, disant d'ailleurs avec raison qu'ils étaient plus en sécurité au fort du Portalet que libres sous la menace des voyous de Darnand et de Doriot.

– Merci. Vous me rassurez un peu. Que dois-je faire ?

– Rien. Le chef du gouvernement rentre demain de Vichy et je pense réussir à le mettre rapidement au courant. Mais, entre nous, qu'a donc fait M. Quentin ?

– En même temps que des tracts de propagande pour la Révolution nationale, il a eu la faiblesse d'imprimer des journaux clandestins.

– Le genre de délit qui peut aussi bien se solder par quelques mois de prison que par une déportation en Allemagne. J'espère bien que ce sera la première éventualité qui prévaudra.

Quinze jours plus tard, le fondateur de Libertés nouvelles était libéré avec le conseil de fermer son imprimerie jusqu'à la fin des hostilités. Malheureusement, Thirion n'avait pu bénéficier de la même mansuétude et était toujours détenu à la prison du Cherche-Midi sous la menace d'une déportation. Cette situation angoissante avait vivement affecté le clan de la rue de Tournon et assombri sa joie de retrouver le patron.

La première question que Robert avait posée en sortant de prison avait été de savoir comment et par qui il avait échappé au pire.

– Adrien a réussi à faire prévenir Laval, avait dit Madeleine.

Son visage s'était fermé. Il avait murmuré : « C'est bien ! » et avait changé de conversation.

Malgré les revers allemands, l'été s'annonçait terrible pour la Résistance. A Caluire, Kaltenbrunner, le chasseur de têtes de la Gestapo, et le sinistre Barbie s'étaient emparés de Jean Moulin, représentant de De Gaulle en France. D'autres arrestations décimaient à Lyon comme à Paris les réseaux de la France combattante. Le B.C.R.A., réseau du renseignement, avait été durement éprouvé et « Prosper », l'un des groupes résistants les plus importants de la zone nord, réduit pour longtemps à l'impuissance. Après la descente policière rue de Tournon, tout poussait Adrien à prendre des précautions.

Globe-Publicité et son directeur se trouvaient pourtant trop impliqués dans leur activité double et délicate pour qu'une mise en sommeil, même provisoire, fût envisageable. Servir Vichy pour aider la Résistance n'avait peut-être pas le panache d'engagements plus francs mais le risque était réel, l'arrestation de Quentin et de Thirion le prouvait. Malgré les protestations de Marie-Christine, Adrien se voyait contraint de demeurer le « Janus de l'imprimerie », comme Garmond l'appelait quelquefois. D'ailleurs, ce n'était pas le moment, quand le monstre hitlérien était poussé à la défensive, de ternir l'image de résistant qu'il s'était forgée !

Il restait à remplacer l'imprimerie de la rue de Tournon, tant pour la propagande de Vichy que pour réaliser et diffuser la pensée des réseaux gaullistes. Les bonnes volontés se manifestèrent : Philippe Dilleman, un ami de Quentin et directeur de l'imprimerie Astra, avenue de la Sœur-Rosalie, près de la place d'Italie, prit la relève, suivi par les imprimeries Lescaret et Vaillant. Ainsi les *Cahiers de l'O.C.M.*, le *Courrier de Témoignage chrétien*, *Résistance* et bien d'autres feuilles purent-elles continuer de paraître sur un papier gracieusement offert par le gouvernement du Maréchal. A la fin de l'année, le groupe Saint-Michel, cellule résistante du Centre d'entraide aux étudiants prisonniers, se paya même le luxe de publier *Pages d'histoire*, recueil des discours et appels du général de Gaulle accompagnés de brefs commentaires.

Adrien, maintenant, commençait de penser à l'après-guerre. Une victoire allemande, possible il y avait moins d'un an, devenait utopique. La puissance nazie était partout mise en échec, en Russie, en Italie, en Crimée où les Soviétiques encerclaient Sébastopol, dans le ciel aussi d'où l'aviation anglo-américaine devenue dominatrice réduisait en cendres les grandes villes du Reich.

Adrien et Garmond, le soir, jouaient aux stratèges et reportaient sur une carte les informations diffusées par Londres. Le premier échafaudait des projets :

– Cette presse clandestine que j'ai contribué à faire vivre, ces tracts devenus de véritables journaux, ces revues modestes mais nobles qui ont servi la Résistance ne doivent pas mourir après la libération du pays. Ils sont l'antithèse de la presse pourrie qui a régné sur la France durant tant d'années et a continué de paraître sous l'Occupation. Ce sont ces titres qui doivent disparaître pour laisser la place à ceux qui, sous la menace allemande, ont défendu l'honneur national.

Cette envolée grandiloquente amusa Garmond.

– Dis donc, tu deviens lyrique ! Tel que je te connais, tu ne dois pas oublier ta petite personne dans cette profession de foi patriotique et journalistique ?

– Il n'est pas défendu d'avoir des projets, de penser à l'avenir. Toi, tu retourneras chez Gallimard, tu publieras ton roman, tu retrouveras ta chaire à l'Ecole polytechnique. Moi, il me faudra, pour faire vivre ma famille, chercher comme toujours la bonne affaire, sauter sur les opportunités, guetter la chance... Je crois en effet que la défaite d'Hitler, la libération de peuples asservis, dont le nôtre, vont bouleverser le monde, changer les mentalités et offrir des possibilités à ceux qui seront disposés à prendre des responsabilités et capables de les assumer. C'est à tout cela que je pense aujourd'hui ! Ai-je tort ?

– Non. Sans les ambitieux il n'y aurait pas de progrès. Mais je te l'ai dit souvent, entre l'ambitieux et l'aventurier, la différence est mince. Depuis dix ans, je t'ai aidé de mon mieux à ne pas tomber du mauvais côté du précipice. Alors, promets-moi de faire attention lorsque, demain, tu fonceras à la conquête de ce pouvoir dont, hélas ! tu as fait ta raison d'être.

– Tu as dit « hélas ! » ?

– Oui, parce que le pouvoir est une drogue qui empoisonne davantage les puissants qu'elle ne les rend heureux.

Adrien promettait et approuvait, comme il l'avait toujours fait, les leçons de morale de Garmond. Toutes ces paroles, d'ailleurs, étaient vaines : on était en effet encore loin d'entendre chanter les lendemains qu'annonçaient les journaux de la Résistance. Une machine de guerre comme le grand Reich, soumise à un Führer paranoïaque et barbare, ne s'arrête pas aux premiers signes de défaillance, même s'ils préfigurent l'explosion. A terme, Hitler était mathématiquement perdu, mais, pour un temps indéterminé, il avait encore le pouvoir de faire couler le sang et les larmes.

Comme s'il n'avait pas déjà fait souffrir et périr assez de juifs, Adolf Hitler et ses lieutenants s'acharnaient à perfectionner les moyens d'activer la « solution finale » dans les camps d'extermination spécialement agencés. Il traquait, partout où flottait encore le drapeau à croix gammée, le résistant, le juif de Hongrie livré maintenant à sa cruauté, le communiste, le porteur d'étoile jaune rescapé des rafles, le tzigane... Le monstre était touché, mais il était encore dangereux !

Garmond, qui avait boudé Gallimard depuis le début de l'Occupation, venait d'accepter de reprendre, rue Sébastien-Bottin, la place qu'il avait occupée avant la guerre. Une rencontre avec Jean Paulhan l'avait décidé.

– Revenez donc avec nous ! avait dit Paulhan, tentateur. La Revue, je sais bien, vous a comme d'autres écarté de la maison. Mais Drieu est parti et la *N.R.F.* ne paraît plus. Depuis la défaite de Rommel en novembre 42, Drieu a compris que l'Allemagne ne gagnerait pas la guerre. Trop tard, hélas !

– La Revue a tout de même fait durant près de trois ans l'apologie du fascisme et de l'Allemagne nazie !

– C'est vrai, mais elle a été aussi un alibi vis-à-vis des autorités allemandes. Sans elle, Gaston Gallimard n'aurait peut-être pas pu éditer Louis Guilloux, Léon-Paul Fargue, Alain, Marcel Aymé et surtout Camus et Saint-Exupéry ! Vis-à-vis de la Propaganda Staffel elle a été notre sauvegarde. Non, croyez-moi, Gallimard est la maison d'édition la plus antiallemande de France.

– Cela m'ennuie tout de même de côtoyer au comité l'Allemand Gerhard Heller, chargé de la censure.

Paulhan éclata de rire.

– Heller ne fait pas partie du comité ! Il est vrai qu'il est francophile et qu'il admire beaucoup Gaston. C'est, je vous assure, un grand avantage d'avoir pour soi le lieutenant de la Propaganda Abteilung chargé de la censure. Tenez, il nous a laissé publier *Pilote de guerre* de Saint-Exupéry en nous demandant seulement de supprimer une phrase de sept mots : « Hitler qui a déclenché cette guerre démente ». Restaient les autres qui ont déchaîné *Je suis partout,* toute la presse collabo et ont valu à Heller une sévère admonestation.

– Et si je ne revenais pas seulement pour assurer le secrétariat du comité ?

– C'est-à-dire ?

– En qualité d'auteur ! Je viens d'achever un roman et je ne me vois pas le proposer à un autre éditeur que Gallimard.

– Je lirai votre manuscrit dès que vous me l'aurez apporté, mais peut-on savoir de quoi il s'agit ? Vous avez parlé de roman. Venant de vous qui n'avez publié jusqu'à maintenant que des essais de philologie et de psychologie, c'est intéressant. Je suis sûr que Gaston va être ravi d'accueillir un nouvel auteur. Surtout qu'il apprécie votre talent et votre esprit.

Paulhan savait manier l'encensoir, Garmond ne l'ignorait pas. N'empêche, l'accueil du coadjuteur de la rue Sébastien-Bottin lui fit plaisir. Et l'idée de retrouver le cénacle où les grands esprits de l'époque s'admiraient, se détestaient, s'aimaient et s'entre-dévoraient l'excitait. Etre publié sous la couverture blanche de l'élite romanesque ne lui était pas non plus indifférent.

Il dit tout cela à Paulhan en une seule phrase :

– Comptez sur moi, je suis heureux de retrouver la maison. Quant au thème de mon roman, c'est l'histoire d'un homme qui traverse notre époque comme un éclair.

– Un type qui vous ressemble, naturellement.

– Pas tellement. Je ne suis pas un bon personnage romanesque. Si vous voulez des références, le mien tient à la fois d'Aragon et de Drieu.

– Le rouge et le noir ?

Garmond laissa Paulhan rire de son mot et continua :

– C'est un personnage trouble. Et il publie chez Gallimard !

– Vous mettez la maison dans le coup ? Gaston ne va pas apprécier.

– Oh ! je n'en dis pas de mal ! Ce n'est pas un panégyrique mais elle reste du bon côté.

– On va voir, on va voir... Il n'est pas sorti de roman sur le milieu littéraire depuis longtemps. Ce n'est pas une mauvaise idée mais, vous savez, tous les sujets sont bons, c'est la manière dont ils sont traités qui différencie un bon livre d'un mauvais. Enfin, je pense que, professionnel comme vous l'êtes, vous ne lâcheriez pas votre premier roman dans la mêlée si vous n'en étiez pas satisfait !

– Je n'en suis pas entièrement satisfait, mais je pense que mon livre est plutôt bon. En tout cas, sa sortie devrait animer le microcosme de l'édition. Je ne ménage pas ceux qui ne doivent pas l'être.

– Je vois. Votre ouvrage nous promet de belles empoignades. Cela va commencer au comité de lecture. Je vous demanderai évidemment de n'y point participer le jour où il examinera votre cas. Alors, donnez-moi vite votre manuscrit. J'ai hâte de le lire et de le faire lire à Gaston. A propos, vous avez un titre ?

– Oui, mais il ne me plaît pas tellement : « L'Etoile filante ».

– Ah, ce n'est pas mal. Mais on a le temps d'y penser.

Le manuscrit fut accepté par le comité de lecture, le jour même où il avait décidé de publier *Ou bien... ou bien* du philosophe danois Kierkegaard et *Le Passe-Muraille* de Marcel Aymé. Un voisinage flatteur que souligna Gaston Gallimard :

– Vous, l'un des philosophes de la maison, vous

devez apprécier. Il est vrai que vous abandonnez la spéculation psychologique pour le roman, sa déclinaison pratique en somme. J'ai lu votre ouvrage. Je le trouve bon et je pense que vous allez faire un succès. Hélas ! je ne suis autorisé par la Propaganda Abteilung à le tirer qu'à trois mille exemplaires. Le papier, naturellement !

– Ce n'est pas si mal pour un premier roman, coupa Paulhan. Saint-Ex, avec son *Pilote de guerre,* n'a droit qu'à deux mille cent ! Il est vrai que le livre a beaucoup déplu à l'occupant.

– L'avenir prochain rectifiera ces tirs mesquins de l'administration allemande. Car, mon cher Garmond, contrairement à ce que vous avez pensé un moment, les éditions Gallimard ont toujours été un nid de résistance ! Tenez, j'ai refusé de publier *Les Décombres* de Rebatet malgré tous les ennuis que cela pouvait me causer. Je me suis mis *Je suis partout* et toute la presse collaborationniste à dos. Robert Denoël n'a pas eu mes scrupules. Pouvait-il en avoir, d'ailleurs, lui qui a Brasillach et Bardèche à son catalogue ?

Garmond aurait bien eu quelques remarques à faire sur l'attitude passive de la maison, mais Gaston Gallimard avait raison sur l'essentiel : les écrivains résistants, de Camus à Eluard, de Malraux à Queneau, avaient pu faire paraître leurs œuvres durant toute la guerre sous le label de la Librairie, que le patron avait tenu à dissocier de la Revue dirigée par Drieu La Rochelle. Garmond se tut. Après tout, il était parti, il était revenu de son plein gré, de quel droit pouvait-il se permettre de juger ?

Il rentra heureux rue des Beaux-Arts pour faire part de la bonne nouvelle à Anna, mais celle-ci ne manifesta pas de surprise :

– Il n'y a que toi qui paraisses étonné qu'on te publie. Le livre est très bon et c'est Gaston qui fait une bonne affaire !

Garmond était allé ce matin-là chez Gallimard pour découvrir son livre imprimé, broché, tout neuf sous la couverture blanche bordée de rouge qui avait tenu au chaud tant d'auteurs célèbres. Mme Trombe, la magasinière, lui avait laissé le plaisir d'ouvrir le premier paquet arrivé de l'imprimerie.

– Tenez, monsieur Garmond, faites un vœu en libérant votre *Etoile filante,* plaisanta-t-elle en lui tendant une paire de ciseaux. Le bruit court dans la maison qu'elle est brillante.

Il était vrai que Mme Trombe, une quinquagénaire solide qui ne rechignait pas à coltiner les ballots de livres, était la personne qui connaissait le mieux la Librairie, celle par qui passaient tous les bruits de coulisse, les rumeurs, les indiscrétions. Ce n'était pas une commère. Elle était fine et discernait, parmi toutes les confidences qui lui étaient faites, celles que leurs auteurs souhaitaient voir divulguées. Quand il le fallait, elle savait se taire. Aussi, pour avoir son avis, pour surprendre sa réaction ou pour que ses propos soient répétés, chacun rue Sébastien-Bottin, du coursier à Jean Paulhan, de la caissière aux champions du grand tirage, tenait Mme Trombe en haute estime. Le grand Gaston lui-même s'arrêtait pour faire la causette lorsqu'il la rencontrait dans un couloir. Qu'elle fasse déjà grand cas du roman de Garmond prouvait qu'elle en avait entendu dire du bien par ces messieurs du comité qui avaient décidé de le publier.

Garmond remercia chaleureusement Mme Trombe et lui fit promettre de lui donner son avis lorsqu'elle aurait lu son livre qu'il allait se faire une joie de lui dédicacer. Il était en train de regarder le volume qui sentait encore la colle, de le feuilleter, de le soupeser comme il l'aurait fait d'un lingot précieux quand Louis, le cycliste de la maison, un grand échalas rieur qui lui rappelait Adrien à ses débuts, fit irruption dans le magasin en s'écriant :

– Les Alliés ont débarqué en Normandie, les Alliés ont débarqué ! Radio-Paris des Boches l'a même annoncé !

L'événement était si énorme qu'il repoussait loin dans l'ombre la parution du livre de Garmond qui, normalement, eût dû constituer le fait du jour de la maison. Son roman sous le bras, il courut au premier, dans la salle du conseil qui, en dehors des séances, faisait office de salon pour les collaborateurs en visite ou ceux qui exerçaient une fonction dans la Librairie. La nouvelle était déjà connue des personnes présentes qui discutaient dans une excitation peu habituelle sous les lambris de la rue Sébastien-Bottin. Paulhan était entouré de François Mauriac, plus enroué que jamais, de Michel Gallimard, le neveu du patron, de Michel Mohrt et, fait surprenant, du capitaine de la Wehrmacht, Ernst Jünger, en costume civil, dont la maison venait de publier *Le Cœur aventureux*. Francophile déclaré et militaire forcé, Jünger constituait mieux encore que Gerhard Heller un paravent utile dans les aléas de l'Occupation. Il partait d'ailleurs en hâte quand Garmond entra dans la salle. Il lui fit un signe et dit :

– On ne va sûrement pas m'envoyer sur le mur de l'Atlantique pour repousser les Américains, mais il vaut tout de même mieux que je sois présent dans mon bureau !

– Le patron est-il au courant ? demanda Marcel Aymé qui venait d'entrer.

– Oui, répondit Michel Gallimard. Il téléphone.

– Sait-on si le débarquement est réussi ? questionna Michel Mohrt. Il ne faudrait pas que le désastre de Dieppe se renouvelle[1].

– Oui, Toesca[2] a téléphoné de la préfecture. Les Américains tiennent des têtes de pont près de Carentan et Vierville, les Anglais et les Canadiens à Arromanches et Courseulles. Les parachutistes pleuvent sur l'arrière-pays. Je crois, mes amis, que c'est le commencement de la fin de ce salaud d'Hitler !

– Je le crois aussi, dit Marcel Aymé, mais combien de vies l'opération va-t-elle coûter ! Il va en falloir encore, des souffrances, pour avoir raison des Panzer !

Persuadé qu'il n'apprendrait rien de nouveau au café du commerce des grands esprits, Garmond s'éclipsa, passa prendre cinq livres que Mme Trombe avait enve-

1. Le 19 août 1942, un raid allié de 6 500 Anglais et Canadiens avait tragiquement échoué à Dieppe.

2. Maurice Toesca, secrétaire général de la Préfecture de police. Poète et résistant.

loppés et courut vers la rue des Beaux-Arts. Il voulait, bien sûr, offrir le premier exemplaire de son roman à Anna, mais surtout, il avait envie de parler avec elle de l'événement tant attendu.

Elle savait déjà, branchée sur la B.B.C. depuis que le concierge, un maigre à béret basque dont elle s'était toujours méfiée, lui avait dit en montrant une quittance de gaz : « Vous allez être contente, les Américains ont débarqué, mais Hitler n'a pas dit son dernier mot. Il va sûrement sortir ses nouvelles armes. Moi, j'attends de savoir ce que va dire le Maréchal ! » Anna n'avait pas répondu mais elle avait crié dans sa direction lorsque la porte avait été refermée : « Espèce de rat, il est foutu, ton Maréchal ! »

– Deux bonnes nouvelles, ma chérie, cria Garmond en entrant. Mon livre est sorti, le voici. Et les Alliés ont débarqué cette nuit !

– Montre le livre !

Elle regarda le volume, lut la dernière page de couverture où quinze lignes expliquaient que l'auteur et le roman étaient excellents. Le contraire eût été étonnant puisque c'était elle qui les avait écrites. Puis elle embrassa Pierre :

– Garmond, je suis fière de toi.

Elle l'appelait Garmond, comme la plupart des gens ; c'étaient ceux qui le connaissaient le moins qui hasardaient parfois un « Pierre », qu'ils croyaient plus familier. Si bien qu'il avait demandé que son livre fût signé seulement « Garmond », sans prénom. Adrien, consulté, avait trouvé que c'était « porteur sur le plan commercial ». Marie-Christine, elle, avait souligné avec une pointe d'ironie – seul Garmond la perçut – que les grands écrivains, les artistes et même les politiques célèbres perdaient souvent leur prénom en gagnant la renommée. Perfide, elle avait ajouté : « Mais c'est presque toujours la postérité qui en décide. »

– Revenons à l'essentiel, dit Garmond. Tu écoutais la B.B.C. As-tu appris des nouvelles ?

– Oui. Tout semble aller pour le mieux.

Elle prit un papier sur lequel elle lut :

– Six mille six cent quatre-vingt-dix-sept navires partis d'Angleterre sont engagés dans la conquête, je cite,

« de la forteresse européenne ». Un total de quatorze mille six cents bombardiers les soutiennent, quarante divisions sur les quatre-vingt-six rassemblées sont déjà engagées dans le premier assaut. Ah, j'oubliais : des unités de commandos françaises ont aussi participé au Débarquement.

– C'est fantastique ! Mais quelle est la réaction allemande ?

– Leur surprise est, paraît-il, extrême : ils attendaient un débarquement à Calais, avec la Ruhr comme but principal. Maintenant il faut s'attendre à des contre-attaques bien que l'acheminement de renforts soit rendu difficile par les tirs de l'artillerie alliée. Un général anglais a déclaré que Paris n'était pas l'objectif premier de l'opération mais que la ville pourrait être libérée dans de brefs délais.

– Paris libéré ! Notre rêve ! Sais-tu quelle est la première chose que je ferai quand ce moment béni arrivera ?

– Non...

– Je t'épouserai !

Elle le regarda en riant :

– Curieuse façon de célébrer la Libération ! En somme, je devrai aux Alliés l'honneur extrême d'être ta femme ! Si tu le veux, nous reparlerons de cela un autre jour. Pour l'instant, je me supporte très bien comme je suis.

Malgré des résistances locales, la défaite allemande ne faisant plus de doute, Adrien décida que le moment était venu d'oublier l'option vichyssoise et de consacrer toute son énergie au soutien des forces résistantes. Il fit un gros paquet des archives concernant la propagande du secrétariat à la Famille et à la Jeunesse et le descendit à la cave, libérant ainsi l'agence de toute trace pouvant laisser supposer une compromission quelconque. Ce travail d'asepsie effectué, il sortit de leur cachette – un hangar loué pour la circonstance à une voisine de sa mère à Saint-Maur – les stocks de papier qu'il avait économisés durant l'Occupation. De quoi permettre à plusieurs journaux clandestins de paraître en cette période cruciale où chaque mouvement de résistance tenait à affirmer son existence et son efficacité. Grâce à Adrien Anthelme, la libération de Paris eut dans une presse libre un écho immédiat.

Le soir du 25 août, ce jour inouï où von Choltitz, chargé de défendre Paris, venait de capituler devant Leclerc, les Anthelme et les Garmond s'étaient retrouvés chez Marchessoy qui venait de rouvrir son bistrot après trois mois de fermeture, ordonnée parce qu'il avait refusé de servir un groupe de soldats allemands. Les quatre amis avaient retrouvé dans la joie la table ronde du fond autour de laquelle s'était forgée leur amitié. C'était comme si le cauchemar n'avait pas existé. La grosse moustache du père Marchessoy avait peut-être un peu blanchi mais il portait toujours son long tablier bleu avec sa poche kangourou remplie de tous les accessoires de sa charge : tire-bouchon, décapsuleur, allumettes, carnet de commandes, crayon et même, polycopiées à l'encre violette, les trois recettes auvergnates qui lui étaient le plus souvent demandées, dont le fameux aligot, orgueil de la maison. Justement, c'était l'odeur de l'aligot et celle des saucisses qui grillaient avant de l'accompagner dans les assiettes qui parvenaient de la cuisine où la patronne avait récupéré avec jubilation la poêle à long manche qu'elle faisait danser sur le feu de sa poigne de vieille paysanne.

– Patron, donnez-nous ce soir votre meilleur vin ! lança Garmond.

– Hélas, ce n'est pas du vin de chez nous, c'est un vieux bourgogne, un Richebourg 1937 dont j'ai acheté douze bouteilles un jour de folie. Je ne le mets pas à la carte, il est trop cher. Alors, ce soir, je vous en offre une bouteille !

– Et moi la seconde, dit Adrien.

Si bien commencé, le dîner se poursuivit dans la joie. Adrien dit qu'il allait ramener sa mère et M. Lévy à Saint-Maur dès que ce serait possible ; Garmond annonça que son livre, malgré les événements qui ne favorisaient pas la lecture, se vendait bien et que Gallimard allait le réimprimer ; Anna révéla que Garmond, « perturbé par le succès allié », voulait l'épouser ; et quand Marie-Christine dit timidement, comme si la nouvelle présentait peu d'intérêt, qu'elle était enceinte d'un deuxième enfant, il ne fut plus question, bien entendu, que de cette maternité.

– Adrien ne nous avait rien dit, reprocha Garmond.

– Il n'y a pas longtemps qu'il est au courant. C'est hier seulement que j'ai eu la confirmation.

– Tu nous avais bien caché la parution de ton livre, remarqua Adrien.

– Ce sera l'enfant de la Libération ! dit Anna. Si c'est encore une fille, appelez-la France. Ou Lorraine.

– Et si c'est un garçon, comme je l'espère ?

– Charles, comme de Gaulle !

Cette affaire de famille évoquée dans la bonne humeur, on en revint vite aux événements.

– De Gaulle est-il encore à l'Hôtel de Ville ? On devrait aller y faire un tour, proposa Anna.

– Pas moi, dit Marie-Christine. La foule me fait peur. Songez que le troupeau qui acclame aujourd'hui le Général est en grande partie le même que celui qui applaudissait Pétain à Paris il y a trois mois !

– La multitude des imbéciles me fait horreur, à moi aussi, appuya Garmond. Nous sommes bien ici. Continuons de fêter ensemble le départ des Allemands.

– Et après, allons nous coucher. Je suis épuisé. J'ai distribué aujourd'hui tout le papier qui me restait aux journaux qui, à Paris du moins, ne vont plus être clandestins. Et demain j'ai une réunion importante de la Fédération de la presse clandestine. Sous la présidence d'Albert Bayet – quelle intelligence étourdissante ! –, nous allons reconstruire une presse qui sera libre, honnête, indépendante de la haute finance. Je vais préparer l'édition d'un « Cahier vert », somme de nos travaux qui devraient aboutir au nouveau régime, lequel désormais fera honneur au journalisme français.

– Vaste programme ! persifla Garmond que l'aplomb d'Adrien agaçait.

Malgré un coup de pied sous la table d'Anna qui sentait son Garmond prêt à tirer l'épée contre l'opportunisme de son élève, il continua :

– Alors, te voilà devenu en quelques jours un grand manitou de la Résistance. Félicitations. Tu as bien joué ton coup. Mais ne dis pas à tes illustres collègues que tu as été décoré de la francisque !

Un autre lui aurait dit cela, qu'Adrien aurait explosé de colère, peut-être même de violence mais, face à Garmond qui le regardait, narquois, en tirant sur sa pipe, il ne pouvait rien. Devant le bienfaiteur devenu juge, il baissa la tête, comme le taureau maté dans une corrida. Anna, gênée, se moucha dans le vide. Marie-Christine retint ses larmes. Enfin, Adrien ouvrit la bouche :

– Comme tu es dur avec moi, mon frère !

– Oublie tout cela. C'est le bourgogne du père Marchessoy qui me rend sarcastique. Quant à ta presse patriote, honnête et libre, je voudrais y croire... Mais tu me connais : je suis un vieux sceptique !

On en resta là mais chacun savait que l'égratignure laisserait des traces dans les esprits. A Anna qui, une fois rentrée rue des Beaux-Arts, lui reprochait son agressivité, Garmond répondit :

– Si personne ne lui dit de temps en temps ses quatre vérités, Adrien deviendra une puissance féroce et autocratique guidée par une fausse bonne conscience permanente. Il sera craint et détesté... Sans doute aimera-t-il ça !

– Tu as peut-être raison. Mais ne crois-tu pas que le moment était mal choisi pour livrer le fond de ta pensée ?

Elle n'attendit pas la réponse et demanda sans transition :

– Crois-tu que je suis encore assez jeune pour faire un enfant ? Quel père tu ferais, Garmond !

– Tu veux dire...

– Je veux dire : quel père tu ferais... à la condition qu'une mère intelligente et attentive corrige tes emballements, tes excès et te garde, toi aussi, d'une bonne conscience un peu trop complaisante !

– Tu sais pourquoi je t'aime ? Parce que tu es la seule femme qui peut me dire ce que tu viens d'exprimer ! Bon Dieu ! Je crois que je m'ennuierais énormément avec une autre bonne femme.

Ce soir-là, où il avait beaucoup été question

d'enfants, ils firent l'amour comme cela ne leur était pas arrivé depuis longtemps.

Après la liesse de la libération de Paris, le délire de la foule accueillant les chars du général Leclerc, Paris se retrouvait stupéfié, comme plongé dans une étrange langueur. Dans la capitale, la guerre était finie, mais c'étaient toujours des nouvelles de batailles sanglantes que déversaient la B.B.C. et Radio-Paris redevenue une voix française. Comment trouver la force d'emballer la vie sur le chemin des libertés retrouvées quand vous savez qu'un peu plus loin en France ce chemin est encore barré par les troupes allemandes, que le combat continue et que des S.S. fanatiques se livrent aux pires atrocités ?

Sur les ondes, à chaque bonne nouvelle succédait l'annonce d'un échec qui paraissait d'autant plus atroce et absurde que les sursauts de la bête hitlérienne ne pouvaient désormais empêcher sa prochaine mise à mort. On apprenait ainsi que Bruxelles et Liège venaient d'être libérés, mais qu'après de lourdes pertes le pont d'Arnhem était toujours aux mains des Allemands ; que les Alliés entraient à Aix-la-Chapelle, mais que les premiers V 2, ces fusées redoutables, tombaient sur Londres et Anvers ; que Strasbourg, ville symbole du martyre français, était évacué par l'ennemi, mais qu'Hitler lançait ses dernières forces de l'ouest à l'assaut des Ardennes et surprenait l'état-major américain.

A dire vrai, ces soubresauts troublaient plus le peuple de Paris que les responsables. De Gaulle réanimait la République, les politiques gouvernaient, la France redevenait chaque jour davantage un pays qui comptait au sein de l'Alliance occidentale.

Adrien suivait les changements qui survenaient avec l'attention d'un chat à l'affût. Ce n'était pas la remarque acerbe de Garmond qui allait entraver son entrée dans la nouvelle société en train de se constituer. Comme il se l'était souvent répété, il lui fallait être prêt au bon moment et, si ce moment tardait, le susciter. Après avoir bien réfléchi, il avait décidé de ne pas disperser ses chances et de jouer la meilleure carte qu'il avait dans son jeu, celle de la presse qui lui avait déjà permis de pénétrer dans un comité où, il s'en rendait compte, sa présence n'était pas absolument justifiée. Les événements se déroulaient comme il l'avait pressenti : les représentants des grands réseaux et de quelques partis importants allaient se partager les dépouilles des journaux ayant paru durant l'Occupation et désormais interdits. Dans cette braderie organisée au nom des grands principes de liberté, d'indépendance et d'honnêteté, sa position offrait des avantages et des inconvénients. Adrien Anthelme ne représentait que lui-même, mais cette indépendance qui l'empêcherait d'influer réellement sur des choix qui s'annonçaient difficiles pouvait, en revanche, lui permettre de jouer un rôle d'arbitre si survenait une lutte d'intérêts. D'autre part, la réputation de spécialiste des questions de presse qu'il n'avait pas eu de mal à imposer aux autres membres du comité, ignorants en la matière, lui ouvrait des horizons.

Quand les quotidiens issus de la Libération commencèrent à sortir, la plupart n'étant que la mutation logique des feuilles clandestines, Adrien pensa que l'heure était venue de s'accrocher à l'un de ces trains où les locomotives manquaient et qui avaient le plus souvent bien du mal à s'ébranler. Au mieux, les réseaux de résistance s'installaient dans les imprimeries laissées vacantes par les quotidiens interdits pour avoir paru durant l'Occupation. Les professionnels y faisaient autant défaut que le papier, rare comme au temps de la Propaganda Staffel. Il ne restait à ces néophytes du journalisme qu'à remettre le destin de leur titre aux typographes et autres ouvriers du livre, seuls qualifiés pour assurer un travail qu'ils n'avaient jamais cessé d'exercer puisqu'ils avaient imprimé les journaux de la presse allemande [1].

Déjà *Le Parisien libéré*, titre génial qui assurait aux yeux des lecteurs la pérennité du vieux *Petit Parisien* qu'ils avaient lu avant et pendant la guerre voyait son succès assuré. « Ce titre vaut de l'or, pensait Adrien, et s'il ne reste qu'un journal de la prolifération actuelle,

1. En aidant simultanément, il faut le dire, la parution des titres clandestins.

ce sera celui-là. » Et il ajoutait *in petto* : « Et, bien entendu, celui auquel je vais m'attacher. »

Avec Claude Bellanger, qui avait travaillé dans la presse de l'enseignement avant la guerre, Jacques Rebeyrolle, Maxime Bloch-Mascart, Claude Desjardins, Emilien Amaury venu lui aussi de la publicité, *Le Parisien libéré* lui semblait trop structuré pour qu'il ait une chance de s'y faire une place. *Le Monde,* dont les premiers numéros venaient de sortir sous la direction d'un nommé Beuve-Méry et qui avait adopté la présentation et le ton du journal *Le Temps* dont la reparution avait été interdite, ne lui convenait guère. Il restait *Défense de la France,* où on lui avait fait comprendre que sa venue n'était pas souhaitée, et enfin *Le Gaulois,* dont le démarrage se révélait difficile mais où il comptait quelques amis. Il n'y serait certes pas le patron, le journal étant monté en coopérative, mais il pouvait souscrire des parts qui se transformeraient en actions. Et le mot « actions » le faisait vibrer.

C'est ainsi qu'Adrien Anthelme, directeur de l'agence Globe, souscrivit cinq cent cinquante parts de la société du *Gaulois* pour la somme de deux cent soixante-quinze mille francs, la moitié du « trésor de guerre » amassé durant l'Occupation. Considéré comme « gros porteur » – il y en avait cinq autres –, il siégeait au conseil d'administration où sa présence était appréciée. Sagement, il avait déclaré ne vouloir s'intéresser ni à l'activité rédactionnelle du journal ni à sa politique. Comme c'étaient les secteurs que se disputaient les autres administrateurs, il avait gagné par cette apparente modestie l'estime de ses collègues.

– La première étape de mon nouveau plan de carrière est atteinte, dit-il à Garmond.

Après quelques semaines de bouderie, les deux amis s'étaient réconciliés. En fait, Garmond, pas plus qu'Adrien, ne pouvait se passer d'une confrontation d'idées devenue rituelle, conflictuelle et passionnelle. Curiosité et fascination chez l'un, admiration chez l'autre, le couple était devenu indissociable. C'est ce que se disaient entre elles Anna et Marie-Christine qui regardaient avec indulgence leurs maris, pile et face d'une même pièce, se jouer la comédie.

Adrien vit l'œil de Garmond s'allumer :

– Allez, raconte-moi. Qu'as-tu encore manigancé ? Qu'allez-vous faire de ce vieux canard lu autrefois par les concierges ?

– Le rédacteur en chef est Raoul Saulieu, un crocodile de la presse d'information. Il est l'ami de Camus, de Chamson, et élève le fait divers au rang d'un des beaux-arts. Il attire dans la rédaction les jeunes les plus brillants de la Maison des lettres, qui fut le repaire des étudiants résistants. Il s'est juré d'en faire les meilleurs journalistes de Paris.

– Et quels sont les autres membres de ton conseil ? Si j'ai bien compris, ce sont eux que tu envisages de croquer ?

– Je ne les croquerai pas. J'espère simplement qu'un jour, oh ! pas tout de suite, dans des années peut-être, ils seront contents de me vendre leurs actions. Mais, pour en arriver là, il faut que le journal ait du succès. Cela ne dépend pas de moi, en tout cas pas beaucoup. Tu veux connaître mes collègues, eh bien voilà : il y a Dupuich La Réole, un avocat proche des socialistes, Roger Lavigne, qui a été l'administrateur de *L'Auto*, canard passé aux mains des Allemands mais en même temps proche de la Résistance. Il va reprendre ses comptes au *Gaulois*. Il y a aussi Magenta, ancien colonel de l'Armée secrète, et naturellement Raoul Saulieu. Tous ces messieurs sont de bonne compagnie et je ne suis pas mécontent d'avoir une place à leur côté.

– Votre capital me paraît un peu maigre. Vous n'avez pas d'autres actionnaires ?

– Si. Il y a beaucoup de petits porteurs recrutés dans le personnel et parmi les amis de chacun. Mais la majorité appartient au conseil. Voudrais-tu par hasard devenir actionnaire du *Gaulois* ?

– Pourquoi pas ? Je n'ai jamais possédé une action de ma vie et je fais confiance à ton flair. Souscris donc en mon nom cinquante parts de ta société. Maintenant, si un jour tu veux me les racheter, il faudra y mettre le prix !

L'hiver pointa son nez gelé dans un ciel de nouvelles toniques et réconfortantes. D'abord, la France signait la déclaration de constitution des Nations unies. Malgré le fâcheux ratage de la Société des Nations qui n'avait pu éviter la guerre, c'était tout de même la preuve que la France était rétablie au rang de puissance majeure. Pris dans l'étau allié, le Reich se débattait encore et envoyait au front les vieillards et les enfants. Le résultat de l'emprunt de la Libération affichait cent soixante-cinq milliards et montrait que le pays avait encore du jus dans ses bas de laine. Enfin, prélude à la victoire finale, les Américains étaient victorieux à Bastogne et de Gaulle était reçu à Moscou, tandis que Patton et l'armée de Lattre passaient le Rhin et allaient traquer Hitler jusque chez lui.

Tout cela sentait le printemps en plein hiver et il y aurait eu de quoi éprouver une belle satisfaction si les prisonniers étaient rentrés et si la libération des camps de concentration ne révélait pas périodiquement de nouvelles horreurs.

Robert Quentin téléphonait maintenant presque chaque jour de sa campagne pour savoir si l'on avait des nouvelles de Thirion. Depuis son passage au camp de Drancy, il avait été impossible d'apprendre où il avait été envoyé. Tous les amis de la rue de Tournon voulaient espérer que ce n'était pas dans l'un de ces camps d'extermination dont on découvrait l'existence un peu partout en Allemagne. La presse publiait des photos atroces de rescapés affamés, décharnés, rongés par le typhus. Thirion faisait-il partie d'une de ces grappes humaines qui, à Dachau, à Buchenwald ou à Treblinka, fixaient leurs sauveurs avec des yeux hagards ? Ou était-il mort de faim, gazé, exécuté dans l'une de ces usines conçues pour anéantir des tranches entières d'humanité ?

Malgré les restrictions toujours plus pesantes, malgré l'attente des familles angoissées, Paris, peu à peu, revivait. Çà et là, des entreprises embauchaient ; les premiers liberty-ships chargés de vivres et de matériels destinés aux civils commençaient à arriver dans les ports de la Manche ; on se racontait boulevard Saint-Germain que des habitués matinaux avaient vu s'arrêter devant chez Lipp une Jeep poussiéreuse d'où était descendu un géant blond en battle-dress : c'était Ernest Hemingway qui passait dire bonjour à M. Cazes. Il était reparti, son bidon de G.I. rempli de cognac. Le renouveau de Saint-Germain-des-Prés s'annonçait. Sous l'Occupation, Jean-Paul Sartre et Simone de Beauvoir avaient pris l'habitude de venir travailler au Flore, où il faisait plus chaud que chez eux. Et maintenant que Sartre était devenu célèbre grâce à *La Nausée* et au *Mur*, des jeunes commençaient à venir les regarder et à remarquer ceux qui avaient l'honneur de bavarder un moment avec le couple fétiche du café que gérait avec une parcimonieuse attention Paul Boubal.

Tandis que Marie-Christine prenait de l'embonpoint sous l'œil vigilant d'Adrien qui considérait la naissance de ses enfants comme la chose la plus importante de la vie, Anna avait fini par épouser Garmond. Adrien et Mme Quentin avaient été les témoins de cet événement célébré sans faste à la mairie du VIe puis lors d'un déjeuner tout simple chez Marchessoy. C'était la première sortie des Quentin depuis le jour de l'arrestation. Prostré, le vieux tribun n'avait plus voulu bouger de sa campagne. Il était seulement revenu pour assister au service religieux célébré à Sainte-Clotilde à la mémoire de Thirion. Deux camarades rescapés de Dachau étaient venus raconter comment l'ami fidèle de tant d'années était mort d'épuisement, vaincu par la malnutrition et le typhus, une semaine avant la libération du camp.

Robert Quentin, les larmes aux yeux, avait retracé la vie de son compagnon avec tout le talent qui lui restait. C'était encore beaucoup et son discours fut superbe. A la fin de la cérémonie, il dit à Garmond :

– Jamais plus je ne reparlerai en public. Thirion est désormais le gardien de ma voix, là où il m'attend.

L'homme était cassé. Il fut pourtant gai au cours du déjeuner, évoqua des souvenirs, illustra sa complicité d'une vie avec sa femme, plaisanta avec Anna et confia d'une voix émue à Garmond et à Adrien :

– Lachenal et de Barney se sont retirés en province, vous êtes les derniers témoins, mais les plus chers, de la fin de l'aventure de la rue de Tournon. Perpétuez-en le souvenir, si vous le pouvez. Pierre, tu pourras, si tu le veux, écrire cette histoire qui mérite d'être publiée. Quant à toi, Adrien, étrange oiseau descendu d'un coup d'aile dans notre nid de La Varenne un dimanche d'été, j'ai quelque chose à te demander. Notre fille Marie a fait de bonnes études : droit, Sciences-Po... Ne l'oublie pas lorsque tu seras devenu un patron important. Prends-la chez toi, elle sera une bonne et fidèle collaboratrice. Moi, je ne vais plus pouvoir m'occuper d'elle longtemps.

– Mais, patron, vous n'êtes pas vieux. Vous avez encore de longues années à vivre ! s'exclama Adrien.

– Non. Je suis las ! L'ombre de Thirion me cache le soleil et bientôt j'irai rejoindre le Seigneur. Alors, Marie ?

– Soyez tranquille. J'ai beaucoup de défauts que vous connaissez mais une qualité : rien n'entame ou n'entamera la reconnaissance que j'ai envers ceux qui m'ont aidé. Marie n'a pas à se faire de souci. Elle aura sa place à l'agence quand elle le voudra. En attendant mieux !

Robert Quentin devait s'éteindre trois mois plus tard dans la maison de la rue de Tournon. Garmond n'eut pas à se dépenser pour assurer le souvenir du maître. Une foule considérable suivit ses obsèques. Des parlementaires, des ministres mais surtout beaucoup de jeunes, ceux des Auberges de la jeunesse, des camps d'amitié internationaux, des scouts... Son éditeur épuisa ses derniers ouvrages et dut réimprimer. Le message de paix de Robert Quentin n'avait pu empêcher la plus atroce des guerres, mais il continuait de susciter l'enthousiasme des justes.

Adrien menait sa barque avec intelligence et discrétion. Au conseil d'administration du *Gaulois* il se contentait d'approuver ses pairs dont l'âge et les titres de résistance appelaient le respect. Sagement, il attendait qu'on lui pose une question pour prendre la parole et se gardait bien de critiquer certaines décisions qui ne lui paraissaient pas les meilleures. Malgré sa dimension réduite, due au manque de papier, le journal voyait ses ventes augmenter. Elles n'atteignaient pas celles du *Parisien libéré*, leader incontesté de la presse du matin, mais dépassaient celles des autres quotidiens, *Résistance, Franc-Tireur, France libre, L'Aube* ou *Libération.*

Qu'en était-il des grandes résolutions prises sous l'Occupation par ceux qui avaient fait paraître, au risque de leur vie, les journaux interdits, irremplaçables diffuseurs des idées de la Résistance ? La Fédération nationale de la presse, qui avait succédé au groupement des éditeurs clandestins, témoignait sans ambiguïté de la volonté de ses membres de soustraire la presse à l'appétit gouvernemental et aux puissances d'argent. Tous les nouveaux journaux avaient bénéficié d'une autorisation de paraître et d'une subvention de un million de francs, autorisation qui n'avait été octroyée par le gouvernement qu'à des équipes issues des milieux de la Résistance, c'est-à-dire à des associations d'opinions et non à des groupes financiers. La grande réforme annoncée semblait réussir. Et pourtant...

Garmond se tapotait le menton, geste familier par lequel il manifestait son scepticisme, quand Adrien parlait de cette grande entreprise dont l'honnêteté était le credo :

– Adrien, ne me prends pas pour un benêt. Tu m'as dit tes espoirs d'accéder un jour à la direction du *Gaulois* devenu un quotidien prospère et influent grâce au nombre de ses lecteurs et à la publicité dont tu rempliras ses colonnes. Si les choses se passent comme tu l'espères, ton journal devra lutter contre la concurrence pour devenir puissant et générateur de bénéfices. Cela signifie qu'il deviendra une « affaire », et tu sais mieux que moi qu'une affaire ne saurait se soustraire aux lois financières. Ce sera la même chose pour les autres quotidiens qui auront survécu et l'argent reprendra son pouvoir. Celui-ci aura seulement changé de mains. Ne me dis pas que, parmi ces mains, tu ne souhaites pas voir figurer les tiennes.

Adrien riait, regardait ses mains et avouait :

– Ce que je dis aujourd'hui est vrai aujourd'hui mais qui peut savoir ce qui se passera demain ? Si tu veux me faire dire que je m'adapterai aux circonstances, le moment venu, j'en conviens volontiers.

Sa stratégie, Adrien l'avait gardée secrète. Il attendait l'instant propice pour mettre en marche, oh, tout doucement, sans emballement prématuré, le mécanisme qu'il avait mis au point avec minutie. L'occasion se présenta lors d'un conseil d'administration où, à l'ordre du jour, figurait le « développement du journal ».

Chaque membre s'était exprimé avec plus ou moins d'à-propos. La discussion sur les rapports avec les ouvriers, le monopole du syndicat, le privilège de la rémunération « au service » et le contrôle de l'embauche[1] s'était éternisée et achevée sur la constatation négative qu'on ne pouvait rien contre la puissante Fédération du livre. Le conseil se consola en prenant acte des résultats de l'entreprise et en se félicitant que le format du journal puisse devenir normal grâce à une distribution plus généreuse de papier. C'est alors que le président, le colonel Magenta, donna la parole à Adrien demeuré discret à son bout de table.

– Mes amis, commença Adrien, je n'ai qu'un mot à dire sur une question qui n'est pas d'actualité : la publicité, encore inexistante. Notre format réduit, la faiblesse de l'activité commerciale et industrielle en sont sans doute la cause. Mais il serait sage de penser à l'avenir. Soyons optimistes : préparons-nous à accueillir des placards publicitaires dans le journal.

Adrien resta silencieux un instant, le temps de juger de l'effet de ses paroles. Il crut discerner de l'intérêt et continua :

– Vous savez tous que je suis un professionnel de la publicité, que je dirige une agence fondée avant la guerre... Eh bien, je mets mon organisation et mon savoir-faire à la disposition du conseil !

1. Une convention collective datant de 1905 et renouvelée à la Libération fixait la production de base – par service – à 720 lignes en six heures. Depuis, toutes les lignes gagnées grâce aux perfectionnements techniques étaient payées en heures supplémentaires. Par le « contrôle de l'embauche », le patron d'une entreprise de presse ne pouvait choisir ses ouvriers. Le syndicat s'en chargeait et fixait leur nombre.

Tout était dit, il croisa les bras et attendit.

Ces messieurs, il en était sûr, étaient prêts à opiner, à adhérer à une proposition qui ne présentait que des avantages. Le colonel jaugea d'un regard l'opinion des membres du conseil et déclara de sa voix grave qui lui donnait de l'importance :

– Mon cher Adrien, votre offre est généreuse. Elle montre à quel point vous êtes attaché à notre journal. Au nom de nos amis du conseil, je vous remercie. C'est avec reconnaissance que nous confions à l'agence Globe, la vôtre, les destinées de notre publicité.

– Je vous remercie de votre confiance. Je pense sincèrement que je puis enfin, dans mon domaine, être utile à notre entreprise. Son but, je le sais, n'est pas d'amasser des bénéfices, sa motivation n'est pas l'argent, c'est même le contraire. Mais de l'argent il en faudra tout de même, pour acheter un jour les locaux que nous occupons, renouveler le matériel, développer notre rédaction qui manque encore de moyens... La publicité, je l'espère, nous y aidera.

Tout le monde y alla de son compliment et Adrien ressentit l'ineffable jouissance d'avoir conquis un auditoire, restreint, certes, mais ô combien important car son aval valait de l'or et lui ouvrait peut-être le chemin de la réussite. Il reprit la parole en priant le conseil de l'excuser : il avait oublié un détail.

– J'aurais pu régler cela directement avec notre administrateur, M. Lavigne, mais je préfère que le conseil me donne un aval qui figurera au procès-verbal. Pour pouvoir entreprendre ma prospection de publicité, j'aurai besoin, ou plutôt l'agence Globe aura besoin d'être couverte par un contrat établi selon les règles de la profession. Je demande que le conseil me confie la mission de soumettre ce contrat à la signature de notre président.

Le deuxième clou était enfoncé qui devait le lier pour longtemps au *Gaulois*.

Le président Magenta, ravi, dit que cette demande allait de soi et qu'il aimerait signer plus souvent des contrats aussi désintéressés. Il ajouta :

– Monsieur Anthelme... mais permettez-moi de vous appeler Adrien, on ne vous entend pas assez souvent dans nos conseils : n'hésitez pas à prendre la parole ! Votre discrétion vous honore mais il ne faudrait pas que le journal pâtisse d'une modestie sans objet !

En rentrant chez lui d'un pas allègre, Adrien se demanda en riant sous cape ce qu'aurait pensé Garmond s'il avait entendu le président l'implorer d'être moins réservé ! Allons, il était content et cela se voyait. Marie-Christine lui demanda la raison de sa bonne humeur.

– Mes affaires vont bien au journal. J'ai obtenu la régie de la publicité pour l'agence.

– La belle affaire ! Il n'y a pas de publicité, ou si peu, dans *Le Gaulois* !

– C'est vrai, mais un jour il y en aura beaucoup. Alors chaque ligne, chaque annonce, chaque page nous rapportera un pourcentage qui t'étonnera, comme il étonnera beaucoup de monde !

– Et pourquoi le conseil te fait-il ce cadeau ?

– Parce que ces messieurs, sauf sans doute Lavigne, n'ont aucune idée de ce que peut rapporter la régie d'un journal qui marche. Lavigne s'est tu et je lui dois une fière chandelle. Il ne reste qu'à établir avec lui le contrat que signera en me remerciant le colonel.

Marie-Christine regarda son mari, prit sa main qui reposait sur l'accoudoir du fauteuil et murmura :

– Dieu sait si je ne suis pas toujours d'accord avec tes agissements, quand tu vas trop loin... mais cela ne m'empêche pas de t'admirer, d'apprécier ta volonté d'entreprendre. Garmond t'engueule, mais il pense comme moi. Il trouve que tu es fort comme un chêne alors que nous, avec nos diplômes, ne sommes que de faibles roseaux...

– Pensants ! Mais moi...

– Ne sois pas bête. Si tout le monde nous ressemblait la vie serait intenable. Ta mécanique intellectuelle est parfois inquiétante mais elle me fascine et je m'aperçois même qu'elle commence à influer sur mon caractère ! C'est aussi cela, l'amour, et j'aimerais avoir aussi un peu d'emprise sur toi. Je sais que tu es fier de raconter partout que ta femme est agrégée. Moi, je n'ai pas tellement envie de devenir aux yeux de tous l'agrégée-phénomène soumise aux volontés du grand Anthelme.

Pense que je puis t'être utile. Tant qu'à avoir une épouse instruite, autant t'en servir autrement que comme une simple mère au foyer !

Marie-Christine n'était pas sûre que sa plaidoirie servirait à quelque chose mais elle était contente d'avoir osé vider son cœur en faisant preuve elle aussi d'un pragmatisme qui ne lui était pas habituel. Son appel avait été pourtant entendu : le lendemain, Adrien lui tendit le brouillon de son contrat.

– Je sors de chez mon avocat qui m'a conseillé pour le rédiger. J'aimerais avoir ton avis.

Elle ne manifesta ni empressement ni signe de contentement et dit simplement :

– Je vais le lire, mais je ne pense pas, mon chéri, que ce soit sur le plan juridique que je te serai utile.

– Qu'importe, ce contrat a pour nous une grande importance et il est bon que tu en prennes connaissance avant que je le soumette à Lavigne et que le colonel y appose sa signature. Lavigne va peut-être se faire tirer l'oreille et il faut que je trouve des arguments pour le ranger de mon côté.

– Comme je te connais, tu dois sûrement avoir une idée...

– Oui, je compte lui offrir un fauteuil au conseil d'administration de l'agence que je suis en train de reconstituer, et la perspective de toucher des jetons de présence non négligeables. Ce sont des prévenances qu'il appréciera.

– Si j'ai bien compris, tu vas l'acheter.

– Comme tu y vas ! Ce sont là des mots qui n'ont pas cours dans les affaires. Je vais tout simplement lui proposer de rétribuer normalement les conseils qu'il ne va pas manquer de nous donner, cela n'ayant rien à voir, naturellement, avec le contrat de régie. Tu me comprends ?

– Il faudrait que je sois bien sotte pour ne pas saisir l'habileté de cette tractation. Tu sais que je vais peut-être finir par m'intéresser à tes spéculations sur l'avenir.

– Tant mieux. Cet avenir est aussi le tien !

La fin de l'année approchait, Paris s'apprêtait à célébrer le réveillon de la victoire. Adrien était bien le seul à maudire ces fêtes qui déjouaient ses plans ou tout au moins en retardaient le déroulement. Roger Lavigne était parti sans le prévenir dans ses terres de Bourgogne et il n'avait pu lui soumettre le « contrat du siècle », comme il appelait ces trois feuilles dactylographiées dont devait dépendre sa fortune. Il avait beau être sûr de lui et de ses calculs, il ne pouvait s'empêcher de penser que le malin directeur financier du journal avait quitté Paris dans le but de retarder la signature, afin de réfléchir à l'opportunité d'un contrat qui favorisait beaucoup plus Adrien que le journal. Ce grain de sable dans la machine si bien huilée l'agaçait et gâchait un peu la fin d'une année prodigieuse.

Les Duchemin avaient oublié Pétain, l'invité S.S. Stauer, les sous-marins allemands et leurs amis collabos. Ils étaient vite devenus anglophiles et cocardiers. Sans oser se prétendre résistants, ils ne juraient plus que par de Gaulle et avaient proposé d'organiser chez eux le dîner familial de la victoire. L'idée avait fait long feu devant l'indignation de Werner-Brisach. La brave Geneviève aurait bien passé l'éponge, pour sa sœur, Adrien aussi à cause de la publicité-chocolat qui allait redevenir soluble un jour ou l'autre dans les tasses des petits déjeuners ; mais Paul, à qui le chef de son réseau de pères de famille avait promis la médaille de la Résistance, avait refusé net l'invitation. Comme sa fille, qui en était à son huitième mois de grossesse et qui affirmait qu'il serait indécent d'appeler son fils Charles et d'aller dîner chez l'oncle collabo.

Il fut finalement convenu qu'on réveillonnerait chez les Werner-Brisach, les Garmond étant bien entendu de la fête. Une occasion pour Paul de dénicher dans sa cave de prestigieuses bouteilles. Le hasard voulut qu'on eût à fêter ce soir là une distinction à laquelle personne n'avait pensé, pas même le récipiendaire. Après un long cheminement dans les bureaux du ministère de la Guerre, celui de Vichy puis celui de la Libération, la proposition du colonel Jouffrault, établie depuis son oflag, de décerner la croix de guerre avec étoile d'argent au lieutenant Adrien Anthelme avait été acceptée et était parvenue à son destinataire le 23 décembre.

La médaille survenait à un moment où chacun appréciait les décorations qui distinguaient les bons Français et attestaient en tout cas qu'on n'avait pas fauté durant l'Occupation. L'ordre roi était celui de la Libération fondé dès 1940 par de Gaulle à Brazzaville. Après venait la médaille de la Résistance que guignaient tous ceux qui avaient approché de près et souvent de loin les foyers de la lutte clandestine. On l'avait promise à Paul Werner-Brisach, Adrien en rêvait sans oser le dire, de peur de s'attirer une pique de Garmond, lequel se foutait de recevoir une médaille, à moins qu'on ne la lui décerne avant Adrien, histoire de voir la tête qu'il ferait. Dans le contexte de l'époque, la croix de guerre ne valait pas la médaille de la Résistance mais son bronze était tout de même apprécié. « Tu vois, avait dit Garmond en apprenant la nouvelle, cette médaille-là on est sûr que ceux qui la portent l'ont méritée ! » Et comme il fallait tout de même glisser une petite note de dérision, il avait ajouté : « Curieux, tout de même : rescapé par miracle d'une bataille où tu as plus que rempli ton devoir, tu as droit à la croix de guerre, alors que si tu ne t'étais pas réveillé de ton coma on t'aurait décerné la Légion d'honneur. Mais tu nous manquerais ! »

N'empêche, les femmes y allèrent de leur larme quand Paul Werner-Brisach, qui, lui, était chevalier de la Légion d'honneur depuis longtemps et à ce titre s'était arrogé le droit de décorer son gendre, accrocha au revers de son veston la croix qu'il avait été acheter au Palais-Royal dans l'après-midi. Les Duchemin n'avaient naturellement pas été invités, ce qui ennuyait Adrien. Sans l'aide du chocolatier, aurait-il réussi à s'installer, à être le patron d'une agence de publicité au moment propice ?

– Va-t-on se fâcher tout à fait avec les Duchemin ? demanda-t-il au dessert.

– Je ne veux pas me brouiller avec ma sœur, dit Geneviève.

Garmond et Anna n'avaient pas à se mêler de cette affaire de famille ; quant à Marie-Christine, le premier accès patriotique passé, elle était prête à partager l'opinion de son mari : l'oncle Duchemin avait beaucoup aidé Adrien alors qu'il n'était qu'un petit coursier sans avenir, et c'était une chose dont il fallait tenir compte. Restait Paul Werner-Brisach, le résistant, le futur décoré, le chef de famille. Lui seul pouvait décider des relations à entretenir avec son beau-frère. Magnanime, il accepta d'oublier ses faiblesses :

– Après tout, Duchemin n'a pas commis de crime, il n'a dénoncé personne et, en 40, il n'était qu'un Français parmi les quatre-vingt-dix pour cent de nos compatriotes qui applaudissaient le Maréchal. Son grand tort, ce fut de vouloir continuer à fabriquer du chocolat ! Si grâce à lui un pauvre diable de sous-marinier allemand a pu croquer une tablette avant de disparaître, c'est plutôt bien... Non ? Nous avons donné une leçon aux Duchemin en ne les conviant pas aujourd'hui à partager le réveillon de la victoire, maintenant je crois que nous pouvons rétablir avec eux des relations familiales normales.

A minuit, on s'embrassa pour dire bonjour à l'année 1945 qui commençait et la conversation reprit sur l'événement majeur qui allait marquer cette journée, auquel Paul Werner-Brisach, qui avait joué trois-quarts aile au Racing au temps de sa jeunesse, attachait une grande importance : l'équipe de France de rugby allait cet après-midi rencontrer celle de l'Angleterre au Parc des Princes lors du premier match international de l'après-guerre [1].

1. Résultat : France bat Angleterre par 21 à 9.

10

UN PAS VERS LE POUVOIR

1945-1946. *Le Reich pris dans l'étau allié – De Gaulle nationalise Renault – L'écrivain Robert Brasillach condamné à mort – Les trois Grands à Yalta, sans la France – Triomphe du film de Marcel Carné* Les Enfants du Paradis *tourné durant l'Occupation – Devant l'Assemblée consultative provisoire, de Gaulle appelle au renouveau de la France – Mussolini exécuté, Hitler se suicide dans son bunker – Mort de Roosevelt – Berlin encerclé – Ponction historique sur l'Elbe des armées américaine et russe – A Reims, reddition de toutes les armées allemandes – Naissance des Nations unies – La France est membre du Conseil de sécurité – Explosion le 9 août 1945 de la première bombe atomique à Hiroshima – Pétain condamné à mort et gracié par de Gaulle – Capitulation du Japon – Après une parodie de justice, Pierre Laval est condamné à mort par la Haute Cour et exécuté dans des conditions abominables – Victoire communiste (179 députés) à l'élection de l'Assemblée constituante – De Gaulle forme un gouvernement tripartite (communistes, M.R.P., socialistes) – Ouverture du procès des criminels de guerre à Nuremberg – Rétablissement des cartes de pain – Démission de De Gaulle harcelé par les partis – La loi Marthe Richard ordonne la fermeture des maisons dites closes – La Constitution de la IVe République adoptée à une courte majorité – Succès au premier festival de Cannes de* La Bataille du rail *et de* La Symphonie pastorale *– Georges Bidault succède* *à Félix Gouin à la tête du gouvernement – Les gaullistes sont dans l'opposition – Neuf condamnations à la pendaison au procès de Nuremberg – Débuts de Bourvil et rentrée de Tino Rossi avec* Petit Papa Noël – *Luis Mariano chante* La Belle de Cadix.

Adrien, de coutume, se contrôlait et se faisait une obligation de cacher ses tourments. Il était pourtant fort énervé dans cette froide matinée de janvier. Le radiateur de son bureau fonctionnait mal et Agnès, la secrétaire, ne l'avait pas fait réparer comme il le lui avait demandé ; Marie-Christine ressentait depuis deux jours les premières contractions et pouvait accoucher à tout moment ; enfin, il avait rendez-vous au début de l'après-midi avec Roger Lavigne dans son bureau du *Gaulois* pour signer, il l'espérait, son fameux contrat. Lui seul en estimait la véritable importance, lui seul savait qu'il vivait un moment capital de sa carrière, lui seul supportait le poids de son anxiété. Pour se changer les idées, il appela Garmond.

– Je vois Lavigne cet après-midi, lui dit-il. Pense à moi. Le chemin de notre richesse à tous passe par cette rencontre. Ce gros roublard m'impressionne, j'ai peur qu'il ne me joue un tour.

– D'habitude, tu as confiance en toi ! Va ! Tu réussiras bien à entortiller ce futé. Mais qu'entends-tu par « notre richesse à tous » ? En dehors de la vieille affection que je te porte, je ne me sens pas très concerné par tes opérations.

– N'es-tu pas actionnaire du *Gaulois* ? Non, dans mon idée, les quelques actions que tu possèdes n'entrent pas en ligne de compte. Je veux dire que si je réussis, tous mes proches en profiteront. A commencer par toi à qui je réserve naturellement une situation enviable dans la société. Et Anna. Et Marie Quentin dont son père m'a confié la destinée !

– Allons, ne vends pas la peau de l'ours... ! Avant de distribuer des situations, occupe-toi plutôt de mon livre. On réimprime *L'Etoile filante* qui va ainsi atteindre les quarante mille. Un petit coup de pub, comme tu dis, serait le bienvenu. Gaston veut me faire signer un nouveau contrat pour trois livres mais, quitte à le mettre en colère, je préfère ne pas m'engager.

– Rien ne peut me faire plus plaisir que ton succès. Pour la pub, viens me voir demain matin, on en parlera et je te raconterai mon rendez-vous.

Quand il pria l'huissier du *Gaulois* de l'annoncer auprès de Roger Lavigne, Adrien avait retrouvé son calme. Il glissa un doigt dans l'ouverture de son veston pour s'assurer que le contrat était bien dans sa poche – comment aurait-il pu l'oublier ? – et serra chaleureusement la main que lui tendait le directeur financier venu à sa rencontre.

– Cher Adrien, asseyez-vous, dit-il en lui montrant un fauteuil. Nous allons régler votre affaire rapidement.

Adrien essayait de deviner ce que cachait l'air bonasse du personnage qui le fixait de ses petits yeux grossis par des lunettes de myope. En réalité, M. Lavigne s'amusait, tout simplement. Vieux baron du papier, il avait servi Bunau-Varilla, administré les affaires de Dupuy, signé les notes de frais d'Albert Londres, dirigé les ventes du *Journal* de Mouton et, durant l'Occupation, louvoyé dans les finances louches de la société L'Auto-Sports tombée comme beaucoup d'affaires de presse dans la nasse allemande de la Propaganda Abteilung. *L'Auto*, le journal jaune fondé par Henri Desgranges, c'était aussi le Tour de France, évidemment suspendu, et le Vel'd'Hiv, que les nazis utilisaient comme l'on sait. Quant au quotidien sportif, il avait continué à parler de vélo, de rugby et d'athlétisme sans autre contrainte et avait constitué une bonne couverture pour abriter rue du faubourg Montmartre un centre actif d'activités clandestines. Ainsi Jacques Goddet, le directeur, avait-il pu engager Patrice Thominet et Roger Lavigne aux postes d'administrateurs, le premier devenant le chef militaire du réseau « Ceux de la Libération-Vengeance » sous le nom de colonel Guillaume et le second assurant l'impression des discours du général de Gaulle et de nombreuses publications hostiles à l'occupant.

Le directeur de Globe-Publicité savait tout cela. Il n'avait pas devant lui un néophyte mais un homme du métier qu'il valait mieux ne pas essayer de tromper. Adrien fut donc direct :

– Monsieur Lavigne, je crois sincèrement que *Le Gaulois* ne fait pas une mauvaise affaire en confiant sa future publicité à l'un de ses associés plutôt que de recourir aux services d'une quelconque agence. Je sais pertinemment que j'en fais une, excellente, en prenant la régie du journal. Naïvement, le colonel m'en remercie comme si j'étais le sauveur, mais vous, vous ne pouvez être dupe. M'en voudrez-vous pourtant de jouer ma carte ? Je suis jeune, ambitieux et l'occasion est trop belle pour que je n'essaie pas de la saisir.

Lavigne esquissa un sourire.

– J'aime que vous me parliez franchement. Vous avez constaté que devant le conseil je n'ai fait aucune réserve à votre proposition, mais vous savez très bien ce que j'aurais pu dire.

– Oui. Vous auriez pu suggérer que le journal prenne en main sa publicité et se passe d'un intermédiaire. Mais monter un service de publicité efficace n'est pas en ce moment une entreprise facile. Personne au journal, à part vous, ne pourrait s'en charger.

– Adrien, vous êtes habile. Vous réussirez. Je voudrais vraiment vous aider mais je dois encore réfléchir. L'intérêt du journal doit passer avant toute autre considération. Vous rendez-vous compte que le contrat de régie que vous me demandez d'approuver et de faire signer au président est le gage de gains considérables ? Oui, je dois encore réfléchir !

– Je vous comprends, monsieur, et j'attendrai votre décision avec confiance. Voici le projet de contrat. Je vous le laisse afin que vous puissiez l'étudier tranquillement.

Adrien lui tendit les trois feuilles pliées en quatre et se concentra. L'heure était venue de jouer le tout pour le tout. Il ferma une seconde les yeux et reprit sur un ton presque détaché :

– Cette question réglée, ou en passe de l'être, j'ai un

service à vous demander qui n'a rien à voir avec la régie.

– Mon jeune ami, si je puis vous être utile...

– Voilà. Je suis en train de remanier l'administration et la direction de mon agence. Son développement nécessite de nouvelles structures, un emprunt aux banques, l'engagement de plusieurs collaborateurs et je me sens seul pour mener à bien cette réorganisation, à commencer par les statuts de la société. Monsieur Lavigne, accepteriez-vous de m'aider ? Je me sentirais tellement plus sûr de moi si vous vouliez siéger au conseil ! Vous deviendriez naturellement propriétaire d'un nombre d'actions, à débattre, et nous pourrions convenir de la façon de régler vos honoraires, un pourcentage sur les bénéfices de l'agence, par exemple...

Tout était dit, Adrien respira, sans quitter des yeux le visage de son interlocuteur dont les traits semblaient s'être figés. Il garda lui aussi le silence.

Enfin, M. Lavigne retrouva sa rondeur naturelle. Si les propos d'Adrien l'avaient surpris, ce qui était probable, il n'en avait rien laissé paraître. Il reprit avec bienveillance :

– Si vous pensez que mon expérience peut vous aider, je ne refuse pas de vous en faire profiter. Vous avez raison d'envisager des structures solides en prévision d'un développement qui risquerait de vous surprendre. Les conditions de notre collaboration doivent être claires et précises. Nous nous entendrons facilement sur des chiffres raisonnables. Il va de soi que je ne revendique aucun titre, aucune responsabilité. Vous bénéficierez de mes conseils, voilà tout ! Voulez-vous déjeuner avec moi demain chez Drouant ? Je vous ferai part de mes décisions. C'est que, maintenant, nous n'avons plus un seul contrat mais deux à mettre au point ! Alors, à demain une heure ?

S'il n'avait pas été calé dans son fauteuil, Adrien aurait chancelé. Une bouffée de chaleur l'envahit. Il avait gagné. Si Lavigne acceptait une participation aux bénéfices de l'agence, il acceptait la régie qui allait les multiplier. Encore une fois, tout s'était déroulé comme il l'avait prévu. Etait-il donc si fort que le monde pliait devant lui ? « Allons, se dit-il, pas d'autosatisfaction ridicule. D'ailleurs, dès demain, Garmond va me rabattre le caquet. »

Il se trompait. Garmond ne manifesta aucune hostilité. Il n'ironisa même pas sur la chance que son élève semblait tenir au bout des doigts. D'abord, ce matin-là, il était venu demander l'aide d'Adrien pour donner un coup de fouet aux ventes de son livre et, comme tous les auteurs, il ne pensait égoïstement qu'à son succès. Ensuite, il était plutôt fier de voir l'enfant inculte qu'il avait recueilli, aidé par les Quentin, traiter d'égal à égal avec un personnage aussi important que ce Lavigne qui ne semblait pas tombé de la dernière pluie. Si Adrien en était arrivé à ce stade, c'était beaucoup grâce à lui. Il avait façonné cet être doué durant dix ans et n'allait pas aujourd'hui lui reprocher d'avoir réussi !

Car Adrien avait réussi. Dans l'après-midi, le colonel Magenta signait le contrat établissant l'agence Globe régisseur pour dix années de la publicité du *Gaulois*, moyennant une commission de quinze pour cent. A la fin du déjeuner chez Drouant, entre le dessert et le café, sans que la moindre allusion à une connexion entre les deux protocoles eût été faite, Roger Lavigne était devenu conseiller de l'agence, la signature des deux intéressés faisant foi. Le soir de ce grand jour qui marquait le début d'une aventure dont Adrien lui-même ne pouvait imaginer les lendemains prodigieux, Marie-Christine était conduite à la clinique pour accoucher dans la nuit d'une deuxième petite fille. Le père, qui souhaitait évidemment un garçon, ne montra pas sa déception. Comme les journaux du lendemain analysaient le discours prononcé par le général de Gaulle devant l'Assemblée consultative provisoire pour appeler au renouveau du pays, l'enfant fut déclarée sous le nom de France, Jeanne, Geneviève.

– Aujourd'hui, les choses sérieuses commencent ! dit Adrien à Marie-Christine en l'embrassant. Regarde le journal, voilà deux France qui promettent !

Durant quatre ans, les affaires d'Adrien avaient piétiné, comme l'Histoire. Maintenant elles s'emballaient. Les informations venues des quatre coins de la planète, de l'île d'Iwo Jima d'où les Américains se préparaient à attaquer le Japon, de Budapest tombé aux mains des Soviétiques, de Berlin encerclé... étaient assez denses pour remplir dix fois la maigre surface de papier accordée aux quotidiens. De la presse foisonnante issue de la Libération, seuls une dizaine de titres avaient tiré leur épingle du jeu et trois d'entre eux dominaient le marché : *Le Parisien libéré* grâce à son titre, *Défense de la France*, qui allait bientôt enfanter *France-Soir*, et *Le Gaulois*, qui n'attendait que du papier pour imprimer large dans cette France profonde encore étourdie par la tempête qui s'était abattue sur elle. Il y avait aussi *L'Aurore* et *Franc-Tireur* qu'Adrien rangeait dans les concurrents de la course à la publicité qui allait s'engager.

En attendant, Adrien Anthelme fourbissait ses armes. La boutique et le premier étage de la rue du Cherche-Midi étaient en pleine effervescence. Les bureaux avaient été repeints, le sigle de Globe-Publicité générale étalait son néon sur la devanture et Adrien avait entrepris des démarches pour faire poser deux lignes de téléphone supplémentaires, un pari fou à une époque où un numéro d'appel était aussi difficile à décrocher qu'un billet gagnant à la Loterie nationale.

Parmi les anciens clients de l'agence, Duchemin, le premier, s'était réveillé. Son usine de Noisiel recommençait à pulvériser du cacao et il envisageait de lancer à l'automne une grande campagne pour rappeler aux petits et aux grands les qualités du K.K.O.T. oubliées pendant la guerre. Il avait invité Adrien à déjeuner au Colisée, le restaurant plutôt chic des Champs-Elysées.

– Mon cher Adrien, avait-il dit en commandant deux « Suze sur de la glace », l'apéritif qu'il affectionnait, le chocolat sous toutes ses formes a l'avenir devant lui. Les Français en ont été trop longtemps privés pour qu'ils ne se jettent pas sur nos tablettes et nos boîtes de soluble dès qu'on pourra les mettre en vente, c'est-à-dire bientôt, lorsque j'aurai reconstitué mon stock. Je compte faire appel à notre agence. Je dis « notre » car, bien que vous m'ayez remboursé mes prêts, je me considère toujours un peu comme l'un des pères de Globe-Publicité.

– Vous êtes chez vous à Globe, monsieur Duchemin. Sans vous je n'aurais sans doute pas pu démarrer.

– Taratata, vous êtes un gagneur. Comme moi. Nous allons réussir ensemble ce lancement. Mais la pagination ridicule des journaux va-t-elle encore longtemps rendre la publicité-presse impossible ?

– Non. Un décret est attendu qui va rétablir les choses. On trouvera de la place pour annoncer le retour du Cacaoté. A propos, voulez-vous conserver le « C.S.K.I. » qui a eu tant de succès ?

– Naturellement. Votre trouvaille, mon cher neveu, nous a porté chance.

– Il faudra pourtant trouver bientôt autre chose. Un slogan, c'est comme tout, ça s'use...

– Bon, travaillez. Et si vous avez besoin d'une avance, ne vous gênez pas. Ah ! Je suis impardonnable, je ne vous ai pas félicité pour votre croix de guerre. Cela fait plaisir de voir reconnu le courage de ceux qui se sont battus en 40. Il y en a tellement qui ont foutu le camp devant les Panzer allemands !

Adrien remercia, fit le modeste et commit une faute, lui qui était le contraire d'un gaffeur. Il s'en voulut d'avoir répondu :

– Il va y avoir d'autres décorations dans la famille. Vous savez sans doute que mon beau-père Paul va recevoir la médaille de la Résistance. Je devrais aussi bénéficier bientôt de cette distinction.

Duchemin ne répondit pas. Adrien remarqua seulement un froncement de sourcils qui indiquait clairement que le chocolatier ne souhaitait pas poursuivre la conversation sur un terrain où il ne se sentait pas très à l'aise. Il dit pourtant :

– Oh, vous savez, les décorations, c'est comme la longueur des jupes, ça change. Hier c'était la francisque...

Là, c'est Adrien qui se tut. Tandis que Duchemin continuait à parler chocolat, le seul sujet qui l'intéressait vraiment, il lui passa de drôles d'idées dans la tête à propos de cette francisque dont Garmond lui avait dit un jour qu'il se trouverait toujours quelqu'un pour lui reprocher de l'avoir acceptée. Mais Duchemin ? Non ! Il se dit qu'il était impossible qu'il fût au courant.

Le souvenir de la hachette du Maréchal l'avait pourtant égratigné !

Plus qu'un fin gastronome, comme l'était Werner-Brisach, Duchemin était un fort mangeur. Il savait pourtant apprécier la bonne cuisine et décréta que celle du Colisée était exécrable et qu'en tout cas « l'agneau de lait servi en croûte de poivron » sur la voiture à cloche d'argent était froid et que que la croûte annoncée n'était qu'un mastic rougeâtre. Toutes ces remarques n'étaient pas injustifiées, mais la colère de M. Duchemin, elle, était un peu exagérée. Adrien se demanda si c'était la croix de son beau-frère qui l'avait mis dans cet état.

Heureusement, les desserts étaient bons et Adrien rentra à l'agence de bonne humeur, prêt à réfléchir tout de suite sur la prochaine campagne-chocolat. Une surprise l'attendait. Dans l'entrée qui servait de salon d'attente, il reconnut Leblond qui lisait *Le Gaulois* déposé le matin par la secrétaire sur le guéridon faux Louis XVI égaré entre trois fauteuils dépareillés. En serrant la main du revenant, il se dit que le cadre où des personnages importants risquaient de patienter était minable, indigne d'une agence ayant le globe terrestre pour emblème et qu'il était urgent de le modifier.

Adrien et Raymond Leblond ne s'étaient pas revus depuis le jour où ils étaient partis rejoindre leur corps d'affectation. Cinq ans ne changent pas un homme et ils furent d'accord pour en convenir. Adrien trouva pourtant que son ancien secrétaire avait l'air triste et abattu.

– Qu'es-tu devenu ? demanda-t-il. Pourquoi n'es-tu pas revenu plus tôt ? Je t'avais dit que tu retrouverais ta place après la guerre. Au fait, comment cela s'est-il passé pour toi ? L'Occupation n'a pas été trop pénible ?

Adrien avait l'impression de n'avoir prononcé que des paroles gentilles. Il fut stupéfait de constater qu'elles plongeaient son ami dans le désespoir. Raymond Leblond se mit à sangloter et Adrien l'emmena dans son bureau.

– Que t'arrive-t-il, Raymond ? s'enquit-il. Il n'y a vraiment pas de quoi être désolé aujourd'hui : Hitler s'est suicidé dans son bunker et a rejoint en enfer Mussolini exécuté il y a deux jours. Tout va bien, la vie reprend. Tiens, le père Duchemin, enfin, mon oncle, vient de confier le budget de sa campagne de rentrée à l'agence Globe. Du travail pour toi si tu veux revenir.

En parlant, il regardait Leblond qui, pourquoi ? semblait fuir son regard. Il attendit sa réponse.

– Si je veux revenir ? Bien sûr, mais tu ne vas pas me retenir une minute quand tu sauras.

– Quand je saurai quoi ? Parle, bon sang !

– Je suis un pestiféré, j'ai travaillé durant l'Occupation. Fait prisonnier dans le Nord, j'ai collaboré au journal pro-allemand *Le Trait d'union* abondamment distribué dans les stalags et les oflags. Sans doute satisfaite des articles que j'envoyais depuis mon camp, en Silésie, la direction, composée de Français collabos, m'a fait venir à Berlin au siège du journal. J'y suis resté un an puis j'ai été libéré. Tout cela aurait pu s'oublier mais j'ai eu la faiblesse de répondre à l'offre qu'on me faisait d'entrer dans l'équipe qui préparait la sortie en zone libre du magazine *Actu*, destiné à concurrencer l'hebdomadaire de Jean Prouvost, *Sept Jours*, dirigé par Raymond Cartier et accusé d'être à la solde des gaullistes, des juifs et des Américains.

– C'est en effet ennuyeux. *Actu* avait la réputation d'être un « journal boche ». Mais si j'ai bonne mémoire, beaucoup de gens connus y ont collaboré.

– Oui. Des articles étaient signés Simenon, Pierre Véry, Odette Pannetier, André Salmon... Mais c'étaient des critiques de livres, de cinéma ou de théâtre. Moi, j'assurais le secrétariat de rédaction, je faisais partie de la direction. Et c'est cela qu'on ne m'a pas pardonné : je suis un journaliste épuré, la carte professionnelle m'a été refusée. Heureusement que je me suis caché à la Libération : j'aurais pu être arrêté et condamné. Voilà mon histoire. Elle n'est pas brillante...

– Non ! Et que comptes-tu faire ?

– Je ne sais pas. Je vis aux crochets de mon père. Je vais voir dans l'édition. Peut-être trouverai-je un boulot de nègre... Il m'en a coûté de venir te voir et, surtout, de te raconter mon histoire. A toi, le grand résistant !

– Tu as bien fait. Je t'avais engagé avant la guerre parce que j'avais besoin d'un collaborateur dévoué...

– Ça, tu l'as devant toi, le collaborateur !

– Ferme-la ! J'ai encore besoin de quelqu'un en qui j'aurais toute confiance, qui accepterait mon autorité et qui pourrait faire à ma place ce que je n'aurais pas le temps de faire ou ce que je ne voudrais pas faire. Les conneries que tu as commises, je ne t'en parlerai jamais. Je ne les oublie pas mais je fais une croix dessus. Veux-tu revenir à Globe-Publicité en attendant, qui sait, d'entrer au *Gaulois* dont j'assure la régie publicitaire ?

– Tu ferais cela ? Adrien, je suis ton homme, ton serviteur, ton garde du corps. Je te serai éternellement reconnaissant de ce que tu fais pour moi.

– Bon. Alors ne dis plus un mot sur ton passé. A personne, pas même à Marie-Christine ou à Garmond. Et viens demain matin. Ah ! J'oubliais : je ne profiterai pas de la situation. Tu seras bien payé, mieux qu'ailleurs. Mais ton argent, il faudra le gagner. Je te préviens : Adrien Anthelme ne sera pas un patron facile.

Quand Raymond Leblond eut quitté le bureau, Adrien s'allongea sur le divan où il avait jadis passé tant de nuits et se plongea dans une profonde réflexion. Une fois encore, il avait agi sur un coup de tête. Mais n'avait-il pas commis une erreur ? Avait-il eu raison d'engager un type qui s'était compromis avec l'occupant ? Certes, ce n'était ni Brasillach ni Luchaire, il n'avait pas fauté par conviction politique mais par manque de caractère. Il n'avait pas pu refuser les privilèges qu'on lui offrait, à Berlin d'abord où il devait mener une existence sans commune mesure avec celle du stalag, à Marseille ensuite où la porte étroite du journalisme, son rêve, s'était opportunément ouverte. Il n'empêchait que lui, Adrien, d'habitude si prudent, avait pris un risque. René Lavigne, par bonheur, était resté à Paris durant l'Occupation et il était peu probable qu'il ait eu connaissance de l'organigramme d'*Actu*. En fait, Adrien savait pourquoi il avait engagé Leblond. Pas seulement pour tirer un ami du pétrin, mais parce que son esprit retors lui avait fait entrevoir en un éclair l'emprise que lui donnerait la connaissance de son passé.

Adrien poussa un cri de joie le matin où Leblond l'appela chez lui pour l'informer que le décret qui modifiait l'ordonnance d'août 1944 venait d'être publié au *Journal officiel.* C'en était fini de cette unique page recto verso dont les quotidiens et leurs lecteurs avaient dû se contenter depuis la Libération. Sur quatre pages tout semblait permis, les nouvelles allaient pouvoir être sensiblement développées et la publicité trouver un berceau pour renaître. D'autant qu'il s'agissait d'une mesure provisoire, en attendant que les importations de papier permettent le passage à six puis à huit pages.

Il appela Marie-Christine qui donnait son biberon à France dans la pièce des enfants. Elle arriva, le bébé dans les bras.

– Que se passe-t-il ? Qui a téléphoné ?

– Leblond. Pour me dire que le journal va passer sur quatre, puis bientôt six pages. Dis à France, puisque tu as des connivences de mère avec elle, que son avenir s'éclaircit, comme celui de sa sœur. Elles ne manqueront de rien. J'attendais ce moment depuis des mois, il arrive et je vais pouvoir mettre en application le plan longuement mûri qui doit nous apporter la fortune.

– Ne t'emballe pas ! Je crois ce que tu me dis mais je suis superstitieuse. Pour l'instant, tu as dû emprunter à l'oncle Duchemin pour faire repeindre l'agence !

– Balivernes, tout cela ! Ne sois pas timorée. J'ai souvent douté de moi mais aujourd'hui je ne crains rien. Bientôt, Adrien Anthelme passera du côté des gens puissants, ceux qu'on craint et qu'on envie.

– Tu tiens donc tellement à être craint ?

– Je crois qu'à un certain stade, c'est inévitable. Mais j'ai trop de choses à faire pour philosopher sur le pouvoir. Je prends ma douche, je déjeune et pars mettre en route la machine Anthelme.

Adrien avait raison. Le terrain était trop bien préparé pour céder au poids des impondérables. Les événements s'enchaînèrent exactement comme il l'avait prévu. Non seulement ses vieux clients, marchands de poudres magiques et de pilules de santé, frappèrent à la porte de l'agence pour acheter un morceau d'espace dans *Le Gaulois*, mais les firmes les plus diverses demandaient à figurer sur la liste d'attente car la place réservée à la publicité était tout de même limitée. Ainsi l'Email Baril, le dentifrice des vedettes, le portemine quatre couleurs Jif et le parfum Lubin témoignèrent-ils leur confiance au *Gaulois* et à l'agence Globe.

Comme un gosse qui tient scrupuleusement les comptes de son premier argent de poche, Adrien calculait chaque matin en épluchant le journal le montant des commissions qui reviendraient à l'agence. Ce n'était pas encore le pactole mais un gentil ruisseau qui avait de l'avenir, comme tous les petits ruisseaux.

Raymond Leblond tenait sa place à l'agence comme le souhaitait Adrien. Il savait se rendre utile en toute circonstance, prendre des initiatives et recevoir les clients en professionnel. Adrien l'observait avec attention, étudiait son comportement, jaugeait ses capacités. Il ne savait pas encore quand ni comment, mais il était sûr qu'il l'emploierait un jour à d'autres tâches que celles d'un commis de bureau.

Roger Lavigne, qui ne tenait pas à ce que ses attaches avec l'agence Globe fussent connues au journal, passait discrètement deux fois par semaine rue du Cherche-Midi, le soir, pour répondre aux questions que lui posait Adrien et constater la bonne marche de l'agence.

– Qui est ce garçon que vous avez engagé ? avait-il demandé un jour après le départ de Leblond. Il n'a pas l'air mal et vous semble dévoué. Est-ce un camarade de résistance, vous vous tutoyez...

Adrien avait ressenti un petit frisson, se demandant si la question n'était pas insidieuse, et avait répondu simplement :

– Non, c'est un camarade de jeunesse. Il travaillait déjà à l'agence avant la guerre. J'en ferai peut-être mon second.

Lavigne n'avait pas insisté et l'on était passé aux perspectives qu'offrirait bientôt le journal.

– Je sais que ce n'est pas votre rayon mais que

pensez-vous du *Gaulois* ? questionna Lavigne. Je veux parler de son aspect, de sa rédaction.

– Du bien. Raoul Saulieu est un homme qui semble connaître son métier, encore qu'il soit difficile de juger un talent qui s'est exercé sur un timbre-poste. Je pense qu'il sera capable de diriger le vrai journal.

– Oui. Il dépense un peu trop d'argent à mon gré, mais il n'y a pas beaucoup d'autres rédacteurs en chef qui le valent en ce moment à Paris. Il va devoir élargir son équipe, trouver de bons reporters pour ne pas se faire trop distancer par *Le Parisien libéré* où Bellanger a réuni une rédaction de qualité, trop bonne pour un journal de concierges, disent certains. Mais c'est lui qui a raison. Le vieux Léon Bailby m'a appris jadis qu'il ne fallait jamais mésestimer ses lecteurs. Retenez ce conseil, Adrien, pour le jour où vous dirigerez un journal.

– Pourquoi voulez-vous que je dirige un journal ? J'en serais bien incapable. Mon métier est la publicité.

– Je disais cela comme ça. Je vous vois mal, tel que j'ai pu vous juger, vous contenter toute votre vie de négocier des placards de publicité. Un jour viendra où vous aurez envie de jouer avec un journal, d'avoir l'impression d'influer sur l'opinion, de jouir du plaisir d'entendre un homme politique important vous demander un service, pour son parti ou pour sa petite amie. C'est grisant, vous savez, l'influence d'un quotidien !

– Un jour, peut-être... je ne dis pas. Mais je vous assure que cette perspective ne figure pas dans mes objectifs. Et vous, cher Roger, qui me faites miroiter les joies du pouvoir, n'avez-vous jamais eu envie de diriger plutôt que d'administrer ?

– J'aurais aimé, mais avant la guerre c'était impossible. Les journaux appartenaient à des familles, à des groupes puissants. La chance était nulle de vouloir concurrencer *Le Petit Parisien, Le Matin* ou *Le Journal*. Même un milliardaire comme Coty s'est cassé les reins avec son *Ami du peuple*. Je parle évidemment des grands quotidiens nationaux, non des feuilles éphémères, politiques ou financières, tirant à quelques milliers d'exemplaires. Seul un homme qui ne disposait pas de gros capitaux a réussi : c'est Jean Prouvost, qui a monté *Paris-Soir* à plus de deux millions d'exemplaires. Mais c'était un génie. Pour inventer le journalisme moderne, il a acheté pour trois fois rien deux quotidiens en perdition, *Paris-Midi* et *Paris-Soir*. Il a investi son talent et Béghin, le fabricant de papier, le capital. En quelques années ils se sont retrouvés propriétaires d'un titre prestigieux...

– Et aujourd'hui ? Ce qui était impossible est-il devenu réalisable ?

– Pas maintenant. Comme vous le savez, dans un louable souci d'assainissement de la presse et selon les principes définis durant la Résistance le droit de publier les journaux n'a été accordé qu'aux grands réseaux ayant imprimé et diffusé la presse clandestine. La propriété de chaque journal est donc diluée entre de nombreux anciens résistants qui ne possèdent chacun qu'une petite partie du capital. C'est le cas du *Gaulois* comme du *Parisien libéré*.

– Et vous croyez que ce système, régi par une loi, peut un jour être modifié ?

– Mon cher, votre entreprise personnelle, la régie publicitaire que vous avez habilement accaparée, ne prenez pas cela en mal, est la preuve qu'à terme, à court terme même, les entreprises de presse redeviendront des entreprises commerciales. Comme avant. Peu à peu, l'idéal de la Résistance laissera la place aux agissements des plus malins qui s'approprieront la majorité dans les meilleurs titres et en même temps les dépouilles des anciens journaux interdits... Quelque chose vous choque dans ce que je viens de vous dire ?

– Oui et non. Je ne peux pas m'empêcher de me sentir concerné. C'est vrai que la régie est un début de conquête, mais vous...

– Oui, je me suis prêté à votre jeu que j'aurais pu faire échouer. Un peu par admiration de votre habileté. Il m'intéressait de savoir jusqu'où vous pouviez aller. Et bien sûr par intérêt personnel. Vous avez eu l'intelligence de comprendre que vous ne pouviez rien faire sans moi. Et si ce n'avait pas été vous, si ce n'avait pas été moi, cela aurait été quelqu'un d'autre. Jusqu'à nouvel ordre, les intérêts du journal sont sauvegardés, vous allez mieux que personne développer sa publicité et lui permettre de prospérer.

– C'est passionnant de parler avec vous, monsieur Lavigne. Vous avez dit « jusqu'à nouvel ordre », pourquoi ?

– Parce que vous pouvez déraper en voulant aller trop vite et vous faire virer par le conseil. Je vous imagine impatient et cela est dangereux. Vous me payez pour que je vous donne des conseils ? Eh bien ! je vous dis : demeurez sagement dans votre pré, broutez l'herbe publicitaire, emmagasinez toutes les réserves de foin que vous pourrez mais ne mettez pas la charrue avant les bœufs et ne montrez pas prématurément des intentions expansionnistes. Un coup d'Etat est toujours possible, mais il ne doit pas rater.

– Vous faites allusion à une prise éventuelle du pouvoir. Toujours votre idée de me voir diriger un jour *Le Gaulois* ?

– C'est le cas extrême. Mais vous pouvez commettre bien d'autres erreurs en cours de route. J'essaierai de vous aider à les éviter.

– Monsieur Lavigne, je me demande si vous êtes le diable ou mon ange gardien !

– Pourquoi pas les deux ?

Les Anthelme et les Garmond se voyaient moins souvent. Nulle brouille ne les avait séparés, mais Marie-Christine était occupée avec son deuxième bébé et Anna, qui n'arrivait pas à avoir le sien, se sentait frustrée. Elle rendait plus rarement visite à son amie. Les hommes eux aussi étaient moins libres. Adrien travaillait dès neuf heures le matin et n'avait plus le temps d'échanger avec Garmond d'interminables conversations téléphoniques. Quant à l'agrégé, s'il avait abandonné le lycée, il donnait toujours quelques cours à l'Ecole polytechnique et, surtout, consacrait presque tout son temps à Gallimard et à la rédaction de son second roman. Grâce au succès de *L'Etoile filante* il s'était fait une place enviée dans le microcosme littéraire, son appartenance au comité de lecture de Gallimard donnant le coup de pouce à une notoriété de bon aloi.

Ce soir-là, pourtant, les deux hommes avaient arrangé un dîner, chez Marchessoy, peut-être le dernier, car le couple, qui avait si longtemps assuré l'ordonnance de leurs agapes, devait se retirer dans leur Auvergne natale, à Châteldon, où il tutoyait naguère M. Pierre et où elle avait cuisiné au temps de sa jeunesse pour Mme Laval. Si les Marchessoy avaient résisté à leur manière en refusant de servir les soldats allemands, ils avaient du mal à partager la haine de certains clients pour celui qui avait personnifié durant quatre ans la politique de collaboration.

– Les conditions abominables dans lesquelles s'est déroulé le procès de Laval et son exécution ont dû retourner nos amis, avait dit Anna à son mari. Tâchons d'éviter ce sujet inépuisable : Pétain et Laval ont-ils évité le pire ? N'ont-ils pas au contraire trop donné à l'occupant pour n'en recevoir que des concessions misérables ? J'aimerais ce soir que nous parlions d'autre chose !

Les quatre amis étaient trop heureux de se retrouver pour assombrir leur dîner en écoutant les considérations hésitantes des Marchessoy. Ceux-ci se bornèrent à déclarer, parlant de leurs concitoyens : « Les Auvergnats mettent souvent leurs qualités au service d'une tâche qui les dépasse, que ce soit leur ferme, leur village, même leur pays... »

Garmond trouva cette ellipse épatante et dit que les Marchessoy étaient des gens très bien, appréciation que personne ne contredit.

– Parle-nous de ton prochain livre, demanda Adrien. Pendant si longtemps j'ai tout su sur toi, maintenant je ne sais plus rien.

– Je te retourne le reproche. Que devient l'agence et où en sont tes projets mirobolants ? Mon livre ? J'ai encore une centaine de pages à écrire. Paulhan veut le sortir à l'automne, pour les prix. Je sais que je n'ai pas beaucoup de chances, mais puisque je suis entré dans le système, il faut jouer le jeu.

– Et le sujet ? C'est cela qui m'intéresse !

– Actuel. Mes personnages se débattent dans les drames de la fin de l'Occupation et dans le désordre.

– Je suis l'un de ces personnages ? Tu m'as souvent dit que ma vie ferait un roman.

– Non. Je prends un peu à chacun d'entre nous mais personne ne se reconnaîtra. Je m'occuperai peut-être de toi, mais plus tard, lorsque tu auras terminé ton parcours, quand tu seras parvenu à acquérir la puissance dont tu rêves. Au fait, où en es-tu ?

– Tout marche comme je l'ai prévu, j'ai franchi une étape capitale en obtenant la régie de la publicité du journal mais je laisse aller les choses tranquillement. Ah, si ! il y a du nouveau depuis quelques jours, on m'a proposé d'entrer au M.R.P. Ils cherchent des jeunes énergies pour dynamiser le mouvement que de Gaulle, son instigateur, trouve un peu vieillot avec ses « chevaux de bois qui ne pensent qu'à bavasser devant le micro ». Ce qui leur plaît en moi, c'est que j'ai été un collaborateur de Robert Quentin. On verrait assez bien dans cette citadelle du tripartisme les anciens militants de Libertés nouvelles rallier les « forces de progrès chrétiennes du M.R.P. ». Ce serait une caution pour l'aile gauche du parti.

Garmond avait semblé intéressé par la nouvelle vocation d'Adrien. Il avait flairé l'occasion de l'asticoter, ce qui, il ne s'en cachait pas, lui procurait quelque plaisir.

– Ainsi te voilà dépositaire de la pensée chrétienne de Robert Quentin ! Il me semblait pourtant que les spéculations politiques et philosophiques étaient à l'époque le cadet de tes soucis. Voilà maintenant que tu es prêt à t'enrôler dans un parti ! Qu'est-ce qui te pousse vers le M.R.P. ?

– Robert Quentin aurait suivi la même voie. Je lui suis fidèle.

– Ne me raconte pas d'histoires. Tu dois avoir d'autres idées derrière la tête qu'un attachement aussi subit aux doctrines de Libertés nouvelles. Veux-tu faire une carrière politique ? Devenir député, ministre ? Cela me semble surprenant, mais après tout...

– Aujourd'hui, la politique est partout, cela m'intéresse de m'introduire dans ce milieu vivant, étrange, un peu louche... Je crois que je pourrais en tirer quelques avantages pour mes affaires. La presse, tu sais, attire le politique comme l'aimant la grenaille !

– Voilà ce que je voulais entendre.

– Tu ne m'as pas entendu dire que je voulais être député. Si, comme tu le crois, je rêvais de puissance, ce n'est pas dans le foutoir de la Chambre que j'irais la chercher. La force, l'influence, je les gagnerai dans l'ombre, sûrement pas en devenant l'esclave de mes électeurs !

– Très bien, Adrien. Tu n'as pas trop de scrupules mais tu raisonnes juste. Je te retrouve cynique mais attachant, truqueur mais respectueux des règles, bref égal à toi-même et comme on t'aime !

– Que devient votre mère, et M. Lévy que vous aviez mis à l'abri à la campagne ? demanda Anna, désireuse de changer de conversation.

– C'est une jolie histoire, tiens, Garmond, à mettre dans un roman ! Figurez-vous que Lévy, devenu par mes soins Pierre Parsec pour le sauver des nazis, a commencé par remplacer le secrétaire de mairie de la commune des Bézards fait prisonnier. Et il a été élu dans la foulée conseiller municipal. Aujourd'hui, il est quelque chose comme l'expert-comptable du canton. Il a acheté une petite maison dans le coin. Ils sont si heureux qu'ils ne veulent pas revenir à Saint-Maur. Ils s'occupent aussi de la gestion de l'exploitation agricole de mon beau-père. Il paraît qu'ils réussissent à limiter les pertes et la famille est ravie.

– C'est vrai que c'est une belle histoire, dit Garmond. Elle montre en tout cas que le pur bonheur n'est parfois séparé de la détresse que par un fil. M. Lévy aurait pu périr à Auschwitz, il fait partie de l'élite de sa commune, et ta mère, dont l'existence a été toujours si pénible, coule des jours heureux chez les lapins du Gâtinais. Sans la guerre, ils continueraient tous deux à s'ennuyer entre les murs de leur pauvre logement !

– Tu ne vas tout de même pas faire l'éloge de la guerre ?

– Non, mais je constate qu'elle a, comme tous les cataclysmes, changé souvent les donnes. Sans la guerre, serais-tu, Adrien, en passe de devenir riche et puissant ? Camus serait-il devenu le grand Camus ? Et Sartre ne serait-il pas resté un brillant professeur de philo estimé de ses confrères ?

– Comment a-t-on pu se passer de toi si longtemps ? demanda Marie-Christine. De tes sarcasmes, de tes paradoxes, de ta chasse aux absurdités ? Sans toi, mon bon Garmond, je deviens bête, entre mes filles et mon mari régisseur !

Tout le monde rit. Marchessoy annonça que sa femme et lui resteraient encore au moins six mois aux fourneaux, ce qui rassura les quatre amis qui jurèrent de se retrouver bientôt. Chacun était gai, heureux comme au bon vieux temps. Seuls les soucis avaient changé. Aujourd'hui, Garmond se battait avec les personnages de son roman qui le poursuivaient jusqu'au milieu de la nuit, Anna maudissait le sort qui la privait d'enfant, Marie-Christine s'ennuyait. Adrien, lui, gardait son éternelle inquiétude : celle de ne pas se montrer à la hauteur en face des gens qu'il avait à convaincre, appréhension qu'il combattait par une épuisante assurance de façade. Il en avait pourtant appris des choses, il en avait fait des progrès depuis la première bicyclette de Manufrance ! Mais, comme il plaçait la barre plus haut, il lui était toujours aussi difficile de sauter. Et l'angoisse demeurait, qu'il s'était juré de vaincre un jour en s'affirmant un vrai gagneur.

Cette soirée de retrouvailles rasséréna Adrien qui savait bien que les nouveaux amis qu'il rencontrait au hasard de sa profession ou de la politique, et dont il inscrivait le nom et le numéro de téléphone sur son carnet d'adresses, ne pouvaient remplacer le couple fraternel Garmond-Anna associé depuis si longtemps à sa longue marche. Sans l'encouragement tacite de Garmond, il n'aurait pas pu continuer à assurer les multiples activités qu'il s'imposait et que réprouvait Marie-Christine, effrayée. Dans cet hiver terrible de 1945 où il était à peu près impossible de se procurer un sac de charbon, où l'électricité était coupée entre huit heures du matin et dix-sept heures, où les rations octroyées – cent cinquante grammes de viande et quatre-vingt-dix grammes de charcuterie par semaine – ne dépassaient guère celles de l'Occupation, Adrien se dépensait et jouait sur tous les tableaux qui s'offraient. La publicité, qui se développait et lui assurait des revenus inespérés, absorbait la majeure partie de son temps. Le reste était consacré à la politique et aux projets qui encombraient son cerveau fertile.

Un cousin de la famille Teitgen l'avait embarqué sur la nef du M.R.P. Il l'emmenait à des réunions qui lui rappelaient celles de Libertés nouvelles mais où il n'était pas rare de rencontrer et d'écouter parler un ou deux ministres d'hier ou d'aujourd'hui. Georges Bidault, par exemple, l'ancien président du Conseil national de la Résistance que de Gaulle avait encouragé à fonder le M.R.P., de Menthon, les Teitgen, Francisque Gay drôlement barbichu ou Robert Buron qui, maintenant, lui serrait la main à chaque rencontre et l'appelait « cher Anthelme ». De Gaulle, qu'on appelait toujours « le Général », n'assistait jamais à ces réunions mais, comme Dieu dans les familles croyantes, était omniprésent. Ses appréciations, ses désaveux, ses mots souvent féroces, ses colères étaient rapportés, étudiés et commentés. La formation d'un nouveau gouvernement tripartite – M.R.P., S.F.I.O., P.C.F. – avait suscité bien des controverses. L'opinion générale dans le mouvement était que le chef du Gouvernement provisoire, en place depuis la Libération, supportait de plus en plus mal le régime des partis. Certains parlaient même de sa démission.

Adrien suivait avec attention les tendances qui se dessinaient, les rivalités qui s'installaient, les jalousies qui perçaient. « Et encore, lui avait dit le cousin Teitgen, ils sont membres du même parti, alors vous voyez ce que peut donner un gouvernement tripartite ! »

Se pencher, même de loin, sur les mœurs des gens d'Etat n'avait fait que le fortifier dans son idée : pour se servir de la politique, mieux valait ne pas y jouer un rôle ostensible. Comment alors approcher ce milieu qui le fascinait ? Comment s'y ménager des appuis ? Il trouva la réponse en se remémorant un propos de Roger Lavigne : « C'est grisant, vous savez, l'influence d'un quotidien ! »

Un quotidien, il n'en était pas question pour l'instant, il fallait laisser le vieux *Gaulois* gagner tranquillement de l'âge et perdre en route ses gros actionnaires. Mais pourquoi pas un mensuel ou, mieux, un hebdomadaire ? Il se dit aussi que Jean Prouvost avait jadis acheté *Paris-Midi* et *Paris-Soir* pour trois fois rien. Bien sûr, il n'était pas Prouvost, mais pourquoi ne pas chercher, dans le nombre des périodiques issus de la Libération, un titre en difficulté ? Raymond Leblond allait se charger de ce travail. Il pourrait ensuite lui demander un projet pour transformer la feuille sans avenir en hebdomadaire prestigieux. Ce serait en tout cas, se dit-il, un bon moyen de savoir si Leblond avait de l'étoffe ou s'il n'était qu'un simple factotum dévoué.

Leblond trouva. Il étala un matin sur le bureau d'Adrien les quatre derniers numéros d'*Accord*, un hebdomadaire lancé dès les premiers jours qui suivirent la Libération par un groupe d'intellectuels résistants désireux de perpétuer en temps de paix la parution de la revue qu'ils avaient éditée durant la clandestinité. La tentative avait assez bien commencé. Plus littéraire et artistique que politique, le journal se flattait d'accueillir des signatures célèbres. Sartre et Simone de Beauvoir avaient envoyé des articles, Boris Vian, Raymond Queneau, Albert Camus, Pascal Pia, Pierre Corval et le R.P. Bruckberger avaient suivi, Marie-Laure de Noailles avait offert quelques poèmes. Et puis, les plumes connues s'étaient peu à peu envolées et le rédacteur en chef, Henri Poitou, avait de plus en plus de mal à trouver des auteurs de renom qu'il ne pouvait pas payer. Les mécènes eux aussi se raréfiaient et le bruit courait dans Paris qu'*Accord* devrait bientôt cesser sa parution.

– Je crois que j'ai découvert ce que tu cherches, dit Leblond. *Accord* a connu une certaine vogue et a gardé une notoriété. Il lui manque dix mille lecteurs et de l'argent frais. Le titre est à ramasser. Exsangues, les fondateurs n'en demandent qu'un franc symbolique, le règlement des dettes d'imprimerie qui ne sont pas importantes et le maintien en place du rédacteur en chef Henri Poitou.

Sans répondre, Adrien feuilleta les numéros, compta le nombre de pages, constata que la publicité était inexistante et réfléchit avant de donner son verdict.

– Raymond, tu as bien cherché et bien choisi. *Accord*

peut en effet servir de base de départ au journal que j'ai l'intention de lancer. Le franc symbolique, je suis d'accord, naturellement, les dettes, je demande un chiffre. Quant au rédacteur en chef, je n'en veux pas. J'en ai un sous la main qui travaillera avec moi sans regrets ni états d'âme. C'est toi ! Débrouille l'affaire, vois si nous pouvons garder le siège du journal et si l'imprimeur veut continuer avec nous. A partir d'aujourd'hui, cesse ton travail à l'agence et présente-moi dans dix jours un projet chiffré. Je veux qu'on récupère quelques grandes signatures, on les paiera. Te sens-tu assez fort pour tenter l'aventure ?

– Oui. Je te remercie de ta confiance. Je me mets au travail dès aujourd'hui.

Quand il fut sorti du bureau, Adrien pensa qu'il devait consulter deux personnes. Garmond... parce que c'était Garmond. Et Roger Lavigne parce qu'il savait ce qu'était un journal et qu'on pouvait se fier à son jugement. Comme il y avait longtemps qu'il voulait les faire se rencontrer, il les invita tous deux à déjeuner au Fouquet's sur les Champs-Elysées.

Contrairement à ce qu'il craignait, les deux hommes, si différents d'apparence, s'entendirent. Par chance, Roger Lavigne avait lu *L'Etoile filante,* sa femme aussi, et ils avaient apprécié le roman. Aucun auteur ne résiste aux compliments. Garmond trouva d'emblée beaucoup de qualités à l'administrateur du *Gaulois,* curieux de son côté d'entendre quelques confidences sur les éditions Gallimard et sur son discret comité de lecture.

– Je voudrais avoir vos avis, les seuls qui m'importent, sur un projet dont vous ne saisirez peut-être pas tout de suite l'intérêt mais qui me semble porteur d'avenir. Voilà : je veux reprendre le titre moribond d'*Accord* pour en faire un journal à la fois littéraire, artistique et politique. Pour moi, ce n'est pas une question de rentabilité, je sais que je laisserai des plumes dans l'aventure, mais j'y gagnerai de la respectabilité, à commencer par les encouragements de ma femme qui est agrégée de grammaire. J'y gagnerai aussi de l'influence dans le milieu politique par la qualité des hommes à qui je demanderai des articles. Alors, que pensez-vous de ma décision ?

Il y avait longtemps que Garmond n'était plus surpris par les projets d'Adrien. Il se dit que là, pourtant, il changeait de registre.

– Toi seul peux prévoir en quoi et comment un hebdo à la diffusion limitée, tout au moins au début, te sera utile un jour. Mais je te connais, tu as toujours su prévoir et cela t'a réussi. Je n'ai pas ce talent et ne peux te dire qu'une chose : si tu en as envie et si tu as confiance, vas-y ! Je te promets un article sur les diphtongues latines !

– Non, mais je compte sur toi pour la critique littéraire. Et vous, Roger, votre opinion ?

Lavigne finit le verre de bordeaux qu'il était en train de boire et sourit :

– Mon cher, je ne retirerai pas un mot aux propos que je vous tenais. Ce que j'ai dit pour *Le Gaulois* reste valable pour un hebdomadaire d'influence. Si vous vous y prenez bien, celui-ci pourra vous rendre de grands services, et il ajouta : Faites-vous les dents avec *Accord* en attendant de vous attaquer au *Gaulois*. Vous allez voir comme on prend vite goût au pouvoir de la chose imprimée. Mais assurez-vous de la qualité rédactionnelle de votre journal. Vous avez quelqu'un pour le diriger ?

– Oui, Raymond Leblond qui me seconde à l'agence et qui sera mieux à sa place à *Accord*. C'est lui qui m'a indiqué ce titre.

– Ne le prenez pas seulement parce qu'il fera tout ce que vous voudrez. Assurez-vous qu'il est capable. Et ayez de l'humilité : dites-vous bien que vous ne connaissez rien à la presse. On vous aidera. *Le Gaulois* pourra même vous imprimer !

Adrien accepta la leçon et fit acheter par la secrétaire à la librairie Le Divan tous les livres en rayons sur la presse et l'histoire de la presse.

Aidé par Lavigne pour la technique, guidé par Garmond dans le domaine littéraire, bien secondé par Leblond, excellent dans son rôle d'homme à tout faire,

Adrien traita promptement l'achat d'*Accord* malgré une exigence de dernière heure des propriétaires. Ceux-ci entendaient monnayer, hors contrat, l'autorisation de paraître, ce *nihil obstat* des autorités de la Résistance délivré aux groupes ayant publié un journal clandestin. C'était malin car, sans ce permis officiel, assorti d'un contingent de papier, *Accord* avec ses dettes et ses rares lecteurs ne valait pas un maravédis.

Adrien dut donc puiser davantage qu'il ne l'avait prévu dans les fonds de l'agence pour s'offrir son premier jouet d'homme arrivé : un journal. La ponction imprévue ne l'avait pas affecté, il avait toujours su investir dans les espoirs du lendemain.

Encore fallait-il employer raisonnablement cet investissement. Chacun s'y employa autour d'Adrien. Garmond, excité par la première entreprise de son élève à laquelle il s'intéressait, apporta deux articles constituant une solide caution intellectuelle au nouvel *Accord*, l'un de Jean Guéhenno, qui pouvait s'enorgueillir de n'avoir jamais publié une ligne durant l'Occupation, pas même un article sur Voltaire demandé par Drieu pour la *N.R.F.* ; l'autre de Jean-Paul Sartre lui-même, qui avait bien voulu se souvenir que Garmond avait été son cadet à Normale supérieure. Côté politique, Adrien avait choisi Bidault, gaulliste légendaire, Michelet, honnête homme emmerpéiste modéré, et Raymond Aron, connu pour son antigaullisme.

Tout cela, avec une interview au vitriol de Paul Léautaud et un portrait de Malraux, prince des salons de la rue Sébastien-Bottin, constituait un curieux mélange qui enchantait Garmond et ne déplaisait pas à Adrien qui avait toujours eu tendance à ménager la chèvre et le chou dans ses choix politiques, philosophiques et même patriotiques.

Le numéro un d'*Accord* était sur le point de paraître quand un événement considérable bouleversa le monde politique et surprit la France tout entière.

Le dimanche 20 janvier 1946, dans la soirée, le téléphone sonna chez les Anthelme. Adrien repoussa doucement Anne-Marie de ses genoux et dit à Marie-

Christine, qui lui demandait « Qui est-ce ? », qu'il ne le saurait qu'après avoir décroché.

C'était Garmond. Au ton de sa voix, Adrien sentit qu'il allait lui apprendre une nouvelle peu banale.

– As-tu écouté la radio ? Sais-tu ce qui s'est passé ?

– Mais non, parle !

– De Gaulle a démissionné. Il avait convoqué un Conseil des ministres exceptionnel. A midi, le gouvernement était au complet dans la salle des Armures du ministère de la Guerre[1]. Chacun se demandait ce qu'il faisait un dimanche matin dans ce lieu sinistre quand le Général, en uniforme, ce qui, dans le rituel gaullien, a sa signification, arriva, corps droit, visage fermé. Il a paraît-il serré la main à chaque ministre puis, debout, leur a déclaré en substance : « Ma mission est terminée. Le régime exclusif des partis et leur action au sein du gouvernement ne correspondent pas à l'idée que je me fais de la solidarité gouvernementale. Continuez à passer votre temps à vous manger la laine sur le dos, épousez les querelles de vos partis respectifs. Moi je me retire. Ma décision est irrévocable ! »

– Voilà la France sans de Gaulle ! dit Adrien. C'est difficile de réaliser une chose pareille. Il sera resté quinze ou seize mois à la tête du pays après lui avoir rendu son honneur... Tu vois, je n'étais pas un gaulliste forcené mais je crois que je vais le devenir.

– Considérons le bon côté des choses : c'est une chance de sortir notre premier numéro dans l'atmosphère de crise que ne va pas manquer d'entretenir le départ du Général. Seulement tes collaborateurs politiques devront réviser leur copie. Il faut qu'ils commentent l'événement. Au moins ils auront quelque chose à dire !

– Tu as raison, je vais m'en occuper dès demain matin. Mais tu ne m'as pas dit ce que tu penses de cette démission inattendue.

– Tu sais, même au temps de Quentin, la politique ne m'intéressait pas tellement. Alors maintenant... Je

1. De Gaulle, qui cumulait les fonctions de chef du Gouvernement provisoire et de ministre de la Guerre, résidait rue Saint-Dominique...

pense pourtant un peu comme toi : le Général m'est plus sympathique après avoir quitté les communistes, les socialistes et tes copains M.R.P. Tiens, je me demande comment ils vont tous réagir. Vont-ils abandonner le pouvoir et suivre leur fondateur ? Je parierais qu'ils vont le trahir !

C'est à peu près ce qu'ils firent. Le Général n'avait pas encore gagné le Pavillon de Marly où il avait décidé de se retirer en attendant que la vieille gentilhommière qu'il possédait à Colombey-les-Deux-Eglises soit en état de le recevoir avec Mme de Gaulle, que communistes et socialistes se disputaient le gouvernement et que le M.R.P. décidait d'apporter sa collaboration aux deux partis rivaux. Ainsi naquit le ministère Gouin lorsque les communistes eurent refusé d'introniser Vincent Auriol. Après la grandeur offusquée, c'était l'insignifiance papelarde. Le pays, toujours dans une situation économique désastreuse, s'interrogeait sur les raisons qui avaient poussé de Gaulle à s'en aller.

Le premier numéro remanié d'*Accord* tombait plutôt bien mais les résultats de vente s'avérèrent médiocres. Les Français s'intéressaient plus à leurs tickets de rationnement qu'aux déclarations des hommes politiques. Heureusement, Adrien avait prévu d'adresser *Accord* à tous les députés et sénateurs, ainsi qu'aux notables dont il avait lui-même dressé la liste.

– Si nous arrivons à vendre dix mille exemplaires en kiosque, je serai content, avait dit Adrien au comité de rédaction qui avait suivi la parution du journal. Ce sont les numéros offerts qui vont circuler dans les travées de la Chambre et du Sénat, dans les bureaux de ministères qui m'intéressent.

– Cela va coûter cher, remarqua Leblond.

– Cela m'est égal. Les bénéfices d'*Accord* ne se traduiront jamais en argent mais en plus-value... de considération. Le journal a été peu acheté mais il a été cité dans les revues de presse à la radio et dans les quotidiens. Grâce à lui, Adrien Anthelme va exister, existe déjà ! Il va d'abord nous aider à soutenir le Général. Car je laisse tomber le M.R.P. qui l'a abandonné, Bidault en particulier qui était le seul à pouvoir empêcher la formation d'un nouveau ministère !

– Je vois enfin où tu voulais en venir avec le rachat d'*Accord,* ironisa Garmond. Tu veux tenir une partie de la classe politique par des articles de faveur ou des commandes d'éditoriaux bien payés.

– Tu ne l'avais pas compris ? Ton manque de flair me déçoit ! rétorqua Adrien, piqué. (Il ajouta :) Est-ce que tu me lâches ? Si défendre de Gaulle t'est insupportable, je ne te retiens pas.

– Ne te fâche pas ! Bien sûr, je reste. Tu sais, il y a un peu du Général en moi : quand je voudrai m'en aller parce que ton gouvernement me paraîtra insupportable, je te le dirai !

– Dis-moi plutôt comment on juge l'événement chez Gallimard.

– Beaucoup croient que de Gaulle était sûr que la France ne pouvait se passer de lui et qu'on allait le supplier de rester au gouvernement. Malraux annonce pour le Général une traversée du désert. Quant à Mauriac, il fait dans le sublime. Je cite de mémoire : « Nous sommes à l'heure de Pilate. Nous nous retrouvons entre nous, entre gens de la même taille. Il n'y aura plus, à son poste de vigie, cet homme étrange qui n'est à la mesure de personne. » Il aurait pu ajouter que c'était cette grandeur qui avait fini par fatiguer les Français.

Le papier commençait à arriver en plus grandes quantités de Suède et de Finlande et les quotidiens pouvaient augmenter leur nombre de pages. Quand quelques rouleaux manquaient aux journaux riches, ceux qui avaient un fort tirage, ils s'adressaient aux petits qui n'utilisaient pas entièrement leur contingent et qui trouvaient dans ce marché le moyen de survivre. *Le Gaulois* faisait partie des grands, son tirage augmentait régulièrement. Vendu maintenant quatre francs, il gagnait beaucoup d'argent dont la plus grande part était investie dans l'installation mobilière et technique. On n'ignorait pas à l'état-major du journal que les commissions prélevées sur la publicité représentaient de jolis bénéfices mais personne ne se souciait d'en calculer le montant, à part Lavigne dont les intérêts étaient liés à ceux de l'agence. Tandis que les actionnaires se contentaient d'un modeste dividende, Adrien s'enrichissait discrètement.

Bref, l'économie du pays s'en allait à vau-l'eau, les Français grelottaient mais ils lisaient les journaux, et *Le Gaulois* prospérait dans le nouvel immeuble acheté rue Réaumur à un fabriçant de vêtements en faillite. Les affaires allaient si bien que, lors de sa dernière réunion, le conseil d'administration avait décidé que le président Magenta, Raoul Saulieu, promu directeur général, et René Lavigne bénéficieraient d'une voiture de fonction avec chauffeur. A la demande de Saulieu, une automobile avait été affectée au service des reportages.

Ces attributions somptuaires dont il était exclu en raison de la situation indépendante de l'agence donnèrent à réfléchir à Adrien. Lui dont les activités étaient multiples, qui courait à longueur de journée entre les agences de publicité, les sociétés d'annonceurs, le journal, la rédaction d'*Accord,* avait à l'évidence davantage besoin d'une voiture que la potiche présidentielle ou même Lavigne qui ne bougeait pas de son bureau. Seulement, s'il voulait une auto avec chauffeur, il fallait qu'il la paie. Globe-Publicité pouvait facilement assumer cette charge mais, curieusement, Adrien hésitait. Contrairement à ce que son assurance pouvait laisser croire, il ne s'était pas encore débarrassé de sa peau de pauvre. Elle lui collait aux os et rendait difficile sa mutation dans l'ordre des nantis. L'« auto-chauffeur » et sa symbolique capitaliste intimidaient l'ancien gosse de banlieue au costume rapiécé dont il conservait une photographie dans la poche secrète de son portefeuille. Adrien pensa que c'était là le genre de problèmes dont il devait s'entretenir avec sa femme. Si sa culture ne pouvait guère lui être utile dans les affaires qu'elle avait tendance à juger sur le plan moral, ce qui entraînait des désaccords, elle lui permettrait de l'aider à se débarrasser de ce respect humain qui encombrait ses pensées et gênait certaines de ses décisions.

Marie-Christine n'eut pas à faire appel à ses souvenirs de Sévrienne pour guérir Adrien de son complexe automobile. Pour elle, les choses étaient toutes simples.

Elle avait toujours vu son oncle Duchemin se balader dans une Hotchkiss conduite par un chauffeur et son père utiliser souvent les voitures de sa société.

– Voilà que le grand Anthelme a des scrupules ! On aura tout vu ! se moqua-t-elle. Ecoute, mon chéri, tu as deux questions à te poser. La première : ai-je besoin d'une voiture ? La seconde : ai-je les moyens de me l'offrir ? Si tu réponds oui deux fois, tu n'as pas à hésiter, fais-toi conduire. Tu gagneras du temps et tu sais mieux que personne que le temps c'est de l'argent. Enfin, et c'est ce qui va te déterminer : si tout le monde au journal a un chauffeur, tu auras l'air de quoi, toi, dans ta vieille Juvaquatre ? Ah ! je sais encore ce qui te tracasse : tu crains les moqueries de Garmond quand tu arriveras en traction noire chez Marchessoy et que ton automédon te demandera : « Monsieur a-t-il encore besoin de moi ? »

– Qu'est-ce que c'est que cet automédon ?

– C'était le cocher d'Achille dans Homère. Donc, Garmond piquera quelques banderilles dans ton épiderme de riche honteux. Tu riras et lui répondras qu'après avoir longtemps hésité entre le dernier modèle de bicyclette Manufrance et une Citroën de ministre, tu as choisi la traction avant. Va, lance-toi, prends la voiture et dis-toi qu'on ne prête qu'aux riches. Et puis, le chauffeur pourra aller chercher Anne-Marie à l'école !

Adrien eut presque en même temps sa Citroën qu'Anne-Marie baptisa « Roulotte », ce qui n'était pas valorisant, un chauffeur qui s'appelait Marcel et la rosette de la Résistance. Les membres du conseil d'administration du *Gaulois*, qui pouvaient tous revendiquer un passé honorable dans la clandestinité, avaient bénéficié d'une promotion spéciale du ministère de l'Information et Albert Bayet, l'ancien président de la Fédération de la presse clandestine, était venu lui-même épingler les médailles au cours d'une réception intime organisée dans le bureau du colonel. Le soir, Adrien avait emmené dîner les Garmond dans sa traction. Il conduisait et se perdit dans les rues de La Varenne et de Chennevières avant de trouver le restaurant qu'il avait choisi en bordure de la Marne : Le

Vieux Clodoche, dont les lumières, à travers les arbres de l'île d'Amour, l'avaient fait rêver au temps de sa jeunesse.

Le temps était beau, l'assistance choisie et la chère plutôt bonne pour ce genre d'auberge de luxe. Garmond n'avait fait aucune allusion à la traction et, ce n'était pas l'envie qui lui en avait manqué, s'était abstenu de toute taquinerie à propos d'une francisque oubliée. Au contraire, il avait chaudement félicité Adrien pour sa rosette.

– Tu sais ce que je pense des décorations mais, sincèrement, la tienne me fait plaisir.

Adrien avait parlé de ses projets.

– Je vais maintenant m'intéresser à loger la famille. L'appartement de la rue de Bourgogne est trop exigu avec les deux enfants. Je vais chercher une maison dans les environs de Paris, avec un grand jardin. J'ai besoin de respirer, de refaire un peu de sport. Tout cela est impossible actuellement. J'ai essayé d'aller courir au Champ-de-Mars, mais tout le monde m'a pris pour un fou ! Je voudrais habiter maintenant près d'une forêt et refaire du cheval. Quand je pense que je n'ai pas monté depuis la guerre, moi, un spahi !

– Et qu'en pense Marie-Christine ? demanda Anna.

– J'aime la campagne mais je ne saurais me passer de Paris. Je veux bien devenir une rurale, à condition qu'Adrien m'offre une petite auto. Il paraît que Renault va lancer une 4 CV épatante. Et toi, Garmond, tu ne songes toujours pas à t'acheter une voiture ? Ne serait-ce que pour venir nous voir en week-end aux Bézards.

– Je n'ai pas l'esprit mécanicien. Et puis, nous aussi nous voulons déménager et, à moins de décrocher le Goncourt, il nous faudra choisir entre l'auto et l'appartement. Tu connais le prix des reprises : un million pour trois tringles à rideaux !

– Tu sais que si tu as besoin d'argent... dit Adrien.

– Je sais et je te remercie, mais tu me paies déjà généreusement les quelques articles que je donne à *Accord* et nous vivons confortablement.

Accord, le mot était lancé, on en vint naturellement à la politique. Depuis la dernière rencontre, Georges

Bidault avait succédé à Félix Gouin à la tête du gouvernement et les gaullistes étaient passés dans l'opposition.

– Je remarque, dit Garmond, que si tu soutiens le Général, tu continues d'ouvrir les colonnes d'*Accord* aux traîtres du M.R.P. et même quelquefois aux socialistes.

– Je ne peux pas, dans ma position (Garmond tiqua aux deux derniers mots mais ne se manifesta pas), ignorer les partis au pouvoir. Mon cœur n'est plus au M.R.P. mais...

– Ta bourse y reste attachée !

En d'autres temps, la remarque cinglante de Garmond eût touché cruellement Adrien, mais l'élève suspendu aux propos du maître avait changé. Il sourit et continua :

– Dis plutôt mes intérêts, car il n'y a pas que l'argent. Encore une fois je ne veux pas mettre mes œufs dans le même panier. *Accord* n'aurait aucun avenir et serait inutile s'il devenait l'organe exclusif du parti gaulliste. Ce que je veux c'est qu'on dise en parlant de lui « le journal d'Anthelme », comme on le dira peut-être un jour du *Gaulois*. Mais là, il faut être patient !

La soirée finit dans les souvenirs, comme presque toujours quand ils se rencontraient. Plus que de la guerre qui lui semblait lointaine ou de la Résistance devenue médaille, Adrien aimait parler de sa jeunesse. Il redevenait alors le jeune garçon franc et sensible du bénédicité de La Varenne. Il avait les larmes aux yeux en rappelant le courage de sa mère qui s'exténuait à faire des lessives pour les autres, et expliquait comment ses doigts d'adolescent étaient blessés, là au-dessus des ongles, par la rugueuse toile de jute des sacs postaux qu'il chargeait dans les camions.

Et puis, ce soir-là, en versant la dernière goutte de Châteauneuf-du-Pape dans le verre d'Anna, il dit une drôle de chose :

– Saint-Maur est là tout près, de l'autre côté de la Marne. Je continue de payer le loyer du logement que ma mère n'occupe plus depuis qu'elle vit aux Bézards. Tous ses meubles sont restés en place, ils ne valaient pas le prix du transport... La table de la cuisine avec sa toile cirée à carreaux rouges est toujours là. Comme le lit-cage où j'ai dormi jusqu'à l'âge de seize ans et que maman repliait chaque matin comme un portefeuille pour faire de la place. Dans le placard où deux étagères m'étaient réservées, il y a encore des albums, des *Bicot* et des *Intrépide*... Et des jouets que j'ai oubliés... Un jour, mes amis, j'irai au rendez-vous de ma jeunesse et je rapporterai un peu de ce qui reste entre les vieux murs au papier peint décoré de roses...

Adrien leva son verre et retrouva son visage carré ridé de traits durs. L'image de l'enfance s'était évanouie. Il y eut un moment de silence. Personne ne posa de questions.

11

LA MAISON DE MANSART

1947-1951. *De Gaulle s'ennuie à La Boisserie – Vincent Auriol président de la République – Yves Montand chante* Les Poètes *et* A Paris – *Ramadier président du Conseil – Création du R.P.F. (Rassemblement du peuple français) par le général de Gaulle (810 000 adhésions en deux mois) – Plan Marshall d'aide à l'Europe – Robic gagne le Tour de France 1947 – Indépendance de l'Inde – André Gide prix Nobel – Line Renaud chante* Ma cabane au Canada – *Victoire du R.P.F. aux élections municipales – Mariage d'Elisabeth d'Angleterre – Robert Schuman chef du gouvernement – Mort du général Leclerc – Assassinat de Gandhi – Les Américains inventent le transistor – Coup de force communiste à Prague – Naissance de l'Etat d'Israël (14 mai 1948) – Rentrée d'Edith Piaf à l'A.B.C. – André Marie président du Conseil – Premiers Jeux Olympiques d'après-guerre à Londres – Harry Truman président des U.S.A. – Maurice Druon prix Goncourt pour* Les Grandes Familles – *Naissance de l'O.T.A.N. – Création de la République fédérale d'Allemagne – Rita Hayworth épouse Ali Khan – Fausto Coppi vainqueur du Tour de France 49 – Premier journal télévisé français – Adenauer chancelier – Mao président – Marcel Cerdan et la violoniste Ginette Neveu périssent dans un accident d'avion – Création de la R.D.A. – Nouveau ministère Queuille – Mort de Léon Blum – Débuts de la* *guerre de Corée – Baudouin roi des Belges – Au cinéma :* La Ronde *de Max Ophüls,* Sunset Boulevard *de Billy Wilder – Elections législatives du 17 juin 1951 : succès relatif du R.P.F. mais de Gaulle n'a pas la majorité, la IVe République continue.*

En ce début de l'année 1947, Adrien eut conscience qu'il lui fallait mettre de l'ordre dans ses affaires et dans sa vie. L'agence, qu'il tenait à bout de bras, aidé seulement par quelques jeunes publicitaires et deux secrétaires, se développait trop vite pour continuer à prospérer avec des moyens artisanaux. Il devait trouver des collaborateurs de niveau supérieur pour en assumer la direction administrative et l'animation technique. Alors, seulement, il trouverait le temps d'exploiter le potentiel d'*Accord* dont Raymond Leblond assurait la parution en travaillant douze heures par jour. Il se débrouillait très bien, Leblond ! Adrien se félicitait de son choix et versait à son ancien secrétaire un salaire bien supérieur au barème observé dans la presse. Moyennant quoi, avec le secret de son passé, il le tenait à sa merci. Le grand Anthelme avait acheté son premier esclave doré.

Pour l'agence, Adrien avait une idée : pourquoi ne pas essayer de retrouver André Rochard qui devait occuper une place sans intérêt dans une administration quelconque ? Il l'avait vu à l'œuvre, il connaissait son entregent et les relations qu'il devait avoir dans les ministères pouvaient être utiles. S'il lui offrait une place de directeur et doublait ses appointements, il y avait des chances pour qu'il lâche la fonction publique et accepte de devenir son collaborateur direct à l'agence. Adrien appela Leblond et le chargea de rechercher Rochard.

Il restait à trouver le publicitaire de talent, le créateur, l'artiste qui prendrait la responsabilité du studio. Il connaissait assez de monde dans les agences pour dénicher l'oiseau rare et le persuader de venir travailler à Globe-Publicité.

Une fois de plus, tout fonctionna selon ses désirs. Le 1er mars, Rochard quittait le ministère des Anciens Combattants et s'installait rue du Cherche-Midi. Les deux hommes avaient été contents de se retrouver. Le fonctionnaire raconta sa terne rentrée dans la vie sans fantaisie des bureaux d'Etat, Adrien expliqua, sans trop insister, les étapes de sa réussite.

– Lorsque je vous ai rencontré pour la première fois à Vichy, seul, en train de vendre votre annuaire, dit Rochard, j'ai tout de suite constaté que vous étiez un type singulier, que vous étiez fait pour créer. Je vois que je ne m'étais pas trompé. Je serai heureux de travailler pour vous et peut-être de suivre votre exemple. La publicité me tente, bien sûr, mais je n'y connais rien.

– Vous apprendrez. Mais j'attends d'abord de vous une refonte de l'administration de l'agence. Pour l'instant, nous gérons des sommes importantes avec les moyens d'une épicerie de quartier. Je vous donne un mois pour me présenter un projet. Ah ! Vous constatez l'exiguïté et l'état de nos locaux. Essayez de trouver huit cents mètres carrés de bureaux sur les Champs-Elysées. A louer, naturellement. Pour la construction du building, on attendra un peu !

Ils rirent et Adrien proposa d'aller déjeuner chez Allard, le bon bistrot de la rue Saint-André-des-Arts, pour fêter les retrouvailles et le début d'une agréable et utile collaboration.

Et la maison dans les arbres ? Avec la crise du logement, c'était une gageure d'espérer la découvrir. Adrien décida de consacrer une journée entière à visiter les agences et de passer une annonce dans tous les quotidiens, sauf *L'Humanité*. Il fit chou blanc mais se dit qu'un Adrien Anthelme ne renonce jamais. Leblond fut chargé de continuer les recherches.

L'abondance des nouvelles, la crise économique et politique française, la guerre de Corée qui prenait l'allure d'un conflit international, les échos de l'étranger toujours plus menaçants, les changements de ministères à répétition... tous ces signes fâcheux expliquaient l'inquiétude des Français et sans doute la prospérité des grands journaux. Même *Accord* trouvait des acheteurs ; pas assez pour équilibrer le budget, mais tout de même, cela faisait plaisir à Adrien d'apprendre que plusieurs milliers de Français l'achetaient chaque semaine dans les kiosques et chez les marchands. Considéré comme périodique d'opinion, *Accord* était régulièrement cité dans les revues de presse, surtout depuis que l'ermite de Colombey, sortant de sa réserve, avait fondé le Rassemblement du peuple français. Adrien avait été l'un des huit cent dix mille gaullistes qui avaient adhéré au mouvement en moins de deux mois et *Accord*, malgré certains articles émanant de la majorité parlementaire, dont ceux de Bidault, était généralement tenu pour organe officieux du R.P.F. Un éditorial, surtout, avait fait sensation et avait été repris par *L'Etincelle*, le bulletin intérieur du R.P.F. :

La seconde libération, comme la première, se prépare dans la confusion inévitable et dans la douleur. En termes simples mais frappants, le général de Gaulle vient d'en déterminer les conditions aux secrétaires du Rassemblement du peuple français réunis pour s'entendre définir le rôle et le but de cette seconde France libre qui doit être le rassemblement des Français, présidé par l'Homme du 18 juin.

Il n'y a que les sourds qui ne veulent pas entendre et les aveugles qui ne veulent pas voir pour qualifier de « parti » le Rassemblement du peuple français, et de « factieux » le général de Gaulle.

Il était évidemment trop compliqué pour certains de penser qu'en créant la France libre pour libérer le territoire Charles de Gaulle n'avait rien de Guillaume le Conquérant. Il est encore moins compliqué d'imaginer aujourd'hui que le même Charles de Gaulle n'a rien d'un Boulanger.

La proclamation de la IVe République et la naissance du R.P.F. avaient réveillé le vieux lion. Sorti de sa tanière de Colombey, de Gaulle parcourait la France et fustigeait les dirigeants en place : « ... On a pris l'habitude d'habiter des palais, d'avoir des huissiers pour ouvrir les portes et d'utiliser des téléphones. Mais la République, ce n'est ni des palais, ni des huissiers, ni des téléphones. La République, c'est le peuple ! »

Après un moment de flottement, André Malraux s'était résolument rangé aux côtés du Général. Lui aussi s'exprimait par paraboles : « Le R.P.F. c'est la Résistance, la Troisième Force c'est Vichy, le communisme c'est l'ennemi ! »

Piques permanentes, considérations goguenardes, prises de parole dans toutes les grandes villes agaçaient le Pouvoir qui sentait le danger grandir. Vincent Auriol élu premier président de la IVe République et Paul Ramadier nommé premier président du Conseil essayaient en vain, par émissaires interposés, de calmer le Général en lui demandant de ne pas porter atteinte au régime républicain. Mais la tension mondiale qui s'intensifiait, l'annonce que l'U.R.S.S. possédait la bombe atomique et les propos conquérants de Staline donnaient du grain à moudre au Général. Bien que Ramadier eût exclu les communistes de son gouvernement, les élections municipales amenèrent un raz-de-marée gaulliste. Sur quatre-vingt-douze chefs-lieux de départements, cinquante-deux avaient un maire élu sous le signe du R.P.F. Mais aux injonctions de De Gaulle réclamant, après ce triomphe, la dissolution, Ramadier répondait que seule comptait la majorité de l'Assemblée souveraine et que des élections municipales ne pouvaient bouleverser l'équilibre constitutionnel. La IVe République continuait, le Général ne rentrait pas dans le rang, mais il devait marquer le pas.

La cuisine parlementaire, épicée par la discorde accrue entre les partis, avait fini par empoisonner le règne du malheureux Ramadier, contraint de démissionner pour laisser la place à Robert Schuman, un M.R.P. qui avait gardé les faveurs d'Adrien et que la rédaction d'*Accord* avait pour consigne d'épargner.

La confusion politique convenait d'ailleurs assez bien au caractère retors et versatile d'Adrien. Dans la mesure où ses affaires n'en souffraient pas, la pagaille lui permettait de distribuer chaque semaine ses bons points ou ses mauvaises notes. Un simple coup de téléphone à Raymond Leblond, et tel ou tel ministre, ou député, était loué ou épinglé. Ces appréciations n'avaient pas de vraies conséquences mais elles donnaient à Adrien l'impression de jouer un rôle politique. Elles n'étaient du reste pas complètement innocentes, car personne n'aime voir imprimer des propos désobligeants sur son compte.

A Garmond qui lui demandait s'il trouvait du plaisir à jouer le pion de la classe politique, il répondit :

– Un peu, mais cette pratique me fait surtout connaître de mes amis et de mes ennemis. Elle me permet aussi de transformer l'un et l'autre en son contraire. Cela peut entrer dans une stratégie !

Vers la fin du mois de novembre, Adrien constata en lisant la presse que les quotidiens accordaient une place de plus en plus importante au prochain mariage d'Elisabeth, princesse de la Couronne britannique, avec Philip, duc d'Edimbourg, marquis de Milford Haven. Comme les chevaux et les chiens, princes et duchesses l'avaient toujours fasciné. Cela faisait sourire Marie-Christine qui disait : « Tout le monde l'ignore mais j'ai un mari fleur bleue ! » Lui pensait à ce qu'il ferait sur le sujet s'il dirigeait *Le Gaulois*. Un reportage radiophonique écouté en se rasant le décida à s'intéresser à l'événement en fonction de ses possibilités. Sans attendre, il appela Raymond Leblond au travail, lui, depuis longtemps.

– Raymond, où en est le journal ?

– Presque terminé, on boucle demain soir.

– Balance tout. On va faire un numéro spécial entièrement consacré au mariage de la princesse Elisabeth.

– Mais l'interview de Malraux ? Et l'article de Soustelle ?

– Ils seront aussi intéressants, ou aussi inintéressants, la semaine prochaine. Je veux un numéro avec beaucoup de photos, des grandes légendes et quelques articles que tu commanderas à des spécialistes.

– Bon, très bien, mais permets-moi de te faire remarquer qu'*Accord* est un hebdomadaire politique et un tout petit peu littéraire. Tu ne crois pas...

– Je crois qu'on peut, une fois de temps en temps, foutre la paix aux lecteurs avec la politique. Fais ce que je te dis et apporte-moi cet après-midi la maquette de la première page.

Leblond était dressé pour donner éventuellement son avis et, ensuite, exécuter sans murmure l'ordre du patron. Il avait dit ce qu'il pensait, maintenant il obtempérait :

– Entendu, Adrien. A cet après-midi.

C'est ainsi qu'*Accord* parut cette semaine-là avec en couverture un gros plan des fiancés royaux, les autres pages étant remplies d'articles et de photos consacrés à la famille royale.

Les officiels qui recevaient un service gratuit du journal furent surpris. Mais le plus étonné fut Adrien quand on lui annonça le lendemain de la mise en vente que tous les numéros s'étaient vendus comme des côtelettes un jour sans viande et que, surprise inouïe, il n'y aurait pas de bouillon[1].

Comme tout le monde le félicitait de son flair journalistique, il fit le modeste et dit :

– C'était un unique essai. Dès la semaine prochaine, *Accord* reprend sa formule habituelle.

Peu après ce coup d'éclat, la secrétaire d'Adrien l'informa qu'une agence immobilière proposait une propriété « genre historique » à Chantilly et qu'André Rochard avait découvert trois étages de bureaux sur les Champs-Elysées, entre George-V et l'Etoile. Il n'eut pas besoin de réfléchir longtemps pour comprendre qu'il ne pouvait, malgré des prêts bancaires, traiter ensemble les deux opérations. Il fallait choisir. Prévenue par un coup de téléphone, Marie-Christine trancha en disant que Chantilly était beaucoup trop loin de Paris. On déménagerait donc d'abord l'agence, ce qui était la voie du bon sens.

Adrien et Rochard se firent conduire sans attendre aux Champs-Elysées pour inspecter les lieux avant de discuter les conditions de la transaction. L'immeuble était bien situé et, malgré les poutrelles de métal apparentes – Adrien eût préféré de la pierre de taille, plus bourgeoise –, il présentait de nombreux avantages.

1. Invendus retournés à l'éditeur par les dépositaires.

Seuls les murs étaient à repeindre et la moquette à changer. Pour le reste, la distribution des bureaux, qui avaient abrité une société de cinéma en faillite après avoir eu son ère de prospérité sous l'Occupation, convenait à l'installation de Globe-Publicité.

– Qu'en pensez-vous ? demanda Adrien.

– On ne trouvera pas mieux dans le quartier. Voulez-vous me laisser traiter l'affaire ou vous en charger ?

– Vous réussirez mieux que moi. Sauf lorsqu'il s'agit de publicité, je ne suis pas un bon négociateur. Allez voir le notaire et tenez-moi au courant.

L'agencement des étages et le déménagement procurèrent à Adrien un plaisir presque aussi vif que lorsqu'il avait quitté le deux-pièces cuisine prêté par Duchemin rue de la Grande-Chaumière pour reprendre les locaux de Publimage rue du Cherche-Midi. Il se sentait rajeunir en commandant pour l'agence une enseigne lumineuse aussi large que l'immeuble, un globe terrestre scintillant qui ferait pâlir de jalousie les néons voisins. Il avait aussi parfois des idées bizarres ou qui semblaient bizarres à ceux qui le connaissaient peu, par exemple le rigide Rochard qu'il emmena un jour, toutes affaires cessantes, en pèlerinage rue de la Grande-Chaumière.

– Je voudrais m'assurer de quelque chose, avait-il dit simplement.

Adrien fit arrêter la voiture devant le numéro 8. Les deux fenêtres du premier étage voilées de rideaux ne révélaient rien de l'identité des locataires.

– Montons, dit Adrien qui ajouta : Gauguin a habité cette maison. Duchemin, qui en était le propriétaire lorsque je m'y suis installé, m'a même assuré que mes deux pièces du premier lui avaient servi d'atelier.

– Puis-je vous demander ce que nous allons faire ? questionna Rochard.

– Je vais essayer d'acheter la porte, répondit Adrien, aussi naturellement qu'il aurait dit : « Je vais acheter des allumettes », et sans s'apercevoir de l'étonnement de son ami.

La porte qu'il avait repeinte à l'époque en marron était restée en l'état. Son successeur n'avait même pas changé la serrure.

– Ouf ! Je suis soulagé ! s'écria Adrien. Elle est toujours là. J'espère qu'il y a quelqu'un. Ah ! Je vous ai laissé traiter pour l'immeuble, mais là, il s'agit de choses sérieuses, je vais m'en occuper moi-même.

Il sonna. Une femme d'une trentaine d'années, un bébé dans les bras, vint ouvrir, étonnée de se trouver en face de deux messieurs bien habillés qu'elle n'avait jamais rencontrés. Craintive de l'inhabituel, comme tous les gens simples – Adrien pensa que sa mère aurait eu la même réaction –, elle demanda :

– Que voulez-vous ? Vous ne venez pas, j'espère, m'annoncer une mauvaise nouvelle ?

– Pas du tout, madame. Ma demande va vous surprendre mais elle n'a rien de désagréable.

– Alors entrez, ma petite fille n'a pas fini son biberon.

Adrien eut un petit coup au cœur en retrouvant le lieu où avait débuté la grande aventure de sa vie. Là où était autrefois son bureau se trouvait un fauteuil transformable. Quelqu'un devait dormir dans cette pièce meublée d'une table et d'un buffet en chêne clair bien encaustiqué. Il était à la fois dans son ancien bureau et dans le logement de Saint-Maur. Comme la femme attendait qu'il explique ce qu'il était venu faire chez elle, il sortit du songe où l'avait plongé ce double voyage dans le temps :

– Madame, je dois d'abord vous dire que je vous ai précédée dans ces murs. Votre logement a été mon premier bureau. J'y ai créé une modeste agence de publicité devenue aujourd'hui importante : nous nous installons dans un grand immeuble des Champs-Elysées. Mais je n'ai pas oublié mes débuts et je voudrais en conserver un témoignage dans ma nouvelle installation. Alors, j'en viens au but de ma visite : voulez-vous me vendre votre porte d'entrée afin que je l'installe près de mon bureau, à un endroit où je la verrai plusieurs fois par jour ?

La jeune femme ne comprenait rien à la demande folle de ce monsieur qui semblait pourtant jouir de sa raison. Pour se donner une contenance, elle fit couler quelques gouttes de lait sur le dos de sa main, comme pour s'assurer que la tétine n'était pas bouchée. Enfin, elle dit :

– Mais, monsieur, nous ne pouvons pas rester sans porte ! Mon mari n'aimerait pas !

– Il va de soi, madame, que votre porte sera remplacée par une neuve le jour même où nous démonterons l'ancienne. Et je vous dois naturellement un dédommagement. Je vous propose la somme de trois mille francs pour vous et aussi deux mille francs pour votre charmante petite fille. Comment s'appelle-t-elle ?

– Josyane. Elle a huit mois.

– C'est un très joli nom. Alors, je vous propose que vous parliez à votre mari de ma proposition. Je vais vous laisser un numéro de téléphone où il pourra m'appeler pour me donner sa réponse.

Adrien avait bien manœuvré. Il était content de lui. Pourtant, sa dernière phrase était de trop.

– Il n'est pas nécessaire que je consulte mon mari, dit tout de suite la jeune femme. Votre proposition est curieuse mais généreuse. Faites-moi simplement savoir quel jour vous viendrez procéder à l'échange des portes.

En redescendant, Adrien constata que la troisième marche craquait toujours lorsqu'on mettait le pied dessus. Dieu sait pourquoi, cela le fit jubiler.

Dans la voiture, André Rochard ne put s'empêcher d'exprimer sa stupéfaction :

– Décidément, vous m'étonnerez toujours !

– Mes amis, même ma femme, me supportent parce que je les étonne. Mais je sais aussi réserver des surprises à mes ennemis ! Maintenant il va falloir savoir où nous allons la mettre, cette foutue porte !

La porte marron trouva sa place sur le palier du second étage, là où s'ouvrait le double vantail capitonné qui menait au bureau d'Adrien Anthelme. Celui-ci avait tenu à ce qu'on y pose la pancarte Globe-Publicité qui figurait rue de la Grande-Chaumière et qu'il avait emportée rue du Cherche-Midi.

L'emménagement de Globe-Publicité aux Champs-Elysées marquait un tournant important dans la carrière d'Adrien Anthelme. Il le savait et tout le monde autour de lui en était conscient, ne serait-ce que par son changement d'attitude envers les gens qu'il employait. Il avait passé le gué, difficilement, et maintenant qu'il était sur la bonne rive il pouvait se libérer, diversifier son activité débordante, laisser son autorité naturelle se manifester.

Seules quelques personnes échappaient à son bon plaisir souverain : André Rochard dont il avait besoin et qu'il savait assez indépendant pour ne pas subir son despotisme, Marie Quentin à qui il avait confié un poste important à l'agence et dont il respectait le nom plus qu'elle-même, les membres du conseil d'administration du *Gaulois* qu'il était encore contraint de ménager, et naturellement Garmond et Anna qui faisaient partie de la famille et n'entraient pas dans sa sphère autoritaire. Restait Raymond Leblond qui avait un statut à part dans la galaxie anthelmoise : il le surpayait pour le contraindre à se tuer à la tâche. Quant à ses rapports avec la classe politique, ils demeuraient ce qu'ils avaient toujours été : fluctuants, chaleureux ou méprisants, toujours intéressés.

C'est Rochard, qui avait des accointances dans la plupart des cabinets ministériels, qui lui apprit la nouvelle :

– Adrien, j'ai une information qui vous fera plaisir : vous allez avoir la Légion d'honneur. Toutes mes félicitations.

– Mais je n'ai rien demandé !

– Cela montre qu'on honore encore des gens pour leur seul mérite.

– Je me doutais que le ruban rouge me serait un jour décerné et ne croyez pas que je fais la fine bouche. Je suis très content. Mais puis-je vous demander comment vous avez appris ma nomination ?

Rochard comprit qu'Adrien souffrait dans son orgueil de n'avoir pas été prévenu personnellement par le ministre. En fait, il ne savait même pas quel ministre avait pensé à le décorer.

– Vous savez bien, Adrien, que j'ai des antennes dans les ministères. Cela fait partie, je crois, de mes attributions.

Il avait souri en disant cela. Sa satisfaction d'avoir

montré qu'il devait être traité avec égard n'avait pas échappé à Adrien. Celui-ci dissimula son irritation et, curieux, demanda :

– Et à qui dois-je cette Légion d'honneur ?

– A Coste-Floret.

– Cela vient de l'Information, c'est bien, je suis un homme de communication.

Le tirage du *Gaulois* frisait maintenant les quatre cent mille exemplaires, les tarifs de publicité montaient et le magot d'Adrien prenait de telles proportions qu'il devenait urgent de l'investir. Grâce à Roger Lavigne, entremetteur précieux, il racheta cinq cents actions du *Gaulois* à Pierre Férié, un notaire ami de Raoul Saulieu qui s'en était rendu propriétaire à la Libération sans plus s'en préoccuper. Le prix qu'il en demandait était considérable par rapport au montant de l'achat mais les actions du *Gaulois*, sans être cotées en Bourse, valaient maintenant une fortune. Adrien paya et remarqua la réticence de certains membres du conseil quand l'aval leur fut statutairement demandé. Le fait de devenir le plus gros actionnaire de la société ne lui donnait aucun droit puisqu'il n'était pas majoritaire, mais constituait un premier pas vers la conquête du journal qui demeurait son objectif premier. Quand l'affaire fut traitée, Roger Lavigne fut invité à déjeuner chez Maxim's, un bien mince remerciement s'il n'avait pas trouvé sous sa serviette une enveloppe contenant un chèque au porteur de deux millions de francs. La veille, Adrien avait répondu à André Rochard qui lui demandait comment il avait réussi la transaction :

– Mon cher, ce n'est pas à vous que j'apprendrai que tout est à vendre. Il suffit de pouvoir y mettre le prix.

Il ne lui dit évidemment rien de la part prise par Lavigne dans l'opération.

– Je pense que cet achat en annonce d'autres qui vous donneront tous pouvoirs au *Gaulois*, continua Rochard.

– Le contraire vous étonnerait mais cela sera plus difficile qu'on ne pourrait le croire. Il me reste à espérer que des actionnaires auront besoin d'argent ces temps prochains ! Je vous parais cynique ?

– Non, mais vous êtes passionnant à voir vivre et

agir. J'aime bien travailler pour vous. Et Havas ? Allez-vous finalement décrocher la présidence ? J'ai appris à Matignon que vous étiez bien placé mais la décision n'a pas encore été prise.

– Il serait assez juste de me nommer. Pendant la guerre, j'ai travaillé avec Albert Bayet et Bellanger sur la constitution d'une grande agence nationale qui ne serait pas inféodée aux grandes puissances d'argent.

Rochard n'était pas assez libre avec Adrien pour lui demander s'il ne représentait pas déjà lui-même une puissance d'argent.

•

La remise de la Légion d'honneur à Adrien Anthelme se déroula au cours d'une réception organisée par Marie-Christine dans les jardins de l'Amérique latine, boulevard Saint-Germain. Il aurait préféré le grand salon de l'Horloge du Quai d'Orsay, mais le cabinet du ministre avait fait comprendre à Rochard, prié de s'entremettre, que le protocole s'y opposait.

– Très bien, avait dit Adrien. Je me passerai des palais nationaux et louerai un salon... Mais donnez-moi, Rochard, le nom du chef de cabinet. Quant au ministre qui choisit si mal ses collaborateurs, je vais demander à Leblond de ne pas citer son nom pendant six mois.

La cérémonie fut d'ailleurs réussie et, comme il faisait beau, plus agréable pour les invités que si elle s'était déroulée sous les ors du Quai d'Orsay. Adrien avait sélectionné avec minutie ceux qu'il avait jugés dignes d'assister à son triomphe. En dehors de la famille, de Mme Quentin, de ses principaux collaborateurs et naturellement des Garmond, ses invités appartenaient presque tous au monde politique. La cérémonie elle-même fut classique : Paul Coste-Floret fit semblant d'improviser le discours que lui avait préparé un attaché de cabinet, Adrien lut le bouquet de remerciements que lui avait cueilli Rochard. Le reste était une affaire de sandwiches, de petits fours et de champagne. Le grand Anthelme avait gardé sa croix épinglée au revers de son costume bleu marine, sa lippe boudeuse habituelle faisait place à un large sourire. Il allait de groupe en groupe, avait un mot aimable pour chacun : « Mon cher, il y a bien longtemps que votre signature n'a pas paru dans *Accord*. Envoyez donc un de ces vibrants articles dont vous avez le secret à Raymond Leblond. » Ou encore : « Votre intervention à l'Assemblée était remarquable. J'aimerais en parler avec vous. Accepterez-vous un déjeuner ? Ma secrétaire appellera la vôtre. » Plus loin l'état-major du *Gaulois* entourait Marie-Christine qu'Adrien présentait à tout le monde, s'arrangeant pour glisser qu'elle était agrégée de grammaire.

Le dernier invité parti, Adrien, fourbu, serait bien rentré se coucher, mais sa femme et Anna avaient arrangé un dîner chez Marchessoy. Le héros du jour se méfiait des réactions de Garmond mais celui-ci fut affectueux et parut vraiment heureux de la décoration de son ami.

– Qui aurait dit, alors que tu livrais *Libertés nouvelles* sur ta bécane grinçante, que tu recevrais un jour la Légion d'honneur ! Que de chemin parcouru !

– Tu m'as aidé beaucoup. Maintenant, il ne faut pas que je me laisse griser. Les succès sont trop faciles, je dois me méfier ! Quelquefois, je me dis que ce n'est pas normal qu'un ignorant comme moi monte aussi vite au mât de cocagne. Je fais en sorte qu'on ne s'aperçoive pas de mes insuffisances mais c'est fatigant. Ah ! Pour parler de choses plus gaies, je crois que Leblond m'a trouvé la maison idéale.

– Où ça ? J'espère que ce n'est pas loin et que Marie-Christine pourra venir souvent à Paris. Ne l'enterre pas dans un trou ! dit Anna.

– C'est tout près, à Maisons-Laffitte, en bordure de la forêt de Saint-Germain. Mais vous, mes enfants, cherchez-vous toujours un appartement ? Nous avons pensé, Marie-Christine et moi, que lorsque nous partirons vous pourriez reprendre celui de la rue de Bourgogne.

– C'est gentil d'y avoir pensé, dit Anna, mais il faudrait que le propriétaire soit d'accord. Et qu'il n'en profite pas pour augmenter monstrueusement le loyer.

– Le propriétaire est d'accord : c'est moi. J'ai acheté l'appartement l'année dernière. Pour le loyer, Marie-

Christine m'empêchera d'assouvir mes instincts de logeur rapace !

La propriété de Maisons-Laffitte tenait plus de la gentilhommière que de la banale maison d'Ile-de-France. La pierre rosée sentait le passé, l'architecture la noblesse, les arbres du parc la force tranquille de la maturité. Adrien était ravi. Il relisait sans se lasser la notice qu'avait rédigée Marie Quentin après avoir enquêté sur place :

La propriété Le Prieuré s'étend sur une légère déclivité qui aboutit en bordure de Seine. Elle est située à un kilomètre environ de l'hippodrome et à moins de 1 500 mètres de la ville. Celle-ci compte environ 23 000 habitants nommés des Mansonniens ou des Maisonnais.

Le Prieuré jouxte le domaine du château construit de 1642 à 1651 par Mansart dont il constitue l'une des œuvres les plus représentatives. Votre maison elle-même porte indiscutablement la marque de l'architecte de Louis XIV qui, dans cette œuvre mineure, a su infléchir les principes classiques vers la grâce et l'élégance.

Historique. *Le château, et donc probablement sa dépendance Le Prieuré, furent édifiés pour l'influent René de Longueil, président au parlement de Paris. Le roi y avait « droit de gîte ». Le château accueillit Louis XIV, Louis XV, Louis XVI et le futur Charles X, le comte d'Artois qui l'acheta avant la Révolution et construisit l'hippodrome. Nouveau propriétaire, le maréchal Lannes y reçut Napoléon. Le richissime banquier Jacques Laffitte acheta le château et ses terres en 1818. Ruiné, il morcela, hélas, le parc. Le Prieuré fit partie de ce lotissement de luxe mais demeura indépendant parce que situé en retrait.*

Ainsi Adrien Anthelme allait-il devenir propriétaire d'un morceau de l'histoire de France ! Certes, il n'achetait pas le château où Napoléon avait dormi, mais Le Prieuré en était tout proche. De la fenêtre du premier étage d'où il était venu en compagnie de Garmond admirer le paysage qui devait lui devenir familier, il pouvait imaginer le Roi-Soleil, suivi par la cour, se promenant sous les grands chênes. Peut-être même s'était-il reposé sur le banc de pierre rose qu'on apercevait un peu plus loin. Soudain pensif, il questionna Garmond :

– Ne crois-tu pas que je vais faire une bêtise ? Tout cela est trop beau pour moi. Ne suis-je pas atteint par la folie des grandeurs ?

Garmond hocha la tête, comme il faisait toujours lorsqu'il réfléchissait, puis il dit :

– Ecoute, Adrien, on peut appeler cela l'ambition, l'arrivisme, la folie des grandeurs... mais ce n'est pas sur le choix de cette merveilleuse maison que je te chicanerai. Si j'avais envie de te faire la morale, mais je n'en ai plus envie, ce serait plutôt sur la façon dont tu as acquis la fortune qui te permet de l'acheter. Mais, enfin, tu n'as commis aucun crime, tu n'as pas ruiné de malheureuses familles, tu n'as volé personne. Tu n'as donc aucune raison de te punir parce que tu as été le plus fort, le plus malin, disons le mot, le plus intelligent. Alors, ôte-toi de l'esprit un remords que tu regretteras : achète cette maison. Des envieux te la reprocheront mais ils n'oseront jamais te le dire en face.

– Merci, Garmond. Tu ne peux pas savoir la joie que tu me fais en ne me jugeant plus comme tu l'as fait si longtemps.

– Qui t'a dit que je ne te jugeais plus ?

– Viens, mon bourreau, mon frère, nous allons rentrer...

Le déménagement eut lieu à l'automne. Marie-Christine s'en occupa, aidée par Anna et le chauffeur. Deux gros camions transportèrent les meubles jusqu'au Prieuré et il fut tout de suite patent qu'ils n'étaient pas assez nombreux pour occuper le quart de la place disponible. Les bergères en faux Louis XV et la table bouillotte nageaient dans le grand salon qui semblait avoir été vidé par un huissier intraitable. La malle de livres rapportée de la rue de Bourgogne suffisait à peine à remplir deux rayons de la bibliothèque.

– Adrien n'avait pas prévu qu'acheter un château est une chose mais que le meubler en est une autre, dit Marie-Christine à Anna.

– Cela a l'air de te faire plaisir.

– C'est vrai qu'il ne me déplaît pas de voir de temps

en temps mon grand Anthelme se prendre les pieds dans son propre piège. En attendant, il va falloir que tu m'aides à faire les antiquaires du coin... Enfin, cet intermède va coûter très cher à Adrien. Peut-être qu'il le calmera.

– Cela ne va pas bien avec ton mari ? demanda Anna.

– Si, mais il me fait peur.

– Il t'a toujours fait peur, comme à tout le monde.

– Oui, mais plus on monte haut, plus on risque de se faire mal en tombant !

En attendant que la maison des bois fût prête, Adrien et Marie-Christine campaient dans leur appartement de la rue de Bourgogne vidé de presque tout le mobilier. Les enfants avaient été confiés aux parents, ils retrouvaient non sans plaisir leur vie de jeunes mariés. La perspective de meubler Le Prieuré n'avait pas semblé affecter Adrien. Il avait seulement dit : « Fais ce qu'il faut, je vais demander un emprunt à la banque. » Ce genre de propos plongeait Marie-Christine dans l'angoisse. Elle les voyait ruinés avant même d'avoir passé une seule nuit dans cette immense maison où elle craignait de s'ennuyer.

C'est une autre nouvelle qui mit Adrien dans une colère qui alerta toute l'agence. Personne n'en connaissait la raison, sauf André Rochard qui avait eu le désagréable privilège d'en être le messager.

Il avait longtemps hésité sur la façon de l'annoncer à son patron. Finalement, il avait opté pour la brutalité :

– Adrien, mon ami Jean-Jacques Trompe, vous savez, mon comparse de Vichy, vient de m'appeler de Matignon.

– Et alors ? Le ministère est renversé ?

– Non, pas encore, mais Amaury du *Parisien libéré* est nommé à l'agence Havas !

– Les salauds, ils ont réussi à me couler ! Ils me trouvent sans doute trop gaulliste ! Eh bien, s'ils veulent la bataille, ils l'auront !

Emporté par la fureur, il avait saisi sur son bureau le superbe verre en cristal de Baccarat où il rangeait ses crayons et l'avait lancé à toute volée au travers de la pièce. Une pluie de porte-mines et de stylos était retombée sur Rochard, et le verre, offert au patron par le Syndicat de la presse à l'occasion de sa Légion d'honneur, avait terminé sa carrière dans la vitrine aux reliures vieillies achetées au mètre chez un antiquaire spécialisé de la rue Monsieur-le-Prince.

– Je vous en prie, calmez-vous ! lança Rochard, tandis que la secrétaire, attirée par le bruit, entrait pour voir ce qui se passait. Cette décision ne devrait pas vous surprendre. Je vous avais dit que vous n'étiez pas seul sur les rangs et qu'un choix contraire à vos souhaits était possible, sinon probable. C'est un coup dur qu'il faut savoir encaisser. A votre place, je ne manifesterais pas ma mauvaise humeur, quitte à ne rien oublier. J'enverrais une carte de félicitations à Amaury et j'attendrais le moment de lui rendre la monnaie de sa pièce. Remarquez qu'il a joué son jeu. Il est difficile d'en vouloir à quelqu'un de convoiter la même place que vous.

Adrien s'était un peu calmé. Il frappait tout de même la table de ses poings à la cadence de la radio de Londres durant la guerre, ce qui était chez lui un signe d'extrême nervosité. Toujours cette manie de considérer comme des affronts personnels les événements qui ne lui étaient pas favorables ! Rochard, c'était vrai, avait essayé de lui montrer la relativité de ses chances. Mais lui, le grand Anthelme, auquel personne ne résistait, n'avait jamais pu croire qu'on lui préférerait quelqu'un d'autre.

Les réactions d'Adrien étaient impossibles à prévoir ; cette fois, après la colère venait l'humilité. Le lendemain matin de sa défaite, après une mauvaise nuit passée à arpenter l'appartement vide, il dit à Marie-Christine qu'il avait beaucoup réfléchi et qu'il devait lutter contre un orgueil qu'il qualifia de diabolique. Il allait donc dès ce matin s'entretenir avec le père Duffaut, un vieil ami des Quentin, qui officiait à la chapelle de Sainte-Clotilde. Au besoin, il se confesserait.

– Ma foi s'était échappée de mon âme pervertie, confia-t-il à sa femme. Je l'ai retrouvée. Je ne pratiquais plus depuis longtemps, je vais retourner à la messe et prier.

Marie-Christine l'avait regardé, éberluée. Elle savait qu'Adrien avait été élevé dans la religion catholique par une mère pieuse. Garmond lui avait dit qu'il fréquentait encore l'église aux premiers temps de Libertés nouvelles. Mais elle savait aussi que, depuis de longues années, en dehors de son mariage, du baptême des enfants et des messes de circonstance, il avait rompu avec la religion. Que signifiait cette nouvelle lubie ?

Elle s'aperçut tout de suite, comme tout l'entourage d'Adrien, qu'il ne s'agissait pas d'une lubie. La grâce avait touché le pécheur, un événement mineur et une colère ridicule l'avaient remis sur la voie du salut. A moins qu'une intervention céleste...

Après avoir hésité, Adrien décida de se confier à Garmond. Il était philosophe, avait défendu les idées de la gauche chrétienne aux côtés de Robert Quentin, il ne pouvait que commenter intelligemment ce retour inopiné dans sa vie de la ferveur religieuse.

Garmond, surpris, écouta Adrien et eut la conviction qu'il était sincère. Mais jusqu'où allait cette sincérité ? Il avait du mal à imaginer que la modification vécue par son ami pût changer radicalement un caractère aussi opportuniste.

– Robert Quentin, s'il était là, invoquerait l'intervention divine et te poserait sûrement cette question : « As-tu l'intention d'abandonner en totalité ou en partie tes affaires, la publicité, les journaux qui n'ont qu'un but : rapporter de l'argent ? »

– C'est le genre de questions que me pose le père Duffaut.

– Et ta réponse ?...

– ... est négative. Je ne peux rien abandonner de ce que j'ai construit et je prie Dieu de m'aider dans la poursuite de mes projets. On peut être catholique sans être un martyr et je ne prétends pas à la sainteté. Est-ce donc si extraordinaire d'aller à la messe ?

– Non, c'est même normal à partir d'un certain niveau de fortune.

– Pourquoi tout prendre en dérision ? Il s'agit d'une affaire entre Dieu et moi !

Garmond n'insista pas. Il dit simplement :

– C'est tout à fait exact. Mais permets-moi de te faire

remarquer que c'est toi qui as sollicité mes commentaires.

– J'ai une question à te poser, reprit Adrien, plus dans tes cordes que la révélation divine. Tout le monde parle de Jean-Paul Sartre et de l'existentialisme. Je n'ai rien lu du premier et ne comprends rien aux articles que la presse consacre au second, dont celui publié cette semaine dans *Accord*. J'ai demandé des explications à Leblond qui s'est empêtré dans des phrases fumeuses. Eclaire ma lanterne si tu le peux.

– Mais, Marie-Christine ?...

– Elle ne connaît pas grand-chose de Sartre. Tu sais, c'est une grammairienne !

– L'existentialisme ? Vaste programme ! dirait le Général. Sartre a repris dans *L'Etre et le Néant* la doctrine de Socrate, de Heidegger...

– Comme si je savais qui est Heidegger ! Tu vois, tu es comme les autres...

– Bon ! Pour Sartre, l'existence de l'homme précède son essence et lui laisse la liberté et la responsabilité de ses choix... Tu comprends ?

– Non ! Mais qui sont ces existentialistes qui remplissent les colonnes des journaux ? Des philosophes ?

– Sûrement pas. Ceux qu'on nomme ainsi n'ont, sauf exception, jamais lu une ligne de Sartre. Il passe son temps à répéter qu'il n'a rien à voir avec eux et eux rien avec lui.

« Tout est né au printemps 46. Le rédacteur en chef de *Samedi Soir* dépêcha à Saint-Germain-des-Prés l'un de ses meilleurs reporters, Jacques Robert, en lui disant d'aller voir ce qui se passait dans les nouvelles boîtes du quartier où, paraît-il, on faisait beaucoup de bruit.

« Jacques Robert a vu. Il a même reçu les éclaboussures d'un seau d'eau lancé d'un étage sur des jeunes gens qui sortaient d'une cave nommée Le Tabou. Dans le groupe, il y avait deux jeunes filles en jupes longues, noires. Le journaliste a interviewé les muses du lieu un peu trempées : "Nous sommes existentialistes", lui ont-elles avoué.

« Le mot était lancé. Bien loin des spéculations sartriennes il a fait fortune, traversé la Manche et l'Atlantique, intéressé les rédactions du monde entier. Maintenant cela se calme. Le Tabou est essoufflé, les bringueurs-danseurs des caves ont vieilli, les snobs se sont lassés. Si tu veux être vraiment à la page, il faut aller à La Rose-Rouge, rue de Rennes, voir la Compagnie Grenier-Hussenot et écouter les Frères Jacques.

– Bref, tu m'as parlé des caves et de leur dévergondage, mais en ce qui concerne l'existentialisme sérieux, celui de Sartre, avoue que tu n'as pas été très clair.

– Pouvais-tu comprendre ? Tu sais, la philosophie c'est une forêt vierge où l'on pénètre difficilement. Il faut des cartes et une boussole.

– C'est vrai, toi qui m'as dégrossi, qui m'as initié à tant de connaissances, qui m'as défriché l'esprit, tu n'as jamais essayé de me faire pousser la porte des philosophes. Un jour, peut-être. Mais j'ai tant à faire !

– A faire des choses sans intérêt véritable. Gagner de l'argent n'est pas un but majeur dans la vie !

– C'est le seul auquel je peux prétendre... Viens, allons boire un demi chez Lipp, comme au bon vieux temps. Le père Cazes, lui, veille sur la tranquillité de ses clients et l'honorabilité de sa vénérable institution. Tiens, je vais dire à Leblond de commander une enquête sur les derniers existentialistes de pacotille qui polluent encore notre vieux quartier.

– Bravo, Alceste. Défends la moralité. Si *Accord* ne gagne pas de lecteurs, tu gagneras peut-être, toi, le paradis !

C'était le temps où Adrien, décidément assoiffé de divin, avait résolu de reconnaître et de servir l'omnipotence gaullienne. Il était certes attiré depuis longtemps par la grandeur hautaine du Général, mais, tout en diffusant ses idées dans *Accord*, il s'était efforcé de ménager la Troisième Force au pouvoir, en particulier le M.R.P. où il avait conservé beaucoup d'amis. Aujourd'hui, au moment où de Gaulle délaissait sa thébaïde de Colombey, parcourait la France, entonnait l'hymne à la fierté et vilipendait le régime des partis, il allait, lui, Adrien Anthelme, se vouer plus étroitement, plus religieusement au triomphe de la cause gaullienne.

Plus que dans la situation intérieure qui s'améliorait lentement sans lui[1], de Gaulle trouvait hors des frontières des raisons graves de poursuivre sa croisade. La Chine accumulait des troupes en Corée, la situation s'aggravait en Indochine, la pression militaire soviétique s'accentuait aux frontières de l'Occident... Tout prêtait à s'interroger sur l'imminence d'une troisième guerre mondiale. De cette menace angoissante, Adrien Anthelme, dont la fibre militaire palpitait, allait, dans l'ombre du Général, faire son cheval de bataille !

C'était pour lui une sensation nouvelle que d'entreprendre et de diriger un tel combat. Il en ressentait un orgueil sans commune mesure avec la vanité d'un pouvoir dont il s'exagérait la force, persuadé qu'*Accord* avait une influence sur l'opinion. Afin de libérer, au moins en apparence, cette volonté de puissance, Adrien réunissait chaque semaine dans son bureau des Champs-Elysées quelques personnalités qui composaient ce qu'il appelait son « conseil privé ». On y retrouvait régulièrement deux généraux, dont l'un du cadre de réserve, un vieux journaliste de *L'Echo de Paris* d'avant-guerre dont il s'était entiché et trois représentants du R.P.F. : un député discret et deux délégués nationaux. Raymond Leblond était aussi présent puisque c'était lui qui était chargé d'interpréter dans *Accord* les idées-forces mises en lumière durant les réunions. Adrien avait demandé à Roger Lavigne d'assister au conseil, mais il avait refusé sous le prétexte que sa situation au *Gaulois* ne lui permettait pas d'être associé aux campagnes politiques d'*Accord.*

C'est au cours d'une de ces séances ou plutôt d'un des déjeuners qui suivaient que naquit le concept du « chef d'orchestre clandestin », maître mystérieux d'une organisation de l'ombre ayant pour objectif de saper les fondements de la civilisation occidentale. Ce maestro inconnu donna son premier concert dans un numéro spécial consacré à la menace soviétique.

1. Carte de pain et bons de ravitaillement venaient d'être supprimés.

C'était lui qui organisait le prochain déploiement des cent soixante-quinze divisions de Staline contre les faibles forces alliées stationnées en Allemagne ; lui qui faisait camper les cosaques à cent cinquante-huit kilomètres du Rhin ; lui qui, derrière ces avant-gardes, dénombrait en exultant trente mille chars et vingt mille avions. Ce fut une entrée discrète mais son avenir géopolitique était devant lui. Dix ans après ce début, Adrien commandera encore aux rédacteurs de ses journaux : « Attaquez votre article avec le "chef d'orchestre clandestin !" » L'homme à la baguette reparaîtra ainsi souvent, à propos de finances, d'agriculture, de l'Europe, de la sécurité et même du sport. Il ne sera plus forcément russe mais demeurera toujours mystérieux.

Les élections prévues le 17 juin 1951 constituaient un tremplin inespéré pour le bouillant Adrien. Quoi de mieux qu'un scrutin pour soutenir un mouvement politique qui misait sur sa victoire afin de pouvoir affronter à l'extérieur et à l'intérieur les événements redoutables annoncés par de Gaulle ?

Hélas ! le « chef d'orchestre clandestin » – ce ne pouvait être que lui – poussa la Troisième Force à imaginer une loi électorale dite des « apparentements » préalables, conclus par les partis avant le scrutin. Malgré cette loi inventée pour faire barrage à la vague gaulliste, le Général était persuadé que le pays enverrait siéger au Palais-Bourbon au moins deux cents députés R.P.F., un nombre suffisant pour trancher définitivement la question du régime, en finir avec l'imposture des partis, promulguer une nouvelle Constitution.

La première victime de la loi des apparentements avait été Raymond Leblond. Assailli d'ordres et de contrordres, réveillé trois fois la nuit par Adrien, obligé de refaire des numéros entiers la veille de la parution, pendu toute la journée au téléphone pour demander des articles à des personnalités gaullistes que lui désignait le patron, le rédacteur en chef d'*Accord* avait craqué. Il avait dû être placé sous surveillance dans une clinique spécialisée.

Adrien avait mal pris la chose. Il avait même été odieux, accusant le malheureux de sabotage, de désertion devant l'ennemi, affirmant même que, lorsqu'on gagnait autant d'argent, on n'avait pas le droit de tomber malade ! Cette attitude avait choqué. Marie-Christine d'abord, qui ne parlait plus à son mari depuis qu'il s'était livré devant elle à une colère stupide et profondément injuste contre Leblond. André Rochard aussi, qui avait écrit à Adrien pour lui dire qu'il désavouait son attitude déraisonnable et avait déclaré, le jour où il lui avait demandé de boucler le numéro en cours d'*Accord* :

– Je vais le faire parce qu'il faut que le journal paraisse, mais je vous dis nettement que je ne suis pas Leblond, que je veux accomplir en paix ce travail qui n'est pas le mien et que je vous donnerais ma démission à la minute même où vous ne me traiteriez pas comme un collaborateur respectable.

Adrien avait blêmi, avancé un peu plus sa lèvre inférieure déjà épaisse et baissé pavillon. C'était la première fois depuis longtemps que quelqu'un lui tenait tête et la mise au point sévère de Rochard le laissait désarmé. Il ne lui restait qu'à se montrer beau joueur.

– Mon cher Rochard, vous savez combien je vous estime. Pour rien au monde je ne vous laisserais partir. Je suis à votre disposition si vous avez besoin d'un renseignement quelconque mais je n'interviendrai pas dans l'achèvement du journal, achèvement que je vous suis reconnaissant d'assumer.

– Dans ce cas, je ferai mon travail avec la conscience que vous appréciez. Mais, puisqu'il est question d'*Accord*, je me permets de vous demander si vous avez reçu ma lettre. Elle traduit, je le certifie, l'opinion de la maison.

Adrien, une deuxième fois, réprima son irritation. Ce Rochard devenait impossible. Non content de l'avoir mis au tapis, il l'ébranlait, de face, par un autre direct. Malgré tous les services qu'il lui rendait, avait-il eu raison de l'engager ? Mais ce n'était pas le moment de se poser de telles questions, il fallait répondre à celle qui venait de lui être posée. Il dit après quelques secondes de silence :

– Raymond Leblond, vous ne le savez peut-être pas, me doit beaucoup, je l'ai sorti du pétrin à un moment difficile. Il m'en est reconnaissant et je sais que je peux compter sur son dévouement. Il est vrai que j'exige beaucoup de lui mais je le rétribue royalement. Maintenant, il est aussi exact que je suis un impulsif. Il m'arrive de dire des choses que je regrette aussitôt. Je plains Leblond de n'avoir pas les nerfs assez solides pour supporter mon caractère ou, comme vous, pour s'y opposer. Voilà ! j'espère que vous êtes content. Bon courage. Je dois recevoir un client.

Il tourna les talons et planta là Rochard. Celui-ci haussa les épaules et retourna au secrétariat de rédaction pour corriger les épreuves du journal.

Leblond reprit sa place une semaine plus tard, le regard un peu vague à cause des médicaments mais résolu à suivre les conseils que tout le monde lui prodigua : « Travaille moins, repose-toi et cesse d'être l'esclave consentant d'Adrien Anthelme ! » En attendant, il lui fallait rattraper le retard, rentrer le soir la serviette pleine d'articles à corriger ou à récrire : la date du 17 approchait et *Accord* se devait de piquer les dernières banderilles dans le ventre mou de la Troisième Force.

Le dimanche soir, dès la fermeture du dernier bureau de vote, tous les collaborateurs d'Adrien se pressaient dans les bureaux grands ouverts de l'agence et de la rédaction d'*Accord* pour célébrer l'inévitable victoire du Général. Marie-Christine était venue de Maisons-Laffitte avec sa grande fille, Anna avait fini par décider Garmond, récalcitrant, de répondre à l'invitation d'Anthelme, les généraux du conseil discouraient dans le bureau directorial, Rochard, en vieil habitué des messes politiques, veillait au bon déroulement de la soirée et remontait le moral de Leblond encore affecté par sa déprime. Quant à Adrien, retiré dans un petit bureau, il écoutait le speaker de la radio nationale égrener les premiers résultats arrivés de province.

Des résultats baroques, comme le mode de scrutin. Dans la Dordogne, le candidat M.R.P. était élu avec 17 000 voix, le candidat gaulliste battu avec 25 000 voix. Dans le Rhône (2e circonscription), le radical l'emportait avec 16 000 voix sur le gaulliste qui en recueillait 21 000. De Gaulle avait refusé tous les apparentements, ce que souhaitaient ses adversaires, et la victoire escomptée s'envolait malgré une sévère perte de voix du tripartisme (M.R.P., socialistes, communistes). Adrien, inquiet, abandonna l'écoute pour demander à Rochard de téléphoner à l'Intérieur et rue de Solférino, siège de l'état-major du R.P.F., afin d'avoir des nouvelles plus précises.

A minuit, on savait tout : quatre millions de voix perdues par les partis du gouvernement qui conservaient pourtant la majorité à l'Assemblée, tandis que le R.P.F., avec ses 21,7 % de voix et 120 élus, devenait le groupe le plus important, hélas toujours minoritaire et impuissant !

Rochard demanda que l'on débouche les dernières bouteilles mais le cœur n'était pas à la fête. Adrien puisait dans le vocabulaire du Général pour invectiver « la France vacharde » ; l'ingouvernable « pays aux 365 spécialités de fromages » ; l'Eglise qui avait abandonné sa neutralité habituelle pour « entrer dans la combine » et faire voter M.R.P. ; le patronat, dispensateur de fonds électoraux, qui avait soutenu les partis du centre dans la crainte qu'un succès gaulliste n'entraîne des désordres susceptibles d'ouvrir la voie au communisme...

Garmond n'avait pas grand-chose à dire à ces gens qu'il ne connaissait pas. Il était donc resté à peu près muet durant la soirée, passant le temps à découvrir le monde d'Adrien, à regarder somnoler le général à la retraite, à mesurer l'énervement grandissant du maître des lieux, à s'amuser du respect craintif dont l'entouraient ses collaborateurs. En fait, le seul personnage intéressant était André Rochard qu'il n'avait pas eu l'occasion de rencontrer depuis un certain temps. Garmond avait envie de connaître les relations qu'il entretenait avec celui qui avait été son obligé à Vichy et qui était devenu son patron.

Les deux hommes étaient convenus qu'ils avaient des choses à se dire. Rochard accepta tout de suite quand Garmond lui proposa de déjeuner un prochain jour au Balzar.

Après la semi-victoire gaulliste qui était finalement une défaite, Adrien se rendit à l'évidence : l'échéance annoncée du retour de De Gaulle était à nouveau reportée. Il songea un moment à arrêter la publication d'*Accord* qui lui coûtait cher et dont l'influence s'était révélée dérisoire mais un Adrien Anthelme, comme le Général, n'abdique jamais ! Il se raidit dans sa fierté et annonça que le journal continuerait afin de soutenir l'homme de la France libre lorsqu'il reprendrait le combat, ce qui ne pouvait tarder. Et aussi, cela il ne le dit à personne, parce qu'il avait des comptes à régler.

Il prit donc ses distances avec la politique, ce qui soulagea le pauvre Leblond qui put rendre aux arts et aux lettres la place que leur avait volée la campagne électorale. Justement, une visite de Roger Lavigne venait d'encourager Adrien à reprendre en main son destin.

– Mon cher Anthelme, avait-il dit, je sais que de nombreux petits porteurs d'actions du *Gaulois* seraient prêts à céder leurs parts si on leur en offrait un bon prix. Après toutes ces années de privations, ils ont envie, comme tout le monde, d'acheter un réfrigérateur, de faire repeindre leur living ou d'acquérir une automobile. Leur salaire de journaliste ou de cadre ne le leur permet pas. Aidez-les ! Vous pourriez ainsi engranger deux ou trois mille actions qui vous permettraient de réaliser plus tard l'opération que vous savez. Réfléchissez et dites-moi si je dois intervenir.

– Achetez, cela entre dans notre plan de conquête. Mais vous ne m'avez pas parlé du prix...

– Je pense trouver des vendeurs autour de dix-sept mille francs[1].

– Cela fait beaucoup d'argent. Songez qu'il y a en tout treize mille actions !

– Une moitié seulement appartient à nos petits porteurs et tous ne seront pas vendeurs. A mon avis, nous pouvons récupérer de mille cinq cents à deux mille titres. Vous deviendriez ainsi possesseur de quatre mille actions environ, soit de trente à trente-cinq pour cent du capital. Vous approcheriez des cinquante et un

1. En anciens francs de l'époque.

pour cent qui feront de vous un jour le patron du *Gaulois.*

– Je vais devoir vider les caisses de l'agence si je suis vos conseils. D'abord est-ce que ce prélèvement est légal ?

– Non. En droit, cela s'appelle « abus de biens sociaux », mais la loi est faite pour être tournée. Vous ne serez pas le premier à confondre les fonds de deux sociétés. Quant à l'agence, je connais ses profits, elle pourra supporter une telle ponction, d'autant que les achats seront échelonnés.

– Très bien. Je vous donnerai une réponse définitive demain.

Adrien était pensif lorsqu'il prit sa voiture pour rentrer à Maisons-Laffitte. Pour la première fois il prenait conscience de l'énormité des sommes dont il se trouvait dépositaire et même propriétaire. Cela sans savoir grand-chose de l'argent, des banques, de la Bourse. Il sourit en pensant que ces notions n'avaient pas trouvé leur place dans le programme d'enseignement de Garmond. Pourtant, sans Garmond...

Le soir, quand tout le monde fut couché, Adrien gagna son bureau, s'installa dans l'immense et inconfortable fauteuil Louis XIV qu'il se jura une nouvelle fois de changer et ouvrit le dernier tiroir, celui où il rangeait ses trésors, en particulier son cahier de résolutions, quelques feuilles du premier papier à lettres de l'agence et, tout au fond, le livret de Caisse d'Epargne cartonné de grège qui portait, écrite en anglaise bien formée, comme savaient la tracer les postiers d'alors, la mention : « Reçu la somme de quatre-vingts francs » ; ses premières économies, officialisées par un beau tampon rond : « Poste – Saint-Maur – 13 mars 1928. »

Il feuilleta le livret, se rappela qu'à tel retrait correspondait l'achat de la première culotte de golf marron clair dont il revoyait, avec une stupéfiante netteté, le grain du tissu, à tel autre la bicyclette Hirondelle demi-course de la Manufacture de Saint-Etienne...

Il relut quelques pages du cahier. Certains passages dont l'encre avait pâli étaient difficiles à déchiffrer mais Adrien les connaissait par cœur. Sur la dernière page, où il restait un peu de place, il écrivit en s'appliquant : « Ne jamais oublier le versement de quatre-vingts francs à la Caisse d'Epargne de la poste de Saint-Maur, le 13 mars 1928. »

A Marie-Christine qui lui demanda quand il la rejoignit dans la chambre ce qu'il avait fait, il répondit :

– J'ai rendu visite à un jeune garçon dont j'aurais intérêt à me souvenir plus souvent. Il était pauvre, il était pur, il croyait qu'on pouvait changer la vie sans ternir l'innocence.

Elle lui dit simplement, avec une grande douceur :

– Comme je t'aime quand tu penses à ce petit garçon ! A part Garmond et moi, qui te connaît, Adrien Anthelme ? Viens près de moi, tu as besoin de tendresse !

12

PRISES DE POUVOIR

1952. *Antoine Pinay président du Conseil – Elisabeth II reine de Grande-Bretagne et du Commonwealth – Lancement de l'emprunt Pinay –* **1953.** *Exécution des époux Rosenberg – Elections municipales : échec du* R.P.F. *qui est dissous par de Gaulle – Au cinéma :* Casque d'Or *de Jacques Becker – René Coty élu président de la République –* **1954.** *Pierre Mendès France président du Conseil. Chute de Diên Biên Phu et fin des combats en Indochine (accords de Genève). Autonomie de la Tunisie – Débuts de la guerre d'Algérie dans les Aurès –* **1955.** *Edgar Faure succède à Mendès France – Premier vol de* Caravelle *– Pacte de Varsovie, riposte soviétique à l'*O.T.A.N. *– Découverte du vaccin Salk (antipoliomyélitique) –* **1956.** *Elections législatives anticipées (poussée poujadiste, effondrement gaulliste) – Gouvernement Guy Mollet – Rappel de 170 000 hommes pour les opérations en Algérie – Indépendance du Maroc –* **1957.** *Massu chargé du maintien de l'ordre à Alger – Traité de Rome créant la Communauté économique européenne – A Guy Mollet succèdent Bourgès-Maunoury et Félix Gaillard – Lancement en* U.R.S.S. *du premier Spoutnik – Division de l'opinion française à propos de la guerre d'Algérie –* **1958.** *Le pape Jean XXIII succède à Pie XII – Insurrection française à Alger soutenue par les gaullistes – Le 1er juin, le président Coty appelle de Gaulle au gouvernement – Voyage triomphal du Général en Algérie (« Je vous ai compris ») – Refus par le* F.L.N. *de la « paix des braves » offerte par la*

France – Election de l'Assemblée nationale : victoire de l'U.N.R. gaulliste, recul des communistes – **1959.** *Le général de Gaulle est élu président de la République – Michel Debré Premier ministre – Offre à l'Algérie de l'autodétermination – Inauguration du pont de Tancarville.*

On attendait de Gaulle, c'est Pinay qui survint. Et l'arrivée du bonhomme de Saint-Chamond avait entraîné, conséquence inimaginable, une scission du groupe parlementaire R.P.F. C'était comme si la « vieille garde » s'était disputée à Waterloo pour savoir si elle allait ou non protéger son Empereur contre les Anglais de Wellington. Le Général dira bien : « Jésus aussi a été trahi ! Le combat continue », mais ses proches le sentaient près du découragement.

Du coup, Adrien avait retrouvé sa hargne.

– Il faut, dit-il à Leblond, soutenir le Général. Préparez-moi pour le prochain numéro un bandeau sur huit colonnes dans le genre : « La politique du pire a gagné » ou : « C'est de Gaulle que le pays attendait », ou encore : « Pinay, le sauveur factice ! » Je vais d'ailleurs convoquer sans tarder le conseil privé !

Hélas ! même le conseil privé ne résistait pas à la tempête qui secouait le Rassemblement. L'un des généraux avait la goutte et le député était passé à la dissidence. Adrien, lassé lui aussi, demanda à Rochard de venir.

– André, dit-il, je n'y comprends rien. Que se passe-t-il rue de Solférino et à la Chambre ? Comment des députés élus sous la bannière du Général peuvent-ils aujourd'hui l'abandonner ?

– Ils en ont assez de piétiner à la porte du pouvoir et de ne pas entrer à cause de l'intransigeance de De Gaulle. Ils veulent voter l'investiture de Pinay, voyant en lui un sauveur de remplacement. Entrons dans la maison de la IVe République, disent-ils, et emparons-nous des clés. Mais le Général maintient sa vision historique des événements : les hommes politiques, les gouvernements éphémères, les ministres à cocarde, tout cela ne compte pas. Pour lui, il ne peut être question de composer avec le régime et de l'aider à survivre.

– Pensez-vous que le Général a raison, que son intransigeance s'impose quand il s'agit d'un monsieur comme Pinay ?

– Comment dire s'il a raison ? Moi qui ne suis pas, vous le savez, un gaulliste aussi fervent et aussi engagé que vous, je peux dire seulement que le Général est fidèle à sa conception de l'exercice du pouvoir. C'est dans le drame, pense-t-il, que les régimes s'effondrent. Il préfère donc attendre le drame plutôt que de prolonger le nôtre qui pour lui est moribond. On m'a rapporté son dernier mot, en réponse au député Barrachin qui essayait de le convaincre : « Nous ne ferons pas de piqûre à un cadavre ! Nous pratiquons, c'est vrai, la politique du pire : le régime est mauvais, il ne faut pas le prolonger, il faut le changer ! »

– Vous venez de m'en dire plus en trois phrases que dans tous les articles de presse réunis. Quel dommage que vous ne vouliez pas prendre la direction politique d'*Accord* ! Cela ne vous tente pas d'écrire un éditorial chaque semaine ? Non, bien sûr, mais j'espère pouvoir un jour vous offrir beaucoup mieux...

– Pensez-vous au *Gaulois* ? Avez-vous avancé depuis la dernière fois que vous m'avez confié vos espoirs ?

– Le fruit mûrit, André, le fruit mûrit !...

Rochard ne dit pas à Adrien qu'il devait déjeuner le lendemain avec Garmond. Il était certain que cette rencontre, hors de sa sphère, lui aurait déplu. Il aurait compris qu'ils allaient parler de lui, le juger, se moquer peut-être de son infériorité intellectuelle...

Ce n'est pas d'Adrien qu'il fut question durant le début du déjeuner mais du Balzar, cette vieille citadelle des étudiants en droit et de leurs professeurs, des médecins et de quelques hommes politiques qui préféraient les sévères boiseries d'acajou aux rutilantes faïences de Lipp. Garmond expliqua comment Marcellin Cazes avait acheté et ranimé la vieille brasserie de la rue des Ecoles.

– Tenez, regardez la dame au chignon un peu désuet

qui tient la caisse : c'est Clémence Cazes. Elle mène la succursale tandis que son mari officie chez Lipp. Et là, à la table du fond, ce petit monsieur jovial qui mange sa choucroute, c'est le fameux Dr Paul, qui a autopsié les victimes des plus grands assassins du demi-siècle !

Après, on parla littérature. André Rochard était un homme cultivé, grand lecteur, enchanté d'apprendre les derniers potins littéraires chuchotés dans les couloirs de la rue Sébastien-Bottin par les monstres sacrés de Gallimard. C'est seulement au fromage – le cantal importé chaque semaine de l'Aubrac, patrie des Cazes – que Rochard, après un détour dans le labyrinthe des cabinets ministériels, aborda la politique et naturellement la façon déconcertante dont Adrien s'y intéressait.

– Notre ami Anthelme, dit-il, frétille en politique comme une mouche enfermée dans un bocal. Le plus fort est que son extraordinaire intuition réussit en dernier ressort à le sortir des pièges où il s'est jeté avec une désarmante inconscience. La chance aussi l'a servi jusqu'à maintenant : sans moi, Dieu sait dans quel guêpier il se serait fourré à Vichy !

– Je l'ai connu quand il servait Robert Quentin, avec une fidélité absolue, en se moquant éperdument des idées que nous défendions. Son intérêt pour la politique est venue plus tard, après la Libération, quand, plongé par hasard dans les arcanes de la nouvelle presse balbutiante mais déjà affairiste, il entrevit que son talent de publicitaire pouvait lui permettre de jouer un rôle majeur. Après, il a racheté *Accord* et s'est aperçu qu'un journal, même confidentiel et brouillon, pouvait gêner les hommes politiques et lui assurer une certaine influence.

– Et de Gaulle ? Il semble, bien que son engagement ne soit pas toujours très ferme, qu'il a trouvé son héros !

Adrien a toujours été attiré par l'esprit militaire. Il a été comme vous le savez lieutenant de spahis durant la guerre, il aime l'uniforme, honore le drapeau et respecte la discipline. Pour lui, le Général incarne toutes les vertus.

– Est-il capable, à votre avis, d'aller jusqu'au bout

de ses convictions ? Est-il prêt à sacrifier ses intérêts à la cause gaulliste ?

– Je ne le pense pas. La chose qui l'intéresse par-dessus tout, c'est de devenir le maître du *Gaulois*, situation qui, pense-t-il, lui apportera la puissance et surtout une revanche sociale après laquelle il court depuis tant d'années. N'oubliez jamais qu'Adrien a vécu une enfance de pauvre et qu'il souffre de n'avoir pas pu poursuivre d'études. J'ai fait beaucoup pour l'aider à pallier cette infortune qu'il considère comme une injustice, mais il sait qu'il n'a acquis qu'un vernis. Il lui manquera toujours la base, alors il vise le haut et est prêt à tout pour y parvenir ! Et vous, Rochard, qui le connaissez depuis beaucoup moins longtemps que moi, que pensez-vous de cet Adrien dont aucun défaut ne m'est étranger mais que j'aime comme un grand frère ?

– C'est un être fascinant qui vit sa vie comme un match de boxe. Il soigne sa forme, cultive ses muscles, apprend la tactique, esquive et frappe sans se soucier de son adversaire. Quand il est sur le ring, c'est une bête fauve.

– Robert Quentin et moi disions peu après son arrivée à Libertés nouvelles que nous avions introduit un tigre dans la bergerie. Il fallait voir avec quelle voracité cet adolescent inculte et intelligent se jetait sur les morceaux de savoir que nous lui tendions !

Comme son grand homme, Adrien haïssait le repos mais, tandis que le Général rongeait son frein à Colombey devenu lieu de pèlerinage pour les hommes politiques, les chefs militaires et les ambassadeurs étrangers, lui se dépensait sans compter pour faire avancer ce qu'il savait être la grande affaire de sa vie : la conquête du *Gaulois*.

Le rachat des parts des petits et moyens porteurs s'était bien passé. La trésorerie de l'agence, grâce à des bénéfices de plus en plus importants, permettait les transactions que Roger Lavigne camouflait habilement en « travaillant la comptabilité », comme il disait élégamment. Décidément plein de ressources, l'administrateur du *Gaulois* avait conseillé à Adrien d'engager un jeune contrôleur financier, diplômé d'H.E.C., dont il connaissait les qualités professionnelles, le sérieux et la fidélité. « Si vous prenez Simon Lavergy, c'est un chien de garde à la fois doux et redoutable qui veillera sur les finances de l'agence. » Rochard, consulté, avait approuvé et accueilli avec soulagement ce collaborateur discret et efficace qui lui enlevait un gros poids de responsabilités et lui permettait de ne plus être mêlé directement aux manipulations d'écritures.

Restait le gros morceau : les porteurs qui possédaient entre cinq cents et six cents actions, presque tous membres du conseil d'administration et qui tenaient à conserver au journal son aspect coopératif issu de la Résistance. Lavigne lui-même ne voulait pas vendre mais avait juré à Adrien qu'il ferait, le cas échéant, pencher la balance de son côté s'il ne lui manquait que quelques centaines d'actions pour devenir majoritaire. En attendant, il fallait être patient, une dure épreuve pour Adrien.

Afin de tromper le temps, il décida de créer un autre journal auquel il pensait depuis longtemps, le fameux hebdomadaire illustré qui serait consacré au rêve, aux bonnes choses de la vie et qui montrerait dans le détail l'existence des têtes couronnées, régnantes ou en exil, des princesses, des cours avec leurs traditions, leur protocole et éventuellement leurs drames aseptisés. C'était en fait une idée d'Anna qui, après le numéro spécial d'*Accord* sur le mariage de la princesse Elisabeth, avait dit :

– Puisque ce numéro s'est si bien vendu, pourquoi ne pas créer un magazine qui ne parlerait ni de guerre ni de politique, où les princes épouseraient des princesses et qui montrerait les têtes à diadèmes dans leur intimité familiale, dans le faste de leurs réceptions, dans l'exercice de leurs missions charitables ?

On avait discuté du projet le temps d'une soirée puis rois et châteaux s'étaient évanouis dans l'ombre de la vie quotidienne. Aujourd'hui, pour réveiller les princesses, il pensa naturellement à celle qu'ils appelaient naguère Anastasia, « la vraie, la femme d'Ivan le Terrible », connue sous le nom d'Anna Breminov avant qu'elle ne devienne Mme Garmond.

C'est ainsi qu'Anna devint la commère des cours européennes, la marieuse des grands noms, la chroniqueuse du blason.

– Je te laisse faire ce que tu veux, avait dit Adrien. Fouille les poubelles de la gentry, remue la poussière des salons de l'Europe centrale, recueille les confidences des rois déchus, fais danser les archiducs et les baronnes, marie même si tu veux les nouveaux nobles de la grande industrie mais, surtout, trouve des lectrices et des lecteurs !

Elle s'était mise au travail, avait étudié le gotha comme un rabbin la Thora, décortiqué les dynasties au scalpel, engagé un ancien enquêteur du Bottin mondain qui savait tout sur les gens dont le nom commençait par « de » et était capable de remonter la lignée des Bolingbroke jusqu'au premier vicomte du nom.

Anna sortit ainsi trois mois plus tard le premier numéro de *Blasons du monde*. C'était le jour où Elisabeth II, toujours elle, était couronnée à l'abbaye de Westminster. L'agence Globe elle-même n'aurait pu rêver d'un pareil lancement. Tous les exemplaires furent vendus en quarante-huit heures et il fallut réimprimer. Adrien Anthelme, encore une fois, venait de tirer le gros lot. Le « magazine de l'actualité-bonheur » allait en quelques semaines devenir un roc de prospérité, le premier pilier du groupe Anthelme.

Cela faisait quelque temps qu'Adrien pensait à la rosette. Chevalier de la Légion d'honneur depuis quelques années, il pouvait légitimement espérer voir son ruban éclater en petite planète rouge sur le revers de son veston. Il avait encore beaucoup d'amis au cabinet Laniel qui gouvernait alors, mais les positions outrancières prises par *Accord* rendaient difficile une promotion qui eût semblé remercier un adversaire. Pensant à juste titre que ce n'étaient pas quelques articles de plus ou de moins qui hâteraient le retour de De Gaulle, Adrien pria Raymond Leblond de mettre la pédale douce et d'accorder jusqu'à nouvel ordre une place décente à la politique gouvernementale :

– Demande donc un éditorial à Lacoste ou à Mitterrand. Ce dernier vient de démissionner de son poste de ministre délégué au Conseil de l'Europe et il doit avoir envie de dire certaines choses. Tu peux aussi faire interviewer Pinay, je sais qu'il a été rendre visite au Général à Colombey...

La nouvelle orientation d'*Accord* ne passa pas inaperçue. Les experts du gouvernement, à la demande des ministres, se penchèrent sur l'étrange changement de cap. Certains y décelèrent un coup de sonde lancé par l'entourage du Général en vue d'un rapprochement futur, d'autres y virent les prémices d'une nouvelle scission au sein du parti gaulliste. Aucun, évidemment, ne donna la vraie raison : Anthelme voulait la rosette ! Il l'eut à l'occasion de la promotion du 1er janvier mais déclina toute manifestation protocolaire. « La roseur de la légion d'honnête », comme lui avait lancé Garmond en apprenant la nouvelle, gênait un peu Adrien. Cette distinction, pourtant bien normale, ne risquait-elle pas d'être prise par le Général comme une trahison de la part d'un fidèle entre les fidèles ? Anthelme se faisait bien du souci pour rien : le Général se foutait des rosettes et se gaussait pour l'heure de l'élection au treizième tour de René Coty à la présidence de la République.

Plus difficile à atteindre que la rosette, la barre des sept mille actions, limite au-delà de laquelle il tiendrait *Le Gaulois*, empêchait Adrien de dormir. Il avait jusqu'à maintenant attendu, comme Lavigne le lui avait conseillé. Mais attendu quoi ? Que quatre ou cinq barons du conseil viennent lui proposer leurs actions en même temps que le trône de la rue Réaumur ? Cela pouvait durer des années, et même ne pas arriver du tout. Alors, que faire pour précipiter le mouvement ?

Si Adrien était volontairement resté à l'écart de la rédaction du journal, se contentant d'engranger les commissions publicitaires, il suivait attentivement, grâce aux confidences de Lavigne et de Raoul Saulieu, les péripéties d'un combat à fleuret moucheté qui opposait un groupe important d'actionnaires, conduit par Dupuich La Réole, aux dirigeants actifs du journal. L'avocat voulait la place de Saulieu, le directeur général. L'affaire n'était pas simple car Saulieu, professionnel de talent, était, tout le monde en convenait, le grand artisan du succès du *Gaulois* ; l'opération réussie d'Adrien sur les petits porteurs la compliquait encore.

Comment, en effet, retourner l'assemblée générale prévue avant juillet sans l'appui de l'actionnaire le plus important ? Adrien pensa qu'il devait essayer de tirer parti de cette situation conflictuelle, aboutissement d'un vieil antagonisme.

– Ne crois-tu pas, dit-il à Rochard, que la lutte intestine que se livrent les membres du conseil peut déclencher l'incident qui me permettrait de jouer les arbitres ? N'est-ce pas la clé du problème ?

– Normalement, Dupuich devrait t'offrir une association. Ses actions, celles de ses amis et les tiennes suffisent pour mettre le clan Saulieu en minorité. Mais ce projet ne présente aucun intérêt pour toi. Tu vas donc refuser et Dupuich se trouvera dans une situation sans issue qui l'engagera peut-être à se retirer de l'affaire et à vendre ses actions. C'est ce que tu as toujours espéré. Peut-être touches-tu au but. Mais as-tu les moyens de racheter ces titres ?

– Tu sais bien que non. Je ne peux tirer davantage de l'agence.

– Appelons Simon Lavergy. Tu vas lui soumettre le problème, lui donner tous les détails sur un dossier qu'il ne connaît pas bien, encore qu'il ait dû deviner beaucoup de choses depuis qu'il est là, et lui demander de réfléchir. Remets-lui aussi les statuts de la société. Ils sont tellement bizarres qu'il peut y découvrir une faille qui nous serait favorable. Lavigne nous a donné une perle avec ce Lavergy, essayons de la faire briller !

Lavergy était un curieux garçon. Blond, fort, élancé, sa stature sportive plaisait à Adrien qui n'aimait pas les petits maigrichons. Jovial ou sérieux à l'extrême, selon les circonstances, son visage affichait l'intelligence. Tout de suite, Adrien avait flairé en lui l'ambitieux, conscient de sa valeur, décidé à réussir. Il avait confié à Rochard : « Celui-là ne nous donnera rien pour rien, mais Lavigne et toi avez raison, il nous servira avec loyauté. C'est à moi de veiller à ce qu'il ne devienne jamais vraiment indispensable ! »

Immobile, la main soutenant son menton volontaire, Lavergy écouta Adrien lui décrire la situation et attendit que le patron lui demandât : « Alors ? » pour parler :

– Monsieur Anthelme, permettez-moi avant tout de

vous remercier de la confiance que vous m'accordez. Si j'ai bien compris, vous souhaitez une éventuelle réponse à une question qui, a priori, n'en comporte pas. Vous me demandez en effet comment acquérir des actions qui vous sont nécessaires alors que leurs propriétaires n'ont pas manifesté le désir de les vendre et que vous ne disposez pas de fonds pour les acheter...

« Ce Lavergy se fout de moi », pensa Adrien. Mais il écouta le jeune homme qui continuait :

– Vous avez très bien vu que la solution, s'il en existe une, se trouve dans la rivalité qui oppose le tiers du conseil à un autre tiers, le troisième étant vous-même. Laissez-moi réfléchir. Vous semblez porter vos espoirs sur une interprétation favorable des statuts. Je vais les étudier avec le soin que vous pouvez imaginer : c'est la première affaire sérieuse que vous me confiez et nous avons avantage à ce qu'elle réussisse.

Il avait dit « nous ». Cela n'avait pas échappé à Adrien qui dit à Rochard lorsqu'ils furent seuls :

– Vous avez entendu ? Ce « nous » n'est pas un hasard. M. Lavergy avance d'emblée son nom à côté du mien dans l'hypothèse d'une réussite. Eh bien, il a avantage à réussir. S'il ne nous apporte pas une idée à exploiter, un plan à mettre en œuvre, je le vire !

Deux jours plus tard, Lavergy choisit un mauvais moment pour demander à voir le patron. Celui-ci venait d'apprendre l'investiture de Pierre Mendès France et ne décolérait pas. Pour l'heure, il discutait avec Rochard de cet événement qu'il jugeait scandaleux, et son interlocuteur, une fois de plus, demeurait stupéfait devant ses débordements verbaux. Rochard l'avait entendu souvent pester contre Israël, « cet Etat qui allait provoquer une nouvelle guerre mondiale... », mais il avait toujours nié être antisémite, rappelant à l'occasion les excellents rapports qu'il entretenait avec un ami de sa mère qu'il avait sauvé des camps de la mort. Mais aujourd'hui, le doute n'était plus possible :

– Mendès, le juif, président du Conseil ! Tu te rends compte où en est la France ! Le M.R.P. n'a même pas été foutu de faire passer Lecanuet ! Qu'est-ce que tu en penses, toi, de ce Mendès France ?

Il lui arrivait de tutoyer Rochard qui n'avait jamais

réagi mais qui, cette fois, était décidé à rayer le « vous » déférent de leurs rapports.

– Mendès France, dit-il, a été ministre du Général qui, dit-on, estime sa compétence et a regretté sa démission du gouvernement. C'est un homme de caractère. Tout cela, tu le sais aussi bien que moi !

Adrien tiqua mais ne put faire autrement que d'entériner l'usage qu'il venait de créer :

– Je ne t'ai pas demandé ce que pensait le Général mais ton avis, à toi, Rochard.

– Mendès France a été officier aviateur pendant la guerre. C'est à mon sens un patriote droit, intelligent, qui a le sens de l'Etat. Comme Pinay il a la faveur de l'opinion...

– Tu crois cela ? Il est détesté !

– ... Il a la faveur de l'opinion mais comme Pinay il va avoir l'Assemblée contre lui !

Adrien finit par se calmer. Il savait qu'il avait été trop loin et crut s'en tirer en déclarant :

– Quand je parle du « chef clandestin qui sape notre civilisation », je ne pense pas à Mendès France pour lequel tu sembles avoir de la sympathie.

– Me voilà soulagé. Mais n'oublie pas que Lavergy attend dans le couloir.

« Le jeune homme », comme le désignait Adrien lorsqu'il ne se souvenait pas de son nom, rapportait les dossiers prêtés et les posa sur le bureau. Il n'en avait plus besoin, tout était dans sa tête.

– A mon sens, deux problèmes distincts se posent, dit-il. Le premier : comment décider le clan de M. Dupuich La Réole à se désintéresser du *Gaulois* et à céder ses actions ? C'est une question de stratégie à laquelle je ne saurais répondre. Ensuite, cette condition réalisée, comment devenir propriétaire de ces actions, ou tout au moins en avoir le contrôle, sans débourser beaucoup d'argent ? Là, le problème est financier et je peux peut-être vous suggérer quelques idées.

– Monsieur Lavergy, j'apprécie la clarté de vos exposés. Quelles sont donc ces idées ?

– En fait, il n'y a qu'une solution : il faut que les actions que vous convoitez soient payées par le journal.

Adrien et Rochard le regardèrent, interloqués.

– Et pourquoi par le journal ?

– Parce que vous n'avez pas les moyens de les acheter !

– Mais elles ne seront pas ma propriété ! Elles ne me serviront à rien !

– Si mon plan réussit, et il a une petite chance de réussir, vous pourriez devenir de facto majoritaire et donc patron du *Gaulois*. Je m'explique. J'ai bien étudié les statuts : la société ne peut, en titre, posséder d'actions, mais son conseil d'administration doit avoir la compétence, grâce à un subterfuge juridico-financier, de faire de l'un de ses membres le dépositaire de ces actions. Ce n'est, je vous l'ai dit, qu'une idée. Elle devrait être étudiée dans ses moindres détails. Après votre accord, je pourrais travailler sur ce dossier en collaboration avec M. Lavigne...

– Lui avez-vous fait part de votre hypothèse ?

– Non, monsieur, c'est à vous de le prévenir.

– Très bien. Encore faudrait-il que le conseil me choisisse...

– Naturellement. Mais d'après ce que je sais, vous êtes toujours resté en dehors des différends éditoriaux et directoriaux qui opposent les deux groupes d'actionnaires. Vous avez donc en principe deux atouts : vous êtes neutre et on ne vous craint pas. Si l'on arrivait à cette phase du choix, il vous faudrait jouer finement, rassurer, convaincre. L'idéal serait qu'un ou plusieurs membres du conseil avancent votre nom... Mais nous n'en sommes pas là !

Adrien restait stupéfait. Il avait, comme il disait, « arrangé » beaucoup d'affaires dans sa vie – la plus importante étant la confiscation à son profit des droits de la publicité –, mais l'ingéniosité et la perversité du plan échafaudé par ce jeune impertinent de Lavergy le confondaient. Il admirait mais demeurait incrédule. Il lui fallait réfléchir avant de se laisser entraîner dans une aventure aussi risquée.

– Je vous remercie, dit-il à Lavergy qui attendait comme un étudiant bien sage et respectueux que l'examinateur se prononce. Votre idée est intéressante mais je dois en peser toutes les conséquences. Considérez notre conversation comme confidentielle.

– Vous pouvez compter sur ma discrétion comme sur mon dévouement. Je ne bougerai pas tant que vous ne m'aurez pas donné votre feu vert.

Plusieurs fois au cours de l'entretien, Adrien avait appelé Rochard du regard pour l'inviter à intervenir mais celui-ci était resté muet. Impassible dans le nuage de sa cigarette, il avait écouté Lavergy. Formé à l'école des cabinets ministériels, il avait l'habitude de tenir le rôle de l'assistant muet dans des réunions confidentielles. Ce jour-là, il attendait la question qu'Adrien ne pouvait manquer de lui poser lorsque « le jeune homme » aurait quitté la pièce à pas feutrés, comme si le moindre bruit eût risqué de rompre le charme sous lequel il était sûr d'avoir tenu son patron.

– Alors, que penses-tu de cette proposition ?

– Elle paraît folle, mais quand on y réfléchit... Moi, je laisserais le jeune loup courir, chercher ses pistes, renifler les courants d'air. Je pense que tu ne risques rien à le mettre entre les pattes du rusé Lavigne. Du reste, c'est lui qui nous l'a envoyé.

– Je pense comme toi mais je vais le laisser mijoter une bonne semaine avant de lui donner des nouvelles. Il va essayer de te tirer les vers du nez...

– Il ne tirera rien du tout, tu le sais bien. Tout de même, il me fait un peu peur, ton « jeune homme » bien poli, net dans sa tenue comme dans ses propos sous lesquels il cache une roublardise surprenante.

– Je te l'ai déjà dit, il va falloir lui tenir la bride haute et surtout ne pas lui laisser croire qu'il nous a subjugués et qu'il est devenu irremplaçable. Pour ne rien te cacher, cela m'ennuie qu'il soit mêlé à une affaire aussi sensible...

– ... dont il est l'instigateur ! Il va savoir beaucoup de choses !

– C'est vrai, mais je le crois trop intelligent pour se livrer à un vulgaire chantage. D'ailleurs, en admettant que son plan prenne forme, il ne peut en parler avant, sous peine de le faire capoter. Et après, si je deviens le maître du *Gaulois*, il pourra dire ce qu'il voudra !

– A moins qu'il ne soit en mesure de dénoncer des irrégularités d'écritures, des illégalités...

– Auxquelles il aura participé. C'est pourquoi il faudra l'impliquer personnellement dans l'affaire. Veux-tu voir Lavigne avec moi ? Garmond me traite parfois de combinard mais je ne me sens pas tranquille en face d'un personnage aussi habile que Lavigne. Je n'ai que mon instinct à opposer à sa technique financière. Dieu merci, jusqu'à maintenant, il ne m'a pas fait défaut. Bref, je préfère te savoir près de moi quand je vais dévoiler à Lavigne le plan de son protégé.

– Tu espères l'étonner ?

– Je crois plutôt qu'il « fera » l'étonné. Car, tout bien pensé, il est sans doute le promoteur de ce plan qui suppose une connaissance précise du fonctionnement du journal, connaissance difficile à admettre pour quelqu'un qui n'y a jamais mis les pieds.

Garmond avait dit un jour à Adrien que, sans pousser plus loin la ressemblance, il vivait dans la tunique du Général. Ce n'était pas toujours vrai mais, souvent, la boutade devenait vérité. Dans cet hiver 54, par exemple, tandis que de Gaulle parcourait les sentiers de sa forêt gauloise en récitant des vers, Adrien Anthelme trouvait son Colombey-les-Deux-Eglises aux portes de Maisons-Laffitte.

Adrien avait découvert dans *Paris-Match* que le Général relisait Victor Hugo. Il avait aussitôt fait acheter toutes les œuvres du poète, reliées en maroquin rouge, et en avait garni deux rayons de la bibliothèque de son bureau. Il lisait ainsi au moins une heure chaque jour, soit installé dans un fauteuil près de la fenêtre, soit en marchant dans les allées du parc lorsque le temps était clément. Dans l'article de *Match*, son auteur, Jean-Raymond Tournoux révélait que le Général se complaisait dans la fréquentation du distique :

Mes yeux vont, effrayés de nos immenses tâches,
De ceux-là qui sont morts à ceux-ci qui sont lâches.

Adrien l'avait recopié et s'arrangeait pour le placer dans les conversations.

Marie-Christine, elle, avait eu du mal à s'adapter à la vie semi-provinciale qu'elle menait à Maisons-Laffitte entre le couple de domestiques qui entretenait la maison et ses deux filles. L'aînée, Anne-Marie, avait quinze ans et, par chance, était une bonne élève. Son père, en effet, avait décidé qu'elle préparerait Normale supérieure et passerait l'agrégation. Marie-Christine avait essayé de protester :

– Avant d'abrutir cette enfant, attends au moins que l'on juge de ses aptitudes !

Il avait répondu sans le savoir – fréquentation d'Hugo oblige – par un alexandrin :

– Agrégé ne suis pas, agrégée tu seras !

– Et si elle ne veut pas ou est incapable de passer le concours ? avait insisté Marie-Christine.

Adrien avait alors élevé la voix :

– La fille d'Adrien Anthelme et d'une mère agrégée ne peut pas manquer un concours.

C'était idiot et elle allait le lui dire quand Anne-Marie était intervenue :

– Si papa le demande, je passerai le concours et je serai reçue !

Marie-Christine avait haussé les épaules et murmuré sans qu'Anne-Marie entende : « Tu fais comme moi trop souvent, tu abdiques devant l'autorité d'Anthelme. Agrégée ou non, tu ne seras pas heureuse, ma fille ! »

A vrai dire, Marie-Christine n'était pas une victime mais elle devait se défendre contre l'humeur dominatrice d'Adrien. Parfois elle n'y arrivait pas, souvent elle gagnait et réussissait à faire plier le despote. C'est ainsi qu'elle avait pu acheter une 2 CV Citroën qui lui donnait une autonomie qu'Adrien avait du mal à admettre, surtout depuis qu'ils étaient installés à Maisons-Laffitte. Sans songer à tenir sa femme prisonnière, il eût trouvé normal qu'elle demeurât à la maison pour s'occuper de l'intendance et des filles. Et être toujours là quand il rentrait le soir.

Justement, depuis quelques semaines, Adrien regagnait de bonne heure Le Prieuré, et pas seulement pour lire *Les Contemplations*. Il avait pris l'habitude de passer depuis sa maison les coups de téléphone importants et confidentiels. Il avait ainsi repris contact avec des personnalités considérées comme proches du Général et dont les articles avaient souvent meublé les colonnes d'*Accord*. Il leur disait son dévouement et sa foi dans la fin prochaine de « la traversée du désert », formule employée par les fidèles pour désigner l'éloignement politique du Général. Certains de ses correspondants faisaient partie des « apôtres » qui entreprenaient régulièrement le voyage de Colombey pour en rapporter la bonne parole.

Adrien savait qu'il ne deviendrait jamais membre à part entière de la proche famille gaulliste. Son espérance était plus modeste : obtenir, ne serait-ce qu'une fois, la permission d'accomplir le pèlerinage de La Boisserie. Non pour remonter le moral du Général, comme plaisantait Anna – on ne remonte pas de Gaulle comme une pendule –, mais pour l'assurer de sa fidélité et lui rappeler qu'il pouvait compter sur l'appui de ses journaux. Adrien n'osait pas encore parler de « groupe de presse » bien qu'il eût repris récemment deux modestes quotidiens de province qui battaient de l'aile. Il attendait pour se donner du galon d'être le maître du *Gaulois* !

Chaque soir, il tenait aussi un conciliabule discret avec Lavigne ou Lavergy qui le mettaient au courant de leurs délicates tractations. Selon eux, l'affaire se présentait bien. Aidés par des juristes, ils avaient mis au point une stratégie ingénieuse : les actions rachetées par *Le Gaulois* ne seraient pas confiées directement à Adrien ni à l'agence, mais s'ajouteraient au capital d'une société écran facile à créer qui serait en fait une filiale de Globe-Publicité. Ce montage semblait compliqué à Adrien, André Rochard le disait juridiquement illégal et Marie-Christine, mise au courant un soir d'abandon, voyait déjà son mari traduit en justice. Indécis, Adrien décida de demander l'avis de Charles Lévy-Parsec. C'était aussi une occasion de voir sa mère qu'il avait un peu délaissée ces derniers temps, sans jamais oublier toutefois d'alimenter le compte bancaire qui permettait au vieux couple de vivre une retraite heureuse. A Marie-Christine qui lui reprochait parfois son arrivisme, il répondait : « Il m'aura au moins permis de sortir ma pauvre mère de sa misère. »

Mis au courant, Charles Lévy ouvrit de grands yeux :

– C'est vous qui avez imaginé un pareil plan ? Vous avez fait des progrès depuis le rachat de Publimage !

Mais les risques ne sont pas les mêmes. Si vous allez jusqu'au bout, priez pour qu'un actionnaire pointilleux ne porte pas plainte. Votre affaire relève nettement de l'abus de biens sociaux !

– Je sais qu'il y a des risques, mais l'enjeu est considérable. Que me conseillez-vous ?

– Rien ! Voyez-vous, c'est comme si vous me demandiez de vous indiquer le nom du cheval gagnant du prochain prix de l'Arc de Triomphe !

– Bon. Je m'attendais à cette réponse. Mais dites-moi au moins si vous estimez que j'ai une chance de réussir.

– Ecoutez, mon cher Adrien, si l'on remontait l'histoire des grandes fortunes du monde, on découvrirait presque toujours à leur origine des opérations illégales plus graves que celle où vous vous engagez. L'argent neuf est souvent sale. La richesse passe par certains abandons et la conscience est alors un rempart bien fragile...

– Je suis croyant. Ma mère m'a élevé dans la religion...

– Je sais, mais en général les riches font bon ménage avec le ciel. J'espère que votre dieu vous protégera et que, si vous réussissez, il vous guidera dans une utilisation propre et généreuse de votre fortune... Vous me demandiez de vous répondre oui ou non et je me lance dans une parabole de curé ou de rabbin, c'est la même chose !

– Merci, Charles. Je vais réfléchir, peser le pour et le contre, mesurer les risques... La conscience, bien sûr...

– J'y repense. Ne m'aviez-vous pas parlé, à la Libération, d'un groupe dont vous faisiez partie et qui projetait de créer une presse nouvelle, libérée des puissances d'argent ?

– C'est une promesse que d'autres ont déjà trahie, et je crois, hélas ! que je vais les imiter ! Merci de prendre soin de maman...

*

Les événements se précipitaient. Mendès France réglait plus de problèmes en quelques mois que les cinq ministères précédents qui s'étaient suivis à la queue leu

leu dans les palais de la République. Il avait concrétisé à Genève la fin de la guerre d'Indochine déjà perdue dans l'entonnoir de Diên Biên Phu, négocié le traité devant mener à l'indépendance de la Tunisie et devait faire face aux premiers attentats sanglants qui se succédaient en Algérie. La guerre était déjà là dans l'Oranais, dans les Aurès, quand le ministère Mendès France fut mis en minorité après le lâchage d'Edgar Faure, son successeur.

Chez Adrien aussi, les choses allaient grand train. La société Affaires et Publicité dont les statuts avaient été déposés au tribunal de commerce était prête à accueillir les fonds avancés par *Le Gaulois ;* Dupuich La Réole s'était laissé facilement convaincre de céder ses actions. Seules subsistaient les réticences de Saulieu. Il exigeait, pour ne pas s'opposer à la transaction, des garanties sur sa future situation. « Je me charge de le décider », avait dit Adrien.

Les deux hommes se connaissaient assez pour se craindre, se respecter et savoir que, le clan Dupuich écarté, ils étaient condamnés à s'entendre. Le traité fut conclu chez Laurent, aux Champs-Elysées, au cours d'un dîner. On couvrit le menu de chiffres, de comptes de voix, d'actions, de pourcentages. Finalement, le nombre décisif apparut sur la carte, dans le blanc ménagé par l'imprimeur entre « Le croustillant de ris de veau aux asperges et jus de truffes » et « Le sauvageon grillé aux épices et pommes craquantes ». Deux chiffres : un sept et un huit, montraient que dans le pire des cas la majorité ne pouvait échapper à une coalition Anthelme, Magenta, Lavigne, Saulieu. Ce dernier devait conserver, durant un minimum de vingt ans et selon un protocole à signer, la direction générale du journal, le colonel Magenta demeurant président de la société *Le Gaulois* et Roger Lavigne administrateur général.

En apparence, rien n'était changé. Saulieu, débarrassé de son rival Dupuich La Réole, pouvait paraître le grand bénéficiaire de l'opération. Comme la plupart des journalistes il ne comprenait pas grand-chose aux chiffres et les subtilités du montage financier avec le relais de la société écran lui échappaient. Il s'était bien demandé pourquoi Adrien s'était donné tant de mal pour éliminer Dupuich qui ne le gênait pas personnellement, il s'était aussi posé des questions sur la volatilisation des fonds du journal dans la nébuleuse de l'agence Globe, mais Adrien avait su le rassurer : les actions libérées n'appartenaient-elles pas, de fait, au *Gaulois* ? Et n'était-il pas confirmé pour vingt ans au poste de directeur du journal ? Et puis, Raoul Saulieu devait s'avouer qu'il avait toujours subi l'influence dominatrice d'Adrien, son charme, son emprise. Au dîner chez Laurent, ses dernières hésitations s'étaient envolées dans les vapeurs d'un armagnac « hors d'âge ». Il avait même remercié Adrien d'avoir défendu ses droits et ajouté, ce qui était le comble de l'inconscience :

– Promettez-moi de venir plus souvent au journal. Personne ne vous connaît à la rédaction. Ce n'est pas normal. Vous à qui *Le Gaulois* doit tant !

Adrien monta épuisé dans sa voiture, une DS Citroën toute neuve à suspension hydropneumatique qui venait de faire son apparition sur le marché. A Maisons-Laffitte, son chauffeur dut le réveiller. Marie-Christine, qui n'était pas couchée, l'attendait dans le salon en lisant *Les Mandarins*, dernier livre de Simone de Beauvoir qui avait obtenu le Goncourt. Il l'embrassa et dit :

– Je crois bien que c'est le nouveau patron du *Gaulois* qui te dit bonsoir !

Le reste n'était qu'une question de temps, celui nécessaire à Lavigne et à Lavergy pour mettre en route la machine qui allait faire du « jeune homme aux culottes de golf » le maître d'un des plus grands quotidiens français.

Adrien avait remarqué que, dans la vie, la sienne en tout cas, les événements heureux survenaient souvent à la suite. Le règlement de l'affaire Dupuich en était un, sa prise de pouvoir en serait bientôt un autre, le troisième, longtemps attendu, lui fut signifié par la poste. C'était une banale enveloppe blanche contenant une carte à l'en-tête du général de Gaulle qui lui annonçait que le chef de la France libre le recevrait à Colombey-les-Deux-Eglises le 14 novembre 1956 à dix heures. Adrien apprit dans la journée qu'il devait ce laissez-passer pour le ciel gaulliste à Edmond Michelet, lequel appréciait sa réputation de chrétien ouvert, héritage de son passage dans la galaxie de Libertés nouvelles. C'était plus que le bonheur : la fierté d'être admis ne serait-ce qu'un instant à la droite de Dieu.

Rue de Solférino, au quartier parisien du Général, on lui recommanda d'être précis : les gendarmes de faction à la grille ne le laisseraient entrer qu'à neuf heures cinquante-neuf. Comme il s'inquiétait du protocole à observer, Louis Terrenoire, un baron du premier rang, le rassura :

– Il n'y a pas de protocole à La Boisserie. Le Général dans la vie privée est le plus simple des hommes. Vous pourrez parler en toute liberté. Veillez seulement à guetter l'instant où il vous signifiera par un mot ou par un geste d'une politesse exquise que l'entretien est terminé.

Durant tout le trajet, Adrien se montra fébrile. Il se complut un moment à caresser le cuir noir de la banquette, regretta de ne pas fumer en ouvrant et refermant le cendrier, s'attarda sur les pages remplies de son agenda, redemanda pour la troisième fois en une demi-heure au chauffeur si on n'allait pas être en retard. Le chauffeur, c'était Marcel, passé avec son patron de la traction à la DS. Curieusement, il ressemblait à Adrien. Un peu plus petit mais aussi large, il avait le même nez un peu écrasé. Cela s'expliquait car il avait lui aussi fait de la boxe au temps de sa jeunesse. C'était entre eux un inépuisable sujet de conversation. Marcel lisait *L'Equipe* et tenait Adrien au courant des nouvelles du « noble art ». Ils avaient même été ensemble un soir voir boxer Robert Cohen, futur champion du monde, au cirque d'Hiver.

– Marcel, s'écria soudain Adrien, avez-vous pensé à emporter votre appareil photo ?

– Oui, monsieur Anthelme. J'essaierai de ne pas rater votre photo avec le Général.

C'était une idée d'Adrien. Comment mieux conserver le souvenir de cette journée extraordinaire qu'en se faisant photographier avec de Gaulle ? C'était dit, il aurait le culot de demander cette faveur au Général. Il n'avait pas osé amener un photographe mais avait pensé que le serviable Marcel pourrait appuyer sur le bouton magique afin de perpétuer le souvenir d'une rencontre qui occuperait la place d'honneur dans son histoire personnelle.

Il était neuf heures cinquante-huit quand Adrien présenta son invitation au brigadier-chef qui gardait l'entrée. Celui-ci était habitué à voir des DS noires franchir la grille. Désinvolte, il salua et dit : « Vous êtes attendu. »

Adrien écouta avec ravissement crisser les graviers du Général. Celui-ci, prévenu, était à la porte de la maison, sanglé dans son costume bleu marine croisé comme s'il attendait la reine d'Angleterre. Il s'avança d'un pas vers Adrien, la main tendue, et dit :

– Comment allez-vous, Anthelme ?

C'était à la fois cordial, militaire et bon enfant. Le Général regarda un instant Adrien dans les yeux puis entraîna son hôte vers la pelouse qui, derrière la maison, filait à l'horizon.

– Alors, Anthelme ? Que pensez-vous de la situation ?

Ce n'était pas de cette façon qu'Adrien avait imaginé la prise de contact. Il balbutia quelque chose comme « mauvaise, puisque vous n'êtes pas au commandement », mais cela suffit à de Gaulle, qui se moquait bien de ce que pensait le propriétaire d'une feuille confidentielle pour amorcer le monologue du jour, fruit de la lecture de la presse et de ses réflexions matinales :

– Nous savons bien que la France ne peut pas prétendre refaire son siècle de Louis XIV. Cela ne signifie pas qu'il faille cesser de parler de la grandeur française. On peut être grand, même sans beaucoup de moyens. Mais on devient de plus en plus petit ! Vous qui êtes à Paris le savez bien, le régime se disloque, ça ne tient plus à rien ! Regardez-les, écoutez-les : ils lancent des appels au pays pour dénoncer leur propre carence !

Un instant de silence. Le Général fit volte-face pour revenir vers la maison et dit :

– Vous êtes d'accord, Anthelme ?

Comment Adrien, appliqué à régler son pas sur celui de son hôte, n'aurait-il pas été d'accord !

– C'est ce que nous répétons chaque semaine dans notre hebdomadaire, répondit-il.

– Continuez ! Mais ils se cramponnent. Ecoutez-les : « Oui, les affaires vont mal. C'est nous qui avons conduit là le pays. Nous le mènerons plus bas encore. Cependant il faut nous faire confiance pour que le régime continue ! »

– Mais, mon Général, vos amis sont là, toujours prêts pour votre retour, hasarda Adrien.

On était revenus près de la maison et de Gaulle avait trouvé l'aphorisme dont il aimait clore ses entretiens :

– Mon cher, un homme supérieur n'a pas d'amis puisqu'il n'a pas d'égaux. Il compte des fidèles, des disciples, des compagnons qui lui vouent admiration ou bien affection. Des amis ? Non. Mais entrez, venez prendre un verre de porto avant de reprendre la route.

Un bonheur envahit Adrien. Durant toute la promenade il s'était demandé s'il serait admis à pénétrer dans le temple. Et son désir était exaucé ! Il fut invité à traverser la galerie qui menait au saint des saints : le bureau où le Général rédigeait ses mémoires.

Adrien but lentement l'élixir sacré que lui avait servi lui-même le Général. Comme il regardait avec attention la grande table de noyer ciré où s'écrivait l'Histoire de France, de Gaulle dit avec un accent de fierté :

– Vous admirez mon bureau ? Ce sont les ébénistes du faubourg Saint-Antoine qui l'ont fabriqué après la Libération pour l'ouvrier du réveil français. C'est le cadeau qui m'a fait le plus plaisir.

Un regard vers la lointaine forêt et puis :

– J'ai été content de vous voir, Anthelme.

L'entretien était terminé. Adrien hésita puis eut l'audace de demander :

– Une prière, mon Général, permettrez-vous à mon chauffeur de vous photographier en ma modeste compagnie ? Cette journée est une telle joie pour moi que je voudrais en conserver le souvenir.

De Gaulle avait l'habitude de ce genre d'enfantillages. Il répondit : « Avec plaisir » et ajouta :

– Faites-en déposer un tirage rue de Solférino. J'y mettrai ma signature.

Sur le chemin du retour, dans la voiture, Adrien

raconta à Marcel les vingt minutes les plus exaltantes de sa vie, Marcel qui n'était pas près d'oublier la poignée de main dont l'avait gratifié le Général. En se remémorant les propos du grand homme, Adrien dut convenir qu'ils ne lui avaient rien appris. Mais il n'était pas venu à La Boisserie pour en rapporter des secrets d'Etat. Le seul fait d'y avoir été reçu était un couronnement. Il allait s'atteler maintenant à consolider son royaume, à affermir son pouvoir.

Le pouvoir, il l'avait, théoriquement, même s'il n'était pas à l'abri, Rochard l'avait prévenu, de la curiosité d'un juge pointilleux. Il lui restait à voir de quelle façon il allait l'exercer. Seul André Rochard, rompu aux négociations gouvernementales, pouvait le conseiller. Et peut-être Marie-Christine, dont la finesse d'esprit pouvait être précieuse. Il invita donc son collaborateur à dîner à Maisons-Laffitte. C'était un événement car personne jusqu'alors, à part Anna et Garmond, n'avait été convié au Prieuré qui, dans la stratégie encore vague d'Adrien, devait demeurer un lieu quelque peu mystérieux, une sorte de P.C. secret d'où partiraient ses ordres médités dans le silence du parc. Il n'était pas question d'y voir défiler ses collaborateurs de l'agence, encore moins les journalistes dont il appréhendait le contact mais qu'il allait devoir commander. En fait, la seule question délicate qu'il avait à résoudre dans les prochains jours était l'organisation de ses rapports avec Raoul Saulieu auquel il devait, pour gouverner, enlever la majeure partie de ses attributions.

– En gros, tu vas prendre sa place et tu ne sais pas comment le lui annoncer, résuma Rochard en buvant le whisky que Marie-Christine venait de lui servir.

– Pas du tout. Il reste directeur général. Je vais simplement le décharger de certaines tâches trop lourdes pour un seul homme.

– Ne nous prends pas pour des imbéciles, coupa Marie-Christine. André et moi avons parfaitement compris ce que tu vas faire : lui laisser les bricoles rédactionnelles, les arts, les lettres, le théâtre, le cinéma...

Toi, tu inspireras la ligne générale du journal et, surtout, la politique !

– Sûrement. On a l'impression que les éditorialistes et les reporters du *Gaulois* écrivent ce qu'ils veulent. Au moment où les affaires d'Algérie prennent le tour que vous savez, il faut qu'ils parlent d'une seule voix.

– La tienne ! dit Rochard en riant.

– La mienne qui est aussi celle de De Gaulle !

Jusqu'au café, la conversation s'aéra dans le désert marocain, l'histoire du château de Maisons-Laffitte, les mérites de Normale sup et les méandres des cabinets ministériels. Adrien raconta encore une fois son voyage à Colombey en y ajoutant de nouveaux détails. Marie-Christine, heureuse d'avoir un interlocuteur agréable et intelligent, se montra brillante. C'est au café seulement qu'on reparla du *Gaulois*.

– Quelle que soit la manière dont tu t'y prendras, tu vas jouer un méchant tour à Saulieu, dit Rochard. Tu lui laisses un titre ronflant mais vide comme un désert. Il va vite comprendre que tu ne tiens pas tes promesses et qu'il a été floué. Ne t'étonne pas s'il le prend mal et te traite de salaud !

– Il va certainement le faire et m'annoncera qu'il va démissionner, mais il n'en fera rien. Il réfléchira : la situation que je lui laisse présente encore de nombreux avantages qu'il serait bien en peine de trouver ailleurs. Et puis, je l'ai senti lorsque nous avons dîné ensemble, il sait qu'en dehors de toute question de majorité, je suis plus fort que lui et que je le dominerai chaque fois que nous serons en opposition.

– C'est une chose, mais a-t-il compris les subtilités du plan qui t'a permis de devenir majoritaire ? Fais attention qu'il ne te fasse pas chanter !

– J'ai un argument : sans ce plan qui le met, c'est vrai, un peu sur la touche, c'est Dupuich La Réole qui gagnait le gros lot. Et il ne lui aurait laissé ni titre ni situation !

– J'espère que tu vas agir avec délicatesse, dit Marie-Christine. C'est tout de même Saulieu qui a fait du *Gaulois* ce qu'il est devenu alors que tant d'autres journaux nés à la Libération se sont effondrés.

– N'aie pas peur. Les finances du journal sont assez

florissantes pour panser les plaies d'amour-propre les plus profondes. Maintenant, que dois-je faire pour lui dévoiler son infortune ? L'inviter à déjeuner ?

– Sûrement pas ! opposa Rochard. Et ne va pas non plus le rencontrer dans son bureau. Convoque-le gentiment dans le tien aux Champs-Elysées. Ce sera déjà une façon de montrer ta supériorité.

Leur invité parti, Adrien et Marie-Christine regagnèrent leur chambre au premier étage. Elle avait perdu sa bonne humeur et soupirait.

– Qu'as-tu, ma chérie ? Tu es fatiguée ?

– Non, mais je ne suis pas fière. Tout cela me semble assez répugnant.

– Ce sont les affaires qui sont comme ça. Crois-moi, je ne suis ni pire ni meilleur que les autres.

– Je sais. Parfois je me demande pourtant si tu n'es pas un peu trop doué !

Dès le lendemain, Saulieu écouta, suffoqué, Adrien lui signifier qu'il prenait la direction du journal. Pâle, accroché aux bras de son fauteuil, il prit le temps de récupérer en fermant un instant les yeux avant de répondre :

– J'imaginais bien que ce grenouillage dans la mare des actionnaires cachait des intentions personnelles, mais je n'aurais jamais pensé que vous vouliez me retirer la direction d'un journal que j'ai animé, avec bonheur, depuis le premier numéro. Vous exigez mon fauteuil, il vous attend rue Réaumur !

Il se leva puis se ravisa.

– Avant que je signe ma lettre de démission, j'aimerais bien que vous m'expliquiez certains points de votre montage financier. Je dois vous dire que je me suis renseigné, je sais que vos agissements sont illégaux et passibles de la correctionnelle.

Adrien était un bon comédien. Il savait cacher ses sentiments, se donner l'attitude et le visage qui convenaient aux circonstances. Là, il prit l'air navré du grand incompris poursuivi par la fatalité.

– Mais pourquoi me prête-t-on toujours des pensées qui ne sont pas les miennes ? Dieu sait que je ne veux pas votre place ! Le grand journaliste, c'est vous. Je serais bien incapable de tenir une conférence de rédaction et de faire un journal ! Vous avez un contrat en béton qui vous garantit votre titre pendant vingt ans et plus. Si vous jugez vos appointements trop faibles, fixez-en vous-même le montant, je soutiendrai votre demande devant le conseil. La seule chose que je veux, c'est assurer – sans aucun titre officiel – la direction politique du journal.

– Vous savez pertinemment que nous avons des lecteurs de tous bords et que, moins nous touchons à la politique, mieux ça vaut !

– Je sais tout cela, soyez rassuré. Mais il y a des moments, ceux que nous vivons actuellement, par exemple avec la guerre d'Algérie et ces ministères fantoches qui se succèdent, où un grand journal national doit prendre ses responsabilités !

– Si la politique d'*Accord* devient celle du *Gaulois*, notre journal est foutu. Nous allons perdre la moitié de nos lecteurs.

– Mais qu'allez-vous chercher, mon ami ? Il n'est pas question de prendre pour modèles les convictions défendues dans *Accord*. Allons, regardez-moi, Raoul, ai-je l'air de quelqu'un qui veut vous chasser ? Tenez, je suis prêt à prendre l'engagement formel de ne pas mettre les pieds à la rédaction qui demeurera sous votre unique juridiction. Si j'ai quelque chose à dire à Morin, votre directeur du service politique, ou à Bresson, qui s'occupe de l'étranger, je le ferai par téléphone. Je vous assure que je ne serai pas un actionnaire majoritaire encombrant !

Une fois de plus, la puissance de persuasion d'Adrien agissait. Il était convaincant, le grand Anthelme, avec sa voix de basse, sa mâchoire volontaire et ses gros poings qu'il agitait devant lui comme un boxeur qui attend l'ouverture pour frapper. Saulieu sentait qu'il était en train de fléchir, de se laisser prendre au jeu du personnage dont il avait décelé les intentions cachées mais qu'il n'arrivait pas à contenir. Pourtant, les derniers mots d'Adrien, « actionnaire majoritaire », lui rendirent du courage.

– Etes-vous si sûr d'être l'actionnaire majoritaire ? Même si vous remboursez dans les années prochaines l'argent versé par *Le Gaulois* à votre pseudo-société, un délit reste un délit !

– Je reconnais le bien-fondé de votre opinion. Je sais que vous pouvez tout faire capoter. Et alors ? Le scandale sera énorme, nous serons tous inculpés et passerons, comme vous l'avez dit, en correctionnelle. Entretemps, votre rival, Dupuich La Réole – car c'est lui votre vrai et seul rival –, se sera fait rendre ses actions, celles de ses amis et aura pris votre bureau, votre fauteuil, vos avantages ! Soyez sérieux, mon cher Saulieu. Voyez une fois pour toutes où est votre intérêt et jouons la partie ensemble !

– C'est bon, dit Raoul Saulieu. Vous avez agi comme un brigand mais vous avez gagné. Je n'ai pas d'autre choix que de me plier à votre volonté. Je vous demande simplement d'éviter de me ridiculiser aux yeux de mes collaborateurs et de mes confrères.

C'était fini. Au théâtre, Adrien se serait avancé pour saluer sous les applaudissements. Là, dans son bureau, il n'y avait pas de public, pas de bravos, seulement un pauvre homme vaincu qui n'avait pas encore tout à fait compris ce qui venait de lui arriver. Alors, était-ce de la pitié, un réveil fugitif de la conscience ? Adrien Anthelme ouvrit les bras et donna l'accolade à Saulieu, médusé :

– Ce que je viens de faire ne m'a pas été agréable, dit-il, mais il fallait que je le fasse. Vous verrez, tous les deux, nous réussirons de grandes choses !

Adrien aurait préféré prendre le pouvoir au *Gaulois* dans la discrétion, mais la nouvelle, sans qu'on sût qui avait parlé, se répandit dans les étages du journal puis dans les rédactions parisiennes : « Anthelme, le publicitaire, s'est autoproclamé directeur du *Gaulois*. » La nouvelle prêtait naturellement à toutes les hypothèses. Au journal, on se demandait si Saulieu était viré et, d'abord, s'il assisterait à la conférence de sept heures où les chefs de service présentaient le menu des événements du jour. C'était Saulieu qui décidait de la place qu'ils devraient occuper à la « une ». Les secrétaires de rédaction s'emparaient ensuite du brouillon de la maquette et élaboraient la mise en pages.

A sept heures précises, la salle de conférences, d'habitude bruyante de conversations, de jurons, de quolibets, était silencieuse quand Raoul Saulieu fit son entrée. Il était pâle mais semblait tout à fait maître de lui.

Il s'assit et s'adressa à ses collaborateurs présents dont la plupart appartenaient au journal depuis le premier numéro :

– Contrairement à certains bruits qui, je le sais, ont circulé dans la maison, je reste directeur général du *Gaulois*. M. Adrien Anthelme, directeur de Globe-Publicité, notre agence, prendra, c'est vrai, une part plus grande à la vie du journal, ce qu'il n'a pas voulu faire plus tôt, préférant se consacrer au développement, essentiel pour nous, de la publicité. Je ne pense pas que vous le verrez souvent dans l'immeuble, et c'est dommage car c'est un homme qui connaît bien la presse et la politique. Je demeure donc votre patron et je profite de la circonstance pour vous remercier de vos efforts. Messieurs, la conférence peut commencer. La parole est au chef des informations générales.

Le discours avait été bref et personne ne se hasarda à poser de questions. Saulieu avait dit trop de choses ou pas assez. En fait, il était resté flou sur la seule chose importante : les responsabilités qu'exercerait réellement Anthelme. Mais, pour l'instant, il fallait faire le journal. D'ailleurs, les affaires de la haute direction, les divergences entre gros actionnaires et même la participation annoncée d'Anthelme à la vie du journal intéressaient peu les rédacteurs. De lui on savait seulement rue Réaumur qu'il avait une tête de boxeur, qu'il était autoritaire et aimait bien les chevaux. Pour le reste, on aurait bien le temps de voir comment les choses se passeraient entre lui et Saulieu, chacun ayant pu deviner derrière les paroles rassurantes du directeur général que les deux hommes ne s'aimaient pas.

Une semaine passa sans que le moindre changement apparaisse dans la vie du journal. On avait presque oublié l'homme des Champs-Elysées quand, un soir, le téléphone sonna sur le bureau de Morin, directeur du service politique.

– Réponds, dit celui-ci à son adjoint Fluttiaux, je m'occupe de la dépêche de l'A.F.P. qui est en train de tomber : ça barde à Alger. Le siège du gouvernement général est envahi !

Fluttiaux décrocha et on l'entendit répondre trois fois de suite : « Oui, monsieur », puis : « Je vous le passe. »

– Tiens, dit-il. C'est Anthelme !

Pour la première fois, « l'Empereur » – comme au sein de sa rédaction on commençait à l'appeler – se manifestait. Toute la salle de rédaction avait les yeux fixés sur Morin qui, lui aussi, lançait des « oui, monsieur » à répétition en prenant des notes avec une pointe Bic récalcitrante. La conversation dura une dizaine de minutes ; et lorsqu'il eut raccroché, le chef du service politique s'écria :

– Si c'est comme cela tous les soirs, cela ne va pas être de la tarte ! Il est excité comme une puce sur l'Algérie et m'a pratiquement dicté mon papier ! Je lui ai dit que les nouvelles changeaient d'heure en heure et qu'il faudrait en tenir compte dans l'éditorial. Il m'a répondu : « Si c'est important, appelez-moi à Maisons-Laffitte, voilà mon numéro. Notez-le car j'ai l'impression qu'on va se téléphoner souvent ces temps-ci. »

– Et Saulieu ? Tu vas le tenir au courant ?

– Il ne m'en a pas parlé. Sans doute l'a-t-il prévenu avant de m'appeler.

– Tu devrais tout de même aller le voir. Il doit être furieux.

– Oui, j'y vais, surveillez les printing. A-t-on des nouvelles de Gruber qui est à l'Assemblée ?

Morin revint cinq minutes plus tard.

– Alors ? demanda Fluttiaux.

– Il est tombé des nues quand je lui ai dit qu'Anthelme m'avait téléphoné. J'ai eu devant moi un homme humilié. Après, il s'est repris et m'a dit d'une voix tremblante qu'il voulait assurée : « Oui, M. Anthelme peut vous appeler pour les événements importants. Il m'a dit tout à l'heure qu'il allait le faire à propos de la question algérienne. » C'était évidemment faux. Mes enfants, Saulieu est cocu et on n'a pas fini d'en baver si on a tous les soirs Anthelme en prise directe !

La nuit avait été l'une de ces folies qui marquent une vie de journaliste. Téléphones et téléscripteurs n'avaient pas arrêté de répandre par rafales croisées, entre Alger furieuse et l'Assemblée enragée, des nouvelles surréalistes. Massu, en tenue léopard, semblait s'entendre avec les insurgés. Il appelait de Gaulle à l'aide depuis le balcon du gouvernement général investi par la foule. Un Comité de salut public venait d'être constitué, apparemment contre le régime de Paris, et les parachutistes, annonçait-on de bonne source, prêtaient leurs camions aux émeutiers. Tandis qu'Alger explosait, de l'autre côté de la Méditerranée, les députés se faisaient peur aux cris de : « Algérie française ! » scandés par la droite, auxquels répondaient ceux de la gauche : « Le fascisme ne passera pas ! » Dans ce tohubohu, l'Assemblée nationale avait tout de même réussi à désigner un nouveau président du Conseil, le malheureux Pierre Pflimlin.

Depuis son P.C. de Maisons-Laffitte, Adrien Anthelme, en liaison quasi permanente avec Morin, avait dirigé l'avancée zigzagante du *Gaulois* dans la nuit politique. Entre un éloge du général Massu, un coup de képi aux paras, une bonne note pour le choix de Pflimlin qui avait, personne ne savait pourquoi, toujours bénéficié d'un traitement de faveur dans *Accord* et le récif gaullien, l'équipage du *Gaulois* avait louvoyé, changé de cap, hissé le grand pavois et fait mugir la corne de brume. La une avait été modifiée cinq fois, comme l'éditorial de Morin. Finalement, quand l'heure limite du bouclage arriva, au-delà de laquelle le journal ne pouvait plus être distribué, les ordres retenus par Adrien étaient : « L'Algérie est française et doit rester française », « Les militaires doivent soutenir à Alger les partisans de cette Algérie française », « Seul le rappel de De Gaulle peut permettre un regroupement national salutaire ».

A cinq heures l'aube pointait quand Marthe, la secrétaire du service, appela des taxis pour reconduire chez eux les membres de la dernière équipe restée au marbre. Morin et Fluttiaux, qui habitaient tous deux près de la Bastille, prirent la même voiture. Col dégrafé, le cheveu en bataille, les doigts encore tachés par l'encre des épreuves, ils s'affalèrent, exténués, sur la banquette.

– Cela va être toutes les nuits comme cela ? demanda Fluttiaux. Moi, je te le dis tout de suite, je ne tiendrai pas le coup.

– Moi non plus. Songe qu'en dehors du boulot matériel que j'ai partagé avec vous, je me suis farci Anthelme ! Ça, ce n'est pas un travail prévu dans la convention collective. Je crois que je craquerai avant toi !

A dix heures, Morin dormait chez lui à poings fermés quand sa femme vint le réveiller :

– Je rebranche le téléphone du lit, on te demande d'urgence.

– Merde, je suis crevé ! Tu ne pouvais pas dire que je rappellerais !

– C'est Adrien Anthelme.

– Ce suceur de burnous ? Je l'ai eu toute la nuit sur le dos au téléphone et il remet ça ce matin ! Je crois bien que je vais lui foutre ma démission dans l'écouteur !

Il n'en fit rien mais ne fut pas aimable.

– Monsieur Anthelme, veuillez m'excuser si je ne comprends pas bien ce que vous allez me dire. Vous m'avez réveillé et je titube encore de sommeil.

– Je suis désolé, Morin, vraiment désolé. C'est vrai que vous vous êtes couché tard avec toutes ces fariboles...

– Six heures. Mais ce n'est rien. Que se passe-t-il ? Vous avez des nouvelles ? Je vous avoue que moi j'ai décroché depuis le bouclage !

– Je voulais vous dire merci et vous annoncer que vous n'aurez pas affaire à un ingrat. Je vais donner des directives à Saulieu pour qu'une prime vous soit accordée.

Morin grogna et faillit être grossier. Les journalistes n'ont jamais craché sur une prime, encore faut-il qu'on y mette la manière et qu'on n'écorche pas leur susceptibilité. Il rengaina tout de même son épée et dit :

– Merci pour le geste, monsieur Anthelme, mais à cette faveur qui ressemble à un pourboire je préfère recevoir l'augmentation que je réclame depuis des mois à la direction générale. En revanche, mes collaborateurs, qui ont travaillé cette nuit autant que moi, seront certes heureux de découvrir sur leur prochaine feuille de paie le signe de votre satisfaction.

– On m'avait dit que les journalistes étaient volontiers ombrageux. Je suis navré de vous avoir vexé. Mais j'aime les gens qui ont du caractère, vous vous en apercevrez quand vous me connaîtrez mieux.

– Tout cela n'a pas d'importance. Mais les nouvelles ? Où en est-on ce matin ?

– C'est toujours le foutoir à Alger avec les activistes, les généraux et les paras. Et Paris a peur. Le ministère Pflimlin est déjà mort avant d'avoir été constitué.

– Et le Général ?

– Il suit les événements et, contrairement à ce qu'il disait il y a encore une semaine, il paraît qu'il est maintenant persuadé que le gouvernement affolé va lui demander de revenir aux affaires. On annonce rue de Solférino une prochaine conférence de presse du Général qui doit remettre dès aujourd'hui une note destinée aux journalistes.

– Alors, cette nuit, on remet ça ?

– Non, ce sera plus calme. Les cartes sont distribuées. Nous allons vivre quelques jours dans l'attente. Pour le numéro de ce soir, je vous appellerai vers six heures. Je vais d'ici là essayer de questionner mes amis proches du Général. Vous, de votre côté, couvrez l'Elysée, la présidence du Conseil et la Chambre. Je vous promets que vous serez couché de bonne heure ! A la moindre alerte, téléphonez-moi, lieutenant Morin... A propos, quel grade avez-vous dans l'armée ?

Interloqué, Morin répondit :

– Caporal... Pourquoi cette question ?

– C'est un beau grade, caporal, mais vous méritez mieux ! Au revoir, mon ami.

Il raccrocha, et Morin regarda sa femme Lucie qui avait pris l'écouteur durant toute la communication.

– Quel personnage !

– Il ne paraît pas tellement antipathique.

– Non. Déconcertant... Dur tout de même de faire un journal avec un type pareil qui ne met pas les pieds à la rédaction et qui te dicte ses ukases au téléphone !

– Tiens quand même le coup, mon chéri, nous n'avons pas encore payé la Frégate !

– Je sais. Maintenant que je suis réveillé, donne-moi mon thé. Je me douche et je file à l'Assemblée.

Adrien vivait dans les nuages. Il l'avait, son journal ! Et juste au moment où l'actualité déchaînée justifiait une prise d'autorité brutale. Si la nuit du 13 mai 1958 devait rester historique, elle marquait pour Adrien Anthelme une étape cruciale de sa longue bataille. En quarante-huit heures, son pouvoir au journal avait été reconnu, sa tutelle acceptée par le Conseil et son prestige grandi dans les milieux de la presse et de la politique. Raoul Saulieu lui-même avait rendu les armes à celui qui était devenu son suzerain à la suite d'une formidable imposture dont les détails semblaient déjà dilués dans les mémoires. L'affaire des actions rebondirait peut-être un jour mais, pour l'heure, Adrien Anthelme était devenu le seul maître du *Gaulois*. Qui se souviendrait dans six mois que *Le Gaulois* n'avait pas été fondé par lui mais par un groupe de résistants résolus à libérer la grande presse du joug de l'argent ?

Adrien goûtait vraiment pour la première fois au fruit délectable de la puissance. Il n'en avait cueilli jusqu'alors que les prémices, plaisirs incomplets et amers. *Accord* lui avait apporté un semblant de pouvoir, mais *Le Gaulois* lui donnait, comme par magie, une influence dont il n'aurait pas osé prévoir l'importance. Ainsi, en plein fief gaulliste, au siège de la rue de Solférino, les barons qui le considéraient jusque-là avec condescendance l'accueillaient-ils comme l'un des leurs, un compagnon digne de respect. En procurant une existence politique au journal, il était devenu une autorité. Les convictions du petit jeune homme de Saint-Maur, passées au crible du talent de Morin, avaient une influence sur l'opinion publique. Personne, dans le monde politique, n'ignorait que les articles signés par les journalistes du *Gaulois* étaient inspirés par lui, Adrien Anthelme !

Lavigne, à qui il devait beaucoup de son succès, n'avait pas donné signe de vie. Peut-être que le maître attendait que ce soit lui, l'élève, qui l'appelle pour le remercier d'une aide qui n'avait pas failli depuis le jour, déjà lointain, où il avait accaparé la publicité du journal. Cela était normal, il décida de lui téléphoner dans son mas des Cévennes où Lavigne se remettait d'une mauvaise bronchite. Il décrocha l'appareil et demanda à sa secrétaire, Mlle Thuilier, de l'appeler. Mais, tout de suite, mû par une subite réaction, il lui dit de n'en rien faire. La mécanique vampirique d'Anthelme s'était mise en action. Au premier élan succédait l'habituelle réflexion. Remercier Lavigne, n'était-ce pas, dans une certaine mesure, faire allégeance, reconnaître qu'il n'avait pas été le seul maître de son destin et surtout minimiser sa force ?

Il réfléchit puis demanda à André Rochard de venir. Depuis que Garmond n'intervenait plus dans sa vie professionnelle, Rochard était le seul être dont il sollicitait parfois l'avis. A peine Rochard était-il entré dans le bureau qu'Adrien, avec sa brutalité déroutante, lui posa la plus saugrenue des questions :

– André, ça dure combien de temps la reconnaissance ?

Rochard le regarda, éberlué :

– Tu veux que je donne un délai ? En années, en mois, peut-être en heures ? Ce n'est pas sérieux. Qu'est-ce qui te prend ?

– Plus simplement, je veux que tu me dises si je dois téléphoner à Lavigne pour le remercier de son appui. Comme tu es un homme bien élevé, tu vas me répondre oui. Même moi, qui suis un peu voyou, j'ai d'abord décidé de le faire. Mais je m'interroge. Je me rappelle les leçons du désert, les embuscades sur les pistes de l'Atlas, les désertions d'indigènes ralliés... Demeurer sur ses gardes, se méfier, anticiper étaient les mots d'ordre des spahis.

– Tu te méfies de Lavigne ?

– Non, mais il est le seul à savoir certaines choses. Au conseil je demeure à sa merci. Alors je pense qu'il serait prudent, dès le départ, de lui montrer, comme au petit Lavergy, que je suis désormais le patron, que je ne crains rien ni personne et qu'il a tout intérêt à continuer de percevoir sa dîme sur la publicité et à ne pas intervenir dans mes entreprises. Il sait que l'autorité ne se partage pas et je veux qu'il reconnaisse la mienne une fois pour toutes !

– Je pense que Lavigne est assez malin pour ne jamais te causer de soucis. A ta place, je le laisserais croire qu'il est le grand artisan de ton triomphe et que tu lui en sais gré.

– Non. Je dois au contraire le persuader dès maintenant de ma supériorité.

– Il ne faut pas non plus t'en faire un ennemi. Alors, laisse-moi faire. C'est une question de diplomatie, et Dieu sait si tu en manques ! Je vais appeler Lavigne et, puisqu'il n'est pas à Paris, lui raconter ton triomphe, ta montée en puissance qui ne peut qu'augmenter avec le prochain retour du Général. Je te dépeindrai en David invincible et lui dirai que tu vas l'appeler pour prendre de ses nouvelles...

– Fais comme tu veux. A toi, à toi seul je peux le dire : je ne me sens pas encore assez fort pour ne pas me montrer intraitable !

– Et moi ? Tu me fais confiance ?

– Mais oui. Tu sais bien que le poste de directeur général de l'agence Globe est l'un des plus convoités de Paris ! Quelle meilleure garantie de ton fidèle dévouement pourrais-je avoir ?

– Tu me terrifies ! Il n'y a vraiment pas de place pour les sentiments dans ton cœur endurci d'enfant pauvre ! Je me demande parfois pourquoi j'ai de l'affection pour toi.

– Peut-être parce que je n'ai jamais failli à l'amitié. T'ai-je fait du mal un jour ? Tu vois, je n'arrive pas à oublier que tu m'as aidé à Vichy. Je ne suis pas si mauvais que ça !

– Je reste ton débiteur dans notre échange de services. Mais je connais des gens qui n'apprécient pas tellement la position d'obligé.

Adrien, qui était étranger à toute forme d'humour, rit tout de même. Il rappela Rochard qui allait sortir.

– Es-tu libre demain soir ? J'ai envie de parler d'autre chose que de politique avec mes deux amis les plus proches. Je vais prévenir Garmond, on dînera entre hommes. Dommage que les Marchessoy aient quitté la rue de la Montagne-Sainte-Geneviève... On y était bien. Sois gentil, trouve-nous un restaurant sympathique.

Les trois amis se retrouvèrent le lendemain Chez Joseph, rue Pierre-Charron, où Rochard avait ses habitudes. Vieille maison austère aux nappes et serviettes religieusement empesées, Joseph sentait la province au cœur des Champs-Elysées. La proportion pouvait varier mais, en général, la clientèle se partageait par moitié entre notables à l'air notarial et rédacteurs et photographes de *Paris-Match* bruyants et affamés qui venaient reprendre des forces les soirs de bouclage.

Justement, les gens de *Match* semblaient particulièrement agités. La table où dînaient quatre personnages visiblement pressés était sans cesse assaillie par des porteurs de dépêches ou des émissaires excités.

– Il se passe quelque chose, dit Rochard. Il faudrait téléphoner au journal.

– Attendez, je vais voir. Je connais Gaston Bonheur qui dîne avec Raymond Cartier et Roger Thérond.

Garmond se leva et alla serrer la main d'une sorte de colosse à l'accent rocailleux et au regard malicieux.

– Gaston, que se passe-t-il ? Les paras débarquent à Paris ?

– Pas les paras, de Gaulle ! Tout est arrangé avec le président Coty et les principaux partis. Il rentre demain de Colombey et doit être investi par l'Assemblée le 1er juin. Evidemment, on change tout le journal. Mais dites-moi, Garmond, qui est l'homme au nez écrasé qui dîne avec vous ?

– C'est Adrien Anthelme, du *Gaulois*.

– Ah ! On parle beaucoup de lui en ce moment. Il paraît qu'il a fait une sorte de coup d'Etat pour devenir le patron ?

– On peut dire cela. En fait, il a été l'un des fondateurs et principaux actionnaires du journal à la Libération et je crois qu'il a racheté assez de parts pour devenir majoritaire.

– Et la littérature ! La vôtre, pas celle de Gallimard.
– Je publie un nouveau roman à la rentrée.
– Alors, bonne chance.

On en resta là. La tablée de *Paris-Match* regagna l'immeuble en face et Adrien annonça qu'il filait tout de suite à Maisons-Laffitte pour appeler Morin.

– Curieux, non ? cette façon de diriger un journal ! Il est à cinq minutes du *Gaulois* et il préfère rentrer... dit Garmond resté seul avec Rochard.

– Il se sent plus à l'aise au téléphone que face aux journalistes pour imposer son point de vue. Aussi étonnant que cela puisse paraître, c'est une sorte de timidité.

– Je le connais bien, mon Adrien. Il a peur de paraître insuffisant devant ses rédacteurs et de perdre une partie de son autorité. Dans le fond, c'est très intelligent de donner ses ordres depuis un lieu dérobé où personne n'est jamais invité. Cela lui donne du prestige et augure d'un mythe...

– Bien sûr. Il sait qu'il est moins grave de lâcher une sottise dans un combiné téléphonique que de vive voix. L'effet n'est pas le même.

– Et comment se comporte notre nouveau monarque dans la vie quotidienne ?

– Il ne sait pas toujours freiner ses instincts. Comme il l'a dit hier au malheureux Leblond dont il a fait son souffre-douleur : « Avec moi, ça passe ou ça casse ! » J'ai peur que la volonté de puissance qui l'envahit ne le rende un jour insupportable. C'est dommage car Adrien peut séduire. C'est un être attachant.

– Je sais, je l'ai fabriqué !

Ils commandèrent une bouteille de Ducru-Beaucaillou pour boire avec le fromage.

– 1947, une bonne année pour le saint-julien, dit Garmond en goûtant le vin que lui avait servi le sommelier. Vous voyez, ajouta-t-il, j'ai de la peine à comprendre les gens qui n'aiment pas le vin.

– Adrien est dans ce cas ?

– Malgré mes leçons, il est incapable de faire la différence entre un bourgogne et un bordeaux. Adrien Anthelme n'aime que lui !... Enfin, s'il s'apprêtait à commettre une grosse bêtise et que vous n'arriviez pas à l'en empêcher, prévenez-moi. J'ai cessé d'être son directeur de conscience, mais peut-être m'écouterait-il. J'y pense, à nous deux, on serait en mesure d'écrire une bonne biographie d'Adrien.

– Il n'est tout de même pas encore assez célèbre pour faire un best-seller. Il nous faudra attendre.

Ils rirent et choisirent des desserts débordants de crème au chocolat, comme deux gamins.

– Adrien doit arriver à Maisons-Laffitte, dit Rochard. Il va se précipiter sur le téléphone et jouer au manipulateur d'opinion. Dans le fond, il a de la chance que nous nous entendions. Sinon, on réglerait nos querelles sur son dos et cela ferait des étincelles... Quand je pense que le bougre nous a invités et qu'il n'est pas resté un quart d'heure avec nous !

Comme Garmond cherchait son portefeuille, il l'arrêta d'un geste.

– Mon cher, nous n'allons pas lui enlever le plaisir de nous avoir priés à dîner. C'est Globe-Publicité qui vous invite.

– La prochaine fois, vous viendrez à la maison. Anna vous fera croire qu'elle a fait elle-même le koulibiac de saumon mais elle l'achète chez le russe de la rue Daru. Vous aimez la vodka ? A propos comment se débrouille ma princesse à *Blasons du monde* ?

– Très bien, très bien... Le tirage monte toutes les semaines et les bénéfices du journal paient maintenant le déficit d'*Accord*. Et croyez-moi, ce n'est pas rien !

Rochard, qui avait sa voiture, reconduisit Garmond rue de Bourgogne. Les deux hommes se serrèrent longuement la main. Une amitié était née à l'ombre du grand homme.

Il faisait beau le dimanche 1er juin à Maisons-Laffitte. Adrien prenait son petit déjeuner sur la terrasse en compagnie de Marie-Christine et des deux filles. Il avait mis son complet bleu marine, sur lequel la rosette de la Légion d'honneur fleurissait agréablement, pour aller tout à l'heure à l'Assemblée où le général de Gaulle devait lire sa déclaration d'investiture. Leblond avait dû se battre la veille avec la Questure afin de lui faire obtenir un laissez-passer pour la tribune des directeurs et rédacteurs en chef car, nouveau venu dans le gratin de la presse, il n'y avait pas encore officiellement accès.

Adrien se faisait un plaisir de jouir pour la première fois du voisinage des grands patrons. Il y aurait sûrement Amaury, du *Parisien libéré,* qu'il n'aimait pas à cause de l'agence Havas, Lazareff dont il jalousait le prestige, Lazurick de *L'Aurore,* peut-être même Jean Prouvost que l'énorme succès de *Paris-Match* et de *Marie-Claire* replaçait au premier rang des seigneurs de la presse.

Dans la loge aux banquettes de velours cramoisi, il ne reconnut qu'une tête, celle de Raoul Saulieu, qui lui fit signe de venir s'asseoir à côté de lui, ce qu'il fit sans enthousiasme. En dehors de leur conférence quotidienne de midi aux Champs-Elysées, les deux hommes ne se rencontraient pas. En cas de nécessité, ils se téléphonaient ou correspondaient par notes. Saulieu, qui lui battait froid depuis sa prise de pouvoir, était aujourd'hui prévenant. Il se sentait à son avantage dans cette tribune où il était connu alors qu'Adrien, qui n'avait jamais mis les pieds à l'Assemblée, paraissait mal à l'aise.

– Vous venez assister au couronnement ? demanda Saulieu qui ajouta : La séance ne commencera que dans un quart d'heure. Venez donc prendre un café à la buvette.

Ils descendirent l'escalier en colimaçon qui menait à une petite salle meublée d'un modeste bar. « C'est donc cela la fameuse buvette où les courriéristes politiques situent tant de rencontres importantes ? » se dit Adrien, agacé d'entendre le barman appeler Saulieu par son nom.

Le café était franchement mauvais, Adrien n'en but qu'une gorgée et demanda :

– Qui sont ces messieurs assis dans la tribune ?

– Il y a un rédacteur en chef de Radio-France, Campin de *Franc-Tireur,* je ne connais pas les deux autres. Ah si ! Bérard-Quelin de *La Correspondance de presse,* un homme puissant.

– Les directeurs des grands journaux vont sans doute arriver...

– Cela m'étonnerait ! On n'a jamais vu Beuve-Méry, ni Lazareff, ni Brisson du *Figaro*. Comme personnage important, il n'y a que vous, mon cher.

– Et Prouvost ?

– Le roi Jean n'a jamais mis les pieds ici. Moi, je suis venu parce que j'ai quelques loisirs en ce moment. Mais j'ai une nouvelle agréable à vous annoncer. Je comptais le faire ce soir au téléphone, mais puisque vous êtes là...

Adrien leva la tête. Qu'allait encore chanter Saulieu qui, décidément, n'arrivait pas à digérer sa mise à l'écart et se payait sa tête depuis son arrivée ?

L'œil malin, Saulieu dit à mi-voix :

– C'est resté confidentiel à cause des événements qui occupent évidemment beaucoup ces messieurs, mais j'ai appris tout à l'heure que le président Coty avait signé le décret distribuant quelques récompenses. Mon cher, je vous félicite, vous allez être élevé au grade de commandeur. A vous la cravate !

Adrien sursauta. Etait-ce une farce que lui faisait Saulieu ? Non, pas possible, il n'aurait pas été jusque-là... Donc c'était sûrement vrai, il allait être fait commandeur de la Légion d'honneur ! Mais pourquoi diable avait-il fallu que ce soit Saulieu qui lui annonçât la nouvelle ! C'était comme pour la rosette, cela lui gâchait son plaisir... Enfin, il dit d'une voix blanche :

– Merci, Raoul. Vous êtes le messager d'une grande joie. Je savais que j'étais sur la liste mais je ne pensais pas que ce serait le régime finissant qui me décorerait. Puis-je vous demander comment vous l'avez su ?

– Je suis bien informé, voilà tout. Mais il était assez normal que je sois prévenu : je fais partie de la même promotion. Ainsi, nous aurons notre « canapé » ensemble. Cela ne vous fait pas plaisir ?

Non, la nomination de Saulieu ne lui faisait pas du tout plaisir ! Ce doublé allait faire rigoler tout le journal. Il dit pourtant qu'il était enchanté et qu'on organiserait une petite réception aux Champs-Elysées pour fêter l'événement.

La sonnerie appelant les députés à gagner leurs sièges retentit, il était temps de rejoindre la tribune. Là, Adrien oublia les médailles, l'ironie de Saulieu, et toutes les tracasseries de la journée. Immobile, il attendit, les yeux rivés sur la porte de droite en bas de l'hémicycle, celle par où Charles de Gaulle allait faire sa rentrée dans l'Histoire.

L'Assemblée, qui avait assez mal accueilli le Général en janvier 1946, se montra plus amène. Les applaudissements crépitèrent sur la plupart des travées lorsqu'il apparut. Il s'assit, seul, au banc du gouvernement tandis que le président André Le Troquer commençait de lire la liste des nouveaux ministres qui représentaient l'ensemble des formations politiques, à l'exception des communistes. André Malraux, Guy Mollet, Pierre Pflimlin, Louis Jacquinot, Michel Debré, Antoine Pinay, Maurice Couve de Murville, Edmond Michelet et une dizaine d'autres devraient remettre la France sur les rails. Quant au Général, il s'était réservé les affaires de l'Algérie, la charge la plus lourde, la plus urgente.

On savait que la déclaration serait courte. Sans élever la voix mais d'un ton grave qui dramatisait la situation, de Gaulle évoqua la dégradation de l'Etat, l'unité française menacée, l'Algérie plongée dans la tempête, la Corse en proie à une fiévreuse contagion, l'armée longuement éprouvée par des tâches sanglantes et méritoires mais scandalisée par la carence des pouvoirs.

Dans l'hémicycle, le silence était total. Le professeur de dignité poursuivait son cours magistral : il demanda les pleins pouvoirs pour six mois, le mandat de soumettre au pays une nouvelle Constitution et la mise en congé des assemblées.

Le vote de l'investiture n'était qu'une formalité. Adrien et Saulieu n'attendirent pas la proclamation des résultats et regagnèrent, chacun dans sa DS noire, l'un le journal, l'autre son P.C. de Maisons-Laffitte.

– Quelle journée ! s'exclama Adrien en embrassant Marie-Christine qui lisait dans le salon. J'ai appris que j'étais fait commandeur et le Général est officiellement redevenu le patron de la France.

– Je remarque, souligna-t-elle malicieusement, que tu as mis en premier ta nomination. Cela te fait vraiment plaisir d'avoir le droit de porter un bout de ruban un peu plus grand ? Les hommes sont décidément de grands enfants.

– Tu es comme Garmond : une anarchiste ! La Légion d'honneur fait partie d'un tout. Elle grandit en même temps que toi dans l'échelle sociale. Tu vois, Lazareff a attendu plus longtemps que moi le canapé et cela me fait plutôt plaisir ! Garmond a tort de refuser la croix. Je lui ai souvent dit que ce serait un jeu de la lui faire obtenir, mais il ne veut rien savoir. Tu sais ce qu'il m'a répondu la dernière fois que je lui ai dit : « Accepte donc la Légion d'honneur, tu verras, beaucoup de gens te regarderont autrement » ?

– Il a dû beaucoup s'amuser.

– Il m'a dit : « Je ne veux pas de la Légion d'honneur parce que ça fait vieux ! »

Marie-Christine éclata de rire.

– C'est bien du Garmond ! Et s'il avait raison ?

– Laisse donc papa si ça l'amuse ! lança France, la cadette, qui venait d'entrer.

Mis en minorité, Adrien préféra rompre. Il dit qu'il allait appeler le journal et demander un bandeau sur huit colonnes pour annoncer le retour du Général.

Il questionna :

– Vous êtes allées à la messe ce matin ?

– Non, répondit Marie-Christine. Anne-Marie travaillait et France avait son cours d'équitation.

– Toi non plus, naturellement ! Allez-vous comprendre un jour qu'une famille comme la nôtre, dont le chef dirige un grand quotidien, se doit de fréquenter l'église de sa ville ? Au moment où je me sens revenir chaque jour un peu plus vers la religion, dont je ne me suis d'ailleurs jamais détaché, mes femmes cessent d'aller à la messe !

C'était le genre de discours qui irritait Marie-Christine. Elle y décelait une tartuferie insupportable.

– Mais puisque tu es si pieux, pourquoi n'y es-tu pas allé, toi, à la messe ?

– Tu sais bien que je devais partir pour l'Assemblée. J'ai eu juste le temps de manger une tranche de jambon...

– En te levant plus tôt, tu aurais très bien pu assister

à l'office de dix heures. Alors, fiche-nous la paix avec la messe ou accompagne-nous ! Tu as plus besoin que tes femmes de la grâce du Seigneur !

La leçon était sévère. Adrien alla s'enfermer dans son bureau sans ajouter un mot.

Le retour de De Gaulle ramena le calme dans la maison France. Cette fin d'époque laissait, certes, de l'amertume dans les partis de gauche obligés de se rendre à l'évidence d'une situation critique qu'ils n'avaient pu maîtriser, mais un immense soulagement s'étendait sur le pays. Les Français avaient l'impression que l'ordre normal était rétabli. Garmond n'était pas loin de partager cet avis et se sentait, ce qui était rare, en accord avec Adrien, les outrances en moins. Le patron du *Gaulois* ne ménageait pas en effet le dithyrambe et ne cessait de contribuer à amplifier le caractère quelque peu mythique attribué au Général. Il avait donné ses consignes et la rédaction, gaulliste dans son ensemble, suivait sans rechigner, n'hésitant pas à en rajouter, sachant que l'excès, même s'il lui arrivait de friser le ridicule, serait apprécié à Maisons-Laffitte, car, le soir, on n'appelait plus « le patron » ou « M. Anthelme », on appelait « Maisons-Laffitte », centre de décisions où se forgeait la légende du grand Adrien Anthelme.

Privilégiés, Garmond et Anna étaient souvent les hôtes du Prieuré. La rédactrice en chef de *Blasons du monde* pouvait ainsi approcher Dieu dans l'intimité, ce qui lui était utile, et surtout voir Marie-Christine dont elle était restée la meilleure amie. Quant à Garmond, qui avait gardé une affection vigilante pour son ancien élève, il aimait à poursuivre ses travaux sur l'« anthelmoptère » cruel dont il disait en riant à Anna qu'il était un entomophage redouté des autres insectes.

Adrien était heureux de retrouver son ami et sa jeunesse. Il commençait à s'apercevoir que la richesse et la puissance avaient pour corollaire la solitude. Garmond lui apportait l'oxygène dont il avait besoin. De son côté, il apprenait à son ami les derniers potins de la politique, ceux de Matignon où le Général, aidé par Michel Debré et une jeune équipe choisie au Conseil d'Etat, s'était installé pour tailler une Constitution à sa mesure.

– Il se garde bien de révéler ses intentions, dit ce soir-là Adrien au cours du repas. Le Général attend que la nouvelle Constitution soit ratifiée par un référendum pour briguer la magistrature suprême.

– Mais Coty ?

– Il ne se représentera pas. A quelqu'un qui l'interrogeait sur ses intentions, il a répondu : « Vous me voyez, moi, président de la République, avec un Premier ministre de la taille de De Gaulle ? »

– Et l'Algérie ? Les généraux et les paras se tiennent tranquilles mais le F.L.N. ne désarme pas. Rien n'est réglé.

– C'est le seul point sur lequel de Gaulle me fait trébucher. Il ne cache pas son sentiment. Pour lui, « l'Algérie française » est une stupidité. Il voit la solution dans une certaine forme d'indépendance où les Algériens libres seraient unis aux Français.

– Et cela ne te convient pas ? demanda Garmond. Toi, en bon vieux spahi, tu exiges tout, la Mitidja, le Sahara, Mostaganem, Bab-el-Oued et la Casbah. Plus quinze millions d'Algériens qui se reproduisent comme des lapins. Si l'Algérie était la France, en vingt ans nous deviendrions tous des « bougnouls » !

– Vingt mille fellaghas ne pourront tenir tête longtemps à une armée française de quatre cent mille hommes. D'après ses proches, de Gaulle veut d'abord battre les Algériens, puis organiser un référendum et accorder à l'Algérie une indépendance étroitement associée à la France.

– Cela me paraît bien compliqué. Il rêve un peu, ton Général ! Mon avis à moi, qui ne fréquente pas les hautes sphères du gouvernement, c'est que nous serons obligés de quitter l'Algérie un jour ou l'autre !

– Ne dis pas des choses pareilles ! Je me battrai jusqu'au bout pour qu'elle reste française !

– Tu veux t'engager ? Il paraît que Jean-Jacques Servan-Schreiber a annoncé à *L'Express* qu'il allait le faire.

– Pourquoi pas ? Hélas, on ne me mettrait plus à cheval mais dans un tank.

Quelques jours plus tard, l'annonce que le Général allait partir de l'autre côté de la Méditerranée pour se rendre compte de la situation, rencontrer les généraux et parler aux foules confondues des pieds-noirs et des Algériens excita Adrien.

– Envoyez tout de suite en Algérie au moins deux rédacteurs et deux photographes, téléphona-t-il à Morin. L'importance du voyage de De Gaulle est immense et *Le Gaulois* doit être le meilleur sur l'événement ! Au fait, Morin, partez donc vous-même. Vous me téléphonerez de là-bas. Fluttiaux est-il capable de vous remplacer ?

– Certainement, monsieur. Et il y a Bresson, le chef du service étranger, qui peut l'aider en cas de besoin.

– L'Algérie n'a rien à voir avec l'étranger, Morin. C'est la France !

Ce jour-là, Morin, excédé, faillit donner sa démission, mais le voyage en Algérie l'intéressait, même si la perspective d'interminables conversations entre Alger et Maisons-Laffitte le rendait malade.

Le 4 juin 1958, le chef du gouvernement, délaissant le brouillon de la Constitution, la préparation du référendum, les problèmes de politique étrangère et les questions économiques, s'envola pour Alger. L'avion de presse à bord duquel se trouvaient Morin et l'équipe du *Gaulois* était parti deux heures plus tôt. L'accueil fut triomphant. Autour du monument aux morts d'Alger, les vivats déferlaient. Aux cris de « Vive de Gaulle » succédaient parfois ceux de « Vive Soustelle », ce qui agaçait le Général et l'obligeait à forcer la note : « Oui, oui, la France est ici avec sa vocation. Elle est ici pour toujours ! »

Les bras en V, le Général s'écriait le lendemain à Oran : « La France est ici en ma personne ! Oui, je vous ai compris ! » A ses côtés, sur le balcon, le général Salan, Léon Delbecque et Pierre Lagaillarde, les hommes du 13 mai, regrettaient qu'il n'ait pas prononcé les mots « Algérie française » et « intégration ». C'est seulement vingt-quatre heures après qu'il lança, face à la foule délirante et stupéfaite de Mostaganem, les mots qu'elle n'attendait plus : « Vive l'Algérie française ! »

A Paris, Adrien n'eut pas à chercher un titre. En

lettres énormes, la phrase tant espérée barra la première page du *Gaulois*. Il se reprocha d'avoir douté des sentiments profonds du Général. Comme si de Gaulle avait pu un instant hésiter sur l'avenir d'une terre que la France avait enrichie de son savoir et de sa puissance économique !

Pourtant, Anthelme s'aperçut bientôt que la noblesse historique du gaullisme, les barons de la rue de Solférino, dont plusieurs étaient devenus ministres, semblaient sur la réserve et disaient que l'Algérie française du Général n'était pas ce que croyaient les pieds-noirs enthousiastes. Il se mit en rage quand Robert Buron, le ministre des Travaux publics et des Transports, qui bénéficiait souvent de la bienveillance de ses journaux, lui rapporta une confidence du Général : « Eh bien ! oui, cette phrase m'a échappé. Mais, après tout, on dit bien couramment Canada français, Suisse française ! »

Et comme si cela ne suffisait pas, de Gaulle avait, selon Robert Buron, déclaré : « Ce qu'il faut appliquer, voyez-vous, c'est un programme de gauche avec des manières de droite. Et cela, il n'y a que de Gaulle qui puisse le faire ! »

Le soir même, ordre était donné de placer Buron sur la liste noire, c'est-à-dire de ne plus citer son nom jusqu'à nouvel ordre. L'autre directive du jour était de revenir sur la déclaration du Général, de la répéter sans cesse en insistant sur son caractère irréversible. Une fois de plus, Morin, qui avait rencontré à l'Assemblée quelques compagnons gaullistes et qui savait à quoi s'en tenir sur les propos de Mostaganem, dut, après avoir essayé de faire revenir Adrien sur son choix autoritaire, obéir aux ordres. *Le Gaulois* resterait gaulliste et « Algérie française », en dépit des mensonges que répandaient dans la presse concurrente les ennemis sournois de la France qui se soumettaient au « chef d'orchestre clandestin ».

Française ou non, l'Algérie vivait entre l'espoir et la peur. Les petites filles de Mostaganem continuaient de coudre des croix de Lorraine sur les drapeaux tricolores mais le F.L.N. poursuivait ses attentats meurtriers. En France même, il faisait sauter des dépôts de carburant dans le Sud-Ouest. *Le Gaulois* naturellement montait ces coups de main sanglants en épingle.

Questionné par Morin sur la manière de présenter le voyage entrepris par le Général à travers l'ancien empire français d'Afrique et le discours de Brazzaville qui proposait aux nouvelles républiques le choix par référendum entre l'adhésion à la Communauté ou l'indépendance, Adrien avait hésité. Devait-il, lui, ancien officier de spahis qui avait combattu aux côtés des troupes coloniales, approuver un acte qui, pour lui, ressemblait fort à la dislocation de la France d'outre-mer ? Mais cet acte, c'était de Gaulle qui en était l'instigateur, et de Gaulle, il lui faisait confiance, il le soutenait...

– Mon cher, finit-il par dire, faites selon votre conscience.

Morin n'en croyait pas ses oreilles. Mais l'ermite de Maisons-Laffitte ajouta :

– Insistez tout de même sur la nécessité de garder en Afrique nos bases et notre prestige. Quelque chose comme : « De Gaulle ne bradera pas l'Empire. »

Avec l'automne, les affaires intérieures redevinrent d'actualité. Les projets constitutionnels élaborés, le Général s'offrit un référendum triomphal. Non seulement la France adoptait la nouvelle Constitution, mais elle donnait à son vote une tournure quasi plébiscitaire avec 17 688 790 « oui » contre 4 624 511 « non ». Moins de deux mois plus tard, l'élection de l'Assemblée nationale donnait la victoire aux gaullistes. La gauche, surtout les communistes, reculaient, Adrien Anthelme exultait. C'est l'époque où il fit tirer une série de la photographie prise à Colombey et que le Général avait dédicacée : « Pour Adrien Anthelme, son ami, Charles de Gaulle. » Il en envoya un exemplaire aux principaux responsables du groupe en faisant savoir qu'il apprécierait le geste de l'accrocher dans leur bureau. Seuls Raoul Saulieu et les chefs de service de la rédaction firent la sourde oreille. Le président colonel Magenta et Roger Lavigne ainsi que les cadres supérieurs de l'avenue des Champs-Elysées, y compris ceux de l'agence Globe, exaucèrent le vœu de leur patron. Des mauvaises langues répandirent l'histoire, ajoutant qu'Anthelme s'était un soir promené dans les bureaux vides et avait noté la richesse du cadre choisi par chaque bénéficiaire d'une photo-souvenir. On dit même qu'un chef de publicité de l'agence qui avait fait faire un encadrement en loupe d'orme bordée d'ébène s'était vu accorder une promotion.

N'eût été cette maudite guerre d'Algérie qu'il ressentait comme un mauvais rhumatisme, Adrien eût été le patron de presse le plus comblé. Il continuait de lancer ses directives depuis Maisons-Laffitte, mais les collaborateurs du *Gaulois* devançaient souvent ses désirs et le frustraient avec malignité du plaisir de dicter sa volonté. C'est alors qu'il commença à s'intéresser à l'ensemble du journal.

Les faits divers, habilement traités par Saulieu et par Guy David, le chef des informations, étaient, avec le sport, tout le monde en convenait, l'une des raisons principales du succès du journal. Après l'élection de De Gaulle à l'Elysée, la polémique perdant un peu d'intérêt, Adrien résolut de leur donner plus de place et plus de vigueur. Poussés par la volonté d'Adrien, les chiens écrasés de bonne race vinrent donc s'ébattre librement en tête de colonne à la une. Le sang de la petite vendeuse d'Arpajon, tuée de quarante coups de couteau, n'était séparé que par un filet mi-gras du compte rendu de la dernière réunion du Conseil des ministres. La guerre des gangs dans le Milieu prenait le pas sur le différend qui opposait le Général à son ministre d'Etat Antoine Pinay à propos de l'O.T.A.N. Parfois, divine surprise, la politique se mêlait étroitement au fait divers : l'affaire des ballets roses dans laquelle le socialiste André Le Troquer se trouvait impliqué devenait une affaire d'Etat.

Adrien Anthelme prenait de plus en plus de plaisir à imposer ses choix, ses toquades, ses passions. Il avait toujours aimé les animaux, possédait quatre redoutables chiens-loups dans sa propriété et venait d'acheter Carambart. Cet attrait pour les animaux se traduisit bientôt par une photo de berger allemand à la une deux fois par mois et par celle de Carambart les autres semaines. Du coup, Brigitte Bardot, malgré les films osés de Vadim qu'il détestait parce que trop immoraux, bénéficia souvent de la première page en qualité d'amie inconditionnelle des bêtes.

Comme il l'avait fait en politique, Adrien insufflait donc maintenant sa pensée profonde dans tout le corps du quotidien qui, souvent, sortait boursouflé de ce pneumothorax sauvage. Ainsi les chouchous comme Tabarly, Jean Nohain, Just Fontaine, le roi des buteurs, et Mireille tenaient-ils le haut des colonnes au détriment de leurs confrères moins bien notés et, naturellement, des têtes de Turcs dont on ne pouvait parler que d'une façon désobligeante. Pierre Mendès France, le général Dayan, Golda Meir et Jean-Jacques Servan-Schreiber figuraient sur la liste des excommuniés.

Ni Rochard ni Garmond, les seuls qui osaient critiquer les excès d'Adrien, ne réussissaient à lui faire entendre raison.

– Tu te fous de tes lecteurs ! répétait Garmond. Et cela n'est pas bon. Un jour ils te lâcheront.

– Tu n'as pas bonne presse dans la profession, disait André Rochard. Au début, tes outrances faisaient sourire, on appréciait ton caractère de fonceur et ta manière un peu barbare de mener un journal. Aujourd'hui tout le monde te critique et attend ton prochain faux pas. Je t'en prie, cesse un peu de parler des « escrocs dont le nom n'est pas de chez nous », des assassins à la peau basanée, des juges trop cléments et des prisons trop confortables...

Adrien écoutait et répondait :

– Regardez le tirage. Les lecteurs aiment la soupe que je leur sers. Quant à ce que pensent les confrères, ces directeurs qui se font un nom dans les salons et les cocktails, je m'en moque éperdument ! D'ailleurs, ils me méprisent. Pas à cause du journal mais parce qu'ils savent que je sors d'un milieu humble. Ma force, c'est mon indépendance et ma volonté. Personne ne m'empêchera de faire écrire ce que je pense et de présenter l'actualité comme il me plaît.

– Certains t'accusent de manipuler l'information, hasarda Rochard. Tu peux faire plier ceux qui travaillent pour toi, mais les faits, eux, sont têtus.

– L'information ne doit pas être exacte, elle doit être bonne ! répondit fièrement « l'Empereur ».

13

LES ERREMENTS D'ADRIEN

1960. *Semaine des barricades à Alger – Naissance de l'O.A.S. – Entrée en vigueur du nouveau franc – J. F. Kennedy président – Essai réussi de la première bombe atomique française – Au cinéma :* A bout de souffle *de Jean-Luc Godard –* **1961.** *Référendum : trois Français sur quatre pour l'autodétermination en Algérie – Attentats meurtriers de l'O.A.S. et du F.L.N. – Assassinat du maire d'Evian – Gagarine premier homme de l'espace – A Alger, putsch des généraux Challe, Salan, Jouhaud, Zeller – Occupation de la Délégation générale par les paras ralliés au putsch – Menaces d'un parachutage sur Paris mais finalement échec du putsch – Challe et Zeller condamnés à quinze ans de prison – Salan prend le commandement de l'O.A.S. – Morts de Gary Cooper, d'Hemingway et de Céline – Début de la construction du mur de Berlin – En Israël, Eichmann condamné à mort – Achèvement de l'aéroport d'Orly –* **1962.** *Croisière inaugurale du paquebot* France *– Manifestation anti-O.A.S. à Paris, huit morts au métro Charonne – L'Américain John Glenn à son tour dans l'espace – Cessez-le-feu en Algérie conclu à Evian mais les massacres continuent : 46 morts rue d'Isly à Alger – Salan arrêté. Jouhaud condamné à mort et gracié à l'ultime minute par de Gaulle – Le Général et Mme de Gaulle sortent vivants par miracle de l'attentat du Petit-Clamart – Sui-*

cide de Marilyn Monroe – Référendum : 62,25 % des votants pour l'élection du président au suffrage universel – Victoire gaulliste aux législatives – Le « yé-yé » s'installe à l'Olympia – Anquetil gagne son troisième Tour de France.

La décennie commençait plutôt bien. Le franc lourd allégeait les porte-monnaie, Jean Vuarnet gagnait la descente olympique et le Pr Piccard allait voir si des poissons vivaient encore à dix mille mètres sous la mer. Plus sérieusement, de Gaulle tentait de convaincre la classe politique, y compris ses ministres pour la plupart réticents, que la seule solution possible en Algérie, malgré tous les drames qu'elle pouvait entraîner, était l'indépendance. Il faut dire qu'en Algérie les événements tournaient au désastre. Répondant au F.L.N., les attentats se multipliaient du côté français. Chaque parti se murait dans sa haine et ses convictions.

La mort dans l'âme, Adrien continuait de soutenir le Général en occultant toutefois les informations qu'il jugeait trop défaitistes. Il espérait secrètement un revirement, encore que les propos de De Gaulle que lui rapportaient ses amis de la rue de Solférino ne laissassent guère place au doute.

A Léon Delbecque, un gaulliste historique partisan de l'Algérie française qui avait démissionné de l'U.N.R., le Général avait dit :

– Vous croyez que ça peut durer encore longtemps cette guerre ? Delbecque, vous le savez bien, si je le pouvais, si nous le pouvions, l'Algérie française, nous la ferions. Mais tout cela est dépassé, il faut trouver une formule qui nous permette de garder l'Algérie dans un système communautaire. Il ne faut pas avoir peur des mots, l'Algérie ne peut être qu'indépendante !

– Mais une intégration, mon Général...

– Irréaliste, Delbecque, irréaliste. Vous nous voyez mélangés avec les musulmans ? Ils sont très différents de nous. Vous nous imaginez mariant nos filles avec des Arabes ?

Ces propos, rapportés par Delbecque, protégé inconditionnel du *Gaulois,* avaient frappé Adrien à qui un autre fidèle, Michel Debré, venait de faire part de son déchirement. A. A. avait réfléchi avant de téléphoner au journal cette directive curieuse : « On soutient le Général mais on continue d'affirmer que l'Algérie doit rester française. »

Morin s'était gratté la tête en se demandant comment ces contradictions allaient pouvoir s'exprimer dans le journal. Cela devenait d'autant plus difficile que, de jour en jour, le climat se détériorait à Alger. Le général Massu, vainqueur de la « bataille d'Alger », homme du 13 mai qui personnifiait l'Algérie française pour les pieds-noirs, avait commis un crime de lèse-majesté en critiquant certains propos du Général dans une interview accordée à un journal allemand. Aussitôt limogé et rappelé, son départ mettait brusquement le feu aux poudres, les activistes proclamant partout que, si on leur prenait Massu, c'était pour abandonner plus facilement l'Algérie française.

Le 24 janvier 1960, en fin d'après-midi, Fluttiaux, envoyé spécial à Alger, téléphonait à Morin qu'une émeute venait d'éclater :

– Préviens l'Empereur, c'est très sérieux. Les partisans d'Ortiz, ce fasciste maniaque qui ne rêve que d'en découdre, sont armées et soulèvent le peuple d'Alger. Il y a des barricades à la Grande Poste, le boulevard Laferrière est noir de monde, Lagaillarde entraîne les étudiants dans la marée humaine qui remonte vers la caserne Pélissier. Plus grave: un bruit circule : « L'armée est avec nous ! » C'est peut-être vrai. Je téléphonerai un papier dans une heure. Dieu sait ce qu'en fera la censure de Maisons-Laffitte !

De son côté, le téléscripteur de l'A.F.P. mitraillait une dépêche effrayante dans son laconisme : « Premier bilan de l'émeute d'Alger : 14 gendarmes tués, 6 morts parmi les manifestants. Nombreux blessés. »

Aussitôt alerté, Adrien hésita et réagit en homme d'ordre :

– Eh bien ! Ce ne sont que des trublions ! N'accordez pas d'importance dans le journal à une manifestation qui va se dégonfler comme une baudruche !

– Mais, monsieur, répondit Morin, ces trublions sont vos amis, les partisans de cette Algérie française que nous défendons tous les jours !

– Raison de plus pour être discrets. Mais pourquoi ce brusque soulèvement ?

– Massu a été destitué et rappelé à Paris.

– Ça, c'est une bourde ! Massu, l'idole des pieds-noirs ! Est-ce que l'armée a la situation en main ?

– Sans doute, mais les militaires ne sont pas chauds pour continuer le travail des gendarmes. Tirer sur des Français ! Vous vous rendez compte ! Fluttiaux va me rappeler car certaines unités se rangent, paraît-il, du côté des insurgés.

– C'est en effet plus grave que je ne le pensais. Je vais téléphoner à mes amis. Pour la place à accorder, je reste sur mes positions : trois colonnes dans le ventre à la une, rien en tête de colonne.

– Les confrères vont sortir avec des bandeaux, des gros titres...

– Je m'en fous ! Dites-le à Saulieu lorsque vous ferez le journal. Je le connais, il va vouloir monter l'affaire en épingle.

Morin haussa les épaules et raccrocha.

Seul dans son bureau de Maisons-Laffitte, Adrien, les poings crispés sur les tempes, réfléchissait. L'armée, son armée, sur la voie de la désobéissance ! Les colonels en tête, probablement ! Et lui officier de spahis, que ferait-il s'il était là-bas ? Il essaya d'avoir Soustelle au téléphone. Soustelle, il l'admirait. Pas seulement parce qu'il était de son côté pour l'Algérie, mais parce qu'il représentait pour lui l'intelligence et la culture en politique ! C'était un vieil ami du groupe, un collaborateur honoré d'*Accord* qui avait régulièrement sa photo dans *Le Gaulois*. Il était normal qu'il réponde à Adrien.

– Je me doute de la raison de votre appel. Ce qui se passe à Alger est épouvantable. Pourquoi a-t-on chargé la foule à six heures du soir, sans procéder aux sommations exigées par la loi ? Guillaumat[1] prétend que le chef des gendarmes mobiles déployés contre les manifestants était accompagné de deux commissaires de police et que ceux-ci se sont éclipsés au moment où ils auraient dû faire les sommations. La manifestation avait un but : crier « au secours » à la métropole et au gouvernement. A cet appel, allons-nous répondre par la répression ? Il est affreux de parler de mesures de violence contre des Français qui veulent rester français. A aucun prix je ne m'associerai à cette politique. Et vous, Anthelme ? Qu'allez-vous faire ? Vos journaux ont un rôle important à jouer.

– Je partage vos sentiments. Mais le Général dont nous avons appelé le retour de tous nos vœux commence à peine son œuvre de redressement !

– Vous êtes comme Debré, qui lutte contre sa conscience pour ne pas trahir de Gaulle.

– Mais alors ?

– Entrons en contact avec les dirigeants du mouvement d'Alger.

– Vous voulez négocier avec les insurgés ?

– On le fait bien avec le F.L.N.

Adrien était dérouté. Pour la première fois, il avait en tant que patron à faire un choix qui ne relevait pas de vulgaires tripatouillages politiques ou de sa morale très personnelle, mais d'une prise de conscience à laquelle il n'était pas préparé. Que faire ? Il demanda son avis à Marie-Christine qui, elle, ne se posa pas de questions.

– Tu as assez répété que de Gaulle était le père, le chef qui allait sauver la France une seconde fois. Alors, dis-toi qu'il a ses raisons pour agir comme il le fait et continue de le suivre.

– Ce n'est pas si simple !

– Non. Mais tu as refusé de te présenter aux dernières élections où l'U.N.R. t'offrait un siège gagné d'avance, en disant qu'à un titre de député tu préférais le pouvoir que donne la direction d'un grand journal.

1. Ministre de la Défense.

Mais le pouvoir, quel qu'il soit, suppose de savoir prendre ses responsabilités. A ta place, j'attendrais de voir comment les événements vont évoluer avant d'engager la position du *Gaulois*.

– Tu es la sagesse même, mon agrégée. Je vais dire à Morin de temporiser et de rapporter les faits en évitant de les commenter.

– C'est ce que tu devrais faire plus souvent. *Le Gaulois* ne s'en porterait pas plus mal !

Adrien, qui connaissait sa femme, comprit que cette remarque n'avait rien d'aimable. Il regagna son bureau pour appeler Rochard. La démarche était inutile, il savait qu'avec d'autres mots il dirait la même chose que Marie-Christine, mais il avait besoin de parler, de sortir de l'isolement qu'il s'était fabriqué, pensant ainsi mieux affirmer son influence.

Rochard, il le sentait depuis quelque temps, était en arrière de la main. Il continuait, certes, de diriger l'agence avec bonheur, faisait grimper le chiffre d'affaires et élargissait sa réputation. C'était dans les rapports personnels qu'Adrien remarquait un changement. Rochard avait toujours été franc et n'avait jamais hésité à le contredire, mais d'une façon feutrée, bienveillante. Maintenant il était devenu plus cassant, presque agressif, comme s'il supportait moins bien son caractère. Pourtant, Adrien ne s'était jamais montré dominateur dans leurs rapports... Peut-être jugeait-il trop brutale, trop despotique sa manière de régner sur son empire ? Il verrait cela plus tard. Pour l'instant, Adrien avait besoin de son conseiller.

– Que veux-tu que je te dise ? répondit Rochard à l'interrogation d'Adrien. Tu as un journal que tu diriges comme les tsars autrefois la Russie. Et encore, les tsars avaient la douma ! Tu crois influer sur la politique française en trafiquant les informations, en en taisant certaines ou en empêchant tes rédacteurs de parler de Mendès France... c'est niais. Tu fais ce que tu décides, cela peut s'admettre, mais ne demande pas aux autres de t'aider à débrouiller les problèmes que tu t'es créés.

– Ma parole, tu m'engueules ! Et au moment où j'ai besoin de ton avis, de ton soutien ! As-tu quelque chose à me reprocher ? Ai-je failli à l'amitié qui nous lie depuis si longtemps ? Que veux-tu ? De l'argent ? La rosette de la Légion d'honneur ? Tu sais que tu vas l'avoir... !

– Continue et je raccroche. Ce que je veux, je te le dirai plus tard. Ce n'est ni de l'argent ni la rosette. Quant aux affaires d'Algérie, je n'ai qu'un conseil à te donner : n'y touche pas, ne t'emballe pas. C'est du poison !

– Tu parles comme Marie-Christine ! Vous avez vraiment peur tous les deux que je ne fasse une connerie !

– Sans doute. N'oublie pas que *Le Gaulois* est un quotidien d'informations, lu par des gens d'opinions politiques différentes. Cela n'a guère d'importance que tu leur imposes la photo de ton cheval tous les quinze jours, mais il serait grave qu'une prise de position trop marquée les fasse changer de journal.

– Tu vois qu'il m'arrive tout de même d'écouter mes amis : je vais faire le gros dos, je ne prendrai pas parti.

– Bravo ! Pardonne mes propos de tout à l'heure. Mais tu sais que si tu désires un « Yes man », il faut frapper à une autre porte. Il n'en manque pas dans tes bureaux. Embrasse Marie-Christine et les filles. A demain.

Las, dépassé par les événements, mais qui ne l'était pas, Adrien appela encore une fois Morin.

– Quoi de neuf à Alger ?

– On ne sait pas grand-chose, sinon que certains colonels seraient prêts à se ranger du côté des insurgés pour arrêter le processus de l'indépendance et continuer de casser du fellagha. Que faisons-nous ? L'heure avance. Il faut rédiger l'éditorial.

– Pas d'éditorial. Seulement les faits, les dépêches d'agence ou l'article de Fluttiaux s'il se borne à décrire ce qui se passe.

– Pas de commentaire ?

– Jusqu'à nouvel ordre, nous ne commentons plus les affaires d'Algérie !

Morin déchira le feuillet qu'il avait commencé à taper et pensa : « L'Empereur serait-il devenu raisonnable ? »

Il n'avait pas compris que l'Empereur rusait, qu'à la demande de ses proches il se donnait un moment de répit mais qu'il était prêt à brandir à nouveau le drapeau de l'Algérie française à la première occasion. Durant une semaine, il laissa Morin louvoyer dans le marécage d'Alger où, peu à peu, l'O.A.S. prenait la relève des insurgés du 13 mai qui avaient entendu l'appel de De Gaulle au « cher et vieux pays » et s'étaient rendus après avoir détruit leurs barricades.

L'O.A.S., c'était autre chose. Ce n'était pas seulement l'explosion spontanée de colères et de désillusions, c'était aussi le regroupement d'éléments d'extrême droite antigaullistes qui entendaient se servir du prétexte algérien pour tenter une entreprise d'envergure contre le régime haï. L'Organisation, dirigée par des hommes de main comme Susini, par des fanatiques comme Degueldre, tous possédés par une passion totalitaire, ratissait large dans les rangs de la pègre, des déserteurs de l'armée et exploitait habilement l'illusion des pieds-noirs, que la détresse portait vers ceux qui prétendaient défendre leur terre, l'Algérie.

Comme elle plaisait à Le Pen, le baroudeur borgne des ligues fascistes, l'O.A.S. attirait Adrien Anthelme, adorateur déçu de De Gaulle. Il n'approuvait pas sans réserve les tueries de musulmans perpétrées afin d'entraîner, en riposte, des massacres de Français qui gêneraient les pourparlers de paix, mais il se disait qu'il n'était pas seul dans les rangs de ceux qui avaient lutté pour le retour de De Gaulle à être hostile à la politique algérienne du Général. Il y avait Georges Bidault, le successeur de Jean Moulin, qui avait déserté la planète gaulliste ; il y avait Soustelle, le patriote, le savant, l'ancien ministre des Territoires sahariens qui connaissait l'Algérie mieux que personne et qui s'était déclaré adversaire résolu de l'indépendance ; il y avait tous ces ministres M.R.P. qui, déchirés, avaient dû vaincre leurs convictions pour demeurer gaullistes !

C'est ainsi que lorsqu'on apprit l'impensable, la constitution à Alger d'une junte insurrectionnelle militaire composée des généraux Challe, Zeller et Jouhaud, en liaison avec le général Salan et assistés de colonels, Adrien Anthelme prit sans hésiter le parti des militaires qui allaient, cela lui paraissait évident, être rejoints par toutes les unités d'Afrique du Nord, en particulier par les parachutistes. Le soir même, Morin recevait de nouvelles consignes :

– Mon cher, j'ai réfléchi. L'opinion d'un grand journal doit pouvoir changer en fonction des événements. A partir d'aujourd'hui, nous redevenons défenseurs de l'Algérie française aux côtés de Salan et des autres généraux. Ménagez si c'est possible de Gaulle mais présentez les chefs d'Alger comme les sauveurs potentiels d'une Algérie résolument nationale. Titrez votre éditorial : « A Alger, la France relève la tête ! » Vous avez des photos ?

– On en aura ce soir, bafouilla Morin, assommé par ce changement de cap inattendu.

– Qu'est-ce qui vous arrive, Morin ? Parlez distinctement et dites-moi ce que vous pensez de tout cela !

Le bon Morin s'était ressaisi et comprenait qu'Anthelme était décidé à se lancer dans une aventure désastreuse. D'autre part, il désapprouvait totalement l'insurrection. Alors il se décida brusquement à parler comme il envisageait de le faire depuis longtemps.

– Veuillez m'excuser, monsieur, mais vos ordres révoltent en moi le journaliste et mes opinions. Je ne signerai pas l'article que vous allez me dicter et je vous ferai porter demain ma lettre de démission.

Il ne vit pas mais imagina la réaction d'Adrien qui ne tolérait pas de ses collaborateurs le moindre désaveu. Pire, il considérait toute démission comme une trahison, une injure personnelle dont il promettait toujours de se venger. C'est lui à présent qui bredouillait d'indignation :

– Vous êtes devenu fou, Morin. Quoi de plus normal qu'un journaliste épouse les opinions de son journal ? On ne traite pas Anthelme comme cela ! Vous avez ici une situation en or, vous êtes mieux payé que dans tout autre journal et je viens de vous faire attribuer la Légion d'honneur. Qu'est-ce qui vous manque ?

– Le respect humain, monsieur, le respect humain. J'ai honte d'avoir été votre porte-plume durant si longtemps. Maintenant, c'est fini, je vous tire ma révérence. Je me ferai solder mon compte demain par Lavergy, votre conseiller financier. Pourtant, je veillerai ce soir à ce que l'article dicté par vous soit correctement présenté. J'en reverrai moi-même les épreuves.

Au bout du fil, dans le bureau austère de Maisons-Laffitte, le grand Adrien Anthelme écumait. Il reposa l'appareil sur son support avec tant de violence qu'il le brisa, puis assena un formidable coup de poing sur la bibliothèque tournante victorienne où il rangeait ses dictionnaires. C'était un cadeau de Marie-Christine qui, alertée par le bruit, arriva juste à temps pour la voir s'effondrer.

– Que se passe-t-il ? demanda-t-elle en découvrant Adrien, pâle, qui serrait encore les poings en cherchant un adversaire invisible. Pourquoi cette colère ?

– Colère ? Je suffoque d'indignation ! Figure-toi que ce petit imbécile de Morin refuse d'exécuter mes ordres et me donne sa démission. Par téléphone ! Tout ça parce que j'ai décidé de soutenir les généraux d'Alger ! J'ai tout de même le droit de faire écrire ce que je veux dans mon journal !

– Je trouve que Morin a raison ! dit Anne-Marie qui venait d'entrer à son tour.

De blanc, le visage d'Adrien vira au rouge. Il se retint pour ne pas frapper sa fille qu'il adorait et dont il était si fier. N'allait-elle pas bientôt passer son agrégation d'histoire ?

– Toi aussi, ma chérie, tu me lâches ! Ta mère ne m'approuve pas, je le sais, Rochard ne me supporte plus, je le sens... J'ai pourtant besoin d'être aimé, comme tout le monde. Tout ce que j'ai réussi, tout cet argent que j'ai gagné, c'était pour vous...

Il était pitoyable, le grand Adrien Anthelme. Ni Marie-Christine ni Anne-Marie n'eurent envie de l'accabler. Cette dernière, qui au grand désespoir de son père choisissait ses amis dans les syndicats étudiants de gauche, dit pourtant :

– Papa chéri, tu ne peux obliger personne à signer un article qu'il n'approuve pas. Je t'ai dit peut-être trop brutalement que Morin avait raison, mais je le pense vraiment. Je crois surtout qu'il a raison de ne pas vouloir soutenir ces généraux en retraite qui veulent aller contre l'Histoire. Et de Gaulle, alors ? Tu l'abandonnes ? Lui aussi pensera que tu le trahis.

– De Gaulle se moque bien de moi, de moi qui l'ai fait revenir !

– Pas seul, tout de même, dit Marie-Christine en souriant pour détendre l'atmosphère.

– Non, bien sûr. Mais depuis qu'il a repris le pouvoir, pas un signe, pas la moindre marque d'intérêt. Savez-vous ce que j'ai appris ? Qu'il a invité avant-hier Lazareff et Bleustein, qui se fait appeler maintenant Bleustein-Blanchet, à déjeuner à l'Elysée. Anthelme vient sans doute de trop bas pour mériter cet honneur. Et il n'est pas juif !

– Papa, tu dis des sottises. Je sais que tu n'aimes pas Lazareff parce qu'il est un grand journaliste et que *France-Soir* est un bon quotidien. Tu n'aimes pas davantage Bleustein parce qu'il t'a toujours devancé dans la publicité, ton véritable domaine. Etre le second derrière Publicis, ce n'est tout de même pas mal ! Tu vois, papa, ce que tu viens de dire à propos du déjeuner à l'Elysée m'inquiète. J'espère vraiment que ce n'est pas ce petit chatouillement d'amour-propre qui te fait défendre dans *Le Gaulois* les généraux d'Alger. Je ne suis pas gaulliste mais, s'il faut suivre un militaire, je préfère le Général qui n'a que deux étoiles à son képi !

– C'est plus compliqué que cela dans ma tête. Allez, laissez-moi, il faut que je pense à ce fameux article que Morin refuse d'écrire.

La forte tête partit sans revoir l'Empereur. Il fut engagé peu de temps après à *Paris-Match* par le rédacteur en chef Roger Thérond toujours à l'affût de talents et de caractères, tandis que Fluttiaux, plus souple, prenait du galon en devenant chef du service politique du *Gaulois*. Sa tâche n'était pas facile de suivre, dans les méandres de la pensée d'Anthelme, les événements tragiques qui s'enchaînaient à Alger comme à Paris. Tandis que dans le plus grand secret Louis Joxe et Robert Buron négociaient à Evian un cessez-le-feu avec une délégation du F.L.N., les terrasses de cafés sautaient à Alger, les attentats aveugles se succédaient à Paris. L'O.A.S. ne lâchait pas prise. Si le maréchal Juin refusait de rejoindre Salan, Georges Bidault lui accordait sa légitimité d'ancien président du Conseil.

Et voilà que, dans ce désordre sanglant où l'on tuait pour tuer, sans discernement, la métropole votait à 90,70 % pour la paix et l'autodétermination ! C'étaient des faits que *Le Gaulois* ne pouvait passer sous silence mais qui n'empêchaient pas Adrien de publier, à côté, en caractères plus gros, la dernière proclamation de Salan : « Je donne l'ordre à nos combattants de harceler toutes les positions ennemies. » Les positions ennemies, c'étaient, selon l'ordre n° 29, les unités de gendarmerie et de C.R.S. Les commandos Delta Z et Alpha continuaient, eux, de se charger de la routine : le mitraillage des femmes de ménage et des facteurs musulmans au hasard des rues et des heures.

Malgré les objurgations de Marie-Christine et de sa fille, malgré les remarques sévères de Rochard, malgré une longue lettre de Garmond qui l'adjurait de revenir à la raison, Adrien continuait de publier avec des légendes bienveillantes les photos de Salan, de Jouhaud et de Georges Bidault en fuite. Il avait été un peu désarçonné le jour où le bruit avait couru d'un prochain débarquement à Paris de parachutistes ralliés au « quarteron de généraux », comme disait de Gaulle. Quel sort réserver dans le journal au dramatique appel de Michel Debré, lancé à l'improviste à la télévision : « Dès que les sirènes retentiront, allez-y à pied, en voiture, convaincre les soldats trompés de leur lourde erreur » ?

– J'ai bien réfléchi, dit-il à Fluttiaux. Passez l'appel de Debré sur deux colonnes en tête mais arrangez-vous pour rassurer les lecteurs en honorant les parachutistes, élite de l'armée française. Laissez entendre que leur présence dans la capitale ne serait pas forcément une mauvaise chose. Bref, gardez deux fers au feu. J'ai toujours agi comme cela dans ma vie, et cela ne m'a pas mal réussi.

L'arrestation de Jouhaud, puis celle de Salan furent plus difficiles à digérer par les rotatives. Anthelme s'en tira encore une fois avec des photos :

– Il n'est pas question de juger des soldats valeureux qui ont tant donné au pays. Le tribunal s'en chargera.

Nous nous contenterons d'annoncer l'arrestation avec leur portrait et le résumé élogieux de leur carrière militaire. Un point c'est tout.

L'ennui, c'était qu'une partie des lecteurs avaient fini par se rendre compte que *Le Gaulois* se montrait au fil des semaines l'allié objectif de l'O.A.S. Et l'O.A.S. devenait fort impopulaire en France. La diffusion du journal baissa, les bouillons augmentèrent et Rochard dut prévenir Adrien que de nombreux annonceurs annulaient leurs ordres de publicité afin de ne pas contribuer, même indirectement, au soutien de l'O.A.S.

C'était le genre d'avertissement qu'Anthelme pouvait comprendre. Après une conversation avec Rochard et l'examen des comptes dont Simon Lavergy avait apporté le dernier état, Adrien finit par admettre qu'il avait joué avec le feu et qu'il devait cesser de céder à ses pulsions politiques, jugées incohérentes, contradictoires et dangereuses par un Rochard décidé à tout pour sauver le journal.

Il y eut encore un baroud d'honneur au moment du procès de Salan et de Jouhaud puis Adrien annonça que personne ne pourrait plus qualifier *Le Gaulois* de quotidien de l'O.A.S., pas même le millier de manifestants de la C.G.T. venus brailler la veille « O.A.S. assassins » sous les fenêtres du journal. Rochard le dissuada de faire afficher dans la rédaction une note précisant que *Le Gaulois* avait fait son devoir durant la guerre d'Algérie en défendant un territoire français mais que maintenant, après la déclaration d'indépendance, il devait redevenir le meilleur journal d'informations en dehors de toute ingérence politique.

– En affichant cette note, que personne ne te demande, tu reconnaîtrais avoir soutenu les comploteurs d'Alger et tu retrouverais ta prose commentée mercredi dans *Le Canard.* Il vaut mieux s'étouffer et essayer de récupérer les lecteurs et les annonceurs qui nous ont abandonnés !

– D'accord ! Et puis, j'y pense, il va falloir s'intéresser aux problèmes des rapatriés qui rentrent chaque jour par pleins bateaux. C'est une clientèle nouvelle à récupérer.

Rochard soupira.

– Tu fais volte-face mais tu ne perds pas le nord... Enfin, je préfère ça aux aventures dans lesquelles tu entraînais le journal !

Il y avait encore des soubresauts, des irréductibles de l'O.A.S. qui tentaient de faire dérailler le train gaulliste, tel ce colonel illuminé qui avait bien failli le faire exploser au Petit-Clamart. Mais la locomotive avait repris sa marche avec l'assentiment des Français, soulagés d'être débarrassés du chancre algérien qui les rongeait depuis six ans.

La hargne antigaulliste d'Adrien Anthelme s'était calmée avec les derniers espoirs des généraux putschistes. Pourtant, il n'avait pas retrouvé intacte la foi aveugle de la traversée du désert. S'il montrait encore avec fierté la photo prise à Colombey, il n'entretenait plus que des liens relâchés avec les barons de la rue de Solférino auxquels il attribuait avec plus de parcimonie les bons points photographiques du *Gaulois* et d'*Accord*. En revanche, Pompidou, qui avait remplacé Michel Debré à Matignon, jouissait de toutes les faveurs. Ordre avait été donné aux rédactions de soutenir cet Auvergnat jovial que Garmond avait connu jadis à Normale supérieure.

Certains disaient, à la rédaction du *Gaulois*, que l'Empereur avait mis de l'eau dans son vin. Il était vrai qu'il avait lâché juste à temps l'O.A.S. Il savait que, de Gaulle au pouvoir, l'influence que lui avaient donnée ses journaux s'amenuisait. Au lieu d'être partisan, il lui fallait devenir commerçant afin de récupérer les lecteurs perdus dans les remous de la guerre. Ces lecteurs, qu'il avait méprisés depuis des années, devenaient soudain son souci majeur. N'est-ce pas en remuant l'opinion, en la ralliant à des idées simples qu'il avait réussi jadis dans la publicité, source première de sa fortune ?

– L'Empereur (il connaissait le surnom qu'on lui donnait) va se réveiller, dit-il un matin à Rochard. Le groupe sommeille, il faut qu'il explose. Les grands titres peuvent attirer le lecteur, mais ils ne le retiennent pas. Nous allons lancer le journal dans une suite de croisades populaires. Si nos reporters sont trop mous, nous en engagerons d'autres, les meilleurs. Défendons la cause des petites gens, de ceux qui ne peuvent pas se loger décemment, de ceux qui cherchent un travail ! Je veux associer l'efficacité publicitaire aux campagnes que nous allons mener. Tiens, Rochard, je me sens revivre en pensant à tout ce que nous allons entreprendre !

– Tu as raison, il est temps que *Le Gaulois* montre qu'il a quelque chose dans ses braies. Mais ne te précipite pas. Ne chamboule pas toute la rédaction avant de savoir exactement ce que tu veux faire. Tiens, à ta place, je sortirais Saulieu du placard où tu l'as enfermé. C'est un bon journaliste et il est idiot de ne pas l'utiliser sous prétexte que tu l'as bousculé pour prendre la direction du journal.

– Avoue qu'il ne s'est pas montré très coopératif !

– Il a sa fierté. C'est une chose que tu admets difficilement chez les autres. Veux-tu que j'essaie d'arranger un retour honorable ?

C'est ainsi que Raoul Saulieu reprit une part plus active à la confection du journal. Adrien continuait de se faire lire chaque soir les titres et les principaux articles, mais il y mettait des formes. Il lui arrivait même de tenir compte des remarques du directeur général. Celui-ci fut même chargé de présenter un plan de développement du quotidien en prenant en considération les axiomes dictés par Adrien Anthelme et affichés dans la rédaction : « Le public souhaite autant être diverti qu'informé » et « Si l'on veut de bonnes informations, il faut aller les chercher ». Rochard lui avait fait enlever cinq mots qui terminaient la formule : « ... et au besoin les inventer ».

Avec Adrien, les faits les plus anodins prenaient parfois une importance inattendue. Ce fut le cas le jour où devaient être annoncés les résultats de l'agrégation d'histoire. Tout le monde savait qu'Anne-Marie Anthelme était candidate. Son père l'avait d'ailleurs rappelé le matin même à Saulieu qui, un sourire malin au coin des lèvres, commenta l'événement au cours de la conférence de rédaction de midi.

– Adrien Anthelme ne me l'a pas dit expressément, mais je sais qu'il apprécierait une publication des résultats dans *Le Gaulois*.

Il y eut quelques rires et quelqu'un lança :
– Mais si miss Anthelme est recalée ?
– Voilà la question, répondit Saulieu. Il est évident que si Mlle Anthelme n'est pas reçue, nous nous abstiendrons de donner les résultats du concours. Ce ne sera pas un grand ratage puisque nous ne passons jamais les palmarès universitaires. Nous ne sommes pas *Le Monde* ! Au fait, qui doit nous communiquer les résultats ?
– Jacout. Il nous appellera dès que possible. Faut-il prévoir un commentaire aimable ou donner le résultat sec ? demanda Guy David, le chef des informations.
– Quel commentaire voulez-vous faire ? Dire que la fille du patron a réussi un concours difficile ?
A dix-huit heures, la conférence du soir commençait et le garçon de bureau présenta la liste que venait de rapporter Jacout. On se pencha pour essayer de lire en même temps que Saulieu les noms classés dans l'ordre d'admission. La pointe du crayon directorial s'abaissait ligne après ligne sans reconnaître le nom cherché. Mlle Anthelme serait-elle recalée ? Enfin Saulieu dit :
– La voilà !
– A quel rang ? demanda un mauvais esprit.
– Dernière. Et cela pose un problème. Tel que nous connaissons Adrien Anthelme, il ne va pas aimer que sa fille soit dernière, même si le seul fait d'être admis constitue un beau succès. Je crois qu'il vaut mieux ne rien passer du tout.
– Pardon, j'ai une idée ! s'exclama Colas, un secrétaire de rédaction. Publions la liste par ordre alphabétique ! Anthelme, A, la princesse sera première !
On applaudit, Saulieu opina et le gros Eichalon, chef de la rubrique étrangère qui aimait afficher son indépendance, lança :
– Mon petit Colas, avec des idées comme celle-là, vous êtes bon pour une augmentation. Et même peut-être la médaille !

Tandis que le calme revenait dans les colonnes gauloises, les Garmond poursuivaient leur vie d'amoureux dans leur cher vieux quartier et éprouvaient toujours le même plaisir à se raconter leur journée, le soir, attablés dans l'une de leurs cantines, entre la rue Soufflot et la rue Saint-Benoît.

Garmond se plaignait d'avoir trop de travail chez Gallimard pour pouvoir terminer à temps son troisième roman. Le second, *Marche la nuit*, avait obtenu trois voix au Goncourt et reçu, petite compensation, le prix des Deux-Magots. Anna, elle, se consolait de n'avoir pas pu avoir d'enfant en baptisant et en mariant ceux des rois et des princesses dans sa revue qui continuait de ratisser les cours d'Europe pour rapporter beaucoup d'argent à Adrien Anthelme et des mensualités appréciables à sa rédactrice en chef. Les nouvelles échangées se ressemblaient beaucoup d'un jour à l'autre : Anna s'était battue pour arracher à *Paris-Match* la première photo de la petite duchesse d'York ou Garmond avait longuement discuté avec Schlumberger de la lutte des clans qui divisait la famille Gallimard... On tournait un peu en rond mais cela n'avait pas d'importance.

Ce soir-là, quand Garmond vint la retrouver au Flore, Anna avait dans le regard cette flamme bleue qui annonçait des révélations plus captivantes.

– Toi, tu brûles d'envie de me dire quelque chose, dit-il en l'embrassant. Va, raconte-moi ta journée. La mienne a été désespérément « gens de lettres ».

– J'ai déjeuné avec Marie-Christine... commença-t-elle.

– Oui, et alors ?

– Elle s'est confiée à moi en me faisant jurer de ne rien répéter. Toi, bien sûr, tu ne comptes pas. Je sais que tu te tairas.

– Tu vas me faire languir longtemps ?

– Elle en a marre d'Adrien, de ses sautes d'humeur, de son itinéraire politique cahoteux, de son cynisme...

– Je la comprends. Mais ce n'est pas la première fois qu'elle nous fait le coup et elle ne bouge pas !

– Oui, mais cette fois cela va plus loin. Elle a un amant !

Garmond but une gorgée de thé dans la tasse d'Anna et murmura :

– Marie-Christine... Ce n'est pas possible !

– Marie-Christine est comme toutes les femmes, elle a pu craquer... Je crois qu'elle n'aurait jamais sauté le pas sans cette Solange Thuilier qui semble prendre beaucoup d'ascendant sur Adrien.

– La secrétaire ? Elle a, c'est vrai, l'air autoritaire. Mais Adrien ne s'est jamais laissé influencer par quelqu'un.

– Marie-Christine dit qu'elle le phagocyte. Il ne peut plus se passer d'elle. Le soir, il lui arrive de la ramener à Maisons-Laffitte pour travailler et la fait reconduire quand il a donné tous ses ordres au journal.

– Mais Adrien est croyant. On dit qu'il a mis Saulieu au placard parce qu'il avait divorcé. Enfin, si Marie-Christine t'a dit qu'elle avait un amant, on ne peut qu'enregistrer cette révélation stupéfiante et espérer qu'Adrien ne l'apprendra pas. Il est capable de tout dans un mouvement de colère ! Au fait, t'a-t-elle dit de qui il s'agit ?

– Oui. C'est ma deuxième surprise.

– Je connais ?

– C'est André Rochard. L'amour fou, il paraît ! Elle songe sérieusement à divorcer.

– Adrien n'acceptera jamais. Bon Dieu, quelle histoire cela va faire ! Rochard est le principal collaborateur d'Adrien, son conseiller, son gilet pare-balles et son gant de velours. Il m'a remplacé quand j'ai quitté le phénomène. Si Rochard s'en va, la maison Anthelme se fissure. C'est là que la Thuilier deviendra dangereuse !

– Le mieux serait qu'ils s'arrangent tous les quatre. C'est une situation assez courante...

– Au théâtre, oui, mais dans la famille impériale... Dis à Marie-Christine d'abandonner son idée de divorce et de vivre son amour discrètement. Je ne voudrais pour rien au monde que cette histoire tourne à la tragédie. Je ne peux m'empêcher de penser que je suis en partie responsable de la réussite d'Adrien et que je le serais des catastrophes qu'elle entraînerait.

– Tu n'es responsable de rien du tout. Tu l'as aidé à sortir de sa pauvreté. Après, c'est lui qui s'est tricoté une existence d'homme riche, c'est lui qui s'est hissé, irrésistiblement, jusqu'aux hautes marches de la puissance, avec tout ce que cela comporte de compromissions, d'indélicatesses, de duplicité. Sa fortune, son empire de presse, c'est son œuvre, ce n'est pas la tienne !

– Ne le noircis pas trop. Cet argent, nous en profitons un peu. Nous vivons dans l'appartement qu'il nous loue pour une somme dérisoire, tu travailles pour lui et il te fait gagner plus d'argent que ne m'en rapportent mes activités littéraires.

– Je gagne mon salaire – peu de chose par rapport aux bénéfices du journal – et il te doit bien l'avantage qu'il nous concède.

– D'accord, mais tu vois, son despotisme insupportable ne s'explique pas seulement par l'argent. Un jour, il y a longtemps, il m'a dit : « Ce n'est pas difficile de gagner de l'argent si c'est parce que l'on aime l'argent ; ce qui est difficile, c'est d'en gagner pour pouvoir faire quelque chose. » Et il n'a rien fait que de prendre une revanche, d'asseoir son autorité, de régner comme un seigneur sur ses serfs. J'ai cessé d'essayer de l'aider, de le protéger, de freiner sa mégalomanie quand je me suis rendu compte qu'il était incontrôlable.

– Et tu crains qu'il ne commette une bêtise s'il apprend...

– Oui. Je ne pense pas qu'il aille jusqu'à utiliser son revolver d'ordonnance, mais il risque de tout casser, de prendre des décisions absurdes. Heureusement, sa soif de respectabilité, de reconnaissance ne l'a pas quitté, il reculera peut-être devant le scandale.

Comme chaque année, Adrien avait été consulter le Pr Jaquet qui surveillait depuis longtemps le cœur et les artères de la plupart des membres de l'état-major gaulliste. Jusqu'à maintenant, cela avait été pour s'entendre dire qu'il avait un cœur de forgeron, qu'il était solide comme un chêne. Cette fois, le cardiologue avait été plus réservé : l'Empereur s'empâtait, son taux de cholestérol augmentait, des extrasystoles agaçaient ses ventricules.

– Rien de grave, mon cher Anthelme, avait dit le professeur, mais il faut prendre quelques précautions.

Passé cinquante ans, l'infarctus s'embusque volontiers dans les cuisines des restaurants trois étoiles. Vous faites toujours du sport ? du cheval, du golf ?

– Rien de tout cela, malheureusement. Le temps...

– Alors, un régime. Courez, sautez, nagez, perdez cinq kilos et tout ira bien. Je veux vous revoir dans six mois.

Adrien avait encaissé le coup crânement. Il avait pourtant prévenu Marie-Christine, qui ne s'était pas du tout inquiétée, ce qui lui avait déplu. Il avait aussi téléphoné à Garmond, ce grand frère, simplement pour parler à quelqu'un. Celui-ci l'avait affectueusement écouté et rassuré.

– Jaquet a raison. Tu as beaucoup trop grossi ces derniers temps. Marie-Christine te fait faire trop bonne chère.

– Marie-Christine ? Elle se moque bien de ce que je mange. C'est plutôt le restaurant. Mais j'ai pris de grandes décisions. Je me mets sérieusement au sport. Je vais faire construire un gymnase dans le parc. Avec tout ce qu'il faut pour me refaire des muscles et perdre le pneu que j'ai autour du ventre. En attendant, je vais reprendre le cheval, courir dans la forêt et tâter un peu du golf. Ne veux-tu pas que nous prenions des leçons ensemble ?

Garmond s'était récrié.

– Surtout pas. Je n'ai jamais couru que pour attraper l'autobus, n'ai jamais soulevé d'autres poids que celui de ma valise et sais à peine nager. N'ayant pas fait de sport jusqu'ici, et m'en trouvant fort bien, il serait dangereux que je m'y mette à mon âge. Mais je viendrai te voir pousser la balle. Quant à ton gymnase, tu ne vois pas un peu grand ? Aménage plutôt une pièce de ta gentilhommière. Tes prédécesseurs princiers avaient bien dû prévoir une salle d'armes ? Va, ne t'en fais pas et déjeune moins souvent chez Lasserre. Quand nous prenions nos repas au « Bouillon » de la rue de Buci, tu étais svelte, on voyait tes muscles sous le veston.

– Si tu savais comme je le regrette, ce temps où tu me faisais découvrir Saint-Germain-des-Prés !

– Viens donc un soir. Anna et moi nous retournons

de temps en temps au « Bouillon ». C'est toujours la même cohue sympathique et les frites arrivent toujours froides sur la table.

– Sûr que je viendrai ! Tu me manques... Anna aussi !

Quand il eut raccroché, Garmond dit à Anna :

– Le grand Adrien est inquiet. Il se croit menacé parce que Jaquet lui a dit qu'il avait trop de cholestérol. Surtout, il ne semble pas avoir le moral. Il m'a parlé de Marie-Christine d'une drôle de façon. Saurait-il quelque chose ?

– J'ai vu Marie-Christine hier. Elle est heureuse comme une collégienne qui vient de découvrir qu'on ouvrait la bouche pour embrasser. Enfin, elle m'a assuré que Rochard et elle observaient une prudence de Sioux.

– Hum !... Il suffirait qu'ils se fassent repérer dans un bistrot par quelqu'un de la maison et tout le monde serait au courant le lendemain. L'Empereur cocu, voilà une information qui ne passerait pas inaperçue !

Garmond avait tort de craindre une réaction violente d'Adrien. Toute sa vie, celui-ci n'avait pris que les colères qu'il voulait et ses déchaînements de fureur qui faisaient trembler le personnel n'avaient souvent d'autre raison que d'affirmer son autorité. Le jour pourtant où il connut sa disgrâce en surprenant par hasard une communication téléphonique entre Marie-Christine et Rochard, il faillit tout casser, congédier son directeur et mettre sa femme à la porte après l'avoir giflée. Il se ressaisit au dernier moment, referma doucement la porte du salon et s'enferma dans son bureau.

Il but un grand verre d'eau, réfléchit, faillit appeler Garmond mais raccrocha avant d'avoir fini de composer le numéro. Les sentiments d'abord confus et violents qui le poussaient aux extrêmes s'ordonnaient et perdaient de leur agressivité. Bientôt, ses nerfs se détendirent et il envisagea la situation sous son aspect le plus urgent : éviter le ridicule. Son esprit fonctionna alors comme chaque fois qu'il avait dû prendre une décision importante dans ses affaires. Tranquillement, sans précipitation dictée par la rancune ou le dépit, il organisa sa défense et définit le comportement qu'il devait adopter : premièrement, ne pas montrer qu'il savait, ce qui lui laissait une marge de manœuvre ; deuxièmement, s'arranger pour laisser filtrer la nouvelle qu'il trompait sa femme et la tromper vraiment. Cela gênait un peu ses convictions religieuses, mais tant pis... Si l'on apprenait, après, que Marie-Christine avait une liaison avec Rochard, et on finirait par l'apprendre, cela passerait pour une revanche, une réplique à son propre délit conjugal. Le ridicule ne jouerait plus !

C'est arrivé à ce moment de sa réflexion qu'il pensa qu'il n'aimait plus Marie-Christine, que peut-être il n'avait jamais aimé la jeune fille riche qu'il avait épousée il y avait plus de vingt ans. Alors, en accord complaisant avec sa conscience, il se rendit compte que son analyse brillante, sinon morale, ne reposait que sur un préalable évident : l'existence de Solange Thuilier qui n'attendait qu'un geste pour se jeter dans ses bras. Ainsi, il n'avait même pas à chercher celle qui empêcherait sa vie de tourner au vaudeville. Il l'avait à portée de voix, dans le bureau contigu au sien. Elle avait vingt ans de moins que lui, son visage, peut-être un peu sévère, était régulier, ses yeux noirs étincelaient. Certains pensaient qu'elle était sa maîtresse parce qu'elle avait gravi en un an tous les échelons du secrétariat jusqu'à devenir l'égérie de l'Empereur. « La Thuilier », comme on l'appelait dans la maison, montrait peut-être un peu trop qu'elle jouissait de pouvoirs étendus. Mais cela ne gênait pas Adrien. Il admirait cette femme intelligente et forte qui, il pouvait bien se l'avouer maintenant que sa décision était prise, l'attirait depuis le premier jour.

Ce soir-là, où tant de choses étaient survenues en moins d'une demi-heure, Solange n'avait pas suivi son patron à Maisons-Laffitte. Adrien regarda sa montre et demanda par téléphone à la cuisine si le chauffeur était encore là.

– Dites-lui d'attendre, commanda-t-il. Je repars pour Paris.

Il eut un sourire, le premier depuis qu'il avait entrouvert la porte du salon pour dire à sa femme qu'il venait d'arriver, et composa le numéro du bureau des Champs-Elysées où sa secrétaire travaillait tard le soir.

– Solange, retenez s'il vous plaît une table chez Maxim's pour le dîner.

– Oui, monsieur. Vous sortez avec votre femme ?

– Non. Avec vous. Rentrez vous habiller. Je passerai vous prendre à neuf heures.

– Mais...

– C'est un ordre, mademoiselle Thuilier.

Ce soir-là, l'Empereur ne rentra pas coucher au château.

14

LES MILLIARDAIRES MEURENT AUSSI

1963. La Joconde *voyage aux* U.S.A. *– La France annonce la construction en série de la bombe A – Jean Paulhan élu à l'Académie française – Procès des auteurs de l'attentat du Petit-Clamart, Bastien-Thiry condamné à mort et exécuté –* « Ich bin ein Berliner », *proclame le président Kennedy en visite à Berlin – Mort du pape Jean XXIII et élection de Paul VI – Marche sur Washington conduite par Martin Luther King – Mort de Jean Cocteau et d'Edith Piaf – Assassinat du président Kennedy à Dallas – Au cinéma :* Le Guépard *de Visconti et* Les Oiseaux *de Hitchcock.*

Une autre vie commençait pour Adrien, mais il savait qu'il devait, en priorité, réactualiser le contrat qui le liait à Marie-Christine. Sans même se rendre compte qu'il traitait ce problème personnel et sentimental de la même façon qu'il avait réglé les affaires difficiles au cours de sa carrière, en utilisant dans sa pensée les mêmes mots, les mêmes clichés que ceux qui ont cours dans les tractations financières, il répéta dans le secret de son bureau de Maisons-Laffitte les phrases qu'il allait prononcer devant Marie-Christine qui attendait dans le salon, la gorge nouée, qu'il lui fasse signe d'entrer. Elle ne savait pas qu'il était au courant de sa liaison mais le ton sérieux qu'il avait pris pour lui dire qu'il voulait lui parler de choses importantes lui faisait craindre le pire.

Elle tremblait un peu lorsqu'elle entra dans le domaine d'Adrien où elle ne mettait plus les pieds depuis longtemps. Le despote allait-il se montrer brutal, la fustiger, la frapper peut-être ?

Il l'accueillit tranquillement, avec égard, sans pourtant qu'il puisse effacer de son visage les deux rides qui descendaient des ailes du nez vers les extrémités de la bouche et qui s'approfondissaient en ravines lorsqu'il tentait de surmonter sa colère ou une grave difficulté. Marie-Christine le connaissait bien ce rictus qui faisait ressortir sa lèvre inférieure. Un jour, elle lui avait dit : « Qu'y a-t-il, tu as ton visage de tigre ? »

Lorsqu'elle fut assise en face de lui qui tapotait d'un geste mécanique le cuir de son bureau avec un coupe-papier, il commença :

– Marie-Christine, nous avons des dispositions à prendre pour aménager la situation que tu as créée. Tu as rompu les liens qui nous unissaient, c'est ton choix. Je ne te fais pas de reproches, encore que cela me gêne beaucoup que tu aies choisi pour amant mon collaborateur le plus précieux qui est aussi un ami de longue date. Cela ne facilite pas les choses, mais il faut s'en accommoder...

– Tu sembles oublier dans ton discours l'existence de l'envahissante Solange Thuilier dont tout le monde dit qu'elle est ta maîtresse. Ne penses-tu pas que cette situation pénible a influé sur mon choix, comme tu dis ?

– Solange, tu le sais très bien, n'a pas été ma maîtresse. Jusqu'à avant-hier, après que j'eus surpris par hasard la conversation téléphonique que tu échangeais avec Rochard. Je suis tombé de haut !

– Que veux-tu faire ? Divorcer ? Je n'y suis pas opposée.

– Moi si. Tu vois d'ici Adrien Anthelme, défenseur de l'ordre moral, soutien de l'Eglise, la vraie, pas celle des prêtres-ouvriers, annoncer son divorce ? Au moment où je suis en train de racheter deux journaux de l'Ouest qui sont pour moitié propriété des évêchés ? Et puis, mes convictions personnelles m'interdisent de divorcer.

– Je crois plus à tes intérêts qu'à tes devoirs religieux. Mais qu'allons-nous faire si nous ne divorçons pas ? Tu dois bien te douter qu'à quarante-cinq ans je n'ai pas agi sur un coup de tête. Je vis avec André une histoire d'amour que je n'ai pas envie d'arrêter. Comme toi, d'ailleurs, qui semble beaucoup tenir à Solange Thuilier.

– Oui. J'avoue que ce n'est pas désagréable de se sentir rajeunir en compagnie d'une femme qui a vingt ans de moins que moi...

– Ne sois pas goujat ! Jusqu'à maintenant tu t'es contenu.

Il tapa un peu plus fort sur le bureau, sa lèvre se gonfla mais il se domina.

– Figure-toi qu'en dehors de ces considérations physiques auxquelles je regrette d'avoir fait allusion, Solange possède à mes yeux une qualité que tu auras du mal à admettre : elle me comprend, raisonne comme moi, précède mes idées de nouveaux projets, bref est devenue une collaboratrice irremplaçable pour le secteur presse comme Rochard l'est en ce qui concerne la publicité.

– Tu vas garder André ?

– Ce n'est pas que cela me fasse plaisir mais son départ aurait des conséquences désastreuses. Revenons à Solange puisque mon attachement te préoccupe. Je t'ai dit qu'elle me comprenait. Jamais elle ne m'a fait la moindre remarque sur mes opérations alors que toi tu n'as cessé de me reprocher mon manque de scrupules. Tu m'as toujours considéré comme un arriviste usant de tous les moyens, jusqu'à la malhonnêteté, pour parvenir à mes fins. Avoue que tu m'as toujours méprisé !

– Pas toi, mais tes agissements que tu croyais racheter par tes leçons de morale dans *Le Gaulois*, tes campagnes populistes contre les juges trop cléments et les prisons trop confortables. Ton antisionisme aussi, qui cache depuis toujours un antisémitisme que tu n'oses avouer...

– Arrêtons de nous déchirer. Nous avons une affaire à traiter, une négociation à mener à bien. L'argent, je l'ai, nous l'avons. Cela va faciliter les choses. Voilà ce que je te propose : je reste à Maisons-Laffitte où je me plais et qui est devenu le centre, oserai-je dire légendaire, de la stratégie d'Adrien Anthelme. Le Prieuré est mon Elysée. Toi, tu n'as jamais aimé cette maison, tu seras heureuse de la quitter et d'habiter à Paris la maison et le quartier de tes rêves.

– Et les filles ?

– J'allais y venir. Elles sont assez grandes pour vivre un peu chez toi, un peu chez moi, en attendant qu'elles vivent chez elles tout simplement. C'est le seul point noir de l'arrangement que je te propose : même à leur âge, il n'est pas bon d'avoir des parents séparés.

– Mais pas divorcés. Les apparences seront sauves !

– Alors ? Que penses-tu de ces projets ? Avoue que tu attendais une réaction plus brutale de ton tyran de mari ?

– Oui. Mais te connaissant bien je ne suis pas étonnée. Tu tiens trop aux convenances, au qu'en-dira-t-on, toi, l'enfant pauvre devenu riche ! Je ne suis même pas certaine que tu ne te sois précipité dans les bras de Solange que pour retourner les rôles avant que ma liaison fût connue. Et elle l'aurait été un jour malgré notre prudence.

– Tu es diabolique de penser des choses pareilles.

– Peut-être... J'espère simplement que tu ne te trompes pas, que tu ne t'es pas laissé embobiner par cette femme qui a su prendre tant de pouvoir en si peu de temps. Tu ne serais pas le premier milliardaire qui se fait avoir.

– Merci de ta sollicitude, mais on ne trompe pas comme cela Adrien Anthelme !

– En ce qui me concerne, je quitterai Maisons-Laffitte la semaine prochaine. J'irai vivre chez André en attendant de trouver un appartement.

– Une question indiscrète... Tu n'es pas forcée d'y répondre. Si nous divorcions, épouserais-tu Rochard ?

– Mon pauvre Adrien ! Comme si cela avait de l'importance ! Dans dix ans, dans vingt ans peut-être... Mais maintenant, cela n'aurait aucun sens. Au fait, dînes-tu à la maison ce soir ?

– Oui, si tu veux de moi.

– Ne sois pas idiot. Les deux filles sont là. Veux-tu que nous leur apprenions la nouvelle ? Ce serait mieux que nous le fassions ensemble.

– D'accord. J'appelle le journal où l'on attend mes ordres pour la une et nous passerons à table.

Marie-Christine attendit le dessert pour annoncer, en s'empêtrant dans ses phrases, ce qui était inhabituel, qu'elle et leur père allaient vivre séparément. Adrien ajouta quelques mots maladroits et regarda avec étonnement ses filles qui ne semblaient ni surprises ni perturbées.

– On vous aime tous les deux, dit l'aînée. Cela ne nous fait pas plaisir, mais l'essentiel est que vous soyez heureux. Solange me terrifie un peu mais c'est une femme intelligente. Je ne sais pas comment vous allez vous arranger mais, si elle vit ici avec toi, dis-lui qu'elle n'aura aucune autorité sur moi.

– Comment sais-tu que Solange...

– Question de flair. Tes filles ne sont pas des idiotes.

Pour ajouter à la confusion des parents, France lança de sa voix futée :

– Moi je trouve qu'André Rochard est un type épatant. Fais attention, maman, que je ne te le pique pas !

Un autre jour, Adrien aurait écumé et giflé sa fille. Mais ce n'était pas un jour comme les autres.

La crise se dénoua à peu près dans les conditions qu'Adrien avait prévues et que Marie-Christine avait acceptées. Elle quitta sans bruit et sans regret cette maison à laquelle elle ne s'était jamais habituée et s'installa chez André. Les filles vivaient le plus souvent à Maisons-Laffitte mais disposaient, quand elles le voulaient, d'une chambre rue Saint-Dominique, dans l'appartement de célibataire que Marie-Christine s'attachait à rendre plus féminin. Cette situation nouvelle convenait finalement assez bien à Anne-Marie et à France. Elles y gagnaient la liberté de vivre à Paris lorsque cela les arrangeait et la possibilité d'y retrouver chacune plus commodément leur fiancé du moment. Des garçons qui faisaient grincer les dents d'Adrien depuis qu'il avait appris qu'Anne-Marie fréquentait un écrivain-philosophe à demi juif dont les livres se vendaient bien et dont la longue chevelure noire faisait se pâmer les habituées du Flore. France, qui avait refusé de préparer l'agrégation et entamait avec nonchalance sa deuxième année de droit, était, elle, amoureuse d'un élève de Sciences-Po, barbu, qui aurait convenu à Adrien Anthelme – il était le fils du général quatre étoiles Dumouchez – si ce dévoyé n'avait pas été militant du syndicat étudiant gauchiste.

Le seul véritable embarras causé par la séparation d'Adrien et de Marie-Christine était l'existence d'André Rochard. « Pourquoi avoir choisi quelqu'un dont je ne puis me passer ! » tonnait Adrien devant Solange Thuilier qui se délectait des colères de l'Empereur puisque, naturellement, elle détestait le seul homme du groupe sur lequel elle n'avait pas prise.

Deux jours après le début de la crise, Rochard avait fait le premier pas et poussé la porte du bureau d'Adrien.

– N'épiloguons pas, dit-il, sur des faits qui sont irréversibles. Je viens te remettre ma lettre de démission. Je ne vois pas d'autre issue à notre situation grotesque.

Adrien était calme. Il n'avait pas son masque de tigre des jours de combats. Il était juste un peu pâle.

– Donne ta lettre, dit-il.

Il prit l'enveloppe et la déchira.

– Je ne veux pas de ta démission, je ne veux plus de ma femme, l'ami m'a quitté mais l'homme qui a fait de ma petite agence l'un des phares français de la publicité doit rester ! Les choses entre nous ne seront plus jamais comme avant, je le sais, mais je sais aussi que sans toi le « Globe » que nous avons eu tant de mal à mettre sur orbite risque d'exploser. Si tu étais un spahi, je te commanderais sèchement : « Demeure à ton poste. On ne déserte pas devant l'ennemi ! »

– Mais ce n'est pas la guerre. Nous n'avons pas d'ennemis ! répondit Rochard, interloqué.

– Nous n'avons pas d'ennemis ? Ta candeur m'étonne. Réfléchis et compte combien de gens rêvent d'abattre Adrien Anthelme, de voir le néon s'éteindre sur la façade du Globe-Publicité et *Le Gaulois* rendre les armes. Toute ma vie je me suis suscité des ennemis. Cela m'oblige aujourd'hui à être prudent et à te demander de rester.

– Il n'était pas dans mes intentions de partir sur-le-champ. J'ai le sens des responsabilités. Je te le disais dans ma lettre...

– Fous-moi la paix avec ta lettre ! Quand tu voudras vraiment me quitter, viens me le dire !

A cet instant précis, Solange Thuilier passa son nez dans l'ouverture de la porte qui communiquait avec son bureau et demanda si elle pouvait entrer. Le regard de feu que lui lança Adrien la fit reculer et disparaître.

– Tu vois pourquoi tu dois rester ! Solange n'est pas la seule qui espère que notre histoire va entraîner ton départ !

– Si ma présence est ta sauvegarde, comme je suis tenté de le croire, rends-moi les morceaux de ma lettre.

Adrien Anthelme esquissa un sourire. Il venait de remporter une curieuse victoire. Contre lui, contre Rochard. Et contre Solange qui avait commis la première erreur de son parcours en conseillant avec insistance à Adrien de se séparer de Rochard.

– On se serre la main ? proposa-t-il.

– On se serre la main, répondit Rochard.

Et celui que ses collaborateurs appelaient l'Empereur eut un mot quasi historique, involontaire comme tous les mots historiques. Il dit à André qui lui rappelait qu'ils devaient déjeuner le lendemain avec le ministre du Commerce et de l'Industrie :

– Tu vois, c'est beau la fidélité !

L'affaire Rochard réglée, au moins dans l'immédiat, les assises du groupe un moment vacillantes renforcées, Adrien s'installa dans sa nouvelle existence. L'épreuve avait rendu des ailes à l'aigle blessé. D'un coup son activité se trouva décuplée dans tous les domaines de l'empire. Il demanda à Rochard d'envisager le rachat de l'agence R.G.W.H. où les initiales des patrons se faisaient une guerre suicidaire. C'était un gros morceau mais il voulait couper l'herbe sous le pied à Havas qui avait, il venait de l'apprendre, des vues sur cet alphabet brouillé. Ce n'était rien, pourtant, à côté de la négociation pour la reprise de deux titres de la presse de province, à laquelle s'ajoutait la création d'un quotidien à la Martinique. En principe, Rochard ne s'intéressait pas directement aux affaires de presse mais Adrien lui demanda de superviser l'opération, de surveiller Simon Lavergy qui avait encore quelquefois besoin de conseils et qu'il fallait empêcher de tomber sous la coupe de Solange.

Curieusement, la tempête sentimentale qui avait failli emporter l'attelage Anthelme-Rochard et le carrosse doré qu'il tirait avait resserré rênes et brides. Jamais l'Empereur n'avait donné autant de pouvoir au maréchal qu'il avait failli perdre. Cela, c'étaient les affaires. Adrien leur consacrait l'après-midi et la soirée. Le matin, il s'occupait de sa forme et de sa santé, selon les conseils du Pr Jaquet. Il s'était rendu lui-même dans un magasin de l'avenue de la Grande-Armée pour choisir la bicyclette de ses futures sorties sportives sur les routes des Yvelines. Il avait eu une manière d'émotion quand le vendeur lui avait proposé la « Rolls des vélos », une superbe machine ultra-légère à dix-huit vitesses. L'image de sa vieille « Manuf » aux freins grinçants et à la roue trop libre lui était apparue, garée dans le couloir de la rue de Tournon. Il repensa à Robert Quentin. Et à Madeleine, morte l'année dernière... « J'achète ! » avait-il dit, très vite. Le grand Adrien n'aimait pas s'attendrir.

Il était allé trois fois rouler et piquer quelques sprints, mais la côte de Châteaufort dans laquelle il s'était fait doubler par un peloton de sexagénaires à maillots bariolés et à casquette Poulidor l'avait dégoûté de la petite reine.

– Le vélo n'est pas pour moi, avait-il dit à Marcel, son chauffeur qui le ramenait transi à la maison. Un sport m'a toujours plu, j'y ai même réalisé quelques performances, vous le savez, Marcel : c'est la boxe. Attendez que mon gymnase soit fini et vous verrez ce que je peux encore faire de mes poings !

– C'est vrai, monsieur Anthelme, vous avez été champion de France militaire, avait répondu le cocher de l'Empereur qui avait entendu au moins dix fois l'histoire du championnat de Mostaganem.

Et, comme chaque fois, Adrien dit, modeste :

– Pas champion, Marcel, finaliste, seulement finaliste. En attendant je vais m'essayer au golf. C'est un jeu magnifique, élégant auquel on peut jouer jusqu'à quatre-vingts ans.

Adrien Anthelme avait alerté tous les ministères, même le cabinet de Pompidou pour se faire admettre au golf de Saint-Cloud, le club le plus chic où l'on entre par une petite porte que la fortune ne suffit pas à ouvrir. Finalement, il avait été admis en qualité de membre semainier, ce qui avait évité aux golfeurs du week-end le spectacle désolant de la brève initiation du grand Anthelme, achevée le jour où il s'était froissé le jambier antérieur en essayant de briser rageusement un fer 3 dont l'invulnérabilité était garantie par le fabricant.

Durant ces tentatives sportives, un curieux bâtiment de teck et de verre commençait à s'élever dans le parc du Prieuré. Un architecte célèbre, qui avait construit le château de Marcel Dassault et quelques autres folies industrielles et républicaines, avait dressé les plans de ce qui allait devenir le gymnase privé d'Adrien Anthelme. A mi-chemin entre le yacht de la famille royale d'Angleterre et la grande serre du Jardin des Plantes, cet étrange vaisseau, heureusement caché par les arbres, était édifié dans le plus grand secret. Adrien ne pouvait faire étrangler, à l'exemple de Pharaon, ceux qui avaient contribué à cette construction, mais il acheta leur silence comme celui d'un arbitre de foot, car il ne voulait pas qu'on apprenne, hors les murs du Prieuré, ce qu'Adrien voulait faire de son palais des sports personnel. Seule Solange, la curieuse, avait percé le mystère, comme les filles qui s'amusaient discrètement de la nouvelle lubie de leur père.

Le temple du muscle impérial fut achevé le jour où *Accord* – Adrien persistait à faire paraître son journal sans lecteurs – célébrait la parution de son millième numéro. Dans le grand salon des Champs-Elysées, Adrien remit les insignes de la Légion d'honneur à Leblond, qui avait tant souffert sous l'empire, et le ruban bleu des Arts et Lettres à Barlotto, l'architecte du vaisseau sportif. Adrien n'était jamais plus content que lorsqu'il décernait une médaille, alors deux dans la même journée !

L'écrin de verre s'avéra plus difficile à garnir qu'à construire. Bien qu'elles aient été transportées par avion-cargo, les machines à muscler commandées aux Etats-Unis mirent deux mois pour arriver à Maisons-Laffitte. A peine le temps nécessaire au montage d'un ring de boxe qu'Adrien avait fait reconstruire deux fois parce qu'il n'avait pas la dimension réglementaire de 6,10 mètres au carré. Le plus difficile fut pourtant de réaliser la dernière idée d'Adrien : éclairer le ring comme celui du nouveau Palais des Sports de la porte de Versailles et, surtout, créer la sonorisation extravagante de l'ensemble. Pour ces dernières opérations, Adrien, après avoir longtemps hésité, décida de faire appel à Simon Lavergy. Depuis la scabreuse prise de pouvoir du *Gaulois*, le jeune homme, devenu un directeur financier élégant et décoré, avait fait preuve d'une discrétion exemplaire. De plus, Adrien le savait débrouillard. C'est donc à lui qu'il confia la tâche de trouver, à la télévision ou dans le cinéma, un ingénieur du son capable de transformer en réalité son rêve fou de milliardaire.

– Lavergy, vous expliquerez exactement à cet ingénieur ce que je désire, à commencer par son silence.

– Très bien, monsieur. Dites-moi ce que vous voulez.

– Il faut que je vous explique sur place. Venez avec moi à Maisons-Laffitte. Le chauffeur vous ramènera. Je veux que vous ne parliez à personne, pas même à votre femme...

– Je ne suis pas marié.

– Vous êtes un sage. Donc vous ne parlerez à personne de ce que vous allez voir ni de ce que je vous demanderai. Votre parole d'officier !

– Je n'ai pas fait de service militaire. Mais...

– Ça, ce n'est pas normal. Enfin... Donnez-moi votre parole de scout. Vous avez tout de même bien été quelque chose.

– Eclaireur de France.

– Ah, un laïque, un scout sans Dieu ! Ça ira tout de même.

Sur la route, Lavergy profita de l'occasion qui lui était offerte pour aborder certains problèmes financiers. Ou plutôt pour poser des questions auxquelles le grand Anthelme, calé dans le coin de la DS, répondait à peine. Il jouait à un jeu curieux. Tout en regardant son voisin du coin de l'œil, il avait sorti son stylomine d'argent de sa poche et tapait contre la vitre sur un rythme tertiaire : trois coups, silence, trois coups, silence... Parfois il s'arrêtait et dessinait des triangles avec son index sur le verre embué. Toujours en regardant Lavergy qui, pâle, prit soudain la parole sur un ton inhabituel, presque agressif :

– Vous m'adressez ces messages, que vous imaginez maçonniques, pour guetter ma réaction. Eh bien, vous pouvez arrêter. Vous voulez savoir si je suis franc-maçon ? Je le suis. Si mes choix philosophiques vous gênent, dites-le-moi et tirons-en la conséquence.

– Je suis content que vous m'ayez dit que vous apparteniez à la franc-maçonnerie. Je le sais depuis le mois dernier et il m'aurait déplu que vous me cachiez un fait que je déplore mais qui ne changera rien à nos excellents rapports. J'ai d'ailleurs quelques amis qui sont maçons. Tenez, Bayet avec qui j'ai créé la Fédération de la presse clandestine. On voudrait me faire passer pour un réactionnaire raciste, mais j'ai été un compagnon de Robert Quentin et j'ai sur mon bureau une photo dédicacée de Paul Eluard : « A mon ami Adrien Anthelme. » J'ai publié certains de ses poèmes durant l'Occupation...

Tout cela, Lavergy le savait car Adrien rappelait volontiers ses alibis peu concluants. Eh bien ! maintenant, le plus à droite des gaullistes pourrait dire qu'il avait des collaborateurs francs-maçons !

Lavergy découvrit peu après avec stupéfaction la serre à biceps et à abdominaux, où des ouvriers étaient en train de mettre en place un triple rang de cordes autour du ring.

– Alors, Lavergy ? Que dites-vous de cela ? Il sera inutile dorénavant de me chercher le matin entre neuf et onze heures : je serai ici, chez moi, dans mon gymnase, à entretenir mon souffle, à retrouver mes muscles dissous dans la graisse des restaurants trois étoiles, à récupérer la vitesse et la précision de mes uppercuts. Mais l'après-midi, attention ! L'Empereur... c'est comme cela que vous m'appelez, n'est-ce pas, dans le groupe ?... l'Empereur redeviendra un patron intraitable, pétant de force et de santé !

Il éclata de rire et Lavergy se demanda si, cette fois, le grand Anthelme n'était pas devenu fou.

Mais non, Adrien poursuivait, avec la logique et la minutie qu'il apportait aux choses sérieuses, l'accomplissement de son projet :

– Lavergy, vous savez pourquoi j'ai fait installer un ring à mon domicile ?

– Pour boxer, monsieur Anthelme.

– Bravo ! Mais qui va boxer ? Moi ! Je n'ai certes plus l'âge de croiser les gants en compétition. Mais je vais suivre une mise en forme de champion. L'entraînement du boxeur est, savez vous, le plus complet, le plus efficace. Je vais engager un entraîneur qui sera aussi mon sparring-partner et contre lequel je boxerai de temps en temps. Mais, pour mettre un peu de piquant dans cette banale aventure, je veux m'offrir l'illusion de disputer de vrais matchs, avec l'éclairage d'un ring professionnel. Enfin, je tiens à recréer dans cet espace privé l'ambiance sonore d'une salle le soir d'un grand combat.

– C'est une idée magnifique, monsieur Anthelme, dit Lavergy qui savait que, dans un cas comme celui-là, personne, sauf peut-être Rochard, ne pouvait avancer la moindre réserve.

– C'est une grande idée, mais si elle était connue à l'extérieur tout le monde me prendrait pour un dingue. C'est pourquoi je vous demande la plus extrême discrétion. Bon ! Je veux une sonorisation qui, grâce à des bandes enregistrées, inondera le gymnase de cris, d'insultes, de quolibets comme seul un public d'amateurs de noble art est capable d'en produire. Je veux, en plus, une annonce pour chaque round et le bruit du gong. Important, le bruit du gong ! Alors mettez-vous en chasse, trouvez-moi à Cognacq-Jay ou aux Buttes-Chaumont le spécialiste des faux bruits, ce doit être facile, et faites-lui installer les appareils le plus tôt possible.

– Et le prix ? Vous voulez un devis ?

– Vous avez carte blanche. Engagez tous les frais qu'il faudra. Si j'achetais un yacht comme Boussac ou une Bentley comme Lazareff – remarquez que ce n'est pas lui qui la paie –, cela me coûterait plus cher ! Alors, partez en reconnaissance et au rapport dans les trois jours !

Il ne dit pas « Rompez ! » mais Lavergy l'entendit. Celui-ci repartit vers Paris avec Marcel qui l'attendait. En cours de route, le chauffeur, qui avait vu le directeur financier entrer avec Adrien dans le gymnase, hasarda une question :

– Alors, monsieur Lavergy, vous avez vu ? M. Anthelme vous a dit qu'il voulait refaire de la boxe ?

– Vous êtes au courant ? Qui le sait en dehors de vous ?

– Personne. Moi, vous savez, je suis le confident. Un vrai chauffeur sait tout sur son patron, même plus quelquefois que le patron lui-même. Et puis, je suis un ancien poids moyen. On parle souvent boxe ensemble. C'est moi qu'il a chargé de lui trouver un sparring-partner.

– Muet si possible ?

– Presque ! Je crois l'avoir découvert : un ancien grand champion qui a combattu au Vel'd'Hiv. Et vous ? Si ce n'est pas indiscret, pourquoi M. Anthelme vous a-t-il fait venir ? Ce n'est pas votre spécialité, la boxe...

– Il m'a chargé de faire le bruiteur !

Marie-Christine avait naturellement tenu au courant les Garmond de son virage conjugal. Adrien, de son côté, avait invité son ami et ancien maître à déjeuner pour lui donner sa version des faits et, surtout, pour se confier à la seule personne capable de le comprendre.

– C'est l'ami ou le confesseur que tu as invité ? demanda Garmond en dépliant sa serviette.

Adrien avait choisi Calvet, pour être tranquille et saisir l'occasion de revenir dans ce quartier du VIe qu'ils avaient si longtemps sillonné au temps de leurs promenades fraternelles. Calvet, au 165 du boulevard Saint-Germain, à cent mètres de chez Lipp, c'était le restaurant chic, trop cher pour leur bourse d'alors. Aujourd'hui, Adrien y avait ses aises et Garmond pouvait quand il le voulait y emmener Anna pour dîner ou déjeuner.

Ils choisissaient un bordeaux sur la carte quand Jacques Laurent, un habitué, s'installa à une table voisine. Il dit bonjour à Garmond, devenu un prélat de l'édition qui, de son côté, lui présenta Adrien.

– Vous connaissez Adrien Anthelme, l'homme de la presse et de la publicité...

Laurent ne connaissait pas mais savait évidemment qui était Adrien Anthelme qu'il regarda bizarrement, un peu comme un phénomène, avant de se dire enchanté de la rencontre.

– Tu as vu comment il m'a regardé ? glissa Adrien à l'oreille de Garmond. Il n'est pas le premier à me dévisager comme si j'étais un monstre ou au moins une rareté. Quelle réputation ai-je donc, moi qui ne sors jamais et qui ne connais personne en dehors du monde professionnel et politique ?

– Une rareté ! Tu as trouvé le mot ! Mais raconte-moi

ton histoire, puisque je suis sûr que c'est pour cela que tu as voulu me voir.

– C'est avant tout pour le plaisir mais, tu as raison, il faut que je parle de notre situation à Marie-Christine et moi.

Adrien raconta, fidèlement, sans chercher à accabler Marie-Christine ni à se donner le beau rôle.

– Tu vas m'engueuler ? demanda-t-il lorsqu'il eut terminé.

– Non, cela ne servirait à rien et je n'ai d'ailleurs aucun droit ni désir de me mêler d'une affaire qui ne regarde que vous. Je trouve seulement que c'est dommage...

– Je n'aurais jamais trompé Marie-Christine si elle n'avait pas commencé.

– C'est sûr, mais tu n'as pas su la retenir. Si elle avait été heureuse, elle n'aurait pas agi ainsi. Mais maintenant les dés sont jetés, il faut continuer la partie chacun de votre côté. Je sais que tu as évité le drame avec Rochard. C'est la sagesse. Tu as changé, Adrien ! En bien !

– Tu connais l'existence de Solange Thuilier ?

– Oui. Au travail comme à la ville. Mais je ne l'ai jamais rencontrée. Je sais seulement que c'est une jeune femme jolie et intelligente, deux qualités qui ne peuvent que te combler.

– Oui... mais comment t'expliquer. Cette femme, qui est d'une extraordinaire efficacité professionnelle, me fait parfois peur. Je ne suis pas toujours certain que c'est moi qui l'intéresse, mais le groupe où elle cherche à asseoir son influence.

– Bref, tu commences à te rendre compte qu'elle devient envahissante et... peut-être dangereuse.

– Je n'irai pas jusque-là, mais il est vrai qu'elle dresse contre elle la majorité du personnel.

– Ecoute. En ce moment, tu as besoin d'elle. Sa présence te rassure et elle semble ne pas te déplaire physiquement. Alors garde la belle Solange. Freine-la simplement dans ses ambitions et fais en sorte qu'on ne la prenne pas pour la patronne.

– C'est ce que je souhaitais t'entendre dire. En dehors de ces histoires de fesses – le mot me fait horreur mais c'est bien de cela qu'il s'agit –, je me suis décidé à consacrer mes matinées, jusqu'à onze heures, à mon entraînement sportif. Le professeur m'a dit que j'étais au bord de l'infarctus, il est temps que je me ressaisisse. Et toi ? Tu vas bien ? Il y a longtemps que tu as vu un cardiologue ? Tu devrais me rejoindre de temps en temps au gymnase. Je vais avoir un entraîneur et reprendre la boxe.

– Tu es fou. Ne compte pas sur moi pour te soutenir dans tes errements sportifs. Redonne-moi plutôt un peu de cet excellent bordeaux.

A cinquante-deux ans, bientôt cinquante-trois, Adrien Anthelme touchait au pinacle. La kyrielle de ses journaux s'enrichissait régulièrement de nouvelles feuilles, Globe-Publicité, classée deuxième agence nationale par la presse économique, battait des records et Lavergy venait d'être chargé de trouver un terrain pour construire le « building Anthelme » où seraient rassemblées toutes les activités du groupe. Ses rivaux et certains de ses collaborateurs pouvaient bien le dire borné, buté, Adrien avait tout réussi !

Garmond avait répondu, un jour où il lui disait qu'il n'avait raté qu'une chose, sa vie avec Marie-Christine : « Tu as tout de même vécu près de vingt-cinq ans avec elle et la séparation ne semble pas t'être insupportable ! »

Solange, habilement bridée dans ses élans professionnels par Rochard, avait compris la leçon et reportait une part de son autoritarisme sur Le Prieuré dont elle était devenue la maîtresse, ce qui arrangeait Adrien, car la maison était lourde à gérer avec un maître d'hôtel, une cuisinière, une femme de chambre et les jardiniers. Si les relations entre Solange et France restaient distantes, elle avait su amadouer Anne-Marie qui admirait son énergie. Se gardant bien de porter le moindre jugement sur sa mère, elle la flattait et lui répétait qu'elle devrait s'occuper et exercer un emploi qui l'intéresserait dans le groupe :

– Soyez une jeune femme moderne, utilisez votre grande culture. Vous êtes appelée à devenir un jour la patronne de l'immense entreprise fondée par votre père. Votre sœur est trop fantaisiste pour prendre une telle responsabilité, mais vous... Je vous aiderai, vous aurez la puissance que je n'ai pas pu obtenir ! Je vais en parler à Adrien.

– N'en faites rien pour le moment, avait répondu Anne-Marie. La rupture avec ma mère est encore trop proche. Il faut que je réfléchisse.

Tout le monde réfléchissait autour d'Adrien, sauf lui. Il avait facilement intégré sa nouvelle situation et continuait égoïstement à suivre sa nature qui le poussait à créer, à commander, à mouler les desseins des autres sur les siens. Fort de sa devise : « Devant moi, on plie ou on casse », il vivait sa réputation de despote dans la tranquillité, entre ses chiens moins féroces qu'il ne le disait, trois chèvres sacrées qui broutaient autour du gymnase de verre, Solange qu'il retrouvait le soir, après avoir dicté la mise en pages du *Gaulois*, et le siège des Champs-Elysées où il se montrait plus rarement depuis qu'il occupait une grande partie de ses matinées à sauter à la corde, à boxer un sac de sable et à faire grincer les poulies de musculation.

Marcel lui avait déniché dans une salle de Montmartre le sparring-partner idéal, un boxeur qui avait connu son heure de gloire sur les rings européens. Grâce à lui, Adrien avait l'impression de retrouver une santé qu'il n'avait jamais perdue et les faux combats orchestrés par les hurlements d'une foule factice offraient à l'Empereur le plaisir le plus rare, le plus difficile à satisfaire : celui d'un milliardaire.

Une fois par mois, toujours à l'improviste, Adrien rendait visite à sa mère aux Bézards. M. Lévy, devenu Lévy-Parsec et maire du pays, veillait toujours sur elle avec tendresse. Il aurait voulu faire beaucoup pour eux mais Mme Anthelme refusait tout, une nouvelle voiture, une maison plus luxueuse, un voyage. « Nous sommes heureux et n'avons besoin de rien, que d'une visite de temps en temps », disait-elle. Quant à Lévy, il affirmait : « Un élu, surtout s'il est maire d'une petite commune, doit vivre au niveau de ses électeurs. » Et Adrien répondait en riant : « C'est sans doute pour cela que j'ai toujours refusé d'être candidat ! »

Ce matin de novembre, comme tous les jours, Adrien se réveilla pour entrouvrir les rideaux de la fenêtre. Son premier regard était pour le ciel, le parc, les arbres, son domaine qui était aussi son luxe, le seul en fait car il vivait simplement, sortait peu et ne voyageait pas, ayant horreur de l'avion. Ainsi n'était-il jamais allé en Amérique, et son unique séjour à Londres où il avait été invité par lord Baeverbrook, le propriétaire du *Daily Express* qui avait envie de connaître ce phénomène issu du peuple, devenu un nabab de la publicité et de la presse dans l'étrange pays de De Gaulle, ne lui avait laissé que de mauvais souvenirs dont un atterrissage difficile à Lille où son avion avait été dérouté à cause de la neige qui recouvrait les aéroports parisiens.

Aujourd'hui, il faisait un temps affreux. Le vent secouait les chênes, emportait leurs dernières feuilles, la pluie battait les vitres.

– C'est mardi et j'ai mon match, il faut que je m'habille, dit-il à Solange encore frileusement enveloppée dans les couvertures.

– Tu ne vas pas traverser le parc dans cette tempête ! dit-elle. Reste donc tranquille. J'appelle pour le petit déjeuner.

– Anthelme reculerait devant quelques gouttes de pluie ? Battling Ray m'attend sur le ring et j'ai grand besoin ce matin de lâcher quelques crochets sur sa bonne face bosselée.

– Fais comme tu veux mais ne fais pas hurler ta sono. La semaine dernière, je l'entendais d'ici. Si tu ne veux pas qu'on sache ce que fait le grand Anthelme chaque mardi matin, prends quelques précautions.

Adrien, dans la salle de bains, n'entendit pas ou fit semblant de ne pas entendre : il enfilait son flottant bleu ciel à étoiles jaunes et son peignoir de combat. Il exultait à la pensée d'escalader les trois marches du ring et de se glisser entre les cordes tandis que Battling Ray brancherait le son et lumière du bonheur pugilistique.

C'est ainsi que l'Empereur, le grand Anthelme, quitta pour la dernière fois son palais de Maisons-Laffitte.

Cachée toute la journée par la famille, par Solange et par le commissaire Girard, la nouvelle de la mort d'Adrien Anthelme ne fut connue à Paris que dans la soirée. Aux Champs-Elysées et au journal, seuls André Rochard et Raoul Saulieu avaient été prévenus. Le premier avait bondi dans sa voiture et s'était fait conduire au Prieuré. Le second, dans le secret de son bureau, étudiait avec Fluttiaux et le chef des informations la mise en pages de la une car il était évident que la nouvelle ne pouvait être longtemps tenue sous le manteau. En effet, à dix-huit heures trente-quatre, une dépêche tombait sur le fil de l'A.F.P. « Adrien Anthelme est décédé ce matin dans sa propriété de Maisons-Laffitte. Les circonstances de la mort paraissent mystérieuses. »

Le feu était mis aux poudres. En quelques instants, de tous les journaux, des stations de radio, de la télévision, des voitures chargées de reporters et de caméras filaient vers Maisons-Laffitte. Le seul mot de « mystère » lâché par l'agence décuplait l'intérêt de l'affaire.

Au Prieuré, la journée s'était déroulée dans la plus grande confusion. Le commissaire avait mis trois hommes à l'entrée pour filtrer l'arrivée des visiteurs. France arriva la première et s'évanouit en voyant son père encore étendu sur le ring. Marie-Christine la suivit de peu, accompagnée par Rochard qui prit la situation en main, situation qui s'avérait compliquée dans la mesure où la femme légitime d'Adrien présente, l'active Solange n'avait plus son mot à dire. Ni Marie-Christine ni ses filles n'étaient d'ailleurs en mesure de prendre des décisions. Garmond arrivé lui aussi avec Anna, on essaya de définir une conduite à tenir face à la presse et, surtout, face à l'enquête à laquelle le commissaire n'avait pas renoncé.

Tandis que Girard, affolé, se débattait avec sa hiérarchie, Rochard appela le ministre de l'Intérieur. Roger Frey venait d'apprendre la nouvelle et ne cachait ni sa surprise ni son émotion. Il faisait partie des barons gaullistes qu'Adrien continuait de fréquenter.

– Mais que s'est-il passé ? Les conditions de la mort sont-elles vraiment suspectes ?

– Pas du tout, elles sont seulement bizarres : Adrien Anthelme est mort en s'entraînant à la boxe dans le gymnase qu'il s'était fait construire à Maisons-Laffitte. Un coup malheureux du sparring-partner qu'il avait engagé l'a foudroyé.

– Et qui est ce partenaire ?

– Un brave type, ancien champion, qui vénérait Adrien. Celui-ci, dit-il, a refusé de mettre son casque protecteur. Et vous savez, monsieur le ministre, que personne ne pouvait obliger Adrien à agir autrement qu'il avait décidé.

– Alors, où est le problème ?

– Le commissaire de police de Maisons-Laffitte parle d'une enquête, d'une autopsie. Si on ne peut empêcher cela, ce sera la curée. Les confrères qui le détestaient, et ils sont nombreux, vont se déchaîner.

– Vous me certifiez qu'il s'agit d'un accident ?

– Oui, monsieur le ministre, et toute la famille pense comme moi.

– Je vais faire dire à ce fonctionnaire que son zèle est intempestif. Le certificat de décès du médecin conclut-il dans notre sens ?

– Tout à fait. Le Dr Ferrand connaissait Adrien depuis longtemps et il sait de quoi notre ami était capable.

Le pire était évité. Certaines feuilles allaient probablement essayer de monter en épingle la première dépêche de l'A.F.P., mais cela n'était pas grave. L'important était maintenant de pouvoir assurer des obsèques dignes à Adrien, empereur de la presse française, mort d'un direct du gauche le 20 novembre 1963.

Garmond était sûrement, avec les deux filles, celui qui avait le plus de chagrin. On l'avait vu essuyer deux larmes quand il avait aperçu le corps recouvert du peignoir phosphorescent retrouvé soigneusement plié dans un coin du ring. Quand il eut surmonté son émotion, il glissa à l'oreille d'Anna :

– Adrien est mort de sa dernière connerie mais elle lui a donné l'une des rares vraies joies de son existence. Il m'avait parlé de ses matchs, de son entraînement, de Battling Ray qui a finalement été son dernier copain. Un empereur ne meurt pas dans son lit, lui est mort au combat. Avoue que ça aurait eu plus de gueule si Napoléon avait été fauché par la mitraille à Waterloo au lieu d'agoniser dans son île sous le seul regard de son geôlier, le sinistre Hudson Lowe !

– Que va-t-il se passer ? Que pouvons-nous faire ? demanda Anna.

– Rien. Il faut laisser opérer Rochard qui est énergique et a l'habitude des affaires administratives. (Il sourit et ajouta :) Il agira en bon père de famille, dans l'intérêt de Marie-Christine et des filles qui me paraissent bien incapables de décider quelque chose.

– Ce n'est pas le moment de plaisanter. Mais je te connais : tu vas noyer ta peine dans la dérision.

– Sans doute. Mais je vais faire autre chose : regarder, écouter, essayer de comprendre les allusions, de déchiffrer les regards. C'est une vraie pièce de théâtre qui se déroule sous nos yeux. Les acteurs et les ingrédients sont réunis ! Du pur Pirandello, avec en prime une mort shakespearienne ! Tiens, je ne suis pas sûr que quelqu'un a pensé à prévenir la mère... Pauvre femme qui s'habituait à être heureuse !

Rochard questionné répondit qu'en effet Mme Anthelme ne savait encore rien.

– Voulez-vous vous en charger ? proposa-t-il à Garmond. Moi, je dois voir les pompes funèbres. Je ne sais pas encore où Marie-Christine décidera d'inhumer notre ami.

– Elle tient le coup ?

– Oui. Au contact d'Adrien on devient dur. Mais on ne vit pas aussi longtemps avec un personnage à ce point singulier sans être frappé par sa disparition. Marie-Christine est bouleversée, même si cela ne se voit pas.

– J'en suis sûr. Pour Mme Anthelme, il vaut mieux que je fasse un saut aux Bézards. Je connais cette malheureuse femme depuis longtemps et je ne veux pas la prévenir par téléphone. Y a-t-il une voiture pour me conduire ?

– Prenez celle d'Adrien. Marcel est là en train de pleurer son patron. Mieux, prenez mon chauffeur et ma voiture, je ne pense pas que vous souhaitiez occuper aujourd'hui la place d'Adrien !

Le corps avait été transporté dans le salon de réception du rez-de-chaussée. On lui avait enfin retiré sa tenue de boxeur et les dérisoires gants rouges demeurés lacés à ses poignets depuis le matin. Il reposait vêtu de son éternel complet de flanelle anthracite sur un lit descendu du premier étage. La mort avait effacé sur son visage les traits qui lui donnaient cet air renfrogné que tout le monde connaissait.

Anna n'avait pas voulu accompagner Garmond et tenait compagnie à Marie-Christine.

– Regarde, dit-elle, on croirait qu'il va lâcher le crucifix qu'on lui a glissé entre les doigts et qu'il va projeter sa main droite ouverte en avant, comme il le faisait si souvent pour repousser les importuns ou les idées qui ne lui convenaient pas...

– Arrête ! dit Marie-Christine en fondant en larmes.

Depuis maintenant une bonne heure, Le Prieuré était investi par la presse. Les caméras de la télévision étaient braquées sur l'entrée ; des photographes rôdaient autour des hauts murs qu'Adrien Anthelme avait fait élever pour le protéger de son vivant ; les reporters des quotidiens qui voyaient l'heure du bouclage arriver parlementaient avec les gendarmes postés devant la grille. Faute de mieux, ils photographiaient les visiteurs admis à pénétrer dans le parc : un colonel de gendarmerie, le préfet, un secrétaire d'Etat, le ministre de l'Intérieur, les gens de chez Borniol...

A dix-neuf heures, Rochard fit dire à la presse qu'il distribuerait un communiqué dans un quart d'heure et qu'il répondrait à quelques questions. Cette promesse calma la meute qui se déchaîna à nouveau lorsqu'un journaliste reconnut dans une voiture autorisée à franchir le portail Raoul Saulieu, le chef des informations, et un confrère photographe du *Gaulois*.

– Les salauds, ils se gardent l'exclusivité de la mort du patron ! dit Gardembois du *Figaro*.

– Ils ont peur qu'Anthelme les engueule depuis l'enfer si *Le Gaulois* n'est pas le meilleur demain matin ! lança Félix Destraint du *Parisien*.

Heureusement, Rochard parut à l'heure fixée et s'installa sous un réverbère au milieu des journalistes.

– Messieurs, dit-il, je sais que vous faites votre métier et je vous aiderai de mon mieux à remplir votre mission. Je vous demande seulement de considérer que dans cette maison il y a le corps d'un homme et sa famille éplorée. Cela explique qu'on ne vous autorise pas à entrer.

Il y eut quelques mouvements divers dans les rangs de la presse et il continua :

– Donc, Adrien Anthelme, président de Globe-Publicité, du *Gaulois* et d'autres titres que vous connaissez, est mort foudroyé ce matin à neuf heures vingt-huit en s'adonnant à son sport favori : la boxe. Il peut paraître surprenant qu'un homme d'une telle envergure sociale et financière pratique la boxe, sport en général choisi par les représentants des classes populaires. Mais Adrien Anthelme était un grand sportif qui avait brillé jadis dans le championnat de France militaire des poids welters. Qui pourrait lui reprocher d'avoir gardé, malgré sa prodigieuse réussite, le goût de son sport favori ?

– Langue de bois ! lança le représentant de *L'Aurore*. Comment est-il mort exactement ?

– J'allais vous le dire : au cours d'un round d'entraînement, le sparring-partner de M. Anthelme l'a touché d'un coup malheureux à un endroit rendu particulièrement sensible par une blessure de guerre. M. Anthelme, avant d'être un grand résistant, a été, vous le savez sans doute, un héros de la guerre de 39-40 durant laquelle il servait dans un escadron de spahis.

– Il s'agirait donc d'un accident ? demanda quelqu'un.

– Il s'agit d'un accident. D'un accident stupide comme tous les accidents, mais d'un accident !

– La première dépêche de l'A.F.P. a parlé de mort mystérieuse. Pourquoi ?

– Parce que tout le monde peut se tromper. Même l'A.F.P.

– Peut-on photographier la salle d'entraînement ? insista Félix Destraint.

– Non. Aucune photographie ne sera prise.

– Pas même par le reporter du *Gaulois* que nous avons vu entrer ?

– Non ! Toutefois, comme la famille de M. Anthelme est consciente que la presse, qu'il a si magnifiquement servie, doit pouvoir rendre compte dans de bonnes conditions de sa disparition subite, une série de photographies inédites d'Adrien Anthelme dans des activités sportives, dont une prise à Mostaganem au cours des championnats de boxe militaires, sera distribuée par l'agence Keystone. La date des obsèques de M. Adrien Anthelme vous sera communiquée demain. Je vous remercie.

– Vous avez fait du bon travail, dit Raymond Leblond qui venait d'arriver et avait entendu la conférence de presse de Rochard. Surtout, vous n'avez pas caché la vérité. Si vous aviez tenté de dissimuler l'histoire du coup de poing, mes confrères, je les connais, auraient fini par découvrir les raisons de la mort, non sans avoir échafaudé des hypothèses invraisemblables qui auraient entaché la mémoire d'Adrien.

– Vous êtes gentil, Leblond. Je crois que nous avons dit ce qu'il fallait. Venez, nous allons rentrer. Ce n'est pas très agréable, mais il faut aussi faire le sale boulot. Avez-vous l'intention de rendre largement hommage à Adrien Anthelme dans le prochain numéro d'*Accord* ?

Leblond cacha sa surprise : c'était la première fois qu'il ne recevait pas d'ordre et qu'on le considérait comme le patron de son journal. Il répondit :

– Je comptais faire un numéro spécial. *Accord* a toujours été un hebdomadaire confidentiel mais Adrien y tenait. C'était son journal ! Lui mort, je ne sais pas ce qu'il va devenir...

– Moi non plus. Mais ne vous faites pas de souci. Le groupe a racheté assez de journaux qui ont besoin d'être dirigés. Ce n'est pas le moment de parler de cela mais je ne veux pas que vous soyez inquiet.

Garmond rentra tard des Bézards. Mme Anthelme s'était effondrée à l'annonce du drame, et puis elle s'était reprise, comme une femme habituée au malheur, si souvent cassée par le destin qu'elle trouvait normal de se relever. Elle avait insisté pour venir à Maisons-Laffitte avec Garmond, mais celui-ci l'en avait dissuadée et lui avait promis qu'une voiture viendrait la chercher le lendemain.

L'heure avançait dans la nuit. Des bougies avaient été allumées autour du corps et un tour de garde avait été institué pour veiller le grand Adrien désormais privé du commandement qu'il avait assumé durant près de trente ans, du pouvoir qu'il avait voulu absolu et qui semblait s'effilocher dans les filets de fumée montant des cierges.

A deux heures, le hasard de la veillée fit se croiser Marie-Christine et Solange dans l'escalier. Mlle Thuilier avait été discrète durant la journée. Les premières formalités accomplies, elle était restée dans sa chambre et personne n'avait trouvé à redire quand elle avait demandé à Anne-Marie, son alliée dans la maison, la permission de prendre part à la veillée. C'était la première fois que les deux femmes se rencontraient seules et il y eut de part et d'autre un instant d'hésitation. Solange, qui avait retrouvé son calme et sa dignité habituels, parla la première.

– Je me représente, malgré mon chagrin, combien la situation est singulière et pénible pour vous. Rassurez-vous, je ferai tout mon possible pour ne pas l'aggraver. Je quitterai Le Prieuré demain et porterai dans la semaine ma lettre de démission à M. Rochard. Je vous demande seulement la permission d'assister aux obsèques, mêlée à la foule. Je vous promets de ne pas me manifester autrement.

Marie-Christine pensa qu'elle n'éprouvait aucun sentiment d'hostilité envers cette femme qui lui faisait plutôt pitié :

– Je pense qu'Adrien sera inhumé à Maisons-Laffitte. Les enfants, comme moi, préfèrent des obsèques simples, dans ce pays qu'il aimait, à une cérémonie pompeuse. Le cabinet du Général nous a proposé l'église des Invalides, mais je crois que nous déclinerons cette offre. Vous pourrez bien entendu assister à la cérémonie. Et même demeurer jusque-là dans cette maison qui hier encore était la vôtre.

– Merci, madame. Je suis touchée par votre compréhension, mais je préfère partir. Ce sera plus convenable. Et vous savez combien Adrien était attaché aux convenances.

– Comme vous voudrez. Maintenant, en ce qui concerne votre démission, à votre place, je ne me précipiterais pas. Je n'ai aucune idée de la manière dont s'effectuera la succession. Prenez donc un peu de repos, faites un petit voyage. Et attendez que Rochard vous fasse signe.

– Merci. Je n'attendais pas de vous autant de prévenances. Je suivrai vos conseils. Vous savez que j'ai de l'affection pour Anne-Marie. C'est une jeune femme remarquable. Je crois qu'elle m'aime aussi un peu, malgré les circonstances.

Garmond et Rochard s'étaient arrangés pour prendre la veille ensemble afin de parler des suites immédiates de la mort de leur ami. Garmond envisageait surtout les conséquences affectives au sein de la famille. Rochard, lui, s'inquiétait de l'avenir du groupe et des responsabilités qui allaient être les siennes si, comme il était probable, Marie-Christine et les enfants lui demandaient d'en assurer provisoirement la direction.

– J'appréhende les difficultés qui vont surgir. Il paraît qu'Adrien a laissé un brouillon de testament, écrit de sa main... Si les filles s'entendent, cela ira, mais si elles s'entre-déchirent...

– Je croyais qu'elles s'adoraient ?

– Oui, elles s'aiment bien. Mais leurs compagnons, qui ont des chances de devenir leurs maris, vont les influencer. Et si Solange se mêle de l'affaire dans la coulisse... Il y a tellement d'argent !

– Qu'allez-vous faire dans l'immédiat ?

– Continuer de faire tourner la machine à moudre l'argent ! Mais il n'y a pas que le fric, il y a quinze cents collaborateurs à Paris et en province dont il faut assurer l'emploi. Il n'y a pas de problème à l'agence. C'est mon fief et la hiérarchie fonctionne bien. Au *Gaulois,* cela sera plus difficile. Pas à la rédaction, que Saulieu reprendra complètement en main. Je m'inquiète plus de l'administration et du financement du journal. J'ai peur que certaines anciennes affaires ne remontent à la surface.

– Le rachat des parts ?

– Oui. Il suffirait qu'un des trois ou quatre administrateurs ou comptables de l'époque parle... Enfin...

– Et Solange, à qui vous faisiez allusion tout à l'heure, vous la croyez dangereuse ? Elle ne va pas pouvoir rester aux Champs-Elysées... Comptez-vous la renvoyer avec une grosse indemnité ?

– Ce serait la dernière chose à faire. Si j'en ai le pouvoir, je vais lui proposer la direction d'un des quotidiens régionaux. C'est un poste qui l'éloignera de Paris et qu'elle tiendra d'ailleurs très bien. Vous voyez, la succession d'une affaire de presse est toujours difficile. Mais celle d'Adrien risque de prendre des proportions insoupçonnables.

– Hé oui ! L'Empereur est mort il y a moins de dix-huit heures, et déjà se pose le problème du dépeçage de l'empire...

Les obsèques eurent lieu le surlendemain dans l'église de Maisons-Laffitte. Il y avait beaucoup de monde, des gens du pays surtout, qui n'avaient, pour la plupart, jamais approché ni même aperçu Adrien Anthelme de son vivant. On attendait beaucoup de ministres et de parlementaires, il y en eut peu. Ils s'étaient fait remplacer par des couronnes. Les autres directeurs de journaux eux aussi étaient absents. C'est qu'un événement considérable plongeait la classe politique et la presse dans la stupeur : on venait d'annoncer la veille au soir l'assassinat du président John F. Kennedy !

– Adrien détestait Kennedy et il avait raison, murmura Garmond à l'oreille toujours attentive d'Anna.

Devant l'air étonné de sa femme, il continua :

– Ce démocrate lui a gâché son enterrement !

La famille, puis l'église tout entière, défila et aspergea le corps du défunt. Le cercueil d'Adrien était recouvert d'un drap tricolore sur lequel le maître des cérémonies avait, avec la considération qui convenait, déposé un coussin de velours bleu où brillaient les décorations de l'Empereur. De la cravate de commandeur de la Légion d'honneur à la médaille de la Société protectrice des animaux en passant par la croix de guerre, la médaille de la Ville de Paris et de très nombreux ordres étrangers, il y avait tellement de palmes et de croix qu'il avait fallu les faire se chevaucher.

L'armée, elle, était présente. Trois généraux, conseillers-amis d'Adrien, s'étaient déplacés et, dehors, un peloton de spahis en grande tenue rendit les honneurs à la sortie du corps. Une trompette sonna aux champs et Adrien Anthelme partit, déjà lointain, vers le cimetière. A l'arrière du fourgon couvert de fleurs on avait accroché une grande couronne dont le ruban tricolore portait le nom du seul personnage qui avait intimidé Adrien : « Le général de Gaulle. »

18 décembre 1963.

Un mois avait passé depuis la mort d'Adrien. Tandis que le notaire, aidé par Simon Lavergy, essayait de s'y retrouver dans la comptabilité des quinze sociétés qui constituaient le groupe, la vie continuait à l'agence comme au journal. Le ton changeait pourtant dans les colonnes du *Gaulois*. Saulieu redressait la barre et s'écartait des courants xénophobes et racistes qui poussaient souvent Adrien Anthelme à l'excès. La tendance nouvelle s'observait dans les titres et dans les légendes des photos au détour desquelles l'Empereur avait longtemps pris position. Le directeur général s'expliquait sur les outrances passées chaque fois qu'il en avait l'occasion. Il avait ainsi reconnu devant une assistance d'étudiants que *Le Gaulois* avait exagéré dans certains propos anti-jeunes et annoncé un redressement dans ce domaine particulièrement sensible. Les confrères amusés notaient aussi que les photos de chiens et de chevaux avaient tendance à disparaître de la une. Bref, il était évident qu'au *Gaulois* rien n'était plus « comme avant ».

Sur la proposition de Rochard qui prévoyait le montant énorme des droits de succession qu'auraient à payer les héritiers, Marie-Christine et ses filles avaient décidé de mettre en vente Le Prieuré, avant d'arrêter la parution d'*Accord* et de céder quelques-uns des titres régionaux.

Ce jour-là, Marie-Christine avait téléphoné à Anna pour lui demander si elle ne voulait pas l'accompagner à Maisons-Laffitte où elle avait rendez-vous avec un commissaire-priseur pour évaluer le prix des meubles avant leur mise en vente.

– Je ne suis pas retournée au Prieuré depuis l'enterrement et je préfère ne pas être seule. Je ne suis pas attachée à ce domaine mais j'y ai passé tout de même une partie de ma vie. Nous allons prendre la voiture... oui, la DS d'Adrien... Comme cela Marcel pourra nous aider, car il faut aussi trier tout ce qui n'est pas vendable... Garmond veut nous accompagner ? Tant mieux...

Sur le chemin, les deux amies avaient évoqué le temps passé, celui de leur jeunesse où Adrien avait joué un grand rôle. Anna se souvenait du grand gamin mal habillé que Garmond essayait de tirer de sa pauvreté matérielle et intellectuelle, Marie-Christine se rappelait le premier déjeuner dans sa famille.

– Adrien, disait-elle, en était déjà au costume bleu marine... Il a épuisé ma patience, continua-t-elle. Pourtant cela m'émeut de savoir qu'il n'est plus là, que ses colères vraies ou fausses n'effraient plus personne, qu'il ne change plus le journal au dernier moment pour satisfaire sa lubie du soir.

– C'était un homme qu'on ne peut oublier, dit Garmond à son tour. Malgré tous ses défauts, ceux de toujours et ceux que l'on découvre aujourd'hui, il faut reconnaître que son empire, c'est lui qui l'a bâti. Tout cet argent, c'est lui qui l'a gagné ! En moins de trente ans !

– Peut-être que j'ai eu de la chance de partager la vie d'un être aussi extraordinaire...

Me Lalumière était déjà là qui, avec son commis, chassait la signature sur les tableaux du grand salon et l'estampille sur les meubles.

– Vous avez de jolies choses, dit-il après avoir salué les arrivants. Presque tout est d'époque et nous ferons une très belle vente à Drouot.

– Bon. Continuez, nous allons nous promener et voir ce que le jardinier pourra brûler. Venez, Jérôme, nous allons passer au premier.

Marie-Christine eut une petite émotion en entrant dans la chambre qui avait été la sienne mais que Solange avait occupée la dernière.

– Vous pourrez disposer de tous les vêtements et chaussures de Monsieur, dit-elle au jardinier. Demandez à votre femme de trier le linge, les draps, les serviettes. Je reviendrai pour voir si je garde quelque chose.

– Laisse donc tomber tout cela, dit Garmond, agacé. Tu es assez riche pour ne pas t'essuyer les fesses avec la serviette qu'a utilisée Solange !

– Tu as raison, mais ne sois pas vulgaire. Jérôme, vous vous partagerez le linge avec le personnel qui est encore là.

Revues, vieux journaux, bibelots sans valeur, une chaise cassée, le tas des déchets d'une vie grossissait tandis que Me Lalumière dressait la liste des vieilles belles choses qui survivraient à la chute de la maison Anthelme.

Au second étage, Marie-Christine s'arrêta devant une porte dissimulée au fond d'un couloir. Elle tourna la poignée mais il y avait un verrou.

– Tu as la clé ? demanda Garmond.

– Non, seul Adrien ouvrait cette porte. Je l'ai vu plusieurs fois entrer dans la pièce et s'y enfermer. Il a toujours refusé de me dire ce qu'il y faisait. J'ai longtemps insisté puis lui ai abandonné son secret. Quant à la clé, j'ignore où il la rangeait. Les filles ont vidé les tiroirs du bureau pour emporter les papiers importants. Peut-être l'ont-elles laissée. Allons voir.

Ils ne trouvèrent rien.

– Demande à ton jardinier de forcer la serrure, dit Garmond. Cela ne sera pas bien difficile. J'ai ma petite idée sur ce que nous allons trouver. Adrien n'était pas un homme qui se complaisait dans les secrets. Logiquement, il n'y a qu'une chose qu'il pouvait essayer de cacher.

– Qu'est-ce que c'est ? demandèrent en même temps les femmes.

– Je me souviens d'une conversation, un soir que nous étions tous les deux...

– Dis-nous ?

– Non. Je me trompe peut-être. Laissons encore un instant le fantôme d'Adrien veiller sur son secret.

Jérôme ouvrit la porte avec un pied-de-biche et Garmond entra le premier. Emu, il murmura :

– J'avais raison. Venez voir.

Le désordre apparent tenait plus à la diversité des objets qu'à un mauvais rangement.

– Regardez, dit Garmond. C'est le lit-cage repliable sur lequel il a dormi jusqu'à l'âge de seize ans. Et voici le poêle Godin dans lequel sa mère enfournait des boulets pour chauffer le logement. Et cette toile cirée à carreaux rouges qui recouvrait la table des repas... Je me rappelle maintenant le soir où il est parti seul à Saint-Maur avec le chauffeur de la camionnette de l'agence. Sa mère venait de quitter son deux-pièces pour se réfugier aux Bézards.

– Et voici les journaux illustrés de son enfance : *Bicot, Zig et Puce, Le Bon Point*... indiqua Anna.

– Mais il y a d'autres objets qui ne sont pas liés à l'attention maternelle, dit Marie-Christine en ouvrant une armoire de bois blanc.

Quelques vêtements étaient rangés avec soin sur des cintres. Garmond reconnut tout de suite le pantalon de golf qu'Adrien avait acheté avec ses premières économies.

– Tenez, voici la reprise qu'avait faite Geneviève, la dame de la réception, le jour où la selle du vélo avait eu raison de son fond de culotte. Et le premier gilet, devenu aussi célèbre rue de Tournon que celui de Théophile Gautier !

– Il a aussi gardé la cravate que je lui avais offerte, mon premier cadeau, dit Marie-Christine en retenant ses larmes.

Ils ne disaient plus rien, cherchant des yeux d'autres éléments épars de la vie d'Adrien Anthelme. Ils trouvèrent encore la coupe de cristal offerte vingt ans plus tôt par le personnel de l'agence le jour de son anniversaire. Et, dans une valise, disposés sur champ pour que les titres apparaissent, la plupart des livres que Garmond lui avait donnés au cours de son initiation. Il les avait tous rachetés et fait relier pour sa bibliothèque mais avait gardé les originaux, défraîchis, usés à force d'avoir été lus.

Garmond choisit quelques ouvrages et les feuilleta. Chaque titre lui rappelait un morceau de vie fait de questions, de discussions, d'explications, d'éclats de rire aussi... Entre *Eugénie Grandet* et *Lewis et Irène* de Paul Morand, il aperçut un carnet jauni, à la couverture fatiguée.

– Son fameux cahier de résolutions, dit-il. Il m'en a souvent parlé mais ne me l'a jamais montré. Ai-je le droit aujourd'hui de fouiller l'âme de ce jeune homme qui écrivait sa vie avant de l'avoir vécue ?

– Adrien me l'avait confié avant de partir à la guerre, révéla Marie-Christine. Il avait peur de ne pas revenir et m'a dit de le lire s'il trouvait la mort ou si j'avais vraiment besoin et envie de tout connaître de lui. Je n'ai jamais osé ouvrir l'enveloppe qui le contenait et la lui ai rendue intacte.

– Je ne lirai pas non plus ces pages, dit Garmond. Les autres reliques nous ont déjà appris beaucoup de choses sur Adrien. On croit connaître les gens par ce qu'ils montrent, mais c'est ce qu'ils cachent qui livre leur vraie nature.

– Qu'allons-nous faire de ce bric-à-brac déconcertant et poignant ? demanda Anna qui n'avait pas suivi la conversation à propos du cahier.

– Je crois qu'il aurait aimé qu'on brûle tous ces objets, témoins d'une pauvreté qu'il avait vaincue. Ils ne peuvent appartenir à personne d'autre, dit Garmond, et il ajouta : Adrien, mon petit frère, on peut dire que tu m'auras étonné jusqu'au bout !

REMERCIEMENTS

Catherine Lagardère.
Sophie Rabau.
Anne Rouanet.
Gilbert Claude.
André Lafargue.
Paul Le Gall.
Francis Raoul.

Aventures et témoignages

Des aventures, des drames, des découvertes, racontés par ceux qui les ont vécus ou des témoins passionnés.

BARRON JUDY & SEAN
Moi, l'enfant autiste
3900/4

BELLEMARE PIERRE
Les dossiers d'Interpol
2844/4 & 2845/4
Le crime ne connaît pas de frontière et l'imagination des criminels semble sans limite. A travers une cinquantaine de courts récits, les auteurs démontrent que la justice finit cependant par triompher.

BELLEMARE P. ET ANTOINE J.
Les dossiers extraordinaires
2820/4 & 2821/4
Les affaires criminelles les plus extraordinaires du siècle.

CABROL LAURENT
Dieu que la mort est belle !
3940/3

CARREL DANY
L'Annamite
3459/7

CERF MURIEL
L'antivoyage
3883/3
Des rêves plein la tête, refusant les valeurs imposées par la société de consommation, portant le même blue-jeans et partageant la marijuana, ils sont des milliers, à la fin des années 60, à avoir pris la route des Indes et de Katmandou. Muriel Cerf était de ceux-là.

CHOW CHING LEE
Le palanquin des larmes
859/4
Le concerto du fleuve Jaune
1202/3

CLÉMENT CATHERINE
Pour l'amour de l'Inde
3896/8
Le roman vrai des amours de Nehru et de Lady Edwina Mountbatten, l'une des plus grandes dames de l'aristocratie anglaise,femme du dernier des vice-rois des Indes britanniques.

CLOSTERMANN PIERRE
Le Grand Cirque
2710/5

COUSTEAU COMMANDANT
Nos amies les baleines
2853/7 Illustré
Les dauphins et la liberté
2854/7 Illustré
Un trésor englouti
2967/7 Illustré
Compagnons de plongée
3031/7 Illustré

DERLICH DIDIER
Intuitions
3334/4

DUPONT MARIE-NOELLE
Rendez-moi mes enfants
4054/3

DURIEUX EVELYN
Princesse aux pieds nus
3556/3
L'histoire commence comme un conte de fées : Evelyn, une jolie métisse, épouse un prince africain richissime. Mais ce prince n'est autre que le fils aîné des cinquante-cinq enfants de Jean-Bedel Bokassa et le rêve tourne vite au cauchemar...

DR ETIENNE J.-L.
Transantarctica
3232/5
6 300 km dans un désert glacé, avec trois traîneaux et quarante chiens. Un pari insensé.

FAVIER SOPHIE
L'accroche-cœurs
3673/4 Illustré
Petit guide du savoir-plaire au féminin.

GEORGY GUY
La folle avoine
3391/4
Le petit soldat de l'Empire
3696/4
Souvenirs irrésistibles d'une Afrique aujourd'hui disparue, par un petit périgourdin qui devint gouverneur de la France d'Outre-mer.
L'oiseau sorcier
3805/4
Devenu ambassadeur en Bolivie, l'ancien gouverneur des colonies capture, en visitant une tribu indienne, un oiseau-sorcier doté de pouvoirs étranges.

GLASER & PALMER
En l'absence des anges
3318/6

GOTLIB
J'existe
Je me suis rencontré
3719/4

GRAY MARTIN
Le livre de la vie
839/2
Les forces de la vie
840/2

GRUDET CLAUDE
"Madam"
4039/4

HAMEL FRANÇOISE
Ida, histoire d'une parricide
3881/3

HAWKING STEPHEN
Une brève histoire du temps
3361/3
Dans un langage simple et accessible, l'un des plus brillants physiciens de notre époque expose les découvertes récentes sur la nature du temps et du cosmos. Un livre fascinant.

Aventures et témoignages

JOHNSON "MAGIC" E.
L'amour sans risque
3363/2
L'un des sportifs les plus aimés du public, devenu séropositif, s'est donné pour mission d'informer les jeunes sur le sida et ce que l'on doit absolument savoir sur cette terrible maladie.

KENEALLY THOMAS
La liste de Schindler
2316/6
Venu en Pologne avec l'armée nazie, l'industriel allemand Schindler a vite prospéré, en faisant fabriquer de la vaisselle émaillée : la main-d'œuvre est bon marché, à Cracovie, en 1943. Mais en faisant travailler des juifs, Schindler les sauve de l'extermination, car Auschwitz-Birkenau est à deux pas.

LAVALLEE GABRIELLE
L'alliance de la brebis
3996/6

LE HER-SEZNEC DENIS
Nous, les Seznec
3823/9

MAALOUF AMIN
Les croisades vues par les Arabes
1916/4

MACLAINE SHIRLEY
Amour et lumière
2771/4
Vivre sa vie
2869/3

MANIGUET XAVIER
Les dents de la mort
3302/7 Illustré

MARIN MAUD
Le saut de l'ange
2443/4
Tristes plaisirs
2884/3
Le quartier des maudites
3214/4

MOITESSIER BERNARD
La longue route
3738/8
Dix mois d'aventures sur les mers, par l'un de nos plus célèbres navigateurs.

Vagabond des mers du Sud
3935/6
Cap Horn à la voile
4038/5
Après un séjour dans les Galapagos, parmi les tortues et les iguanes géants, le voilier du célèbre navigateur se faufile entre les atolls des Tuamotu, avant de franchir le cap le plus dangereux du monde. Un voyage inoubliable de Tahiti à Alicante, en passant par le cap Horn.

OGER ARMELLE
Enquête sur la vie très privée des Français
3341/6

PALAISEUL JEAN
Tous les espoirs de guérir
2912/5

PELLETIER ISABELLE
Le procès de Valérie Subra
3999/4

RABANNE PACO
Trajectoire
3411/3
La fin des temps
D'une ère à l'autre
3786/3
Saccage de la Terre, dévastations atomiques, prolifération des sectes : toutes les prophéties des textes anciens semblent se réaliser, annonçant la fin des temps. Mais pour Paco Rabanne, rien n'est perdu. Car si le Déluge eut ses survivants, ceux de l'Apocalypse connaîtront un lumineux Age d'Or.

RONSAC CHARLES
On ne se lasse pas d'aimer
3657/3
«Je ne peux plus parler. Je ne vois plus clair. Je perds la tête, le voyage m'a achevée...» Celle qui parle, c'est Marthe, atteinte au soir de sa vie de la maladie d'Alzheimer. Mais Charles, qui partage son existence, refuse de l'abandonner. Alors commence une lutte farouche.

ROUCH DOMINIQUE
Dieu seul le sait
3266/3

SIMPSON JOE
La mort suspendue
3740/5

VAUJOUR NADINE
La fille de l'air
3478/3

VERGES JACQUES
Omar m'a tuer
3832/3
L'affaire Omar Raddad. Par le plus célèbre avocat français, le passionnant dossier de ce qui est, pour lui, une erreur judiciaire.

VILOTEAU NICOLE
La femme aux serpents
2022/4 Illustré
Dès l'enfance, Nicole Viloteau nourrit une véritable passion pour les reptiles. Adulte, elle réalise son rêve : parcourir tous les continents pour capturer ou photographier , parfois au risque de sa vie, les serpents les plus dangereux.

ZAMBERLAN ANNE
Mon corps en désaccord
3231/3

4186

Photocomposition Assistance 44-Bouguenais
Achevé d'imprimer en Europe (Allemagne)
par Elsnerdruck à Berlin
le 7 juin 1996.
Dépôt légal juin 1996. ISBN 2-277-24186-5
Éditions J'ai lu
84, rue de Grenelle, 75007 Paris
Diffusion France et étranger : Flammarion